THE LITERARY CHURCHILL
AUTHOR, READER, ACTOR

Jonathan Rose

THE LITERARY
CHURCHILL
Author, Reader, Actor

丘吉尔

一个政治领袖的文学与思想资源

[美] 乔纳森·罗斯／著　苗　雨／译

西苑出版社
XIYUAN PUBLISHING HOUSE
2016年·北京

图书在版编目（CIP）数据

丘吉尔：一个政治领袖的文学与思想资源 /（美）罗斯著；苗雨译．— 北京：西苑出版社，2016.1

书名原文：The Literary Churchill: Author, Reader, Actor

ISBN 978-7-5151-0524-6

Ⅰ．①丘…　Ⅱ．①罗…　②苗…　Ⅲ．①丘吉尔，W. L. S.（1874～1965）—传记　Ⅳ．① K835.617=5

中国版本图书馆 CIP 数据核字（2015）第 229052 号

丘吉尔

——一个政治领袖的文学与思想资源

著　　者　[美] 乔纳森·罗斯
译　　者　苗　雨
责任编辑　李　涛
出版发行　西苑出版社
通讯地址　北京市朝阳区利泽东二路3号
邮政编码　100102
电　　话　010-57280420
传　　真　010-88637120
网　　址　www.xiyuanpublishinghouse.com
印　　刷　三河市鑫利来印装有限公司
经　　销　全国新华书店
开　　本　710毫米×1000毫米　1/16
字　　数　500千字
印　　张　37
版　　次　2016年1月第1版
印　　次　2016年1月第1次印刷
书　　号　ISBN 978-7-5151-0524-6
定　　价　79.80元

目　录

致中国读者

中国读者为什么关注温斯顿・丘吉尔？毕竟，他是一名顽固的帝国主义者，在英国问题上寸步不让，包括中国香港问题在内。他的政治信仰和社会态度都深深陷于19世纪的泥淖。

但是，他一夫当关地影响了20世纪，将它从法西斯的灾难中拯救出来。在第二次世界大战的决定性时刻，从1940年6月法国沦陷至1941年6月纳粹德国入侵苏联这一年中，英国在欧洲所有的同盟都溃不成军，他却坚持对轴心国作战。假如丘吉尔没有当上首相，英国很可能接受希特勒的媾和条件，放任他转向东线直取苏联。倘若如此，美国就不会参战，日本军国主义也将在亚洲肆无忌惮，中国与世界的命运都不言而喻。

英文读者自然对身为政治家的丘吉尔十分熟悉，但本书要阐释的，是一个拥有文学素养的丘吉尔，他的传记作者通常忽略了这个方面。几乎没有人知道他曾经写过一部小说，还是一个热心的戏迷。不了解他的这一面，我们就很难充分了解他的政治理念。他阅读广泛，拜伦、斯陀夫人、鲁德亚德・吉卜林、查尔斯・达尔文、本杰明・迪斯雷利、亨利・莱特・哈葛德、奥斯卡・王尔德、萧伯纳、H•G•威尔斯、哈特・克莱恩、维克多・雨果、儒勒・凡尔纳、鲁珀特・布鲁克、西格弗里德・萨松、诺埃尔・科沃德、约翰・梅纳德・凯恩斯、T•E•劳伦斯、辛克莱・刘易斯、赛珍珠、玛格丽特・米切尔、奥尔德斯・赫胥黎、乔治・奥威尔、鲍里斯・帕斯捷尔纳克和亚历山大・索尔仁尼琴等作家都为他所赞赏。他们都在十分重要的方面形塑了他的政治观。同时，丘吉尔还是一位畅销的历史作家、传记作家、战地通讯记者和回忆录作者，作品被译成多种文字，遍布世界各地。

事实上，他的作品第一次被译成外文，就是进入了中国。1912年，林纾将他的小说《萨伏罗拉》（*Savrola*）译成了中文，这部作品今日几乎已经被人们遗忘了。小说讲述了一个关于革命的故事，主人公推翻了一位暴君，起初要建立民主，但随后国家就陷入了骚乱。对于辛亥革命后的中国读者，这部作品显然与现实有紧密的关联。

这部小说体现了丘吉尔的两大主导思想：憎恶独裁，以及对自由的狂热。在现代政治家中，他是捍卫言论自由最为热心的一位，在自己的著作中也一再重申。“作家不自由，还有谁能自由？”1908年，他宣称，“他就是一国之君，自立，自足。……笔，是一人一国最大的救星；没有锁链可以束缚，没有贫困可以阻窒……他思想的自由。”丘吉尔的创作，充分地诠释了英国文学的优美、活力与戏剧色彩，体现了人本精神，这就是他在今日依然值得一读的原因。

乔纳森·罗斯

2015年4月

致　谢

剑桥大学丘吉尔学院井然有序的丘吉尔档案中心为本书的写作提供了不可或缺的帮助，同样功不可没的还有德鲁大学图书馆的馆际互借工作人员，他们的门槛都快被我踏破了。感谢丘吉尔庄园、普林斯顿大学燧石图书馆、伊利诺伊大学厄巴纳－香槟分校特藏图书馆和约翰·肯尼迪总统图书馆与博物馆，允许我引用馆藏的未刊文献。我引用的丘吉尔的著作及未刊作品，皆经温斯顿·丘吉尔先生遗产伦敦代理人柯蒂斯·布朗许可复制。

我同样十分感激能接触到以下单位和机构收藏的书籍和手稿：大英图书馆、纽约公共图书馆、普林斯顿大学西利·G·马德手稿图书馆、哥伦比亚大学图书馆、耶鲁大学图书馆、美国国会图书馆、北卡罗来纳大学查珀尔希尔分校威尔逊图书馆、德克萨斯大学奥斯汀分校哈里·兰塞姆中心、康奈尔大学卡尔·A·克劳图书馆、雪城大学图书馆、鲍尔州立大学图书馆、伦敦市政厅图书馆、雷丁大学英国出版印刷档案馆和福布斯收藏特许项目。

图片资料来自：丘吉尔档案中心、约翰·肯尼迪总统图书馆与博物馆、盖蒂图片社、英国国家肖像画廊、英国国民信托、英国卡通档案馆、阿根塔图片社、独联报业有限公司、马克斯·比尔博姆庄园和多伦多大学托马斯·费舍尔善本图书馆。

本研究由德鲁大学校长倡议基金和剑桥大学维多利亚研究小组的访学基金支持。另有诺曼·汤姆林森收藏的大批丘吉尔文物，一部分捐赠给德鲁大学图书馆，一部分直接赠予了我。

本书部分章节曾以文章形式发表于《塞万尼评论》和《历史视野》。

编辑宽宏大量地允许它们被修改后收入本书。

我还要感谢简－皮尔特·巴别耶、詹姆斯·布罗菲、路易斯·坎波斯、戴维·康纳丁、詹姆斯·卡特、罗纳德·I·科恩、詹姆斯·J·康诺利、罗伯特·达顿、唐纳德·G·戴维斯、小弗兰克·费尔森斯丁、西蒙·弗罗斯特、伊迪丝·霍尔、芭芭拉·赫斯曼、詹姆斯·R·凯利、丹·肯尼迪、马克·塞缪尔·拉斯纳、乔恩·劳伦斯、彼得·洛根、凯特·朗沃斯、彼得·曼德勒、卡里·梅泽、阿利斯泰尔·麦克斯瑞、马修·卢布里、克里斯托弗·朗德尔、安德鲁·斯克林杰、马克·谢里登、罗纳德·坦特里尔特、安德斯·塔夫戈德、米歇尔·特洛伊、伊根·冯·林陶特、罗伯特·韦斯布赫、詹姆斯·L·W·韦斯特的批评建议。此外，每一项学术研究都受益于同事之间的日常讨论，我得感谢创作、阅读与出版史学会的朋友。很荣幸再次与耶鲁大学出版社的罗伯特·鲍多克及其团队合作，他们既是出色的编辑，也是优秀的学者。我细心的编辑理查德·梅森和校对卢卢·布朗帮我解决了许多麻烦。

值得一提的是，我的伴侣盖尔（Gayle）在生活上无微不至地帮助和照料我。我们在家里讨论的话题不仅限于丘吉尔，还涉及更广泛的文学与文化分析，本书的研究也从中受益。另外，我们都非常幸运，家里出了一位专业作家，这本书当然还要献给珍妮弗（Jennifer）。

乔纳森·罗斯

2013 年 9 月

一部政治的文学史

（代前言）

2002年2月，当全世界都在争论该对伊拉克做些什么的时候，欧洲人却用他们惯常拿美国人开涮的方式打了个比方。他们声称，小布什总统和他的顾问表现得活像好莱坞电影中的牛仔。为此，美国前中央情报局局长伍尔西在《华尔街日报》撰文回应，表示接受这个比喻当作一种褒奖。他写道：你可以把我们比作《日正当中》（他最喜欢的电影）里的加里·库珀[0-1]，当恶势力突袭小镇时，只有库珀饰演的主角执法官敢于站出来，他的邻居们都突然变成了和事佬、和平主义者、懦夫和奸细，但小镇执法官没有“放弃履行他的职责，只因为其他人都找借口置身事外了”。

与此同时，即将任法国外长的法国总统秘书长德·维尔潘[0-2]，也炮制了一个同工异曲的叙事。他刚刚出版了《百日或牺牲精神》，在他笔下，滑铁卢是一场传奇式的战役。英国欧洲事务大臣丹尼斯·麦克沙恩曾经评论道，这本书“读起来惊心动魄……对人物的描写不亚于任何一位通俗历史学家，叙事节奏引人入胜”，尽管读完以后很可能留下一个错误的印象：是拿破仑打赢了战役。德·维尔潘在书中写道，滑铁卢“焕发的光彩当得起一场胜仗”。身兼外交官和高产作家二职，他始终坚持一个观点：令法兰西“国之为国”的精神，就是追求“史诗般的集体冒险”。

两国在外交冲突问题上各自秉持的叙事，以趣闻轶事的形态证明了文学引导政治的力量。读者自然可以表示反对，说政治就是实打实的国家利益，但这无疑回避了实质性的问题：国家的兴趣究竟何在？答案当然包括权力、财富、贸易、国土和安全。可是政客们也会演戏，来展现他们自身的力量和气势，不一定总是从国家的实际利益出发。拿破仑和加里·库珀所隐喻的外交政策，未必能使法、美两国受益，也并非希拉克[0-3]和布什的个人爱好。但是，所有的政治家都喜欢讲故事，无论是盛大的波拿巴王朝神话，还是亲切的里根[0-4]轶事，这些故事都能导向政治。毕竟数年前美国人会推举一个名不见经传的政客入主白宫，很大程度上是因为他们喜欢他的故事。

所有的政治家都是作家。极少人能像德·维尔潘那样写上长达八百页的法国诗歌评论，但他们都创作并刊行文本：口头、书面、影像、广播。和作者群的情况一样，大部分政客只是转车轱辘话的搬运工，只有少数真正有创造力和远见。但无论如何，他们（或枪手）写出来的东西都推动了政治运作。所有的政治家也显然都是演员，通常按照写好的脚本来演出，偶尔也玩一把即兴的表演。

因此，我们可以用写文学史的方式来写政治史。也就是说，使用文学史的方法，我们能对政治有更深刻的理解。研究者们向作家提出了许多问题，我们可以同样对政治家发问：他们都阅读什么？写作的通行模式是怎样的？编辑、出版商、代理人、研究者、合著者、律师和审查员怎样改写他们的作品？社会经济条件、印刷技术、媒体所有权结构、宣传与分销机制、书评和文学市场需求如何左右他们的政治生涯？他们如何获得政治上十分重要的戏剧效果？政治表演者们都参与哪些文学圈子？面向哪些受众？读者有怎样的反应？是否能促使他们调整写作策略？对比研究他们的草稿和版本，能发现什么？把这些作品译入其他语言或其他媒介会怎样，尤其是电影和电视？（本研究采取的是广义“文学”定义，研究对象包括报纸杂志、历史著述、电影和广播。）尝试解答这些问题的时候，我们就深入了政治未经开发的腹地，也许就有能力解读某些看似莫名其妙的政治行为了。

温斯顿·丘吉尔[0-5]正是这种新方法的理想研究对象。作为 1953 年诺贝尔文学奖获得者，一个异常成功的二流作家，就算从未入仕，他显然也有本事凭一支笔名利双收。剑桥大学收藏了八箱丘吉尔档案，其中一箱专门是文学相关。但是，研究者几乎不曾触及他人生的这一面。在史学界，他可能是现代史上被研究得最透彻的对象之一，但是语言文学研究著作很少论及他，有时提到的只是另一个温斯顿·丘吉尔（1871—1947），进步时代[0-6]的美国小说家。曼弗雷德·韦德汉和保罗·阿尔康曾撰写评论，赞赏英国丘吉尔的作品；大卫·雷诺兹和彼得·克拉克也曾细致地分析过他的《第二次世界大战》和《英语民族史》。*但本书希望秉持一个与此前研究不同的、更具开拓意义的目标：研究丘吉尔所有的重要作品，尽力还原他的阅读和观剧经验，评估它们对他的政治的影响。对丘吉尔而言，政治和文学是同一职业生涯的两面，不可分割。从书本和舞台吸收的东西塑造了他的政治目标与方法。而换一个角度来说，他也不可避免地运用了一些艺术手段，像对待文学作品一样重铸着自己的政治经历。事实上，在一生致力创作的宏大叙事之中，他一直根据预设的蓝图来做重大的政策抉择和备忘。其他作家不过落笔于纸，而他这个艺术家却以政治为媒。

在多数激进派看来，这种著史方式并不新颖。从托马斯·杰斐逊[0-7]、威廉·格莱斯顿[0-8]、阿道夫·希特勒[0-9]、哈罗德·麦克米伦[0-10]、约翰·F·肯尼迪[0-11]到奥巴马[0-12]，他们的文学资源都已经被研究过了，还曾有一部专著《电影中的尼克松》**[0-13]。但这些成果仍然只停留在浅层，只是刚刚开始把握政治与文学的交集程度。很多政客都出版过小说，单说英美两国，就有丘吉尔、道格拉斯·赫德、杰弗里·阿切尔、安妮·威德康、埃德温娜·柯里、伊恩·邓肯-史密斯、吉米·卡特、芭芭拉·柏克瑟、纽特·金瑞奇、芭芭拉·米考斯基、威廉·威尔德、威廉·S·柯恩、加里·哈特等。至于法国的“政治作家”，那更是数不胜数了。

---

* 曼弗雷德·韦德汉：《剑与笔：温斯顿·丘吉尔先生的创作生涯》（阿尔伯克基，1974年）；保罗·K·阿尔康：《温斯顿·丘吉尔的想象世界》（路易斯堡，2006年）；大卫·雷诺兹：《指点历史：二战中丘吉尔的战斗与写作》（伦敦，2004年）；彼得·克拉克：《丘吉尔先生的职业》（伦敦，2011年）。

** 《电影中的尼克松》（*Nixon at the Movies: A Book about Belief*），芝加哥大学出版社，2004年。

在他们那代人中，丘吉尔无疑不是唯一把政治当作行为艺术的政治家。在二战的大舞台上，和他演对手戏的是一批令人难忘的角儿。早期资产阶级政权的核心成员乏味无趣，缺乏魅力，当时已经让位给希特勒、墨索里尼、罗斯福、戴高乐和丘吉尔，而他们的表现可谓乱花迷眼，龙争虎斗，各自发挥着个人魅力。在这种意义上，本书不仅是一部文学传记，还把丘吉尔和他的同辈人置于演剧史的语境中，探究了戏剧效应在政治和战争中曾被低估的重要作用。

每一项历史研究都应该以谨慎的表述起首，这并不能说明一切。我在这里强调政治中的文学与戏剧成分，是因为它们重要却未得到应有的重视，而当然并非重中之重。政府的日常事务——调动，谈判，平衡利益冲突，以及服务性成分，大体上按部就班，毫无艺术性可言。政治历史学家应该继续分析选举学和研究外交档案，但也应该意识到，文学有助于观照政治行为，这是很多传统研究方法无法实现的。如果一个原子粒子的运动轨迹不遵循已知的物理规律，那么它背后就很可能有一种未知的推动力量。我们需要了解这种力量，并把它纳入考量。温斯顿·丘吉尔的政治轨迹中正存在这样莫名其妙的偏移。

译者注

[0-1] 加里·库珀（Gary Cooper，1901—1961）：美国演员。1961年获奥斯卡终身成就奖，多饰演英雄人物。《日正当中》（*High Noon*，又译《正午》，1952年）是美国经典西部片，他因主演此片获得1953年第25届奥斯卡金像奖最佳男主角。

[0-2] 多米尼克·德·维尔潘（Dominique de Villepin，1953— ）：法国政治家。历任法国外交部长、内政部长、总理，号称“作家外长”。《百日或牺牲精神》（*Le Cent Jours ou l'Esprit de Sacrifice*，2002年）是他撰写的一部关于拿破仑“百日政变”的历史小说。

[0-3] 雅克·希拉克（Jacques Chirac，1932— ）：法国政治家。前法国总统，1995至2007年在任。

[0-4] 罗纳德·里根（Ronald Reagan，1911—2004）：美国第40任总统，1981至1989年在任。

[0-5] 温斯顿·丘吉尔（Winston Churchill，1874—1965）：本书主要研究对象。英国历史学家、政治家、画家、演说家、作家、记者。1940至1945年、1951至1955年间两度任英国首相。凭回忆录《第二次世界大战》中《不需要的战争》一卷获得1953年诺贝尔文学奖。著有《我的早年生活》《英语民族史》《第一次世界大战回忆录》《第二次世界大战回忆录》等。

[0-6] 进步时代（Progressive Era）：指19世纪90年代至20世纪20年代美国社会活动和改革繁荣的时期。

[0-7] 托马斯·杰斐逊（Thomas Jefferson，1743—1826）：美国第3任总统，1801至1809年在任。

[0-8] 威廉·格莱斯顿（William Gladstone，1809—1898）：英国政治家，曾四次出任英国首相。

[0-9] 阿道夫·希特勒（Adolf Hitler，1889—1945）：奥地利裔纳粹德国政治家、战略家、演说家。纳粹德国元首，第二次世界大战兼种族灭绝计划核心人物。

[0-10] 哈罗德·麦克米伦（Maurice Harold Macmillan，1894—1986）：英国政治家、教育家、作家，保守党成员。1957至1963年任英国首相。

[0-11] 约翰·F·肯尼迪（John Fitzgerald Kennedy，1917—1963）：美国第35任总统，1961至1963年在任。著名的肯尼迪家族成员。

[0-12] 贝拉克·奥巴马（Barack Obama，1961— ）：美国第 44 任总统，2008 年至今在任。美国历史上第一位非洲裔总统。

[0-13] 作者马克·菲尼（Mark Feeney）：美国当代著名作家、记者。2008 年普利策奖得主。

一、狂热的戏迷

人们都知道丘吉尔小时候喜欢摆弄玩具士兵，但他的传记作者经常忽略另一个同样显著的事实：他同样喜欢他的微型剧场。十三岁那年，姑妈莱奥尼和克拉拉送给他一座玩具舞台，当时他称之为“无与伦比的乐趣源泉”。他的家庭教师詹姆士·西奥多·贝斯特明文允许，并告诉他“热爱戏剧是很好的”。他写信给母亲，热烈地要求添置更多的配件，并且许诺“回家会好好表演一场”。多年后，丘吉尔回忆时说：“我当然记得去拜访老街[1-1]的韦伯先生”——维多利亚时代[1-2]优秀的木偶剧艺人，“有时还花钱请他表演一些剧目，我记得最好的一出是《米勒和他的部下》。有那么三四年，木偶剧是我最大的爱好。”他一直玩到了十六七岁。韦伯的儿子还记得他频繁而热情的光顾：“他是个乐天而冲动的少年，我永远都忘不了他翻跃过我家柜台的样子。”

丘吉尔一生都是剧院热心的常客。他的档案中有几个文件夹的订票收据，遗憾的是收据上没有标明他都看了哪些戏。但是，我们可以从其他渠道了解到他的大部分观剧记录，这对理解他的政治生涯是至关重要的。和大部分政治家比起来，他是一个公众表演家，总是站在舞台上，处于角色状态。他毕生散文作品的显著特征，就是大量戏剧性的隐喻。他的许多最关键的政治抉择都是表演行为，其中一些甚至只有放置到戏剧史语境中观察才有意义。

丘吉尔在维多利亚时代晚期的上流社会度过了童年，彼时看戏是体面、时尚、普遍的行为。丘吉尔曾经提及他年轻时对私人演剧的“醉心”，他热衷于学校的戏剧表演，曾在小歌剧里扮演罗宾汉，还有莫里哀[1-3]《屈打成医》里的玛蒂娜。他喜爱吉尔伯特[1-4]、苏利文[1-5]和圣诞话剧。在哈罗公学[1-6]时还参加了背诵莎士比亚戏剧的比赛，在二十五个男生中排名第四。他甚至可能曾在戏剧创作上一试身手，1887年10月他弟弟杰克告诉父亲，温斯顿“在为圣诞节写一部希腊式的戏剧”。

丘吉尔的母亲珍妮[1-7]生于曼哈顿富人家庭，家中豪宅有可容纳六百人的私人剧场。和伦道夫勋爵[1-8]结婚以后，夫妻两人经常谈论最新的戏剧。1909年，珍妮自己创作了一部剧本《狐假虎威》，篇幅很短，却包含不少恰如其分的警句，比如：“政客和演员有什么不同吗？两者都一样渴望着热烈的欢呼与掌声，也一样惴惴于得失与否？”写下这些时，她心中所想的可能正是她的丈夫和儿子。温斯顿从父亲那里学到了政治的表演艺术，正如贝特丽丝·韦布[1-9]所言，伦道夫勋爵是个令人炫目的公众表演家：

> 我们可以回顾19世纪后半叶，政治艺术家所处的特殊阶段。我们没有政治家，所有领导着党派的成功政客都只是艺术家。格莱斯顿、迪斯雷利[1-10]、伦道夫·丘吉尔、张伯伦[1-11]和失败的罗斯伯里[1-12]，所有这些人都拥有演员的特质：个人魅力、非凡的柔韧性和敏捷的思维。

戏剧评论家马克斯·比尔博姆[1-13]称，人性在1880年前后有了变化。他认为，在那个时间点上，“英国的社会结构发生了重大变化”，摆脱了维多利亚时代的含蓄，开始张扬戏剧性。“时尚界和艺术界相融合，引起了一场革命。”唯美主义运动渗透了一切，包括议会政治。自由党领袖W•E•格莱斯顿、爱尔兰旗手查尔斯·斯图瓦特·帕内尔[1-14]和激进的无神论者查尔斯·布拉德劳[1-15]，都在其中无比活跃。“尽管演说磕巴、风度浮夸、粗枝大叶，但伦道夫·丘吉尔仍然是他那个年代最出色的议员。”

伦道夫勋爵带领一小派新贵保守党议员，成了所谓“第四党”，在《晨邮报》和《名利场》上赢得了不少公众支持。

1880年7月，《名利场》评价伦道夫在集团内表现得最令人瞩目，虽然他本人的态度不够认真：

> 说实话，他不大考虑现实问题，论调不总是合理，态度也太不认真，连装都不装一装。但他在其中确实算是不错的了。……下议院也应该被当回事了，换句话说，一帮大部分无所事事的有钱绅士也该想个法子排遣无聊了。除非真的表现得很好，让人们想起莫杰斯卡[1-16]和伯恩哈特[1-17]，要不然人们抱着这种想法，吃完晚餐回头看看议院，只会被逗乐，同时对那些豪言壮语深恶痛绝。伦道夫·丘吉尔勋爵掌握了这一要领，自然跃居人上。[1-18]

伦道夫勋爵最喜欢的戏码是意想不到的事变，甚至连他“第四党”的亲信们都震惊了。他认为第一次布尔战争[1-19]“就像一个晴空霹雳”，提议呼吁英国停止军事行动，和布尔人和谈。他建议投掷一枚“政治炸弹”，将1881年爱尔兰高压法[1-20]的时限修正为一年。这些举措和主流保守党的立场大相径庭，但他自己也承认，他的托利党[1-21]民主“主要是机会主义”，这成功地赢得了公众的注意力。当时《波迈公报》报道，他的公开演说充斥着夸张的手势，他在讲台上踱步，“就像真站在舞台上一样”。他给对手们贴上了小报记者津津乐道的浅显标签：格莱斯顿就是“中洛锡安郡[1-22]的魔头”，约瑟夫·张伯伦“这个冒牌罗伯斯庇尔[1-23]”云云。他攻击格莱斯顿最著名也最直白的言论，发表于1884年1月24日的布莱克浦[1-24]：

> 先生们，我们生活在一个广告的时代，霍洛威[1-25]药片的时代；我们拥有科尔曼的芥末，霍尼曼的纯品茶叶；铺张的广告在商业上大获全胜，而自由党秉持其一贯的生意经，在政治上也如鱼得水。首相大人就是个人政治推销的顶尖好手，什么霍洛威、科尔曼、霍尼曼，和他比起来根本不值一提。他的一言一行，无论是旨在养生，纯属消遣，还是出于宗教情怀，都恨不得写成惹眼的大字报，让大英帝国的男女老少一览无余。

事实的确如此，格莱斯顿在弗林特郡的庄园霍瓦登堡亲自伐木，一度成为媒体关注的事件。他曾经接待了一个工人代表团：

在别人看来，应该在屋子里接待代表们，书房、客厅或者哪怕是餐厅。但都不是，那可成不了“爆炸性”新闻。他安排了另外一幕场景。工人们被指引着穿过花圃，进入广袤的园林……在那儿……首相正和一棵摇摇欲坠的大橡树殊死搏斗，不修边幅，汗流浃背。工人们有机会目睹这一幕，对他崇拜敬仰，引以为范；每个人都带走几小片木头，来纪念这难忘的际遇……

与此相类，格莱斯顿领导的著名“中洛锡安运动”[1-26]，自1880年发起后，数年间屡次重演。伦道夫勋爵哂之为做戏：“每一站演的都是老把戏：老布景，老行头，老班底。他们把自己弄得拖泥带水，灰头土脸……”可这是彻头彻尾的五十步笑百步，没有哪个政客比伦道夫·丘吉尔更会不择手段自我推广了。他完全把广大选民玩弄于股掌之间，大众媒介生产和广告业的发展，都摇身一变，成了政治的基本规则。光在议会的奥林匹斯山上演说是远远不够的，还要懂得打造新的名流文化，光鲜亮丽地公开秀出来。伦道夫勋爵有一个智囊团专门为他起草朗朗上口的口号，既有押韵的顺口溜［“阿尔斯特战斗（fight），阿尔斯特正确（right）”[1-27]］，也有活用的典故（格莱斯顿就是个“莽老汉”[1-28]）。他对自己的战略定位是保守党新闻处的首脑。中央通讯社（路透社的竞争对手）全文刊载了他的演说，只有格莱斯顿、张伯伦和保守党领袖索尔兹伯里勋爵[1-29]曾经享有同等待遇。

多数传统的政客可能不信任且反感伦道夫勋爵，但彼时他们不得不和他打交道。1885年，《笨拙》周刊[1-30]把他描述成一个爱慕虚荣的角儿，对他的经纪人索尔兹伯里颐指气使。而另一个较早期且不那么友好的传记作家J•B•克罗齐耶，则认为伦道夫勋爵是一个无聊的公众演说家，由媒体炒作起昙花一现的名声；他那些被称作“摘锦”的机灵口号，只是把问题简单化，并漫画化地讽刺对手，却被报纸无休止地重复；社论可能在谴责他，但新专栏还是满足了他孜孜以求的曝光率。“一个政客的最高待遇就是被媒体狂轰滥炸，”伦道夫勋爵曾沾沾自喜道，“有人赞扬当然好，但被人忘得一干二净才可怕呢！”

年轻的温斯顿同样津津此道，他在1906年为父亲所作的传记中写道：“朝臣遗老们这下没法对支离破碎的以讹传讹表示不满了，因为《泰晤士报》连篇累牍地报道了这个三十二岁毛头小伙子的演说。”[1-31]他的演说没有一以贯之的原则，也没有严谨的政策主张，却依然吸引了大众的注意力，因为：

> 它们完全新鲜，原生态。风趣又恣肆，警句、比喻、论据，都是“伦道夫式”。没有人猜得出他下一句要说什么，怎么说，也没人能比肩同步有样学样。他有一种奇异的特质，不知所起又难以效法，在引人注目的同时自说自话。字字经推敲，步步引惊叹。

温斯顿反叛他所受的古典教育，很少用拉丁文典故，但他在此处引用了塔西佗的名句：“他有一种能够漂亮地炫耀他的一切言行的本领。”为免引起平庸的保守党的质疑，温斯顿先引用了蒲伯的名言，然后是马基雅维利的：

> 我不效忠任何主上，亦无派别，
> 我每叩门，惊起风云。[1-32]
>
> 但是，在这一点上，我得相信，冲动有时比谨慎好。屈服于钱财的女人，必然得仰人鼻息，比起胆小局促的，她显然更听那些颐指气使的人的话。自古嫦娥爱少年，因为年轻人更加无所顾忌，激情洋溢，更有发号施令的魄力。[1-33]

在这种名流文化中，虚构与现实的界限被消弭了。没有人知道，伦道夫勋爵是真的有坚定的信念，还是只是一味哗众取宠；他究竟是个真人，还是他自己创造出来的戏剧人物。在温斯顿看来，他的父亲表现得活像他所熟悉的一些文学和戏剧作品中的角色。贾斯汀·麦卡锡的小说《叛逆的玫瑰》（1887年）和R•F•瑞伊的《美国公爵夫人》（1890年）显然影射了伦道夫勋爵，而瑞伊的《贝勒小姐罗曼史》（1887年）和J•M•巴里[1-34]

的第一部小说《死了更好》（1888 年）则毫不掩饰地直指了他。此外，伦道夫勋爵还发明了一种早期的媒介研究模式，一种巧妙地“计量名声”的定量研究方法：他去烟草商店，数火柴盒上的名人头像，比较他自己和格莱斯顿、张伯伦乃至莉莉·兰特里[1-35]谁的更多。1883 年，珍妮带着温斯顿去看了一场滑稽剧，其中有一只狮子狗，就被命名为伦道夫·丘吉尔勋爵。而 1885 年珍妮看过的另一场戏《候选人》中，也提到了她的丈夫。1890 年，温斯顿的姨妈弗朗西斯写信给他，说维克多·雨果[1-36]的剧作《吕布拉》（1838 年）在上演，其中有一支讽刺小调“拿你父亲开涮”；同一封信里她还提到，那期《笨拙》周刊的整版漫画也在拿伦道夫勋爵推介禁酒令的事挖苦他。1891 年的政治闹剧《圣女贞德》再次在舞台上戏谑伦道夫，直到张伯伦下令管制讽刺作品。子承父业，后来温斯顿也化身成为了不少小说中的角色，那是后话了。

1886 年，伦道夫勋爵成了索尔兹伯里麾下的财政大臣，但是曝光欲害了他。他试图通过削减所得税再掀一场政治风云，但这也要求陆军与海军同时削减开支，对保守党政府来说不是什么好主意。内阁显然不赞同，于是伦道夫勋爵在未和妻子商量的情况下，于 12 月提出辞职。如张伯伦所言，这可能又是一场政治秀，“大臣辞职的经典戏码年年来”，意在施压政府削减预算。而索尔兹伯里竟然当真接受了他的辞职申请，引来了一场公关灾难：除了《晨邮报》，所有报纸都在谴责伦道夫勋爵，他的政治生涯从此一蹶不振。虽然既是政坛败将又是冷漠的父亲，但他的儿子依然认为，他的一生是“一出伟大而鲜活的戏剧”。温斯顿敏锐地意识到，伦道夫勋爵一度成功地把自己打造成了媒体现象，他认真研究了其中原理：

> 我们过路人脱帽向他致敬，工人看到他的大胡子就笑。多少年来，我读过他说的每一句话以及报纸上对他的评论。虽然他只是一位孤立的无公职议员，但是所有报纸对其即使是在小市场上所讲的每句话都进行一字不漏地报道，大家对每句话都逐字推敲。

1930年，温斯顿出版了《我的早年生活》[1-37]，此时他已经明白父亲的政治秀为何以失败收场。他曾经提出“置之死地而后生”，然而在20世纪30年代前期就发现，在一个追求政治冷静与紧缩的时代，这并不奏效。但他依然认为，伦道夫勋爵的功绩应该用他所扮演的角色来衡量，“取决于他的人格给他的同时代人留下的印象，而不取决于他的言行。如果形势一直保持有利，这种深刻印象也许会发挥决定性的作用。他天生具有这种力量和魅力。”

温斯顿十五岁的时候就常常出没伦敦的公立剧场，观看《百万英镑》之类的情节剧[1-38]，彼时他可能还在玩着玩具舞台。情节剧深深地形塑了他的修辞和政见，通俗的文艺与高深的治国之道在他身上的融合程度，远远超出了常人的想象。当小布什说“本·拉登，来一决生死”的时候，大家都听得懂，这是美国西部片的经典台词。但要从丘吉尔的散文中剥离出戏剧的成分是很难的，因为时至今日，除了少数戏剧史学家，恐怕没有几个人记得那个年代的戏剧腔调了。但在当时，人们对此熟知，并且知道丘吉尔在运用它们。就连他的保镖也曾经用“做戏”一词来概括这位伟人。那么要“做戏”，在此就要先来个剧情简介。

在滑铁卢战役和索姆河会战之际的年代[1-39]，情节剧在英国流行文化中占据了统治地位，正如从南北战争结束至越战期间，西部片在美国流行文化中的地位一般。除了剧院，情节剧的身影还弥漫在小说（尤其是司各特[1-40]和狄更斯[1-41]的作品）、报刊和历史写作中。政治修辞经常征用情节剧的主题和语言，其中一个案例是民众对1834年济贫法的抗议。[1-42]学者迈克尔·布斯[1-43]将情节剧定义为“一个确凿的世界，没有混乱，没有怀疑，也没有纠结；一个善与恶黑白分明的世界；一个正义的世界，历经劫难，赏善罚恶”。好人往往要忍受艰苦的磨难，但是：

> 枪击、扼颈、绞刑、中毒、溺水、刺伤、自杀、爆炸、火灾、雪崩、地震、火山爆发、海难、火车事故、闹鬼、苦命的女主角、受迫害的男主角以及可怕的恶棍，这些只是必然的大团圆结局和树立美德典范的漫长前奏。观众都深知明镜高悬，

无论多么艰难困苦，善恶终有报，于是就能充分欣赏过程中的罪恶与恐怖。

正因为如此，情节剧中的角色都是千篇一律，一眼望到底的。恶棍策划阴谋，他“思来想去，挑来拣去，着手行动，改变计划，酝酿新的阴谋”，并且通过旁白，直白地把自己的计划展示给观众。而主角丝毫没有察觉小人的诡计，不然就会采取行动制止他了。布斯不得不承认：“主角真是蠢。”但情节剧的基本观念从根本上说是自由主义的：农民谴责贵族，工人反抗资本家，水手对阵船长，义军讨伐暴君，贞女抵拒色鬼。还有最喜闻乐见的主题：无辜者蒙受牢狱之灾最后洗脱冤情。主角对抗邪恶，永不服输，宽恕被打败的敌人，待人真诚宽大。或者就像丘吉尔自己的题词：

战时果断
败后不屈
胜时怀仁
和时亲善[1-44]

情节剧靠“煽情和快进”切换场景，虽然在舞台上实现这些十分困难且代价高昂。它常常通过大爆炸达到高潮，锅炉爆炸，火车头爆炸或者火药桶爆炸。在烦琐的玩具安全管理条例还没颁布之前，孩子最喜欢在家拿迷你舞台和各种零件模拟这种效果。小温斯顿最喜欢的一出戏剧，艾萨克·波考克[1-45]的《米勒和他的部下》，就以令人难忘的烟火表演收场。情节剧的台词以夸张和戏剧性为典型特色，常常强调铿锵有力、以字母“r”结尾的卷舌音。有时候没有卷舌音，比如丘吉尔号召人民抵抗纳粹的时候，他就自己给“纳粹”的“纳”加了个卷舌音。

伦敦的阿德菲剧院最擅长此道，“阿德菲情节剧”已经成了公认的金字招牌。1890年9月，十五岁的温斯顿被他们的新作深深地震撼了——乔治·西姆斯和罗伯特·布坎南[1-46]的“杰作”《英国玫瑰》。他对母亲一口气滔滔不绝地描述道：“表演好，服装好，完美地搬演，布景华美，音乐也极棒。”其时温斯顿已经能欣赏戏剧性的舞台艺术，他指出，《英国玫瑰》包含三大要素：“美女，老派的英雄男主角，厉害的反派。”《英国玫瑰》是一出爱尔兰情节剧，但剧本在某些方面和当时流行的风格大相径庭。《泰晤士报》曾刊登评论，赞扬西姆斯和布坎南勇于逆潮流刻画爱尔兰：

> 这片领土充满紧身及膝短裤、无边帽、橡木小手杖、守夜人、吉格舞、地下酒吧和轻便双轮敞篷马车，黑眼睛的姑娘们穿着短裙，“男孩儿”总是求战心切，牧师戴着铲形帽，亲切地称呼着“您呐”，士兵穿着乔治时代的制服……他们把爱尔兰搬上了新近的舞台，一扫此前喜剧演员对爱尔兰性格的滑稽表现。

实际上，《英国玫瑰》是情节剧与“问题戏剧”的混合体。“问题戏剧”旨在探究当下的社会政治问题，它所描绘的：

> ……不是布希科[1-47]或者查尔斯·里威尔[1-48]的爱尔兰，而是每天报纸上和帕内尔委员会的爱尔兰。司法税、恐吓信、警方保护、月黑风高夜、杀人放火天……这些与守法的良民、流芳的美德共存共生。或许也有人认为，这是流行娱乐热衷玩弄的危险元素。

情况的确很复杂。十年前，迪翁·布希科试图通过《奥多德》在舞台上一抒爱尔兰的不平之气，但随之而来的争议令他被迫中止演出。情节剧是爱尔兰民族主义的动力之一，因此，张伯伦频频审查煽动性的舞台语言。正如《泰晤士报》所言，西姆斯和布坎南费了好大劲“调停各个党派，令作品立场不偏不倚，去政治化。换句话说，联合派和自治派都会为《英国玫瑰》叫好，在强有力的戏剧主题的魔力下，所有的政治党派都雨露均沾”。赫尔伯特·马尔库塞[1-49]在1968年的随笔《文化的肯定性质》中指出，“问题戏剧”通过揭露而非解决社会弊病来表达政治异见，维多利亚时代晚期的伦敦西区剧院同样深谙此道。

《英国玫瑰》的情节围绕一位英国绅士展开，菲利普·金士顿先生从破落的爱尔兰士绅巴利伦尼爵士手中收购康尼马拉地区的土地，而巴利伦尼英俊的儿子哈里·欧梅利和金士顿迷人的侄女艾瑟尔坠入了爱河。剧中出现了一些不满向英国纳捐的佃户，但唯一真正的恶人是菲利普的代理人麦克唐内尔，他挖雇主的墙角，同时觊觎着艾瑟尔。为了遮掩恶行，杀人灭口，麦克唐内尔唆使佃户谋杀菲利普，并意图嫁祸欧梅利。欧梅利识破阴谋，飞马营救，但是晚到一步，真凶手中冒烟的枪管反而到了他的手里。欧梅利被判处死刑，又被富有正义感的起义民众救出，最终平反昭雪，和艾瑟尔终成眷属。

《泰晤士报》准确地洞察了这出戏剧大获成功的原因。伦敦观众可以洋洋自得，觉得欣赏了较之一般的爱尔兰罗曼史更加严肃的作品，而事实上“只是乍看如此，作者并未在老式情节剧的套路之外另辟蹊径”。除了那个邪恶的代理人，所有人都是本性善良的。英国与爱尔兰长达七百年的矛盾冲突，在西姆斯和布坎南的笔下，淡化成了“一场轻描淡写的误会”。

丘吉尔对爱尔兰问题的观点，和《英国玫瑰》中简单的政治乐观主义完全一致。他不偏不倚地认为，联合派和自治派（非共和党）的忧虑与不满都是合理的，可调停的；爱尔兰一直是受害者，受到的不公正待遇应当通过英国的司法来矫正，也应该在大英帝国的管辖之下（而非独立出去）获得更多的自主权。1896 年，他写信给爱尔兰裔美国政治家伯克·科克伦，称：“英格兰过去对待爱尔兰的方式太可耻了。”但他也知道，“用现代标准来评判现代司法制度尚未建立的年代，不大公允。”千百年前，爱尔兰的天主教徒就受到了残酷的压迫，但较之法国的胡格诺教徒[1-50]和沙俄的农奴，还不算太糟。让维多利亚女王为奥利弗·克伦威尔[1-51]犯下的罪行买单，也失之公平。尽管依然有滋事者致力于“挑动民怨”，但爱尔兰的问题“差不多解决了……今日的爱尔兰没有暴政。爱尔兰农民和英国劳工一样，得到了自由和优待。减轻痛苦，疗治旧创，所能已尽”。他预言爱尔兰终将自治，只是必须处在某种更庞大的帝国联邦制度下。

若干年后，丘吉尔在萧伯纳[1-52]的戏剧《英国佬的另一座岛》中看到了对爱尔兰情节剧的戏仿。和《英国玫瑰》比起来，它对爱尔兰的落后与粗鄙怀有更多偏见。萧伯纳断然拒绝“将圣乔治海峡视为边境，在都柏林国会大楼升绿旗……我希望爱尔兰有一个大国的精气神，而不是鲁滨逊·克鲁索[1-53]的小岛”。后来，丘吉尔回忆这场演出时表示：“我们所见爱尔兰民族所受的欺诈、压迫与蓄意削弱，并不亚于它迷人的魅力与气质。那些自由主义自治派，本来希望萧伯纳能认可并为他们辩护，结果发现自己反而成了舞台上的讽刺对象。”萧伯纳不反对自治法，但他的剧作传达了一种思想：只有与更加庞大的英语世界融为一体，爱尔兰才能摆脱贫穷与落后。

在犹太人问题上，丘吉尔也间接地受到了《英国玫瑰》的影响。这一剧作并未提及犹太人或犹太教，但情节与四年之后亦即1894年发生的德雷福斯事件[1-54]惊人地相似：一个流离族裔的勇士蒙受不白之冤，但最后被证明无辜。1898年9月8日，丘吉尔从恩图曼[1-55]写信给母亲，这是他认同犹太人事业的第一份记录：“左拉万岁！我非常高兴见证这个大阴谋彻底崩溃！”直到1929年，他仍然执着于论战，令他沉迷的也正是政治的舞台效应。“德雷福斯案的进展真了不起，”他告诉母亲，“自从角斗被禁止以后，全世界都没看过这么精彩的一出戏了——真是血肉横飞！”德雷福斯事件为全欧洲所心系，很大程度是因为它具有所有情节剧的要素：轰动的庭审现场，一个蒙冤入狱的人，主角被剥掉军装后高呼“共和国万岁”，为他辩护时义正词严的长篇演说。1895年，由西摩·希克斯和乔治·爱德华兹[1-56]主演的“阿德菲情节剧”《数一数二》再现了英格兰的丑闻。在萧伯纳看来，不太令人信服：“法国被情节剧统治了，人人都做起戏来”，有鉴于此，英国更应该“尽可能用最悄无声息的方式，来避免产生我们的德雷福斯，而不是连轴搬演‘大反转’，为他们广而告之”。

所谓“大反转”，是一种长盛不衰的戏剧模式：扣人心弦的情节大转折。它可能陷主角于困境（比如欧梅利因为持有凶器而被捕），也可能助他一臂之力（比如萧伯纳剧作《魔鬼的门徒》中对迪克·达吉恩的“最后一分钟营救”）。但无论哪种方式，它都应该出其不意，令观众悬心。它也可能成为一种政治策略，伦道夫·丘吉尔经常玩弄此道，却不常得手，在辞去大臣职务这一关节上尤甚。而我们也可以看到，“大反转”也是温斯顿最爱的文学与政治把戏之一，其后果也是甘苦参半的。

阿德菲剧院与帝国剧院的另一种主打剧目是帝国主义情节剧，年轻的温斯顿是这两家剧院的常客。在他的著作中，如果没有特殊说明，他经常提到的剧目一般都是这一类型。主角往往是身在非洲或印度的英国（偶尔是法国）士兵，而当地人通常分为三种：一种是“良民”，忠诚、幼稚、没有主见，对英国的统治感恩戴德；一种是被武装反抗英国的“恶人”强迫或者教唆的；此外，还有一种是奸险小人，可能是当地人，也可能是欧洲人，最后被揭穿是“叛徒”。起义的“恶人”也许会被尊为一位勇敢的对手，最广为人知的例子就是鲁德亚德·吉卜林[1-57]笔下的“毛软软”（“你是个愚昧蛮夷，但也是个高贵的战士”），而奸险小人才是下流可鄙的。1885年，有两出伦敦戏剧都表现了那一年戈登将军[1-58]的败绩，将它美化为英国的胜利。两部作品里，奸诈的投机者都扮演了重要角色：在《喀土穆！》中，企图在英国军舰上安装炸弹；在《人之本性》中，则是打开城门应合马赫迪军队的进攻。《喀土穆！》也塑造了“良民”形象，一位迷人的“沙漠女王”警告“恶人”马赫迪[1-59]：“你所反对的民族虽然迥异于我们，但是注定要给这片土地带来希望与自由，那些你因为全然不知而无法施与的希望和自由！”这样的台词今日看来可能会觉得可笑，但是当时确有殖民地人秉持这样的言论。1918年，曾经有人鼓励印度人为大英帝国而战，对听众言之凿凿地宣称，英国“热爱正义……非常珍视个体的自由。他们为反抗压迫的人提供庇护……不该为战争中牺牲的子弟悲伤，应该为勇士们欢欣”。这位为英国征兵的不是别人，正是圣雄甘地[1-60]。

布尔战争（1899—1902年）[1-61]之后，帝国主义情节剧开始淡出舞台，转向电影银幕绽放第二春。其中具有典范意义的代表作有《抗敌英雄》（1935年）、《古庙战笳声》（1939年）、《西北前线》（1959年，肯尼斯·摩尔主演，赫伯特·罗姆饰演反派，一名奸诈的混血儿）。

没有直接的证据证明丘吉尔曾经观看过《喀土穆！》或《人之本性》，但是帝国主义情节剧是一种高度程式化的产品，他肯定观看过与之类似的戏剧。1891年，他观看了《沙皇的邮件》，根据儒勒·凡尔纳[1-62]1876年的小说改编的戏剧。剧作的背景设置在俄国，而实际上全在为大不列颠的帝国主义歌功颂德，沙皇与西伯利亚影射的即是女王和印度。布哈拉酋长[1-63]率领鞑靼叛军入侵北亚，意在欧洲。俄国派兵围救伊尔库茨克[1-64]，但电报线被切断，将领米歇尔·斯托戈夫单骑突围，向城内送去援兵的消息，中途被俘。酋长根据《古兰经》的信条，用烧红的剑刺瞎他的眼睛，戏剧十分明晰地向观众展示了这一段情节。随后鞑靼军队用火器攻城，舞台烟火效果甚为壮观。一个叛变的俄国军官几乎将城池拱手让人，但是斯托戈夫再次出现，居然没有失明，还挫败了他的阴谋。最后，斯托戈夫向母亲解释了这一奇迹："当我回忆起最后一次见到您的慈容时，妈妈，我的眼睛里充满了泪水，烧红的铁剑只能烘干我的泪水，不能摧毁我的视力。"

从上述最后一段就不难看出，情节剧为何会在嗤笑中淡出舞台。丘吉尔怀着青春期的热情接受了这种戏剧形式，尽管当时它在伦敦观众眼中已经逐渐显得腻味、老套和荒唐可笑。《英国玫瑰》在平民中掀起了热潮，但《泰晤士报》和《波迈公报》等大报则认为它恹恹无趣，在后者看来，它只是"把情节剧的老套子拼拼凑凑……拿爱尔兰的新瓶装了旧酒"。1895年，萧伯纳也曾指出，"首演观众的质疑很明显愈演愈烈，这是自然反应，这些剧作家十有七八的卖点是造作、虚假和荒诞不经，他们沽名钓利，极度藐视英国观众的品位和智商。"伦敦观众大多再也受不了陈词滥调了。"'小人暗算'或者'阵前别母'之类的，都只能当成笑料来看。但是有意戏仿之作当是例外。少数仍能接受这些桥段的人被贬低为'感伤派'和'雏儿'，老戏迷以冷嘲这些'腐朽'为荣，为他们的高明鉴赏自命清高，沾沾自喜。"萧伯纳此言正指了那些讥笑他《布拉斯庞德上尉的转变》（1900年）的滑头观众，全剧故意戏仿了帝国主义情节剧的所有传统元素。在后来的美国西部片中，《狼城脂粉侠》（1965年）、《小巨人》（1970年）和《灼热的马鞍》（1974年）的地位和遭遇也与之相似。[1-65]戏仿之作是濒死文类的回光返照，但是丘吉尔终其一生都没有接受情节剧已经消亡的事实，他深爱并不断在政治上搬演它。除了爱尔兰和帝国主义，维多利亚时代的舞台还展现了无数种主题的情节剧：政治、革命、军事、监狱、资本家，甚至禁酒。丘吉尔搬演了所有这些主题，当然最后一种除外。

事实上，丘吉尔的第一场政治秀是一出反对禁酒的闹剧。在桑赫斯特军校[1-66]的时候，他每个月有两个周末休假，经常和朋友们去帝国剧院看戏，聚集在特等包厢后面的休闲区。在《我的早年生活》中，他曾提及，“年轻男女不仅演出间和幕间休息时一起交谈，而且时不时地喝酒提劲。”1894年夏天，伦敦市政议会的女议员劳拉·奥米斯顿·钱特“指责这些寻欢作乐者饮酒无度，道德败坏，她企图关闭幕间休息区，尤其是与其相邻的酒吧”。《每日电讯报》发文《假正经阴魂不散》反击这一论调，其他报纸也加入论战，这激起了丘吉尔的行动欲。他志愿参加自由派组织“娱乐保护协会”，成了一名活动分子，后来发现这个组织除了创始人自己，别无成员。但他还是成功地在《威斯敏斯特公报》发表了一篇激烈的抨击文章：

> 比起卫道的假正经，改善社会条件和普及教育才是提升公众素养的途径……不管是法律条文还是许可委员会的决议，国家干预都不可能根除积恶……国家应该保障每一个社会成员尽可能地远离侵害，管理必须顺应人性而非一味教化人性……卫道团希望用议会法案来消灭罪恶，愿意牺牲掉主体的大部分自由，但反对假正经的一派则主张少压制、更温和的方法。

钱特最后不得不接受丘吉尔所说的“典型的英国式妥协”，“座位和幕间休息区用屏风隔开”。但对热血青年们而言还是太拘束了，他们毁坏了屏风，丘吉尔发表了他人生第一场政治演说，庆贺大家为英国的自由献出的一臂之力：“这令我想到了尤里乌斯·凯撒[1-67]死时的情景，阴谋者冲向大街，手中挥舞着杀死暴君的血淋淋的短剑。”*

初试身手之际，丘吉尔就提出了几个将在未来政治生涯中进一步发挥

---

* 丘吉尔在著作中总是对性讳莫若深，他没有提及令保守的活动家们无法忍受的真正原因：剧院休息区有娼妓出没，台上的舞者衣着暴露。

的主题，尤其是自由意志论和反清教主义。值得注意的是，他在剧院里发表了第一次政治演说，打响了人生第一场政治战役。对于温斯顿来说，政治是表演，正如其父伦道夫勋爵所为。他继承了父亲吸引报纸注意力的手段，包括把习语改成俏皮话（如果说格莱斯顿是“莽老汉”，那钱特和她的卫道士姐妹们就是“莽老太”）。结果大获全胜：温斯顿向母亲和兄弟展示了他的文章剪报，并试图从他难以取悦的父亲那里求得称赞（“我知道你一定不赞同这种强制性的无用功”）。

丘吉尔此举的灵感，可能来源于一位著名的反清教主义剧作家。维维安·贺兰[1-68]曾提及：“温斯顿·丘吉尔曾被问及平生最想和谁晤谈，他毫不犹豫地回答：‘奥斯卡·王尔德[1-69]。’”这句话可能是杜撰，然而有更多的证据证明了王尔德对温斯顿的影响，不可尽信又不可不信。丘吉尔从未像对待萧伯纳和其他很多作家一样明确深入地讨论过王尔德，但是，他可能曾经不指名道姓地向王尔德表达过敬意。

王尔德和珍妮·丘吉尔是惺惺相惜的朋友，早在1888年就有通信。珍妮很喜欢引用王尔德的《不可儿戏》，王尔德认为她“才貌双全”，而她也投桃报李地称赞他“健谈的口才无人能比”。温斯顿明确地支持王尔德的启蒙式享乐主义，他的保镖沃尔特·汤普森曾经“听他说传言奥斯卡·王尔德一天能喝三瓶白兰地，他希望他也能有机会试试”。他偶尔也引用王尔德的警句，比如把寇松勋爵主张处死威廉二世[1-70]的提议，比作“英国乡绅赶狐狸——穷追，追时说不出口，追着了吃不进嘴”*。当然，他很可能只是在看报纸或晚宴聊天时学到了这些连珠妙语，而不是自己读了原作或者看了演出。然而，在纪念萧伯纳的时候，丘吉尔还写过这样的句子：“王尔德在他的面前灰飞烟灭，他的作品全副武装：机警的智慧，富有张力的对白，更有挑战性的主题，更强的建设性，还有更加深刻、更加发自本能的理解力。”** 假如不熟悉王尔德作品，丘吉尔怎么知道他不如萧伯纳？

---

* 王尔德：《无足轻重的女人》，1893年。

** 丘吉尔：《当代伟人》（纽约，1937年）。

即使真的身为王尔德的爱好者，他也有可能刻意隐瞒这一事实。1895年，一群来自第四骑兵团的年轻军官，包括丘吉尔在内，曾经试图阻止一名新晋军官艾伦·布鲁斯加入军团。1896年2月，布鲁斯的父亲A·C·布鲁斯-普莱斯声称，原因是他儿子知道丘吉尔在桑赫斯特军校曾经犯下“奥斯卡·王尔德式的不道德行为”。和王尔德一样，丘吉尔起诉对方诽谤；和王尔德不同的是，他打赢了官司，获得庭外道歉和500英镑的赔偿。但这并没有结束，亨利·拉伯谢尔*主办的《真相》周刊致力于谴责军队丑闻、社会不公现象和犹太人，曾经激烈地针对丘吉尔，认为他是陷害布鲁斯的幕后黑手。1896年6月25日的报道曾隐约提及布鲁斯-普莱斯的指控，但故意持不相信态度，狡猾地煽风点火，同时也为自己规避诽谤的风险。随后几个月，《真相》一直关注着布鲁斯案，极尽攻击和讽刺之所能（“骑兵中尉为所欲为，处分记录：无”），同时极力声明杂志不会被诽谤诉讼的威胁吓倒。1899年，《真相》用难以掩饰的幸灾乐祸的口吻报道了丘吉尔在布尔战争中的被俘，令读者再次回忆起三年前的丑闻。

有证据表明，丘吉尔在某些方面认同王尔德，可能确实面临着和他一样的指控。按照他那个时代的标准，丘吉尔对同性恋的态度非常包容，只是偶尔不得不把它作为一个政治议题来看待。他和秘书爱德华·马什[1-71]有长期而亲密的工作关系，似乎很享受其中的同性恋意味。只是考虑到政治前途，他必须小心谨慎。1912年9月11日，他在邓迪[1-72]发表演说，为自由党政府的政绩进行辩护，在其中他讽刺道：“乔治·里德[1-73]先生，一位才华横溢的作家，人生以悲剧收场，他曾经说过：‘我可以抵御一切，除了诱惑。’（听众大笑）”

乔治·里德先生不是作家，当时也还在世。人所共知，他是一位著名的苏格兰画家，也从来没有发表过关于抵御诱惑的言论。丘吉尔可能本想说明这个警句的出处，但最后觉得在邓迪的老派同僚面前提王尔德，政治

---

* 拉伯谢尔曾经参与制订1885年的刑法修正案第11条，禁止一切男同性恋行为，1895年王尔德因触犯该法条而被起诉。

风险实在太大了，不如换一个更加冠冕堂皇的人物。*

像王尔德一样，年轻的丘吉尔也撰写美学论文。在1897年未刊文章《修辞的脚手架》中，他阐述了后来被称作“丘吉尔式”的公开演说原则。这篇文章显然出自一个剧场教出来的学生之手，他将掌握的舞台技巧诉诸了政治。比如短小的英语词汇比冗长的希腊、拉丁文更富影响力（文章侧边有潦草的批注，“比如血、汗、泪”）；比如“清晰、洪亮的声音”自然会奏效，虽然“有时候一点轻微而不讨厌的口吃和磕巴”，“有助于听众保持注意力”，他自己口齿就不太清楚；还要注意节奏，制造“类似无韵诗的抑扬顿挫，而非散文式的”，丘吉尔写的演说稿就不是连续的段落，而是类似自由体诗的形式，努力使“声律节奏和生动的画面交相演替”。观众想象中的场景不断变换，令他们愉悦，这种快速切换场景的模式来自情节剧，但是代价可能繁重而高昂。情节剧还浸淫于“一种汪洋恣肆的语言——铺张狂放，令理智望而却步”，丘吉尔认为，这在演说中非常有效。这种夸张的宣言方式“化身成为各方的口号与民族的信条”，丘吉尔不仅用它们反对希特勒，也用它们反对列宁、甘地和工党（在1945年大选中）。

《修辞的脚手架》看起来似乎只是一部操纵观众的窍门大全，但丘吉尔把他的论点拔高到了哲学层面。他坚称，虽然修辞术是通过训练习得的，但修辞学绝不仅是一种“人为的科学”：

> 演说家独特的气质和才华必定是天分，通过后天的练习得到发展。演说者是真实的，而修辞有一部分是人为的，只有一部分，并非全部；因为艺术家的天性是艺术精神，研究结果显示，多半出于本能。以史为鉴来观察这种怪人，我们会发现他们往往富有同情心，感性而诚挚，很容易与他人互相影响。演说者其实就是众人激情的化身，在他用任何一种情感打动听众之前，这种情感必须先打动他自己：假如他要激起群众的愤慨，他自己胸中要先怒火熊熊；催人泪下之前，他

---

* 也可能是反感于此的记者从中做的手脚。在1948年的下议院辩论中，丘吉尔说出了这句话的正确出处。

自己要先掉泪；取信于人之前，他自己要先相信。假如听众的印象寡淡，他就得转变策略，但演说者在话语出口的那一瞬间都是发自由衷的。也许他经常自相矛盾。他的言不由衷从来都不是自觉的。

修辞是表演而非虚假，在此意义上美即真。演说者必须是个出色的演员，化身成为他所表演的东西的一部分。即便只是一种技巧，“真诚”也很重要。丘吉尔解构并摧毁了表演与真实、姿态与诚意之间的界限。在《修辞的脚手架》中，他思考了与王尔德《谎言的衰朽》[1-74]一脉相承的问题。他们都认为，所谓“自然流露”要么是天方夜谭，要么就令人生厌；人的个性必然如戏剧艺术一般，是经过精心建构的。虽然也没有证据证明丘吉尔读过《谎言的衰朽》，但他的文章中的论调多处与之非常相似。比如王尔德关于伊丽莎白时代戏剧的无韵诗的看法：

利用生活的某些外部形式，它创造出一个全新的人种，其悲哀比人所曾感受到的任何悲哀更可怕，其欢乐比情人的欢乐更强烈，他们有着泰坦巨人的烈性子和众神们的镇定，有着极大的、不可思议的罪孽和极大的、不可思议的德行。它给予他们一种和实际使用的语言不同的语言，一种充满回旋的音乐和美妙的韵律的语言，因庄严的节奏而雄壮，或因奇异的韵脚而雅致，惊人的词句像宝石般将其点缀，高贵的用词风格使其显得富丽堂皇。它给它的孩子们穿上奇装异服，戴上面具，在它吩咐下，古代世界从其大理石的坟墓中升起。一个新凯撒昂首阔步地在复苏的罗马街头行走；另一个克里奥佩特拉扬着紫色风帆，划桨手在笛声指引下，驱船向河上游的安东尼驶去。古老的神话传说和梦想成了有血有肉的东西。历史被完全重写。几乎没有一个戏剧家不承认，艺术的目的不是简单的真实，而是复杂的美。在这个问题上，他们是完全正确的。艺术本身真正是一种夸张的形式，而代表了真正的艺术精神的艺术精品，则不过是强调再加强调。

丘吉尔坚称，“在修辞技巧中，最重要的是始终用词精当。在任何情况、任何时段，都要充分表达出演说者的意图。”这似乎只是普通的老生常谈，但是丘吉尔随之来了一把王尔德式的话锋一转："表达的魅力就是最有力的，不仅能打动听众，有时甚至把演说者自己都套牢了，这并不妨害他的真诚，他心口如一。"这正如王尔德的论调："生活模仿艺术远甚于艺术模仿生活。"王尔德还曾写下名言："文学总是前瞻生活，它不模仿生活，而是指引并形塑它。"这与丘吉尔的政治观念不谋而合。生活"只是表现欲，艺术为之提供各种形式……我们因此而模仿基督，模仿凯撒"。较之基督，丘吉尔更心仪于模仿凯撒，要把此处的"艺术"替换为"政治"来讨论，就得先关注他的生活与治国哲学。

1897年10月，温斯顿一度计划发表《修辞的脚手架》。他对他的母亲说，"最合适"的刊物是《19世纪》，这份文化月刊曾经发表过王尔德的《谎言的衰朽》（1889年1月）和《身为艺术的批评》（1890年7月、9月）。"这可能为我树敌，"他对珍妮说，"但也不可避免。"这篇美学论文要为他树敌，只有一种可能，读者认为他和奥斯卡·王尔德有关系。直到最后，丘吉尔也没有发表这篇文章。

对于王尔德的声名狼藉，大众媒体连连叫好。学者的研究通常认为，1895年5月他的同性恋行为被定罪后，没有人为他辩护。但是玛格丽特·斯特茨*从文献中发现，一批"世纪病"[1-75]作家的作品中，存在"一系列不难理解的暗指与影射，表达了对王尔德命运的悲痛与愤慨，以及对他艺术成就的钦佩"，其中包括艾拉·达西的小说《死亡的面具》、理查德·列·高利安编撰的《黄皮书》、乔治·埃杰顿为《莎乐美》的辩护，还有马克斯·比尔博姆模仿《道林·格雷的画像》所作的《幸福的伪善者》。身为一个有抱负的政治家，丘吉尔远不能像这些维多利亚时代晚期的文人一样潇洒，但《修辞的脚手架》依然可能是他对王尔德隐秘的致敬之作，而且并不是唯一的致敬之作。

---

* 玛格丽特·D·斯特茨：《不敢明言的敬爱：王尔德案在文学中的反映》，乔纳森·埃里森主编：《通往1890年代：詹姆斯·J·尼尔森纪念文集》（海威科姆，2006年），第45—63页。

译者注

[1-1] 老街（Old Street）：伦敦著名的剧院街。

[1-2] 维多利亚时代（Victorian era）：前接乔治时代，后启爱德华时代，被认为是英国工业革命和大英帝国的巅峰年代。时限常被定义为 1837 至 1901 年，即维多利亚女王（Alexandrina Victoria，1819—1901）的统治时期。

[1-3] 莫里哀（Moliere，1622—1673）：本名让－巴蒂斯特・波克兰（Jean Baptiste Poquelin），法国喜剧作家、演员、戏剧活动家。古典主义喜剧的开创者。

[1-4] 威廉・施文克・吉尔伯特：（William Schwenck Gilbert，1836 —1911）：英国剧作家、文学家、诗人。

[1-5] 亚瑟・苏利文（Arthur Sullivan，1842—1900）：英国作曲家，与剧作家吉尔伯特共同创作了诸多诙谐俏皮的轻歌剧。

[1-6] 哈罗公学（Harrow School）：位于伦敦西北角，是英国历史悠久的著名公学之一。创建于 1572 年，入读的多为本地区以外的富家子弟和贵族子弟。丘吉尔 1888 至 1893 年就读于此。

[1-7] 珍妮・丘吉尔（Jennie Churchill，1854—1921）：温斯顿・丘吉尔之母。美国富豪伦纳德・杰罗姆（Leonard Jerome）之女，1874 年与伦道夫・丘吉尔结婚。

[1-8] 伦道夫・丘吉尔（Randolph Churchill，1849—1895）：温斯顿・丘吉尔之父。英国政治家，著名保守党人物。

[1-9] 贝特丽丝・韦布（Beatrice Webb，1858—1943）：英国经济学家、社会学家、工人运动史学家。其夫西德尼・韦布（Sidney Webb，1859—1947），也是经济学家、社会学家。

[1-10] 本杰明・迪斯雷利（Benjamin Disraeli，1804—1881）：英国保守党领袖。1868 年、1874 至 1880 年任英国首相。

[1-11] 亚瑟・内维尔・张伯伦（Arthur Neville Chamberlain，1869—1940）：英国政治家。1937 至 1940 年任英国首相。

[1-12] 罗斯伯里勋爵（Lord Rosebery），指阿奇博尔德・菲利普・普里姆罗斯（Archibald Philip Primrose，1847—1929）：英国自由党政治家。1894 至 1895 年任英国首相。

[1-13] 马克斯・比尔博姆（Max Beerbohm，1872—1956）：英国散文家、剧评家、

漫画家。

[1-14] 查尔斯·斯图亚特·帕内尔（Charles Stewart Parnell，1846—1891）：爱尔兰民族主义领袖，自治运动领导人。

[1-15] 查尔斯·布拉德劳（Charles Bradlaugh，1833—1891）：英国政治活动家、思想家。

[1-16] 当指海伦娜·莫杰斯卡（Helena Modjeska，1844—1909），波兰著名女演员。

[1-17] 当指莎拉·伯恩哈特（Sarah Bernhardt，1844—1923），法国著名女演员。

[1-18] 这段话的意思是，大众把政治当作茶余饭后的消遣，喜欢善于表现的政客，但演技拙劣也会被嘲笑。伦道夫·丘吉尔擅长此道，所以出了风头。

[1-19] 布尔战争（Boer War）：布尔人指17世纪来到南非的荷兰殖民者和葡萄牙、法国殖民者的后裔。英国人和布尔人之间为了争夺南非殖民地而展开的战争，史上共有两次，第一次发生于1880至1881年，第二次发生于1899至1902年。

[1-20] 爱尔兰高压法：1881年，英国下议院通过了两个法案，在爱尔兰境内实行戒严，英国当局取得特别的全权。

[1-21] 托利党（Tory）：英国政党。产生于17世纪末，19世纪中叶演变为保守党。

[1-22] 中洛锡安（Midlothian）：英国苏格兰的32个一级行政区之一。毗邻首府爱丁堡。格莱斯顿曾在此领导运动。

[1-23] 罗伯斯庇尔（Maximilien François Marie Isidore de Robespierre，1758—1794）：法国革命家，法国大革命时期重要的领袖人物，雅各宾派政府的实际首脑之一。

[1-24] 布莱克浦（Blackpool）：英国英格兰西北部地名。

[1-25] 霍洛威（Holloway）：指英国著名药商托马斯·霍洛威。和后文的“科尔曼”与“霍尼曼”一样，都是当时英国著名的大众品牌。

[1-26] 中洛锡安运动：1876年5月，土耳其政府残酷镇压保加利亚起义。英国迪斯雷利政府为土耳其辩护，并派遣舰队，停泊在土耳其达达尼尔海峡附近。格莱斯顿在群众中发动席卷全国的运动，以人道主义的立场极力强调政治道德，反对土耳其暴行和英国政府的立场，并呼吁欧洲列强扼制土耳其。

[1-27] 阿尔斯特（Ulster）：爱尔兰旧省份之一。1594至1601年，曾经发生反对伊丽莎白女王的叛乱。1607年后，数千名苏格兰人移居此地。这是伦道夫勋爵竞选时煽动本地人反对爱尔兰自治的名言，后来成为爱尔兰北部反对爱尔兰自治、反对天主教的口号。

[1-28] 原文“old man in a hurry”，是拉丁文典故Festinat Senex的英译。指凯撒时代的元老院成员，比喻衰朽而顽固的政客。

[1-29] 索尔兹伯里勋爵（Lord Salisbury）：指罗伯特·盖斯科因-塞西尔（Robert Arthur Talbot Gascoyne-Cecil，1830—1903），英国政治家，曾三度任英国首相。

[1-30]《笨拙》(*Punch*)周刊：英国著名的幽默杂志，主要刊登中产阶级趣味的讽刺漫画。刊名“punch”一词意即“笨拙”，又指“潘趣先生”，英国木偶戏《潘趣与朱迪》中的著名滑稽角色。

[1-31]出自塔西佗《历史》第2卷第80篇。普布里乌斯·克奈里乌斯·塔西佗(Publius Cornelius Tacitus，约公元55—120)：古罗马历史学家。

[1-32]出自蒲柏致博林布鲁克勋爵的书信。亚历山大·蒲柏(Alexander Pope，1688—1744)：英国著名诗人，杰出的启蒙主义者。

[1-33]出自马基雅维利《书信集》(*The Letters of Machiavelli*)。尼可罗·马基雅维利(Niccolò Machiavelli，1469—1527)：意大利政治思想家、史学家、剧作家。

[1-34]J•M•巴里(James Matthew Barrie，1860—1937)：苏格兰小说家、剧作家，世界著名儿童文学作品《彼得·潘》的作者。

[1-35]莉莉·兰特里(Lily Langtry，1853—1929)：美国著名女演员。

[1-36]维克多·雨果(Victor Hugo，1802—1885)：法国作家，19世纪前期积极浪漫主义文学的代表，宣扬人道主义。

[1-37]《我的早年生活》(*My Early Life*)：丘吉尔的自传，记叙由出生到作为战地记者、政坛新秀而成名的早年经历。本书所引用的原文，译文参考《丘吉尔文集：我的早年生活》，康文凯、蒋倩译，江苏人民出版社1998年版。特此致谢。

[1-38]情节剧(melodrama)：19世纪末至20世纪初盛行于欧洲的戏剧形式，情节和人物都高度程式化，多以大团圆结尾，在曲折的剧情中包含惩恶扬善的道德宣传，用音乐与舞台特效配合剧情。

[1-39]滑铁卢战役(1815年)是拿破仑一世的最后一战。索姆河战役(1916年)发生于第一次世界大战中期，英、法军队在法国北部索姆河地区进攻德军的阵地。即指19世纪初至20世纪初。

[1-40]沃尔特·司各特(Walter Scott，1771—1832)：英国历史小说家，英语历史文学鼻祖。

[1-41]查尔斯·狄更斯(Charles Dickens，1812—1870)：英国小说家，19世纪现实主义文学的代表人物。

[1-42]济贫法：英国历史上颁布的关于社会救济的法律。产生于16世纪，一直延续到1948年。16世纪的圈地运动迫使众多农民背井离乡，沦为流浪汉，失业现象日益严重。政府被迫考虑救济贫民问题。1834年议会通过了《济贫法(修正案)》，这是1601年以后最重要的济贫法，史称新济贫法。该法取消了家内救济，把受救济者的范围缩小为被收容在习艺所中从事苦役的贫民。所内的生活条件极为恶劣，劳动极其繁重，引起了民众的抗议。

[1-43]迈克尔·布斯(Michael Booth)：英国戏剧批评家。

[1-44]这是一战结束后丘吉尔为法国某地的纪念碑拟定的题词，但最后未被采用。

［1-45］艾萨克·波考克（Isaac Pocock，1782—1835）：英国剧作家、画家。

［1-46］乔治·西姆斯（George Robert Sims，1847—1922）：英国记者、诗人、小说家、剧作家。罗伯特·布坎南（Robert Williams Buchanan，1841—1901）：英国诗人、小说家、剧作家。《英国玫瑰》是他与乔治·西姆斯合作的情节剧。

［1-47］迪翁·布希科（Dion Boucicault，1820—1890）：爱尔兰演员、剧作家。《奥多德》（*The O'Dowd*）取材于爱尔兰望族的故事，宣扬爱尔兰民族主义。

［1-48］查尔斯·里威尔（Charles James Lever，1806—1872）：爱尔兰小说家。

［1-49］赫伯特·马尔库塞（Herbert Marcuse，1898—1979）：德裔美籍哲学家和社会理论家，法兰克福学派代表人物之一。

［1-50］胡格诺教（Huguenots）：16 至 17 世纪法国新教徒形成的一个派别。主要成分为反对国王专制、企图夺取天主教会地产的新教封建显贵和地方中小贵族，以及力求保存城市“自由”的资产阶级和手工业者。曾于 1562 至 1598 年间与法国天主教派发生战争，后因特赦令而得到合法地位。后又遭到长期残酷的迫害，直到 1802 年才得到法国正式承认。

［1-51］奥利弗·克伦威尔（Oliver Cromwell，1599—1658）：英格兰军政领袖，曾夺权统治短命的英格兰联邦，并征服了苏格兰与爱尔兰。他本人是虔诚的独立清教徒，曾在苏格兰和爱尔兰残害天主教徒，因此成为英国历史上最有争议的人物之一。

［1-52］萧伯纳（George Bernard Shaw，1856—1950）：直译为乔治·伯纳德·萧。爱尔兰剧作家。1925 年“因为作品具有理想主义和人道主义”而获诺贝尔文学奖。

［1-53］鲁滨逊·克鲁索（Robinson Crusoe）：英国作家丹尼尔·笛福（Daniel Defoe，1660—1731）作品《鲁滨逊漂流记》的主人公，因海难漂流到荒岛，在岛上自力更生，建设家园。

［1-54］1894 年，法国陆军参谋部的犹太籍上尉军官德雷福斯被诬陷犯有叛国罪，被革职并处终身流放，法国右翼势力乘机掀起反犹浪潮。1898 年 1 月，法国著名作家左拉（Émile Zola，1840—1902）在《震旦报》发表致总统公开信《我控诉》，要求为德雷福斯平反，形成了舆论压力。此后不久即真相大白，但法国政府却坚持不愿承认错误，直至 1906 年德雷福斯才被判无罪。

［1-55］恩图曼（Omdurman）：苏丹名城，彼时丘吉尔正在那里随军参战。

［1-56］西摩·希克斯（Seymour Hicks，1871—1949）：英国演员、剧作家、制作人。乔治·爱德华兹（George Edwardes，1855—1915）：爱尔兰裔英国剧院经理。

［1-57］约瑟夫·鲁德亚德·吉卜林（Joseph Rudyard Kipling，1865—1936）：英国小说家、诗人。1907 年获诺贝尔文学奖。《毛软软》（*Fuzzy-Wuzzy*）出自其诗集《营房谣》，以起义军领袖的名字为题，描写了苏丹当地起义军战士与殖民英军的斗争。

［1-58］查理·乔治·戈登（Charles George Gordon，1833—1885）：英国上将，著名殖民者。曾参与镇压中国太平天国运动，历任苏丹总督、开罗总督，最后在苏丹

首都喀土穆被当地起义军围困，杀死在总督府门前的台阶上。英国为了纪念他在开拓殖民上的贡献，将多处殖民地建筑以他命名。

[1-59] 马赫迪（Mahdi）：阿拉伯语意为“蒙受真主引导的人”或“被真主引上正道的人”。伊斯兰教经典之一《圣训》曾预言：马赫迪是世界末日来临前出现的有宗教领袖性质的人物，穆斯林的领导者。伊斯兰教历史上曾有很多人自称马赫迪降世，此处与本书中的马赫迪均指著名的苏丹人马赫迪·穆罕默德［Mahdi Mulammad，原名穆罕默德·艾哈迈德（Muhammad Ahmad），1848—1885］，19世纪末苏丹反英大起义的领导者。

[1-60] 莫罕达斯·卡拉姆昌德·甘地（Mohandas Karamchand Gandhi，1869—1948）：尊称圣雄甘地（Mahatma Gandhi），印度民族解放运动的领导人和印度国家大会党领袖，现代印度的国父。

[1-61] 此处指第二次布尔战争。

[1-62] 儒勒·凡尔纳（Jules Verne，1828—1905）：法国著名小说家、剧作家、诗人，以科幻小说闻名于世。

[1-63] 布哈拉汗国（Bukhara）：1500至1920年间位于中亚河中地区的伊斯兰教封建国家，国名因16世纪中叶迁都至布哈拉而得名。1920年被苏俄吞并。

[1-64] 伊尔库茨克（Irkutsk）：俄罗斯地名，东西伯利亚第二大城市。

[1-65]《狼城脂粉侠》（*Cat Ballou*），又译《女贼金丝猫》，简·方达主演；《小巨人》（*Little Big Man*），又译《小人物》，达斯丁·霍夫曼主演；《灼热的马鞍》（*Blazing Saddles*），又译《神枪小子》，以夸张搞笑著称。三部电影都出现于西部片式微时代，却运用了所有传统西部片的元素，实现了对这一类型电影的自我讽刺，并凭借优秀的演员、编剧与独特的表演风格摘得不少奖项，转向新的电影范式。

[1-66] 即桑赫斯特皇家军事学院（Royal Military Academy Sandhurst），英国培养初级军官的一所重点院校，也是世界上培养陆军军官的老牌和名牌院校之一。丘吉尔1893至1894年就读于此。

[1-67] 尤利乌斯·凯撒（Julius Caesar，公元前100—前44）：即凯撒大帝，罗马共和国（今地中海沿岸等地区）末期杰出的军事统帅、政治家。遭元老院成员暗杀身亡。

[1-68] 维维安·贺兰（Vyvyan Holland，1886—1967）：英国作家、翻译家。著名作家奥斯卡·王尔德的次子。

[1-69] 奥斯卡·王尔德（Oscar Wilde，1854—1900）：英国作家、艺术家。唯美主义代表人物，以剧作、诗歌、小说、童话闻名，19世纪80年代美学运动的主力和90年代颓废派运动的先驱。曾因同性恋行为入狱，一生因此毁誉。

[1-70] 乔治·寇松（George Curzon，1859—1925）：英国政治家、外交官。威廉二世（Kaiser Wilhelm II，1859—1941）：德意志第二帝国末代皇帝和普鲁士国王，

1888至1918年在位。性格冲动，对外政策鲁莽。布尔战争时期曾经向布尔人示好，因此与英国结怨。

[1-71] 爱德华·马什（Edward Marsh，1872—1953）：英国政客、学者、翻译家、艺术赞助人。曾任丘吉尔秘书，是同性恋者。

[1-72] 邓迪（Dundee）：苏格兰第四大城市。

[1-73] 乔治·里德（George Reid，1841—1913）：苏格兰画家。

[1-74]《谎言的衰朽》（*The Decay of Lying*，1889年）：王尔德著名评论性对话录中的一篇，以对话的形式阐述了王尔德的美学思想，包括艺术即说谎、生活模仿艺术等美学理论。本书所引的原文，译文参考《谎言的衰朽》，杨恒达译，赵澧、徐京安主编：《唯美主义》，中国人民大学出版社1988年版。特此致谢。

[1-75]“世纪病”（fin-de-siecle）是孕育于18世纪末欧洲浪漫主义文学中的一种典型形象，风行于19世纪初、蔓延于20世纪世界文坛的一种文学现象。内部具体情况较复杂。大致体现为仰慕父辈功绩，但现实中的王权与神权令主体失去信仰，个性受到压抑，情绪苦闷忧郁。

▲丘吉尔最喜爱的情节剧——爱尔兰情节剧《英国玫瑰》（*The English Rose*），阿德菲剧院上演时的宣传海报。（《一便士画报》，1890 年 8 月 9 日）

二、大老粗

1912年，丘吉尔和英国首相赫伯特·阿斯奎斯[2-1]及其女维奥莱特[2-2]一道乘坐英国海军游艇“妖姬”号，前往地中海游览了希腊和罗马的古迹。“我父亲是一个好奇心旺盛的观光客。”维奥莱特回忆道：

> ……他走遍博物馆，在神庙遗址徘徊。而温斯顿对他流连古迹有些不耐烦。“那些希腊和罗马玩意儿，”他抗议道，“没那么了不起。它们不过是先入为主。我自己也能说出和它们一样出色的大道理来，只是被它们捷足先登了而已。”

维奥莱特还补充道，丘吉尔时刻不忘自己身为英国海军大臣的职责：

> 我们并肩倚立船尾栏杆，亚得里亚海美丽晴好的海岸线掠过眼前，沐浴在阳光下。我忍不住说：“太美了！”可他的回答令我大吃一惊：“是啊，有限的美，可见的美。”随后，他详尽地描述了怎样有效地破坏这里的景致，把安详的小镇彻底摧毁。

从某种意义上说，这可能是丘吉尔身在哈罗公学时就想对希腊和罗马下的狠手。他对古典教育的叛逆人尽皆知。在《我的早年生活》中，他写道：

> 如果我觉得没有理由也没有兴趣学的东西，我是不会去学的。在我上学的十二年里，没有人能教会我写过一句拉丁诗句，对希腊文也只认得字母……我上学时就曾经怀疑把古典语言当作我们教育体制中的主体是否恰当。他们告诉我说，

格莱斯顿如何为了消遣而阅读《荷马史诗》，我觉得他是自作自受……

“对于绝大多数就读公立学校的男孩子来说，古典教育从头到尾都是无用和无意义的。”1908年，他提出了抗议，认为古希腊人用自己的语言办教育，现代英国人也该如此。直到1948年，人已垂暮，他才承认，古典是“一股团结全欧洲的巨大力量”，但仍然认为“希腊与拉丁哲人……往往意识不到他们的社会建立在奴隶制度之上”。

丘吉尔把自己十二年的正规学校教育视为浪费与折磨，除却掌握英语一无所得。“我一生中既痛苦又无成绩的阶段。”这有些夸大其辞了。在哈罗公学，他的历史和自然科学成绩都很优秀，还喜欢听各种主题讲座。因为在公立学校的日常学习生活中，它们是极少有的戏剧元素。“这些讲座给我留下了很深的印象。权威人士给你讲故事是颇激动人心的，如果他还有幻灯片，那就更不用说了，这对我来说是最好的学习途径。一旦我专心致志地听他们讲座，我也能做出与其不分上下的讲座来。”

丘吉尔厌恶的不仅是古典教育，还包括一切有组织的课堂环境。在这方面，他持无政府主义观点，和夏山学校的A•S•尼尔[2-3]以及20世纪70年代的“去学校化”运动[2-4]一样。他曾经表示，平心而论，他宁可做个泥水匠学徒。“如果真是这样的话，我会觉得很踏实、很自然；我也会从中学到更多的东西，我一定能干得更好，当然，我也一定会从中了解我的父亲，那将使我非常高兴。”他认真地建议上流阶层的子弟应该学习手工艺，而不是被填鸭式地灌输僵死的语言：“总有一天，渴求知识的欲望也许会降临到那些有天赋的人身上，这样知识和思想便能打开心灵之门。有什么必要对那些不愿学习的人灌输知识呢？”这种论调和威廉·莫里斯《乌有乡的消息》[2-5]中的自由主义教育观不谋而合，虽然没有证据证明丘吉尔曾经读过它。而且，这两个人都展现出非凡的创造力与横溢的才华。莫里斯通晓绘画、建筑、挂毯艺术、家居和墙纸设计、美术印刷、诗歌、社会主义论争，还写作乌托邦小说；丘吉尔也在许多方面都表现出了艺术天才：政治、历史、传记、社会改革、战争、军事技术、绘画、大量阅读、写小说，甚至还有砌砖。

这样看来，约翰·查穆雷[2-6]认为年轻的温斯顿的“文学兴趣只限于少数古典作品”，是大错特错了。事实上，他几乎不读古典作品，只读了一些维多利亚时代的名著，文学兴趣主要还是集中在当代。他喜欢读新书，看首演戏剧，一向热衷于自学和自主阅读。独具一格的文学品味形塑了他的政治观念，但也使他与英国的政治阶层格格不入，他的思想很难被归入传统意识形态的范畴。这一切都有助于理解丘吉尔为什么会成为一个强有力的传播者。在同时代的其他政客用拉丁文字眼来美化演说、忽悠选民的时候，丘吉尔提及的现代作家都是普通读者切实接触过的：鲁德亚德·吉卜林、萧伯纳、H•G•威尔斯、约翰·高尔斯华绥、厄普顿·辛克莱、鲁珀特·布鲁克、西格弗里德·萨松、T•E•劳伦斯、赛珍珠、辛克莱·刘易斯、玛格丽特·米切尔、C•S•福里斯特，等等。那个时代的评论家急于为一切划分三六九等，丘吉尔可能会被称为“不入流”。他是一个文化上的杂食动物，随心所欲，完全不在乎对象的品第。德怀特·艾森豪威尔[2-7]曾经回忆道，他“旁征博引，从希腊经典到唐老鸭无所不包”。

当然，学生时代的丘吉尔在阅读上也做了不少无用功。美国南北战争是他一生钟爱的话题之一，在英国同时代人中，他是这方面的头号专家。他的灵感来源于先祖马尔博罗公爵[2-8]，但另一方面，他家族的另一边还有另外一位原型，他的外祖父伦纳德·杰罗姆。杰罗姆身为《纽约时报》的股东，在反战情绪高涨的城市里坚定不移地支持亚伯拉罕·林肯[2-9]。在1863年的征兵暴动中，报社向联邦军队借用了三架加特林机枪[2-10]，其中两架由杰罗姆亲自指挥，虽然他一直没遇上开火的机会。而温斯顿自己的表述更加夸大其辞：“1862年纽约的主战派由于战祸而遭受质疑，暴动的群众袭击了《纽约时报》的办公室，杰罗姆先生购置了加农炮，并为员工配枪，不畏流血牺牲，击退了暴民。”* 而这只不过证明，在丘吉尔心目中，战争和新闻并无多大区别。

---

* 丘吉尔：《伦道夫·丘吉尔勋爵》（伦敦，1906年）

七岁那年，丘吉尔第一次听说了南北战争，他在布莱顿预备学校图书馆收藏的《笨拙》周刊合订本中看到了关于美国战乱的漫画。后来他清楚地回忆道："潘趣先生反对南方，我们看过一幅漫画，狂暴的卡罗莱纳小姐正要鞭打一名光膀子的奴隶，就像汤姆叔叔[2-11]一样，这种苦难令我难以忘怀，深有所感。我完全站在奴隶一边。"后来《笨拙》周刊对林肯秉持偏见，把他丑化成一个土包子，穿得像个稻草人，暴君一般发号施令。当时的学校不教当代史，但温斯顿已经从漫画中学到了"最近的历史上发生了什么"，包括这段历史最后也最令人难忘的一幕，英国人心怀愧疚，在被刺的解放运动领袖墓前献上了花环。

十三岁生日时，温斯顿明确地要求一本《格兰特将军[2-12]回忆录》作为礼物。这部书真正地影响了他的文学与政治生涯。这部回忆录于1885年在美国出版，随后不久再版于英国，其中的联系显然十分紧密。1886年格莱斯顿试图巩固爱尔兰自治法失败，自由党国会议员团体和他决裂，最终与保守党合流，伦道夫·丘吉尔重新名之为统一党，明确地将其目标等同于林肯。

而对于温斯顿来说，这是他一生传奇故事的开始。十六岁，参加陆军预备学校考试，他选择了南北战争作为作文题目；二十一岁，他阅读并评论了史蒂芬·克莱恩[2-13]1895年的小说《红色英勇勋章》；二十三岁，他计划写作一部"精要而生动的美国南北战争史"（最后他完成了）；直到晚年，他依然喜爱南北战争题材的小说，如玛丽·约翰斯顿的《长卷》(1911年）与《停火》（1912年），还有玛格丽特·米切尔的《飘》（1936年）。第一次世界大战刚刚爆发时，他作为海军大臣，竟然做主恢复了一些公认已过时的海军技术，为皇家海军建造了四艘"监察舰"（单炮塔浅水炮舰），并把它们命名为"格兰特将军"号、"法拉格特将军"号、"罗伯特·E·李"号和"斯通威尔·杰克逊"号[2-14]，最后考虑到一战中美国的中立地位，还是把名字改了。出访美国时，他还专门参观了南北战争战场旧址，以林肯式的雄辩文风描写了它们；他对它们的了解之深入，甚至足以纠正导游解说的错误。1930年，他在《斯克里布纳》杂志上发表了一篇"反事实历史”的习作，猜想假如南方联盟军在葛底斯堡[2-15]战胜的结果；他认为如果成真，美国将一分为二，但南北双方都会加入英语国家联盟，与英国联手，其力量足以阻止德国发动一战。“英语世界联盟”的构想是丘吉尔最有前瞻性的政治建树，灵感可能最早来源于格兰特的回忆录。丘吉尔一定会热心地赞同格兰特的看法：

> 英美两国是天然的盟友，也应是最好的伙伴。两国书同文，血脉相连。两国建交，即使只是单方面的，也比世界上任何其他民族更有资格。
>
> 要论统辖殖民地，特别是接纳不同种族的人民，英格兰比任何其他国家都更加出色。她征而不伐，保持殖民地自治，给予劳工福利，似乎并没有将殖民地视作可以自由掠夺、中饱私囊的境外产业。

丘吉尔对美国内战十分感兴趣，因为他觉得这场战争成功地保卫了美国，值得大英帝国效法自保。在1898年苏丹战争中，他同意英国释放一个阿拉伯伤兵，“根据格兰特致联盟军宣言的精神，让他解甲归田吧。”呼吁以人道和平条款结束布尔战争的时候，他也再次举格兰特在阿波马托克斯[2-16]招降停战的史实为例。但是当自由党控诉英国军队在战争中的“野蛮行径”时，丘吉尔在1901年2月18日的初次议会演说中辩解道，他们有权使用“过去五六十年间有美军为正确先例的任何战时手段”。他还坚称，布尔人就像南北战争中的联盟军一样，只能通过数量优势和消耗战来击垮。当纽约政客伯克·科克伦批评英国对爱尔兰的统治时，丘吉尔使出了杀手锏：“美国能同意南方独立吗？”1922年4月，面对爱尔兰共和军发表公开宣言、政变一触即发的局面，丘吉尔建议，英国对待爱尔兰的态度应当效法美国联邦政府对待南方联盟，必要时对叛乱州县实行封锁制裁。1941年珍珠港事件发生后，他呼吁快速发展航空母舰，“这方面的发明创造，就像南北战争时期密西西比河战场促进舰队大规模发展一样。”1944年11月，富兰克林·罗斯福认为与德国和谈可以尽早结束战争，但丘吉尔认为他们“如果要花上一夏天和谈，不如在前线一决雌雄”。

孩提时沉迷于一部作品，立志以此为榜样著书，后来真的秉笔撰述，这不算稀奇。问题的关键在于，要写本像《格兰特将军回忆录》一样的奇书，一个人就必须登上风口浪尖挥斥方遒。丘吉尔真正做到了文如其人，既在两次世界大战中指点江山，又把这些战争记录出版为正史。这也是他赞赏T•E• 劳伦斯[2-17]的原因，认为两人同为“儒将”。劳伦斯对此心领神会，回答道：“您本人就足为著书的主题，假如您还没有动笔写过自己的话！”

还是印度班加罗尔[2-18]一名年轻骑兵军官的时候，丘吉尔就深知自己在受教育方面的缺憾。有人提到“伦理学”，他发现自己以前从来没听说过这个词，哈罗公学和桑赫斯特军校给予他的知识面很有限。因此，1896年冬天，他开始了自学计划。带着对古典的敌意，他学习了柏拉图的《理想国》和亚里士多德的《政治学》，还读了《罗马帝国衰亡史》，接受了作者吉本[2-19]的反基督教观点，并且像同时代的许多政治家一样，从这部巨著中得到了帝国如何衰亡的有益启示。他还阅读麦考利[2-20]的《英国史》和散文、叔本华[2-21]的悲观主义哲学、马尔萨斯[2-22]的人口学、莱基[2-23]的《理性主义的兴起与影响》和《欧洲道德史》，还有达尔文的《物种起源》。

这听起来像是一份杂乱的工人自学书目，因为丘吉尔在这方面的引路人是他的保姆的妹夫，一名狱卒。他陆续购买了麦考利的《英国史》，视若珍宝地阅读。丘吉尔自称“大老粗”，只通过《巴氏常用妙语辞典》[2-24]之类的书自学。他1897年阅读了哈代的《无名的裘德》[2-25]，“记忆犹新”。1952年，他反对适度削减成人教育预算，让教育部长弗洛伦斯・霍斯布鲁格有些下不来台：“英国政府十分注重岛国传统的延续，永远不会拒绝成年人的求知欲，它们展现了思想文化的基础和进程。”

在殖民地背景下，班加罗尔的阅读史强化了丘吉尔对帝国主义的态度，他从戏剧与小说中汲取了这方面的认识。吉本对他的影响非常显著。他在《罗马帝国衰亡史》的前几页就读到了罗马人的“居安思危”，较之他们所取而代之的本土政权，他们在幅员广阔的殖民地为治下人民带来了秩序与安宁，为奴隶提供了切实的法律保护。

彼时丘吉尔已经十分熟悉麦考利。就读哈罗公学时，他曾写过长达三万字的文章论述这位伟大的历史学家。1933年重读《英国史》时，他“惊讶于当初的受益匪浅”。通过麦考利1841年论印度首任总督沃伦·黑斯廷斯[2-26]的经典论文，丘吉尔了解了整个帝国主义世界的架构。麦考利是维多利亚时代最自信也最自用的历史学家，但这篇专论包含了对殖民主义最尖锐的批评。麦考利告诉读者，当今英国的统治是宽仁的，但在18世纪中叶与万恶的剥削无二：

> 一边是一帮英国官员，大胆、机灵，求富心切；另一边是庞大的本土人口，无依无靠，心惊胆战，在高压下惯于卑躬屈膝……高等种姓肆无忌惮，而最可怕的是，文明的力量毫无悲悯……东印度公司职员的业务，通常是从本地人身上尽快榨出十几或二十万英镑，那样他就可以在染上热病之前回家，娶个门当户对的太太，在康沃尔郡的衰败选区购房置地，再去圣詹姆斯公园寻欢作乐。

在麦考利看来，印度人宛如孩童，无力自治。因此，英国人有权利和义务去统治他们；与之同理，任何背信弃义都是堪比虐童的恶行。于是，某些事件给“英格兰与黑斯廷斯的名誉留下了永远的污点”。洛西尔坎德原本是阿富汗军队管辖下的自治省，由当地的洛西拉人治理得很好：“农业和商业蓬勃发展，也并未忽略文学和艺术。”奥德的地方总督舒查·陶拉觊觎此地，以四十万英镑（不含其他费用）向黑斯廷斯雇佣了东印度公司一个旅的军队。“德意志小王侯卖兵给美国人打仗，现在英格兰的档次比他们还要低了。”赫斯佣兵[2-27]打起仗来至少还“符合文明人打仗的人道主义原则”，但黑斯廷斯知道，总督不会遵守这些原则，他也无意让总督遵守。英国军队打败了洛西拉人，而总督要为烧杀抢掠负责：

> 战争的恐怖在洛西尔坎德的山谷和城市蔓延开来。全国陷入一片火海。超过十万人口流离失所，逃往瘴气笼罩的丛林。英国基督教政府的暴政竟然猛于饥荒、热病和野兽，为了赃款，他们出卖了身心、骨血，还有妻儿的名节……
>
> 印度素质最高的人口处在贪婪、懦弱、严酷的暴政之下，农商凋敝。富裕的

省份被舒查·陶拉所垂涎，在他野蛮的辖制下雪上加霜。

即使在东印度公司的辖区，实施英国法律也是一场灾难。麦考利略谙文化相对主义的原理，他意识到，在印度不经修改地照搬西方法律体系，将严重违背印度文化的价值，并触动其敏感性。

然而麦考利的结论是，即使要为“英国犯下的滔天大罪”负责，黑斯廷斯在印度仍然功大于过。像鲁滨逊·克鲁索一样，他白手起家，建立了一个社会，用秩序取代了无政府状态，从零开始，创建了一个切实运行的官僚与司法体系。虽然制度远不完善，但已经是巨大的进步。麦考利的辉格党[2-28]历史观崇尚进步至上，先于《物种起源》（丘吉尔在班加罗尔曾阅读了这本书）认为英国社会在政治和法律制度上不断进步，英格兰发展到1841年，已经达到了人类成就的顶点。从长远看来，无论曾经犯下过什么罪行，帝国主义都是人类进步无与伦比、不可或缺的力量。

温伍德·瑞德[2-29]的《人的牺牲》强化了这种乐观主义的目的论，这本维多利亚时代的畅销书今日已经差不多被人们遗忘了。丘吉尔说，这是他在班加罗尔的指挥官约翰·布拉巴赞上校的最爱：“他翻来覆去读了很多遍，简直把它当作《圣经》。”《人的牺牲》是一部通史，从宇宙起源出发，最终指向未来。全书的世界观是一种进步论的好战的世俗宗教：虽然身处达尔文所论述的生存竞争中，但人类依然征服了自然，建立起越来越庞大的帝国。埃及人、波斯人、希腊人、罗马人和穆斯林轮番充当着时代进步的弄潮儿，最后无不衰朽败亡，让位给新生的更加强大的帝国。而在19世纪，引领世界的是欧洲，尤其是英国。帝国主义显然是优越的，终将教化欧洲以外的全民。除了不合时宜的国教，维多利亚时代的英国完美无缺。和丘吉尔一样，瑞德也支持南北战争中的北方联邦，但并非出于反对奴隶制或者种族平等观念。他认为美国北方是进步的工业社会，理应取胜，鄙视南方落后的奴隶制度（丘吉尔在这方面赞同亚历西斯·德·托克维尔[2-30]，他比较了“美国内战之前自由州与蓄奴州的相对繁荣程度”）。但是瑞德也指出，在古代社会，强迫劳动是经济进步的推动力，其必要性在现代欧洲的殖民地再次体现出来。

瑞德预言，未来将有新能源发展，取代煤炭和石油，将有航空运输和人造食品（在他想来远远优于自然食品）。专家技术的流水线连接起一个“世界国家”，消除贫困，并且发射飞船去其他星球建立殖民地，在银河系发扬帝国主义事业。医药和科学将使人长生不老，无所不能。瑞德总结道：“人将会变得完美，成为造物主，成为俗世庸人所崇拜的神。”他设想这一切的时候，是1872年。

在1937年，丘吉尔仍然对这种世界观充满信心。他在一部未刊的《英国名人辞典》的序言中写下了愿景。埃及、亚述、波斯、马其顿、罗马、西班牙、葡萄牙、奥匈帝国，所有这些曾经登上权力舞台的国家，最后都只“陷入了毁灭与混乱，除了辉煌的记忆、斑驳的里程碑和前路两畔飞扬的尘埃，一无所有”。独有大英帝国幸免于难，原因有二：其一，不断进取，适应现代形势。“世间万事万物，唯变者恒常。马其顿、西班牙和葡萄牙灰飞烟灭，只因权力中心过分看重威权，独立于世，不知变通，停滞不前。”其二，英国有一种调和表面矛盾的独特能力——亦即今日所称的“解构二元对立”，有些思想僵化的国家缺乏这种能力。而大英帝国在这方面绝无仅有：

> ……成功地协调了公民个人权利与政府职责、地方特权与中央集权的关系。它调和分歧，异中求同，在妥协和让步中生发出力量。威权与自由，个人权益与公共责任，君主制与民主，我们都通过调查、实验与错误的代价，找到了正确的调和路径，哪怕所有基础条件都曾经被外国智囊鉴定为不可能完成的任务。

年轻的温斯顿一度是一名虔诚而完全传统的信徒，定期去教堂。假如他上了大学，受伯特兰·罗素之邀进了“剑桥使徒社”[2-31]，那么后来的人生可能就完全不同了。而事实是，他在班加罗尔的同僚中体会到了更多信仰方面的自由，他们怀着完全友善与开放的心态，讨论上帝的存在、死后的生活以及轮回。“在英国军队里，宗教宽容弥漫了每一个角落，”丘吉尔在《我的早年生活》中回忆道，“印度的万神庙中通常供奉着数以百计的神灵”，以保证不同教派之间的和平。“它们都认为，只要你光明磊落地生活，尽了一己之责，忠于友人，善待弱者与穷人，有没有信仰都没多大关系……尤其在当地人中，盲信是非常危险的，容易引发谋杀、暴动与叛变。”但任何一种主流宗教都需要“一种规训的价值观”，以约束妇女行为端正，让群众安于生活现状。“从这方面来说，仪式和礼仪不再重要了，他们只是把同一种观念翻译成不同的语言，好让不同的种族和文化接受。”这也许就是丘吉尔最爱引用迪斯雷利的名言的原因：

> “聪明人都信仰同一种宗教。”
>
> “那是什么？祷告？”
>
> “聪明人不说话。”

在这方面，文化相对主义及平等观和帝国主义完全兼容，这是社会正常运转的必要条件。1896 年，丘吉尔在致哈罗公学校长 J•E•C• 惠尔顿的信中谈到，基督教传教士只会破坏殖民地现状，在当地人中制造不安定因素，驻印度的英军都对此非常忧虑。通过阅读吉本、达尔文、温伍德・瑞德和莱基《理性主义的兴起与影响》《欧洲道德史》，丘吉尔对这个问题的认识有了观念上的提升。后来在快要读完《罗马帝国衰亡史》的时候，温斯顿又给惠尔顿写了一封信，但内容太过大胆颠覆，他只寄给了弟弟杰克，并嘱咐他阅后即焚。温斯顿在信中从唯物主义角度来解释人类精神，差不多是达尔文的套路。“宗教本来就与时俱进，既有气候与自然等现实条件的影响，也受到人类的自我提升冲动驱使，这种动力与生俱来，在细胞里就有了。”因此，“宗教就是人的天性”，但只有在人类学意义上可以这样说。在不同的文化和种族中，宗教有不同的表达方式：伊斯兰教、佛教和儒教对应的是亚洲人的气质，而基督教对应的是欧洲人。“唯一的例外是阿比西尼亚[2-32]，他们的基督教信仰十分花哨。”因此，试图把新的外来宗教引进已有深远精神传统的文化中，必然会造成严重的混乱，应该极力避免。丘吉尔坚信这一逻辑，并推导出了结论：

> 假如在我生活的时代，佛教、基督教或伊斯兰教开始干扰本地的原始崇拜，就算我阻止不了，我也可能会反对它们发起的大规模活动。就算这些宗教可能在各个方面都比原先的信仰更接近神与人，变革也必然伴随着流血杀戮和激烈的神学争议，甚至可能延续数百年，其间必然要削减人类社会的幸福与繁荣。事实必将证明这一切。

在《我的早年生活》中，丘吉尔称："我曾经经历了一个暴力而激进的反宗教阶段。"但从他留存下来的信件来看，并非完全如此。他承认，《人的牺牲》和柏拉图的《理想国》，"有一段时间我曾经不那么情愿地接受了其中的大部分精华"，但瑞德算不上一个真正的哲学家，温斯顿在给母亲的信中写道，他仅仅是"一个优秀的作家……他可能成功地证明了基督教的虚伪，但完全没有展示这一观点的明智与合理性。'道可道，非常道'，我大概得这么批评他的著作"。他认为，人性最终可能演变到某种地步：

> 基督教被弃如敝履，人借由理性的坚强支撑而屹立……我们走向广阔的天地，为自己寻求神。我们明了大自然的法则，命运与过往一览无余。不再把玩宗教，而是欣然促成人性的发展。倘若有人剥夺我们憧憬美好的充满希望的愿景，那么他才是邪恶的，（用柏拉图的话来说，）应该被"拒绝合唱"。

至于个人的信仰问题，后来丘吉尔曾经私下谈到："我希望死即湮灭，我是个唯物主义者——彻头彻尾。"但不管在英国还是印度，他都很尊重本土信仰（只要它们不太狂热），并且意识到它们是道德监督的一种有效形式。因此他认为，英国的公立学校应该提供一些所有教派都无异议的基督教基本宣传品（亦即《圣经》和赞美诗）。和迪斯雷利一样，他主张抑制教会内部的形式主义，正如他 1899 年 6 月在奥尔德姆的竞选演说中所言。但较之迪斯雷利，他略微调整了观点，以适应保守党的需求。当年 1 月，他曾经建议表弟艾弗·格斯特不要参加格斯特母亲创建的反仪式新教徒联盟。作为一个理性主义者，丘吉尔认为所有宗教都是迷信，天主教比新教好不了多少；但是从唯美主义运动和高教会派[2-33]的情况看来，天主教在审美上还是有其意义的：

> 我可以想象一个贫穷的教区：工人们在工厂丑陋的白墙下，日复一日地劳作，周遭的一切毫无美感可言。他们向往超脱于浊世的事物，能满足对神秘的好奇心的事物，接近“十全十美”的事物。我对此感同身受，也深知要从他们的生活中剥夺这些愿景是很困难的，哪怕这些愿景只是表现为烧香拜神穿长袍之类的迷信活动。

诚然，天主教只是一种“美味的麻醉剂”，但是他认为，从某种程度上说，所有宗教都是如此。

如果有一种宗教体系看似温和而自相矛盾，允许人在任何时候相信任何他想要相信的，那么丘吉尔一定会欣然赞同。虽然满怀世俗精神，但丘吉尔从来没有停止过在战场上祈求神助：

> 我甚至只奢求别死得太早，这些年在祈求，一辈子都在祈求，结果如愿以偿。习惯成自然，和与之相矛盾的理智一样坚定而真切。这样做令人感到安慰，而理智束手无策。因此我随心所欲，并不追根究底，作茧自缚。
>
> ……在我看来，为了头脑而抛弃心灵是非常愚蠢的。其实我不知道为什么不能鱼和熊掌兼得。我毫不担忧一心一意与有所信仰之间有什么矛盾。让心智尽可能自由地对思想与逻辑进行探究，这是好事；祈求帮助并懂得感恩，这也是好事。即使心智和灵魂无法并行不悖，我也不觉得这冒犯了赐它予我们的造物主。造物主必定从一开始就洞若观火，也自然深深知晓。

丘吉尔以此解决了同时代思想者所面临的两难困境：在后达尔文时代，如何调和宗教与世俗理性主义的矛盾？当时，许多科学家与宗教人士参加了“心灵现象研究协会”，来探究这个问题。他们组织招魂和通灵的实验，试图寻找不朽人类灵魂存在的科学证据。新黑格尔主义的唯心论者占领了大学的哲学讲坛，他们认为，宇宙正在向完美的“绝对”发展，基督教自由派和《物种起源》的旨归是一致的。“信仰的实质和知识的结论并无矛盾。”英国圣公会主教查尔斯·戈尔宣称，他认为耶稣兼具人性与神性，既是有史可证的真实存在，又是神圣的。萧伯纳发明了他自己的活力论神学理论“生命力”，詹姆斯·乔伊斯[2-34]把罗马天主教变形为文学艺术无所不包的信仰，D•H•劳伦斯[2-35]甚至把性神圣化。他们所探寻的东西，劳伦斯称之为“宗教不可知论”，剧作家哈雷·格兰维尔-巴克则称之为“神的散文化”。

可以说丘吉尔参与了这场调和理性主义与宗教的运动，只是他并没有做什么智识上的“调和”工作来解决矛盾。丘吉尔曾说，如果他上过大学，“济济一堂的名教授和牧师可能早把我的麻烦解决了”。而他用一种功利主义的圆滑取而代之，投机式地接受任何能够最大化人类幸福的信条，不管是宗教还是反宗教的，不管它们彼此之间多么矛盾。“看到我们的一些主教和神职人员小题大做地要把《圣经》故事与现代科学、历史知识统一起来。”他写道：

> 为什么要调和它们？如果你收到了一封信，其中内容使你的心灵愉悦，灵魂强健，相信将与所爱之人在一个更加广大、慈悲的世界重聚，那么这个在途中被弄脏了的信封的形状和颜色有什么要紧？贴没贴邮票，盖没盖邮戳，又有什么要紧？这些问题可能令人费解，但是一点也不重要。重要的是这封信，以及它给你带来的福祉……所知之外皆为虚妄的观点很愚蠢，不能调和便要相杀的观点更加愚蠢……因此，我很早便选择相信我想要相信的，同时超脱理由，去无拘无束地追寻任何可能的路径。

这种兼容并包的习惯与宗教相去甚远。虽然我们眼中的“丘吉尔主义”具有顽强的抵抗意味，但丘吉尔本人还是偏好妥协的。他对解决看似棘手的矛盾充满信心：英国人与布尔人的冲突、爱尔兰天主教徒与新教徒、阿拉伯人和犹太人，甚至拥有核武器的美国和苏联。他是一个帝国主义的民主人士，爱好传统与科技，相信个人主义与社会福利；会无情地发动战争，再提出优厚的和平条款；还曾两度跨党派。他头脑灵活，善于跳出先入为主的樊篱，用一种我们今日称为“解构”的方式来化解对立。

因此，丘吉尔很少钻牛角尖。唯一一次例外是因为马尔萨斯的《人口原理》（1798 年）。在班加罗尔的时候，丘吉尔不仅读了这本书，还目睹了马尔萨斯的预言成真。他的家书中经常提到瘟疫和饥荒。“我厌恶瘟疫蔓延，与饥荒一样，印度看起来一塌糊涂，”1897 年 1 月 15 日，他这样写道，两个星期以后，“印度的新闻一片黑暗——瘟疫和饥荒。”要求英国人与印度人同呼吸共命运是很难的，但他的反应绝非无情。1898 年 12 月 29 日，他写信给母亲：“传说中的鼠疫悄无声息地来了。”丘吉尔当然有所防备，但别人没有：

> 我们这一天死了六十个人——但根本没人在乎，一点风声都没有。我的两个最好的马夫都死了，另外一件事，您听说了一定很难过：桑博（温斯顿的车夫）从战场上回来，发现他的老母亲和年轻妻子都入土了。他说生无可恋，我真的怕他想不开。我答应帮助他重新过日子——可这不过花上 400 卢比，丧母之痛是无法弥补的。

丘吉尔在多大程度上接受了马尔萨斯的理论，是值得怀疑的。1898 年 2 月 18 日，他在给阿尔杰农・韦斯特[2-36]的信中写道，瘟疫害死了七万印度人，“大自然在自我淘汰人口，一个哲人也许可以不为所动地看着这过剩的几万人口死掉，反正他们活着也毫无乐趣。”这句话经常被引用，以证明丘吉尔对当地人冷漠无情，然而结合他的其他信件（其中明确地表示出对印度人之死的震撼）来看，含义并非如此。丘吉尔似乎有意与“哲人”马尔萨斯的残酷理论保持了距离，以反讽黑暗的现实，在无情的宇宙中哀悼人的命运。比起加缪的《鼠疫》[2-37]，他并没有和《人口原理》产生多少共鸣。在目睹了班加罗尔的瘟疫一年之后，丘吉尔乐观多了，他认为英国的统治已经打破了马尔萨斯的诅咒："粮食更充足，耕地面积更大，人口增长，死亡率下降，比印度历史上任何一个时代都要好。"

但这也并不说明丘吉尔完全反对马尔萨斯。在1938年慕尼黑事件[2-38]的阴霾下，他于《世界新闻报》上发表了两篇文章，引用马尔萨斯来警示英国出生率下滑的危险。他谴责避孕的"灾难式的后果"："文明人用这种手段自陷其身，而野蛮人滋生不息，虎视眈眈。"无论左派还是右派，英国的知识分子和政客都对优生学十分忧虑：玛丽•斯特普、伯特兰•罗素、约翰•梅纳德•凯恩斯、朱利安•赫胥黎、哈维洛克•蔼理士、萧伯纳、迪安•威廉•英奇、西里尔•伯特、J•亚瑟•汤姆森、J•B•S•霍尔丹、威廉•贝弗里奇[2-39]，甚至包括最崇尚自由的《新时代》周刊。但是，要把丘吉尔称为一个马尔萨斯主义者，还是太简单化了：他阅读了《人口原理》，也接受了不少反向观点，达成了平衡。他从麦考利和维多利亚时代的舞台学到的那种帝国主义形态，设想英国能够并且应当提升殖民地人民的生活水准，而在印度及其他地方的阅读，又深深地塑造了他对印度的观点，最终在印度人身上造成了严重的后果。在研究中追溯文学的影响，通常被看作纯粹的学术爬梳而蒙受忽视，但有时候，数以万计的人命都维系在统治者的阅读史上。

译者注

[2-1] 赫伯特·阿斯奎斯（Herbert Asquith，1852—1928）：英国政治家。曾任内政大臣及财政大臣，1908至1916年出任英国首相。自由党领袖。

[2-2] 维奥莱特·邦汉·卡特（Helen Violet Bonham Carter，1887—1969）：阿斯奎斯之女，英国政治家、作家。

[2-3] A•S• 尼尔（Alexander Sutherland Neill，1883—1973）：苏格兰教育家、作家。因创办夏山学校（Summerhill School）而知名，主张自由、自治的教育理念。

[2-4] “去学校化”运动：奥地利思想家、社会批评家伊里奇（I. Illich，1926— ）于1971年提出了著名的“非学校化社会”思想，猛烈地抨击现代学校制度的种种流弊，号召人们废除学校，代之以“学习网络”，建立一种人人平等、自由、自律、自助、愉快交往的“非学校化社会”。

[2-5] 威廉·莫里斯（William Morris，1830—1896）：英国设计师、诗人、早期社会主义活动家。《乌有乡的消息》（*News from Nowhere*）是他写于19世纪90年代的长篇政治幻想小说。

[2-6] 约翰·查穆雷（John Charmley，1955— ）：英国外交历史学家。

[2-7] 德怀特·戴维·艾森豪威尔（Dwight David Eisenhower，1890—1969）：美国第34任总统，1953至1961年在任。

[2-8] 马尔博罗公爵（Lord Marlborough）：指第一代马尔博罗公爵约翰·丘吉尔（John Churchill，1650—1722），英国军事家、政治家。丘吉尔的先祖，权倾一时。

[2-9] 亚伯拉罕·林肯（Abraham Lincoln，1809—1865）：美国政治家、思想家。美国第16任总统，其任总统期间，美国爆发内战，史称南北战争。林肯坚决反对国家分裂，废除叛乱各州的奴隶制度，击败了南方分裂势力，颁布了《宅地法》《解放黑人奴隶宣言》。但仍然允许北方几个支持联邦政府的州继续保有奴隶制度。后来被拥护奴隶制的狂热分子刺杀身亡。

[2-10] 加特林机枪（Gatling guns）：手动型多管旋转机关枪。1860年，由美国人理查·乔登·加特林（Richard Jordan Gatling）发明，是首种实用化的机枪，当时射速最快的武器。

[2-11]指哈丽叶特·比彻·斯陀（Harriet Beecher Stowe，1811—1896）的小说《汤姆叔叔的小屋》（*Uncle Tom's Cabin*），描写黑奴汤姆一生善良驯顺，但最后被迫害惨死。

小说在美国南北战争前夕引发了巨大反响。

［2-12］尤里西斯·辛普森·格兰特（Ulysses Simpson Grant，1822—1885）：美国军事家、陆军上将。美国第18任总统。在美国南北战争后期任联邦军总司令，屡建奇功。著有《格兰特将军回忆录》。

［2-13］史蒂芬·克莱恩（Stephen Crane，1871—1900）：美国写实主义作家、诗人。

［2-14］这四位都是美国南北战争时期的名将。

［2-15］葛底斯堡（Gettysburg）：美国宾夕法尼亚州南部自治村镇。1863年7月1至3日在此发生了一场决定性战役，南北双方损失惨重，南方联盟军撤退，是美国内战中最著名的战斗，经常被引以为美国内战的转折点。

［2-16］阿波马托克斯（Appomattox）：美国弗吉尼亚州地名。1865年4月9日，罗伯特·李将军率领南方军队在这里向格兰特将军率领的北军投降。南北战争至此结束。

［2-17］T·E·劳伦斯（Thomas Edward Lawrence，1888—1935）："阿拉伯的劳伦斯"。著名英国军官，因在1916至1918年的巴勒斯坦阿拉伯起义中作为英国联络官而闻名。著有自传《智慧七柱》。吕叔湘先生曾译有节本《沙漠革命记》（辽宁教育出版社，1997年），参照罗伯特·格雷夫斯《劳伦斯与阿拉伯》和李德·哈特《T·E·劳伦斯在阿拉伯以及后事》稍作改写。

［2-18］班加罗尔（Bangalore）：印度南部城市。丘吉尔1896年曾随英军驻扎此地。

［2-19］爱德华·吉本（Edward Gibbon，1737—1794）：英国历史学家。

［2-20］托马斯·巴宾顿·麦考利（Thomas Babington Macaulay，1800—1859）：英国诗人、历史学家。辉格党政治家。

［2-21］亚瑟·叔本华（Arthur Schopenhauer，1788—1860）：德国著名哲学家。意志主义的创始人和主要代表之一。

［2-22］托马斯·罗伯特·马尔萨斯（Thomas Robert Malthus，1766—1834）：英国教士、经济学家。以其人口理论闻名于世。在《人口论》（1798年）中提出，人口按几何级数增长，而生活资料只能按算术级数增长，所以不可避免地要导致饥馑、战争和疾病；呼吁采取措施遏制人口出生率。

［2-23］威廉·莱基（William E.H.Lecky，1838—1903）：爱尔兰历史学家。

［2-24］《巴氏常用妙语辞典》（*Bartlett's Familiar Quotations*）：著名辞书。由美国书店老板约翰·巴特勒特（John Bartlett）于1855年推出第一版。他阅读广泛，将自己多年收集的资料整理汇编，出了一部名人语录集。援引了169名作家的散文与诗文名句，以莎士比亚、《圣经》和英国作家为主，还有少量美国作家。出版后大受欢迎。

［2-25］托马斯·哈代（Thomas Hardy，1840—1928）：英国诗人、小说家。《无名的裘德》（*Jude the Obscure*）是其代表作，讲述了一个乡村青年求上进而不得的悲剧。

［2-26］沃伦·黑斯廷斯（Warren Hastings，1732—1818）：英国殖民地官员，

长年在印度各地任职，1773 至 1785 年为首任印度总督。卸任返回英国后，被控在印度供职期间管治失当，而且卷入贪腐丑闻，被国会弹劾。1795 年最终被裁定指控不成立。

[2-27] 赫斯佣兵（Hessian）：18 世纪的德国籍佣兵组织，由德国各领地的贵族招募士兵，再以完整的部队编制赴任，曾受英国雇佣参加了数次战争，以美国独立战争中之行动最知名。

[2-28] 辉格党（Whig）：英国历史上的一个政党。“辉格”原意指“强盗”，是苏格兰人的詈语。辉格党标榜“自由的、开明的原则”，反对君主制，拥护议会制度，实际上与封建贵族、金融巨头勾结，垄断了英国政治。在宗教观点上多属各种教派的新教徒。19 世纪中叶与其他资产阶级政党合并，改称自由党。

[2-29] 温伍德·瑞德（William Winwood Reade，1838—1875)：英国历史学家、探险家、哲学家。

[2-30] 亚历西斯·德·托克维尔（Alexis de Tocqueville，1805—1859）：法国历史学家、社会学家、政治思想家。著有《论美国的民主》《旧制度与大革命》等。

[2-31] 剑桥使徒社（Cambridge Apostles）：19 世纪 20 年代剑桥大学的秘密社团，由剑桥大学三一学院和国王学院最优秀的 12 名成员所组成，会员既有在校本科生，也有已经毕业的前剑桥学生。伯特兰·罗素是其中成员。伯特兰·罗素（Bertrand Arthur William Russell，1872—1970)：英国哲学家、数学家、社会学家、社会活动家。

[2-32] 阿比西尼亚（Abyssinia）：即埃塞俄比亚的旧称，位于非洲东北的文明古国之一。

[2-33] 高教会派（High Churchmen）：基督教新教圣公会派别之一。专指英格兰教会和英国国教会中的信徒。与“低教会派”对立。最早产生于 17 世纪末，19 世纪因牛津运动和英国天主教会派的兴起而流传于英国。主张在教义、礼仪和规章上大量保持天主教的传统，要求维持教会较高的权威地位，因而得名。

[2-34] 詹姆斯·乔伊斯（James Joyce，1882—1941）：爱尔兰作家、诗人，后现代文学的奠基者之一，其作品及“意识流”思想对世界文坛影响巨大。

[2-35] D•H• 劳伦斯（David Herbert Lawrence，1885—1930）：英国作家。作品多通过描写神秘主义的性爱本能来探究人性，思考工业革命、阶级意识与战争问题，因此颇受争议。

[2-36] 阿尔杰农·韦斯特（Algernon West，1832—1921)：格莱斯顿的私人秘书。

[2-37] 阿尔贝·加缪（Albert Camus，1913—1960)：法国著名作家，“存在主义”文学大师。1957 年获诺贝尔文学奖。代表作《鼠疫》（*La Peste*），描写北非一个城市突发鼠疫，以主人公为代表的一批人面对瘟疫奋力抗争的故事，宣扬在荒诞中奋起反抗的自由人道主义精神。

[2-38] 1938 年 9 月 29 日、30 日，英国首相张伯伦、法国总理达拉第、纳粹德国元首希特勒和意大利首相墨索里尼在德国慕尼黑举行四国首脑会议。英法为避免战争

爆发，割让捷克斯洛伐克的苏台德区给德国。史称“慕尼黑阴谋”。

［2-39］玛丽·斯特普（Marie Stopes，1880—1958）：英国作家、优生学家、女权活动家。约翰·梅纳德·凯恩斯（John Maynard Keynes，1883—1946）：英国经济学家。主张政府应该积极调控国民经济，通过财政与货币政策来对抗经济危机。朱利安·赫胥黎（Julian Huxley，1887—1975）：英国生物学家、作家、人道主义者。哈维洛克·蔼理士（Havelock Ellis，1859—1939）：英国医生、性心理学家、社会改革家。迪安·威廉·英奇（Dean William Inge，1860—1954）：英国医生、圣公会牧师、剑桥神学院教授。西里尔·伯特（Cyril Burt，1883—1971）：英国教育心理学家。J·亚瑟·汤姆森（John Arthur Thomson，1861—1933）：苏格兰博物学家。J·B·S·霍尔丹（John Burdon Sanderson Haldane，1892—1964）：英国遗传学家、进化生物学家。威廉·贝弗里奇（William Henry Beveridge，1879—1963）：英国经济学家、社会改革家。

▲儒勒·凡尔纳的情节剧代表作《沙皇的邮件》（*Michael Strogoff*）的宣传海报（该剧由匈牙利演员齐拉法兄弟饰演）。作品描绘的是俄国遭到了侵略，比“巴巴罗萨行动”（希特勒攻打苏联的计划代号）还早五十年。

三、迫进的时代

“查尔斯，你知道，什么都是从哈罗公学开始的。”1943 年，丘吉尔对他的医生莫兰勋爵[3-1]说道：

> 在学校垫底的阴霾之下，他发现自己拥有其他男孩所没有的能力——写作。后来驻军印度时，他开始读吉本，彼时他已经明白了自己的人生追求。他坦承，从一开始他的目标就是“出人头地”，他也知道，这唯有通过发展天赋来实现……

实际上，用莫兰的话说：“很少有人如此认真地钻研遣词造句。在和平年代，这造就了他的政治资本；在战争年代，这本事也令他深得人心。没有语感，他可能无以为生。其余无论是判断力、管理才能，还是人情世故，他都毫不出挑。”

伦道夫勋爵认为自己的儿子是一个糟糕的写手，并且不惮直言。“爸爸对我写的信不满意，我太难过了，”1893 年 9 月，温斯顿给母亲写信，“我辛辛苦苦地写了半天，经常整页整页地重写。如果我写写在这儿（桑赫斯特军校）的生活，就说我在写流水账；要是索性写得简简单单，又要批评我懒。我怎么写都是错。”伦道夫勋爵是那种难以取悦的家长，消极而令人苦闷。“我和爸爸说不通，”温斯顿叹息道，“我觉得就算我活到五十岁，还是要被他当成‘那小子’。”1894 年 6 月，伦道夫给温斯顿回了一封信：“你可能得不时反省一下自己卖弄学问又枝枝蔓蔓的学生腔……如果你要给我写信……这么荒腔走板的，我宁可没收到。”

1895 年 1 月，伦道夫勋爵去世。10 月，温斯顿在《每日画报》上报道了古巴起义[3-2]。四年前，丘吉尔的父亲也曾为这份报纸撰文。丘吉尔在《我的早年生活》中曾回忆道，十岁生日前，他“狼吞虎咽”地阅读了《金银岛》[3-3]：

> 凌晨天色刚亮，古巴的海岸从深蓝色的地平线上慢慢展现在我的眼前。我有一种与希尔弗船长一起航海、第一次看到金银岛的感觉。这里的确有重大事件发生，什么事情都可能发生，我也许会牺牲在这里。

虽然伦道夫勋爵作为《每日画报》的特约作者挣下了2100英镑，但他的作品遭到了媒体的严厉批评：《哈罗公报》把他归入比“二流美国记者”还差的档次。与他相反，温斯顿不只在伦敦发表文章，古巴行纪甚至还登上了《纽约时报》。当年12月，他回到纽约，在码头被一群美国记者团团围住，争先恐后地采访他对古巴战争的看法。

这是关乎丘吉尔未来生涯的关键一笔，在许多方面都是。之前父亲无所不用其极地摧毁他的自信，但现在温斯顿通过写作确立了自我，在美国人那里找到了认同。在访问纽约期间，他结识了坦慕尼派[3-4]政客伯克·科克伦，科克伦成了他的精神教父，给予了他生身父亲所拒绝给予的一切。伦道夫勋爵冷漠、疏离、生硬、挑剔，纯英国式，而科克伦是爱尔兰裔美国人，温暖、亲切、轻松，鼓舞人心。科克伦赞赏温斯顿的写作，而且对他的文学风格产生了很大影响。温斯顿找回了自我认同和使命感，作为一个作家终其一生不懈工作，倾力记录战争。不仅记录了古巴，他自己也成了传奇。像凯撒一样，他是一名记录者，一位战士，是他自己叙事中的领袖人物。他为美国读者写作，对英国受众一视同仁。

他还学会了一些应对媒体的方式，有据可查的第一例丘吉尔式俏皮话，是纽约《世界报》展示给读者的。“最醒目的事实是，两军交火好几个小时，谁也没打着谁。”报纸引用了他的话，“我相信统计学家所说的，战场上打死一个人要两千发子弹。当真算起来，我想古巴战场上要两千发子弹才正好绕开一个人。”丘吉尔的原话可能并非完全如此，与纽约《先驱报》所报道的版本不大一样，没有这么机智，不过也可能是美国记者往英国来宾的发言里添油加醋了，他们并不是头一次干这种事。1882 年王尔德访美，随口称赞了旅途的平顺（“波澜不惊”），结果记者歪曲原意，认为这是从审美上蛮横地否定了大西洋。1938 年，丘吉尔对伦敦记者俱乐部说，那些“乐于助人”的记者“矫枉过正”了。在纽约，奥斯卡·王尔德和温斯顿·丘吉尔都步上了伦道夫勋爵的后尘：媒体热衷于引经据典，妙语连珠可以大大提升一个人的名人效应。在 18、19 世纪之交，此风大盛，有些作家甚至用连篇警句结缀成文，比如王尔德的《给年轻人的隽言哲语》（1894 年）和萧伯纳的《致革命者的箴言》（1903 年）。

王尔德和萧伯纳都是丘吉尔学习自我推销的榜样。“我最初的文学冲动，差不多是在 1897 年驻印度军官的时候（彼时尚未成型），对萧伯纳的狂热，为他轻蔑嘲弄小战役中的英军的一篇文章。”数年之后，他的母亲把这两位都带到了饭局上；后来的五十年中，他们不时地交谈与通信。作为业余作家，萧伯纳生活穷困，而丘吉尔手头宽绰，但两人同为不成功的小说家，且都在 19 世纪 90 年代的“新新闻主义”[35] 潮流中崭露头角。丘吉尔意识到，他们都通过不择手段的自我推销获得了成功。“还是把隐居之乐留给那些先为绅士后成码字工的人吧，”他引用萧伯纳的话说，“给我推车与号角。”这两位最爱的宣传手段就是令人印象深刻的警句，如萧伯纳在《易卜生主义的精华》中所言：“把异教徒烧死在火刑柱上的理由和援救一名海难溺水的船员一样有力，实际上，还更加有力。”丘吉尔认为这是惊人的颠覆，也切中了要害。

在 19 世纪的最后二十年中，“新新闻主义”创造了我们今日所称的“名人文化”。这一新发明将媒体的注意力聚焦于个人，新的摄影技术也使报纸杂志更加便利地刊登人物照片、素描写真和漫画像。报纸每天大张旗鼓地报道文学作品和文艺八卦，大众报纸的读者数量创了新高。人们希望在新闻中欣赏到巧舌如簧的名人，而不是高层政治的深水。伦道夫勋爵就是最先成功运用新闻媒体宣传个人的政客之一，作家们也用同样的手段推销自己，以奥斯卡·王尔德为首。他扮演的角色是炫人耳目的唯美主义者，因为他知道，串通一气的媒体将不遗余力地把这一形象推销给追求娱乐的读者。同理，萧伯纳的形象是一个冷酷而狡猾的社会主义者；马克斯·比尔博姆是花花公子式的漫画家；H•G•威尔斯[3-6]是大步跃向未来的技术论者；G•K•切斯特顿[3-7]则是个一心向往着罗马的笑嘻嘻、圆嘟嘟的老传统。丘吉尔吸取他们的经验与教训，以同样的方式为自己建构了一种双重形象：既是冲锋陷阵的军事冒险家，又是高瞻远瞩的政治家，（于某些时候）在英国内阁中事必躬亲。无论哪种角色，他的所作所为都被载入了报告文学、回忆录和历史。身为士兵、政客和作家的丘吉尔之间，并无清晰的界限——这三者都致力于表现并传播一种大众化的叙事。

在这种文化中，记者本身就可能成为名人。19世纪晚期的报纸对“记者”和“通讯记者”作出了区分：前者应该隐身记录事件，而后者则作为戏剧化而醒目的主体，以高度个人化的视角来讲述故事。后者的例子包括史蒂芬·克莱恩和吉卜林（两者的作品丘吉尔都读过），还有W•T•斯特德[3-8]和理查德·哈丁·戴维斯[3-9]。他们的新闻风格是参与式和自传体，记者只报道故事，而通讯记者本身就是故事。

女通讯记者本身也是故事，比如娜丽·布莱[3-10]的“八十天环游地球”。这是纽约《世界报》玩的花样，打出了比儒勒·凡尔纳的小说更精彩的旗号，勇敢的独身女性布莱只用七十二天就完成了环球旅行。同样地，丘吉尔也屡次模仿一个虚构的原型（比如古巴之行与《金银岛》）来完成现实中的冒险，然后发表作品，于是记叙者不可避免地占据了叙事的中心。绝非偶然，这种个人化的新闻风格同样出色地推销了政客：比如西奥多·罗斯福1899年的作品《狂野骑士》[3-11]，正如芬利·彼得·邓恩[3-12]笔下的“杜利先生”所言，其实应该命名为“独行古巴”。

这种新闻不可避免地含有虚构成分，可以自由地使用小说家和剧作家常用的一切文学手法。必须有扣人心弦的情节、难忘的角色、华丽的场景、构思巧妙的对话、耐人寻味的隐语、强有力的作者声音、令人印象深刻的评论以及对戏剧性时刻的敏感捕捉。为了实现这些艺术上的目标，事实可能要被重新安排、润色、有选择地使用，虽然故事的主要轮廓要（或多或少地）忠于现实。通讯记者经常根据流行文学的类型来编织他们的故事，灵异传奇、惊悚小说或者情节剧都在其列。正如凯伦·罗根坎普所总结的："通讯记者们炮制的东西看起来很像小说，读起来像小说，其娱乐性也像小说，但他们认为归根结底比小说强，因为它到底是'真'的。"* 这是丘吉尔在整个写作生涯中所遵循的准则，不仅包括他发表的作品，连通信和政府备忘录也是这样的。

1896 年 4 月 4 日，丘吉尔制定了计划，在未来的政治生涯里，把通过媒体自我宣传作为重要筹码。丘吉尔向母亲解释道，他将被调派到非洲南部的一个骑兵团，那里马塔贝列人[3-13]的矛盾似乎正在酝酿，他可以亲临"惊险刺激的场景……积累经验，不无益处"。他计划赢得一两枚勋章，然后再去埃及弄两枚，然后"弃武从文，步入仕途"。令他失望的是，马塔贝列人未及鏖战就向塞西尔·罗德斯[3-14]投降了。1897 年 4 月，温斯顿让珍妮去联系一份报纸（随便什么报纸），好派他去报道希腊—土耳其战争[3-15]（随便哪一方都可以）："我当然完全同情希腊人，但另一方面，土耳其肯定能赢"，从后者方面来看，这场战争"不那么光彩，但安全得多"。结果在他动身之前，战争又结束了。

1897 年末，他报道了印度西北边境的战役，在《每日电讯报》（1897 年 10 月 6 日至 12 月 6 日）上发表了十五篇快讯。这组文章是他的第一部书《马拉坎德[3-16]野战军纪实》（1898 年）的雏形。1897 年 8 月 29 日，他离开班加罗尔，前往战区，当天他写信给母亲，承认正在想办法宣传："这样做可能不值得，我真心不想当士兵上战场冒这么多风险，这些只能帮我在军队里往上爬，而我又不打算干这一行。但我已经考虑周全，觉得年轻时曾在英军服役这个事实可以增强我的政治威望，我的呼声会更高，以后也可能在这个国家受到更多拥戴，有益于前途。"在 10 月 2 日的信件中，

---

* 虽然罗根坎普关注的是美国报纸，但新新闻主义在英国也是普遍现象。参见安德鲁·格里菲斯：《温斯顿·丘吉尔、〈早报〉和帝国罗曼史的终结》，《维多利亚评论》第 46 辑，2013 年夏季，第 163—183 页。

他告诉珍妮，他被卷入了激烈的战斗，“边境四十年来最艰苦的战事……不过这意味着奖章，以及下次行动我可以指挥一百人，可能还要来个‘奇袭’。”他让母亲确认他给《每日电讯报》的信件署名了：“这有助于我在政治上的大众曝光。”但是珍妮听从了明托勋爵[3-17]的建议，匿名发表了它们：“他认为这些信件非同小可，可能给你惹麻烦。”通讯稿匿名发表就没有意义了，这是温斯顿所不想看到的后果：“我精心设计了这组稿件，把它写成前线来信的形式，好在选民面前彰显个性。我本来希望能有些正面的政治收效……我只想说，如果不做点什么‘非同小可’的事，就没有出人头地的机会了。”温斯顿最恐惧的就是泯然于众人，他直率地指责母亲助他成名不够得力：“您这会儿倒帮我谦虚起来了。不管我要做什么，您都该毫不动摇地帮我宣传，就算要做什么非同小可的事也一样……这么好的一个机会，我本来能凭这些有声有色有说服力的信件光明正大地扬名海内，就这么丢了。”他嫌《每日电讯报》给他每栏 5 英镑的稿费太少，坚持要翻番，还引用塞缪尔·约翰逊[3-18]的话说：“不给钱，榆木脑袋才码字。”他决定撰写《马拉坎德野战军纪实》来“弥补通信没署名的缺憾”，同时赚上一笔。“这是一项伟大的事业，一旦推行就会带来各方面实质性的收效，财政上、政治上，甚至包括军事上，虽然我不在乎军事。”

这一切都使温斯顿承认：“在我心里，个人勇气带来的名望高于一切……为了当此殊荣，即便冒险，我也要竭尽所能地张扬自己。”实际上，他已经把自己变成了一部真实戏剧中的人物，继承了他父亲和王尔德的衣钵。在他看来，戏剧与现实的边界已经消解了。他表现得无所畏惧地步上战场，因为这是他的角色；他也怕死，因为那可不是演戏：“我不相信上帝会给我这样的汉子一个惨淡的收尾……就算被嘲笑，被通俗化，被降格，‘名人堂’也是这世上最好的东西。”

但是，假如战争很无聊，正如通常情况下那样，那该怎么办？丘吉尔作为一个专业作家初试牛刀，调侃西班牙和古巴枪手屡射不中的段子，说明了一个问题：古巴其实无甚可观。他的特稿平淡无奇，根本没有出版战地通讯集的必要。正如他在《星期六评论》上所抱怨的：

暴乱无休无止，却不再提供故事与原型，也没有什么宏大生动的情境。于是人们失去了兴趣，因为这再也不能切身反衬出他们的幸福了。古巴的叛乱因其冗长而著称，也正因如此，常被媒体和公众漠视。更重要、更戏剧性、更不同寻常的事件，连篇累牍地充斥着报刊和读者的头脑。克里特岛的叛乱分子驱逐了古巴的叛乱分子，希腊的阻挠议案事件比美国的更引人入胜……而古巴事件整个走向了沉闷、乏味，无利可图。赢得惨淡，输得稀松。成者为王，败者为寇。没完没了地重演，全世界都烦了。战地记者老抄一年前的旧电报，也抄腻了。

在《泰晤士报》上，丘吉尔解释道，帝国边境的局部战争自然不如欧洲权力集团之间的矛盾那么精彩。“当文明之间发生冲突，一方或另一方占了上风……山区战场自然有特殊的难度，没法进行大规模的行动，没有多少辉煌的战绩，没有什么重要的投降，也没有机会‘大反转’。”丘吉尔十分清楚，战报中耸人听闻的成分意义非凡，即使涉嫌添油加醋也没关系。在《马拉坎德野战军纪实》中，他承认报纸读者想看的是惊心动魄的战役，“但他只能明明白白地读到一个士兵的服役生活，从精神上体会一下行军扎营的单调疲乏。”因此，他把特稿改写成了一部书，加入了戏剧性的成分，在开篇引用了莎士比亚《约翰王》中的名句：

按照正当的平等原则，
请你们听我一言。[3-19]

作者将观众带到了“幕后”，以展示他的编剧才能。他以导演的视角描述了“战地的场景”，重演了“战争前线的恢弘大戏”。帝国的和平地带突然陷入了武装冲突，“再没有比这更彻底、更迅速的布景切换了”。在维多利亚时代，戏剧布景的切换是在观众众目睽睽之下完成的。这本书向《凯撒大帝》[3-20]致以了崇高的敬意（“发出屠杀的号令，让战争的猛犬四处蹂躏”），暴力高潮接近而至，“知道没有幕间休息”。因此，他把一次小小的边境冲突打造成了一个扣人心弦的故事。丘吉尔最著名的警句之一就出自《马拉坎德野战军纪实》：“平生没有什么比当了靶子却未被击中更激动人心的事了。”这本书读起来像是情节剧。丘吉尔直言不讳，“‘血肉横飞’，这是这种文学作品的一贯路数。”

保罗·福塞尔[3-21]认为，应当关注一战文学中常用的戏剧隐喻。但格伦·威尔金森的研究认为，早在维多利亚时代晚期和爱德华时代[3-22]，报纸就已经把战争表述为“有‘布景’、‘幕布’、‘演员’和‘观众’的‘舞台剧’或者‘连环画’”了。丘吉尔的所作所为和其他当代战地记者并无不同，只是更加着意与频繁，更加注重其艺术影响力。他终其一生经营此道，直到这种戏剧风格落伍于时代，仍然许久不辍。

在马拉坎德野战中，丘吉尔洞悉了自我生涯中战争领导者的地位：他意识到，所有成功的战役都是演出。他向读者提出了一个问题：火线上的士兵大部分都感到恐惧，并非一心求仁得仁，那他们为什么不去逃命？

> ……看似如此。士兵的勇气并不是真正地藐视痛苦，不顾危险，而多多少少是成功模仿的精神暗示。大部分人都想在这场戏中演得好一些，而有些人表现得完美无瑕，完全不像是装出来的。较之那些苦苦挣扎的，简直是理想的典范。这种人非常罕见。

战地通讯记者同样是演员，只是面对的观众要多得多。在写给母亲的信中，温斯顿描述了一次血腥的战事，他和一名中尉“拖着一个受伤的印度士兵走了一段路，可能有几条战壕的人看见了。这可能挺傻的，但因为有人看着，我小赌了一把。如果没有这些人看着，事情可能就不大一样了，我就不会表现得这么勇敢和高尚了”。

但是丘吉尔也指出，在现代化的情境下，要把战争中的戏剧性成分剥离掉是很难的。直到19世纪末，依然只有那些以身犯险的战争亲历者可以撰写战争报告文学。而电子通讯技术改变了这一切，先是电报，然后是无线电，后来又有雷达。将领可以身处伦敦、巴黎、柏林、华盛顿而远程掌控战争。大英帝国的中枢神经系统是一个庞大的电报网络，横穿大陆，深入海底，从国家中心发号施令，运筹帷幄，可谓是维多利亚时代的因特网。但仍有一些通讯网络未能触及的偏远地区，比如马拉坎德，超出了电报网络的末梢，如丘吉尔所言：

> 我们在电线的尽头。我经常站在一边，看着电报机敲打出收到的讯息，部队转移、行动计划、战斗和伤亡。这场面太不一样了。在秋天的晚上，俱乐部成员焦急地转来转去，争论，质疑，断言；外面车声隆隆；室内香烟缭绕，电灯通明。而不过一个钟头的电报路程以外，明亮的日光照亮战地泥水的漩涡；黑不溜秋的拦道石；距峡谷一英里的白色军帐；沿河绿油油的长片稻田；前方遍身棕色的武装士兵。我从不怀疑自己应该站在哪一边，制造新闻比获取新闻有意思得多，做演员也比做评论家有意思得多。

身兼演员与评论家二职，丘吉尔只是赞扬了他身边的锡克[3-23]兵团：

> 作为旁观者，很难公正地描述这支了不起的印度军队。数以千计的行军、扎营、放哨，无不体现了他们的实力、耐力和战斗力。他们的勇气表现在许多场合，纪律有目共睹。……
>
> 最引人注目的是英国军官对本地士兵的出色管理。黑人骑兵以罕见的忠心服从于指挥他们的年轻英国军官，他就是他们的“神佛”，军团中的翘楚，狮子一般勇敢；没人骑马骑得比他好，也没人如他志在必得。事态可能生变，人仰马翻，但是看着他，他们就觉得一切都没问题，他“了如指掌”，能拯救他们于一切困难。他们愿为保护他牺牲自己，如果军官战死敌手，全队都无颜见江东父老。在英国漫长而复杂的军事史上，这种盲目的信任真是史无前例。

锡克士兵正如情节剧中的“良民”。今日看来，帝国主义情节剧是如此荒诞不经，美化英国统治，矮化殖民地。但在1897年，英国观众（大部分从未到过印度）根本不怀疑他们在舞台上所看到的。他们从报纸上读到的和主日学校的教士所宣讲的，都是同样的一套。

帝国主义情节剧经常追求纪实的外壳，像电影播放前的新闻纪录片那样，以纪实的笔调来描绘新近发生的事件。《喀土穆！》的卖点是把真骆驼和“苏丹原住民”搬上舞台；《人之本性》则是通过展示地图来重现德鲁里巷[3-24]的盛大沙龙，并重建曾经关押埃及民族主义者艾哈迈德·阿拉比的牢房；《年轻人》（1881年）用真的加特林炮和马提尼－亨利步枪重演了阿富汗战争。而《喀土穆！》和《沙皇的邮件》中，都有如丘吉尔一般介于战地记者和战斗人员之间的角色。在这一点上，丘吉尔认为前线的战斗和剧场里上演的战斗并无区别，总有一些当地人心怀敌意，但更多的是忠心耿耿。

当然，本地人的臣服有赖于英国的声望，这也是舞台艺术中至关重要的问题。“记住，”丘吉尔对读者说，“前线的战争大戏拥有一个沉默而聚精会神的庞大观众群，这个剧场的范围从白沙瓦到科伦坡，从卡拉奇到仰光[3-25]。”乔治·奥威尔的《猎象记》[3-26]也更具讽刺意味地提到了这一点。当本地人不再扮演他们在维多利亚时代的角色时，事态将会如何发展？

像温伍德·瑞德一样，丘吉尔假设帝国主义的扩张冲动是正常而普遍的。在他随后的作品《河上之战》中，体现的是达尔文主义的“竞争意识，我们生存下去的条件。地球上的所有民族都渴望征服”。在《马拉坎德野战军纪实》中，他把这种人类学理论图解为“帕坦人[3-27]的兴衰”，从原始状态到荷枪实弹：

> ……他成为了有威慑力的人物，在房屋后建起高塔以震慑附近的村民。他们逐渐承认了他的权威。他统治了村庄，但野心更加高远。他威逼利诱邻人，和他一起袭击了一个本地首领的堡垒。他们袭击成功，首领下落不明，堡垒被他据为己有。驻守堡垒者与征服者签订了条约，分封土地。为了夺还土地，他们跟随新首领作战。如果他比其他首领对待仆从更坏，他们就会去为别人卖命。所以他善待他们。别人来投靠他。他买了更多的枪支，征服了两三个邻近部落，成了一个当权者。

也许其他国家也是以这种方式建立的，借由此道，文明苦痛而蹒跚地进入了初期阶段……

但是因为帕坦人太过不羁，没有军事政权能够长期稳固地统治他们。一场普通的叛乱就毫无悬念地扳倒了他们，“赢家争夺战利品，故事以流血冲突告终，正如它的开端。”丘吉尔总结道，英国强权下的和平显然远远胜过本地暴君蛮触之争的无政府状态。他认为他所征伐的穆斯林部落无可救药地落后，尤其是在妇女问题上。毛拉[3-28]曾经煽动民众反抗英国，因为“和文明发生联系就打破了迷信与盲从，毛拉向来依赖这两者敛财钓誉。印度的宗教势力联盟对抗文明和教化，因为它们打破了偶像崇拜，成为了未来的潜在危险。伊斯兰教政权感觉到了威胁，抵死抗拒”。丘吉尔还观察到，在帝国的各个方面，“文明都面临着激进伊斯兰教的挑战”，在很多场合，他都将其比作狂犬病。“进步力量和它们的影响有冲突。嗜血好战的信仰与和平对峙。所幸主张和平的信仰通常有较强的武装力量。”继温伍德·瑞德之后，丘吉尔为帝国主义辩护，认为它是文明不懈进步的前锋。

但事实上，欧洲并非总是前锋。他从瑞德和吉本的著作中读到，公元15世纪，罗马帝国覆灭于野蛮人之手，“印度北部的群山，充满了比颠覆罗马者更好战的野蛮人，而爱好和平的人民进驻这里，兴旺，勤劳，富有智慧，致力于和平演变这里，所谓‘涅槃’，莫过于此。”如果欧洲与印度的地位反转，那是因为“文明之光无法一次照亮世界所有的角落”。吉本和瑞德都没有预期大英帝国的盛衰，但在参观了撒莱谷附近的古代佛教文明废墟后，丘吉尔不禁开始怀疑：“如果有一天，游客漫不经心地路过此地，是否还会发现折戟沉沙，以证明英国曾经统治过印度。”长远看来，仅仅从进步的立场出发，英国对印度的统治还是站得住脚的，只要“粮食更充足，耕地面积更大，人口增长，死亡率下降，比印度历史上任何一个时代都要好——我们值得拥有比金字塔更加雄伟的丰碑”。

1897年，“公共关系”这个词第一次付诸书面，还不是一个公认的学科。

但伦道夫勋爵对这个概念有完美的理解，温斯顿此时也是一个善用公器的弱冠青年，精于运用新兴的宣传方式，借此不择手段地宣扬了马拉坎德野战。经阿瑟·贝尔福[3-29]推荐，珍妮·丘吉尔雇用A•P•瓦特[3-30]为代理人，彼时文学代理还是个新兴现象，贝尔福不太清楚怎么称呼他，只说是“出版‘经纪人’”。瓦特后来经手了丘吉尔早年所有的著作，珍妮成了他的公关。“您一定明白，所有的努力都是为了推动发行量，”丘吉尔对母亲道，“书评和社论一定得精心部署……我找机会和《加尔各答先锋报》主编吃个饭，他可以在这边帮我宣传。”后来，珍妮从G•E•巴克尔（《泰晤士报》主编，伦道夫勋爵的老友）、弗兰克·哈里斯（《星期六评论》主编）和亨利·诺曼（《每日纪事》副主编）那里约到了正面褒奖的书评。温斯顿让她把“所有的剪报，不管是褒是贬，都寄给我”。“这本书的出版是我人生至今最值得一提的大事，”他对珍妮说，“有它开路，我胜券在握了。”温斯顿深知宣传本身就是一种作秀，但在他看来，这不是造假。自我推销即是他的真实人格的一种表达。根据《修辞的脚手架》中的原则，他认为，他应该扮演政治家的角色了。他的真实自我和公众自我之间，并无沟壑：

> 我知道，在政坛上，一个人的收获不取决于他做了什么，而在于他是个什么。这不是脑力的问题，而是性格与创造力的问题。正因为如此，在我的政坛起步阶段，我不许别人献计，也不大耐烦听取意见。介绍，联络，靠山，名头，善于纳谏，考虑周全……所有这些都只指向一点，它们可以确保无虞。最后逢人就得量量轻重，一旦发现问题，就完全没有公信力了。
>
> 我不想走到这个地步……我不想金玉其外，乔装个性，以巩固地位。当然，你知道，我是很有自信的。

尽管印刷拙劣，《马拉坎德野战军纪实》还是大获全胜。《雅典娜神庙》评论道：“它的风格就像是迪斯雷利的著作，由一个狂热的读者重写。”这是很高的评价了。甚至连英国王储都来函称赞。“当第一批评论文章和印好的书册一起寄到我手里，我实在为这些赞美感到自豪，太高兴了，同时也为书中的谬误而汗颜，”丘吉尔在《我的早年生活》中回忆道，“诸位肯定还记得，我从前从未享此盛赞。在学校读书时，我得到的评价只有‘平平无奇’‘邋遢’‘懒散’‘差’‘极差’云云，”他没有提及父亲对他的评价，“而现在，全世界最顶尖的文学报刊和最聪明博学的评论家，连篇累牍地称赞！……我很兴奋。我知道过了这一关还会有更多机会，我找到了谋生自立的新途径，在我面前花团锦簇地铺展开来。”他高兴地发现，这本书的版税相当于他两年的收入。通过文学事业，“我把自己从所有的纪律与权威那里解放了出来，在英格兰成功自立，再也没有人会对我发号施令，扬铃打鼓，叫我起床了。”他青春期的梦想实现了，父亲之死更让他从俄狄浦斯情结中解脱出来。

丘吉尔开始构思写作更多的书：一部短篇新闻故事集，加里波第[3-31]的生平，一部“戏剧性的美国南北战争史”，还有先祖马尔博罗公爵和父亲伦道夫勋爵的传记，后来除了故事集，其他都付诸了实践。他写作另外一部报告文学的机会也出现了，他试图加入赫伯特·基奇纳[3-32]爵士的探险队，远征苏丹。他再次让母亲去牵线搭桥，但基奇纳理智地表示，只接受有志于此的职业军官，他知道丘吉尔不过是拿军队当垫脚石，随时准备跳槽。然而，总理大臣索尔兹伯里勋爵对《马拉坎德野战军纪实》印象深刻，他在外交部邀见了丘吉尔，谈了半个多小时，最后说：“你若需要帮助，可以随时告诉我。”这大概只是一句客套话，丘吉尔却当真了。他要求去苏丹，并以惊人的坦率，陈述了他的动机：“不管怎么样，我都无意在军队久留。我想去苏丹，一是因为收复喀土穆将成为一桩重大历史事件，二是因为我有能力也有愿望就此写一本书，无论从经济方面还是别的方面，这对我都有帮助。”

索尔兹伯里大概为这个年轻人的热情吃了一惊，反应并不积极。他让克罗默勋爵[3-33]写信给基奇纳，但是告诫丘吉尔，“不要抱太大期望”。基奇纳再次拒绝了，但是经过多次交涉，陆军部把丘吉尔编进了第二十一轻骑兵队，驻守开罗，候防尼罗河。在《我的早年生活》中，他回忆道，他本来急于观察“苏丹连篇战事的结局如何”，但现在注意到：

> 这里有许多偏听偏信、不怀好意的人对我的行为虎视眈眈，甚至抱着挑衅的敌对态度。他们这样骂骂咧咧："这家伙是谁？怎么就掺和到这么些战斗里来了？他为什么可以一边当兵一边写东西？一个中尉怎么可以对上级品头论足？将军凭什么对他另眼相看？他哪里来的这么多休假？真正卖力干活的都还守着日常工作一步没走开呢。我们受够了，真是受够了。他还年轻着呢，以后再这样可能没问题，但是现在二级中尉丘吉尔得好好受一阵子训。"其他的话就更难听了。"捞勋章的"和"自卖自夸"之类的话上上下下都在说，我知道诸位读到这里可能会惊讶和难过。不得不记录下人性的这些阴暗面，真是令人忧伤。这些稀奇古怪不可理喻的事对我单纯的人生轨迹如影随形，有时候可能还要横亘到我想走的道路上。

丘吉尔是一个善于自我推销的人，在名人文化中如鱼得水，并借此击败了批评他的人。而苏丹战役对有志军人来说是更加理想的机遇，候补名单中有2500人，丘吉尔插队进入了其中。正如他对母亲所言，"这是个迫进的年代，我们得努力往上挤。"

丘吉尔热衷于打造帝国扩张式的大众狂欢，但对于马拉坎德战役，他其实保留了严肃的个人意见。"从财政上说，它是破坏性的；"他曾经私下里对伦道夫夫人说，"从道德上说，它是邪恶的；从军事上说，尚可商榷；在政治上，则完全是一桩大错。"看到英国军队使用达姆弹[3-34]和锡克人活活烧死一个伤员时，他都曾深感惊怖。但他坦承，这些东西在书中"难以言及"。他写信给祖母称："我不知道身在英国的人们，怎么看待发生在这里的战争，这和所有人所期望的都不同。"肯定和他在舞台上看到的也绝不一样：

> 我知道有很多人不清楚状况，比如说宿营根本没人管；部落人折磨伤员，毁弃尸体；部队抓壮丁一个不放过，不管受伤没受伤；战地医院和伤兵队是敌人主要袭击的目标；我们破坏坦克，以获得夏天仅有的水源。

在后来的第二本书里，他就不再这么谨慎了。

译者注

［3-1］莫兰勋爵（Lord Moran）：指查尔斯·麦克莫兰·威尔逊（Charles McMoran Wilson，1882—1977），英国贵族。丘吉尔的私人医生。

［3-2］古巴起义：指 1868 至 1898 年古巴人民反对西班牙殖民统治、争取民族独立的革命战争。亦称古巴三十年解放战争。先后经过第一次独立战争（又称十年战争）和第二次独立战争。

［3-3］《金银岛》（*Treasure Island*）：罗伯特·路易斯·史蒂文森最知名的冒险小说代表作，描写小男孩吉姆得到藏宝图，和同伴海上寻宝的故事。下文的“希尔弗船长”就是书中人物。

［3-4］坦慕尼派（Tammany）：前身是成立于 1789 年的圣坦慕尼公会，原是社会慈善团体，1798 年改组为政治组织，1817 年爱尔兰移民势力加入坦慕尼派，成为坦慕尼派的骨干力量。1830 年，党派的司令部建立于纽约市坦慕尼大厅（Tammany Hall），自称为工人阶级的斗士，宣称为工人阶级谋取福利，后来又拥护移民，争取移民的支持和选票。19 世纪 60 年代，组织势力逐渐达到顶峰，在南北战争期间，塔慕尼派成为美国民主党在纽约的组织，并进而控制了纽约民主党。

［3-5］新新闻主义（New Journalism）：一种新闻报道形式。最显著的特点是将文学写作的手法应用于新闻报道，重视对话、场景和心理描写，不遗余力地刻画细节，使新闻报道洋溢着浓郁的小说化气息和主观色彩，甚至走着由事实转向虚构的道路。被认为是 20 世纪实务新闻学最激进的一种报道理论。

［3-6］H•G• 威尔斯（Herbert George Wells，1866—1946）：英国著名科幻作家。

［3-7］G•K• 切斯特顿（Gilbert Keith Chesterton，1874—1936）：英国作家、文学评论家。

［3-8］W•T• 斯特德（William Thomas Stead，1849—1912）：英国报人。调查性新闻的先驱。

［3-9］理查德·哈丁·戴维斯（Richard Harding Davis，1864—1916）：美国新闻记者、小说家。当时著名的战地记者。

［3-10］娜丽·布莱（Nellie Bly，1865—1922）：美国记者。原名伊丽莎白·科克伦·西曼（Elizabeth Cochrane Seaman）。新闻史上首位知名女记者，为纽约《世界报》撰写社会报道，进行过许多秘密调查，也是 19 世纪最具冒险精神的新闻记者之一。

1889 年，她在纽约《世界报》的策划与支持下，在 72 天时间内环游世界，打破了儒勒·凡尔纳冒险小说《八十天环游地球》主人公斐利亚·福克所创造的纪录，因此享誉全球。

[3-11] 1898 年，美国为了夺取西班牙的美洲殖民地进而控制加勒比海，与西班牙开战。“狂野骑士”（The Rough Riders）是战争中美国第一志愿骑兵团的绰号，罗斯福当时在团里任中校，以作战勇敢和领袖气质著称。

[3-12] 芬利·彼得·邓恩（Finley Peter Dunne，1867—1936）：美国记者、幽默作家。曾为芝加哥的《先驱报》等报纸撰写“杜利先生”系列幽默短文。他塑造的人物“杜利先生”，是芝加哥的酒馆老板，讲爱尔兰方言，经常对时事发表敏锐机智的评论。

[3-13] 马塔贝列人（Matabclc）：居住在非洲津巴布韦的祖鲁人。

[3-14] 塞西尔·罗德斯（Cecil Rhodes，1853—1902）：英裔南非商人、矿业大亨、政治家，著名殖民者。

[3-15] 1897 年，希腊与土耳其（奥斯曼帝国）发生战争。又称“三十天战争”。起因是希腊克里特岛的基督教徒同穆斯林统治者的关系逐步恶化。最后希腊战败，缔结和约，向土耳其赔款并割让部分领土。不久，土军撤离克里特岛，该岛成为国际保护领地。

[3-16] 马拉坎德（Malakand）：印度西北边境的山区省份，当时的前线。

[3-17] 明托勋爵（Lord Minto）：指吉尔伯特·艾略特-默里-基宁蒙德（Gilbert Elliot-Murray-Kynynmond，1751—1814），苏格兰政治家、外交官，曾任印度总督、英国海军大臣。

[3-18] 塞缪尔·约翰逊（Samuel Johnson，1709—1784）：英国著名诗人、散文家、传记家。

[3-19] 出自莎士比亚《约翰王》（*King John*，1595 年）第五幕第二场。

[3-20] 《凯撒大帝》（*Julius Caesar*）：莎士比亚剧作。下文引用的是第三幕第一场的台词，译文参考朱生豪先生译：《裘力斯·凯撒》，上海古籍出版社 2002 年版。特此致谢。

[3-21] 保罗·福塞尔（Paul Fussell，1924—2012）：美国著名文化批评家。

[3-22] 爱德华时代（Edwardian era）：指 1901 至 1910 年英王爱德华七世在位的时期。

[3-23] 锡克（Sikh）：南亚地区信仰锡克教的民族，有武装斗争传统。

[3-24] 德鲁里巷（Drury Lane）：位于伦敦中心威斯敏斯特，皇家剧院所在地，是当时政要聚集的文艺中心。

[3-25] 白沙瓦（Peshawar）：巴基斯坦北部城市。科伦坡（Colombo）：斯里兰卡首都。卡拉奇（Kurrachee）：巴基斯坦第一大城市。仰光（Rangoon）：原缅甸首都。

[3-26] 乔治·奥威尔（George Orwell，1903—1950）：原名艾里克·阿瑟·布

莱尔（Eric Arthur Blair），英国左翼作家、新闻记者、社会评论家。著有著名反乌托邦小说《一九八四》。《猎象记》（*Shooting An Elephant*）是他写于 1936 年的讽刺散文，描写了 1926 年在英属殖民地缅甸当殖民警察时一次射象的经历。

[3-27] 帕坦人（Pathan）是一个跨境而居的民族，又称普什图族，分布在阿富汗和巴基斯坦两个国家，是阿富汗的主体民族。在巴基斯坦是少数民族，多居住在印度、巴基斯坦西北边境，参与了印度西北边境与英国殖民者的冲突。

[3-28] 毛拉（Mullah）：伊斯兰教敬称与教职称谓，指当地穆斯林领袖。

[3 29] 阿瑟·贝尔福（Arthur Balfour，1848—1930）：英国保守党政治家。1902 至 1905 年任英国首相。

[3-30] A•P• 瓦特（Alexander Pollock Watt，1834—1914）：英国著名文学代理人。

[3-31] 朱塞佩·加里波第（Giuseppe Garibaldi，1807—1882）：意大利爱国志士及军事领袖。献身于意大利统一运动，是意大利建国三杰之一。

[3-32] 赫伯特·基奇纳（Herbert Kitchener，1850—1916）：英国军官。

[3-33] 克罗默勋爵（Lord Cromer）：指艾弗林·巴林（Evelyn Baring，1841—1917），英国外交家。

[3-34] 达姆弹（dumdums）：英国制造的一种“扩张型”枪弹，因由印度加尔各答的达姆兵工厂生产而得名。俗称“开花弹”或“榴霰弹”，不具备贯穿力，但有极高的浅层杀伤力。

▲《萨伏罗拉》（*Savrola*，平装本，1908年）插图（一）：露西尔在祈祷萨伏罗拉得胜。她爱萨伏罗拉甚于自己的丈夫——当权的安东尼奥·莫拉里。（© 多伦多大学托马斯·费舍尔善本图书馆）

四、世界大战

丘吉尔对苏丹战争的记录，有三个不同的版本：第一个版本是 1898 年 8 月 8 日至 9 月 20 日，他为《晨邮报》撰写的十五篇特稿。在 1899 年的初版《河上之战》中，它们被大大扩充，而又在 1902 年的版本中大幅删节。后来的版本多遵循 1902 年版，但早年版本的这一改动，显示出丘吉尔对于“帝国主义”不断变化的态度，可能比我们印象中的更具批判性。

早在接触绘画之前，丘吉尔就是个艺术家。在致《晨邮报》首篇通讯的起首，他就提醒读者，他的战地通讯追求绘画和戏剧的效果：“我将尝试在这封和之后的通信中为您绘制一幅战争的画卷，希望喀土穆大戏最后一幕的场景和角色，能在您心中留下鲜活的印象。”笔锋一转，他将尼罗河比喻为“贯穿全剧的暗线”。河流平时浑浊而无趣：

> ……但只不过一个钟头，一切都改变了。夕阳沉降于西方的戈壁，美丽的余晖顿时令风景明朗灵动起来。画面仿佛经过大刀阔斧的艺术家灵感迸发的润色，岩石之间抹上了深紫色的阴影，沙地上的光亮也增强了，一切都镀上了漂亮的金色，整个场景都鲜活起来。河流的臂弯形成了一个湖泊，水色从浑浊的棕色转向银灰。天幕也从沉郁的蓝色逐渐变深，在西方呈现紫罗兰色。万物皆被这点金神指赋予了生机。当夕阳彻底沉没于戈壁之后，天空褪色，流砂无光，一切都如失血将亡的人面一样灰暗下去。我们在黑暗中黯然神伤，直到群星闪耀，提醒我们希望仍在。

新新闻主义主张印象化的报道，而丘吉尔的这些描写与印象派绘画惊人地相似：“德尔维希[4-1]的大军在风景面前相形见绌，仿佛只是棕色砂坪上的斑斑污迹。”丘吉尔告诉读者：“别把这些通讯当成讲故事，更别当成是战争史实录。”他的目的只是传达他自己“那一刻的印象”，为干巴巴的战地公报添上“几笔地方色彩”。在对恩图曼战役的描述中，他的印象主义风格充满了电影感，大概是文学史上对这种手法最早的运用：

> 全景摇曳不定，简直像电影画面，此外，我全不记得声响了。事态似乎在沉默中演进。敌军的嘶吼，士兵的呼喝，群枪齐发，金戈相击，统统被感官忽视了，大脑根本无法处理它们。

“人人都从自己的视角来描述一桩行为，”丘吉尔称，“事实上，这是我们看待大多数事物的方式，天经地义，我为什么要例外？”年轻的温斯顿似乎可以和沃尔特·佩特[4-2]、詹姆斯·麦克尼尔·惠斯勒[4-3]、但丁·加布里尔·罗塞蒂[4-4]甚至奥斯卡·王尔德一道，名列唯美主义运动的后期成员。但与众不同的是，丘吉尔是一个战争的唯美主义者。

他认为，“战争当然可以被粉饰，只不过这是肮脏下作的营生，傻瓜才干。”但毋庸置疑的是，那是一场好戏。苏丹战争让卡尔·诺伊费尔德重获自由，这个德国探险家已经被囚禁了十一年。这使丘吉尔相信“有些事势在必行，不管付出多大代价”。从监狱中释放一个无辜的人，是情节剧的经典高潮：这让丘吉尔联想到狄更斯《双城记》中释放巴士底狱囚犯的段落。而结局简直就是帝国主义情节剧的最后一幕：“在喀土穆的废墟中，英国国旗（旁边还有一面小得多的埃及国旗）冉冉升起。”士兵集体敬礼，乐队开始演奏《天佑女王》。“我们是一个清醒而冷淡的民族，”丘吉尔说，“但大部分人时常被戏剧深深吸引。”

上一篇通讯标注的日期是9月9日。而次日他的下一篇稿子，却发生了令人吃惊的变化：丘吉尔突然放弃了他的唯美主义，转而揭露帝国主义戏剧的虚伪。第二十一轻骑兵队在恩图曼成功剿灭了一支德尔维希大军。丘吉尔也参加了战斗，他明白其间需要多大的勇气和行动力，因而十分理解士兵为何难以忍受那些寻求刺激的报章读者。他们为骑兵们欢呼喝彩，却对战争意味着什么一无所知：

> 广大公众印象深刻的是骑兵冲锋陷阵的英姿。人们不关心也不了解战争的复杂与棘手，只是被事态中的戏剧性因素所吸引。这种热情带来了车载斗量的谬赞和夸夸其谈。责任感与爱国主义情怀从圣坛和壁炉边开始传诵，却堕落到了音乐厅和小酒馆里，这实在是不对头的。

在苏丹，丘吉尔终于意识到了他在印度西北前线不曾目击，或者说不曾承认的事实：真正的战争和演戏不一样。他不得不面对舞台表演和沙漠战场之间的巨大鸿沟，终于放弃了他早先唯美主义的主观姿态，宣布他自此以后将“用智识和公正写作”。从向国旗敬礼的第二日起，他开始迫使读者正视战争的恐怖。即使在今日，经历了一个多世纪的全球动乱和大规模杀戮之后，他的记录仍然令人不忍卒读。他用富有画面感的细节，描写几千德尔维希人被英国人用马克沁机枪[4-5]扫射，推入两三个深坑，弃尸荒漠，三天后还有人未曾死绝。《晨邮报》的读者不得不在早餐桌上读到诸如此类的描述：“一个人三天爬了一英里，但离河还有两英里，他只剩一只脚，另一只早没了。我不知道他最后有没有坚持爬到他苦苦挣扎找寻的水源。”英国伤兵有麻醉药、医疗和养老金，战死了也有军队礼遇的殡葬：

> ……但德尔维希的死者没有任何“光荣捐躯”的报偿。威武不屈的尊严一文不值，一切都肮脏腐败，然而他们的勇敢不输旁人。我相信对那些英勇的死者来说，他们应得的报偿不仅是坟墓，他们值得一切和我国将士同等的待遇。

他嘲讽地指出，一旦回到国内，所有的一切就都被削减为供人消遣的舞台奇观。对于英国公众来说，他们所侵略的亚非人民不过是报纸、音乐厅和《笨拙》周刊上漫画式的人物：

> ……帝国主义者多么喜新厌旧，喜怒无常。年复一年，甚至可以无限追溯下

> 去，反抗英军的稀奇古怪的领导人排着长队，走马灯一样地变换：斯瓦特的阿訇，光膀子挥舞长矛的塞奇瓦约，唱着胜利诗篇的克留格尔，“不朽不屈”的奥斯曼·迪那，打伞的锡袍王，举旗的马赫迪，洛本古拉含情脉脉地看着《真相》杂志，普伦佩倒在尘埃里，发疯的毛拉裸露着臀部，还有最新的苏丹哈里发。[4-6] 这简直是德鲁里巷上演的一出哑剧，每一个引人注目的外国角儿都有自己的罪行、可怕的习俗以及“小特征”，挨个儿排着队，从野蛮人的阴霾走到文明的光辉照耀下。他们的名字被周知四海，口口相传。所谓真龙天子、内阁心腹、帐中大将的做派和头衔被真真假假地传诵，众口一词，家喻户晓。街头顽童喊着他们的名字，百工之人也拿这些当作夜来笑谈，人们甚至用他们来恐吓幼儿听话或者闭嘴。全世界的看客拍手称快，不耐烦地起哄，而这些当权者流水般变换，流亡，入狱，暴死。这真是一个残忍的笑话，侵略他们、掠夺他们财富的人，很快就忘记了他们的名字，把他们扔进了历史的垃圾桶。

1885年，马赫迪在喀土穆击败了乔治·戈登将军，于苏丹建立起一个军事化的穆斯林帝国。在人们看来，丘吉尔会反对这一政权，但他只是表达了对英国军队亵渎马赫迪陵墓的不满：

> 这个地方十多年来一直是苏丹人尽皆知的最崇高的圣地，他们悲惨的生活因此有了一线光明，甚至在某些方面变得高贵起来。这种信仰利用的是人们对不可知的敬畏，但确实发挥着保障作用。它满足了人类对神秘事物的好奇本能，是人们相信进步的命运与未来世界的最有力的理由。而我们却蓄意地破坏并亵渎它。

这种反应，体现了丘吉尔从吉本和温伍德·瑞德那里接受的现世主义思想，以及出于实用性考虑，对英属印度各种信仰的尊重。马赫迪是个“假先知”吗？其他人也好不到哪里去。“亲爱的读者，这只不过意味着……你不相信他。‘假’是一个形容词，所有的教派都在自身的出发点上使用这个词，来形容一切其他教派。”在《马拉坎德野战军纪实》中，他曾温和地告诫读者：“欧洲人无法站在亚洲人的立场上来衡量动机或者假设观点。”而现在基于真切的了解，他精确地把握了这一点。“对于这些习俗卑劣、观念残忍的原始人来说，也许我们才是野蛮的侵略者，”他质疑道，“在他们看来，讲笑话、抽烟、喝苏打水的英国中尉，可能比恩图曼的任何酋长或者迷信都要可怕。换一个角度来看，穿短裙的苏格兰兵、白色的环孔炮艇、棕衣爱尔兰兵和立德炸弹都是破坏的代名词，丑陋不堪。”

丘吉尔仍然相信征讨苏丹是正义的，具有必然的进步性，因为它“注入了一股清流，把恩图曼荒凉的平原变成了丰饶的花园，都市化的住宅、学校和剧院取代了城镇的土房”。但历史的进步也是冷酷无私的：大英帝国的转折时代到来了。“德尔维希人溃不成军，可是他们的结局仿佛也预示着胜利者的收尾。时间嘲讽着科技，而科技又嘲讽着匹夫之勇，终有一日，时间会将两者都逐出历史舞台。”这也是吉卜林诗作《曲终人散》所流露的观点，诗歌为维多利亚女王钻禧[4-7]歌功颂德，却也表达了对英国超越世界权力巅峰的隐忧。政客和媒体都为帝国的衰落担忧，尤其是德国军事和贸易的飞速发展带来了新的挑战。英国人盛赞第二十一轻骑兵队，因为他们证明英国仍保有“内在的战斗精神，民族长治久安的必要条件”。但是丘吉尔意识到，这种寻求安慰的行为实则加深了内在的恐惧：“所有伟大的帝国都被胜利冲昏头脑以致颠陨。过去从来没有哪个国家像英国一样享此盛名。真正关心民族命运的爱国者时常惕怵回望，几乎可说是期待地，唯恐发现衰败的征兆。”

在《河上之战》中，有近千页的篇幅是由丘吉尔的报纸通讯扩展而成，对“帝国主义”的讽刺更甚：

> 对于一个文明社会来说，还有什么营生比从野蛮人那里收缴良田和人手更加高尚、更加有利呢？让交战的部落和平共处，在暴力横行的地区执法，砸碎奴隶的锁链，在土壤中耕耘财富，播下贸易和智识的种子，提升全民的幸福感，减轻他们的痛苦——还有什么比这更加美好的理想和贵重的褒奖能催人奋进呢？动机良好，实践积极，结果往往有利可图。但是请从美妙的幻想中抽身，看看丑陋的现状，观点可能就要转向完全相反的方向了。勤劳的人民连饭都吃不饱，根本享

受不到帝国主义带来的福利；原住民对自己的未开化一无所知，对苦难麻木不仁，漠视生命，但顽固地要求自由，愤起反抗“博爱”的侵略者，在意识到自己的错误之前成千上万地死去；巨额交易填补了征服者与当权者之间的矛盾鸿沟；不合时宜的传教士、野心勃勃的军人和满口谎言的投机者，扰乱了殖民地人们的思想，吊起了征服者贪婪的胃口。看看这些险恶的现实，我们真的无法相信，有什么美好的前景要通过如此肮脏的路径来实现。

帝国主义意识形态充斥于维多利亚时代晚期流行文化的所有方面，并不仅限于戏剧。丘吉尔孩提时就全方位地吸收了这种意识形态。他还记得四岁时去拜访他的保姆的妹夫，彼时报纸上正在报道祖鲁战争：

报纸上登了祖鲁人的照片。他们皮肤黝黑，全身赤裸，灵巧地投掷被称为“标枪”的长矛。他们打死了很多我们的士兵，但从照片上来看，他们被我们士兵打死的人更多。我对祖鲁人十分愤怒，听说他们被打死了，很高兴，我的朋友，那个老狱卒也有同感。没过多久，战争就结束了，再也没有祖鲁人的照片了，也没有人再害怕他们了。

哈罗公学的校长J•E•C•威尔顿鼓吹仁慈的家长式帝国主义，认为英国比殖民地的原生民族更加优越，更应负起责任。事实上，包括乔治・切斯尼[4-8]的小册子《印度政体》和吉卜林的作品在内，少年温斯顿的所有读物中都充斥着这种论调。但从他对报纸描写祖鲁人的讽刺态度来看，丘吉尔依然有能力把媒体的帝国表述与现实区别开来。

丘吉尔对苏丹战争的矛盾态度，可能受到亨利・莱特・哈葛德[4-9]的小说《所罗门王的宝藏》（1885年）的影响。温斯顿十一岁的时候第一次读到它，还给作者寄去了一封贺信。后来又读了好几遍，向作者提了不少问题。“他相信那是真的，”他的表弟肖恩・莱斯利回忆道，“他读了十二遍，翻来覆去地把作者都问烦了。‘这里是什么意思？’他抓住书里的一个疑点紧追不放，作者只得承认，他自己也不知道。”直到1932年，丘吉尔仍然认为，这是哈葛德最出色的一本书。

《所罗门王的宝藏》今日通常被视作一部宣扬帝国主义的小说，但如果像丘吉尔一样细读起来，里面可能传达了更加复杂的讯息。故事的叙述者亚伦·夸特梅因是温斯顿少年时的偶像。他放弃学业去南非探险，“做生意，打猎，战斗，挖矿”。他从来不用“黑鬼”这个词，坚称他认识许多非洲人比英国富翁更加绅士。他在战场上对祖鲁人和丹麦雅利安人一视同仁，认为祖鲁人说着“和古希腊语一样美丽而铿锵的语言”。夸特梅因持有一份地图，指引着通往传说中所罗门王宝藏的道路。他加入了一支寻宝的英国探险队。此外，还有一个仪表不凡的土著昂伯帕，作为脚夫志愿加入了队伍，虽然他的气度表明他绝不是下人出身。探险队先抵达了库坤纳国，一个由暴君特瓦拉和邪恶女巫戛古儿统治的大国。他们实行恐怖独裁，定期“清洗”，残忍地迫害了数百人。而昂伯帕的真实身份是库坤纳的正牌国王伊格诺西，在英国人的帮助下，他领导起义，推翻了特瓦拉。英国人要求伊格诺西用法治来取代“清洗”，他觉得法律是白人世界的奇怪产物，可是看在英国朋友的面子上，还是同意了。同时他宣布，库坤纳国的大门永远向探险队队员敞开，但是不允许其他任何欧洲人进入，不管是商人、士兵，还是传教士。

《所罗门王的宝藏》赞扬了非洲独立与种族平等，因此深受非洲读者的推崇。哈葛德甚至描写了白人男子和黑人女子的恋爱，虽然女子后来适时地成了炮灰。而小说中最令人不寒而栗的“清洗”，则对丘吉尔的政治意识产生了深远的影响，他因此关注了人类学对大屠杀的研究。书中描写的非洲大屠杀的场面可能会加深一部分读者的种族主义观念，但前提只是他们觉得白人不会犯下这样的罪行。丘吉尔可没有这种错觉。

在丘吉尔的作品中，非洲人和亚洲人多半是不起眼的龙套。其中只有一位受到了特殊的关注与同情，那就是马赫迪。丘吉尔坚称，马赫迪得到区别对待的原因是，他和他的对手乔治·戈登将军实在太过相似：

> 这两人都认真而热忱，富有同情心和激情；两人都为宗教狂热深深左右；两

> 人都对所接触的人施加强大的个人影响；两人都是改革家。阿拉伯人即是非洲版的英国人，而英国人是阿拉伯人的文明升级版。两人最终相杀至死，但一生中的重头戏却双双推动苏丹的命运往同一个方向发展。

而作为文学人物，他们也同样令人难忘。戈登“一生坎坷不羁，从塞巴斯托波到北京，从格雷夫森德[4-10]到南非，又从毛里求斯到苏丹，读者跟随他的脚步如痴如醉，每一个场景都陌生而可怕，富有戏剧性。场景越炫目，演员越出彩，前无古人，后无来者”。他该老成时却轻率，热情以至狂热，勇敢以至鲁莽。“他的胆量和智谋可能在战争中力挽狂澜，精力足以煽动所有人。”而且，他的“个人魅力太强，经常招蜂惹蝶”。少年时代的温斯顿·丘吉尔以乔治·戈登为鉴，看到了自己身上所有的优缺点。

19 世纪 70 年代末，戈登曾经在苏丹打击贩奴，扮演了帝国主义情节剧中经典的英雄形象：

> 他宣讲正义与自由，令当地人大为惊奇。他惩恶扬善，锄强扶弱，慷慨助人，还援之以自由、希望与愿景。部落原住民绝非不知好歹，连最野蛮的原始人和食人族都十分尊敬这位奇怪的白人。妇女仰慕他。他即使单骑独行手无寸铁，一整队士兵也不敢上前造次。

他在苏丹掀起了一场革命。打击贩奴实则“动摇了整个社会体系”，传播了一种颠覆性的意识形态：“受压迫的暴民已经意识到，他们拥有权利。”戈登掀起的剧变最后导致了马赫迪起义的胜利。丘吉尔从这一历史的反讽中得出了结论，马赫迪起义并非完全源于穆斯林的信仰狂热（传统观点通常这样认为），而更多地出于在埃及统治下对自由的普遍渴望：

> 那些把自己的国家看作是道德和常识的制高点的人，总是爱把野蛮人掀起的战乱归因于狂热。他们漠视十分明显与正当的动机，把最理性的行为视作疯狂。……当地人起义遭到残酷镇压，因而激愤，到了他们这里却被一句“狂热”轻描淡写，

认为这个问题不值得深究。

在前一本书里，丘吉尔也把1897年印度西北部的叛乱归因于伊斯兰教的狂热，但此刻他意识到，帕坦人“看到自己的领土上建起堡垒和道路……真切地感到殖民威胁了他们的自由”。同理：

> 对苏丹人而言，起义是因为再无上策。他们的国家被毁灭，财产被掠夺，妇女被奸淫，自由被剥夺，甚至生命也受到威胁。外国人统治本地人，少数压迫多数，懦夫欺凌勇士，弱者驱使强者。这就是最充分的理由。

丘吉尔并没有否定伊斯兰教在这两次动乱中扮演的重要角色。他认为，统治的不公是动乱的必要条件而非充分条件。被压迫者起来反抗需要更多的动力，亦即所谓的意识形态，丘吉尔把它描述为：

> ……欲望，大部分人与所有集体都无时无刻不关注它，并且与他们的行为紧密相连，即使只是在道德权利的表象下……任何伟大的事业都是利己的，同时伴随着某些自认为动机高尚无私的信念……某个人或者某一群体的苦难可能难以忍受，但在铤而走险之前，必须有某种无私而客观的精神来鼓舞他们。

对1789年的法国大革命而言，这种精神来源于《人权宣言》。而对印度西北和苏丹的部落原住民来说，《可兰经》就是信念。“在某些国家，这体现为教育和精神生活熏陶，从对光荣传统的自豪感中发掘高尚而超我的动机，抑或通过唤起对周遭苦难的同情，或者对人类尊严的哲学体悟。”1940年，丘吉尔正是在演说中使用了这些主题，以鼓舞英国人民。

如果丘吉尔从戈登将军身上发现了自我，那么他应该也会认同穆罕默德·马赫迪。他们的父亲都去世得比较早。“只要根扎牢，独树长得高；只要没学坏，孤儿懂事早。独立而有活力的灵魂，日后定会从早年的缺失中恢复过来。”丘吉尔在给母亲的信件中引述了上面的话，可见它对他影响之重大。这种独立意识最终导致穆罕默德反抗他的前辈与导师。“虽然场景展开在非洲的荒野，演员的肤色、信仰和习俗都迥异于我们，这个故事仍然会唤起许多读者的共鸣与同情。”穆罕默德是改革家、爱国者、先知，也是出色的政治公关、畅销书作家、富有魅力的军事领袖。他要求人民英勇牺牲，并领导他们走向胜利。这正是丘吉尔渴望并且成功践行的。“一切都在马赫迪的预料中。”他总结道：

> ……不该忘记，他全心全意为同胞，把故土从外国人手中拯救出来。穷苦的本地人食不果腹，衣不蔽体，陷入绝望，生命中却突然出现了一道崭新而刺眼的华光。马赫迪在他们干枯的心房里点燃了爱国与信仰的火焰，生活突然充满了惊险而愉悦的事变。他们进入了一个想象中的美丽新世界，在安定下来之前，还有很多事要做……

要说丘吉尔从中发现了打造自己战时领袖形象的主要原型之一，是否牵强？他对马赫迪的描述，读起来有点像约瑟夫·康拉德[4-11]：主角深入非洲腹地，通过观察一位“野蛮人”，重新发现了自己。1899年2至4月，《黑暗的心》在《布莱克伍德》杂志上连载，彼时丘吉尔正在写作《河上之战》，但除此之外，没有任何证据证明他读过康拉德的作品。可以确定的是，《河上之战》像他曾反复阅读的《所罗门王的宝藏》一样，讲述了一位富有魅力的本土领导人推翻非洲内部高压暴政的故事。《河上之战》的很多地方都流露出惊人的后殖民意识，消解了欧洲在文化优势上的自负。丘吉尔承认，马赫迪的继承人哈里发·阿卜杜拉是个“恶人”，再次使苏丹陷入了苦难，但是：

> 他这么统治恩图曼，不比英国政府出面镇压印度动乱更糟糕。他处置叛乱部族的手段没有亚美尼亚人大屠杀那么残忍，也比反犹分子们理性多了，最文明的国家安内的时候也不过如此……他对待欧洲战俘……不比本世纪英国人对待法国战俘坏多少……

既然如此，英国征伐苏丹的正义性何在？丘吉尔再次指出了好政府的进步意义：较之埃及人和哈里发对苏丹的欺凌，英国人在埃及恢复法治与秩序，改革本地军队，推动水利工程建设，实现了财政盈余。但是这一回，丘吉尔的文章中出现了微妙的暗讽。就像利顿·斯特雷奇[4-12]的“布鲁姆斯伯里式嘲讽”那样，斯特雷奇在《维多利亚时代名人传》里征引了《河上之战》来写作戈登将军的章节。丘吉尔婉转地提及了当时流行的观点：英国的帝国主义是慈善性质，就像汤因比馆[4-13]的安置房一样，只是这回地点设在埃及而不是白教堂：“英国人创造的财富在持续增长，慈善的魅力开始吸引各个阶层的人，每一项新的改革都赢得山呼万岁。”丘吉尔将殖民扩张比作布景切换（“就仿佛天使施法，绝望深渊的黑暗沼泽瞬间成了快乐山凉风习习的向阳坡”），这像做戏一样，比现实还要夸张，同时也是一种机智的宣传，在阿尔弗雷德·米尔纳爵士[4-14]1893年的著作《英国在埃及》中就已经成型了：

> 他笔法娴熟地报喜不报忧，详解困难以突出成绩。他展现了在大英帝国日理万机的同时，她优秀而顽强的子民如何促进小小埃及不可思议地发展进步，就像对待印度那样……如此棒的故事，在一个如此棒的时机讲述出来。听众津津乐道，同情不已。这个主题太吸引人了，讲故事的人也妙语生花，把最无趣的话题讲得活灵活现。在如此有利的大环境下，一本著作不再仅仅是一本书了，而成了打破樊篱之后征兵的集结号，召唤他们一起去夺取胜利。

当时有两部作品耸人听闻地描述了从苏丹的穆斯林敌军那里脱逃的经过，约瑟夫·阿尔芒德神父的《铁窗十年》（1892年）和鲁道夫·卡尔·冯·斯拉丁的《苏丹火剑录》（1896年），为当时的公众情绪火上浇油。和家长式的慈善欲望联系在一起的，往往是为戈登将军复仇的原始冲动：

> “基督教英雄”的个体形象已经深入英国人心。他死在异教徒野人的手中，像一个殉道者。一个虔信的国家的一部分人可能不愿意将他的名字与失败联系在

> 一起。复仇的愿望诱惑人心，又以宗教奉献的形态出现。有哪个共同体能避免狂热？在科学与文明的表象下，十字军的精神死灰复燃。随着时间流逝，苏格兰的民意之下仍然有一股导向“圣战”的强大暗流。

丘吉尔的最后一句话一针见血：那么，是谁发动了“圣战”？当他描述恩图曼战役的时候，语气已经由讽刺转向了直接的谴责。德尔维希人兵败如山倒时，残余的骑兵曾经发动自杀性袭击，最后全军覆没：

> “狂热”是侵略者对他们的蔑称。我认为这是残忍的不公。怯懦的人无法揣测他们崇高的动机，他们相信一死能够洗雪战败的耻辱。这些品性在文明人身上会被视为崇高，为什么发生在野蛮人身上就成了疯狂？我只希望，倘有一日，国家罹难，风雨飘摇的帝国旗下，保卫伦敦、抵御侵略者的最后一支军队也能宁为玉碎。我只希望，即使在现代社会，也有那么一些人，不甘于做苟延残喘的识时务者。

上文最后一句的灵感，显然来源于丘吉尔最近的阅读。很可能是他最喜爱的当代作家 H•G• 威尔斯，他的书几乎每一出版丘吉尔就收入囊中。1898 年 1 月，《世界大战》[4-15] 出版；11 月，丘吉尔签署了《河上之战》的出版合同并着手写作，1899 年 10 月 2 日完成。威尔斯的小说是一部斯威夫特[4-16] 式的帝国主义寓言：在小说描写的时代，英国是一处被武力更加强大的政权所蹂躏的殖民地。为了防止吓跑读者，威尔斯在第一章就写道：“塔斯马尼亚人，虽然也属于人类，但却在欧洲移民发动的种族灭绝战争中，短短五十年间就遭到了彻底毁灭。”小说描绘了一场惨烈的伦敦保卫战，以失败告终，但没有人屈服于新政权，一个炮兵夺下了火星人的战斗机器，与侵略者同归于尽。《河上之战》以很长的篇幅描写了尼罗河沿线的英国军事铁路建设，和威尔斯描写的火星星际运输系统异曲同工。1908 年访问乌干达后，丘吉尔曾经使用了一个明确的类比：英国人“对巴干达人有优越感，一切建设都是为了统治，就像威尔斯先生笔下火星人对我们所做的那样”。

丘吉尔指出，在情节剧中，“英国士兵心慈手软的情操，总能赢得观众的赞誉，屡试不爽。但是在现实中，每支军队中都有残忍的分子。”他透露，有些德尔维希俘虏投降后仍然被杀，杀人者主要是苏丹人和埃及人，但也有一部分是英国士兵，而且英国的炮火也殃及大量恩图曼的妇孺。此时的用语比之前的通讯原稿激烈得多，他激烈谴责英军蓄意破坏马赫迪的陵墓：

> 拜H•基奇纳先生所赐，陵墓被亵渎了，夷为平地。马赫迪的尸体被挖出来，身首分离，官方的解释是“便于今后保藏”。这句话在这里的意思是，脑袋要击鼓传花一直传到开罗。这事竟然还算一桩奇功，直到传到克罗默爵士耳朵里，他下令马上把遗体改葬到瓦迪哈勒法[4-17]。结果头下葬了，四肢和躯干被抛入了尼罗河，这就是咱们征服者的骑士精神！
>
> 无论穆罕默德•艾哈迈德一生酿成了多少灾祸，他都是一个品格高尚的人，一个信徒、士兵、爱国者。他大获全胜，复兴宗教，创立了一个帝国；在一定程度上改良了社会风气；变奴隶为士兵，间接地削弱了奴隶制度。

马赫迪善待俘虏，保护拒绝皈依伊斯兰教的基督教牧师。破坏他的陵墓，违背了任何一方的道德准则，无论是基督教、伊斯兰教还是世俗规范。这是帝国主义者最糟糕的失策：在印度，得罪任何一个宗教团体都是犯了大忌。“如果苏丹政策要和印度的成功经验南辕北辙，”丘吉尔愤然道，“那么戈登当初还是不要白白送命让基奇纳坐收渔利比较好。”他提醒国人，这种暴行是将敌人妖魔化的必然结果：“以马赫迪和哈里发为首的德尔维希人，已经被各种抹黑，冠上了能想象到的各种罪行。这对善良的国民来说可能大快人心，但是一旦怀着敌人都是害群之马的念头，军队就会变成魔鬼，后果就是滥施暴行。”哈里发自然是个暴君，“但是必须用异于我们的另一套标准对他进行评判，英国政府与之建立亲密友好关系的某些当权者，和他相比不分伯仲。”

“我不觉得这本书会给我带来很多朋友，”1899年1月，丘吉尔对表弟艾弗•格斯特吐露，“但是……写作的要务终究是说实话。”事实上，

《河上之战》的评价褒贬不一，倒不像他想象得那么糟。正如理查德·托伊[4-18]所言，丘吉尔对帝国主义远征的批评并没有“越过雷池”。他远不如麦考利评价黑斯廷斯那么刻薄，比起亨利·坎贝尔-班纳文爵士也没严重多少。亨利爵士是自由党领袖，后来谴责了英国在布尔战争中的“野蛮行径”。维多利亚女王也反对亵渎马赫迪的陵墓，而索尔兹伯里允许丘吉尔将《河上之战》题献予他。当时尖锐批评英国帝国主义的知识分子主要有J•A•霍布森、G•K•切斯特顿、亨利·拉布切尔[4-19]和威尔弗莱德·斯卡文·布伦特[4-20]，布伦特后来与丘吉尔交好。尽管如此，主流媒体报道喀土穆的基调依然是煽情的爱国主义：战争绵延了两年，最后英国以极小的伤亡大获全胜。头条新闻叫嚣着“戈登大仇得报”，举国欢庆数月之久。在这种帝国主义必胜的思潮中，丘吉尔的异议无疑是少数派。

1902年《河上之战》再版的时候，丘吉尔把篇幅削减了三分之一。每一章都重新修订过，对基奇纳和英军的批评不是省略就是删削。身为保守党国会议员，他必须慎重质疑帝国主义扩张政策。他在新版序言中称：“摒弃的主要是文中常有争议的个人印象与观点，以及确实没有什么价值的部分，并非重要的叙事和有历史意义的记录。”后来的版本多采用了这一版的正文，但省略了序言，删节的痕迹因此被抹去了。在《我的早年生活》中，他第四次提到了这段故事，又是一派印象派绘画式的描述：

恩图曼战役真是后无来者，可谓是那么多辉煌战役组成的长链上的最后一环，为整场战争增光添彩。一切都赤裸裸地暴露在眼前。钢铁雄师在砂砾柔脆的沙漠平原上游移，时隐时现，尼罗河宽广的下游蜿蜒流淌。骑兵以密集的队形全速疾驰，步兵和矛兵层层部署，严阵以待。大河两岸散布着岩石山丘，从山丘上望去，战场尽收眼底，而海市蜃楼的雾气又使一切都模糊变形。有限的实体付诸于最雕琢的形态，随后又流于幻觉。仿佛有闪闪发光的水流将行伍拦腰斩断，但那其实是不存在的，除了沙漠还是沙漠。火炮和骑兵纵队仿佛在斑驳的液晶体中浮动，在坚硬的黄沙上列队排好，四周全是张牙舞爪的红黑岩石，投下紫罗兰色的阴影。天似穹庐，笼盖四野，天色暗沉如绿松石，再转而为深蓝，又被火红的太阳刺穿，沉重地照耀在士兵的脖颈和肩膀上。

在丘吉尔的回忆里，恩图曼是19世纪最后一场富有浪漫精神的战役。但从他早年的手稿来看，那更像是新世纪的第一场炼狱。

1907年，作为主管殖民地事务的副国务卿，丘吉尔再次来到非洲，游览了肯尼亚和乌干达，然后回到喀土穆。他撰写的回忆录《我的非洲之行》从某种程度上来说是为帝国主义歌功颂德的活广告，但是在另一个层面上也再次流露了他所秉持的不同意见：非洲人有能力自治。他在好几个方面提出了惊世骇俗的文化相对主义观点。比如说传教士一直急于在当地人中推广欧化服饰，丘吉尔却指出，即使卡韦朗多人[4-21]是当地“据说最讲理的部族”，他们在服饰方面依然有禁忌。他揶揄道，这个例子可能会让托马斯·卡莱尔[4-22]反思一下他的“衣裳哲学”，而更严重的是：

> 许多非洲原住民坐井观天，自甘堕落，一无所有却无欲无求。他们的生活就是忧愁与贫困的常年梦魇，污秽、阴郁、肮脏。只有知识和希望能燃起些许微光，让他们感到脚下的地面在颤动。英格兰与苏格兰许多穷人的生活也是如此。“这个国家不应该有很多‘白种贫民’，”我曾经听一个绅士说，“如果原住民知道我们国内也有这么多穷人，恐怕他们就不会再觉得白人了不起了。”不管怎么说，这都是大错特错的，文明人在野蛮人面前自觉耻辱，唯恐看见国家金玉表象下的败絮，并且开始怀疑“全能白人”的谎言。

丘吉尔自然也试图搁置这些疑虑，说服自己和读者，是英国统治推动了东非的经济发展。第二次访问喀土穆的时候，他确实目睹了和平与秩序，铁路、有轨电车、学校、农业生产发展起来了，奴隶制废除了，当地通了电，还有了“漂亮的欧式商店”。但到达自治的乌干达王国的时候，他发现了一个现实中的“神话，你爬上的是火车而不是豆茎[4-23]，结果看见了美丽新世界”。这个世界的等级制度酷似英国。“国王下面是议会，一整套强大的封建制度，这个民族生活在有序的君主制之下，温文尔雅，衣冠楚楚，彬彬有礼，聪明能干……有法院，有摄政官、大臣和贵族，有立法和司法的常规系统；有纪律，有工业，有文化，有和平。”全民的文化水平也很高。丘吉尔认为，这些主要归功于无私的传教士和殖民地政府“督导和依凭当地政府”，但他特别告诫英国统治者，要谨慎征税。乌干达看起来就像是《所罗门王的宝藏》的续集，小说结束后，伊格诺西在库坤纳建立了新的乐园。

丘吉尔从来没有改变对马赫迪的看法，他非常崇敬这位了不起的“反英雄”。在1931年为理查德·伯曼《穆斯林领袖传》所作的序言里，丘吉尔以萧伯纳的名言起首：“魔鬼想写的书一定非常有趣，可惜神学家不会给它机会。”英国的读者需要“了解马赫迪的立场”，这本书明确地表示，他的动力源于“宗教热情，就像圣道明和卜威廉将军[4-24]一样虔诚博爱……马赫迪的一生和穆罕默德一样，是一部浓缩而精彩的罗曼史”。要不是因为他的猝逝和马克沁机枪的发明，他的帝国早就一直扩张到中东了。“东西方力量的制衡取决于武器的进步。一旦武力均等，东方常占上风，十字军东征就是这样。”总之，马赫迪是一场精彩大戏中的核心角色：“文学作品永远讲不腻戈登将军的故事，他是利顿·斯特雷奇这样的历史小说家取之不尽的素材宝库。”

然而实际上，斯特雷奇对马赫迪怀着莫名的轻蔑，认为他只是愚昧的东方人所崇拜的一长串“骗子”之一，“宗教迷狂”的又一典型。他怀着“野蛮的热情”用僵化的伊斯兰教戒律要求追随者，鞭打或处死触犯戒律的人。此外，斯特雷奇还嘲讽道：“关于身居高位的马赫迪的放荡，有不少传言。他忘记了自己的法令，在后宫醉生梦死，用从基督教堂抢来的银杯子痛饮兑了姜汁的枣浆。”这种嘲讽殖民地起义军的腔调，在英国的军官俱乐部里十分流行。唯有丘吉尔以欣赏的眼光，人性化、多视角地观察了马赫迪；也唯有丘吉尔严正地控诉了英国的帝国主义扩张。《河上之战》的第一版，远比《维多利亚时代名人传》更具有颠覆性。“终有一日，”丘吉尔总结道：

> 会有一位吉本式的人物来总结英国在埃及的功过，秉笔直书，发掘那些辉煌的史实。现在就要盖棺定论，挥毫布景，为整场戏定下调子，还为时尚早。但是，

> 埃及这出大戏，必然少不了喀土穆总督府门外楼梯上的那一幕。如果是希腊悲剧，此处就要加入歌队的吟唱了。（就像埃斯库罗斯[4-25]的作品中阿伽门农[4-26]的尸体出现的桥段。）

这是戏剧史上最万众瞩目的高潮之一，“最后一个基督教英雄与最后一个伊斯兰叛党王不见王。”

丘吉尔如此偏爱马赫迪，原因有二：一是他在世界的舞台上扮演了一个高尚的角色；二是他的反叛似乎代表了激愤的穆斯林的最后一搏。吉本曾经暗示，大英帝国终有一日会倾颓，但目前还引领着进步，马赫迪政权不过是一支不合时宜的壮烈插曲。丘吉尔和他在班加罗尔的同僚对共事的穆斯林没有任何偏见，但在1931年，丘吉尔用斯特雷奇式的口吻讽刺道：“哈里发的儿子成了苏丹总督的副官，更离奇的是，马赫迪的遗腹子阿卜杜拉赫曼·勒·马赫迪先生，由英王册封爵位，（住在）喀土穆戈登大道的别墅里。”

译者注

[4-1] 德尔维希（Dervishes）：信仰伊斯兰教苏非派的民族，聚居于埃及与苏丹，19 世纪末反叛英国与埃及统治的主力军。

[4-2]沃尔特·佩特（Walter Horatio Pater，1839—1894）：英国散文家、小说家、文艺批评家。

[4-3] 詹姆斯·麦克尼尔·惠斯勒（James McNeill Whistler，1834—1903）：美国画家、蚀刻家。

[4-4] 但丁·加布里尔·罗塞蒂（Dante Gabriel Rossetti，1828—1882）：意大利裔英国画家。

[4-5] 马克沁机枪（Maxim gun）：英籍美国人海勒姆·史蒂文斯·马克沁于 1883 年发明的重机枪，世界上第一种成功以火药燃气为能源的自动武器，改变了近现代战争的武器力量格局。

[4-6] 斯瓦特（Swat）：巴基斯坦地名。塞奇瓦约·卡姆潘德（Cetshwayo kaMpande，约 1826—1884）：祖鲁王国国王，1872 至 1879 年在位。在他任内爆发了祖鲁战争。保罗·克留格尔（Paul Kruger，1825—1904）：南非布尔人政治家、南非共和国（即德兰士瓦）总统。奥斯曼·迪那（Osman Digna，1840—1926）：苏丹名将，马赫迪的追随者。洛本古拉（Lobengula Khumalo，1845—1894）：非洲祖鲁人恩德贝勒部落的领袖。普伦佩（Otumfuo Nana Prempeh，1870—1931）：非洲西部阿善堤地区的首领，1893 年起兵抗英。锡袍王（King Thidaw，1859—1916）：缅甸贡榜王朝末代国王，1878 至 1885 年在位。哈里发（Khalifah）：伊斯兰政治、宗教领袖的称谓，阿拉伯语音译，原意为“代治者”、“代理人”或“继承者”。这里列举的都是曾在殖民地和英国斗争的领袖人物。

[4-7] 指 1897 年维多利亚女王即位六十周年庆典。

[4-8]乔治·切斯尼（George Chesney，1830—1895）：英国军官。1868 年著有《印度政体》一书，讨论治理印度殖民地的问题。

[4-9] 亨利·莱特·哈葛德（Henry Rider Haggard，1856—1925）：英国小说家。以浪漫的爱情与惊险的冒险故事为题材，代表作为《所罗门王的宝藏》。常年住在非洲，曾任南非纳塔尔省省长秘书。

[4-10] 塞巴斯托波（Sebastopol）：美国城市，位于加利福尼亚州。格雷夫森德

（Gravesend）：英国城市，位于肯特郡西北部，泰晤士河南岸。

[4-11] 约瑟夫•康拉德（Joseph Conrad，1857—1924）：生于波兰的英国作家。现代主义的先驱。小说《黑暗的心》（*Heart of Darkness*，1902 年）刻画了殖民主义者的心态，具有鲜明的现代主义特色，是后殖民文学的代表作。

[4-12] 利顿•斯特雷奇（Lytton Strachey，1880—1932）：英国著名传记作家、文学评论家，20 世纪初英国伦敦的知识分子团体“布鲁斯伯里”的核心成员。

[4-13] 汤因比馆（Toynbee Hall）：伦敦著名慈善机构、收容所，位于伦敦东部白教堂区。

[4-14]阿尔弗雷德•米尔纳(Alfred Milner，1854—1925)：英国政治家、外交家。

[4-15] 《世界大战》（*The War of the Worlds*）：威尔斯描写外星人入侵地球的科幻小说。

[4-16] 乔纳森•斯威夫特（Jonathan Swift，1667—1745）：爱尔兰作家。讽刺文学大师，以《格列佛游记》等闻名于世。

[4-17] 瓦迪哈勒法（Wady Halfa）：苏丹北部边境城市，在尼罗河右岸。

[4-18]理查德•托伊(Richard Toye)：英国历史学家、埃克塞特大学历史系教授。

[4-19] 亨利•拉布切尔（Henry Labouchere，1798—1869）：英国著名辉格党和自由党政治家。

[4-20] 威尔弗莱德•斯卡文•布伦特（Wilfrid Scawen Blunt，1840—1922）：英国诗人、作家。

[4-21]卡韦朗多(Kavirondo)：东非原住民族，分布于肯尼亚西南部的卡韦朗多湾，今名维南湾。

[4-22] 托马斯•卡莱尔（Thomas Carlyle，1795—1881）：苏格兰评论家、讽刺作家、历史学家。“衣裳哲学”（Sartor Resartus）是他的外观世界哲学观点，认为每个人都为其他人穿着服饰，以显示自己与他人不同。

[4-23] 欧洲著名童话《杰克与豆茎》，小男孩杰克顺着种出的豌豆豆茎一直爬到了天上，发现了巨人统治的世界，巨人饲养的鹅会下金蛋。杰克偷走鹅，又砍断豆茎摔死巨人，回家过上了幸福的生活。

[4-24] 圣道明（Saint Dominic，1170—1221）：西班牙神父，天主教圣徒。卜威廉（William Booth，1829—1912）：英国救世军创始人，第一任救世军大将。

[4-25]埃斯库罗斯(Aeschylus，公元前 525—前 458)：古希腊戏剧家，被誉为“悲剧之父”，代表作有《被缚的普罗米修斯》《阿伽门农》等。

[4-26] 阿伽门农（Agamemnon）：希腊神话中的迈锡尼国王，希腊诸王之王。他想称霸爱琴海，便借弟媳海伦被特洛伊王子帕里斯诱拐为由，发动了特洛伊战争，最终取胜还乡。然而他在出征时曾得罪狩猎女神阿耳忒弥斯，被迫以长女献祭。妻子因此怀恨在心，最后与情人一起谋害了他。

▲《萨伏罗拉》（*Savrola*，平装本，1908 年）插图（二）：安东尼奥·莫拉里倒在自己宫殿门口最下面的三级台阶上。（© 多伦多大学托马斯·费舍尔善本图书馆）

五、艺术家的肖像

1897 年 8 月 24 日，丘吉尔写信告诉母亲，他正在写一部小说，已经写了八十页。他对自己的文学才能十分自负："这无疑是我做过的最棒的事……我自己都对这么丰富的点子感到惊讶……我热衷于此，借主人公之口表达了我所有的理念……过程充满了冒险。"小说的题目拟为"国家大事"，故事发生在"巴尔干半岛某地"。《马拉坎德野战军纪实》毁在印刷问题太多，但这只是激起了丘吉尔的雄心壮志，"要写一些能在文学上永垂不朽的东西"。小说出版时定名《萨伏罗拉》，但后来差不多完全被人遗忘了。有关丘吉尔的传记也几乎不提及，大概因为它写得实在太差，几乎可以名列 19 世纪最糟糕的小说之一。但糟糕的小说也可能是绝佳的切入点，尤其这部作品显然深刻地反映了丘吉尔的核心政治信念与方法。

丘吉尔从来不以在文学市场上趋时逐利为耻。《萨伏罗拉》的故事翻版于 1894 年的畅销小说《赞达战俘》，作者是安东尼·霍普[5-1]。《赞达战俘》是浪漫奇谭与政治阴谋的结合体，故事发生在巴尔干地区一个杜撰出来的王国罗里塔尼亚，"罗里塔尼亚人"后来成为了一个英语典故。而丘吉尔把他小说中的王国命名为"劳拉尼亚"，还像许多拙劣的年轻作者一样，把自己设置为处女作的第一人称主人公。萨伏罗拉是一位作家和政治家，煽动推翻劳拉尼亚的暴君莫拉里。在演说上，他追随和丘吉尔相同的文学范式：吉本、莱基和麦考利式的宏大历史叙事。而在更广泛的框架中，可能又没那么宏大：他还是个业余的天文爱好者，仰望群星的时候，就把短暂而微不足道的人类历史抛到脑后了。在他的想象中，"超越时空，追溯至辽远的时代……整个太阳系，全宇宙，终有一日会像燃尽的烟花一般冰冷无生气。”这个问题就是“熵”[5-2]。热力学第二定律似乎预示着，宇宙中所有的能量终将消散，所有的宏大叙事和宇宙的故事都将走向末日。这是世纪末的一种普遍焦虑，几年前就在威尔斯的《时间机器》[5-3]中表现了出来。丘吉尔曾经读过这本书，五十年后，他评价它为“一本了不起的书，和《格列佛游记》不相上下，我下地狱也想带着它”。

如果宇宙中的一切人事都不可避免地要回归常温，那么政治及其他人类行为的意义是什么？威尔斯就这个存在哲学的问题给出了一个经典的答案：“即使果真如此，我们也还是要若无其事地生活下去。”丘吉尔的回答与之相似，但更加详尽，就像出自一位专注的戏迷之口：假如“宇宙灭亡，葬身于终极否定的寒冷黑暗中……我能想象，这场戏应该不难看”。不管发生什么，最重要的都是“演好自己的角色”。小说中充满了戏剧化的比喻："扮演他们的角色"，“戏演到了高潮”，“夜戏”，“世界的舞台”……巷战爆发，起义军冲向街垒的时候，“那场景……就像从剧场楼座里看舞台”；革命的标语看起来像是“剧院的海报”；萨伏罗拉用歌剧式的手势指挥暴动民众，“对他们来说，戏剧具有特殊的力量”；最后，即使人人都只是凡夫俗子，也应该“不失尊严地从人生的舞台上退场”，人生的本质就是表演。萨伏罗拉不认为真实有多大的价值，他承认他的哲学即“诚实的欺诈”。他的演说方式遵循《修辞的脚手架》的要点，并以此煽动劳拉尼亚民众起义，但他知道这都是做戏，都是在操纵看客。比如说，他努力给人留下即兴演说、不时推敲字句并常有所得的印象，但其实都早就事先打好草稿精心演练过了。有趣的是，丘吉尔一生也在玩这种花招，自己也不惮承认。“这把戏玩的！”萨伏罗拉心想，但是“不管玩什么，就算终究不能得益，也要充分享受其中的乐趣”。

拜他的戏瘾所赐，丘吉尔发现，《赞达战俘》在不同层面上都是十分吸引人的文学范本。1896 年，它在伦敦西区被搬上舞台。和《萨伏罗拉》一样，作品中充斥着各种戏剧隐喻：“扮演角色”，“地下演剧”，“闹剧”……情节围绕着一场大胆的政治作秀展开：英国人鲁道夫·拉森狄尔假扮罗里塔尼亚国王，拯救真国王于一场宫廷政变。一言以蔽之，主角就是一个“戏子”。

除了借鉴安东尼·霍普的作品，《萨伏罗拉》还吸收了另一种流行文艺体裁的元素——革命主题的情节剧。丘吉尔曾经提及他看过一场俄罗斯虚无主义题材的戏剧，没有提到剧名，但很可能是赫伯特·比尔博姆·特里[5-4]的代表作《红灯》，于1887年首演，19世纪90年代多次重演。不管怎么说，萨伏罗拉都是一个出色的革命者，稳健，民主，主张宪政。但是，剧中还有另一派邪恶的革命者，“外国势力”支持下的无政府主义者，主张共产共妻。

在一次印度殖民地冲突中，劳拉尼亚舰队出动对抗英国海军，无法支援莫拉里，革命随即爆发。三百页的篇幅之后，独裁者和他的余党终于被迫投降。按照情节剧的套路，故事总要历经一次或几次“大反转”才能结束。比如说，布尔什维克式的无政府主义者一度从萨伏罗拉临时政府那里夺走权力，以及劳拉尼亚舰队突然折返，逼迫萨伏罗拉下台。然后，趁萨伏罗拉面对行刑队的时候，英国舰队出现在地平线上，追击劳拉尼亚舰队。英国皇家海军陆战队登陆，捉拿所有恶人，恢复了劳拉尼亚的民主。

在帝国主义情节剧中，少不了战舰载着海军神兵天降，实施“最后一分钟营救”的桥段。这种结局流于陈腐，但通常只要包袱连连，高潮抓人，就还算巧妙。可是，丘吉尔并没有采取这样讨巧的结局，在小说的结尾部分，劳拉尼亚的革命和作品本身的走向一样，完全失控了。莫拉里投降后被一个无政府主义者刺杀，劳拉尼亚舰队赶到时徒劳地炮击都城，但已经救驾来迟了。革命者威胁要处决战俘以示报复。这一切令萨伏罗拉惊惶不已，他自觉对革命趋势束手无策，决定带着莫拉里的美丽遗孀露西尔出逃。小说的开放式结局陷入了混乱，丘吉尔只能搁笔收场。在简短的后记中，他告诉跳入大坑的愤怒读者，劳拉尼亚人最后终于幡然醒悟，重建和平，迎接萨伏罗拉回国。《纽约时报》的一篇书评对这本书的其他方面赞誉有加，对此却批评道：“萨伏罗拉逃走，故事轰然崩塌，就像是作者写流血冲突写累了，索性腰斩，草草结尾。”

丘吉尔写小说失败的原因是多方面的。他的外祖母范妮坦率地告诉他，他写不好爱情戏。更有甚者，他也不会架构情节。像许多码字老手一样，他迷恋文学手法，但不太擅长运用它们。于是“大反转”（《萨伏罗拉》里还特别提到了这个词）就在这种意义上发生了。戏剧性的重磅炸弹不能向读者无的放矢，作者必须对情节的新走向有明晰的计划，否则就会像丘吉尔一样，写到死胡同里去。后来协助丘吉尔写作马尔博罗公爵传记的莫里斯·艾诗立十分准确地指出：“他的书都是以狂乱的速度写就的……他的头两本书不得不写得飞快，因为怕其他战地记者捷足先登抢占了市场。”他也需要大笔稳定收入来维持阔绰的生活。“因此，他习惯于快速甚至草率地写作，这意味着，来不及充分构思细节就先开始口述章节。也就是说，他还不知道故事怎么发展，就先考虑好了怎么以特殊的方式呈现故事，虽然事后再要修改是很麻烦的，有时候可能要整章整章地报废。”这对写作报告文学、历史和传记而言就是很大的问题，而这些体裁还多少有些客观存在的情节轮廓。但在《萨伏罗拉》中，因为情节纯属虚构，结果就尤其惨不忍睹。

丘吉尔最后也意识到《萨伏罗拉》在艺术上是失败的，他不想再重演悲剧了。1916 年，他拒绝了《海滨》杂志的小说稿约：“我非常怀疑自己写小说的能力。”而 1929 年，《多伦多每日星报》的记者又揭了他的伤疤：

> “您考虑过写小说吗，丘吉尔先生？”
>
> “不怎么考虑——我以前写过。”
>
> “反响怎么样？”
>
> “我可不知道。”他说话的口气，就好像在说“出海迷路了”一样。

在《我的早年生活》中，只有一个段落提到了《萨伏罗拉》：“我一直劝我的朋友不要读它。”他实话实说，把小说的烂尾大坑比作“达达尼尔海峡”。而小说中劳拉尼亚海军的逆袭，惊人地预言了后来丘吉尔进攻君士坦丁堡的计划[5-5]，两者都试图在没有陆军接应的情况下攻防一座主要城市。这又引出了一个麻烦的问题：在军事和政治上，难道丘吉尔也真的像在文学中那样惯于依赖“大反转”，不充分考虑可能的后果吗？在《我的早年生活》的后文中，丘吉尔打了个比方：

> 写书不同于造房、打仗，也不同于作画。技巧不同，材料也不同，但其原理是一样的。基础一定要打牢，数据要搜集好，前提必须和结论相符。还可以加以修饰。这样的成品仅仅是主题的成功展示。在战争中也是如此，其他人事无时无刻不在施加干扰，优秀的将领总能不受制于作战计划而达到预期的作战目标。

但无论政治、文学还是战争，如何不谋而胜？丘吉尔是否太即兴、太冲动、太热衷于制造戏剧效果，就像他父亲那样？

《星报》对《萨伏罗拉》的评论指出，正如其他批评家所言，“丘吉尔先生追随了迪斯雷利式的传统，野心勃勃，精于矫饰，把声名狼藉的艺术玩得炉火纯青。他拿战地通讯为自己的‘低调’大打广告。正如迪斯雷利所知，小说是杂耍，是持续吸引公众兴趣的最佳手段。”此时丘吉尔对自己的定位是第三代保守民主党人，意在弘扬比肯斯菲尔德[5-6]和伦道夫勋爵建立的政治传统。他在班加罗尔自学时，曾经研究过迪斯雷利政府1874至1880年编撰的《年鉴》。从他的作品中可以看出，早在1903年他就首次间接提及了《科宁斯比》和《西比尔》，1906年提及了《恩底弥翁》，1926年提及了《年轻的公爵》，1930年提及了《唐克列德》。[5-7]1906年，他应约为“万人丛书”版的《科宁斯比》写了一篇引言。在写作《萨伏罗拉》之前，他读了迪斯雷利的哪些小说尚不清楚，但开始写作时，他曾向母亲索要了一部迪斯雷利的演说集。丘吉尔很可能想以迪斯雷利为榜样，通过小说宣传自己和自己的政治主张，并借此开启议会生涯。1898年2月，他告诉外祖母，青年比肯斯菲尔德为“真心求上进的人”树立了榜样。

1916年，丘吉尔阅读了表弟肖恩·莱斯利[5-8]的回忆录《终章》，深受感动。“这是一部杰作，足以令他跻身世界文坛。”他写信给肖恩的母亲道。他没有具体评价和赞赏哪些地方，但此时他应该已经读过了肖恩为王尔德的辩护文章《文学上的德雷福斯》，另一位政治家的主张同样也遵循着文学。

而这篇文章就是他的写照：

> 迪斯雷利的生涯是一部任何东西方政要都无法匹敌的罗曼史。他在时尚服饰界引领风头，还是一位文字上的唯美主义者。“我爱死了水手生涯，即使它有损形象！”写下这句话的可是迪斯雷利，而非奥斯卡·王尔德。王尔德把自己的生活写进戏剧里，而迪斯雷利就是个演员，扮演着自己。王尔德认为自然模仿文学，而迪斯雷利让小说成真。在三十年代写作的《唐克列德》中，他描写了对塞浦路斯的军事占领。四十年后，他身为首相，将其付诸了实践。

虽然文章中从未明确提及，但《萨伏罗拉》中有两个地方可能反映了王尔德的影响，这位维多利亚时代又一个了不起的自我宣传者。丘吉尔为小说写了一篇简短的序言，似乎试图比较温和地重述王尔德的快乐主义、非道德唯美主义以及“真正的艺术家只为自己书写”等观点：

> 写书的目的常常是不可告人的，为某些动机辩护，或者说教道德上的大道理。而真正的目的往往只是娱乐。就像人们乐于享用美味的晚餐，过后并不深思……我只写我自己喜欢读的。

这些警句很容易令读者想起王尔德，其中的危险，就足以解释它们为什么在正式出版的时候被删除了。在《萨伏罗拉》中还有一段对话，反映了王尔德式的美学理论，莫拉里认为艺术是社会性的建构和历史的偶然：“美依赖于善变的人性，随着时代变化而变化。”而萨伏罗拉认为，美的标准是永恒的：人们屡败屡战地试图实现理想，成果就是所谓的“艺术”。丘吉尔认为这样的对话“机警而很有思想”，但事实上，这与小说主题毫不相干，对推动情节、塑造人物或者强调政治主题都没有什么益处。除了偷偷地向王尔德致敬以外，大概并没有其他目的可言。

较之所有这些缺点，《萨伏罗拉》在某些方面还是成功的。《麦克米伦》杂志于 1899 年 5 至 12 月连载，稿酬 100 镑。1900 年 2 月由朗曼书屋在欧美同时出版，截至当年 7 月 31 日，售出了约 8000 册。对于一部小说处女作而言，这个成绩相当不错了。1908 年纽恩斯出版社推出了廉价平装本，丘吉尔又得了 275 镑。1915 年 6 月霍德与斯托顿出版公司印刷了 25000 册平装版，两年卖出了 24270 册。丘吉尔在世时，它还曾被译为丹麦文、芬兰文、法文、德文、西班牙文和瑞典文。

《萨伏罗拉》甚至还有中文版，1912 年 10 月至 1913 年 2 月在杂志上连载，1914 年 11 月在上海的商务印书馆出版了单行本，1915 年重印。由林纾[5-9]翻译，他是在中国推广西方文学的先锋。和丘吉尔一同由他译入的，还有查尔斯·狄更斯、瓦尔特·司各特、罗伯特·路易斯·史蒂文森、丹尼尔·笛福、乔纳森·斯威夫特、斯托夫人、华盛顿·欧文、亨利克·易卜生、列夫·托尔斯泰乃至威廉·莎士比亚。* 这是辛亥革命推翻清王朝以后，林纾译入的第一批西方作品，在译序中他明确地指出，《萨伏罗拉》的主题能使中国读者产生自然的共鸣。**[5-10]

尽管有显著的艺术失误，《萨伏罗拉》依然是一部丘吉尔政治理念与世界观的总纲，可以称之为道德上的达尔文主义。正如萨伏罗拉所言，推动革命的，是“生存的愿望、永恒的理想、伟大的作家与批评家”。在这里，丘吉尔似乎暗指了世纪之交的两种进化论主张：其一是活力论，以亨利·柏格森[5-11]的“生命冲动”和萧伯纳的“生命力”说为代表；其二则是 T•H• 格林、爱德华·凯尔德和 F•H• 布拉德利等人[5-12]的新黑格尔主义。在活力论者看来，进化是一个有意识的能动过程，指向更高层次的智识与

---

* 说林纾“翻译”可能有点夸张了，因为他不懂英文，也不懂任何西方语言。助理帮他挑选作品，口译给他听，他再用文言文重写出来。

** 科恩的丘吉尔作品编目没有收录这个版本，讨论这个版本的是罗伯特·坎普顿的博士论文《林纾 1852 至 1924 年的译著研究》（斯坦福大学，1971 年），第 401—402 页。坎普顿没有意识到这是丘吉尔的作品，因为林纾把作者译为“测次希洛”，书名译为《残蝉曳声录》。但是根据情节提要和作者是英国国会议员的说明，可以判断这部书就是《萨伏罗拉》。中译本的书名用的是“蝉过别枝”的典故，表示妇女不忠于丈夫，红颜薄命，指的就是小说中的露西尔。

伦理，而非无关道德的一系列偶然。新黑格尔主义同样假定一个“绝对”或“理想”为历史的终极目标，认为人性恒常向着社会的完美形态努力。这两种哲学都与进化论一致，不赞同无道德的残酷自然选择和社会达尔文主义，双双反映了维多利亚时代对人类进步的信心。而且，都满足了后达尔文主义时代传统基督教的情感需要，与现代科学也并不矛盾：即使上帝是多余的，我们也终将到达他的国度。正如萨伏罗拉所言：“这样一个人的存在本身即证明了我们的胜利，鼓舞了我们的斗争，照亮了我们的前程，思之令人欣喜。但是，就算上述两个因素同时具备了，也并不能就在科学或逻辑层面上确认这种人的存在。”

萨伏罗拉接着争辩道，人类的道德是自然选择的产物。各自为政的个体之间的战争并不能保证“适者生存”，只能导致种族的自我毁灭。与之相反，利他和互助的能力是人类始祖较之其他物种的进化优势。“因此，人成了社会动物。”萨伏罗拉解释道，“小社会逐渐变成大社会。从家族到部落再到国家，物种的进化取决于团结与否，越团结，越成功。”这里清楚地表示，在 1899 年，最大的赢家就是大英帝国，它拥有无上的道德，因此享有无上的权力。“这仰赖于社会成员彼此信任，践行诚实、正义以及其他美德。”总而言之，仁者无敌。

在小说中，露西尔为这种乐观的模式举出了两个反例：没有道德禁忌的帝国如罗马，为何能够掌权？而萨伏罗拉认为，罗马正因无德而覆灭。“他们只有武力可以作为最后的支撑，一旦衰微，就再也挥不动剑了。”他担忧现代的帝国主义也将遭遇同样的命运：“我们终将衰落，倾颓之后，失去了我们本来的优势。根据大自然的法则，其他种族将取而代之，而我们甘拜下风。我们的道德将消亡，而准则永存。筋疲力尽、摇摇欲坠的欧洲，只能凭借科技机械，把敌对的野蛮人从这世界上扫除。”但这种胜利（丘吉尔暗示的似乎是恩图曼）只是暂时的。失去了道德优势的西方，最终必将破灭。

萨伏罗拉提出了一条避免帝国覆灭的简单准则：“进化论者会毫不犹豫地肯定，拥有最高理想的国家将会胜利。”“除非，”露西尔指出，“有理想低下但武力更强大的国家进行阻挠。”萨伏罗拉承认，蛮力曾经“数百次”战胜文明，逆转历史进步的大潮，但他坚称，在一个相当长的时间段里，“向上的潮流”是居上风的，未必“总是”，但是“终将”。专制主义是“不合时宜的”。此时，丘吉尔已经在哲学层面上思考了他1940年将要面临的问题，彼时英国的对手，正是一个理想低下而武力更强大的国家。

在这种意义上，《萨伏罗拉》成了一个非凡的预言。它讲述了一个才华横溢的作家与公众演说家如何用他雄辩的力量击败了一个中欧国家的邪恶独裁者。这个独裁者撕毁条约，暗算政治对手，屠杀战俘，滥施暴政，并且不自量力地想要武装抵抗大英帝国。历史学家们长期以来都在研究：为什么丘吉尔在其他事务上曾经多次看走眼，却从一开始就准确地识破了希特勒的真面目？在此需要重申的是，丘吉尔的政治所遵循的，是他的文学想象力。他识破并抵制希特勒，很大程度上是因为希特勒酷似他多年前塑造的虚构的恶人。1940年7月，乔治·奥威尔撰文讨论了几部早期预言了法西斯主义的作品，比如杰克·伦敦[5-13]的《铁蹄》。他显然不知道，早在法西斯一词发明之前，当时的首相就已经发表了他自己的反法西斯主题情节剧。正如肖恩·莱斯利所言，唯一的区别在于，丘吉尔通过实践让小说成了真。就像迪斯雷利在《唐克列德》中所做的那样，丘吉尔在《萨伏罗拉》里描述了四十年后他身为首相所掀起的一场政治运动。

译者注

[5-1] 安东尼·霍普（Anthony Hope，1863—1933）：英国小说家。

[5-2] 熵（entropy）：物理学中的热力学术语。指热能除以温度所得的值，标志着热量转化为功的程度。在自然科学中指描述、表征系统不确定程度的函数。引入社会科学后，表示人类社会随着科学技术的发展及文明程度的提高，社会生存状态及社会价值观的混乱程度将不断增加。根据热力学第二定律，宇宙中一种物质转化成另外一种物质之后，不仅不可逆转物质形态，而且会有越来越多的能量变得不可利用，直到再也没有能量足以维持运动或生命。人类社会正逐步走向一个恶化的热寂死亡状态。

[5-3] 《时间机器》（*The Time Machine*，1895年）：威尔斯名作。时间旅行科幻小说的滥觞，描述一位科学家通过时间旅行机器来到公元802701年的故事。

[5-4] 赫伯特·比尔博姆·特里（Herbert Beerbohm Tree，1852—1917）：英国著名演员、戏剧总监。马克斯·比尔博姆的异母兄弟。

[5-5] 指1914年第一次世界大战中的君士坦丁堡战役。丘吉尔主张以舰队通过达达尼尔海峡进入君士坦丁堡直接打击德军与土耳其军队，但以惨败告终，丘吉尔被迫离开海军部。

[5-6] 比斯肯菲尔德（Beaconsfield）：即本杰明·迪斯雷利（Benjamin Disraeli，1804—1881），英国犹太人政治家、小说家，著名保守党领袖。1868年、1874至1880年任英国首相。

[5-7]《科宁斯比》（*Coningsby*）、《西比尔》（*Sybil*）和《唐克列德》（*Tancred*）是迪斯雷利的政治主题小说三部曲，分别描写年轻政治家、社会不同阶层和国教会对建设英国社会的作用。《恩迪弥翁》（*Endymion*）以辉格党党员为主角，说明了迪斯雷利本人的经济政策和政治信念。《年轻的公爵》（*The Young Duke*）描述浪漫化的贵族生活，影射当时的知名人物。

[5-8] 肖恩·莱斯利（Shane Leslie，1885—1971）：爱尔兰外交家、作家。丘吉尔的表弟。

[5-9] 林纾（1852—1924）：中国近代文学家、翻译家。

[5-10] 参见张治：《林纾译过丘吉尔的小说》，《南方都市报·阅读周刊》2012年8月26日。

[5-11] 亨利·柏格森（Henri Bergson，1859—1941）：法国哲学家，生命哲学

理论代表人物。1927年获诺贝尔文学奖。

［5-12］T•H•格林（Thomas Hill Green，1836—1882）：英国哲学家、政治改革家。爱德华•凯尔德（Edward Caird，1835—1908）：苏格兰哲学家。F•H•布拉德利（Francis Herbert Bradley，1846—1924）：英国哲学家。他们都是英国唯心主义运动的主要成员。

［5-13］杰克•伦敦（Jack London，1876—1916）：美国著名现实主义作家。《铁蹄》（*The Iron Heel*，1908年）是他的革命题材长篇幻想小说。

▲《残蝉曳声录》（《萨伏罗拉》中文版）封面

六、宣传资本

丘吉尔的第二个也是他最著名的报纸专栏，是关于布尔战争的。1899 年 9 月 18 日，《晨邮报》同意派他去南非做战地通讯记者，并且提供每月 250 镑的资助，还附加津贴，并许可他保留作品版权。在当时，这几乎是英国记者能争取到的最优厚的待遇。但丘吉尔明白，这件事的宣传效应本身就是奇货可居。在苏丹战争中，他曾经和资深记者莱昂内尔·詹姆斯做了一笔交易：他向詹姆斯提供在第二十一轻骑兵队的目击记录，而詹姆斯在给路透社的通讯中为他多美言几句。另一位著名战地记者 G•W• 史蒂文斯对此印象深刻："他利用宣传资本的方式，表现出无可置疑的运营能力。"史蒂文斯还预言道，丘吉尔拥有"这样的特质，足以令他随心所欲地成为了不起的公众领袖、名记者，甚至广告大业的创始人"。从某种意义上说，丘吉尔后来一箭三雕了。采访南非战争期间，他制定了一项投资新媒体的计划：花 700 镑雇佣了一位摄影师和胶片相机。还赫然把摄影师称为"艺术家"。正如后来在自传中所言，他的人生已经成了"一场无尽的活动影像，人已入戏"。

1899 年 10 月底，丘吉尔抵达开普敦。11 月 15 日，一列装甲列车从埃斯特科特[6-1]开出，向被布尔人占领的科伦索[6-2]进发。指挥列车的统帅艾尔默·霍尔丹[6-3]邀丘吉尔同行，同时也警告他此行凶险。"再没有什么比装甲列车更强大，更令人印象深刻了，"在《我的早年生活》中，丘吉尔回忆道，"但实际上，最脆弱无助的也是它。一旦遇到炸桥封路，这个怪物就只能孤零零地被扔在一边束手无策，被敌人牵着鼻子走。好在我们的指挥官没有遇到这种情况。"既然是这样，丘吉尔为什么还要答应同行？“我觉得尽可能多地为《晨邮报》收集信息是我的职责，”他解释道，同时，“我也渴望来点刺激。”他准确地预见到，这里将要发生大事件。他邀请《曼彻斯特卫报》的 J•B• 阿特金斯同行，但阿特金斯拒绝了，说自己如果成了战俘，老板会不高兴的。“确实如此，”温斯顿说，“我知道你这么想没错。但是我有预感，有种直觉，我去的话会发生点什么事，我知道这听起来很荒唐。”所以他去了，结果赶上了最重磅的独家战报，空留阿特金斯在后方自问：“这个人身边是不是有魔鬼给他通风报信？大概真有吧，不过想来想去，唯一的解释是，他对整个局势有把握。”

“冷静，伙计！”列车遭到布尔人伏击的时候，丘吉尔对自己说，“这对写稿子有好处。”因此，被布尔人俘虏的时候，他并未完全丧气。正如阿特金斯在《曼彻斯特卫报》的通讯中所言，丘吉尔的策略是“通过引人注目的表演来上位，如果不能美名远扬，那就臭名昭著也没关系，总之，成功上位就好”。丘吉尔对一同被俘的霍尔丹笃定地说，“事儿来了，虽然战地通讯记者暂时当不成了，但是进入下议院的大门向他敞开了。”

“看温斯顿的生平和运势看得多了，我觉得他的命运线大概自成一脉。”维奥莱特·邦汉·卡特曾经回忆道，他的行为“总是难以预料，有时候莫名其妙”，但是不知道为什么，他接二连三地取胜。驱使他的，是“直觉”、“命运”，还是“本能”？事实上，丘吉尔的人生就是文学创作，充满了在现实人生中营造惊心动魄故事的欲望。一旦我们明白这就是他的人生目标，那么他追逐冒险的冲动就显得非常合情合理，且能够解释与预测了。

根据当时的报纸报道，布尔将领 P•J• 朱伯特注意到，丘吉尔自称非战斗人员，但积极参加了保卫装甲车的战斗。即使只是个记者，“他也重创了我们”。因此，丘吉尔被遣送到了当时的战俘营——比勒陀利亚[6-4]的国立示范学校。11 月 26 日，他提出抗议，要求释放，理由是南非政府会因此树立起正面的公众形象。他的原话是：“我被俘的消息无疑已经引起了国外的大量关注，在全球新闻界看来，释放我都是广受好评的正确的国际举措。”否则，效果将适得其反。“如果我继续被关押下去，欧美都会觉得这是扣留人质，各方批评与嘲讽恐怕就来了。”但当地布尔人的指挥官丹尼尔·塞隆将军反对，他认为丘吉尔是积极的战斗人员。“丘吉尔是我们手里最危险的战俘之一，”他警告道，“纳塔尔战报一出，他就成大英雄了。”南非政府最后决定继续秘密关押他。

艺术家身陷囹圄总是不好受的，王尔德和丘吉尔都深有体会。事实上，丘吉尔的战俘生活没那么难过，受到的待遇更公正，时间也短（不到一个月），但三十年后，他依然心有余悸：“我痛恨当战俘的每一分钟，比痛恨我一辈子任何时候都更甚。”除了没有人身自由，审美的贫乏也压得他喘不过气来：

> 战争仍在继续，重大战事也在推进，行动与冒险的好机会就这样白白错过。度日如年，时间一点点向前蠕动。没有任何娱乐活动。想阅读很难，写作更不可能，生活从早到晚都无聊透顶。

由于这段战俘生活，后来担任内政大臣的时候，丘吉尔力推全面改革监狱系统。在自传中他提及，具体举措是文娱方面的：“我尽最大努力在不违背公共政策的前提下为囚犯生活争取一些宽大，提供有教育意义的书籍，各种定期娱乐活动，让他们有点盼头，有点可以回忆玩味的东西……”在战俘营，他读了两部有励志意味的书：一部是一位大胆的军事领袖的传记——托马斯·卡莱尔的《腓特烈大帝传》；另一部则是对人类自由的伟大的哲学论证——约翰·斯图亚特·穆勒[6-5]的《论自由》。

丘吉尔顶着知名记者的头衔，并不受狱友的待见。艾尔默·霍尔丹回忆，12 月 9 日，丘吉尔已经得出结论，自己不可能被释放了：

> 他知道布罗基军士和我打算逃跑，于是提出和我们一起。他问起这事时，我毫不避讳地告诉他，在我看来，多带他一个，被发现的风险也更大。当时战俘营不点名，也没有其他监察人数的手段，我相信我和布罗基都不会被发现，因为我们一直非常小心，绝不出头显眼引起看守的注意，但是有人已经成功引起了注意。

另一方面，布尔人认为丘吉尔是非常有价值的人质，他一旦消失，十二小时内肯定会被发现，而这段时间还不够我们逃到葡萄牙辖区边境……

为了说服我带上他，丘吉尔提出交换条件，如果越狱成功，他会让我也扬名立万。换句话说，他在《海滨》杂志上写越狱故事的时候，我会“沾光”，他后来到德班[6-6]那会儿确实名噪一时。但这对我一点吸引力也没有。

对霍尔丹而言，逃离战俘营只是为了尽军人的义务，而不是新闻噱头。虽然担心丘吉尔太“聒噪”，霍尔丹最后还是同意带上他，而布罗基更加心存疑虑。正如后来在《晨邮报》通讯里坦承的那样，丘吉尔的动机不只是渴望自由，他还想在宣传战中来上漂亮的一击。南非的报纸《人民之声》经常发表通讯，报道“布尔人的胜利，英国人的惨败与可耻逃窜”，即使明知是垄断宣传，战俘的士气也深受打击。像狱友一样，丘吉尔“热切地渴望为英国的事业做些什么，无论多小”。和他们不同的是，“当然，我是个和平主义者，我不打仗，但剑可不是世界上唯一的武器，有时候一支笔也能做到。”这加深了布尔人对丘吉尔自称非战斗人员的质疑。12 月 8 日，他向布尔人提出搁笔的条件以换取自由，许诺如果获释，不会“外传任何影响军事局势的信息”，亦即停止战地通讯记者活动，回英格兰老家去。朱伯特将军怀疑温斯顿是否值得信任，觉得他“子肖其父”。但 12 月 12 日，他电告政府，表示愿意按此条款释放这个年轻人。

当天晚上，丘吉尔从战俘营越狱。霍尔丹和布罗基制定的逃跑计划非常危险，但他后来在《我的早年生活中》断言道:“战争史，或者说犯罪史上，有大量类似的出乎意料的大胆举动。”而其他囚犯此时在酝酿一个更加大胆的计划：打倒守卫，释放比勒陀利亚的所有英国战俘（超过两千人），再挟持敌将，“一桩伟大而浪漫的行动”。丘吉尔翻过了营地周边的围墙，但霍尔丹还来不及跟上就被一个哨兵发现了。于是没有了能说当地方言的霍尔丹和布罗基，丘吉尔只得孤身逃亡。他在写于 1912 年的一部未刊回忆录中记述了这段经历：“就我一个人，对当地一无所知，没有指南针，没有地图，一筹莫展，昼宿夜行，在蛮荒的敌国边境走了三百英里，这是

怎么做到的？”[6-7]

这无疑又是情节剧的噱头，无论是在舞台上还是新闻媒体中，大胆的越狱犯都是喜闻乐见的主题。1897年，威廉·伦道夫·赫斯特主办的《纽约》杂志曾经报道了一桩传奇事件，派出一名记者去跟踪伊万杰林·西斯内罗斯的越狱，当事人曾因阴谋刺杀一名西班牙上校而被囚禁在哈瓦那。从托马斯·莫顿《阁楼上的天使》（1843年）到汤姆·泰勒《克莱坎第夫人》（1874年），再到萧伯纳《武器与人》（1894年），逃亡的士兵也是情节剧经久不衰的主题。当时《斯坦德和迪格新闻》将丘吉尔描述为“伟大的马尔博罗公爵爱做戏的子孙”，让德兰士瓦的读者放心，他肯定会再被抓回去的，“丘吉尔先生这次潜逃，除了成为新闻谈资，对他再没有什么别的好处了。”丘吉尔的灵感，直接来源于F·安斯蒂[6-8]的一部反映父子情结的滑稽作品《小爸爸大儿子》，小说描写富商保罗·巴尔蒂图德在魔法作用下和自己的儿子交换了身体，还被打发去一所可怕的公立学校。他试图闯祸被开除未果，最后藏在火车车厢座位下面逃脱。当摆脱布尔人的追捕，准备逃往洛伦索马贵斯[6-9]时，丘吉尔阅读了罗伯特·路易斯·史蒂文森的《绑架》：“其中描述大卫·贝尔福和艾伦·布雷克峡谷逃亡的那些惊心动魄的章节，唤起了我的记忆，对我来说太熟悉了。”与此同时，就像后来在《晨邮报》上所吹嘘的那样，丘吉尔真的在布尔的媒体上成了名人：

> 报纸大张旗鼓地报道我的小命，长篇大论地研究我的下落，即便在战争最激烈的时候，我也是布尔人的一个绝无仅有的话题。有些传言太可笑了，《斯坦德和迪格新闻》言之凿凿地称，我是男扮女装逃脱的。第二天又说我扮成一个德兰士瓦警察在科马提河港口被捕。这可是喜闻乐见，只有又出现其他消息说我在布拉格本特、米德尔堡或布龙克霍斯特干河之类的地方被捕的时候，舆论才开始怀疑。但是不管怎么说，战俘对社会都没有什么危害。最后他们一致认为我从来没离开比勒陀利亚。又出现了传言，说我变装成一个侍者，躲在首都同情我的英国人家里。因此所有嫌疑人家的房子都被搜了个底朝天，给这些倒霉的人带来了麻烦，我很抱歉。一个特别委员会也受命下来“严格”（这个词最讨厌了）调查“《晨邮报》

战地通讯记者逃跑”的原因。

但丘吉尔的主要目的还是在英国媒体上宣传，结果大获全胜，完全超出了预期。他逃到洛伦索马贵斯，在英国领事馆洗了个热水澡，“饥不择食地”读了几份报纸，然后“发现在被俘的这几个星期里，我的名字在国内已是家喻户晓”。而报道还多少夸张了事实，这就更好了：“我在装甲列车上的表现被安全撤回的车头上的铁路工人和伤员夸大其辞。云集在埃斯特科特的战地记者们又添油加醋地传回英国，因此报章对我的行为充满了溢美之词。”随后他成功逃出布尔，又“引发了新一波公众的歌功颂德。年轻人喜欢寻求刺激，新闻媒体则需要宣传，我一箭双雕，因此一时名声大噪”。

丘吉尔很快又回到了战地记者的工作岗位上，重拾了他戏剧化的报告文学风格。1900 年 1 月 8 日，英军深入了莱迪史密斯[6-10]数英里。“冗长的幕间休息结束了，警钟敲响了。女士们，先生们，回到座位上吧，大幕又将开启。‘又要来啦。’不耐烦的观众们说……”比勒陀利亚的战俘漂亮地终结了这场战役，而借由此事可以再次确定的是，丘吉尔对帝国主义情节剧的套路烂熟于心。当时，丘吉尔和堂兄“桑尼”（第九代马尔博罗公爵）[6-11]去战俘营交接英军：

> 我举起帽子高呼，里面顿时呼喊相应。接下来发生的事简直就像阿德菲情节剧的结局。我们只有两个人，而面前是荷枪实弹严阵以待的布尔卫兵。马尔博罗身佩醒目的红色军事参谋肩章，让对方指挥官立刻放人投降，还欣然许诺会为上缴的步枪开具收条。战俘冲出营房，跑到院子里，有些穿着制服，有些穿着法兰绒便服，有的没戴帽子，有的没穿外套，但个个欣喜若狂。卫兵放下了手中的步枪，大门被打开了。这最后一批卫兵（一共五十二人）站在那里不知所措，而压抑许久的军官们已经一拥而上缴了他们的械。有人拿出了一面英国国旗，德兰士瓦的旗子被扯掉了，我们曾经被俘的伙伴们欢呼雀跃，比勒陀利亚升起了第一面英国国旗。这一幕，6 月 5 日，上午 8 点 47 分！

但就在3月份，莱迪史密斯的战事刚结束数周，丘吉尔在还没有到达比勒陀利亚的时候，就制定了计划来利用自己的负面效应。他告诉母亲，他的新书《伦敦至莱迪史密斯：途经比勒陀利亚之旅》，稿酬不能低于2000镑。他策划在美国举办巡回演说，坚称“至少三个月，每个月一千镑，我还应该开价更高的，五千镑对放低身价打这样的工来说都不算多”。他甚至写信给密友帕梅拉·普罗登[6-12]，自诩为剧作家：“我要写个剧本。地点：南非；时间：战时。像德鲁里巷秋季上演的那种戏剧。”至于制作人，他想请母亲的朋友，著名的演员兼戏剧总监赫尔伯特·比尔博姆·特里担任。帝国主义情节剧往往追求壮观的特效和纪实效果，丘吉尔正是考虑到这一点：

> 这出戏将从各方面还原现实生活，舞台效果新奇惊艳，让观众仿佛置身于战火之中。地方色彩也要完美地贯穿呈现，我想表现一些地道的荷兰风情和殖民地特色。当然，作品本身得大手笔，但我相信有我的名字，加上出色剧作家的加盟，肯定能大获全胜。您问问特里怎么样，如果他赞成，我就动笔了。当然，在情节架构上我需要很多帮助，可我有能力还原人物在真实战争中各种情境下的言行，作品的细节会非常完美。

但是，5月12日母亲的来信否决了这个想法：“帕梅拉和我说了你编剧的想法，但我不赞成。老实说，这行不通，人们现在不爱看战争戏。你不知道这让他们感觉多不舒服，多不待见。仗刚打完一年，没人想看这种东西。公主去奥林匹亚的时候，都不看装甲列车。”作为一种戏剧类型，帝国主义情节剧演不了布尔战争：其间的道德冲突太模糊，不符合维多利亚时代的风尚；胜利的代价太高昂；观众群体也更加难伺候了。

不管怎么说，丘吉尔还有其他的机会。南非金融家亚伯·贝利邀请丘吉尔参加一次从开普敦到开罗的远游，他十分感兴趣，“又可以给伦敦的报纸写一组通信，出一本篇幅可观的书，赚上一笔了。”这个愿望没有实现，但截至1900年7月31日，《伦敦至莱迪史密斯：途经比勒陀利亚之旅》在英国售出10000册，在美国售出3000册，远远超过了《马拉坎德野战军纪实》和《河上之战》，尽管丘吉尔本来还期望更多。他告诉弟弟杰克，《萨伏罗拉》的销量还“过得去，就连可怜的《马拉坎德野战军纪实》去年都卖了600册”。他通过出书赚了1500镑，另外还有《晨邮报》的2050镑。单凭写作，他一年就挣了5000镑，罗伯特·路易斯·史蒂文森鼎盛时期也不过如此。单就收入而言，他是那个年代最成功的作家，年仅二十六岁。彼时，亨利·莱特·哈葛德年收入超过万镑，而安东尼·霍普十年的收入是七万镑。

在去温莎进行关于战争的讲演途中，丘吉尔第一次看到，自己的生平和名字以大写字母的形式出现在海报上。“我出名了！出名了！”他惊奇地喊道。G•W•史蒂文斯在哈姆斯沃思[6-13]的大众报刊上为他推波助澜，《每日邮报》仍然秉持新新闻主义，总结出一句口号“欣欣以向荣”作为宣传策略。正如安德鲁·哈罗所言，爱德华时代的音乐厅就是打造并扩大名声的宣传车间，年轻的战地记者也在这里被捧上了天：

> 你可听过温斯顿·丘吉尔？
> 我想说的，一言难尽耳。
> 他就是最新锐、最杰出的，
> 今日的战地记者。

当时有一个《泰晤士报》记者称，南非的英国士兵大部分十分勇敢，然而“愚蠢”。《雷诺兹新闻》也认为这是在“不点名地说温斯顿·丘吉尔先生”。无论是音乐厅的歌手还是《雷诺兹新闻》，都默认他们的受众对丘吉尔的独特做派了如指掌。丘吉尔已经实现了经典的名人定义：他因出名本身而出名。

在世纪之交，作家参政不是稀罕事，成功的如希莱尔·贝洛克、A•E•W•梅森、吉尔伯特·帕克、约翰·巴肯[6-14]，失败的如安东尼·霍普、莱特·哈葛德、希拉斯·霍金乃至亚瑟·柯南·道尔[6-15]。1899年7月，丘吉尔参选奥尔德姆选区，以千余票失利。1900年10月1日，他再次参选，得到了约1500票，一雪前耻。他告诉索尔兹伯里勋爵，“无他，只是南非战争中的个人声望助了我一臂之力。”数天后，他又致信伯克·科克伦道：“我突然成了选举中呼声最高的二三人之一，现在已经卷入了战斗，您懂的，一天两三拨听众，一拨五六千人，吹吹打打，推来挤去，一派热火朝天。”

在政治生涯中，丘吉尔依然倚靠战地通讯记者时期培养起来的宣传技巧，从进入议会的那天起就如是。早在1901年，他就在媒介管理上进行了历史性的创新，提议为每个陆军师配备一名公关人员，撰写通稿，再由陆军部供给媒体。同年，他请约瑟夫·张伯伦帮助他以装甲列车事件为由，争取“一些军事上的头衔或者勋章”，而他当时表面上是非战斗人员。“我觉得当局怀疑整件事是媒体捏造的，但是当然不是这么回事，”他向张伯伦保证，语气中带着一点嘲讽，“和议会的其他成员一样，单就我自己，我才不在乎那些金光闪闪的小玩意儿，”但他考虑到了这其中的宣传价值，“可我也像其他人一样，你懂的，我得‘考虑我的选民们’……”

译者注

[6-1] 埃斯特科特（Estcourt）：南非城市，位于纳塔尔省。

[6-2] 科伦索（Colenso）：南非东北部小城市。

[6-3] 艾尔默·霍尔丹（James Aylmer Haldane，1862—1950）：英国名将。

[6-4] 比勒陀利亚（Pretoria）：现已更名为茨瓦内（Tshwane）。南非的政治决策中心兼行政首都，德兰士瓦省省会。

[6-5]约翰·斯图亚特·穆勒（John Stuart Mill，1806—1873）：英国著名哲学家、经济学家，19 世纪影响力很大的古典自由主义思想家，支持边沁的功利主义。

[6-6] 德班（Durban）：南非东部港口城市。后来丘吉尔越狱成功，在德班受到了热烈欢迎。

[6-7] 丘吉尔越狱后先扒火车逃跑，后来当地的英国人收留了他，并掩护他乘火车前往洛伦索马贵斯。

[6-8] F• 安斯蒂（Thomas Anstey Guthrie，笔名 F•Anstey，1856—1934）：英国小说家、漫画家、记者。著有幽默幻想小说《小爸爸大儿子》（*Vice Versa*，1882 年），曾多次被搬上银幕。

[6-9] 洛伦索马贵斯（Lourenco Marques）：莫桑比克城市，当时的英国领事馆所在地。

[6-10] 莱迪史密斯（Ladysmith）：南非城市，布尔战争重镇。

[6-11] 查尔斯·斯宾塞 - 丘吉尔（Charles Richard John Spencer-Churchill，1871—1934）：英国士官、保守党政治家。

[6-12] 帕梅拉·普罗登（Pamela Plowden，1874—1971）：英国社交名媛，与丘吉尔少年时即相识，传闻是其初恋情人，后来与林顿伯爵（罗伯特·布鲁韦尔 - 林顿，Robert Bulwer-Lytton，1876—1947）结婚，但终身与丘吉尔关系亲密。

[6-13] 艾尔弗雷德·哈姆斯沃思（Alfred Harmsworth，1865—1922）：著名报人，创办多份报纸，英国现代新闻事业的奠基人。

[6-14] 希莱尔·贝洛克（Joseph Hilaire Belloc，1870—1953）：法国作家、历史学家、政治家。A•E•W• 梅森（Alfred Edward Woodley Mason，1865—1948）：英国作家、政治家。吉尔伯特·帕克（Gilbert Parker，1862—1932）：加拿大作家、政治家。约翰·巴肯（John Buchan，1875—1940）：苏格兰作家、政治家，曾任加拿

大总督，以写惊险小说著称，代表作《三十九级台阶》（1915 年）。

［6-15］希拉斯·霍金（Silas Hocking，1850—1935）：英国作家、传教士。亚瑟·柯南·道尔（Arthur Conan Doyle，1859—1930）：英国小说家，以《福尔摩斯探案集》闻名于世。

▲当时的报纸漫画，高度美化丘吉尔在布尔战争中的功绩。

（© 丘吉尔档案中心）

七、笃定发生[7-1]

伦道夫·丘吉尔勋爵不惮向保守党同僚直言一个令人不快的真相："政治是一门未来的科学……存在于过去的它，不是科学，也不是一门专业；静止不动的它，也不是一门专业。在我们国家，它本质上是一种发展中的科学和专业。"他的儿子也是一位保守党的未来主义者。温斯顿积极地兼容并包那些在单调的头脑看来难以调和的东西，同时迷恋着传统与科技、历史与革新，还有诗学与科学。虽然报考桑赫斯特军校时曾两度落榜，但他在化学方面十分精通。

造成这种情况的一部分原因，是他轻视古典传统教育，这使他与同辈的政客们比起来显得特立独行。维奥莱特·阿斯奎斯曾经回忆道：

> 我的父亲和他的朋友们多半是学者，醉心古典传统，满腹经纶，博学多闻。他们的智囊里满是前人的成果，在许多方面都如数家珍，无所不晓。某些领域在他们看来可能已经"穷理尽微"了。但是在温斯顿·丘吉尔眼中，一切都新奇得宛如创世之初。他的人生态度充满了激情与惊喜。即使是永恒的真理，他都觉得是激动人心的个人发现。（他似乎经常懊恼，有些事物许久之前就被其他人捷足先登了。）正因为对他而言是新的，所以他赋予了它们新的意义。不管多么耳熟能详，他的结论都不会因循守旧。他的思维总是四通八达，别开生面。

19世纪的古典教育着眼于遥远的过去，对未来通常抱持一定程度的悲观，典型的表现就是阿诺德对赫胥黎学说的不屑。[7-2]它们还认为文明的衰落是不可避免的，许多伟大的文明如今都是废墟，大英帝国最终也不例外。丘吉尔也担忧帝国衰落，但他认为生存的途径是保持科技上的优势。这是恩图曼战役给他的经验，持有马克沁机枪的英军大败德尔维希人。丘吉尔并非对古典一无所知，但他读得更多的是科幻小说。他曾被奥拉夫·斯塔普雷顿[7-3]1930年的未来幻想小说《最后与最先的人》“深深打动”，十分崇拜其中的宏大叙事：“这部书的重大价值就在于它表达了世界历史的恢弘气概，十分有力。”他特别将其与温伍德·瑞德《人的牺牲》相提并论，《人的牺牲》同样表达了对太空旅行以及其他科技奇迹的向往。丘吉尔和威尔斯都深受《人的牺牲》启发，即使从中学到的东西不同，两人还是因为这一共同的阅读经验而达成了一致。

1931年，丘吉尔说，他已经把威尔斯的全部作品都读过两遍：“拿它们出题考我都没问题。”他和威尔斯差不多同时开始文学生涯。1895年，威尔斯的《时间机器》出版，而丘吉尔发表了古巴战地通讯；1898年1月，丘吉尔向母亲推荐了威尔斯的《隐形人》；1899年，威尔斯的《当睡者醒来时》和《萨伏罗拉》同时出版：两者都是革命主题的情节剧，在许多方面都很相似，只是威尔斯的故事发生在两百年以后的未来。1901年11月，两人终于首次见面，当时已经都是声名显赫的作家了。丘吉尔写信给威尔斯，说他已经读了《预测》（威尔斯的一组预言新世纪的随笔）以及当时威尔斯的所有其他著作，除了《最早登上月球的人》。在《预测》中，威尔斯希望未来在专业人员构成的高效政府治理下，能够发展起一个“新的国度，最终成为一个实干、理性的人民的世界国度”。丘吉尔对此详尽地回应道：

> 我同意书中的许多观点，但也有不少是我不能接受的。
>
> 没有什么比专家治国更要命的了。专业知识是有局限性的，在无尽的未知领域，较之高精尖的专业人士，仅仅只是通晓利害的人可能是一个更安全的向导。您为何觉得除了医生、技师之类以外的人都是盲目或恶劣的？在科学领域之外，当然也有广大的人类思想的领域。艺术和科学都不是政体。要治理人群，就要向凡人解释高深的事物，调和利益，权衡多方专家的论据，应对突发事件，这些事

> 情本身一辈子都钻研不完。如果治国者必须是某方面的专家，那他一定得是个全能专家，而那显然不可能。所以我说专家治国需要全才（尤其还得是军事专家），才能是拯救我们的明主。公共事务管理本身就是如此宏大复杂的行当，其他任何专业研究都无法与之兼并。我很同意您的观点，现在政府确实做得很不好，但是像其他所有科学门类一样，政府也是在进步的。争取一年年逐渐一点点减少腐败，避免空谈，深化基础，把体制弄得更细密完善一些……

两人都是进步论者，但他们的进步论观念有分歧。威尔斯可以算是一个费边主义[7-4]者，主张由技术专家制定严谨的科学政策。而丘吉尔觉得这种观念是贵族在乱来，他完全不希望牺牲个人的自由来取得更好的未来。他告诫威尔斯，人“不想像一群新手一样，被表面和蔼实则冷血的哲学家搓圆捏扁。柏拉图也想要塑造人，但在不利的境遇下一败涂地了。‘新国度的人’是应当自警的”。

威尔斯一定程度上赞同丘吉尔对《预测》的评价。但是就像后来他们的交往一样，这一次通信的情绪被公然表达的愤慨激化了。“您觉得我对社会发展速度的估计太过分了，而那只不过是因为我们身处的社会环境不同。”威尔斯回信道：

> 您身处的阶级一百年以来内部几乎没有变化。如果您借助魔法返回 1800 年您祖辈的家庭里，一个星期就够您和他们混熟了，您要适应的东西只有那个年代的穿着、发型和各种礼节。但是在 1800 年，我的祖辈里很可能有一半人不认字，而且我和他们彼此会觉得对方简直像来自中国的老外。我真的不认为您那边聚集在豪华乡间别墅里的人能够了解事物发展的步伐。

于是丘吉尔再次回信，恳请他同情那些可怜的统治阶级：“您不要对政客们太没有耐心了，他们自有他们的功用。人无完人，总有一大批人想要维持安逸的现状。不久的将来，政客们可能会用妥协权宜之计来保护他们，而不是苛刻求全，或者直接发配他们去服苦役。”[7-5]

1906年，威尔斯寄给丘吉尔一部《现代乌托邦》，丘吉尔大加赞赏。他认为威尔斯解决了关于优生和婚姻的争议，并承认：“您的作品大大激发了我的想象力，我欠您一大笔人情。”但再次话锋一转道：“您成功地把地球变成了天堂，但我总是担心天堂最后会变得很无聊……您可能觉得我轻狂，吹毛求疵，但我承认，我确实不满足。我老等着吃牛油，一气儿把您端上来的都吃光了，现在还想要果酱。[7-6]”丘吉尔向来是一个了不起的纪实写手，《时间机器》和《隐形人》式扣人心弦的故事领他入门，但是当威尔斯开始勾勒不朽的乌托邦的蓝图时，他有些迟疑了。虽然和威尔斯一样信仰科学的力量，但他只把它视为能使大英帝国强盛的手段，并没有打造“世界国度”的想法。如果说人类历史是进步的长篇叙事，那么英国的权力就仰赖于其科技投入。这是他读吉本和温伍德·瑞德时，从罗马帝国的命运中得出的结论：“他们但凡多为机械和科学花上一点点精力，就不会被野蛮人打垮了。”

尽管如此，在爱德华时代，两人还是保持着政治友好关系。丘吉尔不是社会主义者，但在一战之前，他是一个相当激进的社会改革家，在英国走向福利国家的第一阶段发挥了关键作用。因此，1908年丘吉尔在曼彻斯特竞选议员，尽管候选人中另有一名社会主义者，威尔斯还是投了他一票。

1932年，希特勒即将掌权。斯坦利·鲍德温[7-7]警告议会“一触即发”，而丘吉尔引用了威尔斯的《空中战争》（1908年），其中，威尔斯设想德国突然空袭纽约，引发了一场世界浩劫。按照丘吉尔对待威尔斯小说的一贯态度，在它出版没多久就读过了。1911年被任命为海军大臣后，他大力推动发展海军航空兵，还饶有兴趣地自学试飞。后来他自称“把‘水上飞机’（seaplane）和（乘飞机）‘飞行’（flight）加入了字典”。*

丘吉尔是第一位认真思考新技术的英国海军首脑。1914年一战爆发，他对威尔斯式发明的热情更加一发不可收拾。他提议在阵地战中用移动盾

* 第一条可能是真的。但1835年的《牛津英语辞典》就收录了“飞艇首次飞行”这样的句子。

牌保护前进的步兵，建立人工岛屿作为海军基地，在机动车辆上安装“大钢锤”或者“重轮”以引爆前方的地雷。1917 年 7 月，美国的《巷议》杂志刊登了一篇讽刺文章，嘲笑丘吉尔想给军队配备方形的炮弹（“我想也应该有方形的炮管来匹配它们”），并且发明了一种新飞机，还没试飞就预订了一千架（“我肯定它飞得起来”）。而在现实中，丘吉尔很快就提出了各种武器改良方案，包括可更换的枪膛内衬以延长枪管寿命（“发明它的初衷就是解决这个问题”）。

此外还有坦克，威尔斯在他 1902 年的小说《陆上铁甲》中就预言了坦克的发明，一战中丘吉尔研究并发展了它。1916 年 10 月，丘吉尔向威尔斯致信祝贺：“你一定很高兴看到，尝试了好多次以后，陆上战舰终于实践成功了。”但要说是威尔斯启发丘吉尔发明了它，未免太幼稚了，虽然丘吉尔自己一开始也这么承认。1919 年 9 月，他就军事发明的问题向皇家委员会提交了说明，其中详细的解释，即使按照今天的标准看来，也反映出对于设备背后的技术革新问题有相当深入的理解。科学史证明，没有一位发明家可以凭空发明出什么来。所有“新”技术都建立在旧有技术的基础上，而往往由科幻小说先行预想，比如说机器人和太空旅行。“发明”通常是对现有技术的组合，因此只有先有了相应的技术，才谈得上“发明”。当然，科学进步旨在解决目标性的技术问题，但政治、经济、文化等因素都为科研提供了背后的动机，科学史研究必须兼顾“内部”和“外部”的影响。即使所有的因素都天时地利，也常有几个“发明家”同时致力于一种发明，合作、竞争或者各自完成的情况。其中有人达成目标，也有人走进死胡同，被大众遗忘。

丘吉尔深知这些。他开宗明义地指出：“装甲车横越国境，搭载枪械和士兵，还能越过壕沟和其他天然障碍，这个想法并不新奇。”除了威尔斯在小说中所预言的，“战争史上很早就有类似的装备，用于攻克堡垒和坚固的阵地。”在 1914 年，坦克的三项基本技术组件已经发展起来了——防弹盔甲、内燃机和履带胎面。内因和外因一并促成了坦克的发明，或者正如丘吉尔所称：“其一，启动与支持坦克制造计划的需求；其二，在设计中解决基本原理之外的具体技术难题的资金。”满足了这两个前提，问题就十分显然了，“从来不能说坦克是在某一时间‘发明’出来的，也从来不能说‘某个人发明了坦克’，但第一辆坦克必然是在某个时间明确地实际制造出来的，作为条件许可的直接成果，有实用价值的机械成品在某一时刻被设计出来了。”

任海军大臣期间，丘吉尔还建立了陆上基地，供海军飞机打击齐柏林飞船[7-8]。为了保卫基地，他又发明了装甲轿车，在劳斯莱斯外面装上钢板，除了没法越过壕沟，其他方面都没什么问题。因此，1914 年 10 月底，他又设想发明一种新型装甲车，自带桥架，可以铺设在壕沟上，通过后收起。还制造了一台模型，但事实证明，（如人们所想）不切实际。与此同时，欧内斯特·斯文顿上校[7-9]也独立地向莫里斯·汉基爵士[7-10]提出了一个履带胎面的蒸汽动力装甲兵车的设想。1915 年 1 月 18 日，丘吉尔授权“试验蒸汽压路机，以观察是否能用机体重量摧毁敌方战壕”，但也以失败告终。2 月 17 日，丘吉尔面见了拥有装甲轿车车队的杰拉尔德·海瑟林顿少校，他也计划生产轮径四十英尺（约 12 米）的装甲车。随后，丘吉尔创建了英国海军陆上运输委员会，未经陆军部和财政部批准，就投入了 70000 镑以开发坦克模型，带有巨轮或者履带，后来证明只有后者可行。1915 年 5 月丘吉尔卸任，海军部委员会拟准备中止开发，但他说服了他的继任贝尔福勋爵继续推进，最终在 1916 年 8 月的索姆河战役中，坦克第一次投入了使用。在这些条件与症候之下，只能说是威尔斯的小说“启发”了坦克的发明，正如丘吉尔自己所承认的。

1920 年 3 月 3 日，战争结束之后，教育委员会总长 H•A•L• 费舍尔[7-11]和丘吉尔会面，“他告诉我他也读过威尔斯所有的书，威尔斯真是了不起地预言了战争。”但是后来，丘吉尔对威尔斯的幻想破灭了，他无法原谅 1915 至 1916 年加里波利战役[7-12]的惨败，而且后来又栽在了布尔什维克俄国手上，丘吉尔觉得它是邪恶的，而威尔斯认为这是真正的社会主义实践，虽然有很大的缺陷。1920 年 12 月 5 日，丘吉尔在《星期日快报》撰文，批评威尔斯为共产主义代言。威尔斯以惯常的手法，用一篇充满拙劣说教意味的小说予以了回应，那就是1923年的《人如神》，在小说中，一拨20世纪的英国人穿越时间隧道，去到了三千年后的未来乌托邦。温斯顿·丘吉尔就是其中一员，只是被另外命名为“鲁珀特·卡茨基”。书中的乌托邦是威尔斯向来向往的：人类根除了贫困、疾病、丑陋，以及世界上一半的物种（害虫和细菌，当时“生物多样性”这个词还没有发明出来）；人们自由自在地从事科研，吃人造食品，甚至摒弃了性。一切如此完美，引起了鲁珀特·卡茨基的深思：

> 他承认，地球上的生命缺乏安全，充满了痛苦与焦虑，充满了不幸、悲伤与苦恼。但是正因为如此，它们拥有紧张、希望、惊喜、逃避与成就等情感，而乌托邦里井然有序的生活不可能提供这一切。“你已然远离冲突与祸患，是否也在远离鲜活而律动的人生现实？”

这并非故意夸张丘吉尔的未来观，事实上，这差不多就是二十年前他致威尔斯第一封信的大意。

与威尔斯分崩后，丘吉尔又找到了另一位技术导师——牛津大学物理学家弗雷德里克·林德曼[7-13]。20世纪30年代乃至二战期间，除了随身侍从，再没有人与丘吉尔走得这么近了。和威尔斯不同，林德曼是一位真正的科学家，他为未来三十年丘吉尔与英国政府面临的所有技术挑战提供了明智的建议：空战、雷达、V-2火箭乃至核武器。林德曼向丘吉尔指出了未来科学发展的可能性，还帮助他在大众报刊上撰写流行的未来学题材的文章。丘吉尔的《五十年后》（1931至1932年在《海滨》、《麦克林》和《大众机械》上发表）引用了威尔斯，并重复了科学家是革命力量的观点：“一支庞大而有组织的阶级意识统一的队伍正在进发，前方的目标难以估量。这是一支骄傲而野心勃勃的军队，无视所有人为的法则、悠久的传统、珍贵的信仰或最深刻的本能。”跳过了核裂变，他预言，核聚变产生的能量，足以使爱尔兰移动到大西洋中部，地球两极的冰盖融化，但却没有解释为什么有人要这样做。他还预言未来的家禽将用激素填喂；无线电话与电视无处不在，人再也不必面对面接触。卡雷尔・恰佩克[7-14]的戏剧《罗素姆的万能机器人》（1923年伦敦首演）和J•B•S•霍尔丹[7-15]的《代达罗斯》（林德曼曾经寄给他）都是丘吉尔的灵感来源，他设想人类将：

> ……在玻璃器皿中成长。毫无疑问，现在已经可能在人工环境下控制整个生命周期，以孕育孩子。早年专家就曾经尝试这样干涉人的智力发育，以培育专长于思考或者劳作的人类。比如说在人类能力范围以内，培育出身体异常发达而心智在某些方面低下的物种。培育出来的人可能只会操纵机器，没有其他野心。

丘吉尔相信，只有无神论的俄国会实施这样的计划。他警告道，如果没有精神信仰，各种科学恐怖主义就会降临。他十分着迷于奥拉夫・斯塔普雷顿的宏大科幻作品《最后与最先的人》，书中描写进化了数百万年的更高级的物种取代了人类，最后充分控制了自然。结局和《人的牺牲》非常相似：

> 一个国度已经建立，公民随心所欲地居住于此，享受着无与伦比的愉悦与博爱，在宇宙星际间航行，能够全景回望过去，也能预见未来。然而，对他们而言，何谓美好？关于人类在文明早期就发问的终极问题："我们是谁？我们从哪来？我们要去哪里？"他们是否有更好的答案？就算已经把我们现在想都不敢想的事情付诸现实，就算人类的能力已经大大扩展，物质的进步也不能带来灵魂的安适。

科学有无限的潜能来扩张人类的力量，但是没有某种精神和道德的基础，就可能导致可怕的危险。"我想写一写未来战争的可能性，以及它对人类而言有多恐怖，"1924年4月3日，丘吉尔写信给林德曼，"在这个问题上我有很多好的想法。"其中不少的灵感来源显然就是威尔斯。威尔斯的许多作品都是世界末日的未来战争主题，《空中战争》《获得自由的世界》《文明的故事》……还有当时刚刚出版，丘吉尔认为"相当不错"的《梦》。丘吉尔在文中骇人听闻地预测了导弹、生化战争，还有更可怕的：

是否有比以往人类所见都更加强大的能量引爆方式？是否有一种炸弹，不过橘子大小，就拥有能摧毁成片建筑的神秘力量，堪能和炸毁一个市镇的上千吨火药一拼？

如果双方都有这种武器，文明就两败俱伤了。但是有另一种可怕的可能：“其中一方拥有压倒性的科学优势，完全奴役了较弱的另一方。不仅手中的权力能摧毁全国的人命，而且文明种群的权力第一次有了把他们的对手逼到走投无路的机会。”丘吉尔先面对的是纳粹德国，后来又是美苏之间的战后核军备竞赛，他太了解世界末日的恐怖了。《人的牺牲》和《物种起源》似乎都信誓旦旦地许诺，“在人类艰难的进化过程中，最优秀的适者会脱颖而出。但今日并非如此。”回顾他在《萨伏罗拉》中第一次提出的问题，丘吉尔总结道：“一个卑下、堕落、无德的民族必然会成为远比它高尚的民族的敌人，暴政之下唯有臣服，只因为致命的武器和恐怖的技术一旦在握，它们就会无情地滥用。”

他写下这些的时候是1924年，原子弹还没有发明，他也还没有听说过纳粹党。但威尔斯在《时间机器》中就已经想象了这样一个场景。而早在1899年的《河上之战》里，丘吉尔也推测了未来细菌武器的出现。他的灵感可能来自《世界大战》，里面没有提到细菌战，但最后火星人败退，只因为对地球上的传染病缺乏抵抗力。

威尔斯曾有名言道，文明就是教益与灾难之间的竞赛。进步的科学能为我们提供乌托邦，但滥用科学将导致噩梦般的未来，就如《时间机器》、《当睡者醒来时》和《空中战争》中所描述的那样。与之相同，即使在最低迷的时候，丘吉尔对未来的愿景也不是宿命论：没有什么是命中注定的。对于他和威尔斯来说，历史就是一条无尽分叉的歧路，人类总有机会选择另一种未来。正如他在《河上之战》所写道的，“每一次事件都被一系列可能性所包围，任何一项成真都会改变整个事态……在冲突放出的光芒中，固态事实的轮廓向四面八方投下可能性的模糊阴影。我们生活在一个‘如果’的世界里。”因此，丘吉尔对反事实历史兴趣浓厚。甚至在为马尔博罗作的长篇传记里，他也不仅仅把战争描述为战斗，而是不停地设想，假如当时指挥官向另一个方向调拨军队，会发生什么。还有他1930年的文章所想象的，假如罗伯特·李将军在葛底斯堡获胜，南方联邦就可能攻占华盛顿，即使有碍于分裂国家的总体目标，李将军还是会宣布废除奴隶制。（而事实上，李将军的军队俘获并重新奴役北方的黑人。）丘吉尔向读者保证，无论如何，奴隶制的废除都不等于“种族平等之类的蠢话”：南方联邦会聪明地以仁慈大家长的做派统治黑人，大英帝国对有色人种也是这样，且成绩还不错。北方既输了战争，又丢了道德制高点，于是不得不承认南方独立。这对大不列颠来说是幸运的，以后就不用面对一个蒸蒸日上的强大的美国，就可以对着这分裂成两半的联邦称王称霸了。写作《第二次世界大战》的时候，丘吉尔再次玩弄了另类的历史。在1949年的笔记中，他写道：

> 如果德国人不攻打苏联，会怎么样？
>
> 这样德国就会爆发空战。
>
> 英美共同抗德。
>
> 轰炸加拿大。
>
> 我还是相信我们（英美两国）单打独斗也能打赢。

一些丘吉尔的批评者指出，直到1937年10月，丘吉尔依然对阿道夫·希特勒抱有幻想，认为希特勒可能“恢复伟大的日耳曼民族的荣耀与和平，带领人民回归宁静、互助与强大，回到欧洲共荣圈中，因而名垂史册”，但是，这也完全符合他的历史不确定性观点。此时，希特勒还没有侵略他国，反犹运动也借由1936年的奥运会而缓和，看起来像是一场阶段性的运动。这篇文章的标题叫做《希特勒与他的选择》。丘吉尔指责了希特勒犯下的罪行，并警告“他将使世界陷入另一场大战，现代文明不可避免地倾颓”。但是，只有不确定的未来可以“裁决，他是和伯里克利、奥古斯都、华盛顿[7-16]一起被供奉在神坛上，还是和阿提拉、帖木儿[7-17]一起受人唾弃，永世不得超生。现在，这两种可能性都悬而未决”。

在 1937 年为《世界新闻报》撰写的一系列未来学的猜测随笔中，丘吉尔表达了同样的观点。科学可以给我们带来力量，核裂变、核聚变、太空旅行、远程会议、人工食品和安全不上瘾的药物，甚至低温保存人体再复苏；也可能通过科学的宣传技术给大众洗脑，用基因工程制造只会工作不会思考的奴隶种族，发明可怕的毁灭性的战争武器。丘吉尔认为，儒勒·凡尔纳展现了科学伟大的潜能，“令维多利亚时代的人欣喜若狂”，但威尔斯刻画了“更加复杂的情境，威尔斯在书页插图墨迹未干的时候，就看到了血淋淋的既成事实”。

在第二次世界大战中，丘吉尔再次试图用威尔斯式的未来学把戏取胜。典型的例子就是用“陆地潜艇”——一种巨大的地下挖掘机——来突破齐格菲防线[7-18]。这个东西如果真的全面投产，恐怕要耗掉全英国钢铁与柴油发动机产量的一大部分。1940 年德国占领法国，齐格菲防线失去了价值，但丘吉尔依然试图推进，生产了几个模型。曾任海军部议会秘书，与丘吉尔共事的杰弗里·莎士比亚回忆道，他思维开放如一个富有创造力的科学家：“召见某人讨论一个问题的时候，他会抛出一堆的候选方案……虽然目的明确，但是意志并不坚定。他实际上是一个经验主义者。一个实验不成功，那再试另一个。绝对不能坐着听天由命……”

丘吉尔最偏爱的战时机构是第一防卫司，以研发非正统新武器而知名。批评者把它称为“丘吉尔的玩具店”，其中的一名官员回忆，丘吉尔喜欢看武器实验，“像个小男孩在过节一样”。但丘吉尔对科技的兴趣仅限于战争武器，他对医药、营养学、卫生甚至太空旅行都漠不关心，这和威尔斯形成了鲜明的对比。然而他孩子气地坚持认为，科技创新有一条惊心动魄的故事线索。在《第二次世界大战》中，他描写了英国空军部科学家 R•V•琼斯博士如何破解德国的无线电交互轰炸机导航系统“弯腿”[7-19]：“他用平静的声调说了差不多二十分钟，环环相扣地展开旁证，其令人信服的魅力，就连夏洛克·福尔摩斯或者勒考克侦探[7-20]都无法望其项背。”1938 年 4 月，他写道：“你总是得考虑新出现的和意想不到的事情。尤其是现在这样的时代，科学发展得这么快。一旦魔术把戏被解说或者拆穿了，它就没什么意思了。”这样说还是有道理的，如果战争技术也可以用娱乐价值来衡量的话，那《世界大战》里火星人的那些武器简直太迷人了。正如罗伯特·罗德·詹姆斯[7-21]所言，丘吉尔迷上了林德曼教授的那些科学，因为它们太像科幻小说了：“其中有大量的冒险元素，攻克现实难关的焦虑，尚未实现的事物的魅力。专业的科学家不相信这些东西，还感到厌恶，但丘吉尔为之振奋，津津乐道。”因此，在丘吉尔的全力支持下，林德曼成了防空科研部里特立独行的人物。防空科研部成立于1935年，由亨利·蒂泽德[7-22]主持，蒂泽德主张全力发展雷达，在他看来：

> 林德曼的方案看起来离题万里，太疯狂了。林德曼……提议空中布雷（由飞机在高空向敌军轰炸机队列的航线投放，敌方飞行员会乖乖飞进去），红外线侦查夜间飞机，以及布放“固态云雾，在飞机航线上引发爆炸”。至于空中油矿项目，可以说“完全是死路一条，研究这个纯属浪费时间和金钱”。“固态云雾”没有任何实践依据，是没事干的时候从拙劣的科幻小说里看来的，而非一个严谨的专业科学家的提议。红外线侦查听起来还有点意思，但是没有任何证据证明林德曼生产的这玩意儿和无线电测向有什么大区别。

1957年，一位曾经在战时和林德曼共事的英国皇家学会会员证实，林德曼曾经再三劝说丘吉尔“不要让专家扼杀新的点子或者技术发明……项目不怕牵强，也不怕异想天开”。在综合了工党政治家斯塔福德·克里普斯[7-23]和两位英国皇家空军指挥官（查尔斯·波特尔[7-24]和亚瑟·特德[7-25]）的观点后，莫兰勋爵总结道：

> 首相头脑灵活，但并不科学……诚然，他总是欢迎新点子，即使它听起来似是而非，他也要坚持让它公平地试验一次。我们的一些真正有成效的发明起步的时候，他也起了相当重要的作用，比如说1944年进攻法国所使用的桑树港[7-26]。但科学的思维习惯确实不在他的心理历程之内。

丘吉尔总是对最新的武器充满兴趣，但一旦它们经过了研究与开发阶段，由科幻小说成为了现实，他就失去了兴趣。一战前与一战期间，他高瞻远瞩地批准了水上飞机发射鱼雷的试验，敦促“应该加紧努力，组织有生力量，在敌舰停泊在他们港口的时候就来一次大突袭”。整个20世纪30年代，他都对皇家海军抵御空袭很有信心，但是珍珠港事件后没有几天，“威尔士亲王”号的沉没[7-27]就打破了他的幻觉。然而，与一战期间相反，丘吉尔在二战中几乎没有为坦克战做准备，只是依赖法国军队和马其诺防线[7-28]抵挡德国人。法国沦陷前两年，他还预言静态防御工事将无懈可击：“有人认为大队机车和坦克能碾轧这些工事，他们可能要失望了。”几乎置英国于死地的“大西洋之战”[7-29]爆发前三年（1938年3月），他还对读者称“潜艇作为决定性的战争武器，无疑已经过时了，西方民主国家应该对海上安全有信心”。1939年1月14日《科利尔》[7-30]报道，他还断言“空袭战壕与据点远不如火炮直击有用”，结果十六个月后，德国的俯冲轰炸机由装甲师辅助，突破了盟军防线，长驱直入法国。

但是关于丘吉尔，有一点必须说的是，在他那里，“两种文化”之间没有鸿沟。1949年，丘吉尔在麻省理工学院对一个听众说：“我们的大学，在工科和通识教学方面太薄弱了，英国因此而蒙受了损失。”十年后，C•P•斯诺[7-31]提出了他的经典警告。丘吉尔从第二任首相的位子上退下来后，马上开始和林德曼与约翰·科尔维尔[7-32]筹划英国的麻省理工学院。其成果就是剑桥大学的丘吉尔学院，1960年招收了第一批学生。

现代英国的保守主义者，普遍对未来持悲观态度，索尔兹伯里、阿瑟·贝尔福、斯坦利·鲍德温、内维尔·张伯伦和哈罗德·麦克米伦，莫不如是。他们假设英国的权力将不断衰落，能做的唯有控制下滑，杜绝亚历克·道格拉斯－休姆[7-33]所说的“人工科学的蛊惑”。但丘吉尔的路线，更加接近后来化学家玛格丽特·撒切尔[7-34]式的乐观、渐进的保守主义，至于罗纳德·里根的“星球大战”[7-35]式保守主义，那就更不用说了。

译者注

[7-1]本章节的英文标题为"Things to come"，出自H•G•威尔斯的科幻小说"*Shape of Things to Come*"。1936年英国拍成电影，名为"*Things to Come*"，中文通常译作《笃定发生》。

[7-2]马修•阿诺德(Matthew Arnold，1822—1888)：英国诗人、教育家、评论家。托马斯•亨利•赫胥黎（Thomas Henry Huxley，1825—1895）：英国博物学家、教育家。达尔文进化论的代表人物。赫胥黎对宗教持不可知论，提倡唯物主义的科学精神。而阿诺德拥护精英文化，猛烈抨击英国社会中的功利主义，强调文学阅读，不重视科学教育。

[7-3]奥拉夫•斯塔普雷顿(Olaf Stapledon，1886—1950)：英国哲学家、科幻作家。

[7-4] 费边主义（Fabian Socialism）：19世纪后期流行于英国的一种资产阶级社会主义思潮，主张采取渐进措施对资本主义实行改良。1884年，一部分认为社会改革应循序渐进的知识分子创立了费边社（Fabian Society），以公元前3世纪古罗马将军费边的名字命名，他主张等待时机，尽量避免决战。其学说称为"费边社会主义"，简称"费边主义"。

[7-5] 这里两人的通信是典型的英国式的互相嘲讽。威尔斯出身贫寒，少年时当过学徒，后来考取助学金进入师范学校，成为生物学学者。回信意即嘲笑丘吉尔及其出身的贵族阶级故步自封，不学无术。而丘吉尔则故作宽容，认为发生社会危机时，态度和立场都比较缓和的贵族阶级才是维持社会秩序的力量。

[7-6] 意即"得陇望蜀"，指自己对威尔斯的作品期望过高。

[7-7] 斯坦利•鲍德温（Stanley Baldwin，1867—1947）：英国保守党政治家。1923至1924年、1924至1929年和1935至1937年三度任英国首相。

[7-8]齐柏林飞船(Zeppelin sheds)：一种硬式飞船，由德国飞船设计家斐迪南•冯•齐柏林（Ferdinand Graf von Zeppelin）伯爵在20世纪初期改良而来。第一次世界大战爆发后投入战场，参与空中轰炸或作为侦察斥候。

[7-9] 欧内斯特•斯文顿（Ernest Swinton，1868—1951）：英国陆军军官。

[7-10] 莫里斯•汉基（Maurice Hankey，1877—1963）：英国内阁秘书。

[7-11] H•A•L•费舍尔（Herbert Albert Laurens Fisher，1865—1940）：英国教育家、历史学家、自由党政治家。

[7-12] 一战期间，英国军队于 1915 年 4 月 25 日在土耳其加里波利（Gallipoli）半岛登陆，遭到了土耳其军队的顽强抵抗，英军最终惨遭失败。

[7-13]弗雷德里克·林德曼(Frederick Lindemann，1886—1957)：英国物理学家。

[7-14] 卡雷尔·恰佩克（Karel Capek，1890—1938）：捷克剧作家、科幻文学家、童话寓言家。代表作《罗素姆的万能机器人》（*Rossum's Universal Robots*），描写科学家罗素姆发明出机器人，被资本家大批制造充当劳动力，但逐渐取代了人类，世界面临危机。

[7-15] J•B•S•霍尔丹（John Burdon Sanderson Haldane，1892—1964）：印度生理学家、生物化学家、群体遗传学家。《代达罗斯》（*Daedalus*）是他的著名演讲稿，对科学特别是生命科学的未来发展作了许多大胆的预言。“代达罗斯”是希腊神话中的能工巧匠——建筑师与雕刻家，曾为克里特国王建造囚禁牛头兽的迷宫。霍尔丹以此为题，反思科学与未来的关系。

[7-16] 伯里克利（Pericles，约公元前 495—前 429）：古希腊著名政治家，奴隶主民主政治的杰出代表者。奥古斯都（Augustus，公元前 63—14）：原名盖乌斯·屋大维·图里努斯（Gaius Octavius Thurinus），罗马帝国的开国君主，统治罗马长达 43 年。公元 14 年 8 月去世后，罗马元老院决定将他列入“神”的行列。乔治·华盛顿(George Washington，1732—1799)：美国著名资产阶级革命家、杰出的军事统帅，美国独立战争陆军总司令。美国首任总统，被美国人称为“国父”。

[7-17] 阿提拉（Attila，406—453）：匈奴帝国统治者。帖木儿（Tamerlane，1336—1405)：突厥帖木儿帝国开国君主(1370—1405 年在位)。两人都是著名军事家。

[7-18] 齐格菲防线（Siegfried Line）：纳粹德国在第二次世界大战开始前，在其西部边境地区构筑的对抗法国马其诺防线的筑垒体系。

[7-19] 导航系统名为“弯腿”（Knickebein），意即德国神话中的一种大乌鸦。破解该系统是二战中“电子战”和“导航战”等现代技术作战的重要一环，是英国成功抵抗德国空袭“闪电战”的关键。

[7-20] 勒考克侦探（Monsieur Lecoq）：法国埃米尔·加博里奥（Emile Gaboriau，1835—1873）著的同名系列侦探小说中的主人公，和福尔摩斯一样，是著名的擅长推理分析的文学人物。

[7-21]罗伯特·罗德·詹姆斯(Robert Rhodes James，1933—1999)：英国历史学家、保守党议员。

[7-22] 亨利·蒂泽德（Henry Tizard，1885—1959）：英国化学家、发明家。

[7-23] 理查德·斯塔福德·克里普斯（Richard Stafford Cripps，1889—1952）：英国工党政治家。

[7-24] 查尔斯·波特尔（Charles Portal，1893—1971）：英国皇家空军参谋长。

[7-25] 亚瑟·特德（Arthur Tedder，1890—1967）：英国皇家空军元帅。

[7-26]桑树港(Mulberry Harbours):二战盟军诺曼底登陆时使用的巨型人工港口,于英国建造组件,在登陆区域附近组装,在解放法国的诺曼底登陆战中发挥了重要作用。

[7-27]“威尔士亲王”号(Prince of Wales):英国皇家海军英王乔治五世级战列舰的二号舰。建造于英格兰。二战中受命支援美国在太平洋的战事,还曾搭载丘吉尔前往纽芬兰岛参与制定大西洋宪章。1941年12月10日,在远东海域被日本陆基轰炸机击沉,这个事件成为飞机取代战列舰成为海上霸主的标志之一。

[7-28]马其诺防线(Maginot Line):第二次世界大战前位于法国东部德法边境的防御工事,其名称来自当时的法国陆军部长马其诺(1877—1932),从1929年起开始建造,1940年才基本建成,造价高昂,十分坚固,内部结构复杂。由于法国东部边境地形崎岖,不易运动作战,所以法军没有多加防备,但1940年5月德军由此突破,诱使英法联军支援荷兰,将联军围困在敦刻尔克。马其诺防线因背部受敌而失去作用。

[7-29]大西洋之战(the Battle of the Atlantic):第二次世界大战期间,英国、美国同德国在大西洋进行的保护与破坏海上交通线的作战。大西洋交通线是同盟国赖以支持欧洲战区的生命线。1939年9月大战爆发时,德国的战舰就开始袭扰英国的海上贸易。英国则针锋相对,将强大的皇家海军投入保卫海上交通线,战争遂由此起。盟军出动3000架飞机反潜艇,有效地掩护了运输船队。1943年5月,盟军迫使德国退出北大西洋主航道,大西洋海战结束。

[7-30]《科利尔》(*Collier*):美国杂志,曾报道多次二战重要战役。

[7-31]C•P•斯诺(Charles Percy Snow,1905—1980):英国物理学家、化学家、小说家、政府官员。“经典的警告”指他的著名演讲《两种文化》(*The Two Cultures*,1959年),他认为“人文文化”与“科学文化”之间的分裂造成了社会的损失,知识分子对“文化”的理解太片面,导致决策错误。

[7-32]约翰·科尔维尔(David John Colville,1894—1954):苏格兰政治家、实业家。

[7-33]亚历克·道格拉斯-休姆(Alec Douglas-Hume,1903—1995):英国保守党政治家,1963至1964年任英国首相。

[7-34]玛格丽特·撒切尔(Margaret Thatcher,1925—2013):英国保守党右翼政治家,英国第49任首相,1979至1990年在任,自19世纪初利物浦伯爵以来连任时间最长的英国首相。曾于牛津大学主攻化学。在任期间促使英国走上市场经济,结束冷战。

[7-35]“星球大战”(the Star Wars)是美国在20世纪80年代研议的军事战略计划,源自里根总统在冷战后期(1983年3月23日)的一次著名演说。其核心内容是:以各种技术手段攻击敌方的外太空的洲际战略导弹和外太空航天器,以防止敌对国家对美国及其盟国发动的核打击。美国的许多盟国,包括英国、意大利、联邦德国、以色列、日本等,也不同程度地参与了这项计划。

八、英国喜剧

年轻的温斯顿读的第一所学校是阿斯科特的圣乔治寄宿学校，他极度厌恶那里的专制校风。莫里斯·巴林[8-1]去上学时，就“听说了关于温斯顿·丘吉尔的可怕传闻，他顽劣无比，已经被学校清退了。他从储藏室偷糖吃，因此挨了鞭打，但毫无悔意。他把校长挂在门上的草帽揪下来踩了个粉碎。他在学校的日子和权威势不两立”。而在布莱顿的下一所学校里，他的行为在班上也是垫底的。哈罗公学的舍监认为“不守规矩就是他的规矩，我不知道拿他怎么办……他本来有出类拔萃的资质，可就是垫底”。

许多叛逆者在学生时代就显山露水。据肖恩·莱斯利称，温斯顿终生没有原谅打他的圣乔治校长，“后来一直认为他是个虐待狂”。反乌托邦小说《一九八四》中的社会就是这种英国公立学校的夸张放大（不少公立学校的学生可以为此作证），丘吉尔痛恨独裁者的根源可能和奥威尔是一样的。[8-2] 1936 年 9 月，在关于极权主义的威胁的演说中，丘吉尔直白地问道：“我们怎么能容忍长大成人以后仍被当作学童一般对待？怎么能容忍被迫参加成千上万人的游行，并呼喊这样那样的口号？怎么能容忍眼看着哲学家、教师和作家在集中营里被凌辱和折磨，直至死亡？怎么能容忍被迫时刻隐藏人类智慧的自然运作和人类心灵的正常搏动？为什么我要如此呼吁而非向这种压迫屈服，因为它离我们并不遥远……”[8-3]

丘吉尔天性暴躁，生来就我行我素，反对一切约束。阅读史更是强化、细化并把他本能的自由主义调动而成为政治行为，也使他有能力辨别并对抗他所谓“人类自由的三大威胁”。其中两者显然是纳粹和共产主义，但不那么广为人知的是，尤其是在 1917 年之前，丘吉尔同样敌视垄断资本主义。他研究亚当·斯密[8-4]、约翰·斯图尔特·穆勒和弗雷德里克·巴斯夏[8-5]的自由市场经济学，对斯密所说的“重商主义”*产生了深深的怀疑。1899年被关押在比勒陀利亚的时候，丘吉尔写信给伯克·科克伦：

> 有人告诉我，下一届总统竞选的特色将是对抗大型资本家联盟……信托形态的资本主义已经进入了权力的缝隙，老派经济学家没有考虑过这个问题，这让我太害怕了……新世纪将面临的是个体的生存大战。一定程度的资本结盟是有益无害的，但我们已经进入了有害无益的阶段。我不希望看到人们以人格为代价换取更便宜的食物和更华美的衣着。俗话说，人穷志不能短……

丘吉尔从来没有受过穷，但他十分注重人格独立，并且发现在20世纪，它正受到威胁。1901年11月，他在利物浦对听众提出了警告：“现代生活令我深深不安的一个方面，就是个体的消灭。在商贸中，强大有力的劳工联合体与更加强大有力的资方联合体分庭抗礼，无论它们是战是和，个体最终总是被压垮碾碎。”政党机器也淘汰了独立的国会议员，其中的最后一批就包括他的父亲，1886年，伦道夫勋爵为独立付出了高昂的代价。而温斯顿宣称，“我相信个性”——尤其是他自己的个性。

对于丘吉尔这样特立独行又喜好张扬表演的政客而言，1900年是开启议会生涯的理想时机。党派的纪律在发展，但还不到抑制人的程度；戏剧化的演说还很时兴；报纸像评论西区的戏剧一样评论议会演说。《曼彻斯特卫报》在温斯顿的处女秀中发掘他的父亲所缺乏的“文学韵味”。据《约克郡邮报》报道：

> 不管是坐在议院里还是移步去休息区，他都像一个正在台上彩排的新演员一样被大众瞩目，深受期待……每当他站起来发言，都有那么一大批观众——会场都要爆棚了，非议员席上挤满了人，贵族席上坐满了勋爵与主教，女宾席上许多

---

* 今天，我们有选择地把它称为“产业政策”、“公私伙伴关系”或“权贵资本主义”。

妇女的脸都要挤进栏杆里了。这群观众人人都是评论家，等着看他的政治生涯的第一步路怎么走，温斯顿·丘吉尔就这样完成了他的首演。

1939年，丘吉尔回忆道，在1914年之前，政治是英国人最喜欢观赏的运动：

政党斗争令人兴奋。全国几百万人追着看，就像现在追看足球赛一样。所有的“明星”都家喻户晓，他们每周的价值和表现都被评头论足。

国内的大型会议上有人发言的时候，可能会有十几、二十位妇女在场，但会场的主体是大批对政治深怀兴趣的男选民，对这场竞技了如指掌，事事悬心。

正如美国流亡政客“薯片先生”钱农[8-6]所言，议会是当时“世界上最大的过家家，‘英国喜剧’”。劳埃德·乔治1907年也注意到了丘吉尔：“议院的掌声仰其鼻息，他就像个演员，喜欢聚光灯和后排观众的喝彩。”爱德华时代的政客喜爱哗众取宠是常事。在G•K•切斯特顿笔下，约瑟夫·张伯伦也是“一个浪漫派演员，情节剧的精神就是他的力量，装模作样的力量，即便背后有一大群靠山，他也要装作身处绝境”。

这位特殊的演员引发了丘吉尔的第一轮自由主义宣传攻势。1902年4月，张伯伦和休·塞西尔勋爵[8-7]为核心的新生保守党“休派”成员会谈，丘吉尔也在场，他记录了张伯伦在第一幕的下场白：

起身告辞的时候，他在门口停住了，思考了一会，拐弯抹角地说道：“看在你们这些年轻人对我还算客气的份上，作为回报，我告诉你们一个无价的秘密。关税！在不远的将来，它们就是未来的政治。好好琢磨，掌握它们吧，你们不会后悔殷勤招待我的。”

张伯伦的关税方案向其他国家而非殖民地的进口货物征税，结束了半个世纪以来的自由贸易。因此推动大英帝国走向了共同市场，促进了大英帝国的一体化。英国国内的产业受到保护，避免与外国（尤其是德国）竞争。海关收入可以用来建设养老金系统。但关税也意味着食品价格上涨，这大大消耗了工薪阶层的支出。

这又触动了丘吉尔的文学灵感。1898年，在创作《萨伏罗拉》的同时，他还写了一个短篇故事《断裂应变》，虚构了一位富有而亲美的男爵暨议员，“现代独裁者”，“商业上的拿破仑”。通过收买报纸和政客，他垄断小麦市场，哄抬物价，使伦敦东区陷入了饥荒。这个故事和D•W•格里菲斯[8-8] 1909年的短片《小麦的囤积》非常相似，故事线索都在幸灾乐祸的财阀和越来越不满的无产阶级之间交叉切换。弗兰克•诺里斯[8-9] 1903年的小说《坑》也与之十分相似，三者的灵感来源可能是一致的：1897至1898年，约瑟夫•雷特[8-10]试图垄断芝加哥小麦市场。三者都植根于维多利亚时代情节剧的一种套路，即受人敬仰的商人最后露出了骗子的马脚，比如迪翁•布希科的《伦敦街巷》（1864年）和汤姆•泰勒的《假释犯》（1863年）。丘吉尔对后者很熟悉。而在1917年格里菲斯访问伦敦时，劳埃德•乔治曾建议他去鼓励丘吉尔写电影剧本，觉得两人的风格很相似。

丘吉尔对张伯伦的食品关税改革意见很大，因为他坚信这会导致“信托制度膨胀，在美国已经引发了严重的后果”。在军队时，他曾读过《财富与国民的对立》（1894年），专事起底黑幕的美国记者亨利•德马雷斯特•劳莱在文集中揭发了标准石油公司的罪行。1936年，他回忆道：

> 这本书给我留下了深刻的印象。我因此非常反感石油巨头和大信托。它严厉地批判了标准石油取得垄断地位的方式，记录了洛克菲勒如何无情地打击敌手，如何冷酷地剥削炼油工，把油换成黄金。我读到了铁路部门如何被哄骗、恫吓、敲诈，沦为标准公司非法吃回扣和退税的帮凶；政客、政府官员和其他公司的员工如何十分讽刺地一步步腐化堕落，被迫成了标准公司的间谍。在这一切背后，商业败坏，家园毁弃，生活崩溃，而标准石油的势力不断膨胀。

丘吉尔也读过《当睡者醒来时》，威尔斯在书中幻想未来有一个巨大的财团，拥有半个世界。1906年，根据T•P•奥康纳[8-11]日记第一卷所载，丘吉尔曾为厄普顿•辛克莱[8-12]的《丛林》写了一篇长评，分上、下两部分。他认为作品是鞭辟入里的揭露，描写了“精确的细节，视角无情，丝毫没有艺术美化”，还详细地引用了其中最令人反胃的段落。诚然，作者是“一位彻底而坚定的社会主义者”，但丘吉尔不是，他相信推进立法保障工业自由能使英国避免美国资本的侵害。但总而言之，《丛林》是一部“真正优秀有价值的作品……它足以穿透最顽固的头脑和最坚韧的心脏，促使从来没考虑过社会基础的那些人开始思考并怀疑”。

1902年10月21日，英国内阁讨论了张伯伦的关税提案，基本持赞成态度，只有财政大臣查尔斯•汤姆森•里奇反对。而仅仅两天以后，丘吉尔就在奥尔德姆[8-13]发表演说，先发制人。他警告关税将导致政治腐败，各行各业都会去寻求特殊的保护，极力推举那些给他们好处的议员。“探头探脑求关照的人挤满下议院……官员只要准备好保护那些伟大、重要、运营良好、不断进步的行业，大笔钱款就会汇入他们的选战资金里。像温室里种花一样，百万富翁将在全国纷纷崛起。”这最后一句挖苦了张伯伦，他的爱好是种兰花。随后丘吉尔继续深化主题，指出贸易保护主义是一个骗局，由大地主、财阀和被收买的记者合谋推动。

1901年，他阅读了西博姆•朗特里[8-14]具有先驱意义的社会学报告《贫穷：对城市生活的研究》，认为贫穷状态首先是一种道德上的耻辱：“大英帝国幅员辽阔，他们却没有立锥之地；虽然国家这么繁荣，但是他们如果生在南海的食人岛上，可能会更幸福一点；虽然现在科学这么发达，但是他们如果生在哈德克努特[8-15]的时代，可能会更健康一点。”丘吉尔引用朗特里来说明，即使是最轻的食品税，也会使贫困边缘的人死于饥饿。他还进一步警告，张伯伦的关税方案会损害英国对印度的义务，印度人的生活完全仰赖于和英国的自由贸易。“（印度的）市场应该是自由的，人民富足对兰开夏郡[8-16]的贸易至关重要，”他指出，“我们应该对印度的信赖负责……生命、自由和文明进步，更好更幸福的生活，差不多三亿的生灵就在我们手中。”

丘吉尔至少在这方面不是马尔萨斯主义者。他发自内心（或许有些戏剧夸张）地认为，自由贸易可以提高爱德华七世执政时糟糕的人民生活水准，无论在国内还是殖民地。1904年5月31日，他逾越下议院的限制加入自由党，并宣布保守党已经成了“极大的既得利益集团，结为强大的同盟，对内腐败，对外扩张以掩盖恶行，用关税挂羊头卖狗肉，利用政党机器实施专制暴政……昂贵的食物供给百万人，廉价的劳工供给百万富翁”。

“许多人都被独立工党吓坏了，”在1904年11月的苏格兰自由党集会上，丘吉尔说，“而更多人因独立的资本主义党而恐惧。（现场欢呼）”他指责当时政府的四十五名大臣中，有三十一人把持着总共六十八家公司的董事会，保护主义的小团体收买了报纸，把它们变成了关税改革的传声筒。大不列颠沦落到“唯利是图，只认钱不认人。品性、教育、公民阶层和公共道德都不断贬值。伦敦有很大一部分人已经把拜财神列入十诫之一了，每天早起都虔诚地祷告：‘主啊，赐我钞票吧。’”

丘吉尔同时也警告，假如英国成立社会主义政府，就会限制个体权利，包括罢工权在内。但1904年他也曾坦承，“如果生在德国，我自己恐怕也是个社会主义者”，因为彼时社会主义代表着对军国主义和专制皇权的反抗。1906年他的演说《自由主义与社会主义》是经典的“新自由主义”宣言，转向了集体主义与完全放任之间的中间路线，倡导公民自由与国家福利措施、市政服务和垄断企业公有制并行。1908年他力挺工会，认为他们代表了“社会主义的对立面。无疑是个体主义的组织，比起平稳而恹恹无生气的大众，他们的性质更近于传统行会，但导向的更多是个体主义的文化”。丘吉尔痛恨社会主义的官僚主义、严密管制和全方位控制，但当社会主义者提出要重新分配财富、保障工人的时候，他就显得包容了。1908年，西德尼和贝特丽丝·韦布为解决失业问题向他提出了建议，发现他虚心接受，甚至“曲意逢迎”。后来他又从善如流地引用了西德尼·韦布关于工厂立法的著作。即使是在1945年那场声名狼藉的竞选广播中，他也警告工党政府只会用“某些盖世太保的手段”治国，还承诺保守党会控制或打破这种垄断。

精英圈子对丘吉尔戏剧化的修辞嗤之以鼻，但他在大众中呼声很高。情节剧虽然在伦敦西区落伍已久，却依然在许多平民娱乐场所吸引着观众。情节剧是关于危机的戏剧，对于养尊处优、离现实危机非常遥远的富人而言，这种戏剧太夸张、太不切实际了。但是在爱德华时代的工人阶层看来，情节剧是纪实的。工厂爆炸、苛刻的雇主、酗酒的父亲、奄奄一息的孩子、彬彬有礼的花花公子，都是他们日常生活的一部分。他们的子女和亲友身陷囹圄或者身在殖民战争前线。正如切斯特顿1909年所言，和现代主义的现实主义比起来：

> 情节剧更接近生活，更接近人，尤其是穷人。在阿德菲情节剧中，穷苦妇人说："你觉得我想卖自己的孩子吗"这实在是陈词滥调，毫无艺术性可言，但是，巴特西[8-17]大道上的穷女人确实说着同样的话……工人反抗雇主说"我也是个人"，这个梗太老套，太没劲了，但现实中工人确实每天要念叨个两三遍"我也是个人"……如果我们真要扎扎实实地做些事来帮助穷人，那就不应该实事求是地袖手旁观，应该走进情节剧，从内部观察他们。作家不应该拿着本子说"我是专家"，应该在阿德菲戏剧中尽力再现工人，自己也要拍着胸脯说"我也是个人"。

这也是丘吉尔的观点。在1906年的大选中，作为西北选区曼彻斯特的自由党代表，他对自己的定位是明星政治表演家。首相阿瑟·贝尔福当时也在曼彻斯特竞选另一个席位，彻底被他抢了风头。丘吉尔已经成了大众直呼其名的名人，据当时的《每日邮报》报道：

> "温斯顿"
> 比自由贸易更吸引人
> 整个曼彻斯特神魂颠倒
> 他会柔道
> 他引领着帽子的新风尚
> 毫无疑问，大选中曼彻斯特的公众兴趣完全聚焦在温斯顿·丘吉尔先生的人

> 格魅力上。你很难看到这位主角的其他政治建树……在曼彻斯特，谈论“温斯顿”的比谈自由贸易的要多……他在体育竞技方面吸引大众，今天有位市民说：“我欣赏他会柔道，政治上倒没那么在意。”……人们谈论他的各方面属性，他的巨幅海报，上面“温斯顿·丘吉尔”的每个字母都有五英尺高，他的语言习惯……他读的书，穿的衣服。他戴了一顶崭新的老式帽子，平顶的呢帽，帽商已经在打听这种款式了。

世纪之交的作家和艺术家们用奇装异服来自我标榜：比如奥斯卡·王尔德的绿色康乃馨，马克·吐温的纯白西装，罗伯特·路易斯·史蒂文森的丝绒马褂，奥伯利·比亚兹莱[8-18]松松垮垮的领带，萧伯纳的毛料西服，切斯特顿内藏刀剑的手杖和鲜艳的帽子，还有奥古斯都·约翰[8-19]的披风。即使在不景气的20世纪30和40年代，丘吉尔依然穿得像爱德华时代的时髦公子，圆点领结，小礼帽，银头手杖，叼着雪茄烟。在1931年的散文《卡通和漫画家》中，他指出“公众人物的首要特点，是某种人人都能一眼认出的代表性标记”。约瑟夫·张伯伦有他的单片眼镜，斯坦利·鲍德温是烟斗，至于伦道夫勋爵，他补充道，则是小八字胡。温斯顿也想运用小配饰来达到上述几位的效果，但是，他叹息道，媒体给他强安了一个。在一次竞选中，他曾经借用了一顶不太合适的帽子：

> 从此，漫画家和评论家就和我的帽子杠上了，有多少顶，看着多奇怪，我怎么样换着戴，把它们看得多重要，诸如此类。全是废话，单凭一张照片做文章。不过，如果这对那些体面绅士的辛勤工作有帮助，那我有什么好抱怨的？其实，我真的很想故意买顶新帽子，把那些传说变成现实。

问题在于，描写丘吉尔有一大堆愚蠢的帽子，可能会给公众传递错误的印象。让人觉得他轻浮善变，从这个部跳到那个部，从这个党跨到那个党。要打造斗牛犬式的形象，雪茄烟可能要有效得多。

柔道是一种借力打力还施彼身的武术，丘吉尔对保守党也用了这一招。

他的竞争对手威廉·乔伊森－希克斯[8-20]散布小册子，历数丘吉尔还在保守党阵营时的言论。丘吉尔以一种戏剧化的夸张姿态做出了回应。在一次集会中，他拿出小册子，承认所言属实，然后尖刻地一一驳倒了自己从前的观点，最后在欢呼声中把小册子撕成碎片扔掉。他因此大获全胜，保守党败下阵来，在议会只剩157个席位，彼时自由党占377席，新工党占53席，爱尔兰民族主义者占83席。自由党政府明令推行社会改革，自由贸易法暂时得以保存。丘吉尔名声大噪：1907年11月，《笨拙》周刊开辟了专栏“每日温斯顿”。

1930年11月，随着《我的早年生活》大获成功，丘吉尔认真地向他的美国出版商查尔斯·斯克里布纳提出建议，他要写一部续集，关于他就自由贸易法与保守党的斗争。虽然这对读者来说，“没有实际行动上的激烈冒险”，但丘吉尔确信，它和殖民战役或者千钧一发的布尔逃亡一样扣人心弦。美国人对过时的英国政治斗争自然没有兴趣，尤其是美国彼时刚刚颁布了岌岌可危的斯姆特－霍利关税法[8-21]。为何丘吉尔刚刚重返保守党，就要揭它的旧伤疤？他所拟定的书名《一场议会大戏》，回答了这个问题。这大概是他最精彩的表演，虽然作为一场政治秀，自由贸易法已经不合时宜了。

丘吉尔在自由党如鱼得水，这个党派不光主张自由贸易，还主张新闻自由，一切自由。这是一个文学党派，有一群作家、批评家、公共知识分子和“文人墨客”作为国会议员和丘吉尔共事，希莱尔·贝洛克、詹姆斯·布赖斯、R•B•霍尔丹、约翰·莫利、A•E•W•梅森、C•F•G•马斯特曼、奥古斯丁·比勒尔、赫伯特·保罗、J•M•罗伯森等。赫伯特·阿斯奎斯早年曾经为《观察家报》撰写评论，而身居首相之位时（1911年夏天），还破天荒地在唐宁街10号[8-22]登台演戏。彼时是新国王与王后的一次宴会，当天上演的两出作品都和政治有关——J•M•巴里的女权主义独幕剧《十二镑钱的神情》和萧伯纳《英国佬的另一座岛》的最后一幕。*

---

* 当时国王问萧伯纳，这部作品是不是为了应景临时创作的，他没好意思说实话。

1907年10月，哈雷·格兰维尔-巴克[8-23]主演《魔鬼的门徒》，掀起了一场反对戏剧审查的运动，巴克自己的作品《废物》被张伯伦的审查办公室禁演。丘吉尔在公开请愿书上挂名，支持运动，和他一起署名的还有他的母亲、马克斯·比尔博姆、罗杰·弗莱[8-24]、H·莱特·哈葛德、伯特兰·罗素和西德尼、贝特丽丝·韦布夫妇。*1910年他甚至试图为巴克在议会谋一席之地。对丘吉尔来说，创作就是自由的最高表达。他确信，在这个逐渐机械化、官僚化、标准化、受管制而循规蹈矩的社会里，从詹姆斯·乔伊斯到艾伦·金斯伯格[8-25]，以及其他20世纪最重要的作家，用文学艺术捍卫着最纯正的自由。威尔弗莱德·斯卡文·布伦特认为他是一个政客中少有的波希米亚[8-26]式“藐视常规的赤子”。“一个财团能编撰一部百科全书，但只有一个人能写一部书，”丘吉尔断言，“一旦书中人的元素被无情或者异质破坏，它就不是真正的文学杰作了。”1908年2月，他在作家俱乐部演说道：

> ……作家不自由，还有谁能自由？作家不安全，还有谁能安全？他的事业所用的工具多么常见，多么廉价，几乎没有商业价值。他不需要大堆原材料，不需要精密的仪器，也不需要人力和畜力。他的事业仅仅依靠自己，别无他物。他就是一国之君，自立，自足。无人能没收他的产业，无人能剥夺他的存货，无人能强迫他违背意志，无人能阻止他自行其是。笔，是一人一国最大的救星；没有锁链可以束缚，没有贫困可以阻窒，没有关税可以限制他思想的自由……无论作品好坏，全心创作就是快乐。在政治生涯的不定与苦恼中，我常常自勉，相信自己有能力退居一个宁静而丰富的国度，恶灵不至，永不无聊，永不虚度，永不软弱。正因为如此，我衷心地庆幸自己生来就爱好写作。的确，正因为如此，我深深地感激那些勇敢而慷慨的灵魂，无论长幼，无论何方，都用笔争取了那天经地义的自由。

---

* 《星期六评论》，1908年2月29日，第269页。又见布拉德·肯特:《审查与背德:萧伯纳〈魔鬼的门徒〉》，《现代戏剧》，第54辑，2011年冬季，第511—533页。

鼓吹了激进的自由之后，丘吉尔转向了第二个重要的存在主义问题——死亡。个人主义的一大难题就在于个体终将不复存在。丘吉尔的现世主义摒弃了不朽的可能，但文学成就除外。“言语是唯一可以永存的东西，”他认为，“最耐久的人力刻石，最强大力量的纪念碑，都将归于尘土；而瞬息之间的言语，不定思绪刹那间的表达，并不是过往的回音，也远非仅供考古的猎奇或者庄严的圣迹，而拥有持久弥新的力量与生命；有时甚至比刚被说出口那一刻更加强有力，跨越三千年，直至今日仍然照亮世界。”那些投身于更大的组织（教会、国家、党派、意识形态、团体）的人，也许能从比个体更加持久的集体意志中得到安慰，但那些通过自治实现价值的人认识到，他们的自由有朝一日将永远终结，除非他们用这自由来创造某种永恒。丘吉尔写下的每一个字，打过的每一场仗都为争取自由表达，都是对个体湮灭的反抗。

1905 年 12 月，丘吉尔在新政府中担任殖民事务大臣，下属于殖民部长埃尔金伯爵[8-27]。伯爵送给丘吉尔其父的回忆录，其中描述了加拿大如何在达勒姆勋爵（伯爵的外祖父）的建议下走向自治。当然，只有“白人”殖民地可能实现独立，但在殖民部任职期间，丘吉尔确实本着麦考利和舞台主角式的精神，真诚（在埃尔金看来多少如此）地关切有色人种。

在南非中国劳工的问题上，丘吉尔比埃尔金更具批判性。他对奴役劳工无比愤怒，而埃尔金只是认为在实践中应该“考虑苦力的利益”。南非几乎没有中国妇女，于是奴隶主经常实行议员称为“反自然的恶习”，亦即丘吉尔曾经回应过的“王尔德式”的指控。丘吉尔称，一些中国劳工沦为“变童”，根据议事录记载，议会以前从来没用过这个词。* 其他议员从道德上指斥“当地人的堕落，居然把这种犯罪不当回事”。丘吉尔告诉他们：“这种恶行在南非当地部落由来已久……比施加于中国苦力的更甚。”怎样才能意识到“索多玛”[8-28]（这个词在下议院也鲜少提及）是真实存在的？

---

* 速记员因为无知或者震惊，把“变童”（catamites）写成了“亚玛力人”（Amalekite）。

其线索“只在于亲历并深知的当事人，而非那些对此绝无理解与同情的人”。这无疑是在故意暗示十年前他自己所面临的指控。

1906年，纳塔尔政府残酷镇压本地起义，丘吉尔站在当地人一边。他激烈抨击强迫推行的戒严令（“荒谬”）和审查制度（“愚蠢至极”）。纳塔尔内阁几近妥协，同时抗议英国政府干涉殖民地自治政府的内政。直到年底，有3000名非洲人被杀，4000人被拘禁，25名首领被放逐。他们被流放到圣海伦娜岛[8-29]时，埃尔金伯爵曾经质疑要不要把英国囚犯的伙食标准应用于非洲人，但丘吉尔极力保护了他们的伙食水平。当丘吉尔记录“对本地人令人发指的屠杀”，描述“这种暴政与祖鲁人的奋斗不共戴天”时，埃尔金劝他宽容一些：“白人小团体身居大批有色人种当中，自然更容易恐慌，这并不意味着政府暴虐。”

丘吉尔的干涉欲有时近乎荒诞派戏剧。贝专纳[8-30]巴塔瓦纳部落的暴君撒克古玛被囚禁，由较开明的反对派取而代之，是部落众望所归。为了避免夜长梦多，巴塔瓦纳决定流放撒克古玛，结果丘吉尔愤然写下了一篇官方备忘录上的奇文：

> 我们无权监禁或流放他，他没有违背哪一条英国司法的原则。在目前的情况下，我无法苟同借由非正式的密令就非法流放一个无辜的人。一旦我们开始践行这样富有破坏性而独裁的法制，那就一发而不可收拾了。有这样的案例在先，还有怎样的不义不能横行？

接下来，斯威夫特式的讽刺也出现了：

> 我们不经审判就将没有认罪的人抓走，以“国法”的名义判处终身监禁和流放。这样就算了吗？干吗不悄无声息地把撒克古玛毒死呢？毫无疑问，把他流放到塞舌尔群岛[8-31]是不公正的，把他丢到气候更闷热的地方也没用。如果我们要采取中世纪的手段，至少要表现出中世纪的勇气和果决。想想这多省钱，一剂鸦片酊最多花上五先令，这就够了。不用花钱养活他，不用花路费，又合法，又不

用向葡萄牙申请，也不用怕人身保护令。受保护国的和平不费吹灰之力就保住了，政府深恶痛绝的“危险分子”也除掉了。

这听上去像个笑话，埃尔金伯爵只当没看见。殖民部人人都知道有时必须对本地叛乱分子下狠手，尤其是在这种情况下，连族人都要赶他们下台的时候。而丘吉尔为这个恶人拍案而起，把他当作非洲的德雷福斯。历史学家罗纳德·海厄姆对此感到惊讶，并试图做出解释：“英国的执政史上大概找不出比这更加大胆的行为了。”他以这句话开头道，“这篇文章写得很漂亮”，虽然其内容非常不负责任地为一个过气的暴君兴风作浪。文章就像从情节剧里摘出来的一段演说词，比如说《英国玫瑰》，里面也有关于殖民地司法不公正的情节。这种状态后来一直延续下去，丘吉尔把政府备忘当作大展身手的舞台，而埃尔金试图阻止他。殖民部的大部分事务都是按部就班，但丘吉尔总要小题大做。海厄姆总结道：“丘吉尔夸大他经手的每一件事，总是草木皆兵。出于直觉和表演欲，他不分青红皂白地把很多表面问题看作本质，或者赋予意义。没有问题，他创造问题也要上。”结果有时令人啼笑皆非，但是“没有人能像丘吉尔那样从政府公务里找到那么多乐子”。

借助这所有的表演行为，丘吉尔倒是真心实意地在帮助英国殖民地和英国国内的社会底层。身为贸易委员会主席（从1908年4月起），他促成了三条重要法案：工资委员会法案令劳资事务委员会为廉价劳动力产业设立了最低工资；失业工人法案授权地方政府提供工作机会解决失业问题；职业介绍法案设立了一种后来非常重要的机构，由地方当局向有需求的雇主配给失业工人。在1911年国民保险法案的创立中，丘吉尔也扮演了重要的角色，法案向工人（并非所有）提供失业与医疗保险，由政府、雇主和雇工共同出资。丘吉尔和劳埃德·乔治同为英国福利制度的主要推动人，政治秀和从政现实之间并无鸿沟。但是1905年12月，和爱德华·马什漫步至曼彻斯特的贫民窟时，他仍然为其穷困所震惊：“想想看，住在这样一条街上，永远看不到任何美景，吃不到任何美食，说不出任何聪明的话！”

1910年2月19日，丘吉尔调任内政部。21日，他和伊夫林·拉格尔斯-布赖斯[8-32]一起观看了约翰·高尔斯华绥的监狱题材作品《正义》公演。身为监狱委员会的主席，拉格尔斯-布赖斯曾经督察过数次重要的刑事改革，他认为高尔斯华绥对单独拘禁的谴责太片面了。但丘吉尔写信去感谢剧作家：

> 您在公众媒体上给了我有价值的启发。毫无疑问，您的优秀剧作本应扮演一个重要的角色，为目前这个值得注意的问题吸引同情与关切。但报纸对您的评论只是轻描淡写地提到了监狱改革，看到那些借花献佛不劳而获的部门要员的轻易喝彩，我也很不舒服。在这种情况下，我只能表达我个人对于探究智识的兴趣。

丘吉尔推进监狱改革的动力当然并不仅仅是《正义》。曾经身为战俘的经历也令他对这个话题根深蒂固地敏感。他在内政部的前任赫伯特·格莱斯顿已经废除了单独拘禁制度，公众舆论也明确地倾向于改革。但是丘吉尔知道，公众舆论是被高尔斯华绥等人的作品形塑的。他致力于让量刑更加自由：允许轻罪犯人（主要是酗酒）可以缴纳罚款免除入狱；减轻轻罪少年犯的量刑（根据丘吉尔的记录，牛津大学、剑桥大学的学生犯罪量刑更轻）；为刑满释放的犯人提供更多的监管和援助；进一步限制单独拘禁。1910年7月20日，他对下议院解说了上述的最后一条，“文学作者和戏剧演员先于我们注意到了这个问题，他们有力而深刻地向公众展现了长年单独拘禁的囚犯的痛苦。”随后，为改良措施作总结时，他转向了现场的绅士们：

> 我们不应该忘记，在每一项重要改革施加于监狱的时候，在囚室温度正常，有伙食保障健康和体力，有医生、牧师和监狱社工来访的前提下，囚犯已经被剥夺了自由人称为“生活”的一切东西。我们不应该忘记，所有这些改良，有时候只是为了让我们的良知好过一些，并不能改变他们的地位。公众对犯罪与罪犯待遇的看法如何，是一个国家文明程度经久不衰的试金石。冷静客观地认识被告甚

至已定罪的犯人的权利，持续地反思刑罚的意义，积极为那些服刑赎了罪的犯人恢复名誉，努力地寻找让他们重新做人的途径，每个人心中都抱持“有所为必有所得”的坚定信念，这才是衡量国家强大程度的标志和人类美德的证明。

今天哪一位政客敢这样说？丘吉尔坚信文学可以重塑心灵，致力于发展监狱图书馆，并要求举行戏剧演出和讲座。“书籍、讲座、娱乐，都能帮助囚犯认识到他还是个人，”1938 年，他在一篇回忆文章中写道，“它们能够提醒他，他不仅因为犯罪被剥夺权利，还能因为诚心悔改而重获新生。”丘吉尔告诉维奥莱特·阿斯奎斯，这些改革的动力都来源于他在布尔监狱中所经历的文学匮乏的痛苦。“我问他觉得那些书适合犯人读，”维奥莱特回忆，“他说了几本早年他在班加罗尔自学时最喜好的书，打头的就是吉本和麦考利。”维奥莱特对此表示怀疑：“如果你犯了谋杀罪，怎么会想读吉本？”丘吉尔自己也承认，如果第二天早上就要被绞死了，他对《罗马帝国衰亡史》大概也没什么兴趣。“但是对那些抢劫、纵火、强奸的犯人来说”，读吉本正合适。

丘吉尔还推进了假释制度，表现良好的犯人提前释放，但是，要定期向援助组织而非警方报到。这一政策帮助有前科的犯人洗脱污名，重新融入社会。在 1938 年的回忆文章中他提到，这个设想来源于维多利亚时代的情节剧《假释犯》。很可能还有另外一部作品促使丘吉尔改革监狱，1910 年他在议会演说中曾经犹豫是否提及它。丘吉尔一生经常收到赠书，感谢函通常也写得很敷衍，但 1945 年 1 月的一封意外地富有感情。赠书的是一位法国藏书家，丘吉尔称书册“非常精致……出自行家的慧眼”，这礼物“无比贵重……无以为谢，我想说我深感荣幸，您送这部书给我，简直就是从您的收藏中夺走了最珍贵的宝物”。这部书就是王尔德的《雷丁监狱之歌》[8-33]。

在 1913 年的智力缺陷者保障法案中，丘吉尔对“弱智”者实行绝育的提议没有通过。他的观点受到了一本美国小册子的影响，小册子主张对“不良分子”推行强制绝育，1907 年印第安纳州成为了美国第一个通过这一条款的联邦州。这又是一个丘吉尔乐于接受新技术的案例，但在这个问题上，他实在太乱来了。他一反常态地站在自由主义立场上为绝育辩护，坚称这对精神病患的院外治疗有帮助：

> ……不正常只在于自控能力弱……在我看来，把这些人关起来太残忍了，关一辈子，比进监狱好不了多少。而只需一个简单的小手术，他们就能与人无害地自由生活。我当然不愿意看到，在科学家们翘首以盼的千禧年，还有大批人被关在高墙内永无出头之日，医生寸步不离，大队看守时刻警戒。

丘吉尔在1910至1914年逐步升级的一系列政治危机中大放光芒。乔治·丹泽菲尔德[8-34]为那个狂热的年代留下了经典记录——《自由英国的离奇死亡》（1935年）。1909年，为了应对福利制度的扩展和与德国不断升级的海军军备竞赛，劳埃德·乔治推出了他的“人民预算案”。法案提高了遗产税，增加了高收入阶层的所得附加税，适度地新立了一些土地税的名目。所有税务都指向富人，这是英国中央政府第一次有意地损有余而补不足。上议院打着宪法的擦边球驳回了预算案。在1910年1月和12月的两场大选中，阿斯奎斯都为此努力争取，第一次意在通过预算案，第二次则是制定议会法案，经下议院批准的法案，上议院只有权推迟，无权阻止。这两场大选导致自由党和保守党激战不休，势均力敌，决定权落到了工党和爱尔兰派手中。作为对地方自治法案的报偿，爱尔兰民族主义者一致支持议会法案。至此，保守党的三大原则——贵族特权、财富集中和联合爱尔兰——都受到了直接的威胁。因此，他们只能依靠上议院阻碍改革，而现在反对民主也行不通了。恐慌情绪在议会政治中蔓延开来，其程度在维多利亚的“平衡时代”是难以想象的。

如果有必要的话，阿斯奎斯已经做好准备，执意让国王提拔四百余名新晋自由党人，向上议院施压，投票通过议会法案。面对这盘世界上绝无仅有的大棋，贝尔福建议保守党让步，而决定“顽抗到底”的“死硬派”入戏已深，他承认，他们的故作姿态还是有一些宣传价值的：

> 我觉得那些拥护者叫嚣“奋战到底”是在做戏，虽然不一定有错。这什么也不算，一点用也没有，他们其实也不想做什么，只是张扬声势……他们的政策可能比较明智，但是也没什么值得逞英雄的。这些军事化的比喻，比如说把“战斗”的议员比作温泉关的莱奥尼达斯[8-35]什么的，对我来说纯粹是看把戏。
>
> 我觉得这种演把戏的心思太不值一哂了。再怎么演，也没多大价值。假如某党议员取悦大众，给人留下上议院“玩儿完了”的印象，只要不真的把上议院带到沟里去，我也没意见……

上议院最后妥协了，投票结果是131票对119票。假如议员们知道阿斯奎斯打算给J•M•巴里、安东尼·霍普、伯特兰·罗素和托马斯·哈代授予爵位，票数可能就拉得更开了。丘吉尔甚至建议给反帝国主义的威尔弗莱德·斯卡文·布伦特授爵位。可谓狗急跳墙，孤注一掷了。

劳埃德·乔治把他的预算案描述为“一个战斗的预算案……向贫困义无反顾地宣战”。就像他年他国的另一场“向贫困宣战”[8-36]一样，随之而来的是社会的剧烈动荡。争取妇女选举权的激进分子激烈质问议员，砸毁商店橱窗，撕毁议会公众席的海报，往信箱里放燃烧弹，监狱绝食，甚至向高尔夫球场倾倒酸液。南威尔士矿工、英国码头工人、都柏林搬运工、南安普顿水手、伯蒙奇制糖女工和全国铁路工人一起，掀起了史无前例的大罢工，全国经济面临瘫痪。为了反对自治法，阿尔斯特的新教徒在保守党支持下组织起十万私人军队，爱尔兰民族主义者随之招募了更加庞大的志愿部队。1914年，爱尔兰内战一触即发。

丘吉尔既不反对妇女选举权，也并非热心支持，似乎对此完全不感兴趣。在这个问题上他对阿斯奎斯没有异议，阿斯奎斯一直竭力反对妇女参政。克里斯特贝尔·潘克赫斯特[8-37]曾经破坏了一次丘吉尔的聚会，一男一女两名激进分子试图用鞭子袭击他。他评论女权主义的唯一一份记录，明显地流露出矛盾的情绪。1934年他撰写了一篇评论约翰·斯图亚特·穆勒《论妇女的从属地位》的文章，认为只要把穆勒的“预见和我们每日身周所见相比起来，就可以发现解放已经在多么大的程度上实现了”。但是，妇女进入行业和工厂意味着更高的失业率，对于性、婚姻和家庭也会有“巨大而深远”的影响。“即使如此，这也将是世界史上最大的丰富与解放。”

在战前混乱的政治气候中，值得注意的是丘吉尔如何游刃有余。他总是一位专注而明智的领导人，制定有价值的法案，有效地应对危机。罗伯特·罗德·詹姆斯认为他冷静地处理了1910年的南威尔士矿工罢工和1911年的伦敦码头罢工，功不可没。但丘吉尔错误地估计了1911年的铁路罢工，派遣五万军队前往镇压。“重点是丘吉尔的决策无视禁令妄动军队，根据规定，只有当地政府请求特别支援时才可以派遣军队，”詹姆斯指出，“内政大臣违反规定非同小可，后果可能很严重。”

丘吉尔不止一次地沉迷于革命精神之中，在“人民预算案”之争期间，他曾经和C•F•G•马斯特曼[8-38]以及劳埃德·乔治会晤。马斯特曼的夫人后来回忆道：

> ……他们滔滔不绝，完全是在开玩笑，说对付革命的下一步是在特拉法加广场[8-39]设个断头台，看第一辆死囚车装的是谁。温斯顿的幽默神经不太敏锐，越说越激动，仿佛这给了他一个好机会，在革命中像第二个拿破仑一样战斗。直到乔治提出这个建议，温斯顿还是非常认真，乔治一说，他就好像想起了什么一样。“假如真是这样，你等着我走人吧！”丘吉尔大喊，“讨论革命可是你起的头，马斯特曼！”[8-40]

一段令他更加声名狼藉的插曲发生在1910年12月16日。无政府主义者挖隧道潜入猎犬沟[8-41]的一家珠宝店行窃，惊动了警察。随后的枪战中，警察三死二伤，爱德华时代杀人案很少，这是非常惊人的事件。直到1966年警方才再次遭遇类似规模的伤亡。凶手被追击到伦敦东区西德尼街100号，在那里藏身，再次枪击警察，又一名警察重伤。接到电话报告时，丘吉尔正在誊写一封给阿斯奎斯的长信，阐述打击上议院和保守党的战略。他中止写信，从伦敦塔调遣苏格兰卫队，还下令部署乘骑炮兵，后者后来没有用上。当时警察只有左轮手枪，而对方有自动手枪，警察其实需要更多武器支援。丘吉尔亲临西德尼街，视察了现场。他没有干扰警察行动，房子着火，警察决定任其焚烧，他也表示支持。火势熄灭后，警察进入废墟，找到了两具尸体，一人是中弹身亡，另一人是窒息而死。

“在伦敦的街道上，这实在是惊人的一幕，”后来丘吉尔第一时间兴奋地告诉阿斯奎斯，“火苗从每个窗户里冒出来，子弹把砖墙打得粉碎，警察和苏格兰卫队全副武装，火炮叮当作响。”事件被拍成了新闻影片，伦敦人看后都在嘲笑丘吉尔。内阁同僚也有人嘲笑他，丘吉尔却不以为意。“你到底是怎么了，温斯顿？”查尔斯·马斯特曼惊叫。“嘿，查理，”丘吉尔满不在乎地说，“不要叫，就是找个乐子。”这确实是闹着玩，因为丘吉尔终于有机会出演了一场他自己创作的情节剧。《萨伏罗拉》的故事中包含了革命、无政府主义者和戏剧性的城市巷战。在西德尼街，现实和丘吉尔数年前创作的小说竟然吻合了，他正好进入了角色，遵循他自己的脚本。在1924年的一篇杂志文章中，他表示为这个事件搬演了他的故事感到很自豪，重新讲来就像一部惊险小说。他承认自己并没有充分的理由要离开内政部，在那里他可以予取予求发号施令，但他真心想看到“这场大戏的落幕尾声”。

当政治成了演戏，实务就不如脚本重要了。丘吉尔经常沦为他自己修辞的囚徒，无论哪种意识形态立场，只要能供他演一场独角大戏，他便愿意追随。1910年，他属意于调解法案（关于女性选举权），虽然这一法案只赋权于一部分有财产的女性，而她们还倾向于支持保守党。查尔斯·马斯特曼抢在他的“论点”之前提出了反对。“温斯顿看到了就此发表演说的机会，他在房间里踱来踱去，努力地摒弃长篇大论，”露西·马斯特曼回忆道，“直到中午他终于确定自己无法赞同这一法案，且已经自己组织好要点了。”正如查尔斯·马斯特曼所言，丘吉尔做政治决策并不是出于理性的推断，有时候更像是找艺术灵感：

> 差不多处理每件事的时候，他的观点都是外来的，在脑子里打转，滚雪球一样越滚越大。一阵修辞的旋风之后，他确定它是正确的，谁要批评他就谴责谁。

他雄辩如希腊人，用思维驱使语词奴隶们绕着观点打转。他用观点连缀成修辞，就像音乐家谱曲，他能说服自己相信每一条真理，只要它们能够通过他的修辞机器自由发挥。

1913年，记者A•G•加德纳意识到，丘吉尔是一个革命时代的革命领袖：

他是政治中的未知因素……他的轨迹不受任何已知的法则制约，但是处处都可能受吸引而转向。可能是战争，也可能是和平；可能是社会改革，也可能是社会秩序；无论是什么，他都以孩童般的天生热情投入其中。他可能感情丰富，但一如初心。不管崇拜什么，他的祷告都是最热忱的。

像1789年、1848年、1968年和1989年一样，1913年是历史加速运转的时刻，一切皆有可能。起义的工人，势不可挡的女权运动，武装的爱尔兰人，各种社会学思潮，先锋艺术家，年轻的布鲁斯伯里团体，《新世纪》的波希米亚式激情，所有的一切都在反叛维多利亚时代的现实。在《自由英国的离奇死亡》中，乔治·丹泽菲尔德认为，丘吉尔是时代最大无畏的反叛者：“他把冒失鲁莽引入精致的艺术，他在政治世界最杰出的效应，就是引领了一种风气，对那些呆板而乏味的事务不屑一顾。”加德纳则描述他是：

……时代的骄子。这是狂热的时代，充满了剧变与挑战，是一个反抗的世界。大坝决堤，水漫陆沉。旧大陆湮没，新的奇异的世界在我们眼前成型……在这个时代，我们也许每天都要问，又有哪些古代建筑坍塌了，又有哪些宝贵的传统被毁弃了，又有哪些新的信条走马入座了……劳工在前进，妇女在前进。宗教、政治、新闻、文学，所有的一切都因新鲜未知的生活而沸腾。音乐不再和谐，艺术不再追求美。十诫遭到质疑，剥削被拔高成为一种信仰。“干起来吧，不管是什么，放手去干吧。”……别犹豫，行动吧，这就是福音。

丘吉尔先生带着如鱼得水的欢乐投入了这场大骚动。过渡时期的世界就是为他量身打造的。生活就是一系列连珠炮似的灵感和惊心动魄的遭际……他不怕人财两空，不计后果。一切都是暂时为他所有的魔法世界，在戏剧与梦境落幕之前，他将吞噬一切。

这里的关键词是“戏剧”。在这场文化变革中，政治成了表演艺术，丘吉尔往其中引入了：

……不同凡响的戏剧本能。他总是无意识地扮演着角色，英雄的角色。他就是他自己最惊异的观众。他看着自己走向战争的硝烟，得意洋洋，气势汹汹。他展眉间风雷涌动，千军万马望他凯旋，从不落空。他怀想拿破仑，怀想他伟大的祖先。在坎坷与危难中，他们一力承担，所以他也要一力承担。这不是伪装，也不是虚假，罔顾阿伽门农的命运，他时刻都在对这一切进行热情而生动的想象。因此，倾向于夸大事实成了他的特性，在西德尼街架设火炮，往铁路罢工派遣军队，仿佛世界末日就要降临一样。“草木皆兵。”一名同事对他说，彼时他正蹙眉研究一张巨大的英国地图，上面标记着他的军事部署。他的脑海会把一个念头高速旋转，强化，夸张，在整片天空投下阴霾。在他思想的剧场中，充满了决定命运的时刻和世界末日的雷霆。

加德纳认为，丘吉尔的核心意识形态不是自由主义也不是保守主义，而是印象派。他自己的美学个性的表达正如：

他从生活中闪电般地捕捉印象，快速、搜索式而超脱地。他吸收道德或智识的养分就像他人呼吸空气中的氧气一样，且反哺得如此自然，好像那本来就是他自己的气息一样。他是唯灵论者会叫做“灵媒”的那种人，任何一种视角、学说和热情都能寄居在他身上暂时得到表达。他所践行的自由主义如此宽泛，难以定义，再没有人能更加热情地呼吁和平，更加坚定地发展经济，声嘶力竭地要求社会改革了；另一方面，他耗费史无前例的海军支出，只为华而不实的外观。他为每一项任务做好准备，就算要颠覆前一步也无所谓，他永远深知自己的主题，并率先相信。

丘吉尔后来坦承，他是一个追求自我表达的散兵游勇：“我在政治上活动，多半是因为觉得自己要行动了。我想做点什么、说点什么的时候，经常被审慎、懈怠或者他人的干涉阻挠，这时我就会感到羞耻，虽然有时事后我会庆幸被阻止了。”他解释道，他反对保守党并不只是因为关税政策，而是一种精神上的弑父情结：“新一代人蓄势已久，后浪涌起，冲破这个低迷的国家的堤坝。离开这个自幼成长起来、包含了几乎所有亲友的集体固然令人伤感。但是我仍然确信，那段日子里，我的行为忠实于我内心最深处的感受，所有属于青春的鲁莽都是年轻时代的荣耀，有最强大的力量。”

每一个爱德华时代的女权活动家、现代诗人、激进社会主义者、实验艺术家都抱有同样的热情。在躁动的年代，丘吉尔未脱少年叛逆，掌握了巨大的权力与责任。他厌恶独裁的左派，蔑视清教徒式的左派，但在某种意义上，他自己就是一个抒情化的自由主义左派先驱。他抨击强盗贵族、假正经和审查官员，为工人和罪犯争取更好的待遇。他支持受压迫的非洲人、中国劳工和犹太移民。他在议会冷静地讨论同性恋问题，就像身处布鲁姆斯伯里的聚会一样。他崇拜诗歌和戏剧，提议推选一位先锋运动领导者进下议院，拔擢反帝知识分子入上议院。在西德尼街，他是一个比无政府主义者更高明的无政府主义者，一名大胆的破坏分子，抛开官腔，投身于街头戏剧并大获成功。作为一名进入内阁的波希米亚人，他上演了狂热的政治秀，将人生变成了一件艺术作品。

然而，随着历史潮流的逆转，这种创造激情很可能步上歧途。“看好丘吉尔，”加德纳提醒读者，“记住，他是个士兵，起先是，最终是，一直都是。他将来会留名青史，姑且希望他不会蘸血而书。”

译者注

[8-1]莫里斯·巴林(Maurice Baring,1874—1945):英国作家、翻译家、战地记者。在第一次世界大战期间曾服役于情报部门和皇家空军。

[8-2] 乔治·奥威尔早年就读的是私立寄宿学校，后来才进入著名的伊顿公学。但当时的学校普遍充斥着体罚和等级制度，奥威尔对集权主义的反思，也和少年时代压抑的学校生活有紧密的关系。

[8-3] 本书所引的丘吉尔的演说词，译文参考温斯顿·S·丘吉尔编：《永不屈服：温斯顿·丘吉尔一生最佳演讲集》，李阳译，世界知识出版社 2009 年版。特此致谢。

[8-4] 亚当·斯密（Adam Smith，1723—1790）：英国哲学家、经济学家。经济学的主要创始人。

[8-5] 克劳德·弗雷德里克·巴斯夏（Claude Frédéric Bastiat，1801—1850）：法国古典自由主义理论家、政治经济学家、法国议会议员。

[8-6] 亨利·钱农（Henry Channon，1897—1958）：绰号“薯片先生”（Chips）。美裔英国保守党政治家、作家。

[8-7] 休·塞西尔（Hugh Cecil，1869—1956）：英国保守党政治家。以其为核心的保守党派别称“休派”（Hughligans），对当时的首相贝尔福不满。

[8-8] D·W·格里菲斯（David Wark Griffith，1875—1948）：美国导演，被认为是对早期电影发展做出极大贡献的开创性人物。代表作包括《一个国家的诞生》（*The Birth of a Nation*）和《党同伐异》（*Intolerance*）。《小麦的囤积》（*A Corner in Wheat*）即《党同伐异》的雏形。

[8-9] 弗兰克·诺里斯（Frank Norris，1870—1902）：美国作家，美国自然主义小说的先驱者。

[8-10] 雷特（Leiter）是美国著名的德裔财阀家族。

[8-11]T·P·奥康纳(Thomas Power O'Connor,1848—1929):爱尔兰记者、政治家。在英国下议院任议员近五十年。

[8-12]厄普顿·辛克莱(Upton Sinclair,1878—1968):美国著名左翼作家，“社会丑事揭发派”作家。小说《丛林》（*The Jungle*）讲述了他在达哈姆家族的联合畜产品加工厂里一个星期的见闻，极尽描述工厂和食材的肮脏混乱，令人作呕。因此引起了罗斯福总统和农业部的关注，最终促成了美国食品与药品卫生法的颁布，是食品

安全史上的一个重要里程碑。

[8-13] 奥尔德姆（Oldham）：英国城市，位于英格兰大曼彻斯特地区。

[8-14] 西博姆·朗特里（Seebohm Rowntree，1871—1954）：英国社会学家、社会改革家和实业家。

[8-15] 哈德克努特（Hardicanute，1018—1042）：丹麦和英格兰国王，丹麦统治英国时代的末代君主。

[8-16] 兰开夏郡（Lancashire）：英格兰西北部郡县，西临爱尔兰海。

[8-17] 巴特西（Battersea）：伦敦西北部地名。

[8-18] 奥伯利·比亚兹莱（Aubrey Beardsley，1872—1898）：英国著名图形艺术家、设计师。

[8-19] 奥古斯都·约翰（Augustus John，1878—1961）：英国肖像画家、版画家。

[8-20] 威廉·乔伊森-希克斯（William Joynson-Hicks，1865—1932）：英国律师，保守党政治家，曾任内政大臣，以威权主义做派著称。

[8-21] 斯姆特-霍利关税法（Smoot-Hawley Tariff）：由来自美国犹他州的共和党人、参议员里德·斯姆特和来自俄勒冈州的共和党人、众议员威尔斯·C·霍利共同发起，试图以高关税壁垒保护美国市场，使之免于外国竞争，1930 年 6 月 17 日经签署成为法律。法案将 2000 多种进口商品的关税提升到历史最高水平。当时美国 1028 名经济学家联名请愿抵制该法案；而在该法案通过之后，许多国家对美国采取了报复性关税措施，使美国的进口额和出口额都骤降 50% 以上。

[8-22] 唐宁街 10 号（10 Downing Street）：英国首相官邸，类似美国白宫。

[8-23] 哈雷·格兰维尔-巴克（Harley Granville-Barker，1877—1946）：演员、导演、制作人、评论家与剧作家。《魔鬼的门徒》是萧伯纳的作品。

[8-24] 罗杰·弗莱（Roger Fry，1866—1934）：英国艺术史家、美学家。20 世纪著名艺术批评家。

[8-25] 艾伦·金斯伯格（Allen Ginsberg，1926—1997）：美国诗人。“垮掉的一代”领袖，后来参与了 20 世纪 60 年代的“嬉皮士”运动，他一度宣扬使用毒品的自由。在越南战争期间，是主要的反战激进分子。

[8-26] 波希米亚（Bohemia）：古中欧地名，位于古捷克的中西部，有少数民族吉普赛人，后来流徙欧洲各地。欧洲遂把反传统、边缘化、热情洋溢的流浪艺术家气质称为“波希米亚风格”。

[8-27] 埃尔金伯爵（Earl of Elgin）：指第九代埃尔金伯爵维克多·亚历山大·布鲁斯（Victor Alexander Bruce，1849—1917），英国政治家，曾任印度总督。

[8-28] 索多玛（Sodomy）：《圣经》中的罪恶之城，因男子同性淫乱而被上帝毁灭，后指代同性奸淫。

[8-29] 圣海伦娜岛（Saint Helena）：英国在南大西洋的海外领土，世界上最孤

立的岛屿，从亚洲、南非到欧洲的船只的重要中转站。英国长期将它作为流放地，拿破仑曾经被流放到这里。

[8-30] 贝专纳（Bechuanaland）：今南非博茨瓦纳（Botswana）共和国。博茨瓦纳独立之前是英国殖民地，被称为贝专纳，由八个部落组成。巴塔瓦纳（Batawana）是其中之一，当时的酋长是撒克古玛二世（Sekgoma，1869—1925）。

[8-31] 塞舌尔群岛（Seychelles）：位于西印度洋的热带群岛，最早由葡萄牙殖民者发现，彼时为英国殖民地，一年中仅有热季和凉季，没有冬天。

[8-32] 伊夫林·拉格尔斯－布赖斯（Evelyn Ruggles-Brise，1857—1935）：英国监狱事务官员，著名改革家，青少年管教制度的创始人。

[8-33]《雷丁监狱之歌》（*The Ballad of Reading Gaol*）：1895 年，王尔德因同性恋行为被判处苦役两年。后来将狱中经历与精神状态写成长诗《雷丁监狱之歌》，于 1898 年出版，署名 C. 3. 3，即服刑时的监号。

[8-34] 乔治·丹泽菲尔德（George Dangerfield，1904—1986）：美籍英国记者、历史学家、编辑。《自由英国的离奇死亡》（*The Strange Death of Liberal England*）是他研究一战期间自由党迅速衰弱的经典著作。

[8-35] 莱奥尼达斯（Leonidas，？—公元前 480）：古斯巴达国王，率领著名的斯巴达三百壮士在温泉关（Thermopylae）抵抗波斯大军入侵，最后全部战死。

[8-36] 美国总统林顿·约翰逊于 1964 年提出了同样的口号。

[8-37] 克里斯特贝尔·潘克赫斯特（Christabel Pankhurst，1880—1958）：英格兰著名女权活动家。

[8-38] C•F•G• 马斯特曼（Charles Frederick Gurney Masterman，1873—1927）：英国自由党政治家、记者。

[8-39] 特拉法加广场（Trafalgar Square）：即著名的“鸽子广场”，位于政府办公厅、国会大厦和白金汉宫之间，伦敦著名景区。

[8-40] 当时马斯特曼和乔治应该都在故意夸张地描述革命，但丘吉尔一直是认真的。直到说到断头台，丘吉尔才反应过来他们之前也是在开玩笑，所以恼羞成怒。这一段回忆说明了丘吉尔的戏剧化人格和对革命的狂热。

[8-41] 猎犬沟（Houndsditch）：伦敦的一条单向街。

▲《西德尼街的内政大臣》（*The Siege of Sidney Street*）：围攻西德尼街，某种程度上来说，是对《萨伏罗拉》的剧情重演。

九、历史舞台上

18世纪的英国海军阅兵，真可谓之“检阅”。国王亲自一艘艘船检查过去，确认它们正常待命。但是到了20世纪初，阅兵已经成了盛大的公开典礼。1909年7月17至24日，舰队到达伦敦，除潜艇以外，所有150艘船都向市民开放，参观总人数近四百万。海军官兵直接把这种事叫做“演戏”和“作秀”。报纸报道阅兵就像评论新上演的戏剧或者芭蕾舞剧，把它当作“圆形剧场”举行的“大会”或者“盛事”。1909年《每日快报》兴高采烈地评论道“就像看了一场电影”，《每日新闻》认为这比“老阿德菲剧院”上演的任何一出戏都要精彩。虽然德国海军也如法炮制，但在《法兰克福日报》看来，这全然是“海军大戏”。重磅的宣传也随之涌现：1911年的阅舰式有267名记者参加；1912年，一位电影摄像师收集了371部海军主题的影片；英国和德国竞相制造更多的无畏舰；演员用舰船模型和令人眼花缭乱的特效在舞台上表演微缩海战。海军部支持这种宣传，良好的公众效应有时能带来更多的拨款。和其他剧种一样，海军戏也少不了插科打诨。1910年2月，年轻的弗吉尼亚·伍尔夫[9-1]和她的朋友就曾经涂黑脸颊，粘上假胡子，演起了阿比西尼亚王子及其随从保卫英国皇家舰艇航行的故事。

说到这里，就必须提到德国驻伦敦海军专员威廉姆·维德曼1911年11月18日的一份特别外交报告。维德曼认为这非常重要，不仅要提交给外交部和海军提督提尔皮茨，甚至应该呈送德皇[9-2]本人审阅：

> 据可靠消息称，八月末，伦敦，在一位有影响的银行家府上，发生了这样的

事情——

晚宴过后，宾客（在另一间屋子里）重新聚到一起。但来宾中的丘吉尔先生没有过去，自己读着晚报新闻。一位敏感的女士显然因为这种失礼的行为而感到不悦，她问丘吉尔先生，面对女宾们，他是否觉得政治更有意思，宁愿看报纸而不和她们交谈。结果丘吉尔先生非常尖锐地回答道，在眼下这个紧张的时候，他确实没时间和女士们闲聊。他指着一篇报道基尔[9-3]阅兵的文章，说：来吧，他们想打仗，那就打吧。

威廉二世在最后一行上划了线，并（有理有节地）潦草地批注道，他无意发动战争。两国的阅兵都是例行公事，一种炫耀武力的形式，展示海军新装备的竞技场，但并不等同于敌对宣言。但是，8 月末尚未解决的第二次摩洛哥危机[9-4]已经加剧了两国的紧张关系。“也许时机到了，当断则断。”30 日，丘吉尔警告外交部长爱德华·格雷道。

要解释丘吉尔为什么对这种海军秀反应过激，就得再回到舞台剧的问题上。军事题材的情节剧通常以一场舞会或者晚宴起首，营造暴风雨前的宁静气氛。随后局势紧张的消息传来，官员们退席去部署战略，典型的例子就是滑铁卢之役前夕里士满公爵夫人的舞会[9-5]。儒勒·凡尔纳《沙皇的邮件》的第一幕和《萨伏罗拉》的第七章都安排了这种场景，主角显然都扮演着和威灵顿将军类似的角色。

早在 1900 年，丘吉尔就在演说中警告英军要准备抵御可能到来的袭击。他对战争的忧虑源于 20 世纪初流行文学的一个新主题——对英国遭受侵略的幻想。比如 A•C• 柯蒂斯的《新特拉法加》（1902 年）、厄斯金·柴德斯的《沙岸之谜》（1903 年）、E• 菲利普·奥本海默的《历史制造者》（1905 年）、威廉姆·奎克斯的《入侵一九一零》（1906 年）和盖伊·杜穆里埃的剧作《一个英国人的家园》（1909 年）等。作品中的侵略者有时候来自一个虚构的国度，但通常来自德国。按照时间顺序研究这些作品，就会十分清楚地发现，它们的基调渐渐趋于悲观。其中最有名的《沙岸之谜》[9-6]，讲述两个英国人驾驶快艇，独力挫败了德国人的袭击。但在亨利·居尔蒂斯上尉的《当英国沉睡时》（1909年）中，德国在内奸的协助下，一夜之间就占领了英国。而萨基[9-7]的《威廉驾到》（1914年）在现实中的一战前夕出版，故事一开始，英国就已经沦陷了。

丘吉尔肯定至少了解其中一些作品。文献显示他对《沙岸之谜》似乎很熟悉。他也读过威尔斯的《空中战争》，作品描写德国空袭纽约，发动世界大战，最后人类重新堕入黑暗时代。虽然不能下断言，但是丘吉尔的《趁英国沉睡时》（1938年）与《当英国沉睡时》的书名惊人地巧合。丘吉尔曾经回忆道，1913年他读了“一部战前常见的那种可怕的小说……里面提到英国舰队大败，德国的新型战舰用闻所未闻的恐怖的15英寸炮管向我们开火”。要确认小说的名字太难了，当时这种作品浩如烟海。丘吉尔任海军大臣的时候，德国炮管的最大口径是12英寸，而英国是13.5英寸。后来，正是丘吉尔成功发明了15英寸口径的武器。

萨拉热窝事件[9-8]之前，丘吉尔曾经写过两篇关于未来战争的虚构故事。身为英国大臣，他一直在想象可能发生的战争情节。其中第二篇，是在1913年4月站在海军部的立场上草拟的，标题骇人地名曰《噩梦时刻表》。他准确地预言道，德国将取道比利时入侵法国，为了抗击德国，英国向大陆派遣了六路远征军。但是，接下来越写越离奇。开战不到二十四小时，四万五千名德军就在一支舰队的掩护下，携军需登陆哈维奇[9-9]，舰队如鬼兵奇袭，而且返回德国时只带了轻伤。与此同时，德国空军攻打斯卡帕湾如入无人之境，封锁了彭特兰海峡，在设特兰郡建立了军事基地。[9-10]五艘飞艇轰炸查塔姆[9-11]造船厂，破坏海军军工，引发了民众大恐慌，彻底打乱了英国的战事调度，还击沉了“老人星”号、“弗洛里”号和“大洋”号三艘战列舰。* 英国巡洋舰试图在哈维尔抢滩登陆，被德军打得落花流水。出于同盟道义，政府继续出兵远征法国，也伤亡惨重。当德军打到伦敦南部时，只有一支组织松散的地方武装和一小队正规军起来抵抗，结果溃不成军。威斯敏斯特民众暴动，抗议出兵法国。卫队不得已向人群开枪，

---

* 讽刺的是，两年之后，其中两艘真的被击沉于达达尼尔海峡。

但市民“侵入铁路阻拦军车，破坏铁轨，甚至躺在车头前”。下议院不再信任政府，对撤兵的表决结果是617票对22票，只有前座议员表示反对。新内阁马上停止向法国出兵。此时，沃尔瑟姆、罗姆福德和伍利奇[9-12]都已经开始了巷战。被派往大陆的英军得令回国，但法国拒绝协助运兵。伦敦近郊的德军被英军包围了，但是几天之后，舰队避开英国海军直取纽卡斯尔[9-13]。由于大批英国援军撤回，法国联军在默兹河[9-14]坚持战斗，损失惨重。被围困伦敦的德军指挥官要求停战，让他们安全撤回德国，否则就处决一万名英国战俘。在多方受敌的情况下，英国接受了这一条款。

总参谋长亨利·杰克逊上将认为这是“耸人听闻”、“讽刺挖苦”和“杞人忧天”，完全是荒唐可笑的侵略臆想。过去十年中英德两国的军事规划都显示，德国不可能真的侵略英国。1912年夏季的英国海军演习证明，德军至多登陆一万二千人，远不足以侵略岛国，虽然丘吉尔也称这只不过是一种可能。这种打法需要在北海上有持续的支援和护航，德国海军的能力远远不够。

但是，在此两年之前，对于1911年的阿加迪尔危机，丘吉尔曾经在备忘中草拟了一份更加现实而准确的预测，并严肃地命名为《大陆问题的军事形势》。他预言德军将迅速打到巴黎，但是，补给难以跟上，东线俄国的力量又在崛起，很容易遭到联军反扑。现实中战争不久就爆发，1914年9月2日，西线[9-15]战事白热化，丘吉尔重印了1911年的备忘录（而不是1913年的）分发给主战人员。人们顿时敬仰丘吉尔料事如神，R•B•霍尔丹（“精准无比”）、阿瑟·贝尔福（“预言成真”）和伊恩·汉密尔顿[9-16]（“一切都了然于胸，你简直是个历史学家，而非大胆猜测的政治家”），甚至英国皇家海军总司令费舍尔勋爵（“接下来不由人不信”）都盛赞丘吉尔的神预言。丘吉尔此时运用的，其实是一种“珍妮·迪克森效应”[9-17]：和预言家、股市分析师、政治权威和军事情报官员其实都是一个道理，做出复杂而模棱的预言，只要其中有一项成真，他就名声远播了。

这两份记录成就了丘吉尔的“军神”之名，说明了三点：其一，1911年的备忘录显示，他善于理性而有远见地制定军事计划；其二，1913年的备忘录显示，他容易被粗制滥造的惊悚题材感染，全然不顾战略逻辑，想象出耸人听闻的战事；其三，当他预言突袭达达尼尔海峡（1915至1916年）可以令土耳其退出战局时，战时内阁因1911年的那份备忘录而加倍信任他，酿成了后来的结局。

在许多描写内奸接应外敌的战争作品中，伦敦饭店里的德国侍者都是效忠德皇的间谍。在战前和战争中，这都导致了对驻英德国人的偏见，战争中自然愈演愈烈。1909年，英国建立了反情报机关秘密勤务局，后来发展成军情五处[9-18]。丘吉尔身为内政大臣，勤务局要向他汇报反间谍工作，对于这个新鲜出炉的谍报机构，他充分赋权，要求在和平时期登记外籍人口，在战时重新安置或者遣送他们出境。他加强了官方保密法，判定任何擅自收发官方消息的行为非法，公诉案件的有罪判定也更加容易了；还加紧了邮件审查，除间谍嫌疑人外，还监视政见不同者。他在内政部的接班人雷金纳德·麦肯纳[9-19]，也曾拦截审查妇女社会政治联盟的女权主义者收发的电报。调任海军部之后，他发起了海军、陆军与报纸的联合委员会，建立了一个志愿审查机制，报刊同意不刊登涉及国家安全的敏感信息。一生中的大部分时间，丘吉尔都一心致力于保障人的自由，但糟糕的文学作品挑起的对间谍的恐惧，却促使他着手建设国家安全机制。《当英国沉睡时》的力量可比《论自由》大得多了。

战后，丘吉尔在《我的间谍故事》[9-20]中承认，全国都受到了“间谍恐怖”的侵扰：“再离谱的嫌疑都不放过，再夸张的故事都有人信，当局派出几千名业余无组织的密探，随时随地不眠不休地提防着。”但是他也补充道，“上层情报部门的工作中接触的很多案例，实际情况完全可以与最富想象力的浪漫故事或情节相媲美，其中充斥着连环套，阴谋与反阴谋，计策与变节，出卖与双重出卖，真间谍，假间谍，双重间谍，金钱与武力，炸弹，匕首，行刑队，如此种种错综复杂，微妙无比，令人难以置信，却又是千真万确的。”[9-21]丘吉尔再一次模糊了现实与虚构的界限，让当权者去读间谍小说真是太危险了。

丘吉尔对真实的战争爆发怀有病态的热情。1914年7月27日，阿斯奎斯致信维尼西亚·斯坦利[9-22]称，战争随时可能爆发，温斯顿“气呼呼地说，我们现在似乎依然处在‘该死的和平’中”。7月28日深夜，丘吉尔写信给妻子克莱芒蒂娜：“大难即将来临，我兴致高昂，踌躇满志。这样不可怕吗？可备战对我来说有种邪恶的魔力。我祈求上帝原谅我有这种可怕的念头。”8月4日晚上11点，英国宣战，阿斯奎斯、劳埃德·乔治、麦肯纳和格雷阴沉对坐，一言不发。后来劳埃德·乔治回忆：“温斯顿意气风发地冲进房间，满面生光，兴高采烈，一字一句地说，他要往地中海那边打电报！天知道要干什么，你只觉得他真心挺高兴的。我都怀疑起来了，这会儿一场恐怖的战争不是刚刚打响吗……”9月14日，阿斯奎斯告诉维尼西亚：“当我听到温斯顿说他最不希望的就是和平的时候，简直要发抖了。”而温斯顿向他弟弟杰克解释，他们都在演一场光荣的大戏：“这是我们这个小国家在世界历史上一个重要的时刻，我们都得好好表现，让它名垂青史。”

早在8月21日，邮政大臣查尔斯·霍布豪斯就描述了丘吉尔在内阁时候的冲动行为：“丘吉尔思维跳跃，毫无章法地‘举棋不定’，但又滔滔不绝。”他建议向土耳其开战，甚至提出了稀奇古怪的作战方案。“希腊支援我们二十五万兵力，还有舰队和港口，丘吉尔提议在希腊的帮助下强行取道丹麦，护送俄军至柏林海岸，来一个‘大反转’。”这个计划的前提是俄军有能力临时快速发动两栖突击，希腊军队能占领哥本哈根，丹麦人也愿意协同作战。9月8日，霍布豪斯注意到，丘吉尔“建议‘扼制’荷兰政府，强行征用斯海尔德河[9-23]运输军需，在安特卫普[9-24]整兵，这违背了荷兰领海的中立立场，而他致力说服我们荷兰人不会反对”。霍布豪斯不得不指出，第一，丘吉尔这样入侵中立国，和德国侵略比利时没有两样；第二，这种行为很可能把荷兰卷入战争，还会站在德国一边。后来在为达达尼尔海峡战役辩护的时候，丘吉尔辩解道，最疯狂的军事战略恰恰是有效的方法：

> 所有堪称军事艺术杰作的战役，建立起国家或者使将领一战成名的，都是花

样百出，出其不意，攻其无备，使用各种奇诡、迅速、意想不到的突袭和策略。在这么多战役中，赢家的损失是很小的。大将的手笔要有充足的常识和推理能力，不仅是想象力，更要有巧妙的花招成分在内，包含原始而难以揣测的手法，困敌而后制。

这种灵光一现通常出现在不切实际的战争小说里，在现实中结局不是伤亡惨重就是荒唐滑稽，或者两者兼有。为了在陆战里演上一出戏，丘吉尔从海军中抽调热情高涨的新兵，整编成皇家海军师，派发了他自己设计的制服。海军部助理总指挥官赫伯特·里士满[9-25]将军表示："我真的相信丘吉尔神志不清了……这是要做什么，只有天知道……这些人刚进部队，什么都不懂，一看就没有受过训，全无纪律……一切都一塌糊涂，丘吉尔早就该去上吊，别等到干出这样的事。"

德军逼近安特卫普的时候，皇家海军师戏剧化地登场了。10月3日，当地的英国公使馆对此大书特书，战地记者E·亚历山大·鲍威尔也深感惊讶：

当天下午一点钟，一辆浅褐色的大旅行车满载英国海军军官，驶入了梅尔广场[9-26]。车子的喇叭声听起来就像是嘶哑的警告，两轮一打弯，驶入了狭窄的小市场，在旅馆门前停了下来。车子还没停稳，后座的门就被用力地打开了，跳下来一个穿着海军制服的人，脸颊光洁，淡茶色头发，缩着肩膀，看起来年纪不大。毫无疑问，这是我们亲爱的朋友温斯顿·丘吉尔。他径直走进拥挤的大堂，午饭时间，这里通常挤满了比利时、法国、英国的军官、外交官、内阁官员和记者。他以一种紧张不安的特有姿势挥着手臂，仿佛在人群中开出一条路。这样登场太引人注目了，让我觉得好像给全世界展现了一幕戏剧场景：男主角光着头，纵马疾奔而来，拯救女主角、家园或者祖产。

丘吉尔长驱直入，市长试图向他说明情势严重。"我认为目前一切还好，市长先生，"他站在楼梯中央说，"不用担心，我们会拯救这个城市。"

在场的大部分人都放下了顾虑，“因为我们都理所当然地认为，有足够的人马正在前来增援，否则丘吉尔先生不能这样公然信誓旦旦。”但是鲍威尔注意到，德国人的枪口逐渐迫近。他赞赏丘吉尔（再三亲临前线）和皇家海军师的勇气，但是这些人显然缺乏训练，军需也不足。“事实上，他们很像是国民警卫队[9-27]整编之前，突然爆发罢工时上阵的那些美国民兵。”在跨越荷兰边境的时候，有大约1500人退却，浑然不知此时他们会因此被捕。鲍威尔试图提醒他们，但“他们看着我，就像我走进了波迈街[9-28]的俱乐部，不请自来地和他们说话一样”。一个戴着伍德豪斯[9-29]式单片眼镜的军官还说：“为什么讨厌的荷兰人要找我们的麻烦？”阿斯奎斯的儿子阿瑟也在军中，抱怨丘吉尔带到战场上的都是“一群乳臭未干的新手，大部分人根本没有打过枪，也没有人挖过战壕”。他注意到，军中有不少艺术家，包括鲁珀特·布鲁克[9-30]和他的朋友——作曲家威廉·丹尼斯·布朗恩。“布鲁克刚来一星期……布朗恩才来一天。这简直是送羊入虎口……我相信温斯顿要得个教训，把他‘自成炉灶’的小马戏团移交给军方。”

虽然安特卫普的闹剧看起来很滑稽，10月7日，它还是收到了劳埃德·乔治（“努力可嘉”）和爱德华·格雷的贺信（“我不知道如何向你描述，我多么赞赏他的胆量、勇敢精神和战争天才”）。霍尔丹更是投丘吉尔所好：“伟大而英勇的一幕，你真是个历史人物。”第二天，安特卫普的局势急转直下，市民被迫疏散，但是将德军的进攻拖延了一星期，令英军得暇救援英吉利海峡。有时候虚晃一枪也可能真有军事价值。据态度并不友善的查尔斯·霍布豪斯记载，格雷勋爵“说一名颇有地位的比利时军官特意来告诉他，丘吉尔驾临安特卫普，大大鼓舞了比利时军队的士气，本来他们都打算放弃了，结果又重振精神”。

但是，10月23日，据秘书弗兰西斯·史蒂文森[9-31]记载，劳埃德·乔治“因为安特卫普的事极度反感温斯顿，连首相也一并遭殃。他把未经训练的新兵带去，丢在战局里一走了之。他神气活现地跑到前线，拍照片拍电影，炸弹就在身周炸开花，还把他的盟友都推上了战场”。而上个月，阿斯奎斯刚和丘吉尔电话长谈：

> 他做张做致地描述了现实情况，突然神神秘秘起来，请求我不要“保守”估计他的未来。他说，这些天他“食髓知味”，开始野心勃勃，希望离开当下所属的部门，亲自进行军事指挥，迟早或者越快越好。我告诉他，他不能离开海军部。但他嗤之以鼻，认为海军部的差事实际上已经结束了，我们的力量正在日益壮大。他张嘴就抨击基奇纳的新军队构想，说那些“金点子”简直就是垃圾，重复着二十五年前的陈词滥调，“例行军事训练只是为了庇护庸人”云云。他喋喋不休骂骂咧咧地说了差不多一刻钟，我真遗憾没有速记员在旁边记录，他有些突发奇想还是蛮有意思的。但是，他相当严肃地声称，和军功比起来，政治生涯对他而言不算什么……他真是个奇人，好奇冲动，如孩童般天真……所谓天才就是如此，“脑海中灵光一闪”……

阿斯奎斯为丘吉尔诗性的胆量所折服，这是他支持达达尼尔海峡计划的重要原因。而反对派领袖安德鲁·博纳·劳[9-32]要清醒得多，他认为丘吉尔有“很不同寻常的杰出能力，但与此同时他的想法不稳定，这种时候真的很危险”。10 月 24 日，里士满将军发现丘吉尔因为不能施展身手而意志消沉，正在找机会重临战场。“他要求派战舰，老式的那种，去易北河[9-33]，但我觉得去了只会被打沉。”同一天阿斯奎斯告诉维尼西亚·斯坦利，他和温斯顿进行了一次“真心有趣”的交谈，商量大胆地在德国北海岸用水上飞机袭击库克斯港和基尔运河。“温斯顿冷漠地说，其中多数将有去无回。但这是现代战争中最有想象力也最大胆的一面……我喜欢，这别出心裁，足智多谋，既有创造力，效果又震撼。”他的妻子玛格特表示赞同：

> 到底是什么东西让温斯顿这么出色？肯定不是他的理智，我早就说中过，温斯顿思维混乱。
>
> 也不是他的判断力，他经常犯大错……自然是他的勇气和做派，惊人的勤勉

> 和进取的结合。他总是把自己带进沟里。虽然永远只想着自己，但他不逃避、不掩饰，也不自我保护。他敢冒大风险。这会儿其他人恹恹不振，恐惧、沉默、易怒，道德上自我反省的时候，他却处在最佳状态。温斯顿无畏、贪婪、热情而充满同情心，渴望着亲临第一线，生气勃勃甚至愉快地梦想着战争。这真少见，他生来就是个军人。

丘吉尔及其拥护者认为，绕过西线僵持的战局，袭击达达尼尔海峡，是一个行之有效的明智策略。但实际上，这只是丘吉尔终生痴迷战争“神转折”的产物，他自己也多少承认，可以追溯到《萨伏罗拉》。战果不重要，只追求出其不意。1913年初，距战争爆发还有很久，丘吉尔就下令海军部筹备两栖突袭，打击挪威、瑞典、丹麦或者荷兰，意在为对德作战奠定基础。年底，他提议突袭德国的博尔库姆、西尔特和赫里戈兰岛[9-34]。他似乎没有认真考虑这样冒险的必要性，不考虑入侵中立邻国的后果，也无视沿岸炮台对军舰的危险。战争爆发后几天，丘吉尔严肃地提及要攻占荷兰弗里西亚群岛的军事基地。“我发现他的异想天开简直无法用语言描述，也不可能说服他这个计划无论从战略还是战术上都不可行。”里士满将军愤怒地写道。这个计划搁浅以后，丘吉尔又转而策划派驱逐舰直接打击德国后心的赫里戈兰海湾。“我都不知道这样做目的何在，”里士满抗议道，“侦察不是侦察，根本没什么可侦察的；袭击不是袭击，最多就打掉敌军几个小分支。还很有可能撞到主力军，自寻死路。除了损兵折舰以外毫无意义，就是中世纪不上道的打法。”计划再次流产，两天之后，“我们的战神显然又开始酝酿伟大的设想了……看到仗打成这样，我很反感。没有一点海军的样子……”

1914年8月末，丘吉尔第一次提出攻打达达尼尔海峡，当时西线的战事还没有胶着，土耳其也还没有参战。9月1日，法国战场仍然如火如荼，人人自危，丘吉尔就要求总参谋部筹备动用希腊军队和英国海军，攻占加里波利。军事总参谋长查尔斯·卡尔韦尔拒绝了，但他并没有气馁。“丘吉尔先生很早就一心要攻打达达尼尔海峡，”卡尔韦尔后来向达达尼尔调查委员会证实，“他一心要不择手段打下君士坦丁堡。”丘吉尔孜孜不倦地为这个计划辩护，尽管海军高层都持怀疑态度。珀西·斯科特上将斥之为“不可能的任务”。海军军务大臣亨利·杰克逊试图劝阻丘吉尔，但发现他“油盐不进”。费舍尔对此深表怀疑，但曾抱怨丘吉尔“总能驳倒我”。丘吉尔还扣下海军部批评他计划的报告，不给战争委员会看。

12 月 28 日，西线彻底陷入僵局。预料到在塞尔维亚、希腊和保加利亚的协助下，英、法、俄将统统剑指土耳其，战争委员会秘书莫里斯·汉基建议攻占海峡和君士坦丁堡。此时丘吉尔更倾向于从北面打击德国，先后占领博尔库姆和石勒苏益格－荷尔斯泰因[9-35]，在港口压制德国舰队，促使丹麦参战加入协约国，封锁基尔运河，控制波罗的海，最后让俄国军队在距柏林九十英里处登陆。海军战事部部长亨利·奥利弗将军回忆：“丘吉尔经常在睡觉前顺便和我聊聊攻占博尔库姆和西尔特，如果我不提问题打断他，他二十分钟内就把博尔库姆拿下了。”他完全不考虑附近的要塞、雷区、鱼雷艇和潜艇。阿斯奎斯被西线的胶滞状态弄得灰头土脸，正准备“联合法俄，制定战略大转向”。12 月 31 日，劳埃德·乔治极力声称，攻打土耳其将“给予我们获得戏剧性胜利的机会，鼓舞国内士气，挫败敌人……这个点子很不错，能呼吁人民团结起来”。但他主张先在叙利亚登陆十万人，阻断正开往苏伊士运河的土耳其军队。

前线的败绩越来越多，丘吉尔终于按捺不住了。汉基回忆了 1915 年 1 月 13 日的场景：

> 战争委员会已经围坐了一整天。冬夜沉沉，空气凝重，漫长的会议把桌子弄得乱糟糟的。我希望这冗长而紧张的会不要再开下去了，委员们肯定和我一样累。这会儿突然来了一个戏剧性的转折，丘吉尔突然抖出了包袱，要海军攻打达达尼尔海峡！这个意见马上被采纳了，整个气氛都变了，众人忘记了疲倦。战争委员会似乎透过西线“拉力赛”一般的苦战，在地中海看到了一丝亮光。海军人人抱着盲目的信心和渺茫的机会就要开赴前线。甚至英国远征军总司令约翰·弗伦奇都聚精会神地表现出了一定的热情。

丘吉尔不负众望地展开了计划，清晰而低调，并没有过分乐观。

1914年9月3日，卡尔韦尔将军警告丘吉尔，“从海上（还是海峡以外）攻打加里波利半岛，简直是一场极端的硬仗。”1906年，帝国国防委员会曾经这样设想过，觉得不现实而否决了。丘吉尔自己在1911年3月的内阁备忘录中也曾提及，这一区域土耳其的军事力量相当强大，据卡尔韦尔推断，发动两栖突击至少需要六万兵力。但9月6日，丘吉尔自信地告诉爱德华·格雷，五万人就足够打开土耳其的大门，希腊人或者俄国人都行，后者后来没成功。其实丘吉尔也相信纯粹的海上打击行不通，但是当时为俄国解围刻不容缓，战争部长基奇纳咬定无兵可出。结果，马丁·吉尔伯特写道，“事态无法预料，后果可能很严重，在这样的压力下，丘吉尔实行了他自己都觉得不可能的计划，为了维护俄国的利益不得不出动海军。”

1915年1月3日，丘吉尔发电报给驻扎在海峡附近的协约国舰队指挥官萨克维尔·卡登，询问突袭达达尼尔海峡是否可行。卡登的回复谨慎而肯定，充分引导了战争委员会的风向。但是丘吉尔问话的态度本身令人难以反驳（“结果关系重大，可能很严重”），卡登1月5日的回复也相当有所保留：“我不认为达达尼尔海峡能被快速攻下，大批舰船可能持续出动保卫海峡。”多大程度上“可能”？“持续”多久？大臣又准备付出多少人舰伤亡的代价？

由于没受到特别的关注，丘吉尔的注意力又转向了另一场突击。1月4日，他坚持要攻打博尔库姆。里士满将军仍然难以置信：“太疯狂了。毫无理由，也没有胜算。我一辈子也没听说过这么愚蠢、这么不上道的作战计划。”1月7日，在战争委员会上，丘吉尔支持约翰·弗伦奇突袭泽布吕赫[9-36]的提议。被基奇纳否决后，丘吉尔又回到了他攻占德国近海岛屿的计划上。第二天他提议让荷兰参战，让德国人大吃一惊，当然，荷兰人也会大吃一惊。

1月11日，卡登呈送丘吉尔一份逐步摧毁堡垒的作战计划。计划需要十二艘战舰、三艘巡洋舰、十二艘扫雷艇，此外还有驱逐舰、潜艇和大量炮弹（后来实际派出的舰队严重缺乏扫雷艇和弹药）。卡登估计，这支力量“一个月内可以全部拿下”，先破坏外环堡垒，然后直入海峡。据罗宾·普里奥尔观察，“考量起来，卡登的‘计划’完全不像是一份计划，只是达达尼尔海防如何撤防的说明书。”在土耳其火炮的射程之外，舰船就要开始轰炸堡垒。在这种距离开外使用年久失修的炮管，命中率只有五分之一。海峡沿岸还设有炮台，雷区密布。计划完全没有说明怎么对付它们。

尽管这样，1月13日，丘吉尔还是把这份计划呈递给了战争委员会。彼时联合舰队指挥官约翰·杰里科上将不支持攻打博尔库姆，委员会也否决了突袭泽布吕赫，没有人能想到如何说服荷兰抗德。于是只剩下了达达尼尔海峡。丘吉尔轻描淡写地向委员会保证：“一旦堡垒被攻陷，扫净雷区，舰队就能直入君士坦丁堡。”他没有解释在没有地面部队的情况下，舰队如何攻占欧洲最大的城市之一。尽管这样，战争委员会还是积极地接受了这个方案。海军部的作战策划人员可能一点也不高兴，但是没有人明确反对。这种集体性的无责任通常导致的是军事上的灾难。用普里奥尔的话说：“丘吉尔是唯一热衷于这个计划的人，1月13日，他得以对战争委员会说，海军部认为采纳卡登的提议能够取胜。”但是，接下来的问题令普里奥尔迷惑：“丘吉尔是否需要一次胜利来挽回他下降的名望，他罔顾参谋们的质疑，是否真的没有长远地思考海战的形势，他热衷于卡登的计划，是否只考虑到其中的有利因素，这些都很难说。”

1915年1月8日丘吉尔写给约翰·弗伦奇的信件，也许可以解答以上疑惑。丘吉尔打了一个生动的比方：“我们都站在历史的舞台上。”在和玛格特·阿斯奎斯的谈话中，这一想法也昭然若揭。“天哪！”他感叹道，“这，这就是活着的历史。我们的一言一行都惊心动魄，将会被世代传颂。想想看！这就是为什么我要亲临这场天之所与的辉煌的、可口的大战。”在他看来，这种热望被载入史册可能不大好，所以他得赶紧写个按语：“我不会再说‘可口’[9-37]这个词了，你知道我是什么意思。”丘吉尔意在通过一场值得文学描写的海上大战一战成名。他终于有机会扮演尤利西斯·格兰特将军，彼时他已经计划好了，战后要写一部回忆录。

据弗兰西斯·史蒂文森的日记记载，劳埃德·乔治坚持要求，内阁同意炮击海峡，就不要做任何公开宣告，即使出了岔子，他们也不至于颜面无存。但丘吉尔急切地要公开宣传。“在开战的这个特殊的日子(2月19日)，他背弃同僚，在媒体上大张旗鼓地宣布我们要开始轰击达达尼尔海峡的堡垒了，意在攻下海峡，至此，政府自然无路可退了。”

2月26日，丘吉尔下令澳新兵团[9-38]的两个师、精锐二十九师、皇家海军师以及法国、俄国的部队待命前往海峡，共计115000人。这样一支大军本来足以攻下加里波利半岛，但是人人都心照不宣，单凭海军突袭，这远远不够。当战时内阁拒绝调兵时，丘吉尔声称“如果因为兵力不足在土耳其失利，他概不负责”。但是由于没有地面部队支援，丘吉尔才后知后觉，他必须为一败涂地的作战计划负全责。

但是，在2月25至26日，卡登指挥炸毁了外围的堡垒，胜利一度在望。3月2日，维奥莱特·阿斯奎斯和丘吉尔在海军部会面。丘吉尔彼时正患流感，但是心情不错，觉得攻下君士坦丁堡指日可待。“这下他们该消停了，那些和海军扯皮的猪猡！”他幸灾乐祸地说。维奥莱特在日记里写道：“他对他们的反应，好像比打下土耳其帝国还要更满意！”但是最后，他高昂的情绪被阴郁的自我洞察取代了：“我知道我这么高兴，肯定有人要骂我。我知道战争每一刻都要夺去成千上万的生命。但我难以自禁，我享受现在的一分一秒。”不久，维奥莱特收到了鲁珀特·布鲁克的来信，达达尼尔海峡之战也激发了浪漫主义的狂热：

> 哦，维奥莱特，信念太美好了！我从未想过命运会这样优待我……我充满了信心和美好的希望。我已经看过地图了。你能想象亚洲边陲的要塞亟待攻下，我们要登陆从后面包抄，他们突围，在特洛伊平原上和我们交锋吗？……英雄的塔楼将在15英寸的炮口下崩塌吗？我能掳走圣索菲亚教堂的镶嵌画、土耳其软糖和茶具吗？我们会成为历史的转折点吗？天哪！我平生从未如此欣喜，没有这样深深地欣喜，飞流直下一般。我突然意识到，从两岁开始，我人生的志向就是参军攻向君士坦丁堡。我饥渴难耐地想要写一首诗，这就是我单纯又盲目的愿望。

这种想在伊利昂[9-39]平原上打仗（也可能只是穿过平原）的热望完全是诗意的陶醉，沉迷于此的不仅是布鲁克和丘吉尔。就连性格乏味的克莱门特·艾德礼[9-40]，也狂热地吟咏着“尤利西斯的浪游，喀尔刻的迷药，阿基里斯的铠甲，海伦的微笑”[9-41]。作为久经沙场的老将，他也时常为“丘吉尔出色的战略设想”辩护。

3月3日战争委员会的会议，全在集中讨论指日可待的胜利，以及如何瓜分土耳其帝国。只有阿斯奎斯提出警告，土耳其和德国“没那么好对付”。在《世界危机》[9-42]中，丘吉尔描述了3月18日海军攻打海峡的主要行动，那是一个高度戏剧化、令人目不暇接的辉煌的时刻：

> 那时的景象既可怕又壮观。巨大的军舰运行着，大炮小炮齐声轰鸣，激起水花。硝烟中的堡垒被探照灯光割裂，海滩上排满了野战炮，海峡两岸的山间炮声轰鸣回响。驱逐舰和巡逻艇冒险四处穿梭。一切都在光天碧水之间，造出一派难以想象的凶险又威风的奇景。

随后的景象就没有这么壮丽了，协约国的五艘战舰在土耳其的鱼雷枪炮下或沉没或遭重创。协约国指挥官约翰·德·罗贝克和伊恩·汉密尔顿一致决定，在4月14日地面部队登陆之前，不再继续进攻。丘吉尔极力反对，但主张新一轮进攻的提议没有通过。

3月18日败绩后，丘吉尔和费舍尔大吵一架。“你着了魔，除了达达尼尔海峡以外再不惦记别的了！”4月5日，费舍尔写信给丘吉尔道，“见鬼的达达尼尔！我们会葬身那里！”4月8日，丘吉尔回信，引用了两段话：

> 决心的赤热的光彩
> 被审慎的思维蒙上了一层灰色，
> 伟大的事业在这一种考虑之下
> 也会逆流而退，
> 失去了行动的意义。[9-43]

我们败于海上，因为我们的海军认为战争不可冒险，现在我知道并非如此。

第一段出自《哈姆雷特》，而第二段应该是拿破仑在特拉法尔加海战[9-44]之后说的。“不因失败而放弃，坚持才是胜利，”4月19日，温斯顿给服役于伊恩·汉密尔顿麾下的弟弟杰克写信道，“现在正是建功立业，留名历史的时刻。”

早在攻打加里波利半岛之前，诗歌就再一次影响了历史。丘吉尔为《泰晤士报》所拟的鲁珀特·布鲁克讣告，运用了所有他最爱的文学手段。布鲁克之死无甚新奇，在前往加里波利途中，他因蚊虫叮咬感染败血症。但4月23日的描述充满了文学意味：“他的生命在即将触碰到春光的那一刻消逝了。”丘吉尔认为大战的史诗剧情即将到达高潮。勇敢而英俊的英雄之死，在舞台上是情节剧的一个关目。但此时，这并不是一次个人的表演，丘吉尔确信他带领观众们入戏了，他展示了《萨伏罗拉》中的戏剧手段，主角讲述着“万众参与的大事件，勾起观众们的回忆”。丘吉尔认为，每个英国士兵都是一位战争诗人，布鲁克道出了他们的所思所感：

他留下的罕见的无与伦比的战争十四行诗中的思想，将会为千万年轻人传诵，深深打动他们，并促使他们奔向人们曾经战斗过的、艰难困苦、没有报偿的战场。他们就是一部历史，鲁珀特·布鲁克的启示。快乐，无畏，多才多艺，深明大义，身心都具备古典的匀称美，主宰它们的是坚定的信念。他是英格兰最高贵的子孙。无谓牺牲，只是把最宝贵的东西，心甘情愿地做出了奉献。

布鲁克不只是一位诗人，他诗化地生活，他启发了诗歌，他本身就像是一首诗。像丘吉尔一样，他是一位生活的艺术家，其人格的价值更甚于他的“罕见无与伦比的战争十四行诗”。据维奥莱特·阿斯奎斯称，在海军部的晚宴之后，他们只见过一次面，但温斯顿“深深地被鲁珀特的热情、美貌和浪漫的献身精神吸引”。

在加里波利战役之前，这样花团锦簇地描写大战还是可行的。如果要说有什么区别的话，那就是战争首先导致了情节剧式语言的复兴。保罗·福塞尔曾经提及一个志愿兵登在《泰晤士报》上的个人宣传语："波林：没有叹息，我将怀着古老的民族赐予我的全部荣光与志气，投身于伟大的冒险"云云，随后列举了士兵们常用的阿德菲情节剧式的词语：

友谊——"同志情谊""战友情谊"

马——"骏马""战马"

危险——"险境"

胜利——"克敌"

攻击——"猛攻"

本色的勇敢——"英勇"

高调的勇敢——"大胆"

低调的勇敢——"刚强"

……

当世界处在危机之中的时候，日常言语自然会趋向紧张的戏剧化。牛津大学希腊语钦定讲座教授、成功的剧作家、国际自由主义者、萧伯纳的朋友吉尔伯特·默里*曾说：

> 我们此刻（1915 年 10 月）生活在一个伟大的时代……浪漫而情节剧化的语言如今已经成真，成为了我们的日常语言。老话说"为自由而牺牲"，说"不名誉毋宁死"，只在舞台演剧和讲给小孩听的故事里出现，但是现在成了生活中的普遍真理。有一句话曾经深深地打动了我，一个阿拉伯战场上的加拿大士兵，在援救数人后牺牲，据记载，他死前曾回头说道："我效忠吾王吾国，死得其所。"这话直截了当，说得很自然。就在昨天，我刚读到一封前线士兵的来信，提及战友之死，很平淡地收尾："他终于做了我们所有人都希望做的事，为英格兰而死。"

---

* 吉尔伯特·默里（Gilbert Murray）：英国剧作家、国际自由主义者。

> 而这位写信的人现在也已经求仁得仁。有的短语，几年前使用还显得不切实际夸大其词，但在今日，卡维尔小姐[9-45]的名言已经深入人心："我深知仅有爱国主义是不够的，我将毫无怨恨地死去。"浪漫主义与情节剧都已经是过往英雄时代的破碎回忆，我们不再倚靠碎片与回忆生存，我们已经迈入了一个英雄的时代。

1915年4月25日，协约国开始两栖突袭加里波利。"记住，这一分一秒都是历史，"4月26日，丘吉尔写道，"每一次袭击都需要幕后的支持。"4月29日，协约国部队显然已经难以实现最初的作战目标，而他却宣布："这是历史上一次伟大的战役。"《晨邮报》对此毫不留情地警告道："丘吉尔先生的戏剧天分已经发展成自大狂了。"5月11日，他对费舍尔承认，"我们现在处境艰难"，但实际上是一个戏剧性的刻意制造的高潮，"面对德军指使的土耳其帝国大军，海滩上的军事大较量迫在眉睫"，尽管如此，"我们正在打一场史上最伟大的两栖战"。三天后，加里波利前线溃败，内阁陷入了悲观中，丘吉尔对首相说："得有耐心和决心，我们能够完成一桩世界史上的大事件。"一种令人不安的模式出现了：随着军情恶化，丘吉尔的语言却变得更加浮夸。现实与他的计划背道而驰，但他坚称一切都在计划内，关键时刻就要来临。5月15日，费舍尔颓然辞去海军军务大臣一职，丘吉尔冠冕堂皇地警告他，他会"被我们正在上演的历史毫不留情地评价"。但当天晚上劳埃德·乔治告诉弗兰西斯·史蒂文森，费舍尔辞职意在迫使丘吉尔下台。"这是在报复这个人。他想打这一仗想了好几年了，真打起来了，他把它看作是自己沽名钓誉的机会。贸然犯险，毫不考虑会给千万人带来痛苦，一心要借这一仗证明自己不同凡响。"5月20日，丘吉尔对报纸主编乔治·里德尔坦承："我完了……发动战争，打败德国人，所有我在乎的都不成了。"阿斯奎斯不得不集结保守党，重组政府。5月27日，丘吉尔被迫从海军部辞职。6月1日，他不得不向杰利科将军承认，达达尼尔海峡一战成了"一场希腊悲剧"。

希腊悲剧是不朽的艺术瑰宝，在这个层面上，丘吉尔试图把军事的惨败转化为美学的胜利。辛西娅·阿斯奎斯[9-46]称："他说他体验到了'改变命运的痛苦’，也庆幸自己还能从中发掘一点乐趣。”甚至朋友弗兰西斯·格伦费尔[9-47]战死，于丘吉尔也是一个发表戏剧独白的时机，他表现出“雄辩的、戏剧式的感情迸发”。6月18日，他依然希望能在夏末攻下君士坦丁堡，来一场“民族史上举世无双的”胜利。但是，除了维多利亚时代的戏剧，没有什么惊天大转折会发生在现实里。7月7日，他对伊恩·汉密尔顿爵士说，即使败仗也精彩绝伦：“士兵的表现很好，多少能弥补最终的失败。”而意料之外的报偿是文学上的不朽。“军事佳话并不亚于历史上任何辉煌的战绩。”

丘吉尔在写作《萨伏罗拉》的时候，对加里波利之战的预感其实比他自己所意识到的更加准确。在两者之中，他都建构了一个宏大的战争故事，有声有色，但结局并不圆满。如玛格特·阿斯奎斯所言，他有“许多意见和不成熟的点子，灵活青涩又至关重要的军事理念，但是他很危险，他没有洞察事件和概率的现实想象力”。丘吉尔对伊恩·汉密尔顿坦承：“我从来看不透战争，它是终极的大事件，就像一堵高墙遮蔽一切视野。”但是他并没有反省自己的战略，而是进一步装腔作势地怂恿汉密尔顿：“您如此勇敢和高蹈，一定可以享受庸才指挥官所不敢面临的考验。”1915年9月17日，当加里波利的战报已然无望时，丘吉尔又向恩菲尔德的军需工人发表了关于逆境的演说：

> 我们不知道上天为何要降此大恶，令欧洲各国都卷入无尽的灾难；只知道在这危难紧急的时刻，完成我们的职责，就已经尽了人事。
>
> 我们，我们所有人，无论在历史的舞台上扮演怎样的角色，都应该克己坚持。在我们逝去以后，后人将在大战的遗痕中发现，欧洲尤其是英国的自由精神依然完璧无瑕。回顾我们的努力，他们会给予我们这代人——苦痛但光荣的一代人——非凡的评价：“他们经受住了考验，保存火种，照亮了今日的世界。”

这听起来像是1940年“最光辉的时刻”演说[9-48]的初稿，在某种意义上，它使用了相同的结构，表达了相同的情绪。1940年的版本更加简练，更加直率，没有多余的描述，也没有清嗓子，因此更加扣人心弦。但传递的基本信息是相同的：我们都是历史舞台上的演员，都是英国历史宏大叙事的集体作者，我们遇到的每一个挫折都将增强这出戏剧的力量。正如10月13日爱德华·马什对阿奇博尔德·辛克莱[9-49]所言：“事态越糟糕，他就越勇敢越镇定——天将降大任于斯人也。”

10月15日的备忘录显示，丘吉尔孤注一掷地想阻止内阁撤军加里波利。这个问题是历史性而戏剧化的：继约克镇战役[9-50]后英国最大的惨败，“战争史上最惊人的悲剧之一”，然而“历史无疑会记录下土耳其抵抗时表现出的非凡的勇敢和坚韧”。当然，澳新军团也很勇敢，但历史会选择记住什么？“澳新军团是澳洲史上最闪光的一个名字，难道要因为英国政府的不作为，让他们的英勇与牺牲被后世永远遗忘？”同时，丘吉尔还讲述了两种未来历史的可能性，就像两部结局相反的战争幻想小说。如果撤退，英国的穆斯林将大规模动荡，土耳其再次侵略埃及，德国占领罗马尼亚、意大利北部甚至伊朗，西线将彻底陷入死局。但是假如胜利，君士坦丁堡被攻下，希腊和罗马尼亚加入协约国，保加利亚议和，1916年3月15日协约国军队就能推进到贝尔格莱德[9-51]，5月1日就能在东西两线同时发起总攻。两种预言都没有成真，12月7日协约国开始撤军，1916年1月9日撤退结束，伤亡意外地极小。

海战和陆战皆遭遇失败，丘吉尔决心在历史著作上重拾胜利。1915年10月1日，《曼彻斯特卫报》的C•P•斯科特发现他耽于自圆其说：“他希望有一天能出版战事的经过。”“故事还没有结束，”12月15日，他写信给爱德华·马什，彼时撤退还正在进行，他却相信“潜在的直觉，一切都会好起来，我的伟业尽在掌中”。12月17日，他非常沮丧地给克莱芒蒂娜写了两封信，但是觉得会留下不佳的历史记录，又嘱咐妻子把它们烧了。1916年1月14日，撤军结束后五天，温斯顿向杰克保证：“历史会证明的，这个错误的举措和我毫无关系。”十一天后，他借机告诉劳埃德·乔治，他攻打达达尼尔海峡“本来能改变世界历史”。1月27日，丘吉尔更加坚持己见，因为据《泰晤士报》报道，奥斯曼帝国陆军司令恩韦·

帕夏承认，去年3月协约国军队差一点就攻下了海峡。可是，他接着说道：“不过就算英国舰队进了君士坦丁堡，也没有什么好果子吃。我们计划在附近的山头休整，然后开往小亚细亚。”

两部奉承丘吉尔的传记作品也出版了，令他很高兴。一部是亚历山大·麦卡勒姆·斯科特的《和平与战时的温斯顿·丘吉尔》。“多棒的作品！”他大喜道，随后开始整理笔记，“以完整、充分地留下这一系列伟大战事的记录”。斯科特很快开始帮助他整理提交给达达尼尔战事调查委员会的证词。1916年9月，他读到了表弟肖恩·莱斯利的回忆录《终章》，十分醉心。“他的生涯是近年政坛中最光彩的。”莱斯利写道。他特别赞扬了丘吉尔在海军部的政绩，以1914年的宣战为顶点。“如果温斯顿在舰队出征的那天死去，他的毕生志向就实现了，他已经享受了十年的权力与荣光。”9月8日，丘吉尔完成了对加里波利之战的辩护词，极力称当协约国海军得令停止炮击的时候，土耳其堡垒已经快要被摧毁了。

丘吉尔还回到报刊上为自己辩护（自然也有美化）。1916年7月他预言，他“未来半年将轻轻松松挣上一万镑到一万两千镑……每写一个字就赚四五先令”。1916年10月至1917年2月，他在《伦敦》杂志上连载了五篇关于战争的文章，总共得了五千镑。他告诉C•P•斯科特，如果报纸（《曼彻斯特卫报》除外）不报道他的议会演说，他就不让它们发他的文章。他只是在《星期日画报》上发表了一篇演讲稿，就赚了250镑。

离开海军部几周后，丘吉尔开始画画，他对此并不是新手。准备投考桑赫斯特军校的时候，绘画就是他擅长的科目。1895年古巴之行前，他读了一本小册子《如何画素描》，后来一路都在画画。《修辞的脚手架》中，他也以绘画来类推，比如说“在绘画中局部的颜色安排能令视觉愉悦”，所以“演说术也有其‘价值’与‘深层基础’”。他1898年的苏丹战报也包含了华丽的文字绘卷。他总是以艺术家的方式管理政务，而现在他的政治天地翻覆了，画布就为他提供了另一个可以完全自由发挥的世界。正如丘吉尔在散文《绘画与休闲》中所言，艺术是疗治，能治愈加里波利给他带来的创伤。离开海军部，最痛苦的是失去权力。他还在内阁和战争委员会任职，但是：

> 在这个位置上，我什么都知道，但什么也做不了。海军部每日的工作都很紧张，但现在变得憋屈了，参事的工作循规蹈矩，让我喘不过气来。像海怪被从深水里钓起来，像个潜水者突然被拎上来，压力陡降，血管都要爆了。我非常焦虑，但是无计可施，心有余而力不足。我不得不看着大好机会白白溜走，看着我发起并由衷信赖的计划被执行得疲软无力。我有漫长到不习惯的绝对闲暇时间去思考战争那可怕的进展。然而一触即痛，我不得不冷漠地坐在前排，对这惨剧袖手旁观。这时，绘画的缪斯女神来拯救我了……

实际上，“画一幅画就像打一场仗”，他注意到，“其中主题，无论包含多少零部件，都由一个统一的概念统辖。”J•M•W•特纳[9-52]规划大幅画作时十分注意细节与比例，“一如在战争行动、法庭辩论或者科学与哲学的判断中那样，注重质量和强度。”像一名将军一样，风景画家也要进行“对地形的深入勘察”。军事指挥官要学军事史，画家也得学艺术史。比例与关联在艺术中的地位和在战争中一样，不考虑它们的话，“绘画的阵地就会沦为一滩云遮雾罩的烂泥”。

“他的画作有一个显著的特点，非常果决。”评论家托马斯·博德金曾经观察到：

> ……每一幅的表达都清晰有力。不拘小节，不加润饰。一气呵成，没有明显的犹豫或添加的痕迹。结构从来不黏糊，不模棱。空间中充满了明显的速度感。色彩明快，干净，非常和谐。他的画作表现出现实感，虽然细节可能通常不大准确……但是如果更系统更科学，很可能就会失去了他最主要的魅力：自创性。

“最耀眼的光和最鲜亮的颜色都使我感到欣喜，”1955年离任首相后不久，丘吉尔对泰特美术馆[9-53]的主管约翰·罗森斯坦说，“如果说我曾经为他人做过些什么，那多半不是通过自制，而是通过自我表达……不画画，我活不下去，我受不了压力。”这说明艺术时常把他从绝望的边缘拯救回来，只有两幅加里波利之战后的肖像画表现了他的负面状态。威廉·奥彭[9-54]绘于1916年的一幅画流露出自我怀疑的情绪，常人几乎不曾在丘吉尔身上发现这种情绪。另一幅画是他1919至1920年创作的自画像，忧愁黯淡，几乎认不出来是他。他洋洋得意的决心无影无踪，脸颊消瘦憔悴，一半笼罩在阴影里。观者都为之惊讶，就像看到向来健康的朋友躺在医院里，因疾病而佝偻。丘吉尔向来是实验的印象派，但偶尔也会当一把现代艺术家。

他到西线待了几个月，从1915年11月一直到1916年3月，休养生息，韬光养晦，重新做回了战争美学家。他在前线附近普罗哥斯达特[9-55]的一个农场里目击了德军的火力，研究了其中的色彩：“白色的碎弹片，又大又黑的烈性炸药‘爆弹’，其他的‘糊成一团’，炸出黄白色甚至紫红、黑色的硝烟，聚成巨大的云朵，一共来了三十发。阿尔奇（他的副官阿尔奇·辛克莱）和我幸运地逛到了这里，毫不费力地把这些尽收眼底。”他的部属汉克韦尔·史密斯中尉对此表示惊讶：

> 第二次还是第三次去农场的时候，温斯顿开始画画。每次走这条路他都要画画。场地逐渐被炮弹炸得坑坑洼洼。快要画完的时候，他闷闷不乐，发脾气，很不好说话。这样五六天之后，他突然兴高采烈起来，像个小学生。我问他怎么了，他说：“我画不好炮弹坑，担心了好久，画出来像座山，但是昨天发现，涂了一点白色，看起来终于像弹坑了。”

与此同时，穿过无人区，到达德国的那一边，有另一位军人艺术家在为一座倒塌的教堂写生，那就是阿道夫·希特勒。

丘吉尔画起画来就像操演政治、书写历史一样，无比自信，冲动，生龙活虎，但不那么准确，总想着重新安排并润色实物，以达到艺术效果。“我记得他早年画画的时候，有一次，”维奥莱特·阿斯奎斯写道：

> 那时我们都住在一座乡间别墅里，那个村子平淡乏味，太平无事，我出去看他画画，想弄清楚他在画什么。越过他的肩膀，我看见他在现实的前景后面画上了十分醒目的连绵不绝的群山。我往天上找了半天这不存在的幻象，问他它们是从哪儿来的，他回答："呃，我不想把这里画得这么没意思。"他所处的时空永远不会索然无味。

后来陆军元帅哈罗德•亚历山大也回忆道："他喜欢色彩，用得过头了。所以他的画看起来很粗糙。他总忍不住要把调色板里所有的颜色都用上。"这可以概括丘吉尔一生将生活艺术化的努力，无论是在画布上，还是在书页中。

1917年7月，丘吉尔出任军需部长，重新掌权。1918年8月，他与他的飞行员吉尔伯特•霍尔中尉共进晚餐。霍尔回忆道，"丘吉尔开始给我们讲他准备如何演说，"他像演员一样排练，"显然有一套程式，甚至包括胳膊和手的动作，我相信他肯定躲在家里对着镜子练过。"作为一个自我宣传者，丘吉尔自然醉心于语言："停了一会儿，他突然毫无预兆地开始解释'噱头'。'噱头，'他重复道，'就是约定俗成的醒目的字眼。'然后他问我们每个人……怎么定义这个从美国传来的了不起的新字眼。"霍尔还回忆道，丘吉尔很喜欢引用西格弗里德•萨松[9-56]：

> 很明显，部长对萨松的评价非常高，不管作为一个诗人、一个士兵还是一个人。我们都很快地意识到，他的诗歌主题是反战，表现战争的无意义和带来的痛苦。我们听说将军很担心这些诗歌会损害部队的士气，萨松还是留在英国比较好。丘吉尔先生后来说……他很想联络到萨松，补偿他，我觉得可能是要在军需部给他一个职位。后来应该是他兄弟约翰说了一句："如果我是你，就让那个人一边待着，他可能已经开始写以你为主题的诗了。"丘吉尔先生马上回答道："我不怕西格弗里德•萨松，这个人有头脑，我只怕没头脑的人。"

丘吉尔后来真的邀请萨松到他在伦敦的办公室，提出要在军需部给这个反战诗人一个职位。萨松回忆道：

> 他的态度悠闲，不拘礼节，很友好。我当时就对他很有好感……随后他提到了我的战争诗的著名篇目中运用的一些有趣的典故，我受宠若惊地承认了。暖场之后，他诙谐而自然地点出了主题，我对战争的态度，令我惊讶的是，他似乎有兴趣听听我的观点。更令人惊讶的是，他明确要求我"和他说开了"。我很震惊，大人物要和我开诚布公地谈谈，他这么做确实挺孩子气的。

萨松太拘谨，没有上钩。丘吉尔旨在发起一次戏剧性的对话。一个操心打胜仗的将军可能会觉得萨松很危险，但身为剧院教出来的学生，丘吉尔知道，没有冲突就没有戏剧效果。他欢迎且需要有人给他做陪衬。萨松发现，丘吉尔显然是在引他辩论：

> 我们的交流变成了独角戏。他在房间里踱来踱去，嘴角叼着一支大雪茄，重点为他的军人精神辩护：既是政治手段，又出于个人荣誉感的激励，不光在战争机制中有效，对社会进步也有帮助。他声称，目前的战争，对改善人类处境不无建树。比如说，公共卫生有极大的好转。我坐在椅子里，心悦诚服，觉得自己的反战观点被抑扬顿挫的宏论有理有据地驳倒了。他一次又一次地朝我走来，背着手摇头晃脑，声音响亮地下结论……他用官方在大场合的雄辩方式说话，那种语气能够加速克敌制胜。

战争是一种创造性的行为，一种集体的艺术创作，作品既包括萨松的诗歌，也包括工厂批量产出的炮弹。"对他来说，战争无疑是世界上最好的行为。"萨松总结道，甚至当秘书爱德华·马什来通报下一位约见的费舍尔爵士已经到了的时候，"温斯顿式长篇大论还没有结束，直到他再次出现，抱歉地表示费舍尔爵士已经等得不耐烦了。"

这种反常的现象有一种合理的解释：丘吉尔在重演萧伯纳的《巴巴拉少校》（1905 年）。剧中的安德鲁·安德谢夫是一名军火巨头，想招徕和平主义诗人阿道弗斯·科森斯为他工作。丘吉尔在戏剧首演时就看过，二十年后又带子女看过一次。在这期间，社会革命与全球大战导致了世界剧变，但是他回忆道："《巴巴拉少校》里没有一个人物要重修，没有一句台词过时。我的孩子们都很惊讶，这部戏的年纪比他们大了五岁有余，却达到了现代性的顶点。"萧伯纳站在新黑格尔主义的立场上，认为一切都指向更好的未来，最后让安德谢夫与科森斯和解了。* 丘吉尔同样倾向于调和极端对立的观点。对他来说，战争就是诗，其中的恐怖是诗学不可避免的部分。而他也喜爱萨松式的和平主义作家，甚至能背诵他们的作品。在A·P·赫伯特[9-57]的反战题材小说《秘密战争》的序言中，他称作品是"一件艺术品"，"就像西格弗里德·萨松的诗歌，应该代代传颂，让男男女女都不要对战争抱有幻想。"

情节剧式的语言，在战争前期斗志昂扬的阶段暂时复苏，又被休战的幻灭所扼杀。"抽象的词语，比如光辉、荣耀、勇气、神圣，和村庄、道路、河流的名字，和番号、日期比起来，显得那么面目可憎。"人人都会引述欧内斯特·海明威《永别了，武器》里的名言。[9-58] 早在1914年之前就发展起来的现代性的情感，从战争中涌现出来，站在了情节剧的对立面上，反映了多种变化：从道德绝对性到道德模糊，从唯心论到祛魅化，从爱国主义到世界主义，从表演艺术到保守陈述，从真挚到反讽，从激情到冷静，从危机到倦怠，从行动到徒劳，从纯情到欲望，从明显到微妙，从民粹到精英，从朴素到繁杂，从军人荣耀到炮弹休克[9-59]……但丘吉尔在他的余生中仍然继续操演着情节剧式的言行，在精英阶层看来，显得越来越不合时宜，荒唐可笑。1916年6月初，日德兰半岛[9-60]战败的消息传来，辛西娅·阿斯奎斯感叹道："温斯顿像演戏式地沉思徘徊，闷闷不乐。'他们是可怕的大敌……'下台以后，对于达达尼尔战略的失误，他给了我一个最华而不实的车轱辘比喻：'束手束脚，看着自己的心上人——好吧，我什么

---

* 关于萧伯纳的新黑格尔主义立场，参见罗伯特·F·怀特曼：《萧伯纳与观念戏剧》（伊萨卡、纽约、伦敦，1977年）。

也不想说。’”1917 年 5 月，英国驻巴黎外长埃舍尔爵士也同样警告道格拉斯·黑格[9-61]注意丘吉尔。“他巧舌如簧，很快会被自说自话俘虏，”埃舍尔写道，“他拿下了劳埃德·乔治，因为把点子说得有声有色，但他的点子都是‘过桥货’*……”

---

* “过桥货”指的是泰晤士河南岸的剧院，那里专门演出虚张声势的粗糙情节剧，稍有品味的人都无法领教。

译者注

[9-1] 弗吉尼亚·伍尔夫（Virginia Woolf，1882—1941）：英国作家，20 世纪现代主义与女性主义的先锋。两次世界大战期间伦敦文学界的核心人物，布鲁姆斯伯里派的成员之一。

[9-2] 彼时的德国皇帝是威廉二世。

[9-3] 基尔（Kiel）：德国北部港口城市。

[9-4]第二次摩洛哥危机(the Second Moroccan Crisis)：又称阿加迪尔危机(the Agadir crisis)。1911 年 7 月 1 日，德国派出战舰到摩洛哥港口阿加迪尔，宣示德国在摩洛哥的利益。彼时英国与德国因军备竞赛关系紧张。英国发现德舰到达阿加迪尔后，误以为德国想把该港转为德军在大西洋的军港，加剧了紧张。这次事件是第一次世界大战爆发前的重要危机之一。

[9-5] 里士满公爵夫人的舞会（Duchess of Richmond's ball）：里士满公爵夫人即夏洛特·戈登（Charlotte Gordon，1768—1842），英国著名的沙龙女主人。1815 年 6 月 15 日，她在丈夫驻军的比利时布鲁塞尔举办舞会，威灵顿将军和麾下的多名高级军官都参加了舞会。次日拿破仑即攻打布鲁塞尔附近的滑铁卢，败在威灵顿手下，彻底结束了政治生涯。这次舞会就成为了代表“决战前夜”的典故，后来有许多文艺作品表现这一主题。

[9-6]《沙岸之谜》(*The Riddle of the Sands*)：作者厄斯金·柴德斯(Erskine Childers，1870—1922)，出生于英国伦敦，毕业于剑桥大学法学院。英国作家、爱尔兰民族主义者。曾服役于英国皇家海军，获十字勋章，后在爱尔兰独立运动中被国民军处死。其子汉密尔顿·柴德斯后来当选爱尔兰第四任总统。英国前首相温斯顿·丘吉尔曾说：“本书（《沙岸之谜》）是英国海军部建立新海军基地的主要原因。”

[9-7] 萨基（Saki）：即赫克特·休·门罗（Hector Hugh Munro，1870—1916）的笔名，英国著名短篇小说家。

[9-8] 萨拉热窝事件：1914 年 6 月 28 日塞尔维亚国庆日，奥匈帝国皇位继承人斐迪南大公（Archduke Franz Ferdinand）夫妇，在波黑首府萨拉热窝（Sarajevo）被塞尔维亚恐怖组织“黑手社”的波斯尼亚学生成员枪杀。这次事件使 7 月奥匈帝国向塞尔维亚宣战，成为第一次世界大战的导火线。

[9-9] 哈维奇（Harwich）：英国北部港口。

[9-10] 斯卡帕湾（Scapa Flow）、彭特兰海峡（Pentland Firth）和设特兰郡（Shetlands）都是苏格兰地名。

[9-11] 查塔姆（Chatham）：英国肯特郡的海事重地。

[9-12] 沃尔瑟姆（Waltham Abbey）、罗姆福德（Romford）和伍利奇（Woolwich）都是伦敦近郊地名，代表德军已经开始攻打伦敦。

[9-13] 纽卡斯尔（Necastle）：英格兰东北部港口城市。德军应该采取了声东击西、多管齐下的战略。

[9-14] 默丝河（Meuse）：欧洲河流，发源于法国，法国境内的上游称默兹河，经比利时和荷兰流入北海。

[9-15] 第一次世界大战的战线主要分为东线（俄国对德奥作战），西线（英法对德作战）和南线（又称巴尔干战线，塞尔维亚对奥匈帝国作战）。西线在战争开始不久就由运动战转向阵地战，后来又转入战略防御。呈胶着状态，即史上著名的“西线无战事”。

[9-16] 伊恩·汉密尔顿（Ian Hamilton，1853—1947）：英国陆军上将。

[9-17] 珍妮·迪克森（Jeanne Dixon，1904—1997）：美国占星家、通灵人、畅销书作者。曾在多家报纸开设占星术专栏，以预言著称。

[9-18] 军情五处（MI5）：英国负责国内反间谍、反恐怖的专职部门。

[9-19] 雷金纳德·麦肯纳（Reginald McKenna，1863—1943）：英国银行家、自由党政治家。

[9-20] 出自《思想和经历》（*Thoughts and Adventures*）：丘吉尔的短篇回忆文集，1932年出版。

[9-21] 本书所引的原文，译文参考赵文书、肖锁章译：《丘吉尔文集：思想与经历》，江苏人民出版社1999年版。特此致谢。

[9-22] 维尼西亚·斯坦利（Venetia Stanley，1887—1948）：英国贵族、社交名媛。

[9-23] 斯海尔德河（Scheldt）：西欧河流，发源于法国，流经比利时，在荷兰流入北海。

[9-24] 安特卫普（Antwerp）：位于比利时西北部，斯海尔德河畔，是比利时最大的港口和重要工业城市。

[9-25] 赫伯特·里士满（Herbert Richmond，1871—1946）：英国海军上将。

[9-26] 梅尔广场（the Place de Meir）：安特卫普繁华的商业区。

[9-27] 国民警卫队（the National Guard），指美国国民警卫队。原本是为保卫殖民地而在波士顿建立的民兵队伍，后来发展为隶属于各州政府的地方武装部队。1903年经民兵法案整合为国民警卫队体系，成为正规军的重要后备力量。

[9-28] 波迈街（Pall Mall）：伦敦街道，以俱乐部多著称。

[9-29] 伍德豪斯（Wodehouse）：指佩勒姆·G·伍德豪斯（Pelham Grenville

Wodehouse，1881—1975），英国幽默小说家。

[9-30] 鲁珀特·布鲁克（Rupert Brooke，1887—1915）：英国诗人。曾参加一战，以一战主题的理想主义十四行诗《一九一四》闻名，后来因败血症死在战区。是当时著名的美男子。

[9-31] 弗兰西斯·史蒂文森（Frances Stevenson，1888—1972）：劳埃德·乔治的秘书和情人，后来成为他的第二任妻子。

[9-32] 安德鲁·博纳·劳（Andrew Bonar Law，1858—1923）：英国保守党政治家。1911 至 1915 年任英国首相。

[9-33] 易北河（Elbe）：中欧主要水道，发源于捷克和波兰边境，主要流经德国。

[9-34] 博尔库姆（Borkum）、西尔特（Sylt）和赫里戈兰（Heligoland）都是北海上的德国岛屿。

[9-35] 石勒苏益格 - 荷尔斯泰因（Schleswig-Holstein）：德国十六个州中最北的一个。

[9-36] 泽布吕赫（Zeebrugge）：比利时西北部港口城市。

[9-37] “可口”（delicious）一词表示战争正中丘吉尔下怀，他在其中十分享受。但他马上意识到这种战争狂的倾向不符合一般人的价值观，不利于树立自己在历史上的正面形象，所以用自知失言的姿态做了解释。

[9-38] 澳新兵团（ANZAC，即 Australian and New Zealand Army Corps）：一战时期澳大利亚和新西兰联军的统称。

[9-39] 伊利昂（Ilium）：古希腊特洛伊城的拉丁文名。达达尼尔海峡东南部就是特洛伊遗址，希腊神话中特洛伊战争的发生地。

[9-40] 克莱门特·艾德礼（Clement Attlee，1883—1967）：英国工党政治家，1945 至 1951 年任英国首相。

[9-41]这两句诗提及的都是希腊神话《特洛伊战争》中的人物。尤利西斯（Ulysses）即奥德修斯的罗马名，希腊西部伊塔卡岛之王，参加特洛伊战争。因得罪海神波塞冬，战后在海上历经艰险，流浪十年才回到家中。喀尔刻（Circe）是希腊艾尤岛的魔女，专门下药把路过的水手变成牲畜，爱上奥德修斯，留他住了一年，后来帮助他返乡。阿基里斯（Achilles）是海洋女神与希腊色萨利国王之子，希腊第一勇士，幼时经冥河洗礼，浑身除脚踵以外刀枪不入，特洛伊战争中被射中脚踵身亡。海伦（Helen）是希腊斯巴达王后，希腊第一美女，被特洛伊王子帕里斯诱拐，因而诱发了特洛伊战争。

[9-42] 《世界危机》（*The World Crisis*）：丘吉尔的一战回忆录，1923 至 1929 年出版。本书所引原文，译文参考丘吉尔《第一次世界大战回忆录》，吴良健等译，吴衡康校译，译林出版社 2013 年版。特此致谢。

[9-43] 出自《哈姆雷特》第三幕第一场。译文参考朱生豪先生译：《哈姆雷特》，译林出版社 2013 年版。特此致谢。

[9-44] 特拉法尔加海战：1805 年 10 月 21 日，拿破仑指挥法国与西班牙联合舰队攻打奥地利，在西班牙特拉法加角（Trafalgar）外海被英国舰队包围。双方大战 5 小时，英军主帅纳尔逊上将阵亡，但法西联合舰队遭受了致命打击，主帅维尔纳夫和 21 艘战舰被俘。法国海军从此一蹶不振，拿破仑被迫放弃进攻英国本土的计划。而英国海上霸主的地位得以巩固。

[9-45] 卡维尔小姐（Miss Cavell）：指艾迪斯·卡维尔（Edith Cavell，1865—1915），英国护士，在第一次世界大战中保护士兵不分敌我，曾经帮助二百名被俘的协约国士兵由德占比利时逃往荷兰，后被德国判处死刑。她的事迹和不分国界的博爱精神一度在一战中极大地鼓舞英国士气。

[9-46] 辛西娅·阿斯奎斯（Cynthia Asquith，1887—1960）：英国作家。阿斯奎斯的儿媳。

[9-47] 弗兰西斯·格伦费尔（Francis Grenfell，1880—1915）：英国将军。在加里波利之战中牺牲，被追授维多利亚十字勋章，英国颁发给抗敌军人的最高荣誉。

[9-48] “最光辉的时刻”（“Finest Hour”）：1940 年 5 月 13 日，德军进攻西线，第二次世界大战白热化。张伯伦政府解散，丘吉尔临危受命接任首相，在下议院发表了这次著名的演说，表示对英国的忠诚和反法西斯的决心。

[9-49] 阿奇博尔德·辛克莱（Archibald Sinclair，1890—1970）：英国政治家，自由党领导人。

[9-50] 约克镇（Yorktown）：美国弗吉尼亚州东南部城镇。1781 年，华盛顿率领大陆军将康华利将军为首的英军围困在约克镇，最后英军投降，标志着美国独立战争的胜利结束。

[9-51] 贝尔格莱德（Belgrade）：南斯拉夫首都。

[9-52] J•W•M• 特纳（Joseph Mallord William Turner，1775—1851）：英国浪漫派画家。

[9-53] 泰特美术馆（Tate Gallery）：英国国立博物馆，位于伦敦，以收藏 15 世纪迄今的英国绘画和各国现代艺术著称。

[9-54] 威廉·奥彭（William Orpen，1878—1931）：爱尔兰肖像画家。

[9-55] 普罗哥斯达特（Ploegsteert）：比利时与法国边境处的一个村庄，一战西线的重要据点，曾经在此发生过激烈的战斗。

[9-56]西格弗里德·萨松（Siegfried Sassoon，1886—1967）：英国著名反战诗人、小说家。曾经参加一战，多次立功，但深感战争残酷，1917 年主动退役，创作了大量反战题材的作品。所以下文说萨松“还是留在英国比较好”，意即他不适合上前线作战。

[9-57]A•P• 赫伯特（Alan Patrick Herbert，1890—1971）：英国幽默作家、小说家、剧作家和法制改革活动家。曾服役于英国皇家海军。

[9-58]欧内斯特·海明威（Ernest Hemingway，1899—1961）：美国作家、记者。“迷

惘的一代”（Lost Generation）代表人物。代表作《永别了，武器》（*A Farewell to Arms*）以作者的战地经历为背景，描写一战时期一名美国逃兵和英国护士的爱情悲剧，流露出强烈的反战情绪。

[9-59] 炮弹休克（shell-shocked）：第一次世界大战期间出现在伤兵中的神经性疾病，受炮弹震荡后长期神经失调。

[9-60] 日德兰海战（Battle of Jutland）：1916 年 5 月 31 日至 6 月 1 日，英德双方在丹麦日德兰半岛附近北海海域交战。是第一次世界大战中规模最大的海战，最终德国公海舰队取胜，但英国皇家海军成功将德国海军封锁在港口，控制了战争末期的局面。

[9-61] 道格拉斯·黑格（Douglas Haig，1861—1928）：英国陆军元帅，一战远征军总司令。

十、实则何为

记载加里波利败绩最早的历史档案之一，是1917年4月归档的达达尼尔调查委员会的中期报告，将过失归咎于丘吉尔以及与远征相关的几乎所有人员。5月1日，丘吉尔在回应中指责调查委员：

> ……大量断章取义……从文件中……摘取句子，脱离语境，在某种程度上故意误导性地叙述……委员会有权利也有责任表达他们的观点，就事论事，但前提是态度公正；这样的编造不应该僭越……基本人权，人在受到指责的时候有权自我辩解，在法庭裁判和公众舆论面前都一样。

所以，在1917年，丘吉尔提出了以下几点：一、历史叙事是被建构的；二、通过选择和截取，排列和情境化事实，就有可能随心所欲地制造叙事；三、宣传力度最大的叙事可能会赢得最广泛的支持。这听起来与后现代主义历史学惊人地相似，事实上，它们确实存在着关联。虽然从未提及海登·怀特[10-1]的后现代主义宣言《元史学》，但丘吉尔确实是一位元历史学家。他严肃而有创造性地思考了后来后现代主义史学家们关注的问题：认识论（我们如何知晓发生了什么）、叙事学（在讲述的时候，我们是否必然会歪曲事实）、客观性（可能与否）、虚构性（在历史写作中是否占有一席之地）、档案性（它包含了什么，不包含什么）、选择性（历史学家选择什么，不选择什么）、目的论（历史走向何方）、媒介论（媒介如何影响我们对过去的看法）、因果论（我们如何知晓是Y而非Z导致了X的发生）以及诗学（历史是科学还是人文学科）。虽然后现代主义者也关注这些问题，但并非开先河者。这些问题早期属于“历史哲学”的范畴。而丘吉尔不受传统学院派历史编纂学的约束，把这种新思路引进了历史学。他向来是一位革新的思想家，乐于用新鲜的眼光扫除成见，重审问题。可以说他这种方式是“陌生化”[10-2]的前身。因为他是一个不成熟（亦即不专业）的历史学家，所以能提出专业历史学家意想不到的问题。

丘吉尔喜欢把自己描述成一个阴郁压抑的学生，但是1882至1884年就读于阿斯科特的圣乔治学校时，他的历史成绩很好。后来在布莱顿预备学校，他阅读了希罗多德[10-3]，圣经学、古代史、英国历史的成绩都在班里名列前茅。他在哈罗公学的舍监也说，尽管他“表面懒散”，历史还是学得可圈可点。吉本的《罗马帝国衰亡史》、哈勒姆[10-4]的《英国宪政史》、麦考利“简单粗暴”的散文和爱国主义的辉格党党义，都早早地对他产生了深远的影响。1897年，丘吉尔对弟弟杰克说：“我相信你和我一样，喜欢阅读那些我们光荣历史的记录。在论战中，丰富的历史知识就像装满了箭的箭袋。”1901年，他将麦考利的辉格党历史观总结为一句振奋人心的话：“在英国历史上，各种事件层出不穷，但有一条线索贯穿始终：人性与商业自由发展；商业突破岛国的限制，乘船驶向海上，发展舰队；海上力量保障了大陆的稳定，刺激技术更新，使英国能征服远大基业，又能以相对较小的军事力量守之。”

但是在认识论问题上，温斯顿的缠斗已经超出了一般辉格党人。身为一名记者，还是战地通讯记者，不可能对报纸文章和其他史料的可靠性坚信不疑。1898年3月30日，他致信《泰晤士报》称，军官由于“上级的恶行和谬误”，抱有反帝国主义的偏见与怨气，对印度提拉山谷前线最近发生的一场战役进行了歪曲的报道，还发表在“世界最大最有影响力的媒体上……在这种‘舆论气候’中，前线的谣言和消息已经引发了一场大骚乱。最不经的事也被深信不疑，谎言厚颜无耻地重复多次就成了现实。谴责成了宣判，流言侵入正史……就我个人而言，我可忘不了布鲁塞尔那个难忘的周一早晨，比利时骑兵在大街上一路狂奔，带来消息说公爵战死，滑铁卢陷落”。[10-5]同样令人困惑的是历史因果问题，在《马拉坎德野战军纪实》中，他解释道：

> 为大事件著史往往面临着困难，如何探寻在各方面为大暴动埋下伏笔的无声而微妙的影响因素。他可能会发现许多成因，并恰如其分地记录它们，但同时也总能意识到，其他的漏网了。舆论潮起潮落，利益暗流涌动，党争变幻莫测，以及奇情愚见的漩涡，纷繁复杂地施加着影响。观察并鉴别这一切，估量其中每一员在风暴中的作用，是一项远超智力和人工的任务。

作为一名新新闻主义的践行者，丘吉尔深知记者如何运用虚构机制来强化他们的“故事”。“千真万确，”二十三岁那年，他就对母亲坦承，“我不那么在乎我所主张的原则，就像不在乎我的文字产生的效应和人们赋予我的名望那样。这听起来很可怕，但是……我经常屈服于诱惑，让事实屈从于修辞。”多年后，他对助手莫里斯·艾诗立咆哮道：“给我事实，艾诗立，我要按我的观点来扭曲它们！”

在卡莱尔和麦考利的年代，对这种个人视角的偏狭要宽容得多。人们普遍认为，历史是一种文学艺术，由文人创作，他们有权往叙述中引入文学性的修饰，读者群也定位于那些阅读萨克雷[10-6]、狄更斯和特罗洛普[10-7]的大众。公众喜爱这种历史。在1870至1919年之间，英国出版的所有书籍，有12%至15%是历史主题，其中有些还是畅销书。最著名的是麦考利的《英格兰史（1855—1861年）》，版税高达两万英镑，此后的出版商和作者都渴望能与之争锋。但是到了19世纪末，历史研究开始走向专业化，学院派的历史学家开始面向学术研究者，出版有论点的专著。这就意味着要抛弃对“问题”的“讲述”，正如希利*在《英格兰的扩张》中所言：

> 你还把历史看作编年流水账，还陷在老派的文学深沟里，一无可信的常识，但是路人君子们早已厌倦了这种浮夸老旧的罗曼史。打破令人昏昏欲睡的叙述魔

---

* J·R·希利（John Robert Seeley，1834—1895）：英国剑桥大学历史学教授。

咒，扪心自问，给自己设疑，你的思想将顿时别开生面，你会成为一名研究者，打破庄严，走向严谨。

专业历史学的普及令通俗历史大行其道，面向大众，以一线贯穿的手法大书特书。H•G•威尔斯、希莱尔·贝洛克、阿瑟·布莱恩和丘吉尔这样的非专业作者在其中发挥了重要作用。1929年，G•N•克拉克[10-8]策划编撰“牛津英国史”丛书，想寻觅一位“真正有影响力的明星”来撰写“1870至1914年卷”。他十分“属意于温斯顿”，但要丘吉尔跻身丛书恐怕比较麻烦，大学出版社不比出版商，给不起他那么高的稿酬。这项工作最后落到了R•C•K•恩索尔[10-9]身上，他原先是记者，转行做学术，结果他撰写的这最后一卷比丛书前十四卷都要畅销。

有恩索尔的先例，从文学史转向科学史的通俗旋风逐渐兴起，在丘吉尔的年代，这一过渡远远没有完成。赫伯特·巴特菲尔德[10-10]1924年出版的处女作《历史小说》，以一种相当后现代的路径，探索了历史与虚构的中间地带。他认为，档案记录只是过往的零散碎片，用叙述和解释的框架来连缀这些碎片，就必然包含了虚构的元素。在后来的研究生涯中，他转向了科学史，但一直都没有适应严格的结构主义或者摒弃叙述。直到20世纪70年代，历史学家继续致力于方法论，要把学科建设为一门严谨的社会科学，使用经济学模式（计量历史学）、心理学模式（心理历史学）、人类学模式（人种历史学）、社会学模式（“新社会史”）甚至人口统计学（彼得·拉斯莱特[10-11]及其剑桥人口与社会结构史研究团队）。后来海登·怀特引领的后现代史学，反对的就是历史学家的专业自负，认为他们都是自己修辞与比喻的囚徒。尽管学者自称开风气之先研究并创造了叙事，但其实往往是退步自封。

但丘吉尔一贯践行此道。如莫里斯·艾诗立所言：“他先确定对象和大主题，再设想宏大的故事，要描绘的人物的品性和弱点，设置场景。”只有这样他才能开工。他不会捏造数据（不过分捏造），“但他要确保它适用于他的宏大叙述框架”。用丘吉尔自己的话来说，“我习惯于先口述出脑海中的构想，我认为大致真实准确的对象和主要观点”，然后再进行实证。

据罗宾·普莱尔的研究显示，丘吉尔筛选并安排事实，建构了对加里波利之战的误导性叙事。他所著的《世界危机》坚称攻打达达尼尔海峡功亏一篑，但事实上这一战有致命的纰漏，从一开始就不切实际。丘吉尔还推卸责任，说战争委员会和海军部都支持入侵计划，而其实是他自己力排众议一意孤行。普莱尔把文学史的研究方法应用到了军事史上，通过对比数稿《世界危机》，来揭示丘吉尔如何掩盖行迹，逐步地为一些很有问题的政策抉择涂粉施朱。在一个版本中，丘吉尔承认他不应该强制打压费舍尔的逐步质疑，但最后的定稿没有包含这段话。丘吉尔还称，一旦舰队抵达君士坦丁堡，希腊、保加利亚和俄国都可能派地面部队增援，普莱尔认为这种想法“乐观至极”。最后，丘吉尔甚至声称，多亏这一仗，意大利加入协约国参战，保加利亚止步同盟国，土耳其军队也受创。但事实上，意大利是否能算协约国值得怀疑，加里波利的僵局反而推进了保加利亚参战，土耳其的伤亡和协约国海陆两处的惨重损失不相上下。丘吉尔用海军部的统计数据来证明卡登的舰队弹药充足，但那数据实则是海军全军的炮弹储备，攻打海峡的舰船军需完全没有跟上。丘吉尔曾经写过一个段落，坦承弹药不足，扫雷舰不够，协约国用水上飞机进行精确打击也不见效，他承认这些失误都是他个人的责任。而后来他摒弃了这一段。在《世界危机》和其他所有军事著作中，丘吉尔几乎不提至关重要的后勤问题，只因为它们缺乏戏剧性。在早先的草稿里，描写加里波利一战的最后一句话读起来软弱无力：“遗憾的是，我们未能坚持到底。”最后，丘吉尔把它改成了一句富有戏剧效果的口号：“功亏一篑，即是大罪。”

维多利亚时代情节剧喜闻乐见的套路就是千钧一发阻止恶人，援救主角。比如萧伯纳《魔鬼的门徒》：

> 安德生：谢谢上帝！我来得正是时候！
>
> 伯谷英：（依旧很镇静，表还在手中）时候早着呢，先生。时候还有富余。

我绝不会梦想照着美洲的钟的时刻而绞死任何一个上等人。[10-12]

1914年下半年，冯·施佩上将[10-13]的舰队在南海上横行霸道，丘吉尔派出两艘战舰截击德军。在《世界危机》中，有一名主管军工的海军上将表示反对，指出要到11月13日才能准备好舰船，但丘吉尔大无畏地提前两天就派它们出击。结果它们和冯·施佩同一天到达了福克兰群岛[10-14]，“及时赶到”击败了德军。这种精心编织的叙述掩盖了事实：丘吉尔迅速派遣战舰并没有起到多大作用，它们优哉游哉地晃到了福克兰群岛，能截到冯·施佩纯属瞎猫撞到死耗子。但是在擅写惊险小说的约翰·巴肯看来，丘吉尔还是把握住了凌乱的现实，“一场包含许多零散战役的战争”，打造了“一个真实而艺术化的整体”，安排了一番“出色而激动人心的叙述”。

在描写第二次世界大战的时候，丘吉尔也用了如出一辙的手法，先拟出叙述轮廓，再搜寻事实来填充它。他和一个助手团队一起创作，其中的主笔枪手F•W•迪肯[10-15]回忆道：

温斯顿和我会一起讨论大纲，他独自构思好，和我讨论。我要按着框架来。我查找事实，他来口述他记得的人和事。他也会让我去做访谈，作为注脚。他曾经让我去采访乔治将军[10-16]，谈谈1940年法国陆军的情况。

我编写备忘录，以唤起他的个人记忆。他会完全停下来，一点也想不起来，也会口述他的感想，比如当上大臣的时候，当上首相的时候。

迪肯着重提到，丘吉尔总是坚持要“保持自传体，而不是写历史”。1941年11月，美国外交部专家托马斯·诺斯·怀特海德表示，英国为美国所做的最有效的宣传，就是勾勒出战争的“恢弘画卷”，充满了信息量，但又更像一部历史小说，而非新闻作品。这或多或少是在隐指《第二次世界大战》。

丘吉尔著史可以说是“从上到下”的，只是他从来不挑战社会阶层。而社会史“从下至上”的历史观，当时已经由R•H•托尼[10-17]和艾琳·鲍尔[10-18]最先提出了，丘吉尔对他们的著作一无所知，只熟谙麦考利和G•M•特里维廉[10-19]，但也没有试图采用他们的方法。

在写作《英语民族史》的时候，他从J•R•格林[10-20]的《英国人民简史》（他早在1905年就读过）和记录15世纪英国生活的出色作品《帕斯顿信札》[10-21]中汲取了不少养分。在一战爆发十九周年纪念日上，他断言："无论身份多么低微，每一个人都有自己的故事可讲，事件如何降临到他身上，他的所见、所闻、所言、所向，还有最重要的，他所留存。这些数以百万的未刊脚本应该收获同情与兴趣，而只是需要被记录下来。"但是他自己从来没有记录过。他1940年的一些演讲赞美了人民战争，但《第二次世界大战》只是一笔带过了制造飞机的工人、步兵、凭配给证艰难度日的主妇以及遭受轰炸无家可归的伦敦东区人民，很少提及他们的最光辉的时刻。撰写《英语民族史》的时候，他曾经要求艾伦•布洛克[10-22]"用两三千字描述一下这个阶段的社会历史和制度发展，表现人民的生活、住房、食物、难题、习惯，引用一下当局的说法"。他承认："刚开始着手处理这个漫长的故事，我确实着眼于战争和王者，但我更加心焦的是，应该在叙述中表现这些故事的另一面：人民一直生生不息，前仆后继。"布洛克写了澳大利亚，但丘吉尔埋怨"难免有点单调，都是罪犯和流放地"，要求多描写"独有的动物品种，袋鼠和鸭嘴兽之类"，当然"澳大利亚人热爱运动，比如赛马，墨尔本杯赛马节，亚当•林赛•戈登[10-23]的诗歌就描写了这些"，更不用说"那里的人很有男子气概，人种异常英俊，在大战中表现出阳刚之气和军事素质。这片土地平等而愉悦，气候温润宜人，水源充足。吉卜林就写过一些关于澳大利亚的出色的诗歌"。后来他又补充道："我们还该为新西兰加上一些篇幅。"布洛克告诉他，残酷的现实是"19世纪澳大利亚的城镇生活粗糙、单调，仅有的消遣是淘金者们的声色犬马"，但是也答应"多写几笔澳大利亚中部的开发，写成可供打发闲暇的史诗式故事"。

当时，这部作品就引起了学术界以外公众的争议。驾驭历史的究竟是伟人还是社会大众，丘吉尔倾向于站在伟人一边。他认为，在我们的全部生活中，"事件和机遇时时刻刻都扮演着决定性的角色"。"如果平凡大众的日常经验也是如此，”他解释道，“那每个领域的思想者、发现者和指挥者之类的精神导师级人物就谬以千里了。他们确实需要背景、氛围和时机，但这些也只是增强他们力量的杠杆。”“战争令他心醉神往，”1943年莫兰勋爵写道，但只限于那些传统的战争史，“……他令人惊奇地熟知诸多名将的战役细节，他走访了他能接触到的几乎所有战场，能够分析出某一场战役扭转局势的决定性一步。但他从来没有考虑过士兵的想法，从未试图与他们分担恐惧。如果士兵未能恪尽职守，大臣只会说他该枪毙，就是这么简单。”莫兰把自己的战争行为研究著作《勇气的剖析》手稿给他看，但丘吉尔像毕林普上校[10-24]一样，对“所有这些心理学谬论”置之不理，并警告这些东西可能削弱士气。《英语民族史》中同样忽略了科学史、工业史、文学史与哲学史。自然，丘吉尔对数千万英语国家的非裔、亚裔和西印度裔人口也视若无睹。在他的历史生涯中，只有1937年日本企图执掌世界霸权之时，他才意识到这种路径的薄弱之处：

> 英语国家的历史主要是白种人的故事。我们铭记波斯帝国，因为它徒劳地抵抗希腊；我们铭记迦太基，因为它一度挑战罗马的霸权；我们铭记元帝国，因为它差一点占领了欧洲。而我们却遗忘了亚洲早于地中海地区几个世纪的文明，甚至比欧洲这个摇摇欲坠的“亚洲大陆的小半岛”的白人至上主义也要早得多。因此，我们也许很难意识到，我们所面对的，是另一种肤色的人民引领世界的要求。

但是，如果只抓住丘吉尔的纰漏不放，就看不到他在这方面也有显著的成就。他超越了20世纪中叶风靡一时的“新社会史”[10-25]，预见了20世纪晚期取而代之的后现代史学。

F•W•迪肯称“丘吉尔从未关注过历史的本质问题”，戈登・克雷格也说他从来没有读过利奥波德・冯・兰克[10-26]。这两种说法都不对。丘吉尔在他的马尔博罗公爵传记中发展了一种在各个方面都高度理论化的史学方法。虽然读上去的第一感觉像是维多利亚时代的老古董，歌功颂德的伟人生平长卷，但这部作品是反直觉主义的。和《英语民族史》一样，它也主要基于兰克的《英国史》。后现代史学研究者视兰克为伟大的认识论先贤，兰克认为爬梳档案可以毋庸置疑地告诉我们“实则何为”[10-27]，亦即我们能够知道“其实发生过什么”。但是后现代主义史学家忘记了自己的基本观点，所有的文本都是开放性的，丘吉尔阅读视野中的兰克截然不同。丘吉尔曾经引用过兰克《英国史》中的关键段落：

> 数年前我曾蒙受指责，说我借由残羹冷炙著史。当然，只要材料足以支持，我不会这样做。但是如果原始资料遗失或者隐匿不明，那就必然只能利用不那么完善的档案和零散的通信。在这种情况下，事件可能是因为非常重要而被故意隐匿的，更可以确定其实际发生过了。

兰克被丘吉尔誉为“最有意义、最优美的历史学家”，他承认历史充满了不确定性。而正如后现代主义者所意识到的，翻译包含误差，兰克想要发现的“实则何为”，不是“其实发生过什么”，而是“本质上发生过什么”，这更加切实可行。丘吉尔在《世界危机》中曾经用了这个短语“本质上发生过什么”，只是没提及兰克。“历史不由沉默推动，”他运用兰克的观点写道：

> 时代再难记录，编年史学家也要讲故事。事实不够，传闻来凑；没有书面正史，就用街谈巷议来编造。万事都是相对而言的，有疑点的事实也得相辅相成；流氓的证言也比一空依傍要好；伪造的书信，假如年代真的久远，也强过一无所有。必须坚持不懈才能找到真实的档案和可靠的证人，但有时根本没有，不得不痛苦地用不那么可信的材料弥补空缺，就像戏剧已经要开场了，没奈何临时换了主角，经常一个“抱歉”招呼也不打……但是如此一来大功告成，将断简残篇聚拢、筛选、权衡，嵌入故事里，结果也可以说符合事件的原貌了。

值得注意的是，在最后一句话中，丘吉尔对实证的历史持怀疑态度，他认为“万事都是相对而言的”，这是对后现代主义精炼的总结。他运用了所有后现代主义者会运用的非常规资源：冷门的旁证、传闻甚至赝品都会告知我们关于过去的信息。和后现代主义者一样，丘吉尔深知档案即碎片："这些幸存下来的文字碎片，只是曾经发生过的沧海一粟。"因此，几百页史料也无法涵括多年的整体人类经验，"要了解历史，读者就须谨记，载入史册的只是九牛一毛，最重要的是，时间因素严重地被压缩了。"丘吉尔喜好编织对话，来填补史料没有留下记录的部分。刘易斯·纳米尔[10-28]曾经委婉地表示，不看好这种编造"臆想的事实画面和人物感受"的惯用手法。而丘吉尔回应道，他创造的对话"对自己而言不过是一点无力的小放肆，但有时候能让普通读者搞清楚状况"，对于不完整的史料也是必要的补充：

> 历史最有误导性的因素之一，就是历史学家只凭手头的材料就建构一个故事。在很多情况下，这些材料只是事实的一小部分，需要用日常可见的东西来填补这幅画卷，比如说同僚之间的常谈和友好的餐会。很多时日没有什么值得一书的，但其间事件仍在运行。

丘吉尔的虚构历史手法，和娜塔莉·泽蒙·戴维斯撰写的《马丁·盖尔归来》[10-29]十分相似，用戴维斯的话说，她把历史写得"像侦探小说"。这种模糊历史与虚构界限的手法，让我们绕了一个圈又回到原点，迈克尔·宾利观察到："通过意义、讲述和与广大受众交流，后现代的世界在某种程度上让历史的弹球滚回了来时的方向。"事实上，"大众熟知的年轻一代历史学家的交流技巧，无非是一种新的辉格党原则。故事颠来倒去，注解删削几尽，历史重新成为了文学和视觉的媒介。"辉格党历史观有争议的公认弱项就是现代主义。丘吉尔和其他辉格派史学家都因为把他们的辉格党意识形态强加给历史人物而饱受批评，就像娜塔莉·戴维斯把她20世纪的女性主义观点施加到16世纪的法国农妇身上一样。

丘吉尔一生大量阅读历史小说，并且相信小说可能比历史专著更加真实。约瑟芬·铁伊的小说《时间的女儿》[10-30]让他相信，不管"该死的学究们”怎么说，理查三世都没有谋害伦敦塔里的王子。他坦然否认自己的一战史、二战史是历史，一再用“故事”、“传奇”或“记叙”一类的词描述它们。《先驱报》刊登的曼尼•欣维尔[10-31]的评论也并非妄言，他表示，《第二次世界大战》是“一部以温斯顿•丘吉尔为主角的小说”。正如迪肯所言，丘吉尔乐于把有价值的传说当作事实：

> 我记得在战前曾经发生过一次既激烈无情又温和无害的争论，关于阿尔弗雷德大帝到底有没有烤焦蛋糕[10-32]。丘吉尔解释道，在战乱时代，传说自有其历史意义，在他们抵抗外来侵略者的最艰难的日子里，蛋糕象征着一种反抗的神话，这是挖掘那些模糊而辽远的人物形象的灵感源泉，撒克逊人物资短缺，仍坚持自卫。我坚决不同意。而没过多久，秉持严密的史学逻辑，丘吉尔在敦刻尔克[10-33]证明了自己是撒克逊海防的嫡系继承者，领导了英国史上最富决定性的抵抗。
>
> 在史诗时代，神话自有它历史上的诗学地位……

而更多科学主义的历史学家希望的是，在将来的某个时刻，待研究足够完备，就可以明确地揭示出事件的真相，亦即“历史的结论”。M•M•波斯坦[10-34]认为这个终结时刻在1939年真正降临，他宣布，经济历史学家J•H•克拉彭[10-35]创造了“一种事实结构，像花岗岩一样确凿无疑，在他的基础上，已经无可超越”。后现代史学家指出了这种假定的荒谬：历史永无止境，不断地被重新解释。我们总是借由现在来评判过去，现状总是在变化，对过去的观点亦然。举一个最明显的例子，在安定的20世纪50年代，美国史学界的“和谐派”[10-36]似乎高枕无忧，但在动荡的20世纪60年代就行不通了。而后现代主义者并不是第一个意识到这点的。早在丘吉尔的年代，在经典的元史学理论著作《1066和一切》[10-37]中，作者就挖苦地提出了同样的论点：“历史现在走到尽头了……因此这种历史要完结了。”丘吉尔经常在公开场合提到“历史的结论”，似乎相信历史会证明他正确，但是据艾诗立称，私下里，“他不认为会有什么凭后人的智识无法更改的最终裁决”。他为父亲撰写的传记也体现了这种不可知论。

“啊！”他对艾诗立说，“如果早知道，我写出来的可能就不一样了。”在1940年11月的一次著名演说中，丘吉尔向历史学家提出了一种不确定的原则：

> 它不会让人们欢天喜地，也不会让生活变得无法忍受，它无法预见或者预测事件的大幅度演变过程。在某一阶段人似乎是对的，另一阶段又是错的。数年后，时间线延伸，所有东西又洗牌重组，有了新的比重，出现了另一种价值标准。

这段话来自他对内维尔·张伯伦慷慨的悼词。我们不常把丘吉尔和谦卑的品质联系到一起，但他彼时谦恭地承认：“历史顶着闪光灯，沿着过去的轨道蹒跚前行，试图重建场景，唤起回声，激发旧日的激情。”

丘吉尔还预期了一种比后现代主义更加现代的史学方法——印刷文化史。和阿德里安·约翰斯一样，他意识到印刷技术将促成神话的不朽，同时，文本之间不断以讹传讹：“因此，很容易编织一环扣一环的谬误链条来贯穿历史。”更重要的是，作为一名记者，丘吉尔深谙印刷在打造历史声名中的作用。显而易见，他写道，马尔博罗是一个比路易十四和拿破仑更加伟大的军事天才，毕竟，他打赢了战争[10-38]。但为什么那两位法国人名垂史册而他没有？丘吉尔得出的结论是，马尔博罗在欧洲战场上的胜绩失载于书面，麦考利之流的狡猾“码字工”抹黑了他的声名。路易十四可能只是一名平庸的将领，但他出色地把持了媒介，不仅是印刷媒介，他还带着“包括了画家、诗人和历史学家的一批私人随从”上战场，所以他的一言一行“都在法国那个年代的诗歌、挂毯、绘画和雕刻中如期永垂不朽”。而马尔博罗没有花力气自我宣传，也没有写过回忆录。“我不爱看见我的名字被印出来，”他曾对妻子萨拉说，“我认为，一个正直的人必定以行为自证，而非作者的笔杆。”而他的后代无所不用其极地纠正这个错误。马尔博罗不过是创造历史，而温斯顿既创造历史，又书写历史，甚至致力于第一次为两次世界大战著一部全面的历史。

一战期间，丘吉尔遭受了报纸的狂轰滥炸。1915年5月，芝加哥《每日新闻》一名富有同情心的记者爱德华·贝尔告诫他："在美的德国人正在大肆利用诺思克里夫和《晨邮报》对政府尤其是您进行攻击[10-39]。他们在芝加哥给家家户户发传单，说'伦敦最大的报纸'指责您'打压费舍尔勋爵'，攻打达达尼尔海峡，为英国酿成了'致命大错'。"贝尔只收到了爱德华·马什的回复："丘吉尔先生嘱咐我感谢您的善意来函，但他心意已决，最好对您提及的攻讦视而不见，让事实自己说话。"而丘吉尔痛苦地意识到，事实永远不会自己说话，而是被媒体筛选过滤，花样翻新。被内阁罢免后，他加大力量扶植一些态度友善的记者，包括J•L•加尔万、C•P•斯科特和罗瑟米尔爵士。1916年12月，他对阿奇博尔德·辛克莱说，诺思克里夫集团受到了劳埃德·乔治的威吓，要排挤他出内阁。他向达达尼尔调查委员会申诉道，英军在索姆河伤亡六十万，远超加里波利之战，可是"没有哪家大报由政府撑腰摆布，以此大做文章，反而被报道成一系列值得纪念的胜绩；7月1日的灾难肇始，在公众心中反而是一次辉煌的胜利"。他在《世界危机》中宣称，战争史必然伴随着新闻界的推波助澜和时常不负责任的影响力，马尔博罗就栽在这上面。温斯顿深知，安妮女王[10-40]治下的英国新闻界摆脱了公共审查的束缚，一跃成为政治的重要因素。无论是辉格党还是托利党的报纸，都在攻击西德尼·戈多芬、萨拉·丘吉尔乃至最高指挥官本人，指责他们限制了他在战场上的行动自由。[10-41]戈多芬掌权期间，政府以煽动诽谤罪起诉了攻击马尔博罗最厉害的报纸（当时新闻还不是完全自由），而他一下台，就再没人管得了乔纳森·斯威夫特、丹尼尔·笛福和玛丽·曼利[10-42]了。

和C•V•韦奇伍德、A•L•卢伟思[10-43]和G•M•特里维廉一道，丘吉尔试图沟通学术研究和公众阅读之间不断扩张的鸿沟。他们都写作"跨界"的历史，以学术界所称赏的档案研究为基础，再发挥一点文采来吸引普通读者。在马尔博罗传记中，丘吉尔认为他和这些"调和科学历史、文学文体与大众接受的新派作者"是一脉。曾获瓦瑟学院嘉奖的历史学家维奥莱特·巴伯[10-44]也为丘吉尔的才能折服，他将严谨的学术与托马斯·卡莱尔式的"雄辩"和利顿·斯特雷奇的"讥诮"融为一体。G•M•特里维廉对他说："大部分专业历史学家都缺乏可读性，倒是威尔斯和贝洛克这样的非专业人士对此念念不忘，所以，您填补了一道鸿沟。"*

除了赚钱这个重要的原因，丘吉尔写作历史还有三个主要目的：首先，自然是自我戏剧化和自我辩护，尤其是关于两次世界大战的作品。阿瑟·贝尔福称《世界危机》是"温斯顿的华丽自传，不过乔装打扮成历史的样子"。

其次，他也在其中传达了一些政治讯息，辉格党发扬光大的英国自由传统，以及警告外国独裁政权不要虎视眈眈。1933 年 10 月 4 日，马尔博罗传记即将出版时，他写信给出版商乔治·G·哈洛普公司，说："您知道全世界都有强权政府，强权基于武力，而武力则要防民之口。"但公众对于英国历史不断高涨的强烈兴趣"能使我们坚持高擎文明之火，我相信，自由和文明的社会将像一道壁垒一般，把共产主义或者法西斯式的极端狂热隔离开来"。

马尔博罗的故事，讲述的是一位英明的军事领导人指挥联军，牵制入侵大陆的暴君，显然与 20 世纪 30 年代的情况有关联，而（至少在第一卷）影射的是和希特勒不相上下的斯大林。取消南特敕令[10-45]之后，路易十四接着颁布了"没收、监禁、处死"的政策，强迫意识形态统一，推行个人崇拜，并且挥霍国家财富，践踏千万工人的生命来建造巨大的形象工程。"严禁穿越边境逃离暴政，现在苏联就是这样。"《英语民族史》中也有这样的抨击，正如 1939 年 4 月丘吉尔对莫里斯·艾诗立所言：

> 大体上说，主题是自由与法制的发展、人权的进步以及在共同体基础和道德理念之下国家的从属地位。怀有这些理念的英语人民既是作者，也是受托人，必将成为全副武装的赢家。因此，我谴责任何外衣下的暴政，无论它怎么伪装。所有这些，当然应该有一桩现行的实例。

---

* 特里维廉这样评价丘吉尔，可能有一丝嫉妒的意味。特里维廉的《安妮王朝的英国》几乎与马尔博罗传记同时出版，两部性质差不多的鸿篇巨制可能在销量上拼了一番。

最后，丘吉尔相信，国家通过历史得到确证，历史越长，国家越强大。他痴迷于宏大叙述，痴迷于能讲出一个鸿篇故事的国家，尤其是那些千年古国。英国的伟大之处，就在于她的历史绵延了两千年（《英语民族史》中的编年是这样计算的），而且至少还能再延续一千年（参见其演说《最光辉的时刻》）。同样地，在论及德国侵略挪威的时候，他一直追溯到维京人[10-46]头上；日本要参战，他也把这个致命的决策拿来和她“悠长而浪漫的历史”对比；墨索里尼侵略埃塞俄比亚的时候，它已经至少有“千载”历史了；* 如果忽略原住民，澳大利亚的历史相对较短，丘吉尔自己忽略了原住民，但坚持宣称澳大利亚拥有“在人类想象领域中的漫长的历史。自希罗多德的时代起就有关于辽远大陆的传说，在地平线上时而可见，怪兽盘踞，埋藏着所罗门王的宝藏”。

1919 年，《凡尔赛和约》[10-47]促成捷克斯洛伐克建国。这个国家，过去是不曾存在的，说起来却有一段公认的漫长历史：“捷克人居住的，是古代波希米亚和摩拉维亚[10-48]的王国，人们会记起圣史蒂芬节的瓦茨拉夫王[10-49]，记起克雷西会战中盲目的波希米亚约翰王[10-50]，记起秉持德文座右铭‘我为人人’的威尔士亲王羽毛纹章[10-51]，也许还有布拉格的约翰•胡斯[10-52]。这里满是历史悠久的传说。”丘吉尔意识到，德国可能会把苏台德[10-53]建成另一个阿尔斯特，违背自治原则，加重这个新州县里少数人的不满，但他仍然支持决议，“坚守古波希米亚的边境，山脉勾勒出轮廓，五百年的传统将其供奉。”捷克斯洛伐克和波兰独立后仅二十年就在地图上消亡了，但捷克仍然是“一个在欧洲过去很多个世纪里都闻名醒目的国家”，波兰也是“一个古老的国度……拥有比德国的自吹自擂要久远得多的历史”。

对悠久历史叙事的着迷，可以解释丘吉尔终生与希腊人和犹太人的情感联系，这些国家都比英格兰古老得多。他解释道，这两者都是：

---

* 出于某些原因，他没有提及印度。

……著名的古代民族，他们为生存而进行的不懈斗争，可以追溯到人类思想的发源时代。再没有哪两个民族能在世界上留下这样深刻的印记。尽管外来压迫带来了无尽的艰险苦难，内部的纷争、纠葛和动乱也无休无止，他们还是表现出一种生存的能力。数千年的岁月并没有改变他们的个性，也没有消弭他们的努力与生机。就算全世界都与之为敌，所有可为都背道而驰，他们依然生存下来了，从不同角度将他们的才能和智慧留给我们传承。再没有哪两座城市为人做出的贡献堪比雅典和耶路撒冷了。它们的宗教、哲学和艺术是现代信仰与文化的主要指明灯。经历了几个世纪的外族统治与难以言喻的无理压迫，它们仍然是充满生机的活跃共同体，现代世界的有生力量，内部贪婪的生命力依然在叫嚣。我个人总是站在它们一边，并且深信凭它们无敌的力量足以战胜内部的冲突与威胁要它们灭亡的世界潮流。

每一个思考历史的人都有一种历史视野，这决定了我们可以回顾与前瞻的范围。我们在一定程度上思考过去的意义与重要性，也在一定程度上计划着未来；超越这些边界的，我们就将它们视为古代史或者难以预见的，不作考虑。温伍德·瑞德和H•G•威尔斯都拥有最广阔的可能视野，从宇宙的起源到星际的航行。丘吉尔的历史范围没有这么广，但也已然着眼千年。1940年3月，萨姆纳·韦尔斯[10-54]和约瑟夫•P•肯尼迪[10-55]到海军部拜访了丘吉尔，他对他们来了一次演说，就像对着大批听众一样，发誓要完胜纳粹暴政。那会让“我们付出很大代价”，他承认，但是“那是文明唯一的希望”。美国外交官提出了别人也曾提出过的异议：即使打了胜仗，英国也将不堪重负。但丘吉尔不假思索地答道：“那样想，目光太短浅了。”从历史的视野看来，他的逻辑确实无懈可击。

译者注

[10-1]海登·怀特(Hayden White,1928—):当代美国著名思想史家、历史哲学家、文学批评家。将历史主义思想引入文学批评领域，成为跨学科研究的典范。《元史学》(*Metahistory*)是他的成名作，当代西方历史哲学研究中语言学转向的标志。他认为史与诗并不存在截然断裂的鸿沟，任何史学作品都包含了一种深层结构，是诗学的，实质上也是语言学的，是一种未经批判而被接受的范式。

[10-2] 陌生化（defamiliarization）：著名的文艺理论概念。由俄国形式主义理论家什克洛夫斯基提出。指在文艺创作中应该使对象陌生，使形式结构变得复杂，延长感觉过程，以实现审美目的，使人恢复对生活的感觉，反对用熟悉的形象或象征来描写事物，主张把作为素材的事件组织成“情节”。

[10-3] 希罗多德（Herodotus，约公元前481—前425）：古希腊作家、历史学家，被誉为“历史之父”。著有《历史》，叙述西亚、北非及希腊各地的历史、地理及民俗风土，以及波斯人和希腊人在公元前478年以前的战争。

[10-4] 亨利·哈勒姆（Henry Hallam，1777—1859）：英国历史学家。

[10-5] 此处指1815年6月19日（星期一），滑铁卢战役次日，即有谣言称英军将领威灵顿公爵战死，滑铁卢陷落。事实上，英军取胜，拿破仑攻打滑铁卢失败。

[10-6] 威廉·梅克比斯·萨克雷（William Makepeace Thackeray，1811—1863）：英国作家，维多利亚时代小说的代表人物。

[10-7] 安东尼·特罗洛普（Anthony Trollope，1815—1882）：英国作家，以写实风格著称。

[10-8]乔治·诺曼·克拉克(George Norman Clark,1890—1979):英国历史学家，陆军军官。

[10-9]R·C·K·恩索尔(Robert Charles Kirkwood Ensor,1877—1958):英国诗人、作家、记者、历史学家。

[10-10] 赫伯特·巴特菲尔德（Herbert Butterfield，1900—1979）：英国历史学家，曾任剑桥大学副校长。

[10-11] 彼得·拉斯莱特（Peter Laslett，1915—2001）：英国历史学家。

[10-12] 《魔鬼的门徒》是萧伯纳1896至1897年创作的三幕情节剧，讲述美国独立战争时期英国人迫害清教徒，仗义的走私犯理查代替安德生牧师被捕，要被绞死

的前一刻牧师带着特赦令回来援救他。译文参考《魔鬼的门徒》，姚克译，文化生活出版社 1936 年版。特此致谢。

[10-13] 冯·施佩（Maximilian von Spee，1861—1914）：德国海军上将，在下文提到的福克兰群岛之战中战死。

[10-14] 福克兰群岛（Falklands）：南大西洋群岛，英国与阿根廷争议领土。

[10-15] F•W• 迪肯（Frederick William Deakin，1913—2005）：英国历史学家。

[10-16] 阿尔方索·约瑟夫·乔治（Alphonse Joseph Georges，1875—1951）：法国陆军军官，1939 至 1940 年任二战东北前线总指挥。

[10-17] R•H• 托尼（Richard Henry Tawney，1880—1962）：英国作家、经济学家、历史学家、社会评论家。

[10-18] 艾琳·鲍尔（Eileen Power，1889—1940）：英国历史学家。

[10-19] G•M• 特里维廉（George Macaulay Trevelyan，1876—1962）：英国历史学家。秉持改良的传统历史观，认为英国史是一个和平而缓慢的进化过程，有“20 世纪的麦考利”之称。

[10-20] J•R• 格林（John Richard Green，1837—1883）：英国历史学家。

[10-21] 帕斯顿信札：英国帕斯顿家族 1422 至 1509 年间的书信与文件集合，是当时英国社会情况的重要记录。

[10-22] 艾伦·布洛克（Alan Bullock，1914—2004）：英国历史学家，曾任牛津大学校长。

[10-23] 亚当·林赛·戈登（Adam Lindsay Gordon，1833—1870）：英裔澳大利亚诗人、骑师、政治家。维多利亚时代首次用澳洲方言写作的诗人，诗作多描写抒情风景和赛马。

[10-24] 毕林普上校（Blimpish colonel）：英国政治漫画家戴维·洛（David Low，1891—1963）创作的漫画人物，刻画的是一位英国极端保守派人士，后来成为“老顽固”的代称。

[10-25] 新社会史（New social history）：也称英国马克思主义史学派，强调扩大的总体社会史概念，重视社会下层和普通民众社会生活的历史。代表人物克里斯托弗·希尔、埃里克·霍布斯鲍姆等。

[10-26] 利奥波德·冯·兰克（Leopold von Ranke，1795—1886）：德国历史学家，西方近代史学奠基人之一，被誉为“近代史学之父”。主张研究历史必须基于客观地搜集研读档案资料，如实地呈现历史的原貌，对后来的东西方史学都有重大的影响。

[10-27] 原文为德文：wie es eigentlich gewesens.

[10-28] 刘易斯·纳米尔（Lewis Namier，1888—1960）：英国历史学家，曼彻斯特大学教授。

[10-29] 娜塔莉·泽蒙·戴维斯（Natalie Zemon Davis，1928— ）：美国历史学家，

新文化史代表人物。《马丁·盖尔归来》（*The Return of Martin Guerre*），原是1982年的一部法国电影，改编自美国作家和诗人珍妮特·刘易斯（Janet Lewis，1899—1998）根据真实事件创作的小说，讲述16世纪一个从战场归来的法国农民冒名顶替他人，最后被揭穿。戴维斯担任电影的历史顾问，后来撰写了同名著作，由这一事件展开表现当时法国的社会文化。

[10-30] 约瑟芬·铁伊（Josephine Tey）：苏格兰作家，原名伊丽莎白·麦金托斯（Elizabeth Mackintosh，1896—1952），以历史主题的悬疑小说著称。《时间的女儿》（*The Daughter of Time*），讲述一位卧病在床的警探解开理查三世谋杀侄子的历史悬案。理查三世（Richard III，1452—1485）：英格兰国王，1483至1485年在位，谋杀侄子爱德华五世后篡位，在文艺作品中多是反派人物。小说为其翻案，主角发现理查三世杀侄篡位是后人的杜撰。

[10-31] 曼尼·欣维尔（Manny Shinwell）：即伊曼纽尔·欣维尔（Emanuel Shinwell，1884—1986），英国工会领袖，工党政治家。

[10-32] 阿尔弗雷德大帝（King Alfred，849—899）：英国历史上第一个“盎格鲁-撒克逊人的国王”。率众抗击维京海盗的侵略，使英格兰大部分地区回归盎格鲁-撒克逊人的统治。传说他一度战败躲藏，蒙一位不知道他身份的农妇收留，并嘱咐他照看炉子上烤着的蛋糕，他一心思考反攻大计，结果把蛋糕烤焦，被农妇责备。这个传说类似于中国的“韩信漂母”。迪肯说“既激烈无情又温和无害”，因为两人各执一词，而这个传说的真假其实无关紧要。

[10-33] 敦刻尔克（Dunkirk），法国东北部靠近比利时的港口，此处指敦刻尔克大撤退，发生于1940年5月26日至6月4日，第二次世界大战时欧洲大陆的一次战略性撤退。德国攻破法国马其诺防线后，包抄英法盟军。盟军撤至敦刻尔克，执行了当时最大规模的撤退行动，成功保存了主要兵力以备反攻，但抛弃了大量军备，导致后来英国地面防卫严重不足。迪肯在此处微有讽刺，意即丘吉尔从一个关于蛋糕的传说就能过度阐释出阿尔弗雷德大帝英雄落魄，撒克逊人物资短缺，结果后来他自己也陷入了相同的境地。

[10-34] M•M•波斯坦（Michael Moissey Postan，1899—1981）：英国历史学家。

[10-35] J•H•克拉彭（John Harold Clapham，1873—1946）：英国经济历史学家。

[10-36] “和谐派”（consensus school）：二战后美国史学界兴起的思潮，探讨核心价值观在美国历史与社会中发挥凝聚作用的独特方式，试图在保证美国历史进程连续性的前提下，稀释美国社会中的政治与文化冲突。代表人物有理查德·霍夫斯塔特、路易斯·哈茨、戴维·波特等。20世纪50年代盛极一时，60年代后由于冷战格局瓦解和新史学流派冲击而销声匿迹。详情可参见张涛：《美国战后“和谐”思潮研究》，人民出版社2002年版。

[10-37]《1066和一切》（*1066 and All That*）：英国幽默作家W•C•赛里亚尔（Walter

Carruthers Sellar，1898—1951）和R•J•耶特曼（Robert Julian Yeatman，1897—1968）1930年出版的历史著作，是模仿学校课本体例写作的一部英国通史，故意掺杂了很多不实的传闻、笑话和文字游戏，调侃当时的历史研究与教学。

[10-38] 1702年，法国路易十四为了争夺西班牙王位继承权发动战争，攻打以英国为首的联盟，战争一直延续到1713年。马尔博罗公爵任英荷联军总司令，1704年在欧洲战场大败法军，奠定了英国的霸主地位。

[10-39] 阿尔弗雷德·诺思克利夫（Alfred Northcliffe，1865—1922）：英国新闻事业家，英国现代报业奠基人。《晨邮报》主编，当时的媒体巨头。1915年5月，曾就攻打达达尼尔海峡在《晨邮报》上发表措辞激烈的文章，批评政府与海军大臣。

[10-40] 安妮女王（Queen Anne，1665—1714）：英国斯图亚特王朝末代女王，1702至1714年在位。

[10-41] 1709年，英法战局胶着，军队开支巨大，马尔博罗属于辉格党主战派，身陷法国战场，受到舆论的攻击。他的姻亲西德尼·戈多芬（Sidney Godolphin，1645—1712），任枢密院大臣、国务秘书，与他同为主战派；妻子萨拉·丘吉尔（Sarah Churchill，1660—1744）是安妮女王的近侍和密友，但当时与女王失和被罢黜，马尔博罗一派因此失势，后来在舆论压力下陆续下台流亡。

[10-42] 玛丽·曼利（Mary Manley）：即德拉利威尔·曼利（Delarivier Manley，1663—1724）的别名，英国作家、剧作家和政治评论家。和笛福、斯威夫特一样，都是当时激烈抨击马尔博罗的主笔。

[10-43]C•V•韦奇伍德（Cicely Veronica Wedgwood，1910—1997）：英国历史学家。A•L•卢伟思（Alfred Leslie Rowse，1903—1997）：英国历史学家、莎士比亚研究专家、传记作家。

[10-44] 维奥莱特·巴伯（Violet Barbour，1884—1968）：英国作家、历史学家。瓦瑟学院（Vassar College）是美国著名文理学院，原本是女校，培养和表彰过很多优秀的女性人才。

[10-45] 南特敕令（the Edict of Nantes）：由法王亨利四世在1598年4月13日签署颁布。承认法国国内基督教新教胡格诺派教徒的信仰自由，并在法律上享有公民同等权利，是世界近代史上第一份有关宗教宽容的敕令。而路易十四在1685年颁布《枫丹白露敕令》，宣布新教非法，开始迫害胡格诺教徒，南特敕令自此无效。

[10-46] 维京人（Vikings）：从公元8至11世纪侵扰并殖民欧洲沿海和英国岛屿的民族，北欧人的祖先。

[10-47] 《凡尔赛和约》（*Versailles Peace Conference*）：即著名的巴黎和会签订的条约，一战后战胜国（协约国）对战败国（同盟国）的和约，主要目的是惩罚和削弱德国。协约国和同盟国于1918年11月11日宣布停火，在巴黎谈判长达六个月，于1919年6月28日在巴黎凡尔赛宫签署条约，标志着第一次世界大战正式结束。条

约内容包括协约国制裁一战战败的德国，重组欧洲政治格局；协约国扶持东欧新建包括捷克斯洛伐克在内的七个国家，以形成战线，缓和民族问题，抵御俄国。

[10-48] 摩拉维亚（Moravia）：捷克东部地区，8 世纪一度建立公国。

[10-49] 圣史蒂芬节（the Feast of Stephen）：纪念第一个基督教圣徒史蒂芬的节日，罗马历 12 月 27 日，公历 1 月 9 日。瓦茨拉夫王（King Wenceslas）：指瓦茨拉夫一世（约 907—935），波希米亚公爵，921 至 935 年在位。虔诚的基督徒，其弟图谋爵位，在教堂将他刺杀。被后世誉为殉教者和圣徒，有歌谣《仁君瓦茨拉夫》等传颂他的事迹，捷克布拉格中心有以其命名的广场。

[10-50] 克雷西会战（the Battle of Crécy）：英法百年战争中的一场战役。1346 年 8 月 26 日，英军在法国南部的克雷西大破法军，多名法国贵族诸侯战死，包括当时的波希米亚国王约翰（King Jan，1296—1346），1311 年即位，1340 年双目失明，故称“盲约翰”。

[10-51] 威尔士亲王：即英国王储，源于 1301 年英格兰吞并威尔士后英王对长子的册封。纹章图案由三根羽毛和德文“Ich Dien”（英译“I serve”，现译作“我为人人”）组成。爱德华三世的长子“黑太子爱德华”（Edward the Black Prince，1330—1376）在克雷西会战中任英军统帅，传闻他从战死的波希米亚国王“盲约翰”尸身上摘取了头盔和羽饰，将铭文“我为人人”据为己有，发明了王储专用的纹章。

[10-52] 扬·胡斯（John Huss，捷克语 Jan Hus，1369—1415）：捷克宗教思想家、哲学家、改革家，受罗马教廷迫害而死。波希米亚的贵族和信众因此发起对抗罗马教廷的“胡斯战争”，被视为捷克的民族英雄。

[10-53] 参见第二章“慕尼黑事件”注。

[10-54] 萨姆纳·韦尔斯（Sumner Welles，1892—1961）：美国外交部官员，1937 至 1943 年任副国务卿。

[10-55] 约瑟夫·P·肯尼迪（Joseph Patrick Kennedy，1888—1969）：即老肯尼迪，美国商人、投资者、政客。约翰·肯尼迪总统之父。曾任美国驻英国大使，美国证券交易委员会首届主席。

▲丘吉尔自画像（约 1920 年）：作品流露出自我怀疑。

十一、革命者

鲍里斯·萨文科夫[11-1]是沙皇俄国时期社会革命党恐怖组织的一名领袖。他成功地谋划了两次暗杀：1904 年对内务大臣 V•K• 普列维，以及 1905 年对沙皇的叔父谢尔盖大公爵。被捕并判处死刑后，萨文科夫越狱并混迹于巴黎的波希米亚人中，展开了精彩的逃亡。他在一战时加入法国军队战斗；1917 年“二月革命”后回到俄国，在亚历山大·克伦斯基[11-2]的临时政府中担任了几个星期的代理战事部长；后来，因支持科尔尼洛夫将军[11-3]谋反失败，被开除出社会革命党。布尔什维克夺权后，他投向白军[11-4]，先后在高尔察克上将和邓尼金将军[11-5]麾下服务；他们被击溃后，他到波兰自立山头，直到波兰与苏俄议和；他又回到苏俄组织游击队，和传奇间谍西德尼·莱利[11-6]合作，再次落败。1924 年列夫·托洛茨基和列夫·加米涅夫[11-7]怂恿他回归苏联，承诺要一起建设更加人道的政权；这当然是个骗局，他最后死在监狱里，可能是自杀或者被秘密处决。

这些履历听起来就像一出革命情节剧，令温斯顿·丘吉尔深感震撼。萨文科夫第一次和他会面时的身份是高尔察克的特使：“除了看戏，我还没见过一个真的俄国虚无主义者，我的印象是，他太适合这个角色了。”更重要的是，丘吉尔对当时五大革命运动（布尔什维克、犹太复国、阿拉伯、爱尔兰和纳粹）的反应，深深地受到了文学的影响。

在萨文科夫这方面，影响丘吉尔的是虚无主义情节剧，剧名他没有提过。另一个因素是萨文科夫的自传体小说《白马》，英文版出版于 1919 年，在丘吉尔看来“无可置疑地精确地描述了（一名革命者的）思想、日常生活、心理状态和令人毛发直竖的冒险”。萨文科夫还令他想起雨果《九三年》

中的西穆尔丹，小说描写的反雅各宾派起义发生在法国布列塔尼，西穆尔丹是一个富有献身精神的革命者，但最后被恐怖统治摧垮了：将一个好人送上断头台后，他自杀身亡。在雨果的传记作者看来，西穆尔丹“也在一位年轻的格鲁吉亚神学院学生朱加什维利心中留下了深刻印象，他关在小屋里读《九三年》，后来，他改名为斯大林”。* 第四个源头则是丘吉尔自己的《萨伏罗拉》，其中的阴谋桥段惊人地预言了俄国革命的进程：一场自由革命推翻了一位东欧暴君，但革命成果随后被刺杀废帝的极端分子窃取，保守力量发动反击，国家陷入混乱的内战。丘吉尔一厢情愿，牵强附会地把萨文科夫视为萨伏罗拉的化身，很可能是因为他们名字相似。他坚称，萨文科夫是“了不起的人，目标稳健的恐怖分子。合理的进步政策，哪怕自由、宽容、善意如英国议会制和法国土地所有制，要实现也免不了流血颠覆”。

布尔什维克夺权后几个月丘吉尔就做出了反应。1918 年 2 月 23 日，他叮嘱情报大臣比弗布鲁克勋爵[11-8]：“现在英国最有价值的报道就是渲染布尔什维克的暴行、背叛，对他们国家造成的破坏以及如何折损了我们的战士。”1919 至 1920 年，他再三称“布尔什维克的暴行史无前例，最恶劣，最富破坏性，最可耻”：

> 俄国发生的暴动当真在世界上史无前例吗？这个泱泱大国如一支强盛的大家族，不仅自给自足，在战前还是世界上最大的粮食产地，向许多国家出口食品。现在陷入最可怕的饥荒，并非因为缺乏食物——食物供应完全充足——而是由于列宁和托洛茨基的政策最终致命地破坏了人与人之间的交流互信，包括工农之间和城乡之间；大城市生活所仰赖的铁道与水路物流系统支离破碎；阶级和种族之间掀起了相互仇杀；大片祥和繁荣的村庄城镇转眼陷于虎狼之口；文明人倒退至比石器时代更加野蛮的境地，身处最可怕的人间惨相中，饱受害虫、瘟疫、绝望的折磨。

---

* 格雷厄姆·罗布：《雨果：九三年》序（纽约，1988 年）。

这就是进步，这就是自由，这就是乌托邦！说共产主义理论是一种进步的形态，简直是颠倒黑白，滑天下之大稽，它正一步步、一幕幕地倒退回黑暗时代……

丘吉尔与萨文科夫一致认同以上最后一点。他们在首相的别墅最后一次会面，彼时劳埃德·乔治谈论了俄国的局势，提出了地道的自由派意见与预期：

首相认为革命就像疫病一样，有一个发展过程。俄国最糟糕的时候已经过去了，布尔什维克领导人面临着现行政府的职责，要么摒弃共产主义理论，要么同室操戈，落得如罗伯斯庇尔和圣茹斯特[11-9]一样的结局。更弱小或更稳健的力量会跃居其上，动乱之后，将建立一个更加宽容的政权。

“首相先生，”萨文科夫答道，“那么请允许我好好观察罗马帝国陨落后随之而来的黑暗时代[11-10]。”

丘吉尔从温伍德·瑞德《人的牺牲》中汲取了维多利亚时代的世界观，认为人类历史未来会无止境地进步。对于养尊处优的人来说，一战后欧洲经济与政治秩序的彻底崩溃是一次始料未及的打击。内战中的俄国陷入了饥荒，红白两军都制造了恐怖。这种灾难和H·G·威尔斯在《空中战争》和《预测》中的想象十分相似。许多英国自由主义者和社会学家都对布尔什维克政权深怀疑虑，但他们基本都认为它是“进步”的，是缔造更好新世界的尝试，即使有可能误入歧途。然而丘吉尔视它为倒退，认为是在摧毁几个世纪的文明。因此，他用耸人听闻而过分激烈的言辞攻击苏俄，以至于破坏了自己的公信度。“你不能管列宁叫卖国贼，一棍子把俄国打死，”1918年9月，文学批评家约翰·斯考尔与丘吉尔会面后说，“又不是演情节剧。”丘吉尔对“战时共产主义”[11-11]的恐怖描述倒不算太夸张，但提及新经济政策时就完全是不切实际的。当时英国无论内阁还是大众都不想出兵干涉俄国或者支援白军，而丘吉尔一心想要阻止白军施行恐怖政策打击犹太人，甚至支持鲍里斯·萨文科夫这样的政治流氓，实在太天真了。

1922年11月11日，丘吉尔在邓迪发表了竞选演说，一如既往地运用了诗化的韵律：

20世纪多么令人沮丧
多么可怕，多么悲伤
一长串的灾难
头二十年黯淡无光
我们在列国看到离散
　　分崩
　　信念遭遇挑战
　　信仰走向衰亡
文明社会的终极存在
　　希望渺茫
我们早已建立起
秩序、和平、兴旺
却噩梦重现，一路堕落
重归崩溃、野蛮与混乱

这其实是一首平庸的自由体《荒原》，和T•S•艾略特[11-12]创作于同一年。进步突然被逆转了：在爱尔兰，“文明与基督教信仰大步倒退”；在埃及和印度，“我们看到千万人与高尚的科学与法制隔绝，一心要粉碎生存秩序，回到盲目无心的原始混乱中去。”

我忠实的朋友们啊，你们是否疑虑
　　当你们俯瞰如此惨景
人类正在渡此大劫
　　不只是毁灭
　　不只是缩减

不只是贫乏

不只是消弭

而是那毁灭之路

还未真正踏上征程？

这种战后的文化绝望情绪容易导致对犹太人的敌意，他们一般被视为腐化现代社会的代表。1919年11月29日，阿奇博尔德·辛克莱曾提及，丘吉尔阅读了《锡安长老会纪要》[11-13]。辛克莱意在警告反犹主义的危险，斥之为“纯属胡言乱语”，简直像《爱丽丝镜中奇遇记》[11-14]一样。而丘吉尔显然不这么认为。1920年1月2日，他在桑德兰[11-15]发表演说，以一贯的刻薄谴责了布尔什维克，但添了一句，说他们的领导人多是犹太人。这引起了自由派犹太运动领袖克劳德·蒙蒂菲奥里的抗议。丘吉尔则列出一份苏俄领导人的名单作为回应，其中包括六个犹太人（托洛茨基、加米涅夫、格里高利·季诺维也夫、马克西姆·李维诺夫、列昂尼德·克拉辛和卡尔·拉狄克）和三个非犹太人（列宁、格奥尔基·契切林和费利克斯·捷尔任斯基）。他引用报告称，在彼得格勒的人民委员部[11-16]，犹太人的比例已经从25%提升至93%。“我不禁想到，这个国家的犹太人最好听从规劝，坦然承认事实，谴责俄国和波兰那些背弃了种族与信仰的叛徒，同心协力支持俄国，重建一个强力、民主、公平的政府。”

2月8日，丘吉尔在《周日先锋画报》发表文章，这篇文章后来令他的传记作者摸不着头脑。论调匪夷所思地混杂，其中两部分亲犹，一部分反犹。起首他写道，犹太人“毫无疑问是世界上最强大最引人注目的民族……基督教启示中的伦理学体系归功于犹太人，即使完全脱离宗教，也是人类无与伦比的珍贵财富，与其他智慧与智识成果相比毫不逊色”。现代犹太人摆脱了聚居区的状态，向着三个方向分化：被同化、复国主义和马克思主义。丘吉尔积极支持前两者，但对于布尔什维克，他一口咬定，犹太人的才能在其他领域广为流芳，在此却罄竹难书地作恶。列夫·托洛茨基、库恩·贝拉、罗莎·卢森堡和埃玛·戈尔德曼[11-17]都是“在世界范围内阴谋颠覆文明，建构一个停滞、邪恶、不公的社会”的代表。这一“国际犹太人”阴谋已经运作有些时日了：“它……在法国大革命的惨剧中扮演着显眼的角色。是19世纪每一场颠覆活动的主要动力，以至现在，这种欧美大城市地下的大势力已经笼罩到了俄国人民头上，几乎成为了大帝国不容置疑的统治者。”他自称灵感来自内斯塔·韦伯斯特[11-18]，韦伯斯特的著作《法国大革命：民主研究》认为1789至1917年欧洲的革命剧变都是犹太共济会煽动的，她声称《锡安长老会纪要》的真实性是一个“完全开放的问题”，而自己却不加质疑地引用这部书。

丘吉尔这种暂时的冲动只能用他一生对宏大叙述的狂热来解释。现代关于犹太人的两种叙述是完全相反的：一方面他们是民族之光；另一方面却是全球邪恶阴谋的代言人。丘吉尔一贯秉持前者，但是在一段短暂的时间里，由于对布尔什维克革命的恐慌，他努力要同时相信两者，这也体现了他包容矛盾的能力。当他自己成为攻击对象时，他显然试图摆脱这种偏执。1923年，阿尔弗雷德·道格拉斯爵士[11-19]公开指责他协助一位犹太银行家的阴谋，篡改日德兰战争报告，操纵股票市场价格。丘吉尔必然要意识到，由于拥有很多犹太裔友人和社会关系，他比其他非犹太裔政治家更容易受到攻击。

更令人迷惑的是，丘吉尔在其他方面是犹太人的热烈支持者。他为德雷福斯案平反欢欣鼓舞，还激烈反对1905年英国的第一部外侨限制法。法令虽然并非特别针对犹太人，但主要应对的是来自俄国的犹太移民大潮。丘吉尔警告道，“一位偏狭或有反犹倾向的内政大臣”[11-20]专横地执行了它。但他高兴地补充道，英国工人“对最近荼毒欧洲历史的反犹主义没有什么显著的共鸣”。这种法案所“反对的有钱有势的犹太人”反而是值得称赞的：“罗斯柴尔德男爵[11-21]等人恳求英国庇护受宗教迫害被迫逃到外国的同胞，他们来承担开支，这符合犹太人的传统，是值得褒奖的行为。”1906年10月，他对奇塔姆[11-22]的犹太人说：“记住，做不好犹太人，也就做不好英国人。”他还公开抨击了不止俄国一地的大屠杀。1911年8月，南威尔士的矿谷爆发反犹骚乱，丘吉尔火速派遣军队逮捕罪犯。1913年，改革俱乐部[11-23]

给犹太议员德福雷斯特男爵投了反对票，他因此愤而退出。

早在1906年，丘吉尔就对在英国建立犹太国的理念表示同情，虽然他知道“其中有许多严峻的困难”。他自称对犹太复国的态度在1909年发生了转变。一战时任海军大臣期间，他起用身为化学家的犹太复国运动领导人哈伊姆·魏茨曼[11-24]来制造丙酮*。在加里波利之战中，从巴勒斯坦征用的一支犹太骡队表现英勇，巴勒斯坦的犹太人也给了英国军队至关重要的援助。作为军需部长，他和主管坦克生产的阿尔伯特·斯特恩爵士合作无间，斯特恩也是一个坚定的犹太复国主义者。10月31日，战时内阁批准了《贝尔福宣言》，承诺英国支持“犹太人在巴勒斯坦建立祖国”；11月2日，宣言送呈罗斯柴尔德男爵；11月9日，正式发表。宣言的部分动机是希望俄国的犹太人战时能团结起来保卫国家，魏茨曼彼时也准备动身去俄国鼓舞士气，只是11月7日布尔什维克攻陷彼得格勒，这个计划被迫中止。但所有这些都令丘吉尔的想法更加坚定，《贝尔福宣言》只是对战时犹太人功绩的嘉奖。

1921年3月，丘吉尔作为英国殖民事务大臣访问了巴勒斯坦。里雄莱锡安[11-25]的葡萄园和柑橘林给他留下了深刻的印象，他写道：“犹太殖民地遍布阿拉伯式房屋，而不是土墙。”还热心地记录道：“犹太居住区由废墟变为沃土，他们在沙漠里植树务农，财富增长，文明进步，以前只长一片叶子的草，在此处长出了两片叶子。”多数的阿拉伯人“深受裨益，从整体的改善与进步中分得一杯羹”。但是和多疑的阿拉伯人交谈时，他就这最后一点屡遭重挫，尽管非常真诚，他有时说话的口气还是像老奶奶在哄顽固的孩子吃药。“你们可以自己看看，犹太殖民者为这个国家的诸多方面做出的贡献，”他对阿拉伯听众演说道，“他们利用荒芜的沙地，建设起繁荣的农场和橘园。”回国以后，他又对复国主义者滔滔不绝：“他们不仅为自己，还为周遭的阿拉伯人谋了福利。在巴勒斯坦，犹太人所到之处，尽是繁荣、进步与科学文明。”这些似乎都印证了他在麦考利和温

* 丙酮用于生产当时海军使用的线状无烟火药。

伍德·瑞德的著作中所读到的：帝国主义是造福殖民地人民的进步力量。但严格说来，巴勒斯坦不算殖民地。自1923年起，由国际联盟授权英国管辖，这些条令都包括在《贝尔福宣言》中。

巴勒斯坦的杂志总结道，除了经济利益，丘吉尔的“历史想象力已经被授权犹太人在老家巴勒斯坦建国的宏伟理想触动了”。犹太复国主义在很大程度上是他宏大历史视野中的一种偏嗜。1921年8月22日，他在伦敦会见了一支阿拉伯代表团，提到：“这是一个有伟大历史传统的国家，你们不能当它不存在。他们数百年前就立足于此，一直试图立足于此。”在早先的1921年3月30日，丘吉尔就试图向巴勒斯坦的阿拉伯人传递宏大叙述：“流散在世界各地的犹太人应当有一个民族中心和民族家园，让他们中的一部分人得以重聚，这无可厚非。还有哪里比巴勒斯坦更合适？三千多年来，他们一直与这片土地血肉相连。”见阿拉伯人不吃这一套，丘吉尔接着便要求他们前瞻后望一个很长的历史时段，最终，英国将为巴勒斯坦筹备一个民主的自治政府，但“在这完全实现之前，在座的我们都将逝去，却还有子子孙孙，无穷匮也”。这种言论恐怕在阿拉伯人和犹太人中两头都不讨好。*

时至今日，犹太人和阿拉伯人纷争了一个世纪之久，在东西之争的前线上，我们倾向于把他们视作天然的敌对。但在1880年之前，犹太人一般被划为“东方”，他们大部分生活在东欧和中东，彼时最流行的犹太宗教建筑风格是摩尔[11-26]式的。在犹太复国主义主题的小说《唐克列德》（1847年）中，迪斯雷利认为犹太人属于巴勒斯坦，因为他们实际上是“一个阿拉伯部族”；换句话说，“阿拉伯人只不过是马背上的犹太人”。当时犹太人和地中海东部的阿拉伯人通常被归为“黎凡特人”[11-27]，有时候迪斯雷利自己也被这样称呼，格莱斯顿就曾经说他是“一个聪明的黎凡特权

---

* 迈克尔·马可夫斯基：《丘吉尔所承诺的土地：犹太复国主义与政策》（纽黑文、伦敦，2007年），第117—123页。和科恩的《丘吉尔和犹太人》（伦敦、纽约，2013年）比起来，该作者更加怀疑丘吉尔对犹太复国的承诺。

术家”。在迪斯雷利看来，欧洲代表的是一种颓废、唯物的文明：世界的精神复兴只能自东方来，就在犹太人回归家园的同时。“上帝不向欧洲人开言，”他说，事实上，“除却阿拉伯人，上帝不向任何人开言。”《唐克列德》无疑是一部有影响力的书，为《贝尔福宣言》筹备了公众舆论。1915年1月，赫伯特·塞缪尔[11-28]在内阁备忘录中提出了犹太建国，阿斯奎斯说：“这读起来像是一部现代新版的《唐克列德》。”

但迪斯雷利的犹太复国主义和丘吉尔等英国人1917年之后所认同的不大一样。彼时犹太人更加西方化，已经成为东西方沟通的桥梁，推动穷困地区进步的力量。而迪斯雷利（至少在《唐克列德》中）美化了古代文明，嘲讽了欧洲的进步观念：“要进步到哪儿去？”无论如何，丘吉尔在《我的早年生活》中只是一笔带过了《唐克列德》，我们可以发现，有另一部更加广为人知的文学作品对丘吉尔的犹太复国主义产生了更大的影响。

《唐克列德》宣扬了一种观点：阿拉伯民族主义与犹太民族主义并不矛盾，甚至是一致的。保守党议员里奥·埃默里回忆，他和丘吉尔一派其他接受犹太建国理念的年轻人，都“同样支持阿拉伯人与犹太人，看不到两种观念本质上的不相容”。T•E•劳伦斯相信，犹太复国运动本质上是阿拉伯觉醒的胜利。“老实说，作为一个非犹太人，”《贝尔福宣言》发表后一年，他说，“我把犹太人看作近东国家所必需的，西方进口的天然酵素。”停战协议后数月，他又促成费萨尔一世[11-29]和哈伊姆·魏茨曼会谈，寻求一种途径，用他的话说，“在不远的将来使阿拉伯与犹太政策殊途同归”。费萨尔也表示：“我们阿拉伯人，尤其是受过高等教育的，对犹太复国运动都怀着最深的同情……我们如能并肩建设一个改革复兴的中东，那两场运动就相辅相成了。”劳伦斯在1920年协商会议的一篇文章中也提到，犹太复国运动是“有意识的努力，至少在欧洲人中间，迎着时代的潮流，回到了他们所来自的东方”。作为拥有了西方“技术与资本”的东方人，他们是沟通两种文化、促进中东现代化的理想桥梁，能“提升当前阿拉伯人民自身的物质水平……其后果对阿拉伯世界的未来至关重要。他们不依赖工业化欧洲就能在技术上自给自足，在此基础上，新的联盟将成为世界上一支强大的力量”。因此，犹太复国运动将导向我们今日称为“阿拉伯之春”的方向。* 在1921年5月的开罗会议上，劳伦斯记下了丘吉尔的担保：巴勒斯坦在“公平政策影响下”治理数年后，阿拉伯的反犹主义“即使不能完全消失，也必将减少”。

这些今日看来似乎天真得可怕，但是要知道，当时阿拉伯人和犹太人还没有打过仗。英国人和布尔人曾经开战，但正如丘吉尔津津乐道的，现在双方（至少白人）在自由民主的南非共和国和平共处；爱尔兰也曾经发生暴动，但1921年5月丘吉尔说服新分党[11-30]停火，转向和谈。在爱尔兰问题和中东问题上，丘吉尔都引述过他爱尔兰裔美国导师伯克·科克伦的言论：“地球是一个慷慨的母亲，供养所有用正义与和平耕耘她的土壤的孩子。”当时他对穆斯林世界的反犹历史还没有充分的认识，帝国总参谋长亨利·威尔逊爵士认为，丘吉尔的犹太复国思想不过是他文学想象力的又一产物，代价高昂：

> 是的，温斯顿朦朦胧胧地觉得他能治理巴勒斯坦，就像他想去治理美索不达米亚一样，就凭他的大话、飞机和犹太人。就像想用不配枪的便衣控制安特卫普，或者单凭舰船不靠士兵就硬攻达达尼尔海峡一样……这种事劳民伤财，不仅丢了领土，还有损威望……我在很多方面都很欣赏温斯顿，但我认为他做这种事真是得不偿失。

1921年，丘吉尔担任殖民地事务大臣，他并非没有意识到中东危机爆发的危险：

> 我们最近在伊拉克镇压了一场最危险的流血叛乱，每年维持秩序就需要四万人以上的部队，三千万镑开销。不能再这样下去了。在巴勒斯坦，阿拉伯人和犹

---

* 这暗示的是一种岌岌可危的不切实际：如果阿拉伯人接受犹太复国主义者为盟友，那么今日将立足于何处？

太人的矛盾已经能随时引发暴力冲突。和追随者一同被放逐出叙利亚的阿拉伯酋长曾经是我们的盟友，如今正在约旦那端的沙漠里潜伏伺机。埃及局势蠢蠢欲动。整个中东都惶惶不可终日。

丘吉尔成立了一个特别部门，任用熟悉中东局势的人才，包括他无比信任的T•E• 劳伦斯。结果，他们推费萨尔一世为伊拉克国王，阿卜杜拉一世[11-31]为外约旦国王，调动皇家空军取代地面部队监管伊拉克。丘吉尔非常器重劳伦斯，曾经问他："完成这些，您下一步的打算是什么？"劳伦斯回答："我的工作不用几个月就能结束，但这些事务终而不结。"丘吉尔记下这些的时候可能还对此深信不疑，彼时是1936年巴勒斯坦起义的前一年。丘吉尔相信他和劳伦斯能解决中东问题，他评价《智慧七柱》是一部"英语写就的最伟大的著作"，与《天路历程》[11-32]、《鲁滨逊漂流记》和《格列佛游记》不相上下。但这部作品不是虚构的，"作者本人也是一名军官"，正是丘吉尔一心向往的最佳结合：

《高卢战记》[11-33]卷帙纷繁，而在劳伦斯笔下，战争与帝国所发生的一切无所不包。后世的删削注释和历史记载已经越俎代庖，取代了大部分关于世界大战的文学作品；只有军校生会关注那些代价高昂、复杂又沉闷的军事内容；当人们通过褪色的画面和更为真实的比例来观看我们的奋斗时，劳伦斯写就的关于沙漠起义的传奇仍将像不息的火焰熠熠生辉……

劳伦斯不仅是军人，还是政治家：他唤醒沙漠中激愤的人民，洞察他们思想的奥秘，常常以身作则引导他们的行为。他详细地记录了麾下数千人小队的一场场浴血恶战。没有大而化之的印象，一切都紧张、个人化、感情充盈，虽然那种情况几乎是灭绝人性的。思想、灵魂和意志贯穿始终。这是一部史诗，一个奇迹，一段痛苦的传奇，其核心，是人。

这些都是关于劳伦斯的论述。实际上，在《智慧七柱》中，阿拉伯人、土耳其人和其他英国军人都是杰出的形象，但在丘吉尔眼中，他们只是背景，没有发挥积极的作用，甚至只是“大而化之”。丘吉尔把劳伦斯视作一个纯粹的艺术家，“非同寻常”，不受任何社会约束的创作天才：

> 世界确凿地察觉到，有人逾越了它的管辖；……有人自由奔放，野性难驯，不拘一格，特立独行；有人一触即发，不惧牺牲。一个孤独的苦行者，他的存在即是责任，诚心奉献的责任。他会当凌绝顶，高处不胜寒，一览无余，号令这世界上的一切国度与荣光。

和普通人比起来，劳伦斯“自行其是，不同凡响”。而且，《智慧七柱》不仅是一部文学杰作，还是书籍装帧艺术的典范。“每一幅插图都精心布局，每一处字体和段落都一丝不苟。”曾有人问退休后的丘吉尔，《智慧七柱》是否信史，他顾左右言他道：“不是，但它是一部杰作。劳伦斯是个设计师。”

对于劳伦斯而言，描写阿拉伯解放战争的灵感来源于马洛礼的《亚瑟王之死》[11-34]和斯温伯恩的《巴比伦河畔》[11-35]，他与丘吉尔惺惺相惜。在开罗会议的记录中，他写道，丘吉尔几周以来“快刀斩乱麻，（尽可能）在不损害我们国家与人民利益的前提下达到各方周全”。两位冒险家都从彼此身上看到，他们创造着艺术角色，扮演着他们自己。“您本人就足为著书的主题，假如您还没有动笔写过自己的话！”劳伦斯曾对丘吉尔这样说。他也深知丘吉尔惯于大胆地调和矛盾：“甚至可以说，惊人地打破了切斯特顿式的悖论。”1937 年 7 月，阿拉伯的骚乱阻碍了犹太移民进入巴基斯坦，而丘吉尔得意洋洋地宣称：“我十分确信，天才如阿拉伯的劳伦斯，只要天不陷他，几个月内就能收拾局面，说服双方妥协，握手言和，在他们的家园中共同实现财富与文化的欣欣向荣。”

1937 年 3 月，面对皮尔爵士[11-36]主持的巴勒斯坦皇家专门调查委员会，丘吉尔又从宏大历史的视角评价了巴勒斯坦问题。他认为巴勒斯坦的阿拉伯人为土耳其而战，已经迷失了方向。所以英国应该行使统治权，就像 1300 年前保护阿拉伯政权那样。如此一来，英国并不是作为“外族”在巴勒斯坦耀武扬威，而是在促成它的子民回归家园。委员会问：“十七年或者十五年后，我们是不是就得另辟蹊径？”丘吉尔回答：“没这回事。十七年算什么？……政策要改弦更张，得等个五十年、一百年。”丘吉尔建立犹太独立国家的时间理念，是“几代人或……几个世纪”。

在爱尔兰的问题上，他也显得过分乐观，对自己调和矛盾的能力过分自信了。跨入自由党以后，他坚信，英国人与爱尔兰人、爱尔兰天主教徒与新教徒甚至联合派与自治派，都没有什么无法调和的差异，就像《英国玫瑰》里传达出来的政治讯息那样。经济改革和某种程度上的爱尔兰自治能带来普遍的和平与友好。只有确切的形式和自治的程度悬而未决。丘吉尔加入自由党伊始就在避免打造一个爱尔兰议会，他不切实际地认为，向国家层面移交行政与立法权，就能够满足爱尔兰的自治需求。1908 年，自由党认可了自治派，丘吉尔也认可了他们，但他再次诉诸调和话语与开明的自由帝国主义。如果说在南非建立自治政府将布尔人和英国人联合起来，共同效忠英王，那么在爱尔兰也能奏效。“如果想让英国更强大，”他对斯温西[11-37]的矿工说，“就要在保障爱尔兰应得的权利的基础上宽大地和谈，处理好他们的民族问题。他们应得的权利就是自治。”第二年，他在内阁私下批准了提案，将阿尔斯特排除在自治名单之外，而后来大部分英国与爱尔兰政治家都支持它自治。但较之伦道夫·丘吉尔曾经用阿尔斯特大做文章阻碍爱尔兰自治，丘吉尔将它排除在外，其实已经是妥协了，旨在让爱尔兰的所有派系都接受自治法案。正如玛丽·布罗梅齐所言：“这不太像分而治之，更像是分而安抚之。”

在 1910 年 12 月的大选中，自由党仰赖的是爱尔兰党的支持。随后的 1911 年 3 月，丘吉尔在内阁报告中提议将英国分为十个区域：爱尔兰、苏格兰、威尔士加英格兰七区，每区自有议会来处理本地事务。这背后体现的是丘吉尔解决爱尔兰问题的一贯思路，他坚信，如果找到了正确的方式，所有矛盾冲突的党派都将握手言和，但他一直没有找到接合这种方凿圆枘的途径。

反之，联合派呼声渐高。1912 年 6 月，博纳·劳[11-38]承认他所在的保守党“不受限制，这已经使我们在一场普通的宪法斗争中深受影响……

有比议会多数更加有力的因素……我可以想象，对阿尔斯特的去向将有无穷无尽的反抗。我不准备支持他们，在我看来，绝大多数英国人也不会支持他们的”。而丘吉尔严正地提醒了这位保守党领袖，如果他说的是革命，“岛上有数百万穷人……他们可不希望用暴力来解决问题。”[11-39]在《萨伏罗拉》中，反抗必要的改革的困兽之斗，让劳拉尼亚陷入了内战。

1914年春天，阿尔斯特志愿军起义，可怕的威胁变成了现实。3月9日，阿斯奎斯颁布了自治法修正案，允许爱尔兰郡县脱离都柏林议会，限期六年。修正案的预设似乎是，只要不把阿尔斯特人逼得太紧，给他们一些时间缓冲，最终他们会向自治法妥协。因此，丘吉尔支持这一修正案。但联合派领导人爱德华·卡森轻蔑地拒绝妥协（“我们可不要死刑缓期六年执行”），丘吉尔因此大发雷霆。3月17日，他组建了内阁委员会，要派遣皇家海军第三战斗分队去拉姆拉什[11-40]，直逼贝尔法斯特[11-41]，威胁阿尔斯特人，保障军队补给。根据H•A•格温[11-42]的记载，3月20日，他言辞激烈地威胁帝国总参谋长约翰·弗兰奇爵士：“如果贝尔法斯特不屈服，他二十四小时内就要把城市变成废墟。”派遣炮艇是情节剧中最喜闻乐见的高潮，在《萨伏罗拉》里也出现过。3月14日，丘吉尔在布拉德福德[11-43]发表了他一生中最富戏剧性的演说之一。“有些东西比流血更加可怕，甚至远甚于流血，”他咆哮道：

> 如果在我们和我们的先辈定居已久的土地上，国民和议会被武力粗暴地挑战，如果在这个伟大的家邦、了不起的帝国里，政府和议会面临着威胁与暴行，如果我们已经被迫听了几个月的放肆、荒唐、不计后果的妄言，最终暴露出它阴险的革命目的，那我只能对你说：“让我们一同前进，来经历这些大事件的考验！”

1942年12月6日重返布拉德福德时，丘吉尔重复了上述演讲中的最后一句。在第二次世界大战最著名的一张宣传海报上，“让我们一同前进”这句话也被印在他的形象上方。但是，1914年布拉德福德的演说和海军部署都再一次成了政治作秀。1913年11月，丘吉尔在海军部的游艇“妖姬”

号上与奥斯丁·张伯伦[11-44]会晤，彼时他在谋求妥协的问题上思路还是很灵活的，提议将阿尔斯特排除在自治法之外（至少是暂时的），或者是同意它在自治的爱尔兰拥有自主权（“自治中的自治”），再或者将整个英国改组成联邦制（“全面自治”）。丘吉尔认为党派领导人已经准备好做交易了，而不是他们剑拔弩张的追随者。因此，他计划制造紧张空气，直到引起对内战的真切恐惧，双方就会接受协商的解决方式了。张伯伦解释道：

公众意见受到了极大的冲击。双方都发表演说，哗众取宠，表示不妥协，最后补上几句话，让另一方的聪明人深思熟虑。“已经流了第一滴血”，舆论该醒醒了，下一步就是！

今日，“哗众取宠”通常意味着说废话或者夸大其辞。但是，在1913年，这个词有更加特殊的含义，是一种情节剧修辞模式。在戏剧到达高潮时，舞台动作暂停，主角出来发表一段简短但热情洋溢的演说，告诉观众自己为何而战，表达对反派的蔑视与唾弃。这种段落自然能引起满堂彩，成功地让观众“哗而宠之”。然后情节再继续演下去，必然以善有善报告终。《沙皇的邮件》和其他无数烂大街的戏剧都用了这种套路，而丘吉尔的一些令人印象深刻的演说也不例外。张伯伦认为，在爱尔兰问题的语境中谈流血，实在“非常危险”。而丘吉尔晚年愤怒地否认曾经下令战舰炮击贝尔法斯特。[11-45]总之，派遣海军是戏剧性的威慑战术，意在振聋发聩。为此丘吉尔慷慨陈词，在布拉德福德摩拳擦掌打抱不平，就像《英国玫瑰》里的哈里·欧梅利一样。为了阻止爱尔兰内战，丘吉尔完全扮演了一个舞台上的爱尔兰角色。

布拉德福德的演说玩火自焚了。五十八名军官发起了“沼泽兵变”，扬言集体请辞，拒绝攻打阿尔斯特。1924年7月24日，为了将新教爱尔兰排除在自治法之外，内阁在自治界线问题上纠缠不休，纠结于到底是弗马纳郡还是蒂龙郡[11-46]，想划出一条双方都能接受的界线。这实在是无用功，人人都知道，失败“意味着和内战差不多的局面，跳进了深不可测的深渊”。在《世界危机》中，丘吉尔描述了这一场景，强化了这个节点的张力，又来了个“大反转”，把这段写成了一次“十足的震撼”：

> 争论无果而终。内阁快要崩溃了，爱德华·格雷[11-47]先生用一潭死水的腔调，读着外交部刚刚送呈他的文件，是奥地利关于塞尔维亚问题的。他不知道是读还是讲地念了好几分钟，我才从刚才沉闷而令人困惑的讨论中回过神来，讨论已经结束了。我们都累得不行，但是随着修辞和句子接踵而来的，是另一种完全不同的印象，在我的脑海中成型了。这份文件显然是一份最后通牒，但又像是现代世界从来没有出现过的最后通牒。格雷继续读，而世界上任何一个国家都绝对不可能接受这样的通牒，要有多卑鄙才能去满足侵略者的欲望。弗马纳郡和蒂龙郡逐渐消隐在爱尔兰的迷雾和狂风中，一道奇异的光线突然出现，清晰可辨地落在欧洲的版图上，蔓延开来。

在这里，丘吉尔又使用了淡出和淡入的模式，维多利亚时代戏剧的“换景”、魔幻灯光表演的“渐隐画面”和电影都惯用这种手法。自治法案的实行实则延缓了战事。丘吉尔后来才意识到，他努力要达成的妥协最终没能实现，反而破坏了英国在爱尔兰的信誉，爱尔兰的内战只不过被推迟了。

然而，1916年爱尔兰动乱爆发之后，丘吉尔仍然在寻求避免分裂、保持爱尔兰与英国联系的途径。他支持1920年的爱尔兰政府法案，法案要求在南北爱尔兰建立独立的立法机关，而“爱尔兰当局”最终以某种方式取消了它们，成立独立议会，联合了全岛。这对平息动乱毫无帮助。丘吉尔为有色人种的暴行辩护（他对当局的镇压十分蔑视，但其实这并不比芝加哥警察的常规流程更糟），但反对在南爱尔兰强行戒严。1921年，双方在伦敦和谈，丘吉尔立场清晰，始终如一：主权可以比自治法案更进一步，但是爱尔兰必须隶属于英国。北爱尔兰将留在英国，但丘吉尔告诉众议院，他仍然坚信“有朝一日……阿尔斯特会加入南爱尔兰……英国和爱尔兰将实现统一”。怀着这样不切实际的最终目标，丘吉尔热烈地接受了爱尔兰建立自由国家的条约。任殖民事务大臣期间，他下令撤回英国在爱尔兰的权力，预言英国与爱尔兰自由邦的士兵很快会礼尚往来。“温斯顿·丘吉尔先生接受条约的乐观愿景平息了骚乱，爱尔兰的英军对待条款的态度从来没有这么诚恳。”英军指挥官内维尔·麦克雷迪回忆道。

边界双方发生暴力冲突时，丘吉尔召集北爱尔兰首相詹姆斯·克雷格和爱尔兰自由邦临时政府主席迈克尔·科林斯到他的办公室，在书桌前起草了谈和方案。1922 年 3 月 30 日，他们联合声明“今日讲和”，然后就再无宁日了。4 月 14 日，爱尔兰共和军攻占了都柏林法院合署。6 月 28 日，爱尔兰自由邦的军队开战，丘吉尔向他们供应弹药。7 月 7 日，都柏林的局势稳定下来，但战火已经烧到了爱尔兰西南部，丘吉尔写信给克雷格和科林斯，催促他们重新签署议和书。“你们的军队向法院合署开火，战争开始了，而我觉得和平与爱尔兰最终统一的希望还是很大的，”他确信地对科林斯说，“您已经在爱尔兰自由邦二十六个郡县树立起了权威。”丘吉尔相信，很快会有所收益。“一个更加充满希望的空前的新阶段就要开始了。这一阶段的目的就是爱尔兰统一。只是具体什么方式，什么时候，我不好说。”但丘吉尔毫不怀疑。当然，科林斯正忙着“闹革命”，丘吉尔建议他有暇时“仔细考虑一下，与北方合作，给南方带来的最大的好处是什么。当然，从帝国的角度来说，一个统一的爱尔兰南北携手，彼此无损，最好不过了”。他没有说明如何达成这一点。最后他又补充道：“我希望您和同僚都多多保重，时局险恶。”

几周后，科林斯在科克郡中了共和军的埋伏，传闻他临死还留下遗言：“转告温斯顿，我们不能没有他。”双方议和，自由邦得以生存，丘吉尔确实功不可没，他一心致力于此，顶住各方压力，在威斯敏斯特强力指责爱尔兰不停滋长的暴力事件。但是他从来没有放弃坚信，爱尔兰的惨剧会像情节剧一样圆满收场。“别把爱尔兰革命和俄国革命混为一谈，”他对表妹克莱尔·谢里丹说，“爱尔兰人都信上帝，顾家爱国。”不管怎么说，维多利亚时代的舞台上通常就是这样表现爱尔兰人的。

在 20 世纪 20 年代，丘吉尔对于调停英德两国也同样乐观。1929 年，他称德国裁军是一项“惊人”的成就，“作为德国永久性机构的整个军队体制，既代表着巨大的利益，又是一种国家美德的象征，可能要在德国这一代人的生活中逐渐淡出了。”但他对德国政治的新发展做出了敏锐的反应。1930年9月14日的大选中，纳粹党胜出，第一次在国会占了多数。10月20日，俾斯麦[11-48]作为德国大使访问伦敦，记录了如下谈话：“丘吉尔显然详细关注了最近的新闻报道，消息灵通得很……他尖锐地表达了自己对国家社会主义的看法，他说，这造成了德国外部状况很大程度上的恶化，特别是对法国……希特勒明确地宣称他无意发动侵略战争，但是丘吉尔相信，希特勒或者他的追随者会抓住第一个可能的机会诉诸武力。”30年代初期，英国报纸的政治风评并没有把希特勒太当回事，只觉得他很快会泯然于政界，或者加入联合政府，变得更“稳健”。但是丘吉尔马上就将他锁定成了重要目标。

1932年，头号纳粹党公关人员普奇·汉夫斯丹格尔[11-49]试图在慕尼黑的一家旅馆里安排丘吉尔和希特勒会面。希特勒避而不见，虽然汉夫斯丹格尔向他保证丘吉尔是“世界上最好说话的人”，建议他们可以谈谈共同爱好，比如艺术和建筑。而丘吉尔要求汉夫斯丹格尔“告诉你们头儿，反犹主义一开始能尝点甜头，但也是个烫手山芋”。

甚至从一开始，丘吉尔就预料到希特勒会发动大屠杀，在他一篇很有名的文章《摩西：一个民族的领袖》中就曾提到。这篇文章最初发表在1931年11月8日的《星期日泰晤士报》，后来被收入1932年11月10日桑顿·巴特沃斯出版社的《思想与经历》文集中，当时丘吉尔已经注意到纳粹党在选举中的势力，但希特勒还没有当上总理。文章包含两个主题：《旧约·出埃及记》的故事与当下政治的关联，以及作者对主角摩西的高度认同。摩西是“最伟大的先知”，是“领导上帝的选民步出奴役、穿越荒野的民族英雄”，也是“最高的立法者”。而且，他还是一位畅销书作家：“传统……认为他是《摩西五经》的作者。”推动《出埃及记》故事的矛盾，是埃及人认为以色列人：

已经成了一个社会、政治和产业上的包袱。当时，他们生活在“歌珊地”[11-50]，人丁兴旺，日渐富裕，已经触及了埃及人生活的每一个角落。用现代世界的眼光看，必然会出现这种运动。反犹主义的浪潮席卷了这片土地。年复一年，以色列人的后代在埃及的国家政策的削弱和国民的歧视下，渐渐地由客人沦落为仆人，又由仆人几乎沦落为奴隶。

丘吉尔进一步做了一个更加冷酷的类比。最后，暴君发起了种族灭绝：屠杀希伯来男婴。彼时英国媒体已经开始注意并抵制希特勒的反犹主义，但很少有人预料到最后会发展成大屠杀。希特勒在很多方面与《萨伏罗拉》中的独裁者和《所罗门王的宝藏》中的非洲暴君很相似。后者组织了魔鬼一般的军队，用有节奏的死亡之歌给他们洗脑，让他们放手大杀。今日读到这些篇章，就不得不联想到纳粹。而丘吉尔大概是第一个把它们联系起来的人，不管是有意还是无意。但是，两部作品中都没有提到反犹主义，只有《出埃及记》的核心如此。丘吉尔马上就感知到了敌意，因为希特勒正是他最钟爱的三部情节剧中的恶棍的集合体，三部作品的作者，分别是丘吉尔本人、哈葛德和《出埃及记》的作者。

婴儿时代的摩西由埃及公主救起，并抚养成人[11-51]，后来他目睹埃及人殴打以色列人，这“在当时无疑是司空见惯、不足为奇的事”，但是摩西毫不犹豫地杀死了埃及人：

时代的反抗者为之连声喝彩……

即使是今日最开化、最文明的国家和制度也会与法老有同感：这事做得太过分了。文明社会总会有公众舆论的，当时埃及的公众舆论很可能抓住这起暴力事件不放，认为这足以证明，政府不该再对这些傲慢的陌生入侵者心慈手软了。于是法老采取了行动——应该说，法老之名和任何制度、任何年代、任何国家的统治阶级一样名正言顺。法老下令处死凶手。

摩西逃往西奈[11-52]的沙漠，他的处境和20世纪30年代的丘吉尔非常相似：

> 每一位先知都必是来自文明社会，但每一位先知都不得不走进荒野。首先，他必须充分认识这个错综复杂的社会及其功能。随后，他得有一段时间遗世独立，苦思冥想，有一个过程来酝酿精神上的爆炸。

上帝现身在燃烧的灌木丛中，对摩西发话。丘吉尔接下来复述了上帝的话，并进行了他独特的加工，让神谕传达了温斯顿式的坚毅："人无所不能，只要他有足够的决心；人，是宇宙的缩影。一切动作与存在都源于人类无敌的意志，人的意志，即是我的意志。"这是一种与众不同的丘吉尔的神学，神谕即人愿。

至于法老，"相隔千年，我们仍能感觉到他的行为的现代性。"最初是瘟疫让他对以色列人做出了审慎的让步，但是劳动力丧失"很大程度上扰乱了国家的经济命脉，就像是一场大罢工"。丘吉尔对瘟疫、红海分开和《出埃及记》中的其他奇迹做出了自然的解释[11-53]，他只确认了一个奇迹，以色列人是他们那个时代无与伦比的进步力量：

> 这个流浪的部族，在许多方面与其他无数游牧群体毫无二致，但他们秉持并宣扬了所有希腊俊才与罗马权贵都没有的理念：一神。一位普遍的神，一位国族的神，一位公正的神；神将在另一个世界惩罚死于安乐的恶人，而降福于谦卑的善人和贫穷的弱者。

丘吉尔当然了解《圣经》批评的解构主义倾向，但他拒绝：

> ……承认摩西只是一个传说人物的说法，教士和人民借摩西的名义，把他们基本的社会、道德和宗教律令寄托其上。我们认为，《圣经》中的故事是真实的，摩西是人类历史最伟大的人物之一，他使人类跃出了关键的一步；我们相信，最科学的观点和最贴近时代、最理性的观念也能从中得到满足。而我们在葛擂硬先

生[11-54]和老学究的连篇累牍前毫不动摇。我们可以认定《圣经》所记载的那些事真的发生过；我们可以相信经历这些事情的人与我们并没有什么不同，那些人忠实地记录下他们的印象，跨越许多世纪，如今日我们读到的电报讯息一样，历久弥新。

这篇文章文采飞扬，令人惊讶。塞西尔•B•德米尔曾说，它为他的电影《十诫》提供了灵感，丘吉尔应该出现在片尾致谢中。[11-55]它与丘吉尔在《我的早年生活》中概述的神学思想也相当一致：他是个无神论者，只是有时候会做出别的选择，在《出埃及记》的问题上，他倾向于做一个原教旨主义者。在《超越快乐原则》中，西格蒙德·弗洛伊德[11-56]认为，出发和返乡，是儿童习得的最早也最基本的故事模式。丘吉尔经常把他的政治建构在故事上，对《出埃及记》故事最大胆的解读，成了他对犹太复国的热情的基础。哈伊姆·魏茨曼曾经说他是“一位《旧约》先知”，而这只是证明了这一点。1950年，以色列驻英国大使伊利亚胡·伊拉塔汇报，丘吉尔用亲切的口吻，讲述了自《旧约》以来千年犹太人如何组织并生存。丘吉尔极力促成建国，以“保持和《圣经》的血肉联系”，就像他的治国才能也向来和书本有着血肉联系一样。

译者注

[11-1] 鲍里斯·萨文科夫（Boris Savinkov，1879—1925）：俄国革命者、社会革命党活动家、作家，笔名罗普申。社会革命党是20世纪俄国主要政党之一。1917年“二月革命”推翻沙皇后，社会革命党在临时政府当中有一席之地。1917年11月，在俄国史上第一次民主选举中赢得了多数。但不久就分裂消亡。

[11-2] 亚历山大·克伦斯基（Alexander Kerensky，1881—1970）：俄罗斯政治家、革命家。1917年领导“二月革命”推翻沙皇统治，在新政府中任政府总理。同年10月，他的政府被布尔什维克发起的十月革命推翻。

[11-3] 科尔尼洛夫将军（General Kornilov，1870—1918）：俄国军事家、北极探险家，俄国国内战争期间的白军领袖。1917年9月发动军事政变，企图推翻临时政府，失败被捕，但临时政府的实力被严重削弱，让布尔什维克党再度壮大，为后来的十月革命埋下了伏笔。

[11-4] 白军：指1918至1920年间俄国内战中反对布尔什维克的军队，主要由支持沙皇的保皇党、失地农民、自由民主主义者和温和社会主义者组成，与苏维埃政权的布尔什维克红军对立。

[11-5] 亚历山大·瓦西里耶维奇·高尔察克（Aleksandr Vasilyevich Kolchak，1874—1920）：俄国军事家、北极探险家，苏联国内战争期间的白军领袖，号称“无畏上将”，富有才能，是俄罗斯历史上的争议人物。安东·伊万诺维奇·邓尼金（Anton Ivanovich Denikin，1872—1947）：俄国将领，白军领袖之一，2005年平反。

[11-6] 西德尼·莱利（Sidney Reilly，1873—1925）：俄裔犹太英国特工，为英国秘密情报局工作，曾在多个国家活动，最后被苏联逮捕处决。身后外交官和记者友人大肆渲染他的传奇事迹。著名小说及电影人物“007”号特工詹姆斯·邦德的原型。

[11-7] 列夫·托洛茨基（Leon Trotsky，1879—1940）：苏联共产党中央委员会成员和第四国际领袖，革命家、军事家、政治理论家、作家。列夫·加米涅夫（Lev Kamenev，1883—1936）：苏联政治家、领导人。曾任全俄临时中央委员会主席。

[11-8] 比弗布鲁克勋爵（Lord Beaverbrook）：指威廉·马克斯韦尔·艾特肯（William Maxwell Aitken，1879—1964），加拿大裔英国政治家、报业巨头。

[11-9] 圣茹斯特（Saint Just，1767—1794）：法国大革命的雅各宾专政时期领袖，

罗伯斯庇尔的战友，政变后与他一起被送上了断头台。

[11-10] 黑暗时代（Dark Ages）：西欧历史上从罗马帝国的灭亡到文艺复兴之间，文化层次下降、社会崩溃的时期。

[11-11] 战时共产主义：苏俄在1918至1921年国内战争时期推出的一项经济措施，是极其严苛的计划经济，旨在最大限度地保障非常时期布尔什维克政权的城镇和军队的粮食与武器供应，引起了人民的不满。1921年3月21日，列宁提出较宽松的新经济政策取而代之。

[11-12] T•S•艾略特（Thomas Stearns Eliot，1888—1965）：美国诗人、评论家、剧作家，现代诗歌运动领袖，1948年获诺贝尔文学奖。1922年发表长诗《荒原》（*The Waste Land*），隐喻西方一代人的精神幻灭，是文学史上象征主义文学的代表作，现代欧美诗歌的重要里程碑。

[11-13] 《锡安长老会纪要》（*The Protocols of the Learned Elders of Zion*）：1903年出版于俄国的一部反犹主题著作，作者不详。以杜撰犹太人高层会议记录的形式，描述所谓“犹太人征服世界”阴谋的具体计划。又译《锡安长老议定书》《犹太人贤士议定书》等。

[11-14] 《爱丽丝镜中奇遇记》（*Alice through the Looking Glass*）：英国作家路易斯·卡罗（Lewis Carroll，1832—1898）于1871年出版的儿童文学作品，《爱丽丝梦游仙境》（*Alice's Adventures in Wonderland*）的续作。故事天马行空，包含了大量文字游戏。

[11-15] 桑德兰（Sunderland）：英格兰东北部港口城市。

[11-16] 人民委员部：1917至1946年苏联中央政府的下属组成部门。

[11-17] 库恩·贝拉（Kun Bela，1886—1939）：匈牙利共产主义革命家，匈牙利苏维埃共和国的主要创建者和领导者。罗莎·卢森堡（Rosa Luxembourg，1871—1919）：德国马克思主义政治家、社会主义哲学家及革命家。德国共产党的奠基人之一。埃玛·戈尔德曼（Emma Goldman，1869—1940）：美国无政府主义者，活动家。都是犹太人。

[11-18] 内斯塔·韦伯斯特（Nesta Webster，1876—1960）：英国反犹作家。

[11-19] 阿尔弗雷德·道格拉斯（Alfred Douglas，1870—1945）：英国诗人、作家、翻译家。

[11-20] 指当时的内政大臣阿里塔斯·道格拉斯（Aretas Akers-Douglas，1851—1926）。

[11-21] 罗斯柴尔德（Rothschild）是19世纪起欧洲著名的犹太金融家族，影响力巨大，有众多分支。此时英国的罗斯柴尔德男爵应为内森·迈耶·罗斯柴尔德（Nathan Mayer Rothschild，1840—1915），家族创始人迈耶·阿姆谢尔·罗斯柴尔德的曾孙。是犹太复国运动的主要争取对象。

[11-22] 奇塔姆（Cheetham）：指奇塔姆山，英国曼彻斯特内陆城市。

[11-23] 改革俱乐部（Reform Club）：英国著名政治俱乐部，创始于 1836 年，最初由支持《1832 年改革法案》的议会自由党成员组成，旨在宣扬自由、改革和进步的思想。

[11-24] 哈伊姆·魏茨曼（Chaim Weizmann，1874—1952）：以色列犹太裔化学家、政治家。曾任世界犹太复国主义会长、以色列第一任总统（1949—1952 年）。

[11-25] 里雄莱锡安（Rishon LeZion）：当时的巴勒斯坦城市，简称里雄，今属以色列中区。

[11-26] 摩尔（Moor）：指北非的穆斯林居民。

[11-27] 黎凡特人（Levantine）：即指地中海东部人。

[11-28] 赫伯特·塞缪尔（Herbert Samuel，1870—1963）：英国自由党政治家、外交家，犹太人。

[11-29] 费萨尔一世（Emir Feisal）：指伊拉克国王费萨尔·伊本·侯赛因（Faisal bin Hussein，1883—1933），1921 至 1933 年在位。1919 年与魏茨曼签订协议，承认《贝尔福宣言》，条件是英国遵守一战期间让阿拉伯人独立的承诺。但后来协议未实现。

[11-30] 新芬党（Sinn Fein）：爱尔兰资产阶级民族主义政党，"新芬"原意为"我们自己"或"自助"。1919 年，爱尔兰爆发反英游击战争。新芬党领导的革命政权与英国分庭抗礼，威望很高。1921 年 4 月，英国与新芬党签订停战协定，10 月在伦敦举行谈判。

[11-31] 阿卜杜拉一世（Emir Abdullah）：费萨尔一世的兄长，由英国委任统治外约旦，1921 至 1946 年在位，原称"埃米尔"（Emir），意即总督、首领。后称国王，1946 至 1951 年在位。1950 年改称约旦国王。

[11-32] 《天路历程》（*Pilgrim's Progress*）：英格兰基督教作家、布道家约翰·班扬（John Bunyan，1628—1688）1678 年出版的著作，是一首基督教的寓言诗（Allegory），后来也被视为小说，被认为是最重要的英国文学作品之一。

[11-33] 《高卢战记》（*Caesar's Commentaries*）：罗马帝国末代军事家凯撒的笔记，记录从前 58 年到前 50 年担任高卢行省省长时遭遇到的种种事件。全书共八卷，按年份记叙大事，包括战争、举办祭典、巡回裁判等。前七卷为凯撒本人亲笔著作，最后一卷由幕僚兼好友奥卢斯·伊尔久斯（Aulus Hirtius，公元前 90—前 43）补完。

[11-34] 马洛礼（Thomas Malory，约 1395—1471）：英国作家，著有《亚瑟王之死》（*Morte d' Arthur*），亚瑟王题材英语作品中最著名的一部。

[11-35] A·C·斯温伯恩（Algernon Charles Swinburne，1837—1909）：又译史文朋，英国维多利亚时代最后一位重要诗人。《巴比伦河畔》（*Super Flumina Babylonis*）描写犹太人流离失所的悲惨，出自《圣经》典故，拜伦等人与许多宗教赞美诗都描写过相同主题。

［11-36］威廉·皮尔（William Peel，1867—1937）：英国政治家。

［11-37］斯温西（Swansea）：英国威尔士南部的海港。

［11-38］博纳·劳（Andrew Bonar Law，1858—1923）：加拿大裔英国保守党政治家，1922至1923年任英国首相。

［11-39］丘吉尔的意思是，假如保守党为了自身利益，管束成员，不插手爱尔兰事务，任由民怨发展，最终将引发内战。

［11-40］拉姆拉什（Lamlash）：英国北艾尔郡的海湾，与北爱尔兰隔海相望。

［11-41］贝尔法斯特（Belfast）：北爱尔兰最大的海港城市，在爱尔兰岛东北沿海。

［11-42］H•A•格温（Howell Arthur Gwynne，1865—1950）：英国作家，1911至1937年任伦敦《晨邮报》主编。

［11-43］布拉德福德（Bradford）：英格兰北部城市。

［11-44］奥斯丁·张伯伦（Austen Chamberlain，1863—1937）：英国政治家，内维尔·张伯伦之异母兄长。1925年获诺贝尔和平奖。

［11-45］这里意指他晚年潜意识中也认识到当年的决策错误，所以拒绝承认。

［11-46］弗马纳（Fermanagh）和蒂龙（Tyrone）都是阿尔斯特省的郡县。

［11-47］爱德华·格雷（Edward Grey，1862—1933）：英国自由党政治家，1905至1916年任外交大臣。

［11-48］指“铁血首相”俾斯麦之孙戈特弗里德·冯·俾斯麦（Gottfried von Bismarck，1901—1949）：德国政治家。

［11-49］普奇·汉夫斯丹格尔（Putzi Hanfstaengel，1887—1975）：本名恩斯特·汉夫斯丹格尔，德国商人，毕业于哈佛大学，曾经是希特勒的亲信，为纳粹党从事社会活动，后来叛出纳粹党，改投罗斯福。

［11-50］歌珊地（Land of Goshen）：《圣经》中犹太人曾在埃及寄居之地，今日尼罗河三角洲一带。

［11-51］摩西就是屠杀希伯来男婴的幸存者。母亲不忍将他交给士兵，把他放在盆中投入河里漂流，结果被埃及王宫的侍女发现，由公主收养庇护。

［11-52］西奈（Sinai）：连接非洲及亚洲的三角形半岛，今属埃及。

［11-53］《旧约》记载，摩西逃到沙漠中隐居后，上帝现身让他带领以色列人离开埃及。摩西回到埃及，向法老传神谕，法老不予理睬，于是天降各种灾祸。法老妥协，让以色列人离开，但派出士兵追剿。摩西沿路展现神迹，令红海的海水分开露出陆地，以色列人得以渡海逃脱追兵。

［11-54］葛擂硬（Gradgrind）：狄更斯《艰难时世》里的角色，指只讲实惠，把生活看作金钱交易的功利主义者。

［11-55］塞西尔•B•德米尔（Cecil B.DeMille，1881—1959）：美国电影导演，好莱坞元老。曾取材《出埃及记》，于1923年和1956年先后拍摄无声版和有声版的《十

诫》（*The Ten Commandments*）。

[11-56] 西格蒙德·弗洛伊德（Sigmund Freud，1856—1939）：奥地利心理学家，精神科医生，精神分析学的创始人。

十二、大臣的重头戏

内维尔·张伯伦的整个议会生涯，都记录在他和姐妹希尔达与艾达的一系列通信中。1919年夏天，他向希尔达谈到了劳埃德·乔治的演讲，即使被记者席贬为“废话”，他的演讲仍然深得下议院的人心：“我印象最深的是其中大胆的表演成分。他的手势、声音、戏剧性的停顿，还有精心演练过的激情，无不包含着技巧。由于某些原因，他也会用一些在我看来晦涩费解的成语，却打动了在场的大多数人。”

张伯伦因此不齿劳埃德·乔治，却有人因此大加赞赏。“他真了不起！”丘吉尔惊叹，“真是个好演员！”比弗布鲁克勋爵也十分敬佩“他的戏剧表演天才，总能令他力挽狂澜。他了解人们面对高层政治时的看戏心态；只要你现在光鲜夺目，别人就会忘记上一场你曾经从楼梯上摔下来”。多少和丘吉尔一样，劳埃德·乔治把他从文学作品里读到的东西搬演到了政治上：他对社会公义的愿景，来源于托马斯·卡莱尔、雨果的《悲惨世界》和易卜生的《玩偶之家》。

回忆起最初的议会生涯，张伯伦对自己十分满意，他做了些实事，“不哗众取宠，也没沾染上这年头瘟疫一样的报章腔调（新兴的美国俚语，丘吉尔喜欢的那一套）。”张伯伦对政治作秀十分敏感且轻蔑，他的政治理念是一种理性的科学，基于勤学、务实、坦率、细节掌控、客观处置，以及用最低调的方式来调和各方利益。正是这些特质使他步入了唐宁街10号的首相官邸。正如一位他的仰慕者所言：“张伯伦先生在政治上是个素人，说一是一，说二是二……把国家事务处理得像伯明翰的商务一样有序……是一个运筹的政治家。”他理解并尊重同僚，虚心纳谏，照章办事。

与张伯伦相反，丘吉尔偏爱波希米亚式的浪漫激情。他和性格张扬的保守党政客F·E·史密斯[12-1]一起成立了俱乐部，国会议员、军事总长和海军上将都是常来常往座上宾，甚至还有作家（H•G•威尔斯，阿诺德·本涅特[12-2]，A•E•W·梅森，P•G•伍德豪斯）、艺术家（威廉·奥彭，阿尔弗雷德·芒宁斯，约翰·拉维利，埃德温·鲁琴斯）[12-3]和演员（赫伯斯·比尔博姆·特里，劳伦斯·奥利弗[12-4]）。通过爱德华·马什，丘吉尔结识了鲁珀特·布鲁克，从而和德斯博罗勋爵夫人[12-5]主持的贵族文化圈“性灵派”交往。在塔普鲁庭文化中心[12-6]，白金汉郡的德斯博罗府邸，他和莫里斯·巴林、G•K•切斯特顿打得火热。他还是富有的唯美主义者菲利普·沙逊[12-7]爵士家的常客，沙逊爵士曾在肯特郡林姆尼港为自己建造穷极奢华的豪宅，不少艺术家和作家（萧伯纳、T•E•劳伦斯）频繁造访，也和他过从甚密。丘吉尔为房舍和花园作画，沙逊让约翰·辛格·萨金特[12-8]复制他的画作。在沙逊位于伦敦公园路的豪宅，丘吉尔与利顿·斯特雷奇长谈。“你知道吗，我忍不住狂热地喜欢他，”在给杜拉·卡灵顿[12-9]的信中，斯特雷奇写道，“我称赞他的《世界危机》写得好，他很高兴。我补充说，但我也觉得它很邪恶，结果他好像根本不在意。”假如有人说斯特雷奇的《维多利亚时代名人传》很“邪恶”，他大概会受宠若惊。同样订购由西维亚·贝奇1922年初版的詹姆斯·乔伊斯《尤利西斯》，同样赞赏伟大的现代艺术家不拘一格的创意，他和丘吉尔毫无悬念地一拍即合。正如丘吉尔在《思想与经历》中所言：

> 继18世纪庄严隆重的文学瑰宝之后，马奈和莫奈、塞尚和马蒂斯[12-10]在绘画上取得的成就，难道不能与济慈、雪莱[12-11]的诗歌并肩？他们为绘画艺术注入了一股“生活之美”的清流，他们的作品之美出于快乐的本能，升腾在熠熠生光的星空。

而对于张伯伦而言，没有什么熠熠生光的星空。他的审美属于高尚的资产阶级趣味。他做主在伯明翰建立了英国第一个市级交响乐团，但是，他不喜欢任何波希米亚式的创意：奥古斯都·约翰的蚀刻版画（“大部分都令人反感”），雅各·爱泼斯坦[12-12]的耶稣雕像（“居然敢管它叫基督，我都震惊了”），还有他对W•H•哈德逊[12-13]的印象（“野蛮做作且丑陋”），斯坦利·斯宾塞[12-14]（“可怕，扭曲，奇形怪状”），马克·哥特勒[12-15]（“恐怖的裸体”）。“塞尚在我理解范围之外。”他叹息道。除莫扎特之外，他也不欣赏歌剧这种夸张的艺术。他的文学品味是传统的，不外乎萨克雷、狄更斯、乔治·艾略特、马克·吐温、高尔斯华绥的《福尔赛世家》和康拉德的《阴影线》之类。他很少看电影，卓别林[12-16]的片子直到1936年才看过。他深爱莎士比亚，但对莎剧演出不感兴趣，也没时间去看萧伯纳的《圣女贞德》，那总让他想起南希·阿斯特[12-17]。总体上说，他比较喜欢音乐剧，可能正因为如此，他对作秀分外敏感，比如1920年6月，劳埃德·乔治在陆军问题上滔滔不绝的辩论：

> 劳埃德·乔治来了一回最“雄辩”的演说，他使尽浑身解数带偏了众议院的风向，轻蔑地对一直要求知情的阿斯奎斯说“现在就让你知道”，然后在支持者的赞扬和欢呼声中把这回事忘了。我想我这是偏见，但是小威尔士人[12-18]的所作所为总是令我齿冷。

然而，张伯伦对另一位政府官员有更深刻的印象：

> 另一边，议会那些披着猩红色制服的家伙[12-19]敌意汹汹面目可憎，温斯顿对着他们倒又打了一次胜仗。他第一句话就把他们逗乐了，随后既有理有据，又不乏善意的玩笑，干干净净地屏退了批评他的人，争取到大多数。在我看来，他大概是议会前席最有魅力的演说家了。

但是，即便丘吉尔不负这样的盛赞，“他天才如此，却没有判断力，除非改正这一点，不然成不了大器。”

此时，张伯伦比丘吉尔更接地气。爱德华七世时代议会演说风靡一时的戏剧化路线开始落伍了，津津此道的政客（尤其劳埃德·乔治和丘吉尔）不再有公信力。他们用浮夸的高调使国家陷入战争，理直气壮地贻误军机，向退伍军人作出无法兑现的承诺（比如“英雄之家”）。一种新的政治话语开始兴起：直白、对谈、实事求是、干巴乏味到令人欣慰，斯坦利·鲍德温、克莱门特·艾德礼乃至张伯伦本人都是这个风格。而丘吉尔固守老派的耸人听闻劲头，在战后显得愈发可笑，这可能使他在1924年3月威斯敏斯特的递补选举中付出了代价。正如温尼弗雷德·霍尔比[12-20]所记录的：

> 他实打实地向人群伸出一根手指表示指责，阴森森地喊道：“我说，如果再来一次大战，文明就要灭亡了。(听众拆台地大笑)有人笑！(伸出手指)有人敢笑，敢把文明毁灭当个笑话！（现场发出阵阵欢呼和嗤笑，我也笑了）好吧，这是个不懂事的小家伙，翘着鸡冠，拿腔拿调，袖手旁观。你们不讨厌他，那可能就是偏执地爱着他。”

在1924年10月的大选中，保守党卷土重来。丘吉尔作为保守党所拥护的立宪派，在艾坪[12-21]赢得了一席之地。首相鲍德温准备任命张伯伦为财政大臣，但张伯伦更倾向于执掌不那么惹眼的卫生部，有利于他着手改善住房和医疗服务。因此丘吉尔成了财政大臣，虽然他完全没有经济学或商业背景，也不是保守党正式成员。这张委任状令人吃惊，但在鲍德温的如意算盘里，和丘吉尔同道的一些反对派自由党人会跟着进入保守党阵营，无论如何，他这边的麻烦都减少了。

和他父亲一样，温斯顿歪打正着地当上了大臣。据内阁秘书托马斯·琼斯的记录，他曾说：“我不想政府在这些末节上耗费精力，我希望他们能专注做一两件名垂议会史的大事……过去我全身心致力于自由党的社会改革，现在我还要继续推行相同的措施。”事实上，丘吉尔任财政大臣的著名政绩，就是大量平衡预算的小方案：挪用公路基金，加紧征收啤酒税，比他预想中收效要差的博彩税，还有为了保护英国的火柴工业而对点烟器征收关税。“丘吉尔真是一个传奇的大臣，他做的预算报告令人难忘，精力充沛，永远郑重其事。”罗伯特·罗德·詹姆斯曾经观察过，但是“往最好里想，他的所作所为也只不过是经济和财政的投机”。

丘吉尔很早就有机会推动这些吸引公众眼球的戏剧化的改革措施。他是个早于凯恩斯的凯恩斯主义者，在1909年的人民财政预算案之争中，他曾经建议“国家应当为储备劳动力提供更多的岗位”，开展公共工程项目，以抵御经济危机。他坚称：“通过暂时的人为调控来扩大劳动力需求，就没有什么经济危机了。”1919年后，他怀疑长期失业问题的成因是政府的紧缩政策，旨在使英镑币值回归战前。随后，他读了自由派《民族周刊》1925年2月21日的一篇文章，凯恩斯在文中极力反对回归金本位[12-22]。于是，丘吉尔给他的财务总监奥托·尼梅尔[12-23]写了一张充满挑战意味的短笺：

> 在我看来，财政部从来没有正视凯恩斯先生所说的“非自愿失业”问题。英国同时拥有全球第一的国家信用和百万失业人口、四分之一的失业率，在这个大背景下，有关部门（指英格兰银行，蒙塔古·诺曼[12-24]）居然还自得其乐。很显然，这四分之一的失业人口只要得到充分合理的雇用，至少能创造人均每年一百镑的价值，而不是还要给他们发人均每年至少五十镑的救济，那样我们就会有每年至少两亿的收入净增长……
>
> 社会缺乏商品，而一百万人、四分之一的人口缺乏工作。弥合二者之间的鸿沟自然是国家财政和信用机关的最高职能。这种情况在世界上是绝无仅有的。英国财政部和央行的决策一贯独断专行，决策者要负重责。

丘吉尔预言性地总结道，在金本位制下，失业将“像一块磨盘一样挂在工业和公共财政收入的脖子上，令他们永远抬不起头来”。这听起来像是纯粹的凯恩斯主义论调，但短笺中还包含另外一些重要的信息。丘吉尔承认：“我也是‘雾里看花’，没法明了国家财政和信用政策如何弥合商品缺乏和劳动力过剩的鸿沟。我知道这种实践的危险性，历史上著名的炮灰已经够多了。”他想当然地认为，尼梅尔和诺曼“是世界上最了解英国国库政策的人”，他特许他们掌权。

而尼梅尔在回复中称，为了防止通货膨胀，金本位是必需的，并且举苏联和德国为例，警告他不负责任的财政政策的危险。于是，丘吉尔上演了一场晚宴上的辩论，举凯恩斯和麦肯纳为据，驳斥支持金本位的尼梅尔和约翰·巴布里爵士（另一位财政部官员）。最终麦肯纳认输，结论是就政策现状而言，没有什么能替代黄金。丘吉尔只此一次妥协于传统，而非特立独行的实验派。他承认，财政大臣缺乏挑战权威的经济学实力，几乎所有人都赞同金本位。1945 年 9 月，他对莫兰勋爵说：“他人生的最大失误就是恢复金本位。”

1925 年 4 月，张伯伦总结道：

> 温斯顿相当难共事，永远三分钟热度。当你召开会议试图就不确定的问题做出最终决策时，共识没几个钟头就被抛到脑后。不得不说，我觉得我的路线比他可行。我总是尽可能地斟酌决策，但一经决定就不再反悔，因为我总是周全考虑到各个方面，很少出现新变数。

张伯伦的方针听起来更加有序，但一经决定就容易钻牛角尖。他并不擅长戏剧性的转折，一边和拉姆齐·麦克唐纳[12-25]一起发誓为孤寡抚恤金“一战再战”，一边在工党的后台和丘吉尔制定了关于下一步预算的特殊提案：“事实上，这个秘密一直保守得很好。温斯顿渴望来一场暴动。”4月28日的财政报告实际上“是温斯顿手腕熟练乐在其中地摆布了一场胜仗，在打趣、幽默和四溢的精力中穿针引线”。他出尽风头，和张伯伦争功，但张伯伦并不介意，尤其是当工党和自由党国会议员抱怨自家党派要歇菜的时候。

鲍德温在上书乔治五世时，只字不提经济问题，只赞扬了这次预算报告，同时，也提出了相应的戏剧批评：

> 这是丘吉尔先生做派的典型范例。这会儿他平静而清晰地解说着今昔财政状况的事实和数据，一转眼又绘声绘色地说起关于电价改革的旧公案，他的诙谐佻达和幽默为干巴巴的财政报告注入了一股新鲜血液。再一转眼，在公布寡母抚恤方案时，他的用语激情飞扬，无与伦比。整场报告表明，他不仅有充分的能力胜任国会议员，还具备一个演员应有的一切素质。
>
> 对于这样精湛的表现，批评似乎是多余且不公的，但是，如果一个批评家想要从中挑刺，大概只能说……在丘吉尔先生的舌绽莲花中，财政预算本身平淡无奇，缺乏有力的依托。这些戏剧性的声明令人生疑，从纯粹的演说角度而言，它们给人的印象十分深刻，但是想要根除反对派成员心怀的成见，恐怕平静的诚意比慷慨激昂的雄辩更有效……
>
> 然而，这些是瑕不掩瑜的，无论是演说结构，事实与论据的编排，还是生动性、戏剧性和幽默感，这都是近年来最引人入胜的一场预算报告。

两个月后，在财政法案的讨论中，丘吉尔的手舞足蹈实在太夸张了，以至不小心戳到了秘书沃尔特·吉尼斯的脸。1925 年 8 月 30 日，张伯伦写信给鲍德温，欣然道："回顾一下最近一次会议，我觉得我们的财政大臣表现很好……他已经成为下议院一根有争议的中流砥柱……政府影响力与威信的重要来源。"虽然财政大臣的官威高过卫生部长，但是根据他们各人的性格和实力：

> 我从来不曾后悔当初的抉择，或者嫉妒温斯顿的盛名。他真是个妙人！但我觉得我们之间泾渭分明，不需有交集。我喜欢他，喜欢他的幽默感、活力和勇气……可作为他麾下的一员可不是进了什么天堂。心如海底针！这话听起来有点过了，但这实在是对他的做派最恰当的描述。

到 10 月份，张伯伦欣喜地汇报，丘吉尔在内阁话少了，听得多了。"S•B（斯坦利·鲍德温）告诉我，他有点开窍了，知道其他新同僚不是哑巴了。"而 1926 年的全国大罢工如一个晴天霹雳，给了丘吉尔再作冯妇大展身手的机会。

1926 年 5 月 1 日，英国矿主的减薪计划遭到了矿工的抵制。雇主囚禁了矿工，总工会呼吁大罢工。5 月 3 日深夜，局势一触即发。而在此之前，丘吉尔刚刚召集财政部办公室开会，要筹划“一份激动人心的大报，不仅报新闻，更要愉悦人心”。《每日邮报》主编安德鲁·凯尔德指出，未经专业训练，又缺乏风险评估，是玩不转出版业的。但丘吉尔没有意识到问题所在：“名师高徒还不行吗？”凯尔德实事求是地回答他，无法速成。“懂印字儿的人不都上大学吗？”丘吉尔依然追问。别人告诉他，牛津和剑桥不教这些。于是第二天，塞缪尔·霍尔[12-26]驾临《每日快报》办公室，带着文章《铁血温斯顿》。但是罢工影响了所有的报纸，只有工会的《英国工人》和《英国宪报》幸免于难，后来丘吉尔在上面发表了政府对于这一事件的说辞。5 月 9 日，托马斯·英斯基普[12-27]致信欧文勋爵：“温斯顿很享受在《英国宪报》抛头露面，对 8.2 亿的预算不再感兴趣了。我不能说他舍本逐末，但他对‘曝光’太热衷了。”

丘吉尔当然操控着《英国宪报》。“大臣就像报纸员工一样事无巨细地关心着。”美国海军部议会秘书 J•C•C• 戴维森向鲍德温发牢骚。报纸也恨不得对丘吉尔敬而远之。“他以为自己是拿破仑，但是熟练的老印刷工在各道程序上都比他懂得多。”“他在最忙乱的时候叼着烟，要求把标点符号改来改去，直到工作人员忍无可忍。”托马斯·琼斯写道。丘吉尔还试图让英国广播公司播放印刷《英国宪报》的隆隆机器声，但失败了。他还居然在内阁要求政府征用英国广播公司作为宣传机构，鲍德温明智地拖延了这个决定，直到 5 月 12 日罢工结束。

《英国宪报》的版面充斥着对罢工者的夸张谴责，警告布尔什维克的阴谋，并鼓吹丁尼生[12-28]和吉卜林的诗作。丘吉尔后来回忆说，热闹得就像“一级海战与一级大选合二为一了”。与之唱反调的《英国工人》则称之为“西德尼街战线耸人听闻的‘把戏’”。丘吉尔的私人秘书詹姆士·格里格也总结道：“温斯顿总是想着名垂史册，他一边让《英国宪报》发文章，一边着手构思他的下一本书，或者他的自传……”

大罢工之后，张伯伦意识到，“温斯顿大受欢迎，我相信他在我们这边的地位必然上去了，他给整个议院上演了一场好戏。”但他会不会因此被倡优视之？8月15日，张伯伦描述了一场喜剧电影，来总结大臣的公众形象：

……在出征的号角声中，单词“温斯顿”浮现在银幕上，紧接着字母彼此分开，移动出有趣的花样，虽然具体怎么动我不大清楚，但最后排列成了我们财政大臣的漫画头像，包括他标志性的眉峰和光头。

这是谑而不虐的，我们正笑得开心时，门突然打开，温斯顿自己走了进来。（都是拍电影，你懂的）天哪！办公室里的东西都震得嗡嗡作响，桌子在书山下呻吟，秘书冲进冲出……温斯顿点燃一支巨大的雪茄烟，做鬼脸，咆哮，画面疯狂地放大缩小（？？！！），直到放电影的人瘫倒在地，电影也爆炸了……

温斯顿在议院和党内的地位不断提升，他的演说非常精彩，人们趋之若鹜，就像去一流剧院看演出。他们说，伦敦最好的演出都相形见绌。我可以断定，他们认为这是作秀，并不相信他的人格和判断力。

从个人角度，我不能更赞赏他，但是看到他要尊重起来，我总觉得拉低了我的智商。我意识到我和他格格不入，他不得不让步，因为他的方案太不可行。

9月5日，托马斯·琼斯写道：“温是一个最出色而矫健的演说者，他的语句充满色彩、韵律和频繁的军事化比喻”，不管话题是政治，是他1908年的东非之行，还是煤矿罢工。“他总是剑拔弩张，”第二天，劳动部长亚瑟·斯德林－梅特兰写道，在煤业谈判中，“温斯顿是一个绝佳的研究对象”，他的发言精心演练过，“妙不可言”。但是在修辞层面，他在各个方面改变了政府通用的说辞，如“造反派”“欺凌矿工……拿破仑式的态度令他痛并快乐着，他站在聚光灯下，用军事化的比喻发号施令”。斯德林－梅特兰补充道，问题是“在谈判中，他的冲动和斗志都是可怕的危险……他用政治演说的方式来思考工业政策……他是个出色的队友，但他的长处不是判断力，也不是推动工业发展，更不是谈判”。

正如张伯伦所概括的，“温斯顿总是要站在前台轰轰烈烈地大干一场”，但不幸的是，“他把持着财政，我奈何不得他”。所幸的是，当时政府还有另一个我行我素的演员，比丘吉尔技高一筹。

斯坦利·鲍德温喜欢把自己描述成慢性子、愚钝、直率而随和的老好人。但是，在菲利普·威廉姆森为这个政客所作的传记中，描写的却是一个勤奋的实业家，十分精明地利用并智胜他的同僚，尤其是丘吉尔。鲍德温非常博学，他阅读卡莱尔、狄更斯、阿诺德、罗斯金[12-29]和J·B·普利斯特里[12-30]。他们肆无忌惮地批评资本主义，他很可能因此致力于推进社会福利措施和保护性关税。当在选举中与哗众取宠的劳埃德·乔治及其吵闹的社会主义派拥护者竞争时，他发表了一种“反演说”：不加修饰，不露感情，令人昏昏欲睡。他严格地避免政治上的高头讲章，这种表面的真实为他赢得了听众。他对传统议会论辩的针锋相对不屑一顾，对反对者宽宏大量，并不回击。鲍德温“可能是……三十年来口才最差的首相”，查尔斯·马斯特曼惊讶地称，然而“他就座时，收获了热烈的欢呼”。即使他标榜复古，他运用广播和有声电影等新锐媒体的功夫也比丘吉尔高得多。鲍德温知道，在广播里，演说家的煽情不管用，它需要一种更加柔和、私密的话语方式：在1924年的竞选广播中，他先于富兰克林·罗斯福发明了“炉边谈话”。而到了1931年大选的宣传演说，他几乎犯了一切大忌：缓慢地吞吞吐吐，摆弄钢笔，弹舌头，经常不看镜头，但演说因此具有了惊人的说服力。

鲍德温的词典里没有“雄辩”和“口才”。他瞧不起“把戏”“鬼才”“轰动效应”“煽动者”“咬文嚼字”“吞火者”和那些“六音节”大词。“雄辩家在民主政治下是最值得怀疑的，他们误导那些教育水平不高、没有鉴别能力的人。”事实上，雄辩是“现代文明最大的危险”。他告诉选民：“选举的艺术可远远和电影明星的艺术不一样。”他们应该聆听那些朴实的话语，如他自己的言论。在1924年3月的讲话中，鲍德温总结道：“说真话不需要艺术。”

当然，大巧若拙。鲍德温的空军秘书塞缪尔·霍尔曾如是描述他：

> 舞台上或者广播里的表演者……所有的开场都是同一种标志性的腔调……他绝对没有看起来那么简单。虽然出身城镇，但他最适合扮演眷恋英格兰乡土的角色。他在广播中讲话时，就像个英国乡下人夜晚窝在舒服的椅子里，和二三老友亲密对谈一样。事实上，娓娓道来的说辞是经过精心准备的。坐着，若有所思，叼着烟沉吟，他深思熟虑该说些什么，后果如何，每一字一句都是他的风范。

鲍德温深谙政治作秀，但不屑为此。他充分认识到，丘吉尔是政府中最惹眼的演员。但与此同时，作为首相，鲍德温潜移默化着英国的政治文化，质疑着为他的大臣带来呼声的政治高调。在新的言论环境中，丘吉尔成了个异类。

1927 年 4 月 11 日向国王反馈预算报告时，鲍德温把丘吉尔的表现描述成天花乱坠的杂耍。于是没过多久，议院就挤满了包括国会议员、贵族甚至王储在内的热情观众。“这场面充分证明了丘吉尔作为政治明星的吸引力，下议院无人可比。”他的表现也没有令人失望：“他的财政预算案结构精微，堪称天才杰作。”煤矿罢工已经使国民收入减少，开支增加，大臣不得已要想法弥补三千六百万镑的赤字，“谁想，萧条的大背景反而衬托了他的高蹈乐观，主题有多沉重，他的幽默感和智慧火花就有多强烈。重章复沓之中，体现出深触灵魂的人性关怀。”

丘吉尔以幽默和乐观抵御经济萧条，不能说是错的。在更加艰难殆滞的时候，富兰克林·罗斯福恐怕也会有一样的表现。但鲍德温意识到，罢工疮痍未平，王尔德式的机智很可能被视为轻浮：

> 丘吉尔先生性格中浮浪谑笑的成分，在表面上体现为用绘声绘色的短语和俏皮话打趣他的对手。因此，当描述煤矿停工的悲惨后果时，他表现得不像一个公正的法官，而更像是不需要承担责任的群氓之一……
>
> 除非全盘否定，不然他的演说仍旧是完美的。丘吉尔先生洞察了国民经济与裁员的问题，令群情激昂的表面的轻浮是可以改正的。

鲍德温补充道，不可否认“丘吉尔先生出众的戏剧表现力”。即使是预算报告，他也通晓如何柳暗花明，让听众翘首以待“包袱”的抖落：

> 为了吸引听众，所有的大臣都要把关键机密揣到最后一刻再抖出来，但是没人能比丘吉尔更好地践行这门艺术。根据议院所面对问题的性质，他表现出了最灵活的运筹帷幄，让众人的情绪保持在最高点……
>
> 他的敌人会说今年的报告只见树木不见森林，拿国家财政开玩笑。但他的朋友则称，这是天才的杰作。

“天才”是对一个戏剧家的恭维，但用在一个统筹工作的国家大员身上，就令人生疑了。鲍德温向国王坦承，丘吉尔暗中削减了预算赤字：“隐性储备已经耗尽，当下如果再有突发事件增加开支，财政大臣不能再故伎重施了。”正如托马斯·琼斯所言，“温斯顿的预算案洋洋洒洒，《泰晤士报》赞扬它巧妙，但其他报纸多认为是玩弄权谋。”在第十卷琼斯提到了英国央行行长蒙塔古·诺曼，比起大走钢丝的财政大臣，他“看起来病恹恹地愁眉不展”。琼斯发现首相“疲惫如惊弓之鸟。如果把温斯顿的演说看作艺术品，那么他不能更赞赏”，只是同时也要诅咒它，“它旗鼓狼藉地收场了”。丘吉尔自己也承认，在经济学上，即使“一辈子和它缠斗不休”，他也“太大老粗了”。

“温斯顿的地位引人好奇，”9月15日，鲍德温对欧文勋爵说，“人民喜欢他，爱听他在议院讲话，笑嘻嘻地在前排坐定，把他当成重头戏。但是对于领导人来说，时刻都想把他拒之门外。”鲍德温还提及，首相的接班人应该是张伯伦或者道格拉斯·霍格。次年4月，他剔除了霍格，把他提升到上议院。

与此同时，丘吉尔又出台了一个戏剧性的新方案，以纾解英国长期的高失业率。他建议取消地方产业税，通过其他税种弥补差额。他希望这能减轻工农业的沉重负担，并鼓励增加就业机会。张伯伦认为这个方案“不明智，不道德，很危险，因为前车之鉴，这只是他的空想。他迷恋自己造的空中楼阁，在计划碰壁之前，他不考虑困难，也不会等待时机。这将重演加里波利的悲剧……即便我下面所有人都为温斯顿要命的幻想加班加点，这也不会变得可行”。温斯顿起草于1928年3月24日的计划根本不是计划，“它像万花筒一样瞬息万变，在周四的内阁会谈之前，我都不知道它会变成什么样子。”张伯伦一点也不期待1928年的预算案：“温斯顿大刀阔斧，而所有的苦差事都交给我做。”利奥·埃默里[12-31]曾评论道，和往常一样，“丘吉尔用最高超的文学技巧完成了”4月24日的预算报告。

在8月12日写给欧文勋爵的信中，张伯伦解释道，丘吉尔的“半瓶醋”计划“包含了所有工业都十分关注的自由税率（这个描述很含糊，没有定义），而不是之前5%的国民税率”。这看起来又是华而不实的成功作秀，但张伯伦还是意识到，政治秀自有其用。他认为，“出于选举的考虑”，丘吉尔的方案有实际价值，“各界都批评年迈的政府死气沉沉，毫无政策建树，处理失业问题没有新思路。而它回应了这些责难，解决了工业的宿怨，值得我们拥护。”张伯伦愿意降低某些工业行业的税率，但并非如丘吉尔坚持的那样一概而论。同时，他指出鲍德温过犹不及，“需要雷厉风行时却畏缩不前……做重要演说时屡屡失误”。

张伯伦意识到了丘吉尔最大的优缺点：他把诗人和剧作家的本事运用得炉火纯青。他做决策时的心理活动，更像是艺术灵感，而非基于政治经济现状的考量：

> 也许要遇到一个真正的天才并欣赏他是很难的。而温斯顿正是，他“缺乏领导才能”。听他在讲台上或者议院里滔滔不绝是种纯粹的享受。结构的艺术、出其不意的包袱、幽默的火花，以及绘声绘色的大量用词令他的演说别具一格。但如你所见，主题难寻，他其实无甚高论，也并不执着于用有力的铁证来支撑它们。他脑子转得太快，新想法屡屡被自己推翻。
>
> 我注意到，他在内阁的开场白经常漫不经心，图像和比喻在他脑海中形成伟大的画面。当你发现他面颊泛红，语速越来越快越来越急，那会儿他是听不进任何反对意见的，即便这个主意也只是他几分钟前才想出来的。

> 他从来不基于专业知识考虑问题，不长远细致地权衡利弊。他本能地求大求新，来浓墨重彩地张扬。无论想法好坏，可行与否，他都能振振有词地把它推销给热情的听众，这一行为本身就是对他自己的肯定……

张伯伦总结道："对我而言，我们秉性差异太大，无法和他自在相处或者友好相待。他是个出色又任性的孩子，令人不得不敬佩，但是把监护人折腾得够呛。"当年11月，这种对比鲜明地凸显出来。张伯伦经过几个月的呕心沥血，制定了127页的地方政府法案，又花了两个半小时向兴趣盎然的下议院众人讲解所有细节，结束时得到了热烈而持久的掌声。法案摒除了1834年济贫法的宿弊，实质性地缓解了农工业税务问题，在国会畅行无阻，令保守党也倾向于循序渐进的社会改革。较之作秀，这是实事求是的胜利。

丘吉尔对政治秀的衰落深表遗憾，他写信给妻子克莱芒蒂娜，说："这会开得太俯首帖耳了，国会议员几乎都缄口不言，看着不是像柯立芝就是像胡佛[12-32]。这年头大众政治走的下坡路真惊人，不会更糟了。所有传统的议会范儿和个人色彩都没有了，可能从此一去不复。"他在1939年也曾回忆道，政党纪律的兴起，意味着政府不再通过开放辩论做决策，而是"幕后操作"。比如1931年工党下台，就是在后台完成的。

1929年2月，利奥·埃默里和张伯伦一致认为，是时候调动丘吉尔了，但是调到哪里？埃默里建议调到外交部，但是张伯伦不赞成，埃默里在日记中写道："内维尔认为国会议员担不起这么大风险，他想到温斯顿的轻率，简直会在半夜里一身冷汗地醒来。我觉得温斯顿其实不像传言中那么轻浮，目前外交上的形势也不严峻，添点活力没有坏处。"可惜当时是1929年，他没能未卜先知，没过几年，外交上就危机四伏了。

1929年4月15日的预算报告，在张伯伦看来：

> ……是他做过最好的报告，让议院众人着迷并折服于它的机智、大胆、灵活与有力。我想公众对于无聊的预算报告有一点怨念，大概是因为温让他们觉得每

年都值得期待，还总能满足他们的预期。选举需要全面着眼，从这个角度看，是非常有益的。说实话，它对我们产生了显著的影响，之前我们有好几个星期的低迷，但现在烟消云散了。

而其他人就没有这么好说话了。《世界危机》的最后一卷已经出版，正如欧文勋爵对坎特伯雷大主教所言，这才是丘吉尔天才的用武之地："我想书评一定会说：联想到作者的财政大臣身份，真是令人吃惊！他在财政方面竭尽所能，把金融和服务搞得四分五裂。我不禁感慨，他要是在其他位置上，可能会比搞财政更好一些。"欧文告诉张伯伦，丘吉尔在海关税收署的同事弗兰西斯·弗劳德"定期写信给我，称温斯顿完全自由散漫，显然是财政上的公害。据他所言，温斯顿留了个烂摊子，接他班的人好多年都没收拾完"。

5月30日，保守党被迫下台。"丘吉尔先生提出了未来五年的预算案，"一位心怀同情的经济学家总结道，"它们无论怎么看都很糟糕，唯一的名堂就是富有戏剧性。新举措看上去很美，比如养老金缴纳和地方税制改革，还有新税法试行建议和平衡收支的种种闻所未闻的设想，接二连三地灌进了着魔的议院的耳朵。"但已经有人意识到税改是半吊子，平衡收支也不过是拆东补西。在大臣生涯中，丘吉尔没有赢得多少同僚的尊敬。不少人认为他只是个有小聪明的"文人"，不懂本行，也不会理财。1932至1946年曾经担任政府首席经济顾问的弗雷德里克·李斯－罗斯爵士，在1954年曾对莫兰勋爵说："温斯顿不是个糟糕的财政大臣，他只是对自己不确定。当然，部长不好当，但他太有激情，想法太多了。"

"是好事吗？"莫兰问。

"差不多二十个人里能有一个靠谱的，"弗雷德里克说，"你知道，温斯顿真是个艺术家……"

即便作为文学家，他也被越来越多人视为19世纪的遗老。弗雷德里克·莫里斯爵士[12-33]在美国《外交》杂志发表文章，逐字逐句批驳了《世界危机》。他指出，丘吉尔用华丽的老古董笔法吸引读者："在今日的英格兰，雄辩术早已消亡……我们看到的是维多利亚时代早期时评的落日余晖和辛辣嘲讽，我们体验新奇的魅力，为作者的才华与强势所倾倒，几乎无法掩卷质疑他。”在1929年的讲座“战争题材书籍”中，H•M•汤姆林森[12-34]单提《世界危机》作为最大的反例。丘吉尔富有画面感地叙述了战前的皇家海军总动员，“……舰队司令的声音通过无线电掠过苍穹，对着高大的船桅窃窃私语……鱼雷被填进半梦半醒船舶的肚子……巨大的钢铁城堡驶向蒙蒙的彼岸，如急切而谦恭的巨人。”而汤姆林森斥之为过分的夸张：“在他自己的狂欢中，读者感到恐惧，仿佛看见作者跃过舞台，站在大铁桶上滔滔不绝。”丘吉尔描绘大战的唯一路子，就是“打起彩色的侧光，赋予舞台上的对象并不属于它的形象”。

在1928年富于影响力的导论性著作《英国散文风格》中，批评家赫伯特•里德[12-35]也以《世界危机》里的一段为例，来说明“荒唐可笑”的手法：

> 他行将被打倒了。一只黑手，最初戴着愚蠢的手套，现在伸出来干预了。沙皇退位。他和他爱的人非伤即死。贬低他的努力，诽谤他的行为，诋毁他在别人心中的印象；但是且慢，请告诉我们另有何人堪当此任，还有谁或者什么组织能领导俄国？智勇双全的人，抱负不凡勇猛精进的人，大胆威严的指挥者——这些全不缺乏。但是没有人能回答攸关俄国的人民生活与国家声誉的几个普普通通的问题。当胜券在握时她轰然倒地，像古代的希律王一样被蛆虫活活地吞噬。但她的英勇行为并非徒劳。身受致命重伤的巨人，及时拼尽临终前的力量，将火炬向东，越过大洋传递给了长期犹疑不决的新的提坦，现在他站起来，慢慢地拿起武器。俄国于3月16日陷落，美国于4月6日参战。

在里德看来，这一段集矫揉造作陈词滥调于一身：

> 这种雄辩是虚伪的，因为它出于人工斧凿：这是写作者容易落入的陷阱之一，如果他的“优秀作品”概念不是来自真正优秀的内在构思。这里的画面陈腐不堪，隐喻充满暴力。整段文字都散发着虚假的做戏意味，降格到幼稚地使用“沙皇退

位”作为戏剧的标题。修辞被架空了，有讽刺意味的问题必然随之而来。意象也被架空了，有名无实地冗余。希律王和蠕虫的比喻，熟滥到令人不寒而栗。而“英勇不会枉费”以下，陈腐的画面依然一连串涌出，巨人、火炬、提坦。为了给这些俗套画上句点，又故意用了简朴的语句，来表示这些浮华雄辩的由来。

在这本书1952年的修订版中，里德保留了先前所有对丘吉尔散文的批评调侃。他像一位严师一样指出，首相目前“比这好多了”，比如说他“永不投降”的演说，但要和法国大革命中的埃德蒙·伯克[12-36]比起来，还差得远。

正如以赛亚·伯林[12-37]在1949年所指出的，里德的批评反映了战后英国对维多利亚时代的抵触心理，以利顿·斯特雷奇、伯特兰·罗素和约翰·梅纳德·凯恩斯为首，热衷于揭其短。“在这样一个时代，修辞乃至雄辩受到谩骂，因其装扮成文学和道德上的伪君子。肆无忌惮的江湖骗子败坏了艺术品位，污损了真理与理性的事业，最糟糕的是带来罪恶，并且把一个容易轻信的世界引向灾难。”年轻一代“抗拒任何似乎要越出现实框架的东西”。但是，伯林也总结道，在未来的战争中，修辞是制胜的要素。英国需要既会作秀又有血有肉的领导人，大概只有丘吉尔算得上一位：

他就像是历史舞台上的一个伟大演员，或许是他这一类人中的最后一个，在灯火辉煌中，他以一种大气、从容不迫而高雅的语调，说着令人难忘的台词。这同样地适合于这样一个人，他知道，他的事业和人格，都将被后代审视评价。他的叙述是一次伟大的公开演出，具有形式上的重要意义。这些单词、漂亮的短语，经久不衰的情感品质，都是他表达对自己和世界看法的一种独特手段，像他既往所有的言行一样，必然会强化他闻名的公众印象，这些不能再与作者的内在本质和真实特点区分开来：一个极其出众的人，比普通人更大方，更质朴，在他有生之年，就成为了一位历史巨人；他胆识超人，身体强壮，富有想象力，是他的民族所产生的两个最伟大的实干家之一，有巨大影响力的演说家，国家的救星，一个既属于现实又属于传说的神话英雄，我们时代的最大写的人。[12-38]

这是二战后丘吉尔在公众心中确立的经典正面形象，正如他也是英语散文的代表人物。但是在两次世界大战之间的时代，知识分子都更加赞同赫伯特·里德对他的尖酸批评。在当时，丘吉尔是作家的反面教材。

译者注

[12-1] F•E• 史密斯（Frederick Edwin Smith，1872—1930）：英国保守党政治家、律师。

[12-2] 阿诺德・本涅特（Arnold Bennett，1867—1931）：英国作家。

[12-3] 阿尔弗雷德・芒宁斯（Alfred Munnings，1878—1959）：英国画家，比较擅长画马。约翰・拉维利（John Lavery，1856—1941）：爱尔兰肖像画家。埃德温・鲁琴斯（Edwin Lutyens，1869—1944）：英国著名建筑师。

[12-4] 劳伦斯・奥利弗（Laurence Olivier，1907—1989）：英国著名演员、导演、制片人。1948 年获奥斯卡奖。

[12-5] 德斯博罗勋爵夫人（Lady Desborough）：指埃塞尔・安妮・普里西拉（Ethel Anne Priscilla，1867—1952），当时伦敦著名的沙龙女主人。

[12-6] 塔普鲁庭文化中心（Taplow Court）：伦敦著名的会议中心，建于 1989 年。

[12-7] 菲利普・沙逊（Philip Sassoon，1888—1939）：英国政治家、收藏家和沙龙主人。

[12-8] 约翰・辛格・萨金特（John Singer Sargent，1856—1925）：美国肖像画家。

[12-9] 杜拉・卡灵顿（Dora Carrington，1893—1932）：英国画家、装饰艺术家。与布鲁姆斯伯里文化圈的成员过从甚密。

[12-10] 马奈（Manet，1832—1883）：法国写实派与印象派画家。莫奈（Monet，1840—1926）：法国画家，印象派代表人物和创始人之一。塞尚（Cézanne，1839—1906）：法国印象派到立体主义画派之间的重要画家。马蒂斯（Matisse，1869—1954）：法国画家、雕塑家、版画家，野兽派的创始人和主要代表人物。

[12-11] 约翰・济慈（John Keats，1795—1821）和珀西・雪莱（Percy Shelley，1792—1822）都是英国著名浪漫主义诗人。

[12-12] 雅各・爱泼斯坦（Jacob Epstein，1880—1959）：美籍英国雕塑家，现代主义雕塑先驱。

[12-13] W•H• 哈德逊（William Henry Hudson，1841—1922）：英国作家、博物学家。

[12-14] 斯坦利・斯宾塞（Stanley Spencer，1891—1959）：英国画家。

[12-15] 马克・哥特勒（Mark Gertler，1891—1939）：英国肖像、静物画家。

[12-16] 查理・卓别林（Charles Chaplin，1889—1977）：英国著名喜剧演员、

导演、反战人士。

[12-17] 南希·阿斯特（Nancy Astor，1879—1964）：英国首位女下议院议员。

[12-18] 劳埃德·乔治是威尔士人，也是历届英国首相中唯一的威尔士人。

[12-19] 英国正规军队的制服是猩红色，指有军衔的议员。

[12-20]温尼弗雷德·霍尔比(Winifred Holtby，1898—1935)：英国小说家、记者。

[12-21] 艾坪（Epping）：英国英格兰东部埃塞克斯郡首府。

[12-22] 金本位（Gold standard）：以黄金为本位币的货币制度。每单位的货币价值等同于若干重量的黄金（即货币含金量）；当不同国家使用金本位时，国家之间的汇率由它们各自货币的含金量之比来决定。

[12-23] 奥托·尼梅尔（Otto Niemeyer，1883—1971）：英国银行家，曾担任财政部金融总监。

[12-24] 蒙塔古·诺曼（Montagu Norman，1871—1950）：英国银行家，英格兰银行行长。

[12-25]拉姆齐·麦克唐纳(Ramsay MacDonald，1866—1937)：英国政治家，1924年、1929至1935年两度出任首相。

[12-26] 塞缪尔·霍尔（Samuel Hoare，1880—1959）：英国保守党政治家。

[12-27]托马斯·英斯基普（Thomas Inskip，1876—1947）：英国政治家、大法官。

[12-28] 丁尼生（Alfred Tennyson，1809—1892）：英国桂冠诗人。

[12-29] J·罗斯金（John Ruskin，1819—1900)：英国作家、批评家、社会活动家。

[12-30] J·B·普利斯特里（John Boynton Priestley，1894—1984)：英国小说家、剧作家、播音员。二战时开设了一系列广播节目鼓舞士气。

[12-31] 利奥·埃默里（Leo Amery）：指利奥波德·莫里斯（Leopold Maurice，1873—1955），英国保守党政治家、记者。

[12-32] 柯立芝（John Calvin Coolidge，1872—1933）：美国第30任总统，共和党人。以古典自由派保守主义闻名。胡佛（Herbert Clark Hoover，1874—1964）：美国第31任总统，共和党人，公认缺乏个人魅力，不擅长与其他政治家合作。

[12-33] 弗雷德里克·莫里斯（John Frederick Maurice，1805—1872）：英国神学家、宗教作家。

[12-34] H·M·汤姆林森(Henry Major Tomlinson，1873—1958)：英国作家、记者。

[12-35] 赫伯特·里德（Herbert Read，1893—1968）：英国诗人、艺术批评家和美学家，英国美学学会主席。

[12-36]埃德蒙·伯克(Edmund Burke，1729—1797)：爱尔兰政治家、作家、演说家、政治理论家、哲学家。因反对英王乔治三世和英国政府、支持美国殖民地以及后来的美国革命的立场，以对法国大革命的批判著称。

[12-37] 以赛亚·伯林（Isaiah Berlin，1909—1997)：英国哲学家、观念史学家、

政治理论家，20世纪著名的自由主义思想家。

［12-38］以赛亚·伯林：《温斯顿·丘吉尔在1940年》，译文参考伯林：《个人印象》，林振义、王洁译，译林出版社2013年版。特此致谢。

▲《假如布尔什维克来到了英格兰》（*If Bolshevism Came to England*，《旗帜晚报》，1928 年 7 月 19 日）：戴维·洛把丘吉尔描绘为一个英国独裁者，命令所有艺术家都为对他的个人崇拜服务。

十三、特殊关系

美国国会批准国际版权协议[13-1]，为英国作家打开了一个广阔的新市场。四年之后，温斯顿·丘吉尔开始了他的作家生涯。还没有这个协议的时候，查尔斯·狄更斯、托马斯·哈代和奥斯卡·王尔德都损失了数不清的版税。从此，丘吉尔开始有意地面向大西洋两岸的读者写作。1901 年，他提议仿效法兰西文学院[13-2]，创建英美学院，将美国和英国的用语标准化，以防两者的差异越来越大。他坦白地辩称，毕竟，通用语“能让作家获得双倍的读者，让演员获得双倍的观众”。但是在二战前，丘吉尔再怎么努力，吸引的美国读者群也很有限。文坛如政坛，他称之为“伟大共和国”的毕生浪漫理想，一度无人应和。

1895 年 11 月，丘吉尔首次访美，在采访古巴起义的途中经停纽约。“美国人真了不得！”他写信给（美国人）母亲，“热情好客，出乎我的意料，宾至如归，我可从来没有这么惬意过。”这种感觉，他从来没有在英国体会过。他观察了美国新的全球力量的表现形态，战舰“纽约”号：“我被他们的水兵震撼了，很有素质，出色的军容礼仪，普遍的高效率表现。这些都比舰船本身更吸引我，任何一个国家都能造出战舰，但培养优秀水手是盎格鲁－撒克逊人[13-3]的专利。”他写信给弟弟道：“亲爱的杰克，这真是一个伟大的国家，不优美也不浪漫，但是大气而功利。这里似乎没有崇拜或者传统，事事都讲求实用，一切都站在实际的立场上来评判。”法院没有愚蠢的假发和长袍，人们都穿着职业套装。“虽然他们一样绞死人，可这总归是好事。”大部分美国报纸都是令人绝望的垃圾，但是：

> 我想提醒你，粗野是力量的标志。大气、朴拙、强壮、年轻，这就是美国人民——和有教养却弱不禁风的绅士和淑女比起来，就像个吵吵闹闹的健壮小男孩……你可以把美国人想象成一个了不起的精力充沛的青年，践踏所有的多愁善感，触犯所有的繁文缛节，没有岁月也没有传统要求他们毕恭毕敬，但他干起事来精神饱满，令世上多少古老的民族羡慕不已。

丘吉尔面向美国读者写作的主要目的之一，就是建构英美同盟。但是，在投身于糟心的政策之前，政治家往往把潜在的弊端看得一清二楚。在1898年的西班牙战争中，丘吉尔支持美国，同时也指出，在帝国主义扩张中，“美国向世界露出了它不那么光彩的一面”。当然，“盎格鲁-撒克逊的友好邦交理念很不错，作为两国的代表，我主张的政治原则之一，就是推进英语国家之间的互相理解。而今日的联盟恐怕派不上多大用场了……只要两国利益一致，就是同盟，必将是同盟；一旦有分歧，就不成立了。”英国和美国在太平洋上可能有共同利益，但在其他方面“我担心我们无以回馈美国”。张伯伦提议签订英美协定的时候，丘吉尔持怀疑态度：“盎格鲁-撒克逊联盟的理念可能会让各国的报刊主编、沙文主义者和没头脑的人欢欣鼓舞或者惊慌失措。外交家知道没有共同利益就不可能有联盟，所以并不为此费心。可爱的山姆大叔会不会为我们从火焰中抽拣出亚洲、非洲、欧洲的木柴？[13-4]”

同理，纽约的报纸对他的古巴行纪兴趣盎然，当然认为他随后的作品也能在美国有市场。出版《马拉坎德野战军纪实》的时候，他对母亲下了指示：“这在美国应该能有销量，该认真留心着。”第一版先运了200册到美国，但没有实际销量的记录。《河上之战》显然在美国也卖得还可以，前两印（1899年11月和1900年2月）总共2500册，至1900年6月1日几乎售罄，其中500册是销往纽约的。《伦敦至莱迪史密斯：途经比勒陀利亚之旅》在英国的销量更好，1900年5月出版，到1901年6月1日售出了11454册；但是，尽管《时尚芭莎》和《哈珀》月刊都报道了丘吉尔在布尔战争中的冒险，这部书的美版总共只卖出了1850册，至少有1000

册最后化成了纸浆。

丘吉尔正愁如何救莱迪史密斯的急，美国代理商詹姆斯 •B• 庞德就提出了北美巡回演讲的主意。狄更斯、王尔德和马修 • 阿诺德都成功地在美国做过巡回演讲，弥补了他们作品销量的缺憾，丘吉尔也希望以同样的方式赚一笔。1900 年 12 月，他抵达纽约，再次被一群记者包围，这是个令人安心的标志，他还没有过气。但此行不太成功，美国支持布尔人的情绪高涨，尤其是爱尔兰裔美国人。在巴尔的摩，他的演说厅几乎空空如也；在芝加哥和明尼阿波利斯，他遭到了激烈的诘问；在安阿伯市，他的演说被打断了。值得注意的是，他在蒙特利尔、渥太华、多伦多和温尼伯得到的反响要好得多。[13-5] 此行他总收入 6000 多美元，马丁 • 吉尔伯特称之为“一笔巨款”，但这也是相对而言的。丘吉尔原本期望能挣 5000 英镑，估计得过分乐观了。实际上，狄更斯 1867 至 1868 年访美，收入据说是 20000 镑，但这是个极端的例子，王尔德也不过只赚了 1178 镑。在英国巡回演说五个星期，丘吉尔的收入是 3782 镑 15 先令 5 便士，相较之下，北美殚精竭虑两个月才赚 1300 镑。从经济学家的角度看来，美国之行的机会成本太高了。

他激烈反对张伯伦的关税计划，其中一部分原因就是害怕引起和美国的贸易冲突。1906 年 1 月，他在曼彻斯特的选举集会上说：

> 张伯伦先生的英国梦是出了名的，但是这种梦想不考虑美国人民，只顾及英国荣光，恐怕不明智也不完备。（众人聆听）说到底，最好的英国梦，应该是伟大的盎格鲁－撒克逊联邦梦想。（喝彩）这可能只是一个梦想，但我认为，随着时间推移，它一定会越来越近。

与此同时，丘吉尔作品在美国的销量继续蒙受挫折。麦克米伦公司出版了他的伦道夫 • 丘吉尔传记，这家公司曾经出版过约翰 • 莫利的《格莱斯顿传》，第一年就售出了 25000 册，后来成本更低的再版卖得更多。《伦道夫 • 丘吉尔勋爵》1906 年 1 月 2 日出版，到 1907 年 2 月 5 日在英国售出了近5000册，到5月15日，销量达6250册，这其中包括通过泰晤士读书俱乐部售出的。为了美版销量，丘吉尔再三烦扰弗雷德里克·麦克米伦，但到1906年4月30日，美国的销量只有603册，收入还不到预付版税500镑的一半。一个只因反对爱尔兰自治法而闻名的已故英国政客，美国人怎么会想读他的传记呢？美国首位文学代理人保罗·列维尔·雷诺兹以10000美元的预付版税，将这本书推荐给了查尔斯·斯克里布纳父子出版公司。“温斯顿·丘吉尔是个聪明的年轻人，善于组织他的大部分素材，”斯克里布纳公司的内部记录下了断语，“但这个主题没有多少切实的利益。”《我的非洲之行》也被推荐给了斯克里布纳，再次遭拒，后来由霍德和斯托顿公司出版，在英国售出7870册，在帝国（包括加拿大在内）售出2876册，但在美国只有1400册。

1915年12月，当温斯顿的从政生涯陷入最低谷时，伦道夫夫人给他看了侄子肖恩·莱斯利的一封来信，莱斯利时任英国情报官员，在美国工作。“我得写信告诉您（温斯顿）在他的‘母亲祖国’美国被编排得多伟大，”莱斯利告诉她，他的演说被广为传颂，大加赞赏，人们认为英国政府送他上法国前线是另一桩大错，“手头有那么些兵卒，他们却毫不吝惜旗下唯一有名望的骑士。”

1915年被逐出海军部，令丘吉尔有机会重操通讯记者的旧业，并头一次在美国报刊市场上抢占了坚牢的阵地。1916至1919年间，他在《纽约论坛》《科利尔》《瞭望》《世纪》《大西洋月刊》《纽约时报》《洛杉矶时报》等报刊都发表了文章。到了1924年，他在美国平均每写一个字就能赚6先令。

1917年4月，美国参战。报纸专栏满眼都是对英美联盟的歌颂，至少在英国是如此。1918年7月4日，丘吉尔在威斯敏斯特对盎格鲁－撒克逊盟友发表了演说，预言战争将带来英美两国的“至上和谐”。停战后不久，他热情地感谢了他的美国拍档伯纳德·巴鲁克[13-6]，在战时充分合作共同努力发展武器，他继续构想了反事实历史：“假如为了保证全盘胜利，不得不将战争拖延到1920和1921年间，我敢肯定，英美联盟的关系将变得像战时我们许多方面的努力成果一样紧密。”虽然在融合完成之前和平就到来了，丘吉尔依然“十分确信，通过官方的公务，大西洋任何一边的人都在这些紧张的年头里进入了这种关系，全身心投入公共事务，为同一个目标努力，匹夫有责”。1921年选举英语同盟主席时，丘吉尔宣称，英美联盟将会成为“抵抗任何形式的暴政的铜墙铁壁，无论它是古普鲁士形式还是新俄国的分配制度”。但他私下里也抱怨，美国坚持清偿战争债务、海军实力抗衡和爱尔兰独立，为两国关系造成了裂痕。

在两次世界大战之间，丘吉尔的美国出版商是查尔斯·斯克里布纳父子出版公司，这家公司曾经拒绝出版他的两部早期作品。斯克里布纳在业内德高望重，但是对现代作家兼容并包，在那几十年间，斯克里布纳的传奇编辑麦克斯·珀金斯和F·司各特·菲茨杰拉德[13-7]、欧内斯特·海明威、托马斯·沃尔夫[13-8]都有合作。它也是第一家主打力推丘吉尔著作的美国出版商，推出了《世界危机》、《马尔博罗》和《我的早年生活》（原名《大致印象》）。英国本土、法国、德国、捷克等国家都出版了丘吉尔两次大战之间的作品，卖得都很好，只是除了在美国，斯克里布纳依然受挫。文学上的失败甚至影响了丘吉尔的政治进程。

《世界危机》的伦敦出版商是桑顿·巴特沃斯，在书稿还远没有完成的时候，巴特沃斯又把它推荐给了斯克里布纳的伦敦代理人查尔斯·金斯莱。“我想强调的是，丘吉尔提出要揭秘各种各样的信息，使巴特沃斯非常焦虑，”1920年12月20日，金斯莱向查尔斯·斯克里布纳*[13-9]写信汇报，“大量未刊的海军、外交、军事文件要曝光，简而言之，丘吉尔要用‘童言无忌’的方式充分打造名望，这将是一部有轰动效应的作品。”巴特沃斯承认丘吉尔要价高昂，确实“超出了目前的能力范围”，但他确信斯克里布纳的投资将得到回报。“去实现它的潜力，”他怂恿道，“我可不会请求您为一本平平无奇的战争作品做这些，它远远更加出色……我

---

* 和丘吉尔合作的主要是1913年进入公司的查尔斯·斯克里布纳三代（1890—1952），但早期信件来往的应该是查尔斯·斯克里布纳二代（1854—1930）。

甚至要说，这是一部值得放手去做的书。”斯克里布纳听从了建议，预付给丘吉尔16000美元，买下了美国和加拿大的版权。仅仅为了第一卷，他就投放了价值5000美元的报纸广告，发出了30000份宣传单。最后整套书的广告投资超过了20000美元。金斯莱称，斯克里布纳预计的美国销量是15000册，但巴特沃斯认为能达到40000册。

桑顿·巴特沃斯也许可以从出版的每部丘吉尔著作中都挣到钱，但斯克里布纳大失所望。《世界危机》的第一卷（《关于战争的源起》）在美国广受好评，但销量很差。1923年4月6日出版，到6月22日只卖出了2500册，正如斯克里布纳告诉丘吉尔的，“少得荒唐”；到1924年4月1日，销量还不足4000册；直至1930年，还没有突破5000册。相比之下，法国的文学市场要小得多，而巴黎的帕约特公司1925年印了4000册法文版，1939年全部售罄；到1923年底，巴特沃斯仅在英国就售出了10814册，国外还有1034册的销量。

1923年10月29日，第二卷在美国出版，印数4040册，到1924年1月只售出了2700册，1929年之前再也没有再版过；而在正式出版日之前，巴特沃斯的第一版（7500册）就销售一空，在英国售出6340册，海外则是1415册。

斯克里布纳于1927年3月1日出版了第三卷，头两周只卖出了1500册；而在伦敦，正式出版日前三天，巴特沃斯不得不联系加印，到1927年底，总销量高达12894册。

“我不知道眼下出版的书还有哪部这么受报刊关注，评论家也把它视作今年最出色的一部书，为它一书再书，这在某种程度上应该可以刺激销量，”斯克里布纳写信给丘吉尔道，他因此“很难解释前几卷在销量上遇到的阻力”。随后的一卷《巨变之后》，描写战后的清算，在美国成绩稍好：1929年3月7日出版，首印4000册，5月底售罄；再印2085册，10月29日售罄后，又印了1170册。但是彼时巴特沃斯已经印行了11000册。描写东线的《未知的战争》，1931年11月10日出版，首印3870册，12月再印1110册，次年1月又第三次印刷990册。在经济大萧条时期，这个数字不算差，但依然与巴特沃斯的 9000 册相距甚远。斯克里布纳的数据将美国的销量夸大了三分之一，因为把加拿大的销量也计入在内了。比如说，截至 1929 年 8 月，《巨变之后》在美国售出 3667 册，在加拿大则是 1350 册，比率只是 2.7∶1。然而要知道，加拿大十岁以上的人口中，只有五百万英语人口，较之美国的一亿英语人口，丘吉尔在美国读者中间的败绩一目了然。

1930 年 6 月，他还欠斯克里布纳 33000 美元的预付版税。出版商试着出版了《世界危机》的平装删节版，删掉美国读者不感兴趣的部分来攻克市场。1931 年 2 月 6 日印行了 4120 册，但到 4 月 25 日只卖掉了 2005 册，直到 1942 年才重印。再回头看看英国，1933 至 1934 年，伦敦纽恩斯出版社出版了一套二十六册插图本的“一先令”丛书版，售出了约 40000 套；1939 年 1 月 9 日，奥当斯出版社推出了售价 7 先令 6 便士的两卷本，1 月底又售出了 40000 套。

虽然美国对第一卷的评论大部分持肯定态度，但也有一些显著的批评声音。“门外汉，尤其是丘吉尔先生的拥趸者，会觉得可读性很强；但专业的历史学家，尤其是专业的海军，可不这么认为。”爱德华·布雷克在《美国历史评论》写道，在文章中他还详述了丘吉尔将自己的失败归咎他人的倾向。* 还有一些评论者不相信作家圆熟的修辞。而《美国政治科学评论》观察到：“他的风格总是伟大光荣，引诱读者对远非确凿的花言巧语过分信任，事实和数据都经过编排，以支持艺术性高于准确性的主题。”《大西洋月刊》的自由评论员艾勒里·塞奇威克则不无挖苦地赞扬道：“判断不是最终的，书写才是。”哥伦比亚大学的历史学家卡尔顿·J·H·海耶茨为自由党的《新共和国》撰稿，认为这部书有“真正的文学性”，同时“惊人地揭示了温斯顿·斯宾塞·丘吉尔的心灵”。但是，他也补充道，“关

---

* 爱德华·布雷克：《评〈世界危机〉》，《美国历史评论》，第 20 辑，1923 年 10 月，第 137—140 页。他对第二卷同样持批评态度，见《美国历史评论》，第 32 辑，1927 年 7 月，第 876 页。

于这部重要著作的一个事实远胜于其他：它展示的是一位军国主义者的思想，而军国主义者在今日的危险性不亚于1911至1914年。”

《巨变之后》的出版，表现了丘吉尔对和平条约与俄国革命的态度，书评立刻变质了。纷纷指责它“以偏概全”（《美国历史评论》），沦入“虎头蛇尾”（《纽约先驱论坛报》），读起来“像事后道歉”（《基督教科学箴言报》）。“丘吉尔……面对的是无物之阵，他似乎既不明白，也不想解释。”（《瞭望》）“全书充斥着响亮的连篇谬论，其中对列宁的描写尤其滑天下之大稽。”（《国民》）许多评论家都把丘吉尔视作一个狡猾的英国帝国主义者，试图给美国使绊子：“英国政客当历史学家可没那么可信，站在他的立场上涂脂抹粉”（《北美书评》）；“虽然身为作者，很有才气，想象力丰富，吸纳了其他时代的充足的研究成果，但丘吉尔并非总是可靠，甚至可以说不真诚。”（《春田共和报》）《时代》得出了结论：“小熊维尼普”[13-10]只会以“恼怒、犬儒和刻薄的愤慨”来处理战争。《纽约晚报》则希望这书不要出版：“财政大臣写起俄国来就像唱一首充满仇恨的圣歌，再没有人比他更尖刻了；这个部分美国血统的绅士在战争与和平中判若两人，没有人比他更温和，也没有人比他更口角犀利。”“不幸的是，一位英国政府要员所表达的观点的煽动性，提出了一个比这种风格重要得多的问题，”《纽约时报》抗议道，“书中充斥的仅仅是反责，幸灾乐祸的悲观，冷嘲热讽，无视外交礼仪。”这只能进一步恶化英美关系。

美国读者拒斥丘吉尔，同理，他们也不愿加入国际联盟。欧洲人对邻国政治家写了些什么抱有浓厚的兴趣，而美国人认为政治和文学彼此应当孑然独立。美国人深深地不信任英国政客，认为他们用欺诈性的政治宣传把美国拖入了一战的泥淖。自然，他们也无心阅读丘吉尔为战时英国（以及他自己）行为的长篇辩护词。

《巨变之后》的写作目的，部分是为了反驳当时描写《凡尔赛和约》的最流行的美国文本——雷·斯坦纳德·贝克的《伍德罗·威尔逊[13-11]与世界和平》。贝克是威尔逊在凡尔赛的新闻发言人，也是一位引人注目的当红通讯记者。就连丘吉尔都十分嫉妒他编织故事的能力，在《世界危机》

中，他把贝克的历史记录比作一部构思巧妙的好莱坞电影，特别指出了其中的一个桥段：凡尔赛的记者团要求进入报道所有的谈判会议。他们抗辩道，威尔逊“十四点和平原则”[13-12]的第一条就是“公开订立和平条约”。“威尔逊先生对这种遵循他信条的申请大为不安，”丘吉尔挖苦地描写道，“他赶紧重申，他不打算让全世界的报纸来讨论每一个国家的每一件小事务。显然必须划出界线。”但是联合起来的记者们并不买账：

> 斯坦纳德·贝克先生说，最大的问题是“民主如何对付外交”。一边是年轻的美国民主政体，一亿生龙活虎的人口；另一边是暗地里胆怯同时又顽固残忍的老派欧洲外交手腕。这一边，年轻、健康、精神饱满而热情的数百万人口，充满希望地进发去变革人类；那一边，奸诈、狡黠、鬼鬼祟祟、戴着高领和金项链的外交家们抱着团，在聚光灯、镜头和电影机前退避三舍。生动的画面！幕布！轻音乐！啜泣声！结束后再来点巧克力！

丘吉尔认为这是纯粹的“好莱坞”：

> 在传统的电影风格中，明就是明，暗就是暗，强烈的明暗对比模式被大量使用。选择的是更对大众口味的情节，事实、事件和人物的塑造不得不符合预期的要求。因此，总统被描绘成毫无瑕疵的完人，支持着美国人民的最高理想，由于接触欧洲政客的恶势力而陷入了巨大的苦难。总之，贝克先生的电影故事是全世界最老套的……情节煽情，但几乎没有什么是真实发生过的。

这是一位情节剧作者自己受到打击之后的不平则鸣。

丘吉尔没有充分明白，迎合美国读者的失败，也许是因为他已经在一批更加精英的受众中赢得了追随者。1929 年，丘吉尔访美，受到了富有的亲英派的盛情款待，投资银行家詹姆斯 •R• 佩奇招待他在洛杉矶的奢华酒店中住了五天，然后伯纳德 • 巴鲁克的私人火车把他送到了纽约。他们说的都是丘吉尔爱听的：“我见了所有的领导人，听每一方说我的演讲（10

到12轮）带来了很多乐趣。我向他们解说了关于英国政事的一切，展示了她的伟大与包容，以及我们应该如何共事。我和他们共进晚餐与午餐。我最喜欢的以英裔居多，还有所有英国的热情支持者。”在加利福尼亚的圣西蒙，他和威廉·伦道夫·赫斯特[13-13]会谈，赫斯特“似乎开始设想英语民族之间更加亲密的关系了”。在1932年的巡回演说中，他关于英美合作的致辞引发了听众一轮又一轮的起立鼓掌。“至此，人们感受到了英国及其体制坚实持久的力量，”他给《每日邮报》的继承人艾斯蒙德·哈姆斯沃思[13-14]写信道，“在过去的访问中，我从来没有体会到如此友善的情感。所有的阶级和两党都处在完全善意的氛围中，我们是一支深受尊敬并公认能鼓舞人心的力量。”

这个结论的基础是经过个人选择的极不典型的微小个案，但丘吉尔所指出的是《我的早年生活》（1930年10月出版）的成功。巴特沃斯的21先令本初版售出了11000册，1934年平装再版售出了5000册。一年之内，斯克里布纳的两印全部售罄，总数约8000册，广告投入超过了6000美元。尽管经济危机深化（也可能是推动原因），读者还是需要发生在浪漫往日的扣人心弦故事来转移注意力。丘吉尔赢得了好评，《纽约时报》称“除了花花公子和政治家，他还天生就是个作家”，纽约《世界报》评价为“一本才华横溢的书，以特别的风格讲述了一个形象的故事”，《国民》称“叙事别有生趣，生动而时有亮点，满是出色的故事、对人性的鲜活描述和尖锐评论”。

英国书商对《思想和经历》（1932年11月10日出版）的市场感到悲观。发表过的旧文结集出版经常卖不动，尤其还是在经济萧条的时候。但是这本书很快地印了四版，到1932年底售出了7050册，印刷工和装订工都加班加点以保证供应，1933至1934年又印了两批平装的再版。斯克里布纳的版本题名为《风云际会》，只印了4000册，后来也未再版。这部文集收录了丘吉尔一些最有趣的散文，包括《绘画与休闲》，但是其中完全没有明确关乎美国的主题。

为了他的鸿篇传记《马尔博罗》，丘吉尔在伦敦出版商之间游移不定。

乔治·哈拉普出价10000镑买英国版权，但巴特沃斯只出5000镑。1929年5月斯克里布纳同意以25000美元的天价买下美国版权，这是股票市场暴跌之前一笔缺乏考虑的冲动投资。这部作品原本打算出版两卷本，但最后扩展到了六卷。丘吉尔决定要出版更多卷数后，向哈拉普提出另加3000镑预付版税作保，对斯克里布纳也提出了类似的要求，而最后产出了一部篇幅更长、销路更差的作品。

斯克里布纳将第一、二卷的印数限制在4000册，于1933年11月3日出版，尽管风评热忱，但花了十年才售罄。“在人看来，它如果不是今年最重要的传记作品，也是今年最重要的传记作品之一，”查尔斯·斯克里布纳称，“但这对销量没什么积极影响。”一卷一卷出下去，买家的兴趣也每况愈下。1935年3月15日，第三、四卷3030册问世，直到1941年底才卖完。1937年3月，第五卷的印数是3000册，只卖出了2537册。最后一卷1938年10月印了2700册，只卖了2481册。20世纪30年代，没有多少美国人会去买英国开国元勋又长又贵的传记。直到1949年12月，丘吉尔离赚回版税还有漫漫长路。

丘吉尔对文学市场的认识还是19世纪的，彼时美国从英国引入的文学作品比输出的要多，华盛顿·欧文[13-15]就是这种后殖民时代的作家之一。彼时还没有跨境版权一说，英国文学作品在美国大量廉价出版，销量惊人。1891年之后，国会通过了蔡斯法案，英国作家可以从美国的销量取得版税收入，但是他们受到保护的美国版权也因此失去了富有竞争力的价格优势。一战后，文学贸易的重心显然已经移到了美国；20世纪30年代，已有声音埋怨英国畅销书榜单被美国作品一统天下。一些英国作家，比如D•H•劳伦斯，努力迎合美国市场，但丘吉尔迟迟没有接受现实。他拒绝删削平装的美国版《我的早年生活》，斯克里布纳反对道：“我觉得芬尼亚人、高教会低教会派乃至比肯斯菲尔德、格莱斯顿这些人，对美国年轻人来说毫无意义。”1937年，他把《当代伟人》的版权卖给了斯克里布纳，这是一部名人速写文集，包括萧伯纳、德皇威廉、阿拉伯的劳伦斯、托洛茨基、克列孟梭[13-16]和希特勒。丘吉尔抱歉地承认其中没有美国人，辩称他计划另出一部《美国研究》，后来也没有实现。斯克里布纳立马拒绝了《当代伟人》，11 月 5 日，这部书改由帕特南父子公司在美国出版，到年底售出了 6500 册，在英国的销量则是 10871 册。

美国人对英国文学的口味也在变化。一战前，跻身美国畅销书榜单的英国作家，都是中庸而传统的：安东尼・霍普、J•M• 巴里、鲁德亚德・吉卜林、汉弗莱・沃德夫人、亚瑟・柯南・道尔、霍尔・凯恩、埃莉诺・格林、吉尔伯特・帕克和 W•J• 洛克等。一战后，美国人依然读英国作品。但是，更加偏向于揭黑幕和反国教的题材。《出版人周刊》的非虚构类畅销书年度排行榜包括了凯恩斯的《和平的经济后果》（1920 年第 2 名）、威尔斯的《世界史纲》（1921 至 1922 年第 1 名）、利顿・斯特雷奇的《伊丽莎白女王与埃塞克伯爵》（1922 年第 8 名）和《维多利亚女王》（1929 年第 4 名）、萧伯纳的《圣女贞德》（1924 年第 8 名）和 T•E• 劳伦斯的《沙漠革命记》（1927 年第 3 名）。* 麦克斯・珀金斯意识到，读者需要年轻的叛逆者，如菲茨杰拉德、海明威和沃尔夫。如果斯克里布纳继续依赖丘吉尔这样的作家——自卖自夸爱国主义的英国中年人，浑身维多利亚味儿——那么非破产不可。

尽管如此，珀金斯还是认为，丘吉尔可以写出一部真正的好书。1927 年，访问伦敦时，他见到了这位财政大臣，在下议院“春风得意”，打算着要写一部英国史。1931 年，丘吉尔在纽约与珀金斯和斯克里布纳会晤，珀金斯旧事重提。“他闻言起立，开始快速踱步，看起来好像一瞬间正中下怀——英语民族史，包括我们在内，”1940 年，珀金斯回忆道，“他以前确实想过，但是好像把设想从英国的范围内脱出来，就立马发生了拓展和变化。”

珀金斯没有猜错，丘吉尔确实是在陆军对耶鲁大学的足球赛上萌生了写作《英语民族史》的想法。不仅是一部英国史，这部书有望在大西洋两岸都卖出好成绩。20 世纪 20 年代，美国最畅销的两部非虚构作品：一是威尔斯的《世界史纲》（1920 年）；二是威尔・杜兰特[13-17]的《哲学的

---

* 引自 www.booksofthecentury.com。

故事》（1926年）。前者售出了300万册，收入在威尔斯的所有作品中高居榜首。这引起了斯克里布纳公司的编辑罗杰·伯林盖姆的注意。“威尔斯（为同类作品）开风气之先，”他回忆道，“一种新的‘文化’快览的势头。”通俗历史学家不得不“用上更多小说家的技巧，让现实读者仿佛活成了他们想象中的人物”。霍安·谢利·鲁宾的研究成果表明，威尔斯和杜兰特都是这种中庸文化的典型例子，提供了文学成功的基本模式：主题通常是学术的，而使用的是有力的叙事线索，综合性的内容，没有注释，普通读者喜闻乐见。[13-18]《笨拙》周刊讽刺道，中庸就是“人们希望有一天他们能适应他们应该喜欢的东西”。

威尔斯的历史确实是世界史，他关注了所有的人类文化；而丘吉尔自负地以英格兰为中心。当然，他写作的目的是赚钱，同时也宣传一下英语国家的永久联盟，这对世界和平和大英帝国都有好处。它展现的是最宏大的叙述，“英语民族的起源、争斗与重新联合的完整的故事”，特别强调了“传统、体制和理念的诞生，这些成为了全球普世文明的特征”。

而斯克里布纳持怀疑态度。“这么大的工程，我很难弄清楚怎么下手，”他告诉丘吉尔，“我怕两卷本会吓到读者，没法真正带动大众销量。”结果最后这套书出了四卷。“另一个难题是，”他补充道，“在我看来，运气不太好，美国人对盎格鲁－撒克逊越来越没兴趣了，母国英格兰的北欧传统在这个国家比想象中更不吃香。”丘吉尔喜欢把美国称作“我们的同胞，我们的兄弟”，他要理解这一点有些困难。

斯克里布纳已经和哈拉普合作出版了《马尔博罗》，也提议合作《英语民族史》。但是哈拉普在《马尔博罗》上赔了钱，不想一错再错。斯克里布纳收到了董事会的电报，也得出了同样的结论。在经济危机的深渊里，他们还要为一部没写完的书付上三四万美元的预付版税。后来丘吉尔转向了美国的多德·米德公司和英国的卡塞尔出版社（出价20000镑）。亚历山大·科达[13-19]还以50000镑的天价向丘吉尔购买了电影版权，虽然很难想象除了拍成《1066和一切》式的讽刺片以外，两千年枝枝蔓蔓的历史要怎么搬上银幕。斯克里布纳考虑过接受《第二次世界大战》，但是他的忧虑不无道理，丘吉尔之前的每本书都稳赔不赚，又惯于不守承诺乱写。结果，这部本来可以让斯克里布纳捞回所有损失的书，最后落入了霍顿·米夫林出版公司囊中。

在 1938 年 5 月的一篇报纸文章中，丘吉尔似乎终于意识到了隔离两大英语国家的巨大差异。他承认，许多美国人是德裔、瑞典裔、意大利裔、爱尔兰裔或者黑人，和英国没有什么关系。他耐心地向英国读者解释，要重视古代历史上的独立战争，1812 年战争[13-20]只是抵抗拿破仑的小插曲，但是对美国人来说，这些战事促成他们建国，在他们对小学生的教育里，英国就是戏剧中的反派恶人。事实上，美国的精英学者仍然是重点关注英国的，耶鲁大学历史专业三分之一以上的人员主攻英国历史。但丘吉尔认识到并且遗憾的是，英国的教育不包括美国历史。他知道，英国人普遍僵化地认为“美国这个地方就是赚钱和一次又一次地离婚*[13-21]”，也知道战争债务问题在两国之间埋下了矛盾，但他仍然确信，以通用语写作的文学能够克服这些差异。“言语是得以永存的唯一东西，”他重申道：

> 这就是言语的力量——写于过去，诉于此刻，印在报纸上，在横渡大西洋的广播中飞速掠过天际，在思想中电光火石地交换。这就是我们联盟的原则性中介……它令人鼓舞……在英国，许多人读美国书；在美国，许多人读英国书。一国之文学能最好地诠释它的精神。阅读彼此的著作，能使我们更加清晰地赞赏彼此的血肉联系，更加透彻地审视彼此的不同。

丘吉尔在美国金融界和传媒精英层都有朋友和拥趸者，在一般大众中却没有多少。伯纳德·布鲁克、亨利·鲁斯[13-22]、威廉姆·伦道夫·赫斯特和查尔斯·斯克里布纳这些人误导了他，让他觉得自己在美国家喻户晓。甚至在销量堪忧的时候，斯克里布纳依然安慰他：“作为国外的公众人物，你的名字在这里众所周知。”而事实远非如此。1937 年版的《巴氏

---

* 离婚的例子如沃利斯·辛普森。

常用妙语词典》中，丘吉尔一条也没有收录，而迪斯雷利有五十三条，连墨索里尼都有六条。

英国人对美国的看法很大程度上是被詹姆斯·布莱斯[13-23]的《美利坚共和国》（1888 年，1910 年修订）形塑的。布莱斯辩称，只有 5% 的美国人“创造和引领意见”，包括政客、记者、知识分子、教育工作者等，另外 95% 只是“被动”地接受。英国人通常认为美国已经成为一个多种族的社会，但这些精英意见领袖几乎全是盎格鲁－撒克逊人。“统治美国的是我们的人，”1921 年，劳埃德·乔治说，“他们是我们的亲友，其他人没有上位。”因此，在一战中，英国宣传的重点对象是这些精英，相当成功，但是《凡尔赛和约》之后，反战情绪使大部分美国人深刻地怀疑起英国的意图。对他们而言，丘吉尔的英美合作主张听起来像是一个诡计，诱使美国支持英国。通过在《科利尔》周刊等大杂志上发表文章，丘吉尔尝试着直接与那“被动”的 95% 对话，但是伤害已经造成了。

今日，美国人亲切地把英国和摇滚明星、性感间谍、喜剧演员、电视节目以及口若悬河的战时领导人联系在一起，要理解 20 世纪 20 至 30 年代高涨的仇英情绪是很难的。典型例子就是理查德·霍夫斯塔特[13-24]所说的，“美国政治的偏执狂”，简直像是 50 年代麦卡锡运动[13-25]的翻版，只不过是英国而非苏联扮演了邪恶帝国的角色。肯塔基州的参议员约翰·K·希尔兹公开抨击罗德斯奖学金[13-26]是一个向美国年轻人灌输英美联盟意识形态的阴谋；威斯康星州参议员罗伯特·拉福莱特主张调查可能充当特工暗中破坏美国独立的英籍居民；马萨诸塞州国会议员乔治·霍尔登·丁克曼责难卡内基国际和平基金会和洛克菲勒基金会是“针对美国独立的颠覆、背叛、煽动性活动”的一部分。在某些领域，英语联盟（1921 至 1926 年由丘吉尔主持）经常被怀疑为共产党服务，和平运动积极分子多丽丝·丹泽要求把英语联盟成员都作为外国特工登记在案。美国人坚持要加入国际联盟，不是因为他们参与国际组织遭到反对，而是因为害怕联盟会被英国人控制。

还有大量问题恶化了英美之间的紧张关系。丘吉尔认为禁酒令（1920—

1933年）是一项荒唐的政策，身为殖民事务大臣，他尖刻地拒绝打击巴哈马群岛[13-27]的酒类走私（当地经济从中受益），还批准了计划，限制锡兰和马来亚的橡胶出口，抬高了橡胶的价格，直接目的就是让美国人为英国产品掏更多钱。作为报复，美国商务部长赫伯特·胡佛掀起了一场轰轰烈烈的运动，成功地削减了美国的橡胶消耗。20世纪20年代，海军军备冲突恶化了两国关系，以至于大西洋两岸，包括丘吉尔在内，都考虑了英美开战的可能性。虽然美国反共情绪较高，但苏联还没有巩固统治，也无力抗衡美国海军，只有英国上述两个条件都具备。

就在丘吉尔大谈英语联盟的时候，德裔美国记者H•L•门肯出版了一部非专业的语言学名著《美国语言》（1919年，后来又有几个增订版），证明了美语的特殊性。移民群体，尤其是爱尔兰裔和德裔的美国人，炫示仇英心理，以证明他们比亲英的白人新教徒精英更加“美国化”。他们推崇他们自己的独立战争英雄，如弗雷德里奇·冯·施托伊本将军[13-28]和卡奇米日·普瓦斯基将军[13-29]。然而实际上，许多白人新教徒也是站在英国的对立面上来明确他们的美国认同的，他们将英国视作美国贸易与世界权力的主要障碍。面对哥伦布骑士会[13-30]、美国革命女儿会[13-31]、美国退伍军人协会、海外退伍军人会等一系列联合组织的压力，学校与图书馆的历史书架都把英国美化成一盏明灯，正如《世界危机》所做的那样。但英国正统观念都认为沃利斯·辛普森是个声名狼藉的投机分子，而美国人将她视作反美偏见的受害者。

20世纪20至30年代，英美的合作关系破裂了，在1939年之前都未好转。1934年，内维尔·张伯伦放弃和美国共同抵抗侵略，某种程度上是因为他读了美国记者对英国的报道，不再对盎格鲁－撒克逊联盟抱持丘吉尔式的幻想：

> 英国公众对另一个“英语民族”看待我们的方式还高高兴兴地蒙在鼓里，这未尝不是幸事。提及海军会谈的那些消息，每一个字都满载恶意与仇恨。他们责难我们的动机，抨击我们的策略，没有哪个美国人能读完这些还不谢天谢地自己

> 是个百分百的纯正美国人，对着在共同的敌人面前背后捅刀子的笑面虎英国人还能撑到最后。其中一个不容置疑的假设是，英国人除了为美国的利益服务别无选择。英国一旦考虑自己的利益，就会粉碎美国对我们诚意的信心。当然，面对这些对事态别有用心的歪曲，我们没有什么机会。[13-32]

丘吉尔在美国的文学失利是他的政治败绩的症候。在这两个领域，他都一贯地高估了两次世界大战之间自己在美国的影响力。他无力写作什么或采取什么行动来说服美国人信奉他重建盎格鲁－撒克逊联盟的乌托邦构想。他以为在英国大获成功的作品也能在美国得志，却没有意识到，从查尔斯·狄更斯开始，大洋彼岸的文学市场就已经发生了剧变。斯克里布纳的版税情况就是一个市场信号，但他没有觉察。甚至在战时两国被迫联盟时，他也对美国追随英国的领导投入了过分的信心。然而，他并不是最后一位犯下这个错误的英国首相。

译者注

[13-1] 国际版权协议：即本章所提到的1891年蔡斯法案（Chace Act），以罗德岛州参议员乔纳森·蔡斯命名，法案承认并保护外国作者在美国和加拿大的版权和版税收入。在此之前，美国出版商可以任意翻印外国作品，不需支付外国作者版税。

[13-2] 法兰西文学院（Academie Francaise）：法国国家学术机构法兰西学院下属的五个学院之一，主要从事语言学、考古学、法国历史及东方文化研究。

[13-3] 盎格鲁-撒克逊（Anglo-Saxon）：古欧洲不列颠地区盎格鲁和撒克逊两个民族结合的民族，大部分英国人和美国人都是盎格鲁-撒克逊人的后裔。丘吉尔常用于指英美两国在血缘与文化传统上的共通性。

[13-4] 意即怀疑美国是否会帮助英国解决在这些地区的棘手问题。

[13-5] 巴尔的摩等都是美国城市。蒙特利尔等是加拿大城市。

[13-6] 伯纳德·巴鲁克（Bernard Baruch，1870—1965）：美国金融家。第一次世界大战时期任战时工业局局长。

[13-7] F·司各特·菲茨杰拉德（Francis Scott Fitzgerald，1896—1940）：美国著名作家，“迷惘的一代”代表作家，代表作有《了不起的盖茨比》等。

[13-8] 托马斯·沃尔夫（Thomas Wolfe，1900—1938）：美国作家，代表作《天使望故乡》等。

[13-9] 斯克里布纳公司是家族企业，经营者祖孙四代都叫查尔斯·斯克里布纳（Charles Scribner）。

[13-10] 小熊维尼普（Winnie the Poohbah）：即“维尼熊”，英国作家艾伦·亚历山大·米尔恩（Alan Alexander Milne，1882—1956）1925至1927年创作的系列童话的主角，性格天真善良的小熊。后来被迪斯尼公司改编成著名动画。小熊的原型是第一次世界大战的军事吉祥物“温尼伯熊”（Winnipeg the Bear），又与丘吉尔之名“温斯顿”（Winston）谐音，所以在此处被用来调侃丘吉尔。

[13-11] 伍德罗·威尔逊（Woodrow Wilson，1856—1924）：美国第28任总统，1913至1921年在任，1919年获诺贝尔和平奖。

[13-12] 十四点和平原则（Fourteen Points）：伍德罗·威尔逊于1918年1月为结束一战而提出的政治纲领，首次论述了成立国际联盟的构想，代表了他的理想主义政治观。内容包括废止秘密外交、海洋自由航行、废除关税壁垒、裁减军备、设立

国际和平机构、民族自决原则、公正解决殖民地问题、允许奥匈帝国与奥斯曼土耳其帝国的各民族独立、建立一个有出海口的独立波兰、共同保证大小国家政治独立与领土完整等。后来成为了美国在巴黎和会中的主张。

[13-13] 威廉·伦道夫·赫斯特（William Randolph Hearst，1863—1951）：美国报业大亨，企业家。美国新闻史上的争议人物。

[13-14] 艾斯蒙德·哈姆斯沃思（Esmond Harmsworth，1898—1978）：英国国会议员。其父是《每日邮报》创办人哈罗德·哈姆斯沃思，所以称他是继承人。

[13-15] 华盛顿·欧文（Washington Irving，1783—1859）：美国著名作家、律师、外交官，号称“美国文学之父”。晚年留居英国，以写作为生。

[13-16] 乔治·克列孟梭（Georges Clemenceau，1841—1929）：法国政治家、记者、法兰西第三共和国总理，激进共和派集团领袖。以大胆有魄力著称。

[13-17] 威尔·杜兰特（Will Durant，1885—1981）：美国哲学家、文化史学家，1968年获普利策奖。

[13-18] 霍安·谢利·鲁宾（Joan Shelley Rubin，1947— ）是美国罗彻斯特大学历史教授，此处指的应该是他的著作《中庸文化的形成》（*The Making of Middlebrow Culture*，教堂山，1992年）。这里的“中庸”（middlebrow）是字面意思，指学术性和文学性的相互妥协。后文《笨拙》周刊的讽刺即指这种妥协给人造成的错觉，人们向往专业、“高级”的学术，但是能力只限于接受这种中庸的文学产品，便用其中的学术成分来自我安慰，即“媚雅”。

[13-19] 亚历山大·科达（Alexander Korda，1893—1956）：英国著名制片人，伦敦电影公司的创建者。

[13-20] 1812年战争：又称第二次独立战争，是发生于1812至1815年的美英战争。美国试图向英国殖民地加拿大扩张，英国因为与拿破仑作战导致贸易停运，扣押了美国商船，因而冲突激化。最终美国取胜，国际声望上升。

[13-21] 沃利斯·辛普森（Wallis Simpson，1896—1986）：即温莎公爵夫人，美国社交名媛，两度离婚后，与英国国王爱德华八世交往。英国王室和国教禁止立有婚史的女性为王后，爱德华八世遂把王位禅让于其弟乔治六世，退位为温莎公爵和沃利斯结婚，轰动一时。

[13-22] 亨利·鲁斯（Henry Luce，1898—1967）：美国著名出版商，创办了《时代周刊》、《财富》和《生活》三大杂志，被称为“时代之父”。

[13-23] 詹姆斯·布莱斯（James Bryce，1838—1922）：英国自由党政治家、外交家、历史学家。

[13-24] 理查德·霍夫斯塔特（Richard Hofstadter，1916—1970）：美国公共知识分子、历史学家，哥伦比亚大学历史教授。

[13-25] 麦卡锡运动：约瑟夫·雷蒙德·麦卡锡（Joseph Raymond McCarthy，

1908—1957），美国政治家，共和党人，反共产主义者。1950 至 1954 年间，他对共产党人的审查被扩大化，全社会掀起了指控、审问、打击异见者的风潮，是对苏联间谍渗透和共产党人对国家体制的影响所产生的恐慌，影响波及美国政治、外交和社会生活的方方面面。

[13-26] 罗德斯奖学金（Rhodes Scholarships）：英国矿业大亨塞西尔·罗德斯 1902 年设立的奖学金，专供外国优秀学生到牛津大学攻读硕博学位。

[13-27] 巴哈马群岛（Bahamas）：拉丁美洲地名，西印度三群岛之一。

[13-28] 弗里德里奇·冯·施托伊本（Friedrich von Steuben，1730—1794）：德国军官，美国独立战争中受华盛顿重用为美国陆军总监。

[13-29] 卡奇米日·普瓦斯基（Casimir Pulaski，1745—1779）：波兰贵族，流亡至美国，独立战争中任独立骑兵团团长，号称“美利坚骑兵之父”。

[13-30] 哥伦布骑士会（Knights of Columbus）：世界上最大的天主教兄弟会志愿者组织。1882 年成立于美国，为纪念哥伦布而命名。

[13-31] 美国革命女儿会（the Daughters of the American Revolution）：美国的妇女非盈利志愿工作组织，成立于 1890 年，成员都是独立战争老兵的后代。

[13-32] 张伯伦这段话的意思是：美国的新闻报道强调英国不怀好意，美国人想当然地认为英国应该对美国亦步亦趋。在这种情况下，英国即使只是考虑保护自己的利益，美国人也会觉得他们缺乏诚意。但美国人已经如此恶意地抹黑英国，英国恐怕就没有什么机会保护自己的利益了。

十四、苹果车

20 世纪 30 年代，丘吉尔铸成了他政治生涯中两桩最严重的大错。他坚持反对印度进一步自治，还堂吉诃德式地拥护爱德华八世。前者让除极右保守党以外的所有议员都疏远了他，后者则几乎激怒了所有的政要。当时，他本来应该致力于结交盟友，以重整军备，迎战希特勒，却反而把自己推到了更加孤立无援的境地。这些行为都缺乏合理的解释。大部分保守党议员都是理智的政治演员，因此，他们接受（哪怕只是勉强地接受）了 1935 年的印度自治法案，认为这是必要的妥协，爱德华退位也明智地解决了尴尬的危机。但是，丘吉尔不按常理出牌，驱使他的不是政治顾虑，而是文学冲动。只有研究其中来源，才能洞察他那些事与愿违的行为背后的动机。

1919 年 4 月 13 日，旁遮普[14-1]的暴动愈演愈烈，英国当局在印度大部分省份都颁布了戒严令，其中包括禁止公共集会。当天下午，在阿姆利则[14-2]的一处封闭的花园里，印度教徒、穆斯林和锡克教徒举行了一次大型的和平集会。雷金纳德·戴尔[14-3]准将派遣手下的俾路支和廓尔喀[14-4]士兵到达集会现场，50 名枪手向人群开火，毫无预警，也无疏散命令。他们持续开火，直到弹药耗尽。根据英国政府的统计，死亡 379 人。但印度国会的独立调查显示，死亡约千人。

身为战事部长，丘吉尔要求处分戴尔，至少让他退役。而他的军事委员会认为不应处分，这就起了正面冲突。折腾了几个星期，丘吉尔只能说服他们禁止戴尔继续在印度服役。但是，在 1920 年 7 月 8 日的一次激烈的议会辩论中，这一象征性的处罚还是受到了右翼保守党人的大力谴责，丘吉尔无情地毫不妥协，并且咒骂他们："在我看来，这个事件在大英帝国的现代史上史无前例，也没有能与之相提并论的……这是个离奇的事件，荒谬的事件，独树一帜的罪恶事件。"提及了德国人在比利时犯下的"恶行"和布尔什维克"血腥而毁灭性的恐怖"之后，他坚称"无论如何我们必须清楚，这不是英国统治的路子"。然后，他引用麦考利道：阿姆利则是"所有场景中最恐怖的一幕，文明的力量毫无怜悯"：

> 我们对印度或其他地方的统治从来不是单纯建立在武力之上，如果我们仅仅立足于此，对大英帝国来说将是致命的危险。英国的方式……向来意味的是与本国人紧密而有效的合作。在英国的每一片辖区，这都是我们的目标，而印度是其中最成功的，印度的官员将他们的财富投入我们的事业，他们勇敢的士兵和我们的人并肩作战，他们智慧而有才华的人民如今在每一个政府部门和产业中与我们协作。

阿瑟·赫尔曼[14-5]将其称之为"他最伟大的演说"，事实上，也是"他最好的时候"。仅仅两年之后，丘吉尔就向嫁给了孟加拉地方长官的密友帕梅拉·普罗登极力表示，要"大旗不倒"地保证"白人毫不动摇的声望和权威。我们在印度的真正使命并非意在这三亿人，如果让今天那些要为印度代言的话匣子办事，这三亿人的身家就白费了"。他暗指的可能是甘地，彼时甘地正因叛乱罪在狱中服刑。从1921年8月开始，印度对英国统治的反抗转向了暴力。9月，孟买的暴动导致58人死亡。1922年2月，乔里乔拉的暴民火烧警察局，杀死了意欲逃跑的23名警察。令人惊骇的是，甘地放弃了他的不合作运动，导致众叛亲离。丘吉尔一度支持蒙塔古一切尔姆斯福德改革方案[14-6]，于确保英国全面统治的同时，在印度的省级建立有限的共治政府。印度事务大臣埃德温·蒙塔古将其视为实现最终自治的第一步，但现在丘吉尔断言（劳埃德·乔治也表示同意），进一步妥协只能加剧印度的动荡。

丘吉尔矛盾的心理，反映的是他从麦考利和维多利亚时代舞台剧中习得的帝国主义思想：推行仁慈的家长制。这种意识形态主张保护当地人民免受暴虐，但也要严厉打压本土的叛乱者。无论是在舞台上，还是在丘吉尔的思想中，这两个目标的潜在矛盾总是难以调和。

这种矛盾的又一个案发生在1920年8月，丘吉尔向皇家空军总长休·特伦查德提议，平定伊拉克就要投掷“毒气弹，尤其是芥子气，能挫败顽抗的当地人，但又不造成重大伤害”。幸而英国后来没有在伊拉克施放毒气。但他为什么认为毒气不会造成重大伤害？1918年9月，丘吉尔批准对德使用芥子气，彼时他称之为“地狱毒药”，知道它会严重损伤皮肤和气管，大量吸入足以致命。和德国人不同，伊拉克人并未先使用毒气，也无意自卫或回击。但是1921年7月，丘吉尔读到了一份英国皇家空军袭击平民的报告，又开始主张保护平民。“对湖中避难的妇女儿童任意开火是一桩可耻的行径，您竟然不对指挥官究责让军事法庭审判他，我很震惊，”他对特伦查德抗议道，“干出这种事，我们把自己置于了最低劣的境地。”

和英国统治阶级中他的同辈人比起来，丘吉尔忽视了让殖民地人发声的重要性。1921年6月，内维尔·张伯伦记录道，丘吉尔就美索不达米亚问题发表了一次长达90分钟的精彩议会演说，张伯伦称之为“一次辉煌的表演……了不起的演说艺术”，而第二天就在招待地区总理的晚宴上毁掉了演说的成效。出席晚宴的印度代表是斯里尼瓦沙·萨斯特里[14-7]，与丘吉尔同为自由党政客。但是，丘吉尔的表现是：

> 他完全忘记了印度，谈论的是“我们的民族”、“英语民族”和“四大自治领”。我忍不住心里嘀咕，萨斯特里先生对此该作何感想。演说将近尾声，有人递上一张卡片，上面写着“印度”；温斯顿这才又滔滔不绝地说起印度将与英国本土辖区平起平坐这回事。但已经太晚了，萨斯特里随后就拍案而起，用熟练的英语提出了我平生听过的最严厉的指责。温斯顿捅大娄子了……我从来都没搞清楚，该盛赞他的天赋呢，还是该为他的冲动和轻率汗颜。

1927年，丘吉尔成了凯瑟琳·梅奥[14-8]《印度母亲》的热情拥护者，作品谴责了印度妇女受到的待遇。梅奥揭露的问题，如童婚、种姓壁垒、母婴死亡率，虽然耸人听闻，但的确是真实的。然而，她随之描写的是印度男性体格羸弱、道德败坏、身心虚弱、无力领导政治。她笔下的惨剧，导向的结论是印度人无力自治，甘地扰乱了英国统治为印度带来的进步。1931 年，丘吉尔又读了前缅甸总督哈考特・巴特勒[14-9]的《印度告急》，巴特勒同样认为，殖民地自治还未准备就绪。

甘地争取独立的斗争最后于 1930 年 11 月奏效，首相拉姆齐・麦克唐纳在伦敦召开了第一次三方协商会谈。一批印度政客和王公作为代表出席，提议在印度实行宪政改革。会议催生了 1935 年的印度自治法案，确定在印度选举出省级立法机关（最终服从于英国指定的领事），以及建立全印度的联邦自治结构——这一条始终未能实施。法案在维持英国核心统治的前提下，赋予了印度更大的自治权，符合斯坦利・鲍德温所主张的稳健保守主义。对大多数印度政治领袖而言，这远远不够；但在丘吉尔和保守党极右分子看来，已经是对印度的独立要求投降了。

谴责协商会谈的时候，丘吉尔提到了“大英帝国的衰落”，这种帝国主义意识形态显然来自爱德华・吉本的巨著，他在头几页就读到了罗马人“居安思危”。罗马人和他们取而代之的前政权不同，保护治下的人民，维持了大半个世界的和平，还给予奴隶法律保护。正是运用这种思维，丘吉尔比较了英国统治的优越性与殖民地之前的专制政权，乃至新兴扩张的极权帝国。吉本对康斯坦丁大帝治下的罗马的描述，与 19 世纪 90 年代甚至 20 世纪 30 年代的焦虑的英国人都产生了共鸣：

> 蛮族的风暴转瞬间会颠覆罗马帝国伟业的基础，至今仍被拒止或阻挡在边境上。整个地球有相当多的居民，在耕耘着艺术与文学的园地的同时，也享受着高雅的社交生活。……罗马法律的明智的原则，保存了秩序和公正，这是东方专制政体难以想象的事。人权从宗教和哲学中得到了一定的保障。自由之名，虽然已经不再一石激起千层浪，但仍能提醒奥古斯都的继承人，他们所统治的并非奴隶或蛮族。[14-10]

吉本记述阿拉里克[14-11]侵略意大利（约公元410年）的章节也可视作对绥靖主义敲响的警钟：

国势衰弱，政出多门，政府毫无作为能力，叛通公敌的现象可能就屡见不鲜了。倘若阿拉里克自己参加了拉文纳的国务会议，恐怕也会提出和霍诺留的大臣后来的手段同样的举措……无论是运用谈判的技巧还是战争的手段，哥特国王都占了上风，他的敌手由于缺乏全局决策和思维而朝三暮四。

但是在一份关于印度的文件中，丘吉尔忽视了吉本得出的一个关键结论：倘若让殖民地人发展议会政体，帝国或许就能够幸免于难：

这样的制度能让人民从自己的政府中得益，如果图拉真和安东尼[14-12]都广为推行这种制度，民智和道德的种子就会在罗马帝国得以保存，开枝散叶。通过代表委员会的干预，自治领的特权能保障君主的地位，得以避免或者从某种程度上修正专制的暴行；本地人和自由民的武装也足以抵御外敌，保卫国家。在自由精神温和宽宏的影响下，罗马帝国将立于不朽不败之地。即使它过分扩张，人事动荡，不能永保江山，其中的精英分子也可能保存力量自立山头。

《我的早年生活》出版于1930年10月20日，和第一次协商会谈宣言的发表几乎同时。全书充满了温情脉脉的帝国乡愁，印度人在其中的角色似乎只是开朗而勤快的仆人。丘吉尔如是回忆他的班加罗尔之行：

天一亮，就有许多包着头巾的当地人来到营地求职，文质彬彬，规规矩矩，申请做管家、男仆和马夫。当时，这些佣人是下级骑兵军官家中的主力军。人人都持有以前驻扎在此的部队所开具的信用证明。简短的客套和额手礼之后，他们便接管了我们的财产，承担起为我们料理日常家务的全部职责。如果你想有人伺候，摆脱家务的烦恼，三十年前的印度是个理想的去处。你只需把你的制服和衣物交给男仆，把马交给马夫，把钱交给管家，就不必再烦心了。这样，你的内阁成员已经齐备了，内阁大臣各司其职，他们经验丰富而且忠心耿耿，尽职尽责。只要你给他们微薄的工资，讲理，说些客气话，他们就无所不能。他们全心全意都围着你衣柜里的日用品以及其他一些小事情转。有了他们波澜不惊的悉心照料，我们再不觉得辛苦，时间不再难熬，更没有什么大风大浪。王子的生活也不过如此。

……经过四十八小时的周密观察，我对印度有了一个相当良好的印象……日日睡前，我们都深深地感受到英国在印度的伟大功绩，统治这些未开化而温顺的民族是她的高尚使命，其目的既是印度人的福祉，也是为了我们自己的利益。……

《我的早年生活》在大洋两岸都赢得了盛赞，很大程度上是因为它的纯情和美好的维多利亚时代色彩，在现代斯特雷奇式的愤世文风中仿佛一道清流。“生活在充满幻灭和怀疑的战后时代，温斯顿·丘吉尔为自己和读者唤起了那个年代更加聪慧而愉悦的自我，更加真实，更加立体，”T•R•伊巴拉在《纽约时报》写道，“回到那个内省的年纪，充满弗洛伊德情结、怀疑和绝望的年纪，丘吉尔先生如一阵狂风，从一扇小小的窗棂中突入了一间阴暗生霉的拥挤斗室。”达夫·库珀[14-13]在《观察家》上也发表了同样的观点。

斯坦利·鲍德温充分意识到，丘吉尔不顾一切地反对印度自治，其间的心态似乎又重新回到了《我的早年生活》：“他又成了那个九十六轻骑兵团的中尉。”欧文勋爵对此也表示赞同：丘吉尔仍然是“1890 至 1900 年那种腔调里精力旺盛的帝国主义者”，他屈尊降贵的姿态只能令印度人勃然大怒。《泰晤士报》主笔总结道，作为作家，他“才华横溢”，“毕竟，那个无所不知的中尉和 1930 年不学无术的政治家相去并不遥远。”

丘吉尔关注亚洲劳苦大众的悲惨境遇。他盛赞赛珍珠[14-14]的《大地》（1931 年），“表现了中国农民的美德与苦难，以及他们免遭军阀、布尔什维克和各种盗匪蹂躏，受到公正的对待，从土地中安然获得收成的喜悦。”但是从这部小说中，他杯弓蛇影地读出了作者根本无意表达的观点：“中国所处的境地，就是脱离了英国统治指引的印度”，日据中国至少还有“有序的政府”，这是这个国家“不幸中之幸”。

丘吉尔再三提出警告，甘地背后有“邪恶的力量”，如果甘地赢得独立，那么一种“志得意满的婆罗门[14-15]寡头政治”就将迫害穆斯林，打压贱民[14-16]，剥削穷苦大众。“引导这数百万人摆脱这种命运，这是我们的职责。”他坚称。“不能遗弃他们，不能放弃他们，”1933 年 3 月他宣称，“他们是我们子民中的子民。”

此时，丘吉尔利用的是另一种文学资源。每一出帝国主义情节剧都有类似的场景。善良而天真的土著受到本地恶人或欧洲恶人的压迫，于是主角慷慨陈词：“不能对这些可怜人毫无恻隐之心！”* 这是丘吉尔最大的盲点：他没有把印度人看作成年人。他对此的关注不是毫无理由的：印度贱民的领袖 B•R• 安贝德卡就对他们在独立印度的地位深感忧虑，很高兴丘吉尔能提出这个议题。但是要强调的一点是，印度自治必然包括保护受压迫的弱势群体（正如安贝德卡的主张），而假如他们联合起来反对自治，那又是另一回事了。

此外，还有一个难题需要解释：直到 1931 年，丘吉尔依然撰文赞美马赫迪，同时贬低温和的甘地。一部分原因是彼时马赫迪的运动已经被镇压了，不再构成威胁，当下的“圣战”是一座死火山。根据达夫 • 库珀 1921 年的记录，丘吉尔倾向于在埃及怀柔绥靖，但仅限于镇压叛乱之后：“他的名言是，你只能对手下败将让步。”在 1933 年 3 月发表于《海滨》杂志的一篇文章中，他歌颂“知其不可而为之的伟大战士”，如维钦托利[14-17]：“前两代欧洲人在非洲的行为与罗马对待高卢并无二致。”他从玛格丽特 • 米切尔《飘》（1936 年）中汲取的信息是，在北方压倒性的力量优势下，“南方邦联毫无招架之力……戏剧性的要点就在于他们的顽强抵抗。”从文学视角看来，历史上的战败者总是富有浪漫色彩的角色，即使他们罪有应得。但是，在 1933 年，甘地显然是胜利者。早在 1909 年，丘吉尔就意识到，英国军队能摆平任何武装暴动，但对非暴力不合作束手无策。“如果（印

* 亨利 • 佩蒂特和奥古斯都 • 哈里斯 1885 年的作品《人之本性》中就确实有这样的台词。

度人）联合起来反对我们，四处排斥我们，游戏就到此为止了，”他对反帝主义者威尔弗雷德·斯卡文·布伦特承认，“只要他们什么都不做，整个局面就玩儿完了。”维多利亚时代的情节剧提供了对付本地叛乱的模式化脚本，但是据目前所知，19世纪的舞台上，从未表现过非暴力反殖民斗争。

在戏剧模式中，马赫迪是一个“恶人”，他公然拿起武器反英，受到敬仰是因为他的“武德”。而甘地显然既不是光明正大的“恶人”，也不是“良民”。经过筛选之后，丘吉尔硬是把他套进了第三种角色模式：刁民，把英国主人公当靠山的损友。这种角色类型出现的部分原因是1857年的印军哗变[14-18]，而更早提出假设的是麦考利论黑斯廷斯的文章。麦考利论述道，帝国主义征服（第一个吃螃蟹的当然不是英国）的漫长历史，剥夺了印度人“英勇抗争”的能力，他们唯有以欺诈为保护伞来抵抗强力：

> ……这些手段是弱者的自然防御机制，这个民族比尤维纳尔时代的爱奥尼亚人[14-19]和黑暗时代的犹太人都更加深谙此道。古希腊歌谣说，水牛有角，老虎有爪，蜜蜂有刺，女人有美貌，孟加拉人有欺诈。山盟海誓、圆滑借口、见风使舵的精心罗织、诡辩、伪证、假造，都是恒河下游人民的武器攻防。

在各种演说中，丘吉尔不惮自相矛盾，把他深恶痛绝的三种暴政形态都套到了甘地身上。有时候说他是孟买巨富资本家的棋子，有时候是“莫斯科做派”，有时候又成了印度的法西斯*。总之，在圣徒的伪善表象下，甘地是一个骗子，想用阴损的招数消灭大英帝国，剥削印度大众。甘地可能是一个狡猾的政客，但大部分印度官员还是相信并且尊敬他，且发现可以和他打交道，这和丘吉尔给他扣上的戏剧性的刻板印象截然不同。“甘地先生是一个博爱的热心人，”比哈尔[14-20]的副总督曾经总结道，“不过我觉得他还是非常诚恳的，和我讨论问题时相当通情达理。”

值得注意的是，丘吉尔第一次轻蔑地用了“绥靖”这个词，就是直指

---

* 甘地确实愚蠢地恭维过墨索里尼，但是丘吉尔本人也犯过同样的错误。

甘地。1930年10月，俾斯麦亲王向德国外交部报告：“丘吉尔和雷丁勋爵对即将召开的印度协商会谈表现得非常忧虑，两人都大力谴责总督欧文勋爵*的绥靖政策。”报告还包含了另一份记录，丘吉尔提出要警惕希特勒，这是他明确表达这一观点的第一份书面记录。在丘吉尔看来，这两人同时威胁着大英帝国，在20世纪30年代，他有时甚至很难区分两人的不同之处。

丘吉尔是作为辉格党人开始政治生涯的，但在这段时间中，他激烈地修正了自己的辉格党历史观。如果印度（如麦考利所期望的）逐步吸纳了英国的文化与政体，那么自然会演变成像加拿大和澳大利亚一样享有自治。1933年5月4日，协商会议的主席林利斯戈勋爵向丘吉尔指出，印度行政参事会已经大幅度成功地印度化了，但丘吉尔回应道：

> 我觉得我们在这个问题上有很大分歧，您假设未来只不过是过去的延伸，而我认为历史充满了无法预知的转折与倒退。20世纪初温和而暧昧的自由主义，随着大战停火而涌现的希望与幻象，已经被反对议会选举的暴力和几乎在每一个国家都或隐或显的专政所取而代之。除此之外，我们还丧失了外援，外贸和航运的缩减，使人口过剩的英国距离彻底破产并不遥远。我们进入了一个时代，人口众多的工业国家汲汲于为自保而奋斗。

在这种达尔文主义的语境下，任何一个脱离英国的殖民地，都只会被更加残忍而富有掠夺性的帝国吞并，如日本、意大利、德国。那将和《一九八四》中呈现的噩梦般的未来如出一辙。只有维持在印度的统治，才能防止这一切发生。丘吉尔赞同H•G•威尔斯的观点，一种新的富有侵略性的民族主义威胁着文明的未来，而他的解决策略和威尔斯的世界同盟梦想不同，他考虑的是大英帝国的现实：

> 假如英国放开手，帝国的缰绳松脱，

* 欧文勋爵后来改称哈利法克斯勋爵，成了向德国纳粹党妥协的主要分子。

他人必将迎头赶上，如饥似渴地
　　取而代之，
　　夺走我们所放弃的财富，
　　填补我们在世界上的空缺。
不会有仁慈的乌托邦
　　让你的继承人安然通过，
只有一帮凶暴的民族分子，
一旦知晓你孤零虚弱，
便会剪径将你洗劫，
不置一词歉意与感激。

在反对甘地的活动中，丘吉尔动用了所有的宣传手段。1931 年 2 月 3 日，他感谢罗瑟米尔勋爵作为报界领袖在印度支持他；但身为记者，他也意识到，专栏新闻报道的影响力比编撰的书籍要大得多。虽然《每日邮报》无一遗漏地报道了最近他在印度的三次演说，但并没有给够版面——他抱怨道，在这种情况下，只给了他一又四分之三栏的版面。那些演说付出了真正的机会成本，它们耗费的工作量和为报纸杂志写文章一样多，本来应该能为他挣三四百镑。他和《每日邮报》做了一笔交易："能不能给我一个担保，如果我事先交给《每日邮报》一份底稿，就给我留一千八百到两千字的版面，否则鲍德温有《泰晤士报》撑腰，印度的命运就由他说了算了。"

1931 年 8 月，丘吉尔同意每周为《每日邮报》撰写 1500 字的文章，每周 150 镑，52 周共计 7800 镑。他很清楚，他的主题并不仅限于政治："有时候描写我的美国之旅和外交事务，有时候是英国政治，有时候是人物、书籍以及日常以外的话题。"甚至在高层政治陷入危机的时候，他也不单以政治家自居，依然自命为文人，效法圣伯夫[14-21]，既写随笔，又打笔仗。

1932 年 12 月 6 日《每日邮报》的文章中，他将沃伦·黑斯廷斯的功绩赞颂为"拥有最高秩序的戏剧"。正如麦考利所言，黑斯廷斯希望"在清白与伟大、罪行与毁灭之间做出抉择"，今日的印度行政参事会必然要步他的后尘。丘吉尔也引用威斯敏斯特中学校长哈罗德·考斯特利－怀特的名言称："在祛除印度社会之恶之前，我们不能放手；年轻母亲的死亡率和战时同盟国的一代齐平，恐怖的童婚，2600 万寡妇的可怕下场，新生儿夭折，令人窒息的面纱……还有 6000 万被放逐的人。"丘吉尔赞同的是："把这千万无助的人交与婆罗门寡头政权，让每项公共事务失控恶化，打开贪污和屠戮的闸门，让印度沦落回沃伦·黑斯廷斯曾经把他们拯救出来的境地，这将引来比反英更加严厉的指控，且不像他那样，先于历史就被判定有罪。"

在写于 1933 年 1 月的另一篇《每日邮报》的文章中，丘吉尔再次讨论了戈登将军的话题，彼时正值戈登诞辰百年。但这次了不起的"反恶人"马赫迪消失了，焦点全落在了英雄戈登身上："他的荣誉感将被铭记，荣誉感将他与一个无助的本地群体紧紧相连，他们的安全与福利系于他身。"

1935 年 6 月 4 日，印度自治法案通过了最终宣布。情节剧照例该来一次宽宏大量的转折，丘吉尔再次遵循了这一套路。他和议会中的对手握手言和，邀请甘地的支持者，实业家 G•D• 比拉[14-22]到他的乡间别墅查特韦尔庄园共进午餐。比拉发现主人热情、健谈、姿态柔和，观念开放，显然没有种族偏见，却对现代印度惊人地一无所知，丝毫没有觉察到它正在走向工业化社会。丘吉尔赞扬甘地对贱民的保护，似乎甘愿（甚至释然地）接受了印度最终将要独立的前景。

在塞缪尔·霍尔看来，鲍德温在辩论中取胜，因为"他关于印度问题的演说就像他的广播讲话，简洁直白的英文与丘吉尔的滔滔不绝形成了鲜明的对比，更加有说服力"。关于印度的论战只是令丘吉尔越描越黑，他哗众取宠的演说罔顾常识。在 1933 年 3 月的一次广播演说后，保守党议员艾伦·巴瑟斯特评论道："我只能说，他每做一次演讲，每写一本书，每画一幅画，都是创造一件艺术品，其中杰作更是屡见不鲜。"这显然是在讽刺挖苦，丘吉尔是个花言巧语的艺术家，而非一个严肃的政客。"丘吉尔先生坐在座间通道的角落里，伴着手势和邻座优雅顿挫地交谈，从他精心打造的姿态中，我们看到的是一位几乎毁掉了一个政治家的戏剧艺术家。”1937年，哈利·博德曼在《曼彻斯特卫报》如是写道。丘吉尔自己也意识到，必须放低他的高姿态，向鲍德温和张伯伦式的对话体看齐。1935年，他对克莱芒蒂娜说：“六十岁的时候我改变了演说方式，这方式很大程度上还是伦道夫教我的，现在和下议院东拉西扯，他们好像还蛮高兴的。但是公众演讲本来是一门多么神秘的艺术！……我探索了四十年的文学感染力，现在显然什么都不是了！”

次年，他在另一场政治论战中仍然追求文学感染力，再次惨败。这一次他的戏剧范本是萧伯纳的《苹果车》（1929年）[14-23]。《苹果车》是一部政治滑稽戏，情节围绕未来的英国国王马格纳斯展开，他厌倦了做政府的“橡皮戳子”，敢于公开表达自己的政治观点。就在他提醒英国民众皇室否决权依然能够与议会专政抗衡的时候，首相卜罗塔斯决定颁布一道最后通牒。首相集结了气势汹汹的内阁，成员们以集体辞职相逼，威胁国王继续扮演有名无实的傀儡。如果有必要，他们甚至不惮敲诈勒索。他们知道马格纳斯虽然已婚，但仍和一位结过两次婚的妇女奥伦西亚保持着关系。最后，马格纳斯以自己为筹码，挫败了他们：他先解散了议会，再自行退位，然后以平民身份自组政党，与卜罗塔斯竞争。内阁意识到马格纳斯将借助民众的同情重新执政，只得认输。这部剧作是一个惊人的预言，七年后，爱德华八世和辛普森夫人在现实中重演了这一幕，只是结局不同。当然，丘吉尔认为，现实和作品是并行不悖的：

> ……萧伯纳先生在《苹果车》诙谐的场景和对话中，用现代的眼光所洞烛的情境。我们的费边主义戏剧家和哲学家为君主政体做出的贡献是无可匹敌的。通过毫不留情的嘲讽，他先于社会主义者揭露了在所谓民主政治中随波逐流的无能角色的孱弱、卑鄙、虚荣和愚蠢。现代世界富有同情心的人，包括许多进步的思想家，都被国王才华横溢的表现所深深感染。这位国王被欺辱，令人失望，身不由己，但仍然相信自己对于大众的价值，为他们的长远利益而奋斗不辍，竭尽职责。

这段引文所指的是西班牙国王阿方索十三世，可能不大符合语境。但是萧伯纳的戏剧鼓励了丘吉尔用同样的浪漫主义眼光来看待爱德华八世。

丘吉尔起初希望爱德华八世和辛普森夫人能放弃结婚的念头，而1936年11月下旬，贵贱通婚的可能就已经有了风声，大概是说，国王可以保留王位，但他的妻子只能称康沃尔女公爵，而不能称王后，他们的子女也没有继承权。丘吉尔可能参与提出了这个意见，他对此也相当支持。但11月27日早上，鲍德温在紧急召开的会议中向内阁成员提及，他和国王在10月18日、11月16日和25日都进行了会谈。当天稍晚，印度事务大臣泽特兰勋爵在给林利斯戈勋爵的一封密信中谈论了这爆炸性的秘闻：

> 第一次会谈是在辛普森夫人访问巴尔莫勒尔[14-24]后进行的。媒体公开报道了辛普森先生离婚的事。鲍德温表面上非常诚恳地说，情势很严峻，美国媒体对辛普森夫人要当英国王后的消息众说纷纭，英国各地也都非常关注这满天飞的谣言。他问国王打算怎么办。国王的回答似乎心意已决，他要结婚。鲍德温问他，是否意识到这可能意味着要退位。国王说确实有这种可能，他已经做好了准备。他会自愿退位，尽可能地让继承人好做。
>
> 在25日的会谈中，他的态度发生了变化。他说他相信大部分人会支持且同情他，也知道他们可能不愿意接受她当王后，但如果政府愿意承认其合法性，他们还是会接受贵贱通婚的。鲍德温直率地告诉他，如果他觉得这样侥幸可行，那就是大错特错了……
>
> 内阁也指出，这可能牵涉政府的辞呈，而且会引起严重的宪法争议，亦即国王和政府的力量制衡。而国王似乎倾向于相信，温斯顿·丘吉尔在这种情况下能筹备好一个替代性的政府班子。假如当真如此，国家就面临着分裂成两个阵营——保王派和倒王派——的巨大危机。这无疑孕育了最可怕的危险。
>
> ……我在这里只能提醒您，天有不测风云，至少在我看来，随时都可能降临在我们头上。万万不可外泄。这会对印度造成什么样的影响，我简直想都不敢想。

“我几乎没有听说过比这更加戏剧化的叙事。”泽特兰写道。鲍德温再次扮演了稳健而负责的帝国领航员角色，而丘吉尔又是一个鲁莽冒失、野心勃勃的煽风点火者。11 月 30 日，丘吉尔故伎重演，在下议院大厅揪住战事部长达夫·库珀不放：

> ……自己发表了一通演说。他问，国王到底犯了什么罪？我们不是宣誓效忠于他吗？他要被判处闻所未闻的罪名吗？还是做了什么大逆不道的事？从他的角度来说，在解除宣誓之前，他还任重而道远。[14-25]

12 月 5 日，丘吉尔上书国王，轻率地表示鼓励，仍然希望“最终能圆满解决”。最后他总结道：“今天《旗帜晚报》上萧伯纳的文章值得一读，太有意思了！”萧伯纳的讽刺文章是《关于国王、宪法和女士的虚构对话》，其实是《苹果车》的缩写，旨在进一步阐明人物关系。角色缩减至三个：持反对意见的首相，坎特伯雷大主教，以及拒绝退位，坚持要以民间仪式结婚的国王。

同一天，丘吉尔在媒体上发表了声明。“我请求时间与耐心。”他以此起首。被内阁逼得走投无路的时候，马格纳斯国王也曾请求缓冲时间，卜罗塔斯天真地给了他时间，国王趁此机会部署了反击。* 丘吉尔宣称，内阁的行为“没有考虑议会最基本的意愿”，这正是《苹果车》中的内阁所做的；他认为“如果国王不听从大臣的意见，他们当然有权利请辞”，就像萧伯纳戏剧中内阁的要挟一样；但是，“他们没有权利给国王施压，要求他接受他们的意见，向反对派领袖事先下保在他们辞职后不组建替代班子，还给国王下最后通牒。”内阁当然有权这样做，“最后通牒”是卜罗塔斯用过的词，当时马格纳斯国王扬言要另起炉灶。

戴斯蒙德·莫顿** 热烈地赞成丘吉尔的媒体声明，致信丘吉尔，称“保王是民心所向，大势所趋”。公众可能还没有准备好接受辛普森夫人为王后，

---

* 萧伯纳在此插入了一个桥段，马格纳斯到情人的闺房与她相会，加上这一段就扩展了剧本的长度。

** 英国情报官员，主要负责收集德国重整军备的数据并汇报给丘吉尔。

但如果爱德华八世能够：

> ……最终放弃她，他的声望可能就会高涨，一统英国。整个事件也会被视作国王与国民联系的牢不可破的纽带。在我看来，其后没有什么能超越它了。
>
> 我发现大家都普遍相信，这是鲍德温和议会的一个阴谋。鲍德温领导下的议会决定削弱君主政体，使它成为一个完全的空头符号，削减它目前依然享有的权力，乔治四世很少明智地行使这些权力。许多人依然相信，无论正确与否，虽然受到了高度的限制，但君主制有时仍然表现得像一个公正无私的法庭，能在政治冲突与论战最激烈的时候，预防任何一个党派不经深思熟虑就轻举妄动。他们相信，鲍德温意志坚定地要利用这个不幸的局面来摧毁王权尊贵的余孽，为自己和议会牟利。

莫顿希求的是一个《苹果车》式的结局，认为鲍德温怀着和萧伯纳笔下的卜罗塔斯一样的邪恶动机。莫顿是否熟悉这部剧作尚不明了，但丘吉尔肯定熟悉，这封信只是鼓励了他在历史舞台上重演这一幕。J•H•摩根[14-26]的记载同样表示，如果鲍德温及其内阁请辞，国王会让丘吉尔组建新政府。虽然应者寥寥，丘吉尔也可以马上发起选举，“在这么严峻的问题上，可能会‘一炮而红’。”据莱斯利•霍尔－贝利沙、钱农、维克多•卡扎莱特、约翰•雷斯和利奥•埃默里等一些野史家[14-27]的记载，丘吉尔可能真要重组政府的谣言传得沸沸扬扬。

然而，记者J•A•斯宾塞[14-28]以事实为依据，坚决警告丘吉尔，任何试图拖延宪政危机的手段都是疯狂而愚蠢的。12月3日，丘吉尔在阿尔伯特音乐厅参加了“热点派”成立的民众集会，这是一个宽泛的无党派人士同盟，主张反纳粹、反绥靖。仅仅四天之后，其中的关键人物亨利•维克汉姆•斯蒂德[14-29]就提出了抗议，认为丘吉尔已经在他自己和他所推动的运动之间埋下了芥蒂：“我看不到我们怎样支持民主和议会制，一旦问题凸显，我们就和一项罪名脱不了干系：蓄意危及议会主权高于王权的原则。”当时这封信没有及时送到丘吉尔手中，即使送到了，也未必能阻止他。据G•D•比拉所言："他诚实地向我承认，他站出来支持国王的时候，并不知道公众舆论那么反对。"

但"公众舆论"到底是什么？如果指英国人民和大众报纸，那么根据苏珊·威廉姆斯的研究，它们大部分是支持国王的。大部分人都这样认为，大批信件投向丘吉尔、爱德华八世和报纸。丘吉尔确实有理由相信全国都支持他。但是彼时，"舆论"更多地意味着英国的体制和"高端"的报纸，它们反对这桩婚姻。这些圈子普遍怀疑丘吉尔是要利用这场危机夺权，领导"国王的政党"。实际上，无论是丘吉尔还是爱德华八世，都无意发动政变，《苹果车》里也没有发生政变。但是，抱团不讨好的统治阶级清楚地从丘吉尔身上感到了威胁，他们对丘吉尔捍卫国王的反应非常尖酸刻薄。

12月7日，丘吉尔恳求下议院再给国王一些时间，甚至激动得大喊大叫。"而议院的一致反对令他步履维艰，主席还要求他遵守秩序。"利奥·埃默里观察到。温特顿勋爵[14-30]称之为"我所见过的下议院专门针对一个人表现得最愤怒的一次"。丘吉尔的门生罗伯特·布斯比[14-31]也被激怒了：

> 亲爱的温斯顿：
>
> 我知道昨晚我们已经商定了框架和流程，旨在尽可能保护国王免于退位。我想您已经竭尽全力了，我相信在现在的情况下，您意志坚定，要力求完满的结果，一碗水端平。
>
> 但是今天下午，您这么做对国王没好处，不管在议院还是国民这里，比鲍德温设想得还要严重。
>
> 您已经把可能的支持者减到最少了，我想现在所有人中只剩七个了。
>
> 您不和关系最好的友人及支持者商议，就贸然出手。
>
> 我平生从来没有对您表达过不信任，也从来不希望。
>
> 今天下午发生的事让我感觉到，忠心追随您的人不会在政治上盲从您（即使他们想要），因为他们不确信下一步会走到什么境地……

布斯比向哈罗德·尼科尔森[14-32]透露：

我知道温斯顿要做出可怕的事。我周末和他在一起，他沉默而焦躁不安，不时瞥一眼角落里。如果一条狗这样，你就知道它快要吐在地毯上了。温斯顿也是这样。他已经憋了三天了，最后终于在议院爆发，吐在了议会席上。

尼科尔森不得不表示：“他五分钟内就毁掉了两年的悉心重建。”12月13日，国王退位后三天，内维尔·张伯伦幸灾乐祸地道：

温斯顿竭尽全力要超过我们，有那么一瞬间，还在君王和他的内阁之间擦出了绚丽的火花，大臣辞职，一片惊惶，战士列阵在前，全副武装捍卫国王，瞬间就光荣起来。我听说他花了不少工夫组阁，计划行动。但上个周一，这幅美丽的图景就像一场华而不实的露天集会一样凋谢了。周日我自己看了报纸，他的错误言论已经一扫而空。《泰晤士报》的员工对我们的宣传官员说，我说的话才有分量。第二天早晨，整个报界都撤下了关于国王、内阁和温斯顿暴怒的胡编乱造，把它们移到了背后的版面。后来，我听见奥斯丁（张伯伦）告诉《伯明翰邮报》一位心存疑虑的编辑，温斯顿已经被孤立了，因为他对国王的热爱和骑士精神，没有考虑到他自己的运数。我忍不住笑了。

实际上，奥斯丁·张伯伦的观点比内维尔更加接近事实。正如格雷汉姆·斯图瓦特所载，丘吉尔曾经提醒过国王，他可能要在王位和辛普森夫人之间做出取舍。认为丘吉尔想在议会领导保王党的人，其实是错误地给他冠上了这个合理的动机。他只是又演了一出戏，没有清楚地事先考虑结果。

爱德华八世曾经回忆，在他执政的最后一天，他与丘吉尔共进午餐：

我看到丘吉尔先生出门的时候眼中含泪，还看到他在门口站了一会儿，一只手拿帽子，另一只手拿手杖。心里显然天人交战，用手杖有节奏地敲着点，他开始朗诵，就好像朗诵给自己听一样：

“当此难忘的场景，他无以为念，无能为力。”

他声音洪亮，让这几句词带上了一点特别的酸楚。这是安德鲁·马维尔为查

理一世之死所作的赋。[14-33]

爱德华八世未来的政治生涯受到了沉重的打击，他的弟弟即位为乔治五世，封他为温莎公爵，既不能列席下议院，也不能在上议院发表政见。

丘吉尔至少还从他的出版商那里得到了一点安慰，乔治·哈拉普评价了他《马尔博罗》第三卷的高度的戏剧性：

……戏剧张力如此强烈，有时候脉搏都要多跳一两拍。

我读了您关于近代的危机中英国衰落的章节，那个历史性的时刻包含了安妮女王病重失势的戏剧性场面，实在是引人入胜。有人觉得第三卷中的马尔博罗更像一个希腊悲剧中的崇高人物，最终将步入大难。他的凯旋不过只是命运为他设下的圈套。两百年后，您激发了读者的兴趣，在他面对举世震惊的悬而未决的大事件时，与他感同身受。

写完这部传记的时候，丘吉尔告诉爱德华·马什，他希望它能“将现代读者带入那个伟大年代的生活与戏剧，让他们知道他们的先驱现代托利党人是什么样的”。

在这两场论战中，丘吉尔赢得，或者说强化了他鲁莽冒失、专事搅局的名声。他的行为总是不合常理，像许多20世纪的作家一样，他反叛消弭个性的理性。他和D•H•劳伦斯、叶甫根尼·扎米亚京、奥尔德斯·赫胥黎、乔治·奥威尔、W•H•奥登以及“垮掉的一代”等现代派文学家[14-34]的典型忧虑如出一辙：机械化的社会将毁灭人。他1925年的文章《现代生活的大众影响》，承认福利国家、巨头企业、便宜的消费品和大众出版丰富了生活，广播了智识，但它们也生产了“大量标准化的公民，观点、偏见和情感都根据他们所属的阶级或政党趋于一致”。战争不再是指挥官在前线领导部队，彰显个体英勇，而是一位将官代表坐在电报机前，冷静地将千万人送向死亡，更像一位金融家坐在办公室里做证券交易：“他是股票市场的经理，或者堆料场的经理。”这一进程在苏联发展得最快：“没有人觉得自己拥有不朽的精神，在肉体之下，然而至高无上、独一无二、不可磨灭的精神。”1934 年他还曾经提到，即使是在英国国内，独立的国会议员几乎灭绝了，都沦为党纪的牺牲品。“每一处，每一个国家，每一个人类活动的领域，就像文明的传染病一样，机器的力量日益壮大，人的力量逐渐缩减。各种集体和组织兴旺发达，个体陷入了被忽视的境地。”但是，“那些反对跟随、呼告、服从的人，依然会关注并坚持，勇敢而智慧地维护仅仅为人的个体生命，去反抗那些被强力的工具控制、沦为机制一部分的人。”虽然不总是明智，但丘吉尔终其政治生涯，都在激烈地反对机器。

理解丘吉尔这段政治低谷的一个关键，是最近的一项心理学研究，从超过五千名对象身上，发现了对于排斥孤立的两种普遍反应。许多人会更加努力地奋斗，以符合群体的预期，希望能被重新接纳，这是大多数保守党议员在鲍德温手下选择做出的反应，到张伯伦那里则更甚。但也有一部分人认为，已经不可能再被接纳了，不如以更富侵略性和刺激性的行为与群体对立。他们渴望被注意，远胜于被悦纳。丘吉尔攻击政府的印度政策，自然引起了媒体的关注，尤其是罗瑟米尔的《每日邮报》。被排斥就意味着被阻隔在群体的决议过程之外，于是他们感到脆弱和失控，丘吉尔关于印度和捷克斯洛伐克的演说就充斥了这种主题；大胆地表达激进的观点可能是一种孤注一掷的尝试，超越充满威胁的境地，重掌控制权。这种策略自然能够吸引心理、经济、智力都独立强健的个体，丘吉尔正是三者兼具。其中通常包括戏剧性的夸夸其谈，正如 20 世纪 30 年代面对德国空军军备生产时他的反应，“我竭尽全力催动政府赶紧准备起来，即使要以全球预警为代价，”他在《第二次世界大战》第一卷《风云紧急》中写道，“其间我不惮把情况预计得比现实更加糟糕。”

当然，惯于挑战多数的唱反调者经常把自己推入站不住脚的极端境地，丘吉尔反对印度自治和支持爱德华八世的收场都是如此。然而有时候，威吓会成真，暴怒也是不无道理的。

译者注

[14-1] 旁遮普（Punjab）：印度西北部省份。

[14-2] 阿姆利则（Amritsar）：印度北部城市。

[14-3]雷金纳德·戴尔（Reginald Dyer，1864—1927)：英国官员，时任临时准将。

[14-4] 俾路支（Baluchi）：南亚和西亚的穆斯林民族。廓尔喀（Gurkha）：尼泊尔的主要民族。这里指当时英国军队中的伊朗和尼泊尔士兵。

[14-5] 阿瑟·赫尔曼（Arthur Herman，1956— ）：美国通俗历史学家。

[14-6] 蒙塔古—切姆斯福德改革方案：以英国印度事务大臣 E•S• 蒙塔古（Edwin Samuel Montagu，1879—1924）和印度总督切尔姆斯福德子爵（即 F•J•N• 赛西杰，Frederic John Napier Thesiger，1868—1933）命名的法案，1918 年提出，1919 年颁行，旨在引导印度逐步建立自治政府。

[14-7] 斯里尼瓦沙·萨斯特里（Srinivasa Sastri，1869—1946）：印度政治家、教育家、演说家，印度独立运动成员。

[14-8] 凯瑟琳·梅奥（Katherine Mayo，1867—1940）：美国历史学家、作家。

[14-9] 哈考特·巴特勒（Harcourt Butler，1869—1938）：英国驻印度官员。

[14-10] 吉本：《罗马帝国衰亡史》，第二卷第十七章。译文参考席代岳译：《罗马帝国衰亡史》，吉林出版集团有限责任公司 2007 年版。特此致谢。

[14-11] 阿拉里克（Alaric，370—410）：西哥特国王，曾洗劫希腊，并入侵意大利征服了罗马。下文中的拉文纳(Ravenna)是意大利东部港口城市。霍诺留(Honorius，384—423) 是西罗马帝国皇帝，393 至 423 年在位，他年幼时，大将斯提利科把持军政，功高盖主。霍诺留成年后迁都拉文纳，在大臣的怂恿下处死了斯提利科。阿拉里克趁此机会入侵。

[14-12] 图拉真（Tranjan，53—117）：罗马五贤帝之一，公元 98 至 117 年在位。安东尼（Antonines，86—161）：罗马五贤帝之一，公元 138 至 161 年在位。

[14-13] 达夫·库珀（Duff Cooper，1890—1954）：英国保守党政治家、外交家、作家。

[14-14] 赛珍珠（Pearl Sydenstricker Buck，1892—1973）：美国旅华作家。凭小说《大地》(*The Good Earth*) 于 1932 年获普利策小说奖，1938 年获诺贝尔文学奖。

[14-15] 婆罗门（Brahmin）：印度祭司贵族阶层，种姓制度的最高层。

［14-16］贱民（Untouchables）：印度对种姓等级之外的人口的称呼，通常是违反禁令在不同等级间通婚以及违反其他宗教禁令的人。

［14-17］维钦托利（Vercingetorix，公元前82—前46）：罗马帝国时代高卢部落的领袖，联合其他部落抵抗凯撒大帝，最终被俘虏处决。

［14-18］印军哗变：即印度反英大起义，印度第一次独立战争，1857至1858年由英属东印度公司服役的印度士兵发动，源于印度北部和中部，后来演变为反英民族大起义，最终失败。东印度公司管理印度的体制告终，英国开始直接统治印度，称英属印度。

［14-19］尤维纳尔（Juvenal，？—公元前130）：古罗马诗人，作品常讽刺罗马社会的腐化和人类的愚蠢。爱奥尼亚（Ionian）：古希腊东部支系民族。

［14-20］比哈尔（Bihar）：印度东北部邦省。

［14-21］圣伯夫（Charles Sainte-Beuve，1804—1869）：法国文学评论家，将传记方式引入文学批评的第一人。

［14-22］G•D•比拉（Ghanshyam Das Birla，1894—1983）：印度富商，印度著名财阀比拉家族的成员。

［14-23］萧伯纳的《苹果车》（*Apple Cart*），剧名源于英语俗语“打翻苹果车”，意即计划或步骤被出乎意料地打乱。

［14-24］巴尔莫勒尔（Balmoral）：英国阿伯丁郡的庄园，是王室的私宅和行宫。

［14-25］丘吉尔的意思是，只要国王还没有退位，就仍然拥有特权和权力，不应受到僭越的指控。

［14-26］J•H•摩根（John Hartman Morgan，1876—1955）：英国军人、律师、自由党议员，曾任《曼彻斯特卫报》主笔。

［14-27］莱斯利·霍尔-贝利沙（Leslie Hore-Belisha，1893—1957）：英国自由党人，后来入保守党。维克多·卡扎莱特（Victor Cazalet，1896—1943）：英国保守党国会议员。约翰·雷斯（John Reith，1889—1971）：苏格兰贵族，英国广播公司（BBC）的总经理。

［14-28］J•A•斯宾塞（John Alfred Spender，1862—1942）：英国记者、编辑、作家，1896至1922年任《威斯敏斯特公报》主编。

［14-29］亨利·维克汉姆·斯蒂德（Henry Wickham Steed，1871—1956）：英国记者、历史学家，1919至1922年任《泰晤士报》主编。

［14-30］温特顿勋爵（Lord Winterton）：指第六代温特顿伯爵爱德华·特努尔（Edward Turnour，1883—1962），爱尔兰贵族，英国议员。

［14-31］罗伯特·布斯比（Robert Boothby，1900—1986）：英国保守党政治家。

［14-32］哈罗德·尼科尔森（Harold Nicolson，1886—1968）：英国外交官、政治家、作家。

[14-33] 安德鲁·马维尔（Andrew Marvell，1621—1678）：英国著名玄学派诗人。丘吉尔朗诵的是他的《少女哀悼小鹿之死》，以猎人射杀小鹿暗喻弑君，表达对查理一世之死的哀悼。查理一世（Charles I，1600—1649）：英国国王，1625至1649年在位。因宗教改革与国会冲突，与苏格兰结盟展开英国内战，被捕后以叛国罪处死。

[14-34] 叶甫根尼·扎米亚京（Evgeny Zamayatin，1884—1937）：俄国作家，著有反乌托邦科幻小说《我们》。奥尔德斯·赫胥黎（Aldous Huxley，1894—1963）：英国作家，著有反乌托邦小说《美丽新世界》。W•H•奥登（Wystan Hugh Auden，1907—1973）：美籍英国诗人，抗日战争时期曾访问中国，著有《战地行》一书。

十五、生产者

1937 年 7 月 27 日，在伦敦新伯灵顿画廊的开幕演说上，丘吉尔隐晦地提到了另一位艺术家的作品：

> 不久之前，在北海或者说德国海域那一边，有一位伟人，同时也是一位宣传能手，向我们表达了他的艺术观点。他的观点非常激烈而强硬。我觉得在某些国家，做一个非专业的艺术家是极其危险的。如果你的绘画不被认可，那你就要被绞死，这对个人热情的打击太大了。

在此八天前，纳粹党的展览“堕落的艺术”在慕尼黑开幕，每一位重要的现代艺术家都受到了谴责。这次演讲是丘吉尔在艺术方面对阿道夫·希特勒仅有的评论。他对此评论甚少，还是很令人惊讶的。希特勒在美学上就是丘吉尔的投影，同工而异曲，凭借相似的手段，直达的却是完全相反的政治目标。

1940 年 5 月，第二次世界大战成了这两位艺术家的对决。军事和政治历史学家更能领会其中意义，因为从美学上就能判断出冲突的结果。直到 1942 年，希特勒都在出奇制胜，很大原因是源于他的艺术才能。在美术上，这些才能只体现为中下水平的画作和铺张可笑的新古典主义建筑规划；但是在政治领域，导致的却是攻克了大半个欧洲的大众运动。如果没有同样出类拔萃的政治艺术家站出来反对他，他甚至可能赢得战争。

历史上没有一位重要的政治领袖早年的文学成就能超过丘吉尔，也没有人能在艺术上比年轻时的阿道夫·希特勒更加一败涂地。他作为画家仅能糊口，先是在维也纳，后来到了慕尼黑。在经济允许的范围内，他流连影院和剧场*，广泛地阅读艺术史和建筑史方面的著作。他画人体画得很糟糕，在建筑绘画上倒是有点开窍。

1919 年 9 月，希特勒加入了当时势力还很单薄的德国工人党。一战后，德国涌现了许多极端民族主义政治军事团体，这只是其中一个，其余大部分都昙花一现。后来希特勒凭借自己艺术创造的力量，将它包装成了“国家社会主义德国工人党”，亦即纳粹，从一个小团体变成了一场大众运动。他设计了横幅、制服、信笺和徽章。纳粹的十字标志以前在其他极端右翼运动中也曾经使用过，但希特勒改良过后的版本，成了富有蛊惑力的纳粹党旗：大红背景上的白色圆形，中间是黑色的十字。大型的政治集会就是一场有声有色的表演，用灯光照明**制造出壮观的特效。

虽然《意志的胜利》[15-1]（1934 年）经常被归类为纪录片，但它更像是一场精心打造的宏大歌剧。在气势恢宏的管弦乐中，希特勒对着顶礼膜拜一呼百应的歌队唱着咏叹调。虽然这部电影的导演是莱尼·里芬斯塔尔，但希特勒编写了剧本，设计了布景，编排了舞蹈，甚至还亲自主演。纵观整个 19 世纪，普鲁士和德意志帝国都曾经用军演的大场面来做民族主义宣传。被缴了械的魏玛公国无力表演这种政治秀，但纳粹党做到了，还拥有蛊惑人心的力量。

与之形成鲜明对照的，是丘吉尔嬉笑浮浪的印象派绘画和对当代文学的热爱。希特勒的品位是保守的，偏向于希腊雕塑、罗马建筑、19 世纪德国浪漫主义绘画和瓦格纳[15-2]的歌剧。他把所有的现代派艺术都斥为“犹太式”和“布尔什维克”。1937 年夏天，纳粹当局从德国的博物馆中抄没了一万七千件现代派艺术品，统计数据显示，当时纳粹当局收藏的先锋艺术品是世界上最多的。

弗雷德里克·斯波茨曾经对纳粹党的建筑师阿尔伯特·施佩尔[15-3]进

---

* 至少他自己记录的账目显示如此。

** 战前，英国和德国的海军阅兵式都用探照灯开场。

行了深层的分析：希特勒的主要目标，就是以他的美学原则来重建德国。1933 年 11 月，他开始筹建帝国文化部，对所有的艺术家和艺术创作进行绝对的国家控制。即使在战时，他也会中断重要的军事会议去和艺术家谈话。1943 年 5 月，德国在斯大林格勒和突尼斯遭遇重创，而他在柏林会见宣传部长约瑟夫·戈培尔，详细地讨论了如何管制美术馆，鼓励个人艺术收藏，雕塑和建筑方面的某些人才以及管理剧院和乐队的问题。“我成为政治家是事与愿违，”他曾经对下属说，“对我来说，政治只是达到目的的手段。”德意志帝国创造了伟大的美术、音乐和建筑艺术。“如果有其他路子，我才不会插手政治，可能会是个艺术家或者哲学家。”“太可惜了，”1942 年 3 月，他曾经说，“为了一个糊涂同僚（指丘吉尔），我得发动一场战争，而不是献身于和平的东西，比如艺术。”他辩解道，他宁愿去剧院里泡着，“重新像个人样”。

“艺术是人的精神世界最清晰也最直接的反映。”希特勒曾经宣称。后来，他打算夷平柏林市中心，建造一系列庞大的政府大楼，基本设计主要出自他手，而非施佩尔。对于其他德国城市，他也提出了相似的重建计划。除非是一统世界的伟大帝国以此来纪念功绩，否则这样的雄心壮志，对于德国这样中等规模的国家而言简直是头重脚轻。而且，这种工程预计需要三百万奴隶劳工，干上十年。1941 年，他本来应该集中力量入侵苏联，却分散了宝贵的资源去建设他自己的大形象工程。即使在战争已经完全无望的最后数月，他依然下令要保证美术馆、影院、音乐厅和歌剧院的开放。任何一个现代国家的政治机器都是由刻板而官僚的军队维持运行的，而第三帝国却是由艺术家创建的。

贝托尔特·布莱希特[15-4]意识到，希特勒是精通“虚张声势和剧场政治”的能手，他用这种手段来煽动追随者，打击敌手。作为 1922 年墨索里尼占领罗马的模仿，1923 年的啤酒馆暴动[15-5]显得如此拙劣，希特勒一开始就挥舞着手枪，扬言不成功就饮弹自尽，简直是一出荒诞的情节剧。然而从长远看来，这场政变并非全盘失败。在随后的审讯中，希特勒的无畏行为和大胆表现奠定了他极右领导人的地位，最终把极端分子都囊括到了纳粹旗下。

掌权之后，希特勒的策略不是暗中重整军备，而是公开撕毁《凡尔赛和约》，于1934年3月16日在国家歌剧院举行了盛大的阅兵式。在莱茵地区整军，可能是通过谈判获得了英国和法国的许可，但他偏要大张旗鼓。重新征兵，合并德奥，消灭捷克斯洛伐克，《苏德互不侵犯条约》，1940年5月对法国以及低地国家[15-6]的大罢工，入侵苏联，对美开战，还有1944年对阿登高地[15-7]的最后进攻，这些行动都意在掌握戏剧性的先手，闪电般地移步换景。希特勒比丘吉尔更加沉迷于“大反转”，豪赌只会让戏剧更有看头。“他是个完美主义的演员，”伊恩·克肖[15-8]总结道：

> 这些当然都适用于舞台调度——在拥挤的大厅中姗姗来迟，精心结构的演说，选择使用生动的短语、手势和肢体语言。他天生的修辞才能为悉心打磨的表演技巧锦上添花。开始前先停顿一下，能增添张力；低徊，甚至犹豫一下再开口；措辞千回百转，不那么悦耳，但形象而富有表现力；句子差不多都短促有力，伴随着正合时宜的缓慢过渡，以突出强调关键词；在声调渐渐升高时伴以戏剧化的手势；刻薄机智地挖苦对手；所有这些都经过认真培养，力求最大化影响力。

希特勒很会看人下菜：对女士报以奥地利式的绅士风度，对党内同志则投以“雄赳赳”的眼神。他的艺术情绪很敏感，不得不表现得像个政治家时又显得理性。而且众所周知，他恐吓对手时暴怒近乎疯狂。啤酒馆暴动只是众多案例中的一个。而希特勒最后的戏剧姿态，就是兵临城下时的自杀。*

丘吉尔也意识到，“元首”有一种“戏剧化的历史感”。希特勒曾经对着镜子练习手势，以提升表演技巧。战后的英国人曾经嘲笑劳埃德·乔

---

* 史蒂芬·F·塞格《易卜生与希特勒》（纽约，2006年）详尽地讨论了这位挪威戏剧家对独裁者的影响，但是没有记录显示希特勒曾经明确地提到过易卜生的名字，这很大程度上是旁证。

治的装腔作势，但希特勒赞扬他是“大众宣传艺术中的心理学杰作”，尤其是“他原始的语言，本色的表达方式，所运用的最简单、最容易理解的例子”。他对外国领导人和外交官的著名咆哮经常被搬上舞台。埃德蒙·艾恩赛德将军[15-9]曾经总结过英国军情总长的一份报告，关于拙劣而有效的戏剧腔如何导致了1938年3月的德奥合并：

> 当许士尼格[15-10]被传唤来见他的时候，在贝希特斯加登的候见室里，希特勒用最戏剧化的方式布置了场景，让奥地利总理等了一个钟头。这段时间里，他一直在看一幅地图，显示的是德国军队在德国南部的布防，德国将军不断地进来，大声向他汇报各种准备进军的命令……
>
> 最后接见许士尼格的时候，希特勒显得高度神经紧张，一触即发。他对许士尼格大喊大叫……我们的大使（内维尔）亨德森看着希特勒，招来一顿对英国媒体的痛骂。希特勒告诉亨德森，德国要闪电行动，德国人知道怎么打仗……

直到1939年7月10日，内维尔·张伯伦依然相信，希特勒激情澎湃的长篇演说是自觉自发、出自真心的。

瓦格纳的《尼伯龙根的指环》[15-11]也影响了希特勒的政治策略，就像维多利亚时代的情节剧形塑丘吉尔那样。1936年7月17日，西班牙军队针对共和国发动了政变，几日之内，民兵就控制了主要城市。民族主义分子弗朗西斯科·弗朗哥将军要将军队从摩洛哥调回大陆，向德国请求空运支援。德国外交部、外交官约阿希姆·冯·里宾特洛甫、航空部长赫尔曼·戈林和戈培尔都不同程度地表示了反对，并都提出了理由：介入西班牙内战会导致与英法对立，而且德国需要武装来巩固自身军队力量，负担不起不断扩大的内战泥沼。但是7月25日，在拜罗伊特[15-12]观看了《齐格弗里德》[15-13]之后，希特勒下令派遣二十架容克斯JU-52运载机，是弗朗哥所请求的双倍之多。这批飞机的代号是“魔火”，希特勒要从布尔什维克手中拯救西班牙，正像《诸神的黄昏》中，齐格弗里德冒着指环的烈焰去拯救布伦希尔德一样。

丘吉尔精心写作备忘录以备日后出版，而希特勒却对官方文件怀着波希米亚式的蔑视。1938 年 2 月之后，纳粹德国成了现代史上唯一一个没有召开过内阁会议的国家，只因为希特勒厌恶开会。但他不知疲倦地写作并修改他的演说稿，不断演练。他曾经将自己称为“欧洲最伟大的演员”。实际上，他的政权是一种“神权政治”，这个概念是柏拉图提出的，遭到了尼采[15-14]的谴责，却得到纳粹“哲学家”阿尔弗雷德·罗森堡[15-15]的拥护。壮观的集会，群众游行，有节奏的口号，在露台上发表歌剧般的演说，制服充当常服，纪念碑式的建筑是背景，还有“大反转”式的侵略行径，这些理念最初都是由早期法西斯主义者和诗人加布里埃尔·邓南遮提出的，由墨索里尼完善，被法西斯政权广为接受。这些表演旨在歌颂领袖，调动追随者，强调集体一致。

纳粹德国和法西斯意大利把神权政治发挥到了极致，但在不同的人类文化中还有其他引人注目的例子。人类学家克利福德·纪尔兹在巴厘岛[15-16]发现了这样一种政权：

> 一个戏剧化的国家。王公贵族都是演员，祭司是导演，农民是助演、舞台工作人员和观众。巨大的火葬堆、象牙制品、寺庙贡品、朝拜和血祭，劳民伤财，但这并不是出于政治目的，这就是政治目的本身，这个国家就是政治目的。宫廷礼节是宫廷政治的驱动力，而大众礼制并非巩固国家的机制，它本身就是国家，即使已经是苟延残喘，它仍然只是一个为了颁行礼制而存在的机制。权力服务于浮华，而非浮华服务于权力。

在公开表演的支持下，苏联也是一个自行其是的戏剧性的国家，经常见风使舵。具体表现为群众集会游行、宣传影片、波将金村建设工程[15-17]以及人人都必须挂在嘴上的布尔什维克口号。其中最可怕的戏剧表演则是公开审判：完全是照本宣科的情节剧，揭开正派的假面具，将其斥为无恶不赦的坏蛋。

“毫无疑问，政治是一门艺术，”1926 年，墨索里尼在演讲中说道，

“艺术家凭灵感创作，政治家凭的是决断。”他不止一次公开宣布，他的使命就是用一生来“创造杰作”，像捏黏土一样塑造意大利人民。1935年10月，他入侵阿比西尼亚，堪称一场经典的帝国主义情节剧，正义的主角（墨索里尼）彻底击败了邪恶的反派（国际联盟），和本地坏人（海尔·塞拉西[15-18]）战斗，保护了良民（和意大利站在一边的埃塞俄比亚部落）。

希特勒最喜欢的书籍包括塞万提斯的《堂·吉诃德》、莎士比亚作品*以及卡尔·迈**[15-19]的西部故事集。他的藏书中有一部1931年出版的小册子，内容关于毒气，有一章专门讨论齐克隆B氰酸[15-20]。1919至1921年，他从一所极右分子的收费图书馆中借阅了孟德斯鸠、卢梭、康德的《道德形而上学原理》、奥斯瓦尔德·斯宾格勒的《西方的没落》以及许多反犹著作，包括休斯顿·斯图瓦特·张伯伦的《19世纪的基础》和亨利·福特的《国际的犹太人》。[15-21]他热衷于J•F•莱曼出版公司出版的作品，约五十部书籍被来回翻阅，写满了批注，莱曼公司的主打就是科学种族主义。其中一部是麦迪逊·格兰特[15-22]的《伟大种族的消逝》的译本，认为“日耳曼民族”优越性的美国著作，希特勒曾经称之为他的《圣经》。***希特勒还收藏了大量稀奇古怪的著作，唯灵论、神秘学、炼金术和伪科学，这些可能比叔本华和尼采更深地影响了他的世界观。此外，他还热心地阅读军事史，包括克劳塞维茨[15-23]的《战争论》。

意大利法西斯和德国纳粹都倚赖戏剧性的政变，比如墨索里尼进攻罗马，这恐吓并压倒了两次世界大战之间欧洲死气沉沉的官僚政治。唯有对政治戏剧有着同样天分的人才能理解并有效地抵抗它。在1937年的《当代伟人》中，丘吉尔对希特勒及其策略进行了经典的分析。这部书看起来像是一部单篇传记的杂集，而其中有一个统一的主题：集合了现代最戏剧化的政治人物，以“展现演员和布景”。萧伯纳、T•E•劳伦斯、鲍里斯·

---

* 他曾经感叹没有哪部德国浪漫作品能比得上《威尼斯商人》。

** 这位德国作家从来没去过纽约布法罗以西。

*** 这部书1916年由斯克里布纳公司出版，亦即后来丘吉尔的出版商，后来还出版了其他许多优生学著作。

萨文科夫和富兰克林·罗斯福都是最鲜明的例子。但其中也有罗斯伯里勋爵，“一个政治舞台上的演员”，“像是从《康宁斯比》的书页中走出来的，穷人和贱民的贵族精英”。约瑟夫·张伯伦也同样意在“登上世界的舞台”，做一名伟大的改革家。1914 年，“战争的重击是戏剧的最强音”。约翰·弗伦奇[15-24]扮演了引领全局的角色。而马歇尔·福煦[15-25]是“戏剧的中心”。1918 年 4 月，道格拉斯·黑格[15-26]“负隅抵抗”的命令表现的是“他对身处的阴霾的痛苦与戏剧性并非麻木不仁”。在议会辩论中，自由党政客约翰·莫利“像喜爱斟酌字眼一样喜爱华丽的大戏”。F•E• 史密斯天然的智慧“将在这出精心写就的戏剧中焕发光彩”。阿瑟·贝尔福疲倦地念着王尔德的警句。“践踏世界舞台的最奇怪、最莫名其妙的角色之一”就是查尔斯·斯图尔特·帕内尔，他的故事“集合了所有希腊悲剧的元素，索福克勒斯和欧里庇得斯[15-27]都能从中找到符合他们阴暗口味的主题”。在印度的时候，丘吉尔曾经在英国军官业余的联欢会上看到罗伯特·贝登堡[15-28]唱歌跳舞，“水平足以到我们的任何一个音乐厅登台表演”，后来也曾赞扬他在民众中“戏剧性的”人气。而在法国，最腐败的时代是布朗热事件[15-29]，是德雷福斯案，是巴拿马丑闻[15-30]：

> 这些真实的事件展现了血淋淋的政治戏剧的所有元素。法国商会的生命狂热凶暴，带有毒性，一连串丑闻和骗局、曝光、伪证、造假、凶杀，还有密谋与私通，野心与复仇，欺诈与反间，只有芝加哥的黑社会能与之并驾齐驱。然而，他们在石灰灯照亮的著名大国的舞台上，在全世界的观众面前登场了。演员都是最有才能的人，博学雄辩的人，名高权重的人，言之凿凿，众目睽睽，他们把持着军队、外交与财政。这是一个可怕的集团，金玉其外，内部填满了炸药，电网密布。以中心为轴，来回扫视，用它的狼牙棒打倒反对者，像克列孟梭一样大步向前，鲁莽，好战，趾高气扬。

1918 年德国入侵法国时，克列孟梭当面对丘吉尔说：“我将在巴黎前方战斗，我将在巴黎战斗，我将在巴黎后方战斗。”“巴黎后方”的预言

当时没有成真，但后来成真了。[15-31]

丘吉尔还认为，在斯大林和他的亲信中，没有这种戏剧性成分：

> 在一片惨相中，一束明亮的灯光掠过了法国大革命的布景与演员。罗伯斯庇尔、丹东、马拉等人的事迹和性格，跨越一个世纪都耀眼不灭。但俄国的布尔什维克无趣而卑劣，角色的魅力丝毫无补于他们犯下的罪孽。亚洲倾颓的进程失却了所有形式与重心，即使是数以百万的屠杀和无数罪行，都无法令后代关注他们粗俗的特征和古怪的姓名。

托洛茨基可能是个例外。“他在舞台上苟延残喘”，但他只不过是个“文人”，沦落到要在资本家发行的“小报文章”上为自己辩护。

至于德国皇帝，传记上配的照片看起来出奇地平庸。在人们的想象中，他应该是一位愁眉不展的军阀，而照片上的威廉二世像个安享退休时光的胖子，悠闲地抽着烟。他曾经蓄着可笑的打上蜡的小胡子，但现在头发乱七八糟也毫不在乎。他的双眼闪闪发光，看起来像是因为不用再勉强自己而心情愉悦。丘吉尔坚持认为，威廉二世并不愿意饰演他被分配到的角色，也缺乏这方面的才能，是大将军、海军上将、银行家、外交官、教授和殖民者们把他推上了“战争之王”的位置。直到 1914 年，他依然安于“只用未出鞘的剑做拐杖、摆造型和摇晃把玩。他的愿望不过是像拿破仑一样，兵不血刃”。他轻描淡写地假设，根据塞尔维亚对奥地利最后通牒的反应，战争根本打不起来，而实权落在总参谋部，把德国推向了灾难。最高领导人只不过：

> ……是世界舞台中心一尊精致的破浪神，被要求扮演一个超出大多数人能力范围的角色。他和历来投生帝王家的那些皇子王公不一样……他知道如何举手投足，如何措辞造句，如何摆出皇家风范；他会以非常戏剧化的方式顿足嗤鼻，或者颔首微笑；但在所有这些姿态与装饰下，他只是一个非常平凡、徒劳而全然善良的人，渴望着能够摆脱成为又一个腓特烈大帝[15-32]的命运。

而威廉二世自己出版的回忆录喜闻乐见地打破了这种幻想。“什么其实生来平凡，什么缺乏理解力和判断力，还有什么文学才能，都是想象出来的。”劳埃德·乔治要求绞死俄皇，但劳埃德·乔治“自己就是个演员”。公开处决将是一把戏剧中的双刃剑，一方面能“满足胜利群众的狂热”，而另一方面，在德国人看来，这就是将一个凡人送进了英烈祠。丘吉尔为庸人的仁慈辩护。1918 年 11 月，一些顽固派官员怂恿威廉二世发动最后一次自杀性袭击，但他心慈手软，决定停战：“他不想再牺牲勇士的生命了，不想只为了让自己下得来台而弄出这样的场景。”而后来第二次世界大战的结局，显然更像是瓦格纳的作品。

考虑到要让英国外交部接受，丘吉尔在书中对希特勒的描述有所保留，但他的传记与威廉二世并列于同一卷，显然表明这位领袖对和平也是一桩真正的威胁。丘吉尔并没有排除希特勒选择回归正道的可能性，但仔细读来，他的最后一段在暗示，元首所表现出的理性的情感，是一个演员的策略：

> 在公共事务往来或社交场合见过希特勒先生的人，都觉得他是一位能干、冷静、见多识广的官员，态度和蔼，笑容温和，很少人能不被他的个人魅力吸引。这种印象并非权力的光环。他在奋斗的每一个舞台上都给同伴留下了这样的印象，甚至在期望值落到最低谷时也是如此。世人总依赖否极泰来的希望而生活，但愿我们能在更加幸福的时代，看到希特勒更加温和的形象。
>
> 与此同时，他向国民发表演说，有时候相当直白而缓和。最近他再三保证，就连过去曾经惨痛地误解过德国的那些人也欣然接受。但是，只有时间可以证明，巨轮仍在滚动。枪、炮、坦克、弹药、炸弹、毒气罐、飞机、潜艇，现在舰队的先头已经从德国大肆战事动员的军械库和兵工厂向四方驶出了。

继丘吉尔之后没有多久，内维尔·张伯伦首先意识到了纳粹的威胁，1931 年 12 月，他向妹妹希尔达抱怨，法国人在赔款问题上的倔强态度“酿成了希特勒掌权”。但希特勒当上总理以后，张伯伦陷入的状态却让人怀疑希特勒是否给了他什么好处。“我得说，希特勒执政以来，确实是同辈人中的翘楚。”1933年4月16日他写道，显然认为希特勒和戈林[15-33]一样，是稳健而克制的激进派。而在这之前，希特勒已经经由授权法案获得了独裁权力，官方开始抵制犹太企业，颁布法律禁止犹太人进入政府机构。1934年初张伯伦发现，希特勒对于英国的军备控制建议，反应“缓和而平静”；1934年7月，奥地利总理恩格尔伯特·陶尔斐斯[15-34]被当地纳粹分子刺杀，这令他“雪上加霜地厌恶纳粹主义”，但他仍然赞赏希特勒在危机中“临危不乱”。“希特勒的德国欺到英国头上了，”1935年3月，德国恢复了征兵制度，他写道，“但我并不绝望。”1936年3月21日，莱茵兰整军后两周，张伯伦向希尔达表示，他可以和里宾特洛甫谈谈，就像他在议会常用的和谈战略一样，“借刀杀人”。“我相信通过谨慎的方式，我们可以粉碎（一次德国的进攻），哪怕不知道它什么时候会来，”1936年11月，他写信给希尔达，“但是，如果我们遵从温斯顿的建议，牺牲商业去生产军备，贸易就会大伤元气，可能要几代才能恢复过来，还会破坏目前良好的信誉，还得减税。”

出于对文学资源的信赖，丘吉尔还认为《我的奋斗》[15-35]不容小觑，曾经公然称它是一部希特勒计划的指南。他曾经把它比作《古兰经》：“浮夸，冗长，游移不定，但意蕴深长。”还继续引用了H•G•威尔斯曾经的预言：“未设防的城市被轰炸，男女老少被屠杀……他从这种新发明出现伊始，就知道它会把20世纪引入绝望无助的残暴中去，这种暴行就连马略[15-36]和尤里乌斯·凯撒都会羞愧，就连成吉思汗都会认为不妥。”在1934年11月28日的议会演说中，丘吉尔并未重视“迷信空军的风潮”，但已经预料到持续轰炸会导致三四万伦敦人伤亡，造成三四百万难民，耗尽码头和燃料库的储备，“可能使舰队瘫痪，后果显而易见”。* 丘吉尔对德国扩张空军的警惕，对警醒英国整军十分重要，但是当时许多听众得出的结论是，必须尽力安抚希特勒。

1935年3月25日，英国掌玺大臣安东尼·艾登[15-37]和外交部长约翰·

* 虽然损失严重，但现实中的闪电战确实没有造成如此惨重的后果。

西蒙前往柏林，与希特勒谈判，希特勒告诉他们，德国空军已经能和英国海军“平起平坐”了。这显然是夸大其辞，希特勒又动用了戏剧化的恐吓，但这似乎印证了丘吉尔的观点，质疑了鲍德温担保英国将继续独掌空军霸权的言论。5 月 2 日，丘吉尔警告议会：

> 在局势尚可控制的时候坐视不管，现在完全失控了，亡羊补牢太晚了。没有什么新鲜的，像《西比尔预言书》[15-38]一样老套，堕入了无比糟糕的境地，只不过证明孺子不可教。没有远见，即使简单有效也不愿去行动，思维不清晰，应急决策混乱，不见棺材不掉泪，这些都是导致历史不断重演的因素。

这些确实都没什么新鲜的，丘吉尔在《英国玫瑰》里就看过了。鲍德温与张伯伦都和剧中那位迟钝、视野狭隘的英国绅士菲利普·金士顿十分相似，完全没有识破恶棍的阴谋诡计，酿成了致命的后果。在维多利亚时代的情节剧中，看不穿坏人的真面目是一个核心主题。

张伯伦善于识破民主政治中的戏剧幌子，比如罗斯福新政。1933 年 10 月，首相要求他：

> ……给内阁“好好讲讲”罗斯福的政策，好些人还不明白它是什么。所以，我讲了一个滑稽的故事，美国佬是一个野蛮的部落，罗斯福则是一个出类拔萃的巫医，滑不留手，一个偶像倒下了，他又能造出另一个。国家复兴局成了提高物价的一个手段。不幸的是，这一套碰了钉子，中西部的蛮夷敲着印第安手鼓，准备进军首都。但是巫医争分夺秒地宣布了更加无懈可击的新计划，物价当然会抬高，这正是他的目的，过后它们就再也不会上涨了。买卖黄金就能解决这个问题，意义非凡……现在我看到，他已经开始买黄金了，美元升了，物价跌了。

张伯伦总结道，这些给了罗斯福“一种虚幻的自信”。1937 年 2 月，贸易委员会主席沃尔特·朗西曼[15-39]报告了华盛顿之行后，张伯伦认为，罗斯福还在扮演一个决策者。“我觉得你会把这些称为炫耀，”他对妹妹艾达说，“总统问沃尔特，是否想看看‘我们怎么做生意’，然后，就坐在那里几个小时，传唤助理，发号施令，考虑如何应对俄亥俄州的洪灾，就像舞台上跳来跳去的主角一样。”因此，10 月 5 日罗斯福呼吁“隔离侵略者”[15-40]的时候，他持怀疑态度。对于张伯伦而言，这是毫无实质的哗众取宠：

这究竟是什么意思？听起来气势汹汹，仔细琢磨一下就会发现，它自相矛盾，在主要问题上含糊其辞。他要“隔离他们”是什么意思？得了传染病的病人可不会全副武装地跑来跑去，在哪里都没有区别，他的类比里缺了点什么。

张伯伦认为，“总统的声明意在试探大众，看看民心所向，但他自己什么主意也没有，也无意采取什么完全保险的措施。”反对派认为，美国准备和英国共同实行大规模经济制裁，以阻止日本侵略中国；但张伯伦指出，希特勒和墨索里尼的“态度如此恶劣，我们不能和日本起冲突，我非常担忧美国人大吹大擂之后莫名其妙就抽身，让我们承担所有的过失和骂名”。

张伯伦有充分的理由认为罗斯福、劳埃德·乔治和丘吉尔都有演戏的倾向。但法西斯独裁者粉墨登场时，他又无可救药地轻信了。1937 年 9 月，他抱怨外交部一直“把墨索里尼看作一个戴着伪善面具、胸怀野望的马基雅维利”。11 月 26 日，他下结论道：“希特勒和戈林都再三强调，他们无意发动战争，我想我们应该确信，至少暂时相信……柏林的政治氛围一目了然，连戈培尔都答应以后做个好孩子。”“当然，他们想统治东欧”，还有奥地利、苏台德和一些非洲殖民地，但张伯伦相信，在右翼的让步下，希特勒会重新回归国际联盟，同意限制军备。他相信“如果联盟不动用武力，只施加道义上的压力，会发挥更加深远的影响”，这是一种“软实力”。此后还不到三个星期，墨索里尼就声明意大利退出联盟，他依然不以为意，将其归因于“德国的要求，他们要积攒尽可能多的底牌，不久就要来和我们玩了。我觉得这很幼稚，但不用为此不安”。张伯伦被里宾特洛甫迷惑了，还天真地表达了怀疑，他“怀着最强烈的愿望要和我们达成共识，但这种行为和他的职责并不相符”。1938 年 2 月 4 日，希特勒任命里宾特洛甫为外交部长，取代了更加小心谨慎的康斯坦丁·冯·纽拉特，又把陆军元帅维尔纳·冯·勃洛姆堡和维尔纳·冯·弗里奇上将从军队领导层除名，这样就清除了反对他外交侵略政策的三位关键人物。而张伯伦对此自鸣得意地解释道：“这下德国的力量就削弱了，邻国可以多喘口气了。”

3 月 12 日，希特勒侵略奥地利。“这太令人灰心丧气了，”张伯伦感叹道，“但我放心的是，不管怎么样，目前还不会有流血冲突。”他承认：“武力是德国唯一的信条，‘集体安全’[15-41] 避免不了这种事，除非背后有压倒性的力量优势支持它的决心。”由是导向了不可避免的结论：“盟国显然最有效地鼓动了这种力量和决心，不需要在日内瓦开会，也不需要让一堆不相干的小国家来表决。”3 月 14 日，丘吉尔在下议院提出，只需建立一个“大联盟”。尽管丘吉尔支持——也许正因为丘吉尔支持，所以 3 月 20 日张伯伦表示反对：

> 事实上，温斯顿所说的“大联盟”，在他提出之前我早就想到了。上周末我一直在想，我和哈利法克斯[15-42]讨论过，还呈给了参谋总长和外交部的专家。这个主意非常吸引人，事实上，在付诸实践检验之前，差不多无懈可击。但从那时起，它的吸引力消失了。你只能看着地图，发现只要德国想占领捷克斯洛伐克，法国和我们都无能为力。奥地利前线已经开打了，斯柯达军工厂[15-43]就在德国飞机的轰炸范围内，铁路都得穿过德国，苏联人就在一百英里开外。我们救不了捷克斯洛伐克，它是对德国开战的一个借口，除非有充分的可能在合理的期限内战胜，否则别做此想。我看不到战胜的可能。所以我放弃了，不能给捷克斯洛伐克任何保证，法国也不行，它对那个国家没有义务。

反之，张伯伦打算联络希特勒，“重申此事”。

> 我们向您提出了公正的警告，如果您对奥地利使用武力，将震惊舆论，以至

> 引起最不利的影响。但您固执己见。现在可见我们是正确的。此外，在目前的情况下，我们显然不可能再谈殖民地的问题了。
>
> 覆水难收，现在的问题是我们之间是否能重建被您打破的信任。人人都认为，您要在捷克斯洛伐克重演奥地利的政变。我知道您会否认，但无人相信。最好的解决途径，是请您坦承对苏台德意欲何为。如果合理，我们将力劝捷克接受，您也必须保证未来允许它独立。

这口吻就如同软弱的父母在和狂怒的青春期子女讲道理。像许多刻板而理性的人一样，张伯伦不了解非理性的人，也不明白他们疯狂的路数，还错误地把“理性”与“戏剧性”当作了硬币的两面，实际上，在很多影响力最大的政治事件中，两者兼而有之。希特勒正是要使舆论震惊，制造恐怖的效果。他担心的是德奥合并没有引起真正恶性的反响。他对重掌非洲殖民地毫无兴趣，只是计划在奥地利重演捷克斯洛伐克的政变，他无视英法政府，因为它们太有头脑，反而削减了抵抗的愿望。张伯伦的计划是对他进一步妥协，放弃建立反纳粹联盟和保护捷克，寄希望于未来。9月，当希特勒在捷克斯洛伐克再次掀起轩然大波时，张伯伦只是轻描淡写地解释为“疯狂”。但是，如果无论善恶，理性都是追求目标的有效途径，谁又是那个理性的演员？休·道尔顿[15-44]曾在日记中透露，《慕尼黑协定》商议之时，“要说首相最好的一点，就是在他无知的范围内，他是理性的。但令我胆寒的是，这个范围如此狭隘……”而另一边，德国外交部秘书恩斯特·冯·魏茨泽克希望能不开战就瓦解捷克斯洛伐克，后来也承认：“我太期待可能的艺术，低估了非理性的价值。”

译者注

［15-1］《意志的胜利》（*Triumph of the Will*）：德国1935年出品的纪录片，记录了1934年纳粹党在纽伦堡召开的全国党代会。由纳粹党策划，导演是莱尼·里芬斯塔尔（Leni Riefenstahl，1902—2003），德国舞蹈家、摄影师、演员和导演。

［15-2］瓦格纳（Wilhelm Richard Wagner，1813—1883）：德国作曲家，著名古典音乐大师。

［15-3］阿尔伯特·施佩尔（Albert Speer，1905—1981）：德国建筑师，与希特勒私交甚笃，受到重用，曾任纳粹德国装备部长，后来名列二战一级战犯。

［15-4］贝托尔特·布莱希特（Bertolt Brecht，1898—1956）：德国抒情诗人、戏剧家。

［15-5］啤酒馆暴动：1923年11月，希特勒及其同党希望趁德国巴伐利亚邦与共和政府的矛盾之机，发动政变夺权。希特勒在慕尼黑一家啤酒馆挟持巴伐利亚邦长官，并发表演说纠集党徒，最后失败被捕入狱，但刑期仅九个月，且受到优待，影响力大增。

［15-6］低地国家：指荷兰、比利时、卢森堡三国，因海拔较低而得名。

［15-7］阿登高地（Ardennes）：法国、比利时、卢森堡交界处的高原。

［15-8］伊恩·克肖（Ian Kershaw，1943— ）：英国历史学家、作家，纳粹史研究专家。

［15-9］埃德蒙·艾恩赛德（Edmund Ironside，1880—1959）：英国军官，二战爆发时任英军总参谋长。

［15-10］库尔特·冯·许士尼格（Kurt von Schuschnigg，1897—1977）：奥地利第一共和国总理。

［15-11］《尼伯龙根的指环》：瓦格纳根据德国民间故事和北欧神话史诗改编的大型歌剧，创作于1848至1874年，共四部。

［15-12］拜罗伊特（Bayreuth）：德国巴伐利亚邦城市。

［15-13］《齐格弗里德》（*Siegfried*）：《尼伯龙根的指环》的第三部，以主角的名字命名。下文的《诸神的黄昏》是第四部，布伦希尔德是歌剧的女主角。

［15-14］弗雷德里希·尼采（Friedrich Nietzsche，1844—1900）：德国著名哲学家、诗人、散文家，西方现代哲学的开创者。

［15-15］阿尔弗雷德·罗森堡（Alfred Rosenberg，1893—1946）：德国哲学家，

纳粹党思想领袖。

[15-16] 巴厘岛（Bali）：印度尼西亚行政区。

[15-17] 波将金村是俄国的一个典故。格里高利·波将金（Grigory Potemkin，1739—1791），俄国军官与政治家，曾任克里米亚总督，是俄国女皇叶卡捷琳娜二世的情人。为了讨好女皇，曾经在她巡游的沿路搭建临时村庄，营造繁荣的假象。波将金村遂指“形象工程”。

[15-18] 海尔·塞拉西（Haile Selassie，1892—1975）：埃塞俄比亚国王，1930 至 1974 年在位。

[15-19] 卡尔·迈（Karl May，1842—1912）：德国通俗作家。作品追求异域情调，故事场景常设在 19 世纪的东方、美国和墨西哥。

[15-20] 齐克隆 B（Zyklon B）：德国发明的氰化物杀虫剂，纳粹德国用作毒气屠杀犹太人。

[15-21] 孟德斯鸠（Montesquieu，1689—1755）：法国启蒙思想家、律师，西方国家学说与法学理论奠基人。卢梭，即让－雅克·卢梭（Jean-Jacques Rousseau）：瑞士裔法国启蒙思想家、哲学家、政治理论家。奥斯瓦尔德·斯宾格勒（Oswald Spengler：1880—1936）：德国历史哲学家、文化史学家、反民主作家。休斯顿·斯图瓦特·张伯伦（Houston Stewart Chamberlain，1855—1927）：英裔德国政治哲学家、自然科学家、种族主义者，瓦格纳的女婿。亨利·福特（Henry Ford，1863—1947）：美国汽车工程师、企业家，福特汽车公司创始人，以和平主义立场著称，但著有反犹作品。

[15-22] 麦迪逊·格兰特（Madison Grant，1865—1937）：美国律师、优生学家。

[15-23] 卡尔·冯·克劳塞维茨（Carl Von Clausewitz，1781—1831）：普鲁士将军，军事理论家。

[15-24] 约翰·弗伦奇（John French，1852—1925）：英国陆军元帅，一战远征军总司令。

[15-25] 马歇尔·福煦（Marshal Foch，1851—1929）：法国陆军统帅，一战后期任协约国联军总司令。

[15-26] 道格拉斯·黑格（Douglas Haig，1861—1928）：英国陆军元帅，继弗伦奇之后任远征军总司令，以漠视士兵牺牲著称，在索姆河战役中下令坚决抵抗，导致伤亡惨重。

[15-27] 索福克勒斯（Sophocles，公元前 497—前 406）和欧里庇得斯（Euripides，公元前 480—前 406）都是古希腊悲剧家，与第四章提到的埃斯库罗斯并称希腊三大悲剧家。

[15-28] 罗伯特·贝登堡（Robert Baden-Powell，1857—1941）：英国陆军中将、作家。

[15-29] 布朗热（Boulanger）事件：19 世纪 80 年代在法国以 G• 布朗热将军为首掀起的民族沙文主义运动，借助对德国复仇的沙文主义狂热。联合保王势力和爱国者同盟，试图实行军事独裁。

[15-30] 巴拿马丑闻：1892 至 1893 年披露的巴拿马运河公司案件。巴拿马运河公司挪用运河工程的集资款贿赂政客，做政治宣传，最终破产，被媒体曝光了一系列牵涉入其中的政客名单。

[15-31] 克列孟梭的意思是，即使巴黎失守，他也会坚持战斗。1918 年，德军已经攻打至距巴黎仅 60 公里处时，美军参战，协约国发动反攻，扭转了局面。“后来成真”指的是二战时法国沦陷。

[15-32] 腓特烈大帝（Frederick the Great，1712—1786）：普鲁士国王，军事家、政治家、作家。统治时期德国武力大规模发展。

[15-33] 赫尔曼 • 戈林（Hermann Göring，1893—1946）：德国纳粹党二号人物，希特勒指定的接班人。

[15-34] 恩格尔伯特 • 陶尔斐斯（Engelbert Dollfuss，1892—1934）：奥地利总理，1932 至 1934 年在任。在国内取缔纳粹党，反对德国吞并奥地利。1934 年 7 月 25 日遭纳粹分子绑架，中枪身亡。

[15-35] 《我的奋斗》：希特勒 1925 年出版的自传，由他口述，党徒鲁道夫 • 赫斯执笔。

[15-36] 盖乌斯 • 马略（Gaius Marius，公元前 157—前 86）：古罗马著名的军事统帅和政治家。进行军事改革，实行募兵制，使罗马逐渐走向独裁和帝制。

[15-37] 罗伯特 • 安东尼 • 艾登（Robert Anthony Eden，1897—1977）：英国政治家，二战时担任外相，20 世纪 50 年代继丘吉尔之后出任英国首相。

[15-38] 西比尔（Sibylline）：西方传说中能预言未来的女巫。相传曾经献九卷预言书给罗马王并索要酬金，罗马王嫌要价太高，她烧掉其中三卷，仍要求原价。罗马王很惊奇，买下后发现诸多重大事件都预言成真，非常后悔。

[15-39] 沃尔特 • 朗西曼（Walter Runciman，1870—1949）：英国贵族，自由党政治家。

[15-40] 1937 年 10 月 5 日，罗斯福在芝加哥发表了著名的“隔离演说”，公开表达对日本侵略行为的愤慨并对其施压，将侵略势力比作传染病，要求制裁日本。因为这种态度可能将美国卷入战争，引起了公众强烈的不满。

[15-41] 集体安全（collective security）：国际联盟和联合国的宗旨之一，是一种保障所有国家生存与国际和平的制度。默认破坏和平是对所有参与国共同的挑战。假设国家将放弃使用武力或以武力为威胁以达成国家利益及目标，所有国家将对为违反此原则的侵略国家进行集体制裁，以维持国际和平及秩序。

[15-42] 指哈利法克斯伯爵（Earl of Halifax）：腓特烈 • 林德利 • 伍德（Frederick

Lindley Wood，1881—1959），后来称埃尔金勋爵。英国保守党政治家，曾任外务大臣。

[15-43] 斯柯达（Skoda）：欧洲大陆最大的两家军工厂之一，位于捷克斯洛伐克，现在是汽车厂。

[15-44] 休·道尔顿（Hugh Dalton，1887—1962）：英国工党政治家，战时经济大臣、贸易大臣。

▲《丘吉尔与威尔斯的对话》（*The Churchill-Wells Controversy*，马克斯·比尔博姆，铅笔水彩画，1920 年）

丘吉尔：“您只在俄国待过十四天！”

威尔斯：“您的母亲是美国人！”

（© 哈佛大学霍顿图书馆）

十六、封锁[16-1]

1935年12月28日，丘吉尔在《科利尔》杂志发表了文章《浅谈白纸黑字》，简明扼要地综述了从史前时代至当时的媒介史。他在文章开头提出，鼓是最早用来传递消息的媒介，在英国的部分地区是“最快最可靠的传播方式”；而到了古希腊，漫游诗人荷马“传递的邻邦小道消息可能比他的特洛伊史诗更受欢迎”。随后，丘吉尔直接跳到了斯图亚特王朝[16-2]的新闻通讯作者，马尔博罗的胜绩就是由他们报道的。他强调了报纸影响政局变更的力量，包括美国宪法的批准在内。《联邦党人文集》[16-3]“堪称世界政治文学中的一部杰作，而只是旧报纸上印下来的五十八篇文章”。威廉·劳埃德·加里森[16-4]的《解放者》推动了废奴运动，斯陀夫人《汤姆叔叔的小屋》在《国家时代》连载，影响巨大。尽管激烈地反对共产主义，丘吉尔对苏联的宣传影片却十分熟悉，认为其中一些早期作品“质量很高”，而很多新出炉的斯大林主义宣传片只是沉闷的口号。“电影宣传如果制造了气氛，那就是最成功的；要是只喊口号，那就正好相反。”

丘吉尔总结道，今日，报纸、收音机和新闻影片“在宣传帝国三分天下”，电视则刚刚起步。那么，印刷品会被更新的传播方式淘汰吗？丘吉尔认识到，在某些情况下新媒介会排斥旧的，比如电报就取代了驿站，但他不相信报纸会消失，因为报纸拥有许多无线通讯和影像所不具备的优点：更大的信息量，允许有选择地阅读，对读者而言随时随地都很方便。丘吉尔对媒介进行了认真而敏锐的思考，深知它们如何作用于社会。

身为比弗布鲁克勋爵的密友，丘吉尔并不担忧大报集团和大众市场的广告商会限制言论自由。“出版大集团作为一种商务形态，赋予了编辑们一种大型的政策责任制，”他对读者称，“好编辑会在他把持的报纸中打上他个人的印记；也没有报纸敢把竞争对手也会刊登的重要新闻弃之不顾。”对于广告商而言：“商业广告的发展，使得出版业第一次能自己站稳脚跟，不用依赖政府或政客的补贴，时至今日，广告收入仍然是报纸独立性的保障。广告商是生意人，他们花钱在广大的受众面前发声，应该知道唯有诚信才能保障长期有效。”

但是，这只是公开意见。丘吉尔个人深知，即使在民主社会，报纸也是可把持的，要经过审查。就在 1934 年的 6 月，他作为嘉宾参加了“焦点小组”[16-5]的第一次组织会议，这一团体反对绥靖主义与纳粹侵略。集会在伦敦西区的一家旅馆秘密召开，确保无人窃听后，丘吉尔说道：

> 各位都知道，这次会议是私密的，不做记录，消息也不会透露给媒体……现在英国公众和媒体都深受纳粹新闻部门及其谎言的荼毒；它们扼制报纸、广播和其他所有新闻传播途径。这次集会的任务非常紧急重大，也同样艰难。我们必须集合所有党派一起努力，制造公正客观的信息来源，持续供给政府和国民……由于英国媒体中有相当一部分支持纳粹的立场，这个任务变得更加艰难了。

这可不是偏执的妄想。组织“焦点”的时候，《泰晤士报》驻柏林记者诺曼·艾伯特对美国记者威廉·L·夏尔表达了几乎相同的观点。“最近他私下和我抱怨，《泰晤士报》对他发回去的消息断章取义，不听纳粹德国的负面消息，差不多已经被伦敦支持纳粹的势力把持了。”夏尔在日记中如是写道。1935 年，二十七名外国记者被迫或者被劝说离开了德国，以著名美国女记者多丽丝·汤普森为首。留下来的记者不得不多多少少地自我审查。

1936 年 12 月 3 日，“焦点”在伦敦阿尔伯特音乐厅举行了第一次公开会议。此后，英国报纸开始大肆封杀“焦点”。*例如，1937 年末，《金

* 《基督教科学箴言报》、《纽约时报》和《蒙特利尔星报》对此则更加关注与同情。

融时报》刊登了七篇系列报道，美化德国经济，“焦点”对此做出了回应，列举了更具批判性的事实和数据，但《金融时报》拒绝发表。在二战之前，丘吉尔和他的盟友不得不与英国保守党政府及纳粹德国的新闻封锁斗争。

马丁·摩尔曾经提出，1945 至 1951 年的工党政府首次促成了和平时代的媒介操控机制，但事实上“现代螺旋的起源”可以追溯到两次大战之间。按照传统惯例，要报道英国政府的记者可以自由采访大臣和议员，自己挖掘故事。1929 年，拉姆齐·麦克唐纳建立了唐宁街 10 号新闻处。20 世纪 30 年代，这一机构逐步开始收编记者。官方发言人乔治·斯图尔德在首相官邸举行一日两次的新闻发布会，有效地控制向媒体发布的信息。起初记者们持怀疑态度，但很快地适应了新的体制，这既省了跑腿的工夫，又令他们感到已经接近了权力中心。内维尔·张伯伦接手并发展了这一机构，使它更加高效了。除了平时的新闻发布会，他还接受特定记者的个人专访和独家消息。记者们自己也串通一气，其中一人曾经回忆道，他们乐于被当作“权力机构的荣誉会员，政治体制的当然委员[16-6]……就像盟友、助手或者伙计一样”。如果有人质疑绥靖主义，首相就会表现得很惊讶：“这么一个老道的记者也会受犹太共产主义宣传的影响？”

还有更多推进张伯伦媒体议程的阴谋。1924 年，前军情五处调查科主管约瑟夫·鲍尔被重新起用，为保守党组建秘密情报机构。他运用之前的专业技能暗中监视工党首脑，时常先领导人一步搞到工党新文件的抄本。1930 年，鲍尔受命主管新保守党调查部，成了张伯伦最信任的忠实助手。在 1935 年的大选中，他建立了国家宣传局为政府推波助澜，还为大臣的报纸文章捉刀。后来甚至监听反绥靖的议员和记者。1936 年，他秘密下令控制《真相》周刊，也就是四十年前攻击丘吉尔的那份刊物。《真相》的管理层变更，再次开始攻击丘吉尔，反对犹太人。在英国参战之前激烈地攻击张伯伦的反对者。其他的政治刊物，比如《瞭望》《经济学人》《顺流逆流》《新政治家》《观察家》《纪念碑》《大英周刊》《新英国周刊》《星期六评论》《论坛报》，都更加独立，意识形态更加多样化，但全都倒向了绥靖。

一些出版界的大佬乐于背靠保守党领袖的大树。《每日快报》和《旗帜晚报》的比弗布鲁克勋爵投靠塞缪尔·霍尔，《星期日泰晤士报》和《每日见闻报》的凯姆斯利勋爵、《观察家》的阿斯特勋爵则仰赖内维尔·张伯伦。哈利法克斯勋爵 1938 年 2 月担任外交部长后，《泰晤士报》的编辑杰弗里·道森几乎每天都要去拜访他。理查德·科克特[16-7]曾经总结道："道森比大多数政府成员都更加深入地参与了内阁决策和机要。"其中的例外是卡姆罗斯勋爵[16-8]，他对丘吉尔较友善，他主办的《每日电讯报》是唯一一家敢于对张伯伦外交政策持少许怀疑立场的国家保守党日报。丘吉尔在《旗帜晚报》上开设了一个专栏，定期谴责绥靖政策。但是，1938 年 2 月 25 日，比弗布鲁克的《每日快报》提出了警告，丘吉尔已经"不知不觉地陷入了最暴力、愚蠢而危险的运动，把国家卷入了战争，就像 1919 年他引领我们对抗俄国一样"。3 月 24 日，《旗帜晚报》和丘吉尔解约，他转投了《每日电讯报》。

1936 年 3 月，内阁委员会在欧洲事务问题上"要求英国广播公司限制独立观点"。虽然原则上是一家自治的企业，英国广播公司依然受到了政府的压力。此后，它禁止广播反纳粹观点，最大程度地限制报道外交危机，只是重复播送无关痛痒的政府公告。1937 年 1 月，有支持者怂恿丘吉尔举行大规模巡回演讲，以促进国民觉醒，但丘吉尔指出，他得不到媒体的支持。"在如今的舆论场中，一个可怜的人激不起一丝涟漪，很容易就筋疲力尽了，"他写道，"如果我们能弄到广播，就能有点进展。而这里一切都小心翼翼三缄其口。"1938 年 2 月 21 日，由于张伯伦对墨索里尼的妥协，安东尼·艾登从外交部辞职[16-9]，政府立即"使尽一切手段管制伦敦报纸"，艾登的私人秘书奥利弗·哈维在日记中写道，"英国广播公司当晚受命不许报道德国和意大利发生的事。"艾登的继任者哈利法克斯勋爵试图与德国和谈，讨论从部分殖民地撤军的问题，英国广播公司也被嘱咐取消一系列关于这个敏感话题的访谈。当雷斯勋爵[16-10]"直截了当地询问，政府是不是希望他索性把它们都关了"，据哈维称，哈利法克斯说"确实如此，但假如公众提出质疑，他还是要否认"。

外交部有自己的新闻部门，1935 年由坚定的反绥靖主义者雷克斯·利珀[16-11]主管。他的举措某种程度上是对乔治·鲍尔[16-12]的制衡。利珀有一批稳定合作的记者，通过他们来散布外交部经过精心处理的倾向性观点。1935 年，他放出了德国制造战斗机的夸张消息，但这种宣传是把双刃剑：看似证明丘吉尔正确，但也能被绥靖主义者利用，声称战争将炸毁英国城市。1936 年 4 月 24 日，利珀在查特韦尔庄园与丘吉尔会面，怂恿他建立反绥靖联盟，最后成立的是“捍卫自由与和平”焦点小组。

但是利珀的影响力是有限的。保守党的报纸显示，政界普遍欢迎张伯伦入主唐宁街 10 号，因为他们希望能与德国达成新的和解，即使要在东欧和非洲做出大幅度的让步。绥靖主力内维尔·亨德森被任命为驻德大使，这引起了自由党《新闻纪事报》记者弗农·巴特利特的警惕。1937 年 7 月，他写了一篇文章提出警告，亨德森将准备倒向希特勒一边。但是，利珀在外交部新闻处的副手查尔斯·皮克严厉地奉劝《新闻纪事报》，发表这种文章将“损害公众的利益”。巴特利特的编辑力推这篇文章，结果吃不了兜着走。即使是《新闻纪事报》这样坚定反纳粹的报纸，也开始准备应要求进行自我审查了。而绥靖主义者，尤其是亨德森，占了绝对的上风。

1937 年 11 月，哈利法克斯勋爵访问德国。“他告诉我，他喜欢所有的纳粹领导人，甚至包括戈培尔，他印象深刻，兴趣盎然，十分愉快。”支持绥靖的美裔议员“薯片钱农”写道，虽然哈利法克斯认为这种政体“也许太异想天开，不值得重视”。哈利法克斯和希特勒商谈，发现总理“总体上非常沉默克制”，但一提到苏联和英国报纸就炸锅，显然把两者视为同等的威胁。希特勒坚称，英国“放肆的报纸”是和平最大的障碍：“紧张气氛十有八九都是它们搞出来的。”哈利法克斯“在媒体的危险影响力方面，赞同总理的意见”。21 日，他告诉柏林的英国记者团，他们“如果要促成更好的理解，真正推动事态进步，就必须制造正确的空气”。后来他又与约瑟夫·戈培尔会面，专门讨论了报纸问题。“它们塑造公众意见的力量比想象中大，如果公众意见被误导了，就会造成不计其数的损失。”戈培尔说。他挑出《泰晤士报》诺曼·艾伯特的报道为反面典型，而艾伯特在去年8月已经被开除了。更令哈利法克斯触动的是，戈培尔明言，没有德国记者会攻击乔治五世。本着公平的精神，怎么能不采取点措施“阻止英国报纸对希特勒进行人身攻击”呢？回国后，哈利法克斯写信给亨德森，说他对英德关系十分乐观，“只要我们能收服两国的媒体”。

哈利法克斯首先斥责的是索斯伍德勋爵[16-13]，《每日先驱报》的股东。《每日先驱报》发表了威尔·戴森[16-14]的漫画，讽刺欧洲牺牲殖民地人民向邪恶的希特勒求和：“把我的孩子带走吧！但是，请放过，放过我！”哈利法克斯认为这是“恶意的，在我看来残酷得不公平”，他这话批评的是漫画，而不是纳粹。戈培尔挑出的反面典型还有《旗帜晚报》上戴维·洛[16-15]的反希特勒漫画。回到伦敦后，哈利法克斯在餐会上告诉洛，他的漫画威胁到了欧洲的和平。“您的意思是说，如果我的漫画没有刺激到纳粹领袖，您就会觉得推进和平更容易些吗？”洛反问道。哈利法克斯给出了肯定的回答，洛不得不低调地缓和了画风，但1938年3月德国入侵奥地利之后，他又犀利起来了，随后发现，无论右翼还是左翼，甚至首相本人（在新闻界年度晚宴上），都攻击他威胁了和平。《教会时报》认为他讽刺希特勒的作品不中肯也不合时宜：“品味高尚的人……是不会拿他人尊重而关注的话题开玩笑的。”

1938年3月8日，德奥合并前夕，哈利法克斯向一个新闻代表团提出警告，英国“是自由国家，有自由的新闻”，但任何“对其他国家的不走心的批评，尤其是……对国家首脑”都可能是“不必要的挑衅”。亨德森大使把这些评论都转告了希特勒，对纳粹而言，这是再清晰不过的标志，他们对英国媒体的打压奏效了。与此同时，亨德森再三联系外交部，要求终止“在外国新闻里诽谤德国”。他称，令德国困扰的主要是《新闻纪事》和《曼彻斯特卫报》，他们认为是“犹太人的新闻报纸，记者里通苏联布尔什维克”。查尔斯·皮克向亨德森保证，《曼彻斯特卫报》的工作人员都是“彻头彻尾的雅利安人”，《新闻纪事》“和犹太人丝毫没有关系”。但是德国人和比弗布鲁克打了交道，验证了他们最糟糕的怀疑。“这里的报业中，犹太人身居高位，”他在1938年12月的一封私人信件中写道，“我估计在《每日电讯报》的发行圈子里，三分之一是犹太人。”如果英国境内每个犹太人都买一份报纸，他的估计可能还是正确的。“《每日镜报》可能已经归犹太人了。《每日先驱报》已经归犹太人了。《新闻纪事》真该变成《犹太纪事》了。不仅因为所有权，还因为其中的同情倾向。犹太人会让我们卷入战争，可能并非有意，但正在不知不觉地把我们引向战争。他们的政治影响力正在把我们朝那个方向带。”

一些报业经营者确信，1937 至 1938 年的不景气时期，源于对战争的神经过敏，由此产生的是广告损失。如果缓和国际危机，推进英德之间的友好关系，能够鼓励投资，刺激经济，那么绥靖主义可谓创造了商机。左翼报纸，尤其是英国工会联盟部分控股的《每日先驱报》和自由党的《新闻纪事》，都太容易受影响了。

在这种情况下，丘吉尔仍然见缝插针。1935 年 5 月，里夫斯 • 肖[16-16]建议他为《斯特兰德》杂志写一篇文章，关于“希特勒的真面目”。“我希望您能评价希特勒的人格和野心，尽其所能直言不讳，”肖建议，“绝对地忠实于您对他行事方式的判断。”丘吉尔接受了这个提议，写道，希特勒已经操纵了“爱国的布吕宁[16-17]，在德国本土，通过谋杀的威胁”。他还骇人听闻地讲述了“长刀之夜”[16-18]，公开抨击“恐怖的人血馒头”，并且发问：“我们真的相信，能把基于这些事件建立起来的等级制度与国家，交与这些人正策划的巨大的军事机器吗？”这篇文章发表于 11 月，遭到了德国外交部和媒体的激烈抨击。1937 年 7 月，他计划把文章收入《当代伟人》，私下征求了英国外交部的意见，外交部表示并不支持。他明智地对文章做了删削，让语言更符合外交部的官方要求，“自然拣掉了不少刺”。《当代伟人》版的标题——《希特勒和他的抉择》——也更加模糊隐晦。上述所有煽动性的内容都被删掉了。

政府和广告商能够操纵垄断报业，但无法控制更加零散的图书行业，书商也不用依赖广告生存。如丹 • 斯通的研究所示，20 世纪 30 年代，英国出版了大量反纳粹的书籍，有一些还十分畅销：

> 企鹅出版社特辑的第一部书，埃德加·莫勒的《德国倒行逆施》，初版一星期就卖了50000册。随后的两部书，G•T•盖拉特的《墨索里尼的罗马帝国》和吉纳维芙·塔博伊斯的《匿名信或战争》，都打破了新书首印50000册的销售记录。教师让他们的六年级学生读艾米丽·洛里默的《希特勒想要什么》，英国、加拿大、澳大利亚、新西兰、南非、爱尔兰和美国的议会成员更是人手一册，作者收到了大批贺信。本周末，塞拉·格兰特·达夫的《欧洲与捷克》成书仅仅十天，已经售出50000册，订单已超过了78000册。

张伯伦对其中一些作品十分熟悉。1938年1月，他读了史蒂芬·亨利·罗伯茨富有杀伤力与争议的著作《希特勒建造的大厦》。罗伯茨是悉尼大学的现代史教授，在书中明确地提出了警告：“希特勒主义只会用战争来达到目的，它的意识形态就是战争。”在“水晶之夜”[16-19]前，他就预料到将有一场针对犹太人的“灭绝运动”，“动用所有国家机器展开的最野蛮的大屠杀”。艾登盛赞这部书，认为“外交部几个月来能谈的也莫过如此”，似乎还打破了首相的洋洋自得：“我们谈到它的时候，张伯伦居然提议，如果我们不能达成协议，就得面对德国的包围，可能还要与苏联结盟。”张伯伦承认，这部书写得“非常聪明，有眼界”，但最后还是固执己见：“如果全盘接受了作者的观点，我要绝望的，好在我没有，以后也不会。”

丘吉尔和张伯伦还读了同一本书，玛格丽特·米切尔的《飘》，但读法完全不同。《飘》在英国非常流行，1942年的调查显示，是最常被提及的美国作品。1948年的盖洛普民意调查[16-20]中有一个问题：“您读过的最好的书是？”答案中，《飘》接近榜首，和查尔斯·狄更斯并驾齐驱，仅次于《圣经》。对张伯伦而言，这部小说在社会史方面颇有趣味，记录了一个已经消失的世界和丰富的黑人方言。但是在丘吉尔看来，它是“一部了不起的书”，在德奥合并之后，一种上流社会文明垮台的故事和现实政治有紧密的关联：“如果大英帝国与国民遭难倾颓，千年之后的历史学家也会深感我们的事迹非常神秘。他们不会明白我们曾经是一个怎样辉煌的民族，一切尽在掌中，如何走下坡路，又如何失去了经过牺牲和胜利才得到的一切——一切都随风而去了！”

1938年6月3日，一位《泰晤士报》的要人提出，德属苏台德和其他捷克斯洛伐克的少数民族应该有投票自决权：“长远看来，人民协力自足，捷克斯洛伐克的统治者也会得利。”《泰晤士报》的论调是安慰性的，更可能的结果是国家分裂。外交部立刻出面否认这篇文章，但德国使馆的新闻官员已经通知柏林，这个观点“基于英国媒体代表对张伯伦的访谈”，访谈是6月1日举行的，后来他又补充更正道：首相“没有否认文章的任何一部分”。

7月19日，《每日先驱报》揭露了哈利法克斯与希特勒的亲信魏德曼将军在外交部的秘密会谈。张伯伦大怒，下令雷克斯·利珀堵住外交部新闻处的嘴。于是除了首相及其盟友，外交记者失去了所有政府消息的内部来源。这对（大部分支持绥靖的）英国报纸及其作者和读者而言都是灭顶之灾，许多人彻底失去了对政府和媒体的信任。后果之一就是为持不同政见的时事通讯小报创造了流通环境，比如克劳德·柯克本[16-21]的《一周》、《箭报》、《白厅通讯》和《国王大厅通讯》。在1940年的民意测验中，社会调查组织发现，这种小报至少有66份，总发行量达到十万。他们报道主流报纸不可能发表的欧洲事态，几乎是网络博客的先驱。但是阅读了主流报纸之后，张伯伦自鸣得意地认为，舆论已经站在他和他的政策一边，他完全忘记了，这正是他和己方一手造成的。

与此同时，在一位不可或缺的代理人的帮助下，丘吉尔也在尽可能广地传播他的异见。埃默里·里夫斯[16-22]是匈牙利裔犹太人，1930年创办了联合新闻社。他把总部设在柏林，向公众传播外国政要的文章。在两年的时间里，他手上有了约一百位稳定的政界作者，包括奥斯丁·张伯伦、伯特兰·罗素、赫伯特·塞缪尔、阿瑟·亨德森、休·道尔顿、保罗·雷诺、莱昂·布鲁姆和卡洛·斯福尔扎等[16-23]，在70个国家的400份报纸上发表他们的文章。“其中当然有利可图。”他回忆道。他甚至去莫斯科协商“苏联和西方出版社之间的作品往来。不幸的是，我离开莫斯科四个月后，所有和我谈过的领导人都被处决了”。1933年4月1日，纳粹冲锋队袭击了全德的犹太商户，里夫斯连夜乘火车逃往巴黎，在香榭丽舍大街上成立了新工作室。

里夫斯热心地招揽丘吉尔。1937年2月25日，奥斯丁·张伯伦在丘吉尔于伦敦莫珀斯大厦的公寓安排了一次会面。丘吉尔刚刚洗完澡，光着身子，满心怀疑。里夫斯交给他一个鼓鼓囊囊的文件夹，里面是奥斯丁的剪报。发现“张伯伦的文章流传得比我广”，丘吉尔十分失望。6月，丘吉尔和里夫斯签约，里夫斯后来成了丘吉尔在英国、美国和欧洲其他国家声讨希特勒的重要渠道。有一位外交部高级官员劝里夫斯停手，因为这实际上是在帮助丘吉尔钻内维尔·张伯伦新闻封锁的空子，即使有他异母兄弟的协助。“他确实在政界被画地为牢，”里夫斯回忆道，“通过我提供的服务，他在二十五种语言的报纸上登了头版，发行量高达一千五百万，甚至两千万份。”

丘吉尔在欧洲大陆上已经以作家闻名。《世界危机》在法国、德国、意大利、苏联、丹麦、捷克、芬兰、挪威、瑞典和日本都出版了。《我的早年生活》也被引入了法国、德国、意大利、丹麦、挪威和瑞典。1937年，丘吉尔发表了至少64篇文章，大部分是关于政治的，也有一些历史故事、文学作品和关于未来技术的预言。他的主要平台是比弗布鲁克的《旗帜晚报》，其次是《世界新闻》。两家的报酬都很丰厚。但丘吉尔在美国报纸中的销路并不好，在《每日邮报》上也是。托里夫斯的福，他的《对纳粹浅进一言》在1937年8月20日的《旗帜晚报》上发表，作者得了45镑，代理人得了24镑18先令。这篇文章转载到欧洲，换了一个温和的名字——《英德关系》，传播的城市包括巴黎、哥本哈根、斯德哥尔摩、奥斯陆、特隆赫姆、布鲁塞尔、鹿特丹、赫尔辛基、塔林、考纳斯、布拉格、苏黎世、日内瓦、华沙、布达佩斯和布宜诺斯艾利斯。如果希特勒把它们用图钉在地图上标出来，就会发现，他已经被温斯顿·丘吉尔在报纸上发表的文章包围了。

8月31日，里夫斯记录道，德国媒体愤怒了。在斯图加特举行的德国侨民会议上，副元首鲁道夫·赫斯和外交部长康斯坦丁·冯·纽赖特公开抨击了丘吉尔的专栏。“这表示这篇文章最大程度地奏效了。”里夫斯总结道。然而几周之后，德国宣传部成功地抵制了丘吉尔的另一篇文章《与德国之友谊》。在《旗帜晚报》上刚刚发表几小时，其他报纸还来不及转载，德国广播就播送了400字的节选梗概，又通过德国的线路播送到整个欧洲。里夫斯提醒丘吉尔：

> 这样做是最厉害也最可怕的，这是戈培尔办事的路子。他们把您的文章这样断章取义，收效和全文发表正好相反！这看起来像是为希特勒歌功颂德，为您以前的文章发表“忏悔书”。在已经造成影响的那些国家，我们不能再发表全文了！

《旗帜晚报》采取措施保护版权，暂时止损。1938年1月1日，里夫斯和英国的一大批报纸签约。最后，他安排丘吉尔的文章在所有的欧洲国家发表，除了德国、意大利、苏联、西班牙、葡萄牙、保加利亚和阿尔巴尼亚。

但是，媒体上的成功也让丘吉尔付出了严峻的政治代价。在9月《慕尼黑协定》之前的几个月里，丘吉尔辛辛苦苦写了大量关于欧洲危机的文章，完成了马尔博罗传记，还开始写作《英语民族史》。这些工作都是为了反绥靖宣传，但他因此耗费了大量精力，很少出席议会。当时有差不多四十位托利党国会议员蓄势待发。要挑战张伯伦的外交政策，却群龙无首，两位重要人物都不在帐中：安东尼·艾登无心论战，丘吉尔在查特韦尔忙着写作。慕尼黑会议后，他们频繁造访艾登，商议对策，但是没有邀请丘吉尔，他为自己“不羁文人”的名声所累了。

1938年5月19日，英国、法国和捷克的情报部门都收到了消息，德国准备在22日进攻捷克斯洛伐克。捷克部署了武装，英法两国向希特勒发出了警告。这其实是一场假警报，进攻没有发动，希特勒面对西方的压力退缩了。但元首为这种国际耻辱勃然大怒，尤其是英法两国的报纸都在为这表面上的胜利沾沾自喜。内维尔·亨德森对哈利法克斯说：“希特勒不能忍受外国媒体耀武扬威，尤其是英国，他对英国尤其敏感。”22日，哈利法克斯通知“所有的英国报纸”，明文要他们不再报道“由于英国的坚定而暂时挽回的一局”，以免刺激希特勒。然而，“因为德国太克制，”一位德国军官写道，“希特勒名誉扫地，他不想再来一次了。”他立即下令加紧筹备，真正进攻捷克斯洛伐克。张伯伦、哈利法克斯和亨德森警告英国记者，对德国的负面报道可能刺激希特勒发动新的战争，他们心里可能有所畏惧，不过事实上他们的顾虑并没有错。

9月7日，《泰晤士报》发表了臭名昭著的头条，建议“割弃某些异族居民所住的与其本种族的国家接壤的边缘地区，从而使捷克斯洛伐克成为一个更加同质的国家”，这句话是道森自己加进去的。外交部再次出面否定了这篇文章，然而包括德国在内，所有人都再次正确地认为，这代表了张伯伦与哈利法克斯的观点。即使是崇拜张伯伦反对反纳粹的钱农也为之愕然。几天后他得知：“周一晚上，亦即5日，哈利法克斯勋爵和杰弗里·道森吃了饭，据线报，《泰晤士报》的文章明确地得到了官方授意，不过是投石问路，看看公众的反应。”

9月10日，新闻界感觉到，英国政府最终挺直了腰杆，张伯伦要拍案而起了。“《每日邮报》昨天的正面报道比巴黎的版本还嚣张：‘午夜时分’我们展开了‘戏剧性的行动’，向希特勒发出了最后通牒，大意是，如果他使用武力，我们将立即宣战。这简直是最不顾后果的恶作剧，”张伯伦抱怨道，“我不得不给巴黎、布拉格和柏林打加急电报，否认这些事。”剑桥彼得豪斯学院的院长哈罗德·坦珀利寄给首相一部书——《坎宁的外交政策》[16-24]，张伯伦认真地读了：“坎宁多次重申，除非你有机会付诸实践，否则，永远也不要作出恐吓。”

在张伯伦看来，这种戏剧性的午夜通牒完全是丘吉尔的风格，但是，他已经开始考虑由自己来实行这种不按常理出牌的招数。面对危机孤注一掷，“我想，这么一反常态大胆妄为，哈利法克斯要吓死了。”9月3日，他写道。这次行动被命名为“Z计划”，来自一部间谍小说。在9月12日纽伦堡的集会上，希特勒表示，捷克意在“消灭”德属苏台德，他发誓，德国绝不袖手旁观。这在听众中激起了强烈的反响，不仅是在德国，超过一百家美国电台也播送了这次演说，英国广播公司三次切断常规节目，插入纽伦堡的直播。第二天早晨，情报部门通知首相和内阁，德国大使馆收到了预警，9月25日进攻捷克斯洛伐克。13日夜，张伯伦没有事先知会内阁与法国政府就启动了“Z计划”：他电告希特勒，他要马上飞往德国谈和。

张伯伦可能模仿了元首的脚本。希特勒喜欢坐飞机，以瓦格纳歌剧的方式入场，最著名的就是《意志的胜利》中飞机穿云突降的场面。英国首相如此大胆地介入外国危机，这还是头一次。几天后，张伯伦对妹妹艾达解释了其中的戏剧意味：必须来一次“彻头彻尾的惊奇”，抓紧时间最后一跃，让“政变”的“戏剧性力量”最大化。他最初的计划是不事先通知就直飞纽伦堡，但这样可能会在希特勒那里吃闭门羹收场。张伯伦庆幸自己终于抢了希特勒的风头，在他们会面时，希特勒自己也承认了。“后来，我听希特勒亲口说，他身边的人也验证了，当时他如遇晴天霹雳。”希特勒甚至想过也造访伦敦，将张伯伦一军。但是，意识到张伯伦的突袭实际上是来求和，希特勒依然幸灾乐祸。这次的外交照会赢得了英国媒体的一片赞誉，大多数保守党、自由党和工党成员都叫好，民意调查也显示，70%的公众赞成。然而，为张伯伦叫好的人，是希望他最终能用《取缔暴动法》[16-25]来说服希特勒。而墨索里尼意识到，这意味着“清算英国的声望”。丘吉尔和艾登因此怒不可遏。

9月15日，张伯伦在贝希特斯加登[16-26]与希特勒会谈。根据张伯伦的记录，希特勒“说如果我能向他保证英国政府接受自治条款（他还没有拟出来），他才能讨论下一步解决方案”。张伯伦回答，他必须和内阁商议，其间希特勒承诺不进攻捷克斯洛伐克。据张伯伦后来的记录，他的密友和坚定的绥靖主义者霍雷斯·威尔森[16-27]确信，希特勒：

> ……深深为此折服。我曾经和一个人谈过话，他说，这个人，我能和他打交道，他对我能迅速抓住重点也非常满意。总之，我如愿确立了信心，尽管在我这边还

有艰难险阻，但是我从他脸上能看出来，这个人许诺的时候可以倚赖。

就在张伯伦飞往贝希特斯加登的前一天，哈利法克斯对内阁提出了建议：“这一步至关重要，应该采取措施，保证媒体已经正确无误地收到了关于‘Z 计划’的消息……现在要接见的是报业的头儿和编辑，而不是说客和外交记者。”内政大臣塞缪尔·霍尔继续打点媒体，对会议的报道全是一派颂词。张伯伦保证英法内阁会一致同意希特勒的要求，捷克斯洛伐克被迫吃了哑巴亏。

9 月 22 日，丘吉尔前往巴黎试图打破僵局，未能成功。“人人都反对他。”埃默里·里夫斯回忆道。海军大臣公然指责他是“好战分子”。去往勒布尔热机场的回程路上，丘吉尔告诉里夫斯，他还有一枚杀手锏：“我写的文章比我的议会演说重要得多。报纸从演说里摘出一两段，那就够了。”

当天，张伯伦在巴特哥德堡与希特勒会面，还相信他能理性地解决目前的危机。结果希特勒得寸进尺地提出了要求，坚持要让德军马上进驻苏台德，令他大为惊骇。张伯伦准备忍气吞声，但内阁、法国政府、英国舆论和报纸哗然抗议。听众注意到，英国广播公司只播送张伯伦的声明录音：“当然，只播送一次谈话来尽可能简短地解释捷克斯洛伐克问题的实情，也是可能的。”两位资深记者，《新闻纪事》的 A•J• 卡明斯和丘吉尔在焦点小组的盟友维克汉姆·斯蒂德，在一部派拉蒙公司的新闻影片中表示：“德国正在向外交胜利进军……我们的人没说实话。”电影观众一片喝彩。派拉蒙是美国公司，英国政府很难对它施压，但哈利法克斯和美国大使约瑟夫 •P• 肯尼迪斡旋，撤回了这部影片。

战争现在看来是躲不过了，但就在 9 月 25 日，埃默里·里夫斯向丘吉尔进言，“还有可能阻止希特勒，马上扭转局面。”他建议马上召开紧急会议，召集法国、英国和苏联的战事部长，爱德华·达拉第、莱斯利·霍尔 - 贝利沙和克里蒙特·伏罗希洛夫。“这可比张伯伦先生飞去见希特勒轰动多了……会对德国造成极大的影响，比任何英法宣言都有威慑力……我相信，来上这么一出，才是希特勒自己说的‘晴天霹雳’。”里夫斯深谙希特勒的行事方式，但张伯伦不想和苏联扯上关系。27日，他在英国广播公司的广播中表达了恰恰相反的观点："这真是太可怕、太荒唐，太难以置信了。由于在遥远的国家里我们一无所知的人们发生了纠纷，我们就要挖起战壕戴起防毒面具来。"

张伯伦演说时，公众的恐慌已经达到了临界点。1936年，H•G•威尔斯作品改编的电影《笃定发生》描述了空袭英国，与四年之后的闪电战惊人地巧合。除此之外，电影还生动地表现了毒气弹和生化武器导致文明全面崩溃。意大利空军确实使用毒气弹袭击了埃塞俄比亚，而对上海和格尔尼卡[16-28]的常规轰炸就已经够恐怖了。1937年，英国专家预计德国将以六十天的轰炸开战，死亡人数可达六十万。民意调查也显示，甚至有不少人恐惧到想要杀死家人，有人说："我宁愿看见孩子先死掉，也不想看见他们被炸死。"

9月28日早晨，张伯伦向希特勒和墨索里尼发出了协商的最后声明。与此同时，希特勒的将军和参谋（除里宾特洛甫以外）都要求他避免开战，至少暂时不动。当天下午，张伯伦向下议院概述了这次失败的和谈，座中一片沉默，人人低迷。然而，他说了一个多钟头，提交了记录，最后闪过一丝微笑，宣布道："就在刚才，希特勒先生通知我，明天早晨和他在慕尼黑会谈。他还邀请了墨索里尼先生和达拉第。墨索里尼接受了，我想达拉第也会接受。我不需要再说什么了。"

"我高兴得有点想吐，"钱农写道，"议会起立，一片欢腾，喝彩，高呼赞成。我们站在座位上，挥动手中的议事表，声嘶力竭地呼喊，场面简直热情得难以形容。和平终于保住了，世界和平。"张伯伦赢得了长达五分钟的欢呼，包括工党成员在内。据工党议员乔治•穆夫称，约瑟夫•肯尼迪违反了规定，在旁听席中领头喝彩。场景如此激动人心，有人甚至怀疑是在做戏。这当然不是做戏，但是张伯伦写信给希尔达称："这个消息是我在议会演说快结束的时候收到的，真是一出好戏，无与伦比。""首相第一次飞往德国，以及议会戏剧性的演说将要结束的时候，我就算在剧院也再看不到这么精彩的戏了。"肯尼迪大使也欣喜不已。这确实是"最戏剧性的一幕”，几个月后，丘吉尔在《世界新闻报》上承认，“他演说结束的时候，我从来没见过议会这么天翻地覆的。”这就像死刑前的最后一分钟营救，维多利亚时代情节剧喜闻乐见的结局。而这一刻的观众是史上最庞大的，一个亿的广播听众。

在慕尼黑，张伯伦、希特勒、达拉第和墨索里尼四方商定，德国在未来十日（10月1至10日）内接管苏台德，而较之之前在巴特哥德堡所要求的，希特勒事实上侵占了更多的领地。这只是缓兵之计。保护德国西线的齐格菲防线尚未完工，人员严重不足。前线指挥官提醒希特勒，这完全扛不住法国的进攻。德国的将军都不看好战争的前景。匈牙利独裁者霍塞将军拒绝参与进攻捷克斯洛伐克，即使德国拿匈牙利的一战失地做贿赂，他也不接受。他真心实意地告诉希特勒，再要开战，英国“绝对会赢”。

假如英法联合苏联，共同支持捷克斯洛伐克，可能出现三种结果：其一，希特勒退却；其二，希特勒被自己人推翻；其三，希特勒发动战争，几个星期内就攻下捷克斯洛伐克，但捷克和德国两败俱伤。与此同时，正如法国将军莫里斯·甘默林所言，法国军队可以轻而易举地打过德国西线，占领莱茵兰地区，阻止1940年5月德国攻打阿登高地。英国空军彼时还没有准备好，但德国空军同样无力从基地出发持续轰炸英国。虽然苏联不会给捷克实际的军事援助，但可以切断对德贸易，拒签《苏德互不侵犯条约》。德国将孤立无援，四面受敌，被英国舰队封锁，失去基本物资来源。这可能就只是一场德国必败的欧洲本土冲突，而非后来烧遍全球的战火。大部分欧洲国家可以幸免于战争，大部分东欧国家也能逃脱纳粹和苏联的专政，欧洲犹太人不致遭殃，日本可能也不会和美国针锋相对。

除了左翼周刊《雷诺兹新闻》和《工人日报》，所有的英国国民报刊都支持《慕尼黑协定》。11月初，《新闻纪事》的民意调查显示，86%的民众不相信希特勒会不再对外扩张。编辑沃尔特·雷顿没有发表这一结果，不是“因为怀疑他们没有忠实地反映英国民意”，他对张伯伦说，“而是因为我担心这么直白地宣传英国的观点，会激怒德国。”

10月5日，丘吉尔发表了对慕尼黑条款的著名谴责。其中的名句常被人引用："一次全面而彻底的失败"，"德国独裁者没能把餐桌上的食物一举席卷，但却得到承诺，菜将一道一道地为他奉上"，"沉默，悲痛，被抛弃，被肢解，捷克斯洛伐克堕入了黑暗之中"，"你被放在秤上称了，称出你分量不够"[16-29]。但其中卒章见义的一个要点却经常被忽视，他断言，他与纳粹水火不容的核心，本质上是文学的。希特勒不仅要统治欧洲大陆，还想镇压英国作家的自由，这是丘吉尔绝对不允许的：

> 令我感到难以忍受的是，我们的国家竟落入了强权之手，落入纳粹德国的股掌之间，仰其鼻息。正是为了防止这种情况发生，我才竭尽所能地呼吁部署一切防御壁垒。首先，要及时发展空军，建立相对于我国海岸攻击范围内一切敌人的优势；其次，尽可能地团结多国力量；最后，建立军事同盟，签订条约，集结所有力量扼制强权发展。而这些全都徒劳无功。每一项措施都被巧立名目挖空了墙角，弃置一旁。我们不要走上那条捷径，成为纳粹德国欧洲大陆野心的帮凶。用不了几年，甚至用不了几个月，我们可能就会被迫唯唯诺诺。对方的要求可能是交出领土，也可能是交出自由。我在此洞察并预言，投降政策将限制言论自由，议会的辩论、公众意见平台以及媒体的声音，都将受到扼制。因为有人会说——实际上，我现在已经时常听到有人这样说了——我们不让广大的英国政客批评纳粹专制，出版也受到直接或更多是间接的控制，各种舆论渠道被麻痹，成为只能表达默许的工具，我们还将进一步成为任人宰割的对象。

乔治·奥威尔在《鲸鱼之中》（1940 年）表达了同样的担忧，独立作者濒临灭绝，被大出版商和极权审查压垮。在这种时代背景下，丘吉尔面临的是新闻封锁，这种顾虑并非杞人忧天。

1938 年 6 月 24 日，丘吉尔面对战争威胁的演说集《武力与盟约》由哈洛普公司出版，定价 18 先令，发行 5000 册。这部书在英国没有再版，1940 年 6 月，剩余的册数被重新装帧成平装本。而这一次，丘吉尔在美国的销量首度超过了英国。1938 年帕特南公司印了两批，共计 7500 册，于 1940 年 10 月和 1941 年 9 月又各加印了 1000 册。出版日期不能再巧合了：

9 月 30 日，《慕尼黑协定》公布，捷克斯洛伐克妥协的日子。书中收录的演说，英国人耳熟能详，而对美国人而言是全然新鲜的。英国版的书名索然无味，帕特南给美国版起了一个更加抓人的名字——《趁英国沉睡时》。美国与英国产生了共鸣，社会同样衰弱，同样无意自保。美国人也重新开眼认识丘吉尔，他在公众心中的形象成了一位勇敢战斗的英国人。“这证明了他预言的天赋，不可否认的是，他对 1934 年、1936 年乃至 1938 年的可怕危机的预言，都惊人地应验了。”埃勒里·塞奇威克在《大西洋月刊》上写道。“丘吉尔的演说……将在史册上占据一席之地，它准备勇敢地对抗境外的法西斯和境内的失败主义论调，是英国民主政治的高尚的宣言。”《国民》杂志预言道，虽然评论者也提出了警告，英国的体制还在“支持法西斯”。《纽约时报》指出，这部书“应时而生，激荡了并从深层次唤醒了民主精神”。

丘吉尔 10 月 16 日的对美广播讲话也大大提升了这部书的销量，虽然张伯伦认为讲话事与愿违：“对美国最错误的举措，就是在演讲中说他们的责任是协助英国。温斯顿的广播把我们的盟友都吓跑了，尤其是总统，他们不可能再帮助我们了。”这样的评价对丘吉尔太不公正了，他在演说中只字未提英国，只是集中说明了对美国有吸引力的论据。他谴责法西斯在中国与埃塞俄比亚的帝国主义行径，暗指法西斯也开始在巴西政体中扎根，还强调英语世界人民共同支持的自由传统，然而提出了警告：“我不知道这种自由还能持续多久，可以不经审查地发表意见的场所正在关闭，阳光正在消逝，但是对于那些珍视自由和议会制政府的人们来说，还有时间一起商量对策，行动起来。”

与此同时，丘吉尔还在为他建立英美同盟的宏大工程《英语民族史》辛勤工作，“两班倒”。从 8 月至 11 月四个月以来，他一边对付捷克的危机，一边写完了第一部分，总计 136000 字。但是，离完成还很遥远，他悲哀地承认，在这几个月里，写作占用了他参与议会辩论的精力。

从 9 月 3 日《科利尔》杂志上的文章看来，丘吉尔仍然抱有希望：“最严厉的审查也防不了外国报纸，尤其是瑞士和斯堪的纳维亚的，还在德国有思想的人群中传播。”但是，《慕尼黑协定》之后，新闻封锁的大潮席卷欧洲。11月4日，里夫斯告诉丘吉尔，哥本哈根《贝林时报》的反纳粹外国编辑尼古拉·布莱德被解雇了：

《慕尼黑协定》后几天，德国公使拜访了丹麦外交部长，对他说：正如您所知，现在局势完全变了。德国已经到手了捷克斯洛伐克，在匈牙利、罗马尼亚和南斯拉夫的影响也与日俱增。德国可以从这些“友邦”获得一切所需的食物和资料，不再需要和丹麦贸易往来，大概会停止进口。假如丹麦政府还想和德国做生意，就得开政治条件了，让布莱德先生离职就是其中一条。

在瑞典，社会主义党派的首相也私下致信所有报纸主编，让他们一定小心谨慎，不可批评德国，也不要发表任何攻击德国政府的内容。

上个星期，我从挪威议会主席汉布罗那里也听到了类似的消息，他也是一位保守党领袖。

如您所见，这种恐怖已经弥漫了全欧洲。《慕尼黑协定》的直接后果就是北欧国家集体变天。在这个现代和平条约之前，北欧国家还是勇于抵抗法西斯的，现在它们无奈之下被迫屈服。德国已经直接介入干预了。

11月22日，丘吉尔在一个报纸俱乐部的午餐会上发言，称英国还有自由的媒体，只是受到了一些“限制”。这是“政府保密法的误用和滥用”。而这个法案，是丘吉尔本人在1911年仓促通过的：

如果在极权国家，可能有人会交口称赞。在那些国家，媒体毫无主见，听什么是什么，亦步亦趋，对外政策就是在这种基础上建立起来的……如果我们要镇压舆论，当然很省事，一切悄无声息地进行，我们也不知道外面在发生什么。满耳都是陈词滥调，不痛不痒的安慰，时不时还挺振奋人心的。但总有一天会遭到当头一棒。

丘吉尔的假设，正是1938年英国主流报刊的现实情况。他认为，英国的言论自由历来有三大保障：议会、出版和公共平台。但是，“议会制衰弱，或者说，近来议会的批评声音大为减弱，政党制也出现了断层，由此凸显出来的问题，迫使媒体、记者和出版人承受了太多不应他们承受的负担。”这是外交上的委婉说法，意指张伯伦把议会和报纸两条渠道都堵窒了。既然如此，言论自由只剩一条路可走：媒体不得不“自我修正，并尽可能地广泛运用公众平台来抵抗”。在演说的结尾，丘吉尔充分肯定了民主言论自由的价值（“我们现在不能动摇”），但是，要这样强调肯定它的价值，也许正说明真正的言论自由此刻已经岌岌可危。

1939 年 2 月，里夫斯开始打入美国市场，从《纽约先驱论坛报》入手。他放弃了《纽约时报》，因为它“归犹太人所有，今天这样，许多人会怀疑我们要做‘欧洲宣传’”。而《先锋论坛》的东家里德家族，盎格鲁-撒克逊人，“他们要做些‘非美国’的事，也没有人会怀疑他们。”这家报纸还买断了许多畅销的专栏作家，比如沃尔特·李普曼和多丽丝·汤普森[16-30]，借由此道，里夫斯以每篇文章 50 镑的价钱，和十四家主要的美国报纸签下了合同。“听说由于害怕德国，我们的渠道断了，我真是太遗憾了，”丘吉尔写道，“幸运的是，您发现了新大陆，挽救了旧世界。”

1934 年，丘吉尔警告下议院，空战必将降临，但是现在，他对美国受众又是另一套说法。1939 年 6 月 17 日，他在《科利尔》杂志发表了一篇文章——《现在炸弹吓不倒我们》。以西班牙和中国为例，说明轰炸虽然恐怖，但只会增强反抗的意愿。他概述了英国应对德国空袭的计划，“对于这些惨事，美国人民可能只会袖手旁观”，他警告道，“但是，旁观者有时也会义愤填膺，离开他们的安乐窝，投身到救援与反击的事业中去。”不管台上搬演了怎样的惨剧，20 世纪的观众只想端端正正地待在座位上。与之相反的是，维多利亚时代的情节剧鼓励观众参与互动，尤其是起来打抱不平。西蒙·列格里殴打汤姆叔叔的时候[16-31]，观众有时候得拼命克制住不插手。而现在，炸弹马上要落到伦敦了，丘吉尔相信，旁观者的力量足以令美国参战。

里夫斯还以每月 100 镑的价格谈下了美国国家广播公司的一档节目，

8月8日播送了第一期。丘吉尔用了一个文学典故，令听众大为赞赏。他鼓励中国人民保卫“国家、大地，保卫那从创世之初就属于他们的肥沃的土地”。1931至1932年，赛珍珠的《大地》高踞美国畅销书榜首；1938年，她又以此获得了诺贝尔文学奖。

1939年3月9日，内维尔·张伯伦接受了不具名采访，向记者做了一个非常乐观的简短报告，关于欧洲和平的前景。第二天，所有日报都众口一词地重复着这光明的预言。3月15日，魔咒终于被打破了，德军开往了布拉格。所有报纸都开始怀疑绥靖政策，只有《真相》除外，它还致力于让读者相信，“理智的舆论都不会希望为了犹太人去反攻柏林”。

希特勒节节取胜，丘吉尔在欧洲的新闻渠道被一再封杀。1939年5月31日，在致雷金纳德·利珀的一封推心置腹的长信中，埃默里·里夫斯详细地解说了纳粹如何在其他国家成功封杀了媒体的批评声音。奥地利和捷克的报纸首当其冲，就连国家都被拱手相让了，媒体自然不攻自破；而通常的情况，是由德国大使先发话，这就足以撤回文章、开除记者了；罗马尼亚的出版宣传副部长是亲德分子，把持了所有的报纸广告；意大利3月占领阿尔巴尼亚后，希腊政府禁止英法政客发表文章；1934年，德国和波兰签署了新闻出版协议，承诺双方政府都严禁报刊攻击彼此，这实际上是在封杀丘吉尔。彼时英国刚刚保护了罗马尼亚、希腊和波兰的独立，但这对它们的出版政策毫无作用。正如里夫斯描述的，这些国家的态度是：“不到最后一刻，我们不能和德国撕破脸，到那时候，我们就要请英国和法国帮我们打仗了。”

东欧的媒体全面抵制丘吉尔，西欧的状况也并不乐观。里夫斯写道，丹麦记者尼古拉·布莱德“因为德国抗议他的亲英亲民主立场，不得不在国外躲了好几个月”。3月10日，联合新闻社开始通过阿姆斯特丹的无线电站把丘吉尔的文章发送给美国的报纸。但是三个星期后，荷兰的外交部长和内政部长下令关闭服务，因为这种“单向宣传”会“危及荷兰的中立立场”。拜耳、欧宝和特洛芬肯[16-32]等德国公司都是欧洲的广告大户，它们从不合作的报纸处撤回广告作为打击。里夫斯写道：“一家瑞典大报的主编最近指责我们包揽了安东尼·艾登先生的文章，说他只能发温斯顿·丘吉尔先生那些‘不谈国是’的文章，他直截了当地告诉我，他的股东要红利，他只能这样做。”里夫斯要求利珀千万保密，如果这些信息被公开，政府必然矢口否认，信中提到的那些记者就要遭到打击报复了。

丘吉尔 1939 年 6 月 8 日的文章《和平的三重保障》倡议与苏联结盟，这说明里夫斯所言非虚。文章只发表在少数几份欧洲报纸上，巴黎、布鲁塞尔、哥本哈根、斯德哥尔摩、卑尔根、卢森堡以及考纳斯。在波兰，只有一份意第绪语[16-33]的日报《今日》发表了这篇文章，还不提供稿费。

丘吉尔的八十篇政论文章收录为《步步前行》，1939 年 6 月由桑顿·巴特沃斯公司出版，很快就印了四批。《泰晤士报》曾经报道，温莎公爵在汽车里读这本书，而开车的是公爵夫人。美国的帕特南版再次紧跟风头，于 8 月 25 日出版，当时战争刚刚爆发数日，而书封背面就是内维尔·张伯伦《寻求和平》的广告，显得十分违和。“事实证明他是正确的……读者都好奇他为何没能早些说服政府。”《基督教科学箴言报》评价道。“部分原因是他挑战了一种观念：英国的国防是非常强大的。”《国民》杂志分析道。同时，《外交事务》称这部书“有条理而睿智，令人吃惊”。而《纽约时报》的态度则显得勉强，指出作者曾经错误地干涉了俄国、印度和爱德华八世的事务。居伦达尔出版社将这部书翻译成丹麦文，移居海外的荷兰出版商阿拉特·德·兰格将它引进了德国，此后没有多久，纳粹德国就入侵了这些国家。这部书给另一位不成功的小说家留下了深刻的印象：“这个人是勇敢与狡猾的奇特混合体，”约瑟夫·戈培尔在日记中写道，“假如 1933 年上台的是他，我们恐怕就没有今日（1941 年 5 月 8 日）了。我相信他还会给我们找事……他不容小觑，我们太轻视他了。”

在丘吉尔的支持下，英国的报纸大战终于要平息了。1939 年 4 月 23 日，《星期日画报》的头条文章呼吁他回归政府，引起了空前绝后的读者反响：2400 封来信，其中仅有 3% 表示赞同。5 月，丘吉尔和《每日电讯报》的合同期满，转战《画报》的姐妹刊物《每日镜报》。《每日镜报》虽然只是一份支持工党的工人阶级小报，并非英国保守党机构的喉舌，但是发行量却非常大，每日可达一百四十多万份。截至7月，《每日电讯报》《新闻纪事》《每日镜报》《每日邮报》《新闻晚报》《观察家》《曼彻斯特卫报》《约克郡邮报》，甚至《工人日报》都要求丘吉尔入阁。民意调查显示，公众意见广泛地发生了变化：5月，公众强烈支持丘吉尔回归内阁（56%∶26%）；6月，大力赞成他与法苏结盟的要求（84%∶9%）；7月，已经支持在但泽[16-34]为波兰开战了（76%∶13%）。

就像在一战前所做的那样，丘吉尔概括了一份对下一步战事的预测。1939年7月24日，他告诉艾恩赛德将军，战争开始后：

（i）波兰遭重创或陷落。

（ii）意大利转舵，墨索里尼卖国。

（iii）埃及战败，主要被意大利军队控制。

（iv）取道罗马尼亚，进攻黑海地区。

（v）苏联审时度势，与我们结盟。

除了埃及战败一条，其他的预言全部都应验了。如丘吉尔所料，8月24日凌晨，希特勒签署了《苏德互不侵犯条约》，通过贸易协定，既中立了一位强大的对手，又保证了物资供应，突破了英国的封锁。他打的算盘是，英法一旦意识到苏联不再和他们并肩作战，就会像放弃捷克斯洛伐克一样放弃波兰。这个协议就是戏剧转折中的“大反转”。“这可是扔了一枚重磅炸弹。”他幸灾乐祸道。但随后的事实就挫败了他。21日深夜，里宾特洛甫飞往莫斯科谈判。22日，法国政府和英国内阁会晤，一致认为协议无关痛痒。内维尔·亨德森受命为张伯伦传书希特勒，表示英国会支持波兰。23日下午，亨德森抵达贝格霍夫别墅[16-35]，希特勒又用一通戏剧性的长篇大论轰炸了他。大使离开后，希特勒顿时原形毕露，拍手称快，得意洋洋地表示张伯伦政府今晚就要倒台。结果并未如他所愿。25日下午，他又请亨德森到总理府来开会，这一次态度缓和得多，但仍然没有进展。他说，波兰的事处理完，他就退出政坛，去从事艺术——虽然在他看来两者可能并无差别。然而，9 月 1 日清晨，德国入侵波兰以后，希特勒的晚期艺术生涯就被打断了。六十小时后，英法宣战。张伯伦总是担忧起用丘吉尔会激怒希特勒，最后却还是把他调回了海军部。

虽然势不可挡的纳粹运动封锁了丘吉尔的新闻渠道，但值得注意的是，1931 年莱比锡的保罗・李斯特出版社出版了德文版《我的早年生活》，希特勒掌权之后很久仍有印数。直到 1939 年 7 月，丘吉尔才收到了版税报表，说明他那 100 镑的预付款还没有赚回来。1938 年 12 月 31 日，德文版《当代伟人》成了丘吉尔在德国被禁的唯一一部书籍，因为其中攻击了希特勒。1942 年，他的所有作品都被纳粹列入了黑名单，一同被禁的还有 G•K• 切斯特顿、阿加莎・克里斯蒂、约翰・克莱兰德、塞缪尔・泰勒・柯勒律治、威尔基・柯林斯、约瑟夫・康拉德、詹姆斯・费尼莫尔・库柏、诺埃尔・科沃德和史蒂芬・克莱恩（宣传部长怀疑克莱恩有犹太血统）。[16-36]但是，巴黎出版商帕约特依然在战时出售《世界危机》和《我的早年生活》的译本，当局从来没有查禁或没收这两部书籍。纳粹在欧洲销毁了上亿册书籍，但审查制度却薄弱得可笑。

译者注

[16-1] 本章英文原名为“blackout”，既指“封锁”，又指戏剧舞台的“暗场”，在剧终时或幕间切换场景时熄灯。

[16-2] 斯图亚特王朝（Stuart）：1371 至 1714 年间统治苏格兰和 1603 至 1714 年间统治英格兰与爱尔兰的王朝。

[16-3] 《联邦党人文集》（*The Federalist Papers*）：又译《联邦论》或《联邦主义议文集》，是 18 世纪 80 年代数位美国政治家在制定美国宪法的过程中写作的关于美国宪法和联邦制度的评论文章的合集，共 85 篇。最早连载于纽约地区的报纸，1788 年首次出版合集。

[16-4] 威廉·劳埃德·加里森（William Lloyd Garrison，1805—1879）：美国社会活动家，反奴隶制协会主席。1831 年创办激进废奴主义刊物《解放者》。

[16-5] “焦点小组”（Focus）：一种定性研究的方法。就某一对象，通过询问和面谈的方式采访一个群体，以获取其观点和评价。原理由心理学家、市场分析师内斯特·迪希特（Ernest Dichter）提出，由美国社会学家罗伯特·默顿（Robert Merton）创建。二战时用于研究宣传效应，成员集结发展为有政治倾向的团体。

[16-6] 当然委员：指有专业能力或者上级主管部门特批，不经选举即产生的委员。

[16-7] 理查德·科克特（Richard Cockett，1961— ）：英国历史学家、记者、作家。

[16-8] 卡姆罗斯勋爵（Lord Camrose）：即威廉·巴里（William Berry，1879—1954），英国报人。

[16-9] 当时法西斯意大利拒绝撤军西班牙，张伯伦同意和意大利在罗马会谈，艾登强烈反对无果，故而辞职。张伯伦立刻任命亲信哈利法克斯勋爵继任。

[16-10] 雷斯勋爵（Lord Reith）：约翰·雷斯（John Reith，1889—1971），英国广播公司总经理。

[16-11] 雷克斯·利珀（Rex Leeper，1888—1968）：英国外交官，英国文化委员会创始人。

[16-12] 乔治·鲍尔（George Ball，1909—1994）：美国外交官，副国务卿。

[16-13] 索斯伍德勋爵（Lord Southwood）：指朱利叶斯·索特·埃利亚斯（Julius Salter Elias，1873—1946），英国报人，工党政治家。

[16-14] 威尔·戴森（Will Dyson，1880—1938）：澳大利亚插画家、政治漫画家。

[16-15] 戴维·洛（David Low，1891—1963）：新西兰政治漫画家。

[16-16] 里夫斯·肖（Reeves Shaw）：1930 至 1940 年《斯特兰德》杂志主编。

[16-17] 指海因里希·布吕宁（Heinrich Brüning，1885—1970）：德国总理，1930 至 1932 年在任。希特勒的前任。

[16-18] 长刀之夜（Night of the Long Knives）：德国 1934 年 6 月 30 日至 7 月 2 日的清算行动。纳粹冲锋队的街头暴力失控，国防军的权力受到冲击，希特勒下令对冲锋队成员进行了一系列的政治处决，加强并巩固了国防军对希特勒的支持。

[16-19] 水晶之夜（Kristallnacht）：指 1938 年 11 月 9 至 10 日凌晨，纳粹党员与党卫队袭击德国全境犹太人的事件。这被认为是有组织地屠杀犹太人的开始。当晚大量犹太商户遭袭，店面橱窗被砸毁，碎玻璃充斥道路，所以得名“水晶之夜”。

[16-20] 盖洛普民意调查（Gallup Poll）：美国统计学家乔治·盖洛普（George Gallup，1901—1984）1930 年发明的民意测验方法，用简单的随机取样法并且试图把偏差度保持在最低。常被各大媒体用于获得社会统计数字以测验民意。

[16-21] 克劳德·柯克本（Claud Cockburn，1904—1981）：苏格兰记者。

[16-22] 埃默里·里夫斯（Emery Reves，1904—1981）：匈牙利裔英国出版商、作家、文学代理人。

[16-23] 安德烈·莱昂·布鲁姆（André Léon Blum，1872—1950）：法国政治家、作家、文艺评论家。法国社会党人的领袖。卡洛·福尔扎（Carlo Sforza，1872—1952）：意大利外交官、反法西斯政治家。

[16-24] 指乔治·坎宁（George Canning，1770—1827）：英国政治家、外交家。为巩固英国在欧洲的领导地位做出了突出贡献。

[16-25] 《取缔暴动法》（*The Riot Act*）：英国 1714 年颁布的防暴法案。意即民众还寄希望于张伯伦“以德服人”，说服希特勒依法解决问题。倘若真的如此，对英国的声望就是莫大的讽刺和挑战。

[16-26] 贝希特斯加登（Berchtesgaden）：德国东南部边境城市。

[16-27] 霍雷斯·威尔森（Horace Wilson，1882—1972）：英国高级政府官员。

[16-28] 格尔尼卡（Guernica）：西班牙中北部城镇。

[16-29] 出自《圣经·但以理书》，犹太预言家但以理预言巴比伦国气数已尽，下一句即是“你的国要分裂”，当晚巴比伦王被暗杀，巴比伦被米底亚人篡夺。

[16-30] 沃尔特·李普曼（Walter Lippmann，1889—1974）：美国作家、记者、政治评论家，传播学学者。多丽丝·汤普森（Dorothy Thompson，1893—1961）：美国著名女记者，广播员。

[16-31] 指《汤姆叔叔的小屋》改编的戏剧情节，西蒙·列格里是作品中一个凶残的工头。

[16-32] 拜耳（Bayer）是德国生化公司，全球五百强之一。欧宝（Opel）是美国

通用汽车公司的德国子公司。特洛芬肯（Telefunken）是德国无线电公司。

[16-33] 意第绪语（Yiddish）：日耳曼语族的一种小语种，主要使用者为犹太人。

[16-34] 但泽（Danzig）：波兰港市。

[16-35]贝格霍夫别墅(Berghof)：希特勒的住宅，位于阿尔卑斯山，纳粹总部之一。

[16-36]约翰·克莱兰德(John Cleland，1709—1789)：英国小说家。塞缪尔·泰勒·柯勒律治（Samuel Taylor Coleridge，1772—1834）：英国诗人、评论家，英国浪漫主义文学奠基人。威尔基·柯林斯（Wilkie Collins，1824—1889）：英国小说家、剧作家，推理文学先驱之一。詹姆斯·费尼莫尔·库柏（James Fenimore Cooper，1789—1851)：美国著名作家。诺埃尔·科沃德(Noel Coward，1899—1973)：英国演员、剧作家、作曲家。

▲“把我的孩子带走吧！但是，请放过，放过我！”（威尔·戴森，《每日先驱报》，1938 年）：这幅漫画触怒了戈培尔和哈利法克斯。

十七、冷场

1939 年 9 月 3 日，星期日早晨，年轻的外交官约翰·科尔维尔先去了教堂，然后到了外交部办公室。他被分配到了经济作战部，公认的主管封锁德国的部门：“这个新组织让人摸不着头脑，我对着一张空荡荡的桌子，无所适从。”上午 11 点 15 分，他从无线电中听到了张伯伦宣战。随后响起了空袭警报，他和办公室里其他无所事事的公务员都觉得活像身处一部可怕的电影中：“人们都相信，一旦宣战，几分钟内伦敦就会被夷为瓦砾。就像 H•G• 威尔斯小说《笃定发生》改编的电影里那些惊慌失措的老百姓，这些似乎就要成真了。”许多人都把现实和虚构联系了起来。“我们当然害怕，”雪莉·阿纳德[17-1]曾经回忆道，“绝对吓到了，我们都读过 H•G• 威尔斯，都知道打仗是什么样子。炸弹天女散花，到处着火，毒气，成百上千的死人。”“战争爆发后十分钟，我们听到了第一次空袭警报，那种恐慌感简直无法形容，”乔治·比德摩尔[17-2]写道，“我们都牢牢记得《笃定发生》，还有科学家、记者甚至政治家的可怕预言，第一次空袭后，毁灭和瘟疫将随之而来。我们想象了被炸毁的圣保罗教堂，还有被炸成一个坑的议会大楼。”威尔斯的电影让和平主义者爱德华·布里森[17-3]相信，下一场战争将带来末日：“成群结队的轰炸机布满我们的天空，城市被炸毁，一片混乱。宛如恐怖片。人们都不知道怎么埋葬死者。”当时有大量小说描写，假如再爆发一次大战，英国人就再也不是挫败德国侵略的勇敢形象了，而《笃定发生》只是其中最知名的一部。这些小说的标题就说明了内容：《1940 毒气战》《毒战》《女人的战争》《威胁》《空中复仇》《四日之战》，等等。伊夫林·沃[17-4]的《罪恶的躯体》（1930 年）和奥尔德斯·赫胥黎的《美丽新世界》（1932年）也推测，一场灾难性的战争即将到来。这种恐惧是绥靖主义背后一股不可抗拒的力量。正如埃德蒙·艾恩赛德将军在1937年底所言：“内阁……非常担忧战争几周内就会结束，以大英帝国覆灭告终。”丘吉尔关于德国空军力量不断滋长的警告，或许也为这种恐慌推波助澜了。

末日将临的那个周日，科尔维尔和同事躲进防空洞里打桥牌。结果生活并没有遵循艺术，那是一次假警报。于是他又回到了空荡荡的办公桌前，在那里坐到吃午饭，然后“各回各家，显然没做好准备迎接末日大决战”，还打了一局高尔夫球。“几天后，我去外交部请求调回远东事务部，那里我比较熟悉，也有事可做。”不过，“有事可做”的意思是早上11点才上班，起草“一些给巴勒斯坦殖民部的枯燥的信件”。

科尔维尔很快就对“虚假的战争”[17-5]不耐烦了。张伯伦的战略是通过封锁拖垮德国，他在日记里写道：“因为无聊，所以危险，战时的厌倦情绪必然会酝酿对国家的不满。”9月22日，他收到了一份谈话纪要，解释英国为何不援助波兰，中心思想是，这个时候进攻，只不过是制造戏剧效果：“让几百架英国飞机去轰炸德国，自然会大获全胜，但是这样的投入用在西线可能收效更大。”所以，他和贝斯伯勒勋爵夫妇在斯坦斯特德公园消磨了周末。周日上午，华沙告急。“我正躺在床上，随手翻着一本感伤小说，观察着身周之美，怡然自得。”数日后，华沙沦陷。科尔维尔认为那是“一次英勇的抵抗”，得出的结论却是，德国会慷慨地提出和平条款，允许他们保留苏台德和但泽。一个月后，10月31日，他读到了一份关于德国集中营的政府白皮书，觉得难以忍受，但依然建议按下不发表：“大部分消息的来源毕竟不可靠，战争还没有真正开始，煽动情绪无论如何都是不可取的。”

丘吉尔要攻克的，就是民众和政府双方面叠加的惰性。9月26日，张伯伦在下议院发言，口气和态度都像是主持丧礼。哈罗德·尼科尔森描写道：“他一身黑衣，仅有的亮色是一块白手绢和一条大金表链。议会的信心和精神都一寸一寸往下沉了。”而这时丘吉尔起立发言：

迎接他的是满座高声欢呼……他开始发言，说这是一桩咄咄怪事，时隔二十五年，他又站在同一间屋子里，面对着同样的局面，要和同样的敌人打仗，处理同样的问题。他挤出一个大大的笑容，扫了一眼首相，补充道："我也没有想到，我的命运会发生这么神奇的变化。"议会哄堂大笑。张伯伦的脸色很不好看，连勉强苦笑都没有，看起来阴沉沉的。

丘吉尔演说激起的反响难以用文字来形容。他的表达真的很惊人，字字都中肯到尖刻，果断到天真。都能感觉到议会的精神跟着步步高涨。对比之下十分明显，首相即使面对最热烈的支持者，也表现得不合时宜，毫无灵气。二十分钟后，温斯顿前所未有地压倒了首相的风头。后来，就连张伯伦自己也在大厅里说："现在群龙得首。"老议员都承认，他们第一次听到这样能调动议会情绪的个人演说。

丘吉尔在剧场和音乐厅的经验非常丰富，深谙如何引起注意，拿捏各种腔调，让听众神魂颠倒。在作品删削的一个段落中，他曾经提到一次英国海军对潜艇的袭击："袭击之后，潜艇只剩下一大块油斑，和漂在海面上的一扇舷门，上面刻着我名字的缩写[17-6]。"这正是丘吉尔吸引英国人的戏剧化的机智。9月28日，乔治·比德摩尔抱怨情报部：

……传达给公众的都是最无聊的老生常谈。公众当然希望听到海陆空三军激动人心的战绩，弹尽粮绝，退守树林，空军中队突破敌后，我们英勇的飞行员神兵天降云云。但现实中听到的只是一条条简报，比如付出伤亡代价打退了德国的突击，轰炸萨尔布吕肯[17-7]地区一整晚，敌机窥探荷兰边境，等等。幸运的是，前天，丘吉尔绘声绘色地描述了海军的战绩。查获并击沉了超重的走私船，潜艇被干掉了，保护了商船。有一两句富有文采的调侃，说敌方信誓旦旦要击沉我们的主力舰简直是无稽之谈。他确实受欢迎，虽然18日航空母舰"勇气"号确实被鱼雷击沉了，舰上1100人折损过半。

丘吉尔的戏剧天分却令张伯伦派的一些成员愈发地不信任他，尤其是钱农：

> 首相一如既往地庄重，然而非常遗憾，继他之后接手的温斯顿致力于装腔作势，事无巨细地描述海军部的工作。他嬉笑谑浪，令议会印象深刻……他这场演说必然要带来无尽的麻烦，首相的黯淡显然和他形成了鲜明的对比。我相信，温斯顿意在争夺首相之位，确信无疑……

10月1日，科尔维尔听到了丘吉尔的广播讲话，情绪同样十分复杂：

> 他自然信心满满，我怀疑，在战争结束之前，他就会当上首相。然而，从他过去的轻浮记录看来，一旦如此，他可能会把我们带上最危险的道路。但是目前国内能一呼百应的，只有他一人，但愿随着年龄增长，他的冒险冲动能减弱。

科尔维尔的顾虑，并非杞人忧天。回到海军部之后，丘吉尔马上试图再次启动他的一战计划，从波罗的海两栖突击，奇袭德国。理查德·霍姆斯[17-8]认为，这“在1914年不切实际，在1939年还是同样愚蠢，德国空军会击沉每一艘舰船”。

10月10日，科尔维尔成了张伯伦的一名助理私人秘书，由是开始接触丘吉尔，后来他回忆道：“我的许多同僚，大部分是高级官员，都不信任他，唐宁街10号都表现出这种态度，我每天也受到这种影响。”科尔维尔同意这个观点：丘吉尔无疑是一位出色的演说家，但也是一枚充满“无规律能量”的爆弹，总是叫嚣着要“不计代价不论方式地‘行动’起来”。

丘吉尔随时记录自己的想法、疑问和指令，每年都有几千条。刚刚当上首相的时候，他立了规矩：他的指令，只有写下来了才能当真。一战期间，他也采取了相似的策略，最后用积攒的材料写成了《世界危机》。和其他大部分内阁官员不同，他亲自阅读所有发给他的电文。这种行为有效地消弭了政治与艺术之间的界限：他身为第一把手的一言一行，都可能成为下一本书的材料。1939年9月，他回归海军部才几日就引起了不满。“他在写新的回忆录。”一名官员对塞缪尔·霍尔说。“为什么他不索性带着他的‘世界大战’来上任？”商务部长奥利弗·斯坦利也质问。9月17日，张伯伦写道，他对丘吉尔的处理比他所预期的要温和得多，只是：

> ……他不断地给我写长达数页的信。我们在战事内阁天天见面，似乎没这个必要。可我知道，这样以后他写起书来就可以引用这些信。我至今没回复过，但是昨天又收到了一封，显然是为了表现他的深谋远虑，明确地提醒我要从长计议，我也得写点什么，将来书里好引用。

丘吉尔的信件和张伯伦的回信都出现在了《第二次世界大战》中，而它们显示，更有先见之明的其实是首相。为了在西线迎战德国的猛攻，丘吉尔建议加强静态防御，部署一战时备置的火炮，而张伯伦优先发展了皇家空军。丘吉尔写备忘录惯于越俎代庖（比如操心管陆战），只为了将来能收进“书里”，以至于10月初被张伯伦叫停。但是人尽皆知，丘吉尔依然为了最后出书而笔耕不辍。“这写一本书都够了！”哈利法克斯勋爵如是评价1940年1月15日的北欧事件备忘录，后来，它们真的被收入了《第二次世界大战》。与之相反的是，众所周知，希特勒厌恶写作，虽然戈培尔曾经提及，希特勒说过，等取胜之后，他要写一部他自己的战争史。

战争爆发几周后，桑顿·巴特沃斯提议，一旦结束，丘吉尔就应该出版一部历史著作。据约翰·科尔维尔称，早在1940年12月，丘吉尔就告诉他，他计划“写一部关于战争的书，他脑子里都一章一章地安排好了”。这真是走一步看十步的典范：后来他的战争史写了六卷，彼时现实中的战事还没有发展到第二卷结尾。但是对丘吉尔而言，第二次世界大战就是一次艺术创作。几周之后，他对着下议院精确地形容道：“我无法对未来做出什么美好的预计。事实上我认为，在我们的人民、我们的国家乃至整个英语世界都在死荫之谷中艰难跋涉的时候，我们下笔只能愁云惨雾。”

在构思着下一本书的同时，丘吉尔完成了他手头的新作。战争爆发时，《英语民族史》已经有了53万字的草稿，按照合约还要写40多万字。1939年9月10日，他让写作助手之一，历史学家G•M•扬格给全书收尾。要重点突出老查塔姆伯爵[17-9]：“这个人一夫当关，迫使一个强大而走下坡路的政府屈服，此后那辉煌的四年打赢了七年战争，完成了‘第一大英帝国’的建立。”全书完全聚焦于英国，只有一处例外：最后一章讲述了美国内战，以林肯被刺告终。丘吉尔承认这一部分比重过大，“但是这部书意在吸引美国，自然需要强调他们的引人注目的斗争。我在这部分花了大力气。”他强调“时间紧迫”，希望11月15日能终审全稿。他的目的非常明显，尽快出版《英语民族史》，以影响战争进程，鼓动整个英语世界联合起来。10月1日，他在广播中明确地将两场战争联系起来：

……我回顾过往历史，深受鼓舞。八十年来，在人类艰难前行的战斗中，再没有比美国内战更加高尚的战争了。双方都秉持崇高的信仰战斗，战争漫长而艰苦。南方再怎么英勇，也无法弥补奴隶制的污点，正如德国在战争中表现出来的所有的勇气与谋略，都无法洗刷纳粹偏狭而残忍的罪行一样。我们可以从19世纪那段非常年月里的美国身上获得有益的启发，相信世界会向着更加广阔的命运前进，我们将铭记美国内战结束后，老约翰·布莱特[17-10]向英国劳工说出的名言：“战场尘埃落定，整片大陆上投下的恐怖阴影已经散去，永不复返。”

《英语民族史》中同样引用了布莱特的这句话。

9月12日，他的另一位历史学助理艾伦·布洛克被传唤到海军部，谈论现代史问题：

……他警告勤务兵，“除非德国公海舰队打过来了”，否则不许打扰我们。然后把我带到了他办公的会议室，对着我念叨了一个多钟头，我非常后悔没有做记录。现在能记得的，就是他翻来覆去地强调，他这个时代的最大的特征，就是“英德两大国家之间的殊死搏斗”。

但是德国还没有统一，这个观点怎么才能站得住脚？全书叙事的逻辑终点是1918年11月11日，英语国家联盟最终成功建立。

丘吉尔大致遵循了合同计划，于12月16日把全稿寄给了卡塞尔出版公司的戴斯蒙德·弗罗尔。但是弗罗尔提出批评，“我们都觉得收尾太生硬了”。为了尽快出版，丘吉尔匆匆地又写了一万字的结尾，再次被弗罗尔全盘打回。这部书在1865年部分完结，对领土问题草草带过，弗罗尔坚持认为要再往下写五十年，写到“大战前夕的英语民族之间的关系”，否则，他提醒道，“我们不承认您履行了合同”。2月，丘吉尔邀请弗罗尔到海军部，告诉他自己无法身居要职还继续写这部书，他得接受这个选择。直到1940年4月27日，丘吉尔才继续写下去。他的助理兼枪手威廉·迪肯曾经回忆道：

> ……在挪威的北海战场上运筹皇家海军的时候，他还要或清晨或中午地花上一个钟头来补完诺曼底征服[17-11]和中世纪英格兰的章节。海军待命，上将不耐烦地来敲大臣的房门，有时候屋里正在讨论诺曼底入侵造成的深远影响和忏悔者爱德华[17-12]，丘吉尔曾经写道，“我们接触到的昏沉、模糊、孱弱”的爱德华。我看见墙上挂着地图，标明了英国舰队在挪威的布防，听着大臣的声音，他以一贯的洞察力把握着1066年的战略定位，对眼下的事态也尽收眼底。这是非常了不起的历史眼光。远者近，近者在握。

丘吉尔没能及时完成这部历史巨作来影响战争，但他又开始酝酿新的计划。9月24日，他提议海军部招纳三位著名作家（名字不详）随舰队行动，写作爱国主题的文章交与媒体发表，类似一战时的吉卜林。他还建议让威廉·尼科尔森[17-13]来画斯帕卡湾的舰船：“上周我在那里，看到了漂亮的灯火。这样的画面将是一份艺术的记录，要注意的是背景别泄露军事机密。”据海军情报局主管J•H•戈弗雷上将称，大臣的广播尤擅公关：“好消息锦上添花，坏消息缓和处理、延迟发布或者有时干脆按下不表。特别重磅的新闻可能被拖个三四天，等大臣亲自在广播里发布。公众欢迎好消息，再没有人比丘吉尔先生更了解这一点了。”德国宣布他们可能凭磁性水雷制胜的时候，丘吉尔调侃地在议会提出了应对措施，“用自己的语言写就的一部侦探小说”。他依然把自己形容为“通讯记者”，下议院就是个“剧场”。

丘吉尔重返海军部后不过几周，斯克里布纳就推出了新版《我的早年生活》。当红的反纳粹专栏作家多丽丝·汤普森作了新的序言，热烈地表示支持丘吉尔。“作者自序”则补充了更多关于丘吉尔美国先祖的背景说明。1939至1945年之间，斯克里布纳重印了七次这部书籍，总印数不下一万册。

据斯塔万·洛伦特[17-14]回忆，丘吉尔曾经让他在他主办的流行刊物《图片邮报》开设美国特刊，“表现大众生活，美国和美国人的喜好。他说，他们迟早会在战争中和英国合作，《图片邮报》为未来的战略联盟展现一幅更美好的图景，或许能有帮助。”但是，美国记者再次嗅到了英国宣传的味道，不吃丘吉尔隐恶溢美的这一套。1939年12月，战舰“纳尔逊”号和“巴勒姆”号双双受到重创，而丘吉尔按下不提。“我认为温斯顿这是自欺欺人，”1940年3月22日，英国驻华盛顿大使洛西恩勋爵叹息道，“他老是这样，这就是为什么他永远当不上首相。”

早在9月23日，张伯伦就意识到，“虚假的战争”会消磨士气，希特勒只要坐收渔利，拿出谈和条件就够了。10月，文学学者艾弗·伊文斯从情报部离职并警告道：“如果西线再没有大行动，这种‘攻心’战再继续下去，敌人就要用各种方式来摧毁我们国内的士气了。”11月3日，洛西恩从华盛顿致信塞缪尔·霍尔，报告“目前战争的僵局令人厌倦，期待已久的世界大战‘大戏’迟迟不上演，某些地方已经积累了怨恨情绪”。“这不是真正的战争，”11月4日，钱农写道，“希特勒太狡猾了，他是想要把我们逼去谈和吗？”

1939年10月7日，萧伯纳在《新政治家》杂志上呼吁和平。在随后的一期上，包括约翰·弥尔顿·默里、薇拉·布里顿和克莱夫·贝尔[17-15]在内的十七名知识分子联名支持他。1940年3月13日，哈利法克斯勋爵和R•A•巴特勒[17-16]开诚布公地讨论了休战的可能性。国家和平委员会也催促张伯伦考虑谈和，G•D•H•科尔、约翰·吉尔古德、西比尔·桑代克和西里尔·贾德[17-17]联名签署了请愿书。劳埃德·乔治、报业巨头罗瑟米尔和比弗布鲁克、部分保守党右翼和工党主张和平的议员也支持谈和。

9月初刚刚开战的时候，民意汹涌，以77%∶17%的比率反对与德国谈和，但是到了2月，比率已经滑落至61%∶29%。1940年1月，绥靖主义要人阿瑟•布莱恩特[17-18]出版了《未完成的胜利》，为德国辩护，重申纳粹反犹宣传的主要观点，批评战争“无为无益”。而出版商是反绥靖主义的哈罗德•麦克米伦，他遵循了麦克米伦家族企业的传统，不允许个人立场干预商务。媒体的评论主要是正面的，然而提出了一个疑问，如果政府与希特勒媾和，英国媒体该做何反响？ 2至3月，民意调查显示，女性尤其反感战争，有人称之为“无聊到了有毒的地步”，但是同时“人们也希望开战……他们越来越想马上行动起来，耐心已经被耗尽了”。

丘吉尔意识到了其中危险。“他爱……随战争而来的刺激和紧张局势，”海军部国务秘书杰弗里•莎士比亚回忆道，“‘这将是多么无聊的一场海战，’有一次他灵感大发，对我说，‘我们只能和德国打。要是和德国、意大利、日本一起打，那才有趣得多。’”丘吉尔希望把战争打出戏剧性。1月20日，他向内阁提议，让英国飞行员在芬兰前线歼击苏联飞机，可能有助于鼓舞士气，毫不考虑可能引发和苏联的战争。出于同样的目的，他还想要干预挪威和瑞典，以阻断德国的铁矿运输。约翰•科尔维尔和钱农听到风声，不约而同地想到了加里波利，性情固执的外交部副部长亚历山大•卡多根则直接斥之为又一出“温斯顿的噱头”。

1940年夏天法国沦陷之前，同盟国的宣传一直在强调自身强大的军队和经济实力。在一张海报上，印着法国总理保罗•雷诺的自吹自擂：“我们会胜利，因为我们最强。”标语周围用世界地图装饰，极小的德国被巨大的英法两国包围在中间。丘吉尔一度也沉湎于自夸，发誓同盟国的广大人民（白人以及其他）和他们“无尽的资源将在海上屹立不倒，当恶势力在人道上投下阴影，试图阻碍前路的时候，他们必将全力战胜邪恶”。一名加拿大人指出，丘吉尔的广播讲话只能助长同盟国的自满情绪：“德国必败的宣传让加拿大人一有牺牲就灰心丧气，而美国人彻底厌烦这场战争。”

然而，在“虚假的战争”期间，丘吉尔的文学天分确实鼓舞了士气。

1940年1月1日，洛西恩爵士相信，“孤立主义的外壳”被击破了：“越来越多人认为，在最伟大的历史剧中，美国扮演的角色微不足道，只有担起应负的责任，才不至于失去国家精神。”3月，《纽约时报》报道，在万马齐喑的伦敦，不少观众退了场，但由于“温斯顿·丘吉尔的演说”，上座率又开始提升。“每一次他都通知我们，德国人不会再唱‘德意志高于一切’了，票房自然就上去了。”4月的民意调查引用了一位军人的报告：“丘吉尔显然是这一届政府中最受喜爱的成员。我在营房听无线电的时候，只听他的演说。”1940年2至5月的民意调查显示，在新闻影片的观众那里，丘吉尔是至今赢得喝彩最多的公众人物。实际上，除了国王和王后，他是唯一出场有喝彩的人物。

4月4日，张伯伦集结保守党开会，确认同盟国的西线防御已经足以牵制希特勒：“有一点是可以肯定的，他坐失了良机。”但仅仅两天之后，他写信给妹妹希尔达：“我们从‘可靠来源’得到了消息，要出大事了。但我仍然持怀疑态度，我不认为要对德军发动大规模进攻，也不应该保持沉默和苏联建交，”如果一定要在冒险进攻和继续胶着之间做选择，“我知道该选什么，而且相信他也会做一样的选择。”张伯伦再一次犯了致命的错误，以为希特勒的思考方式和他一样，遵循最理性的策略，而当时的军事规则说白了就是拼大胆。如果德国继续按兵不动，英法也要逐步发展军事力量，直到真的让希特勒“坐失良机”。而德军最高指挥部首先计划的是攻打列日省[17-19]，取道比利时，基本重复了一战的策略。因此，同盟国机动部队准备进军比利时中心，拦截攻势。张伯伦的策略是包围德国，他没有想到，希特勒（非常理性地）不按常理出牌，突破了包围。希特勒和埃里希·冯·曼施坦因将军不约而同地想到，派装甲车突入阿登高地，向英吉利海峡进发，将大举开入比利时的同盟国军队拦腰截断。希特勒下令，这次进攻计划是最高机密，要引发让人大吃一惊的戏剧效果。

4月9日，德国攻打丹麦和挪威。英国皇家海军重创了德国海面舰队，德国的八艘巡洋舰覆灭三艘，二十艘驱逐舰折损了一半。但是支援挪威的同盟国地面部队一败涂地。“老实说，简直就像H•G•威尔斯的《笃定发生》

里的景象。”一位年轻的伦敦主妇说。约翰·科尔维尔担心：“由于思虑过度，担心浪费，我们又要‘错失良机’（比如芬兰、挪威）了。”但是丘吉尔这次似乎矫枉过正了：“他喋喋不休，坐立不安，做了不少无用功，阻止行动，导致摩擦……全国人都相信温斯顿是个行动派，能打得赢，几乎没人想到他也会浪费那么多精力在无益有害的事上。”

科尔维尔的评价是非常正确的：不管决策有多少失误，丘吉尔戏剧化的表现确实鼓舞了广大民众。“我们都盼着在广播里听丘吉尔！”4月19日，乔治·比德摩尔说，“人人都崇拜他，只因为他好些年前就警告我们要小心德国。”还有另外一个原因，在死气沉沉的内阁中，只有他是一个出挑的演员：“他说‘纳粹’这个词的时候带着最深的鄙视，文学修辞也为新闻注入了新生命，比如他说荷兰被迫‘与虎同笼’。‘我们的海军在北海没有打过胜仗，’他说，‘因为我们都没找着敌军的船。’他演说中的戏剧成分也充满了新意。”他知道如何推进情节，以及提供“我们急需的那种信息”。

“这是一个奇迹，”丘吉尔在《第二次世界大战》的草稿中写道，“我真的不知道自己是如何在公众的敬意中坚持下来的，还保住了位置。而所有的责难都指向了可怜的张伯伦先生。”但是4月27日科尔维尔就预料到，由于挪威的溃败，丘吉尔将被推上首相之位，即使他很大程度上也要为战败负责。因此，他大概要感谢阿道夫·希特勒，希特勒成了“温斯顿的头号公敌，而这帮助他在英美两国成就了头号国民英雄”。二战已经变成了一出宏大的情节剧，有一位善良的老派主角，和一名出彩的恶棍。“希特勒总是令丘吉尔很高兴，”丘吉尔的保镖沃尔特·汤普森回忆道，希特勒为他的对手而震怒，而丘吉尔充分享受其中的戏剧意味：

> 他自己用留声机放（希特勒的）翻译过来的演讲录音听，不让技术人员切掉其中的欢呼和喧腾。他喜欢听德国人集体痛骂他，在座位里俯下身子听得津津有味，内容充满了快速切换的画面感。希特勒正在德意志帝国议会上，以他惯常的高谈阔论口吻威胁道，英国往德国扔上一颗炸弹，德国就要扔回去一百颗，除非英国

让丘吉尔下台。首相喜欢把希特勒指名道姓提他的部分反复听。

5 月 7 日，下议院开始就休会问题争论，后来实际上演变成一场不再相信政府的运动。工党领袖代表阿瑟·格林伍德[17-20]拿丘吉尔的文学声望攻击他，指责他在危难时刻花言巧语误导英国人民：

格林伍德先生：……我能这么说吗，关于挪威的问题，首相对议院的解释不充分，无法让人信服，却在英国每一个选区都让群众大为震惊，不是这样吗？他们被乐观主义的演说误导了。我并不是在怀疑尊敬的各位同僚。明天晚上，大臣先生可以自己解释，他的雄辩远胜于我。但是，事实难道不是，首相和大臣让人民相信了这场意想不到又徒劳无果的战斗？事实难道不是，政府不加引导，媒体一味让公众相信我们正在节节胜利，让人们看着地图，想象那些根本不会发生的事？尊敬的各位同僚，大臣今天告诉我们，在特隆海姆南北都取胜了，神机妙算，撤退没有伤亡。赢得战争靠的可不是神机妙算……我还记得大臣自己的话，我认为靠的也不是他的文艺做派……通过那场演说，他让议院、国民和中立派统统都相信，胜利，很快就要到来，也一定会到来。

丘吉尔先生：不。

格林伍德先生：我知道，尊敬的各位同僚。大臣今天下午已经说过了。但无论如何，他都用他全部的艺术天才支撑着他的思想，他对议会和公众所传达的信息也再清楚不过了。皇家海军信任他，这位……确实也打造了我们登峰造极的形象……而我们已经来了一个大反转，跌到谷底可不是什么好事。

5 月 8 日，钱农写道，面对这种攻击：

人人心里都在怀疑，温斯顿是否忠诚？最后，他站了起来，一眼就能看出浑身战意，自我感觉良好，迫不及待地要站稳脚跟，反击对手和他所不信服的理由。他来了一次冲劲十足、精力旺盛的演说，雄辩的杰作……温斯顿讲了挪威战场的故事，为它辩护，痛责对手……这些火气有多少是真的，多少是假的，我们谁也不知道，但是他又用他的手腕把人人都哄得开开心心，晕头转向。

无论如何，这都是一场惊险的表演。哈罗德·尼科尔森意识到，丘吉尔进退维谷：他必须为军队辩护，巧妙地推掉自己身上失败的责任，又要保证忠于张伯伦。“这么一场辩论以后，要丝毫不损威望，几乎是不可能的，但是他以非凡的人格魅力两全其美了，既绝对忠心，又天衣无缝地真诚，他用出众的才能证明，他和那些没头苍蝇毫无关联。”如果说钱农和尼科尔森分辨不出丘吉尔是表演还是真诚，那么很明显，像任何一名出色的演员一样，他二者兼得，正如他在《修辞的脚手架》里所辩称的。如果他是个了不起的演员，那么在观众眼中，他显然在张伯伦沉闷的内阁里鹤立鸡群，不用为他们的失败负责。

5月8日深夜的投票，281票支持政府，200票反对，41名政府支持者把票投给了在野党，40票弃权。在和平时期，这种差额已经足够了，但在目前的全国紧急状态下，对张伯伦简直是致命一击。战时联合政府势在必行，而工党拒绝为他服务。9日下午，张伯伦邀请哈利法克斯和丘吉尔到唐宁街10号，商议继任问题。第二天早晨，哈利法克斯在日记里言之凿凿地记录了这次重大会议：

首相、温斯顿、戴维·马杰森（首席监察官）和我坐下来讨论了这个问题。首相简述了情况，说他去意已决，接班的不是温斯顿就是我。无论是谁，他都没有意见……

随后，我说，我考虑了目前所有因素，首相大概确实要让位，但我心里完全确定，我不可能接这个手。这个节骨眼上，我的情况和温斯顿相当不一样，我到底该如何自处？温斯顿可以部署国防，一提这一点，人人都能想起来，阿斯奎斯和劳埃德·乔治干不了这个，我在下议院也没有门路。必然的结果就是我两头不讨好，成了个有名无实的首相，上不着天下不着地。而温斯顿非常得体而谦逊地说，他理解我的用心良苦。首相不大情愿，而温斯顿显然没那么不情愿，就这样听从我的意见收场了。

哈利法克斯也和亚历山大·卡多根谈过这件事，卡多根也在日记中记录了基本相同的内容，只是更加明确地提到，张伯伦言谈间更加属意哈利法克斯。但丘吉尔那里的版本非常之戏剧化，即使每位读者都已经知晓结局。他写道，张伯伦：

> ……告诉我们，他已经确信，组建国民政府超出了他的能力范围。从工党领袖那里得到的回应更令他确定无疑。因此目前的问题就是，他辞职以后，要建议国王派谁继任。他举止镇定，从容不迫，看起来公私分明，环视着桌旁的我们。
>
> 我平生见识过许多重要的面谈，这自然是最重大的一次。平时我的话总是很多，但这次我沉默了。张伯伦先生显然两天之前就在脑中盘算好了下议院的暴风骤雨，而我彼时正和工党争得不亦乐乎。虽然他支持我这样做，但他知道这可能会阻碍他们在这个问题上站在我一边。我不记得他的原话了，但大意如此。他的传记作者费林先生明确地提及，他属意于哈利法克斯勋爵。我保持沉默，出现了很长的冷场。在那会儿，当然比停战纪念日默哀的两分钟还要长。最后，哈利法克斯说话了。他说，他知道，自己身为贵族，在下议院之外，在这样一场战争中，要担起首相之职，是非常困难的。他可以承担一切重任，但是无力引导每一个政府赖以生存的民心。他就这个问题讲了几分钟，结束的时候，十分明显，这个责任将要落到我身上了，事实上，已经落到我身上了。随后，我终于开了言。我说，如果受命于国王组织政府，我会和两个在野党都保持联系。重要的谈话至此告终，我们恢复了平时轻松熟稔的相处模式，共事多年，同进同出，在英国政治中建立了所有的友谊。

据丘吉尔自己称，随后，他回到海军部，遇见了垂头丧气的丹麦公使。公使刚刚飞到伦敦，德国就入侵了丹麦。但这是一个严重的谬误，无法自圆其说。据《第二次世界大战》描写，5 月 10 日早晨，他和张伯伦与哈利法克斯商谈，彼时德国已经入侵了低地国家。但事实上，这次会议是在 5 月 9 日下午四点半召开的，当时事情还没有发生。而且，丘吉尔的版本里完全没有提到戴维·马杰森，也淡化和曲解了张伯伦对哈利法克斯的偏向。

怎样解读这些误差？能否得出真相，真相是否重要？这最后一个的问题的答案自然是肯定的。如果哈利法克斯立刻拒绝，丘吉尔升官就是必然的。但如果丘吉尔缄口不言时，哈利法克斯稍作踌躇，就确实有可能接下张伯伦的担子。后果将是毁灭性的。哈利法克斯不善言辞，不是领导人才，温和到了无用的地步，也不通晓军事。临危受命当首相简直是要他的命，5 月 9 日会谈的时候，他就深感其苦。在巴特哥德堡事变之前，他是个绥靖主义者，希特勒的强横一时激起了他的骨气。但是西线告急的时候，他身为丘吉尔内阁的一员，却赞成和谈，即使这意味着要割地给希特勒和墨索里尼。假如法国沦陷时担任首相的是他，很可能就会接受希特勒的停战协议，以暂时保全英国。那就纵容了希特勒集中力量（现实中闪电战折损了德国空军）进攻苏联，英美两国可能都不会援助苏联。希特勒就将以极小的代价实现他一统欧亚的纳粹帝国梦想，地大物博，无懈可击。以上这另一种可能，就是 5 月 9 日那一场戏剧的重大意义。

安德鲁·罗伯茨[17-21]曾经整理并评价了几份关于这次会议的不完全记录。他写道，参与写作《第二次世界大战》的威廉·迪肯“仗义地”承担了弄错日期并忽略了马杰森的责任，但他可能是在为上司遮掩，那一位有充足的艺术性理由做这些改动。删掉马杰森，是为了戏剧化的精简，场景集中表现三位核心人物。假如在哈利法克斯犹豫不决的时候，德国国防军已经突击了低地国家，那么故事就更加有张力了，即使为此要打乱事实也没关系。迪肯认为，丘吉尔写这次会面“用力过猛”，他 1947 年 12 月的日记也提到，丘吉尔第一次承认，他的首要目的是艺术，而非纪实。他和私人医生莫兰勋爵在马拉喀什[17-22]的时候，一边写战争回忆录，一边大声朗读章节。“他觉得什么最有趣、最吸引人？”莫兰很想知道，丘吉尔指了一个章节给他看，“能抓住最漫不经心的读者。就是描写张伯伦辞职，丘吉尔受命组织政府的段落。温斯顿把它叫做起首，不能易一字，他愿意再补充更多细节，但最好就这样不动。”

经历了这一次漫长的沉默，丘吉尔成了控制“冷场”的高手，1936 年他以此命名一场演讲，后来又成了《第二次世界大战》其中一章的标题。

据马杰森称，谈话当时并没有中断很长时间。哈利法克斯和卡多根的日记也都没有提及，但是一年之后哈利法克斯旧事重提时曾经谈到过。布兰登·布拉肯和金斯莱·伍德*两人也都曾表示，会议之前他们都劝告丘吉尔，如果张伯伦提出让哈利法克斯接任首相，他最好什么也不要说。

此外，这一事件还有三个版本的复述，亚历山大·卡多根、张伯伦麾下的殖民大臣马尔科姆·麦克唐纳和伦道夫·丘吉尔[17-23]，时间都是1942年8月，都认为温斯顿对入主唐宁街10号过分自信了，超出了另外两人的理解。约瑟夫·P·肯尼迪1940年10月19日拜访了张伯伦，他的日记也表示，张伯伦“想让哈拉法克斯当首相，说他没有意见。爱德华以他一贯的方式，开始说‘我身在上议院也许管不了这个’，最后温斯顿说‘我不认为您可以’。他就没话说了，就那样敲定了”。1942年1月23日，肯尼迪和哈利法克斯谈论了这件事，据他的记录，丘吉尔没有沉默。哈利法克斯说完他为什么当不了首相，“丘吉尔就说，他赞同哈利法克斯，对他所言颇有兴趣。（他就是接班人。）”从丘吉尔旺盛的雄心看来，这似乎有理有据，文明的命运摇摇欲坠，最后的筹码在他手中，他自然当仁不让。

哈利法克斯确实无意于此，9日早晨更早些时候，他和张伯伦会面，就此谈了很多。但是在下午和丘吉尔的会谈中，张伯伦还是没有放弃再次提携哈利法克斯。所有的材料都表明，哈利法克斯非常不情愿，但并未斩钉截铁拒绝，而是举出了自己不能胜任的理由：身为贵族，他不能在下议院代表政府。但是，张伯伦和国王都已经想出了解决之道：在国家紧急状态下，可以破例。当天晨间和张伯伦会面的时候，哈利法克斯认为，如果工党只同意为他领导的联合政府服务，“我们肯定又得炸锅了”。当天下午，张伯伦再次试图解释哈利法克斯忧心的问题，劝说他改变主意。而彼时，国王、大部分保守党议会成员、许多工党领袖、上议院、整个伦敦、《泰晤士报》、高官们……总之，整个英国统治阶层都知道，他是张伯伦的首选接班人。出于贵族的责任感，哈拉法克斯也很可能接受。从一些材料看来，

---

* 二人后来分别在丘吉尔麾下担任新闻部长和财政大臣。

在这一切发生之前，丘吉尔非常幸运地开口了。

我们无法知道那天下午唐宁街 10 号究竟发生了什么。但可能性只有两种：冷场，或者未冷场。哈利法克斯在犹豫是否要关上大门，而丘吉尔用力把它推上了。如果这是真的，如果像他在《第二次世界大战》中所描写的，他大概热心到近乎无礼地把哈利法克斯推下了历史的舞台。另一方面，安德鲁·罗伯茨也可能是对的，哈利法克斯马上就拒绝了，没有人推他的门，但是这种场面就毫无戏剧性了。无论如何，丘吉尔精心布置了一段引人入胜的插曲，三位演员都表现得像个绅士。

译者注

[17-1]雪莉·阿纳德(Shirley Annand，1917—2006)：美国电台主持人、制片人。

[17-2] 乔治·比德摩尔（George Beardmore，1922—2015）：英国作家。

[17-3] 爱德华·布里森（Edward Blishen，1920—1996）：英国作家、广播员。

[17-4] 伊夫林·沃（Evelyn Waugh，1903—1966）：英国作家。

[17-5] “虚假的战争”（The Phony War）：指 1939 年 9 月宣战至 1940 年 5 月纳粹对比利时和法国发动闪电战之间的平静时期。

[17-6] 这是一种调侃的说法。二战时英国士兵会把名字缩写刻在炮弹或者缴获的小战利品上。

[17-7] 萨尔布吕肯（Saarbrucken）：德国西南部边境城市。

[17-8]理查德·霍姆斯(Richard Holmes，1946—2011)：英国士官，军事历史学家。

[17-9] 老查塔姆伯爵（Chatham，Pitt the Elder）：指威廉·皮特（William Pitt，1708—1778），英国辉格党政治家，历任国务大臣、首相。下文的“七年战争”，是 1754 至 1763 年欧洲主要国家发生的战争，英国与法国，以及普鲁士的侵略政策与奥地利和俄国的国际政治利益发生冲突，形成了两大利益集团，在欧洲、北美、印度等地进行的争夺殖民地和领土的战争。其中英法在北美的战争，确立了英国在北美东部的统治地位。查塔姆伯爵因此扬名。其子亦名威廉·皮特，1804 至 1806 年任英国首相，所以为了区分父子，常称“老威廉·皮特”和“小威廉·皮特”。

[17-10]约翰·布莱特(John Bright，1811—1889)：英国自由党政治家、演说家。

[17-11]诺曼底征服(Norman Conquest)：1066 年法国诺曼底公爵威廉入侵英格兰。这次征服改变了英格兰的走向，从此欧洲大陆对英格兰的影响加深，而斯堪的纳维亚的影响逐渐衰退。

[17-12]忏悔者爱德华(Edward the Confessor)：英国的盎格鲁-撒克逊王朝君主，1042 至 1066 年在位，因为基督教信仰无比虔诚，被称作“忏悔者”，或称“圣爱德华”。逝世后无子嗣，内弟哈罗德二世和诺曼底公爵争夺继承权，遂爆发战争。

[17-13]威廉·尼科尔森(William Nicholson，1872—1949)：英国画家、雕塑家。

[17-14] 斯塔万·洛伦特（Stefan Lorant，1901—1997）：美籍匈牙利导演、摄影师、记者。

[17-15]约翰·弥尔顿·默里(John Middleton Murry，1889—1957)：英国作家。

薇拉・布里顿（Vera Mary Brittain，1893—1970）：英国作家，和平主义者。克莱夫・贝尔（Clive Bell，1881—1964）：英国艺术评论家。

[17-16]R•A•巴特勒（Richard Austen Butler，1902—1982）：英国保守党政治家，时任外交部副部长。

[17-17] G•D•H•科尔（George Douglas Howard Cole，1889—1959）：英国政治理论家、经济学家、作家和历史学家。约翰・吉尔古德（John Gielgud，1904—2000）：英国演员、导演、制片人。西比尔・桑代克（Sybil Thorndike，1882—1976）：英国著名女演员，萧伯纳《圣女贞德》是专门为她写作的。西里尔・贾德（Cyril Joad，1891—1953）：英国哲学家、广播人。

[17-18]阿瑟・布莱恩特（Arthur Bryant，1899—1985）：英国历史学家、专栏作家。

[17-19] 列日（Liege）：比利时东部省份，靠近默兹河。

[17-20]阿瑟・格林伍德（Arthur Greenwood，1880—1954）：英国政治家，工党代表。

[17-21] 安德鲁・罗伯茨（Andrew Roberts，1963— ）：英国历史学家、记者。

[17-22] 马拉喀什（Marrakesh）：摩洛哥历史古城。

[17-23] 此处的伦道夫・丘吉尔（1911—1968）是丘吉尔的儿子，保守党议员。

▲《新式试验》（*Trial of A New Model*，戴维·洛，《旗帜晚报》，1938 年 10 月 14 日）：这幅漫画讽刺了绥靖主义的审查，达夫·库珀、安东尼·艾登和丘吉尔冷眼旁观。

十八、命运时刻与世界末日

1939 年 2 月，情报部委托英国国际事务研究所，为战争宣传制订指导方针。研究所设想了一个由上至下的方案，由精英向英国人民传播既定的说法。正如各种内部资料显示的，“我国的大众不喜欢也不相信争论”，他们有“理想主义和无章法的气质”，不善于接受“‘自由’等抽象概念”，“从来不会为‘自由、平等、友爱’的理念自觉斗争”。但是，他们“至少对宣传一视同仁，一律接受”。只要官方坚持“简单的事实、掌故和纪要等”，就可能打造出“偏颇的意见领袖”。战争早期有一份宣传海报拙劣得惊人，反映的正是上层阶级的偏狭。海报呼吁英国人民：

> 您的勇气
>
> 您的快乐
>
> 您的决心
>
> 将带我们走向胜利

海报的语气活像使唤仆人去取鸡尾酒。和这张海报一样，希特勒也喜欢第一人称单数，与他们形成鲜明对比的是，丘吉尔经常使用第一人称复数，如“我们将在海滨战斗”“让我们一同前进”，等等。他在《萨伏罗拉》中第一次概述了这种修辞手法，让受众感觉他们是一出大戏里的演员，至少在 1940 至 1941 年，这种手法十分奏效。英国广播公司的调查显示，它的听众群体是巨大的，1941 年潜在听众达 77%，而 1942 年 2 月下滑至 65.4%。

“我所能奉献的，唯有热血、辛劳、眼泪与汗水。”1940 年 5 月 13 日，丘吉尔说了两次这句话，第一次在海军部对他的同僚，随后以首相身份首次驾临下议院，又说了一遍。这句话从加里波第的名言改编而来，他已经酝酿了四十余年了。被布尔人拘押的时候，他就打好了这句话的初稿：他向关押他的人打包票，英国的胜利“只是时间和财力的问题，血和泪就是表达的方式”。在《世界危机》的最后一卷中，他描写了东线成千上万人民无意义的牺牲：“他们的汗、他们的泪、他们的鲜血，打湿了无尽的平原。”《马尔博罗》中曾经论及当下重整军备的问题，他指责英国国会在 1697 年里斯维克和约[18-1]后迅速遣散军队：“他们只是想赶快赎清他们流血劳民的罪行。”1939 年 2 月西班牙内战结束时，他为其间付出的“血、汗和泪”哀悼不已。

5 月 13 日的演说可谓是情节剧中的最强音。它允诺要与绝对的恶势力（“人类黑暗、可悲的犯罪史上空前凶残的暴政”）斗争。战争是一场可怕的严峻考验，但最后必然胜利：“我坚信人们不会听任我们的事业遭受失败。”整个演说都贯穿着维多利亚时代的进步观念：没有胜利，就“不复有推动人类历史不断前进的动力”。

理查德·奥弗里[18-2]观察到，20 世纪 30 年代的英国社会评论家着迷于“延续文明，让它通俗易懂”，演讲同样遵循情节剧的程式。“在这出伟大的情节剧中，希特勒的纳粹德国是恶棍，民主文明是受到威胁的女主角，多股进步力量是单纯而勇敢的男主角，苏联是主角英勇但并不值得完全信赖的盟友。”威尔·戴森在漫画中如是描绘希特勒，让哈利法克斯很头疼。早期支持纳粹的温德姆·刘易斯[18-3]在 1939 年也呼吁英国人民“保持警惕，希特勒是个恶棍，如果不警觉，就会变成真正的危险”。希特勒甚至连长相都酷似舞台上的坏人，当时反派通常都是黑头发，留着小胡子。19 世纪 80 年代，曾有英国演员扮演了一个金发碧眼的雅利安反派，遭到愤怒的观众抗议。实际上，希特勒和墨索里尼都完美地扮演了迈克尔·布斯所说的情节剧的“反派的两种主要类型：冷酷、果决、大气的恶人和诡诈、怯懦的小丑”。

维多利亚时代的情节剧总是把恶人处理为个体道德的沦丧，而非政治经济体制的内在问题。资本家要垄断市场，剥削劳工；贵族要引诱老实的年轻女工；欧洲人对待非洲人和印度人不公。但这些只是坏人的行为，资本主义、阶级制度和帝国主义是没有根本错误的。这就是《英国玫瑰》的预设，如果没有那个邪恶的地产代理人，英国人和爱尔兰人就不会有矛盾。战后丘吉尔急于处死希特勒和一干纳粹高层，但是有人告诉他，德国人民对处决与驱逐心怀恐惧，这让他非常震惊。他希望战后德国能裁军，重归国际联盟，而无需承担赔偿。

约翰·查穆雷曾经提出疑问，为什么丘吉尔要追求战争，哪怕它将拖垮英国，让苏联统治半个欧洲？答案是他想要保存英国，以牵制共产主义，但在战时，这并非他的首要考虑。1940年8月10日，他写了一个提案："英国的战后地位将左右逢源，对当下应该有益，为了生存，我们必须赢得战争。"他"只有一个目标，打倒希特勒"。而内维尔·张伯伦制定的战争目标更加精细，与他有微妙的不同：要打倒的是"希特勒主义"，亦即德国人武力统治欧洲的决心。这暗示的是张伯伦准备媾和，劝说德国政府甚至希特勒本人放弃侵略，只要他不再是"希特勒主义"的，那就都好说了。这个口号对停战怀抱着不切实际的期望，目的并不是要唤起国民坚决抵抗。而丘吉尔通过将战争个性化，把公众的情绪集中到一个独立的恶人身上，激发了战斗的热情。在法国濒临投降的时候，他对法国政府保证："一切都将顺服于英国铲除希特勒及其党羽的决心。"

丘吉尔是唯一一位亲自创作过情节剧的英国政要，他擅长在这种框架中规划世界范围内的矛盾冲突。1940年，情节剧也是能够保持英国士气的唯一文学形式。克莱门特·艾德礼认为："没有丘吉尔，英国很可能会输。我不能说我们一定会输，但是很可能会。他极擅长雪中送炭，当时英国的需求至关重要，换作其他人，缺乏他的才能，就会沦为浮夸，简直无法想象假如没有他会发生什么。"

理查德·奥弗里认识到，20世纪30年代普遍的文化情绪就是绝望，丘吉尔也不例外。社会主义者宣布资本主义已经垮台，优生学家忧心基因劣化，心理学家认定现代人陷入了无可救药的苦闷与神经质，进步论者警告法西斯正在步步紧逼，和平主义者声称再来一次战争会毁灭一切……这些叠加成为一种现代性的体验，西方文明已经日薄西山，就像奥斯瓦尔德・斯宾格勒和阿诺德・汤因比[18-4]所预言的那样。共产主义者和法西斯主义者对此都深表赞同，他们都想象自己是一种新而强健的文化的先锋，将涤荡旧世界。在W•H•奥登称之为“低迷而浅薄的十年”的尾声，约瑟夫・戈培尔写道，他已经“通过阅读毛姆[18-5]深知英国社会内部的腐朽。用足够的力推上一把，这个社会就垮了。我们都确信这一点”。

这种悲观情绪滋生了绥靖主义和“虚假的战争”的冷漠，但丘吉尔依然保持着19世纪对于进步的信心。和现代派一样，情节剧也把世界描绘为一个充满危机的竞技场；但和现代派不同的是，它的结局总是大团圆的。不管际遇多坏，斗争多么漫长，好人最终总能取胜。丘吉尔应对公众恐惧情绪的手段，不是冷冰冰的保证（“虚假的战争”就犯了这种大错），而是确认甚至放大这种恐惧，然后展望最终的胜利。这是一种早已过时的维多利亚时代的戏剧模式，早些年就饱受讥嘲，但在1940年的危机中出奇地奏效。如点金术一般，让“焦虑的年代”[18-6]摇身一变成为了“最光辉的时刻”。

丘吉尔还模仿了小威廉・皮特的一次演说，在《英语民族史》中他也曾引用过：

> （福克斯先生[18-7]）要求我用一句话说明战争的目的。我知道，不管一句话能否说清楚，我都要告诉他一个词，那就是“安全”。安全所对立的是危险，曾经威胁全世界的最大的危险。目前的安全，对立的是史无前例的危险，程度和等级过去从来未曾如此之高的危险，威胁着地球上所有民族的危险，欧洲所有国家都起来抵抗的危险，这个国家的抵抗最为成功，因为再没有别人能如此一致，如此有力。

丘吉尔称之为伟大的雄辩，但实际上，这段演说力松劲泄，冗长而累赘。

“安全”是一个公认较弱的名词，由保险推销员说来还差不多。如果丘吉尔也用这种字眼，就是对希特勒开门揖盗了。因此，他修改了皮特的用语，成了一段危机时刻的剧场独白：

> 若问我们的政策是什么？我的回答是：在陆上战斗，在海上战斗，在空中战斗。尽我们的所能，尽上帝赋予我们的全部力量去战斗，同人类黑暗、可悲的犯罪史上空前凶残的暴政战斗。这就是我们的政策。若问我们的目标是什么？我可以用一个词来回答，那就是：胜利。不惜一切代价去夺取胜利，不畏一切恐怖去夺取胜利，无论前路多么漫长、多么艰苦，都要去夺取胜利。因为没有胜利就不能生存。我们必须认识到，没有胜利，就不复有大英帝国；没有胜利，就不复有大英帝国所代表的一切；没有胜利，就不复有推动人类历史不断前进的动力。

虽然保守党对丘吉尔的态度仍然有所保留，但工党列席欢呼喝彩。罗伯特·罗斯·詹姆斯是批评丘吉尔最尖刻的一位，而他也承认，这次演说：

> ……是一个真正的转折点。它直击大众心灵最深处，召唤英国人民起来牺牲奉献。它传遍全世界，让许多对西方文明持友好态度的人知道英国要起来战斗了，兴奋不已。在 1940 年，人们相信英国应该想办法和希特勒协商，那可能是最明智的方法。但是，在这次令人难忘的演讲之后，谈和论调失去了所有的号召力。这才是领导人和抵抗力量真实的声音，这才是丘吉尔身为战时领导人的过人才能，他不仅阐明了战争保全国民的本质，更让它变得有价值而高尚。1940 年夏天，英国所有的人，甚至包括像我当时那个年纪的孩子，都忘不了人们汹涌的欢呼。那并非黑色幽默，丘吉尔的情绪富有感染力，令人觉得那是一个生存于此的伟大时代，命运将赐予我们一桩了不起的福祉，这段日子将惊心动魄。当然，这种状态不能长久，牺牲的现实和想象完全不同。但是，斗争的豪情将在一定程度上驱散战事的恐怖，我毫不怀疑，正是这种激情带领英国人民度过了这场严酷的考验。

约翰·科尔维尔记得，“丘吉尔像喷气式火箭一样出现了”，为无精打采的议会官僚们注入了这种活力，而这种活力经常错误地被视作法西斯：

人们不得不接受这种狂乱而全然陌生的步调……从早到晚。每一个角落、每一条缝隙里都装着各种颜色的电话，“今日行动”或“三日战报”之类的消息分分钟汹涌而来，由口述直接打成字，涌向首相的卧房、会议室甚至浴室。参谋长、内阁秘书、各部门官员和大批不知道什么人物来来往往，令人眼花缭乱。问题几分钟内就要回复答案，古板的官员也撒腿跑起来了，门铃响个不停。议院打了一针强心剂，唐宁街10号的办公室忙成一团。我们意识到，我们在打仗。

5月15日早晨七点半，丘吉尔被法国总理保罗·雷诺的一通电话惊醒了。“我们战败了，”他用英语说，“我们打输了，我们输了战争。”丘吉尔震惊不已：“怎么会这么快？”德军从色当[18-8]附近攻破，突入了五十英里的法国防线。次日，丘吉尔飞往巴黎，甘默林将军[18-9]在法国外交部向他们简要地解说了军事形势，德军显然正在势不可挡地逼向英吉利海峡：

将军说了大约有五分钟，谁也没有插一句嘴。他说完以后，有一段时间相当长的沉默。我问：“战略后备队在哪里？”接着，我又毫不在意地（确实是毫不在意地）改用法语说：“机动部队在哪里？”甘默林将军向我转过脸来，摇摇头，耸了一下肩膀，说：“没有。”

又是一段长时间的沉默。窗外，在外交部的花园里，几大堆的火冒起滚滚黑烟，我隔窗望见，年迈可敬的官员们正在用小车推着档案向火堆走去。显而易见，已经在准备撤出巴黎了。[18-10]

丘吉尔身为剧作家的技巧令人叹为观止。他深谙如何反转，冷场，打造无声的悲惨画面。一字传神，法国的悲剧尽在其中：

“没有。”我吃惊得一句话也说不出来。我们对于伟大的法国陆军及其最高军事首脑应有什么样的看法？我还从来没有见过，一个要防守前线五百英里长的阵地的司令官，竟然没有准备大批的机动力量。

甘默林坚称，他当时说的不是“没有”，而是“再没有了”，当时机动部队被派往他处了。但是，这两个人都有改写现实的动机：甘默林要保存颜面，丘吉尔则是要震慑观众。

5月16日晚上9点，丘吉尔给战时内阁打去电报“千钧一发”，催促皇家空军派出战斗机和轰炸机应援法国。他也承认，法国的抵抗不堪一击，外交部都把文件烧了，“结果无从担保”。但他已经展望到了未来的历史：“如果拒绝他们的要求，让法国沦陷，从历史上看来可不好。”当天夜里，约翰·科尔维尔匆匆写进日记的想法也与之类似，他深知，今日的事件“将载入未来的每一部史书”。晚上11点，内阁聚头，科尔维尔通读了刚刚译过来的丘吉尔电报。读到“千钧一发”的时候，阿瑟·洛克[18-11]喃喃抱怨道：“他还惦记着他的书。”张伯伦的私人秘书[18-12]自然也这样想，就连丘吉尔自己的秘书埃里克·希尔都对他“要命的辞藻”不耐烦起来。一开始内阁同意支援法国，但是第二天早晨，首相从法国回来，召见他们并强调，如果法国尽力集结力量，那么只派飞机就行了。于是不了了之了。

5月15日，丘吉尔第一次以首相身份致信富兰克林·罗斯福，开篇就是戏剧性的辞藻“情景急转黑暗”，随后又摆出了情节剧主角的经典姿态：背水一战。“敌人在空军上占据绝对优势……小国家不堪一击，一个接一个溃败，就像火柴梗一样……墨索里尼赶来分一杯赃。我们希望在不远的将来能自主反击，通过空军和跳伞空投部队双管齐下……”随后便要求紧急支援，“四十或五十艘老式驱逐舰……数百架最新型号的飞机……防空设备和弹药”，还有钢铁和其他物资。“我们会尽力以美元支付，”他允诺，“但我完全有理由相信，即使我们能力有限，您也会同样给予援助。”他富有想象力的描述让总统感到情势严重，但效果适得其反。丘吉尔断言：“如果必要的话，我们将继续孤军奋战。”暗示的正是法国可能很快就要投降，接下来还提及英国也可能沦陷：“可能会有一场完全的征服，纳粹欧洲将以惊人的速度建立起来，其重担将是我们难以负荷的。”如果欧洲末日将至，罗斯福得出的结论自然是，得自己留着军备，来建设美国还很薄弱的国防。他的回复不置可否，没有明确地拒绝派老式驱逐舰支援英国，而是列举了许多理由，来说明此时此举不切实际。还补充道，请求任何支援，都不得不考虑“我们自己当下的国防需求”。尽管如此，19日，温斯顿还是向儿子伦道夫保证，他成竹在胸：“我会把美国拖进来的。”当然，后来他只把美国拖到了半路，其余的力是日本出的。

彼时，罗斯福并不了解丘吉尔，他有理由怀疑英国对待战争的积极性。1939年2月，洛西恩勋爵向他进言，美国人现在必须承担起英国的责任“保卫盎格鲁－撒克逊文明”。“我真是疯了，我告诉他，只要他或者像他一样的英国人还抱着这种完全绝望的态度，英国人就不值得去拯救，”罗斯福愤怒地道，“英国人现在需要的是一剂猛药，不光要期望拯救文明，还要有他们能自救的持续信心。在这样的情况下，他们才能得到美国兄弟姐妹的大力支持，您不这样认为吗？”丘吉尔的《趁英国沉睡时》更是加深了他对英国决心的怀疑，丘吉尔把书寄给他作为礼物，但不知道他读了没有。他也有一部《世界危机》，还和最高法院大法官菲利克斯·法兰克福讨论过H•M•汤姆林森对这部书的严厉批评，但同样不能确定他是否读过。在1939年9月11日致丘吉尔的第一封战时书信中，罗斯福提到，他“非常喜爱”丘吉尔出版伊始就寄给他的《马尔博罗》，关于英国抵抗欧洲暴政的漫长故事。但是在信中他把“马尔博罗”拼错了，说喜爱可能只是一句礼节性的客套。“我一直不喜欢他。”1940年3月，罗斯福曾对约瑟夫•P•肯尼迪说，一战期间他曾经访问英国，丘吉尔不知何故对他有些怠慢，“现在我开始关注他了，因为他很可能要当首相，还想要和我结盟……我希望能尽力帮助（英国），但不希望被他们玩弄于股掌之间。”大使并没有反驳这一观点：“总统先生，在我看来，毫无疑问的是，丘吉尔心里对美国并没有特殊的爱，对您也没有。”

5月17日，德国装甲先头部队逼近了英吉利海峡。塞西尔·比顿[18-13]在日记中写道：“恐慌的情绪弥漫了高层的圈子。”包括帝国总参谋部长艾恩赛德将军在内。“我们面对的是一个完全纳粹化的欧洲，”他在日记里写道，“法国倒下以后，我们还有什么机会继续孤军斗争？……似乎很难想象我们要对抗帝国的毁灭，但是我们几乎一定要，不能更加确定了。”第二天，他非常坦率地告诉安东尼·艾登，几乎是随口一说，“这就是大英帝国的终结。”后来艾登承认：“在军事上，我不知道如何反驳他。”19日，他的私人秘书奥利弗·哈维也注意到了“伦敦上等阶级中弥漫的失败主义”。了解军事形势有多么糟糕，也是统治精英职能的一部分：报纸或英国广播公司总是不会马上报道灾难的全貌。月末，一名情报部的官员说：“领子越白，越不敢下保。”

5月18日，情报部发现民众士气动摇，于是第一次发布了一系列国家军情报告。“挪威的败绩令人错愕，”报告总结道，“人们再也不相信了，英国广播公司没有政治领导人和报纸那么糟心，但它们的日子都不好过。”包括丘吉尔在内，所有人都向公众信誓旦旦，德国的威胁还在可控范围之内，但紧接着：

> ……随后是入侵波兰和比利时。报纸一直在报道低地国家的抵抗。……一千个人里也没有一个能想象德国打进了法国。这种侥幸心理还存在，而一个令人释然的因素是丘吉尔先生担任了首相，人们相信换一个领导人就能解决张伯伦先生造成的后果……

但是德国装甲部队穿越了法国北部，“昨天下午和今天上午发来的报告显示，忧虑和恐惧又卷土重来。”在同一天情报部的另一份备忘录中，一位官员提议。接下来的宣传路线应该是重建公众的信心：“这不是英国一国的战争，而是整个文明的战争。即使出现最糟的情况，英国被击溃了，也应当如此。只要德国不倒，帝国就应该坚持继续武装战斗。”这一建议被驳回了，也许是因为内阁还没有做好准备接受英国被征服的可能性。但值得注意的是，这三句话读起来很像是“永不投降”和“最光辉的时刻”演说的摘要，前者发表于6月4日，后者发表于6月18日，彼时军事形势仍然非常严峻。

受众研究是文学研究中最具启发性的维度之一。除了情报部的国家军情报告，民意调查也每日观测着公众的情绪，这些都为研究丘吉尔的演说在1940年5至7月战局变更中的作用提供了数据。报告和调查显示，民心高度不稳定，深受前线噩耗的打击，又在一定程度上被丘吉尔的活力振奋起来；同时也暗示，假如是哈利法克斯这样气质阴郁的演说者入主唐宁街10号，士气很可能就一蹶不振了，尤其是在面临法国沦陷、政府很可能接受希特勒的谈和条款的情况下。大部分媒体曾经为《慕尼黑协定》和阿瑟·布莱恩特《未完成的胜利》欢呼喝彩，很可能也同样支持媾和。

5月16日，民意调查显示，公众更加焦虑了，但他们“还没有开始考虑我们可能真的战败。只是大部分人还没有想到我们‘会’战败。老派的自满已经被动摇了，但依然存在。如果突然被打碎，士气可能就崩溃了”。三天之后，“人们依然有信心我们能赢得拉锯战，但今天已经流露出了一些含蓄而无意识的失败主义，有一些人已经坦率地提到了德国的胜利。”

5月19日，在这种士气脆弱的氛围中，丘吉尔以首相身份发表了第一次广播讲话，用了一些他最喜欢的文学手法。由于法国抵抗运动失败，他把希望寄托于同盟国可能实现“局势的突然逆转”。他诗意地将战争总结为一次崇高的审美体验：

　　这是英国和法国历史上
最令人敬畏的时代，
无疑也是最崇高的时代。
英法人民将并肩战斗，
独力支撑，除却广大自治领
　　以及他们庇护下的广大帝国的亲友。
英法人民将齐头并进，
不仅要挽救欧洲，还要挽救人类
　　于曾经玷污了历史篇章的暴政中

最邪恶、最无人道的一个。

“独力支撑”唤起的是情节剧中对抗绝对强力的弱势一方的形象，虽然在现实中，是德国在独立无援地与广大的同盟国对抗，结果还取胜了。达夫·库珀在6月10日的广播讲话中表达了对意大利军队的蔑视，丘吉尔对此劝告道：“众所周知的战争原则是，取胜时要赞赏对手的勇气，这样才能巩固胜利。”和隆美尔元帅[18-14]作战时，他就遵循了这一原则。

5月20日，德国装甲师在阿布维尔[18-15]抵达了英吉利海峡，拦截了英国远征军、比利时国防军和部分法军的联军。两天之后，民意调查显示，德国的突击再次严重动摇了公众的信心，但是，“过去几天来丘吉尔和达夫·库珀演说又产生了安慰效果，不是因为形势不再严峻，而是因为人们觉得他们已经知道了最坏的情况，这对他们来说是一种新的体验。”直到5月23日：

……正面情绪和普遍镇定又有了显著的提升，悲观与极端不安的情绪明显减少……目前是这样。昨天伦敦有许多人强烈地抑郁，主要是中产阶级，也有一些工人阶层，但今天都不明显了。

有一种感受在滋长……应该更加努力，我们的领导人也可以这样要求……这种感受十分有助于把人们从冷漠、停滞、徒劳无功中解放出来，这些情绪已经严重地压抑和影响了一大批人……这种新的感受频繁地体现在今天的调查材料的字里行间，出现了一些评论，比如：“我们很快要着手做些什么了。”“我准备好了，什么都能干。”“好吧，现在人人各就各位了。”

现在，英国人民希望政府能充分动员他们投入战事了。5月14日，安东尼·艾登发表了一次广播讲话，招募民防志愿兵，到6月底，有约五十万人应征。不用政府勒令，军工厂的工人普遍自觉地七天不休，10至12小时轮班倒，罢工记录减少到了史上最低。

但公众情绪依然日复一日地剧烈波动。5月24日，英国在阿拉斯[18-16]

发动反击，试图突破德国包围圈，结果失败了。民意调查报告记录了一次工会成员的偶然谈话：

“我从来没有见过工人阶级在这么短的时间内发生这么大的变化。他们绝对在走下坡路。”

“他们不总是这样吗？”

“不，不像这样的。之前他们都挺高兴的。他们说：‘哦，我们会渡过难关，一切最后都会好的。’但是现在，他们都不关心了，只是不关心了。您知道吗，我们的妇女为了主妇联盟四处活动游说，其中一些人，尤其是和她们聊天的一些年轻主妇，已经进入了几乎要欢迎希特勒的状态。她们说不会更糟了，不过至少丈夫可以回家了。”

“是这样的。您看，他们自己想得蛮好，可以睡个好觉了，想什么时候开灯就什么时候开灯[18-17]，诸如此类。他们说不会更糟了，但是打仗又有什么好处？我知道，如果士气再这么猛走下坡路，就不会再有多少人和他作对了，那会儿他就该来了。”

情报部5月25日签发的一份机密文件表示：“虽然看起来普遍对战争的结果有信心，但是大部分地区对法国目前的军事形势都相当不了解。”这份报告提出警告，如果法国不尽快开始计划中的反击（事实上后来也没能实施），士气将会下降。“人们认为‘呵呵勋爵’*[18-18]极端阴险，”报告继续道，“英国广播公司和政府都低估了他的危险，没有充分重视这种宣传所收获的信任。”同一天的民意调查认为：

沮丧情绪明显上涨了……今天有一大批人发现自己无话可说了，也搞不清楚自己的想法……整体而言，乐观情绪猛跌，而悲观主义加深了。公众的思想陷入

* “呵呵勋爵”（Lord Haw Haw）：指威廉·乔伊斯，前英国法西斯联盟副领导，当时在为德国进行广播宣传。

了混乱，已经要跌入困惑、震惊、怀疑与灰心的深渊了。整个国民信仰结构似乎将被缓慢地动摇。

5月27日，民意调查显示，一种普遍的“焦虑的暗流弥漫在当下”，同时“越来越多的妇女表示她们不愿意去想这些，有意克制自己别去听无线电”。在国内的某些地区“不愿表达意见的情绪正在上涨”。英国人仍然没有完全认同为战争做出的努力，虽然“在丘吉尔先生当上首相之后，这种对局势的认同和普遍实践已经大幅度增长了”。而德国已经把本土人口也卷入了这场战争大戏：“通过不断播送生动形象的广播新闻简报，包括实时通报、目击者和参与者直接从前线发回汇报等手段……这些都促进了广大平民听众对武装斗争的认同，让他们亲身感受到了胜利的兴奋与张力。”除了空军胜利的战报，英国在这方面做得很少，政府和媒体都倾向于对坏消息缄口不言。

与之相反的是，丘吉尔的广播讲话非常有效，因为“他打破了广播讲话的每一条成规”，英国广播公司的播音员理查德·丁布尔比观察到，“他该扬时抑，调整句读来适应他自己的节奏，他的一些讲稿别人根本看不懂。他大部分时间都讲得非常好，只是不太清楚。”他令“数百万听众沉默而心悦诚服，津津有味地听他的一字一句”。像每一位现代艺术家一样，丘吉尔通过打破审美成规而吸引受众。假如他还用英国广播公司惯用的修辞来演说，自然会使听众昏昏欲睡，但他用自己独特的语言打造了另一种真实性。缺乏清晰度反而令听众投入了更密切的关注。他和斯坦利·鲍德温一样，采取了一种大胆的方式，大巧若拙的修辞。他的录音师告诉丁布尔比，“他从来没见过哪个人像首相一样事先那么卖力地打磨讲稿，没有人会像他一样，坚持准备到录音完美无瑕。”

5月26日，丘吉尔让他的私人秘书约翰·马丁去查阅乔治·博罗[18-19]的《西班牙圣经》，找出一些可以鼓舞士气的引文。他找到的是：“别害怕结果，你们的结局即使不是庄严的，也将是可羡的，上帝将使你们在海上的统治长存不朽。”值得注意的是，这段话许诺的并非胜利，只是一个美好的结局。亚历山大·卡多根仍然认为，首相“太不着调，太浪漫，太伤感，太喜怒无常”。

5 月 27 日，战时内阁就法国的一个建议展开了讨论，法国想要求墨索里尼出面调解谈和，哈利法克斯表示支持。丘吉尔警告道：“这样做不只是徒劳，甚至会把我们推入致命的危险。”德国乃至全世界都会认为这是同盟国示弱的信号。丘吉尔在两周之前大力呼吁胜利，他知道，此时哪怕仅仅暗示要停战，也会摧毁公众的信心。“如果最坏的情况发生了，”他宣称，“对被纳粹暴政侵占的另一个国家而言，我们国家停战可不是一件坏事。”哈利法克斯反驳道，主战的决议意味的是“国家的未来取决于敌人是否轰炸我们的飞机工厂。如果我们的独立遭到威胁，他就打算冒险；但是还没到紧要关头，接受建议使国家免于毁灭性的灾难，他觉得没有什么错”。哈利法克斯后来在日记里写道：

> 四点半，我们在内阁进行了一场漫长而混乱的讨论，名义上讨论进军意大利，但主要还是关于法国每况愈下的事态。我觉得温斯顿说得最糟，格林伍德也是。忍了一会儿，我说了我的看法，并且补充道，如果他们确实那样认为，如果真的说在点子上，那我们只能不相为谋了。令人惊讶的是，温斯顿的态度很柔和，我在庭院里和他把话又说了一遍，他满怀歉意，脾气很好。但这还是令我感到绝望，应该用脑子理智思考的时候，他却用激情驱使自己。

几天之后，钱农“回忆了哈利法克斯非凡的人格、高尚的情操、迷人的风度和庄严的态度”，但也写下了“他擅长钻营的特质，以及尤其他丝毫不经考虑的高度变节，对他来说是必要的相时而动。他不在意手段，只注重结果”。《第二次世界大战》的早期草稿曾经说道，哈利法克斯准备“收买”墨索里尼，甚至 5 月 25 日和意大利大使会谈时提出，要将直布罗陀、马耳他和苏伊士作为谈判筹码。内阁的五位成员，只有丘吉尔坚决拒绝谈判，张伯伦、艾德礼和阿瑟·格林伍德都试图走中间路线，反对现在就谈和，但并不排除未来的可能。

5 月 28 日，比利时军队投降。丘吉尔在《第二次世界大战》中回忆这场危机时写道：“对我来说，这是一次非比寻常的经验，全盘肩负着如此重大的责任，在这几天里时不时摇曳不定地瞥上一眼这场无法控制的戏剧。”当天在战时内阁外面和大臣们谈话的时候，丘吉尔发表了人生中最了不起的独白之一。休·道尔顿记录道，他驳斥了每一条谈和论调。敦刻尔克大撤退只是刚刚开始，但丘吉尔已经发现了这次大逃亡的戏剧潜能：“如果我们能撤出十万人，那就将是一场无比壮丽的演出，”这很可能经过道尔顿的转述，并不是准确的原话，“然而说实话，当然，法国北部现在发生的事，是英国军队许多个世纪以来最惨烈的失败。”但即使法国沦陷了，英国孤军作战的景象也能制造出“撼动人心的效果，尤其是美国，到目前为止都没有出手帮助我们，现在可能会参战了”。他还为最坏的可能性充分地准备了一段谢幕曲：“我们会继续，我们会战斗，无论在何处，如果这个漫长的故事最后要终结，最好是终结，不是投降，只要我们没有彻底倒下，就不会投降。”道尔顿表面上是在记录丘吉尔的原话，但是后来又在页边上写下了一个更加激动人心的版本，听起来更加地丘吉尔：“如果我们这个岛国的漫长故事最后必将结束，那唯有终结于我们每一个人都阵亡在它的血泊之中。”

这是地道的情节剧语言。1893 年，英国对马塔贝列人的战斗敌众我寡。两年之后，德鲁里巷剧院为了纪念这场战争，把它搬上了舞台，命名为《欢呼吧，孩子，欢呼》。“先生们，你们知道这对我们意味着什么，”剧中的指挥官演讲道，“我们赴死，我们要像个英国人那样，尽力让生命重于泰山。我们的父辈牺牲了，国家因此更加伟大，今天轮到我们了。”

与之相反的是，《第二次世界大战》中丘吉尔自己记录的版本更加务实：“我没有把它当作一件具有特殊意义的大事，而只是漫不经心地说道：‘当然，无论在敦刻尔克发生了什么，我们都要战斗下去。’”随后同僚们就狂热地欢呼起来：

> 有许多人一下子从桌边上跳起来，跑到我的椅子旁边，一面喊叫一面拍打我

的背。毫无疑问，在这紧要关头，如果我在主持国家的方针大计上稍有踌躇，就会被赶下台。我确信，每个大臣都已下定决心，宁愿马上牺牲生命，家庭和财产全遭毁灭，也不愿投降。他们代表的是下议院，也几乎代表了全体人民的心声。在这之后的几天乃至几个月里，我的职责便是在适当的场合表达他们的心声。

利奥·埃默里的日记证实，道尔顿的说法更贴近历史事实，但丘吉尔知道，只有糟糕的剧作家才会一门心思专写主角。他不能不顾广大民心和政府，一味强调自己在英国主战中扮演的角色。他总是坚称，自己只是传达了英国人民的爱国热情。因此，《第二次世界大战》中的配角经常为他欢呼。

5 月 29 日，报纸报道英国远征军退却无望，正濒临投降，民意调查显示："鉴于此前人们对于胜利的信心更加高涨，而不知道争取胜利究竟意味着什么，现在，他们意识到面临的事态有多么重大了。"当时已经撤退了四万人，但卡多根依然担忧："结局可能非常可怕……温斯顿·丘吉尔简直又爱演又好斗……这是温斯顿的错，爱做戏。"

丘吉尔在战时致力保护法国，确实是大张旗鼓地做戏。5 月 31 日，他告诉最高战事委员会*："西欧文明及其一切成果，都要走向一个悲剧性的辉煌结尾，这和两大民主国家苟延残喘，被剥夺一切生存的意义比起来，还要更好一些。"丘吉尔派往雷诺处的私人代表爱德华·斯皮尔斯将军写道，这次演说只有"一小撮听众，除了一两个人，其他人几乎都倾向于投敌了"，当然，"他们很感动"，但"也许只是艺术感觉被触动了，因为这确实是一次很伟大的表演"。而两天之前，丘吉尔才向战时内阁保证，"永不投降"意味的并不是"部队被切断生机，缺粮少水，弹尽援绝，还要继续战斗"。

6月2日星期二，敦刻尔克大撤退临近尾声，比任何人想象的都要成功。亚历山大·卡多根上周三刚刚指责了丘吉尔的"爱做戏"，现在也沉浸在戏剧中了："尽管全世界都是我们的敌人，四面来攻！"[18-20] 巴罗的一

* 这个机构代表着英国和法国的最高领导人，以及他们选派的代表。

名家庭主妇内拉·拉斯特写道："我感到心底似乎有一把竖琴，欢歌响彻……这个故事让我感到，有些东西永垂不朽，永葆青春。"6月4日，在下议院的"敦刻尔克问题演说"中，丘吉尔用了一个完全戏剧化的比喻和文学手法："突然之间，云开雾散……"他用阿瑟·格林伍德在挪威战败时攻击他的词锋反击了回去："战争不是靠撤退打赢的。"他把英国皇家空军的飞行员比作丁尼生《亚瑟王之死》中的骑士：

每个清晨都带来一个高尚的机会，
而每个机会都会成就一位高尚的骑士。[18-21]

还有对于想象中的威尔斯式超级武器的看法：

我们相信敌人将采取新的手段，当我们看到敌方表现出的恶意的创造力和侵略的花样翻新时，我们当然要准备好应对各种各样的新战略，以及各种各样残酷而邪恶的阴谋。我认为没有任何想法会古怪到不值得考虑或洞察，但是同时，我希望能以沉着的视角予以观察。

他用来收尾的戏剧策略老而弥坚。主角背水一战，正面迎击反派，这种时候发表的演说旨在让全场观众起来欢呼，早就被认为是"哗众取宠"。丘吉尔在儒勒·凡尔纳的《沙皇的邮件》以及可能还有其他情节剧中都见过这种套路，并且于1914年3月在布拉德福德关于爱尔兰问题发表的演说中也自己使用了这种套路。这个例子非常著名，为最后打翻身仗埋下了伏笔：

虽然欧洲的大片土地和许多著名古国都已经或即将沦于盖世太保及一切可憎的纳粹机器之手，我们也绝不气馁，绝不屈服，我们要坚持到底。我们要在法国作战，我们要在海上作战，我们要在空中作战，我们将越战越强，越战越有信心。我们要保卫不列颠岛，不惜一切代价。我们要在滩头作战，我们要在登陆点作战，我们要在田野里、街巷中、山丘上作战。我们永远不投降，即使不列颠岛被侵占或者大部分沦陷，并且陷入饥荒——而我从来不相信这种情况会发生——由英国海军武装并保卫的我们的海外领地，仍将继续战斗下去，知道新世界在上帝认为适当的时候，贡献出它全部的力量，来拯救和解放这个旧世界。

几天前，他曾经私下宣誓，如果德国国防军打进英国，内阁将死守最后一道防线。但是这“最后一道防线”可谓一种更加明智的策略：在国外继续战斗，就像同盟国其他国家的流亡政府所做的那样。事实上，7 月他曾派艾登去询问英军司令，士兵是否愿意听令撤退到加拿大，但结论是很多人会拒绝。6 月 4 日士气普遍低迷的时候，丘吉尔不得不允诺最终的胜利，时间选择得非常巧妙：滑铁卢 125 周年纪念日。就连钱农都为之折服：

……他口才很好，雄辩滔滔，用语高妙。几个工党成员感极下泪……几个星期前，愚蠢的议员还在就收服华沙和布拉格纸上谈兵，现在气氛完全变了。

科尔维尔告诉我，海军部现在简直不可思议，几周前还掐得你死我活的人现在亲密无间，处得很好。温斯顿来回斡旋，就是一座正能量的宝山……

哈罗德·尼科尔森称之为“我听过最好的演说”。他的夫人维塔·萨克维尔－韦斯特也热烈赞同，虽然她像几乎所有英国人一样，从来没有听过丘吉尔亲自演说，英国广播公司播送的只是由播音员朗读的节选。“即使只是播音员来念，我也听得脊梁发抖（不是因为害怕），”她对哈罗德说，“我想其中一个原因是他使用的伊丽莎白时代的修辞，让人觉得背后有巨大的力量和决心在支持他们，像一座强大的堡垒。他们从来不是为了说话而说话。”尼科尔森知道，法国军队当时士气萎靡，以寡敌众，人数还不到敌军的一半，但是“即使巴黎失守，也不等于法国就完了。我对温斯顿这了不起的演说的精神深有体会，觉得足以面对全世界的敌人”。后来，有一位老兵回顾了他在敦刻尔克大撤退中九死一生的经历：

纳粹把我的部队逼到了绝路。我们逃出来的时候什么都没带，有些人靴子都没穿。他们把我们丢在多佛[18-22]附近的道路上，我们所有人都怕得要命，昏头昏脑，对装甲车的记忆能让我们半夜吓醒。然后丘吉尔上无线电了，说我们永不投降。我听着就哭了……我想让装甲车见鬼去吧，我们要赢。

这位老兵听到的演讲也不是丘吉尔的原声。丘吉尔本人并不喜欢作为媒介的广播，1940 年 5 至 12 月，他只在广播中演说过五次。但这就是"哗众取宠"作用于听众的力量，在议会，丘吉尔只不过是更加卖力地演出而已。

然而第二天，情报部的调查和民意调查都显示，公众的悲观情绪有所上涨。民意调查报告如下：

今晨，丘吉尔的演说已经被自发而高频地提及。这不出所料，但它沉重的调子再次引发了一些问题，这就是民心沮丧的部分原因。

有人认为，演说的结尾部分暗示法国可能会单独媾和。有人说他是在让大家为下一次打击做好准备。还有一些人说，他看问题的角度总是比较阴暗。这次演说产生的普遍甚至可以说暧昧的效果，就是加深了公众对英法联盟既有的怀疑。

听众从演说中读出了对法国的怀疑，这并非误解。5 月 13 日和 6 月 4 日的演说都让人想到 1918 年乔治·克列孟梭的一系列有挑衅意味的声明："我的对内政策是：我要作战。我的对外政策是：我要作战。任何时候，任何地方，我都要作战。""我们将在卢瓦尔河作战；如果需要，还将在加伦河，乃至比利牛斯山作战；即使最后被逐出比利牛斯山，我们也将在海外继续战斗，但是要说谈和，绝不！"[18-23] 1918 年夏天，德国大举进攻协约国之前，克列孟梭曾私下对丘吉尔说："我将在巴黎前方战斗，我将在巴黎战斗，我将在巴黎后方战斗。"丘吉尔 1940 年这些激动人心的话语并非剽窃，而是以典故的形式出现的。他故意摹仿了克列孟梭鼓舞法国抵抗的用语。6 月 10 日，保罗·雷诺给富兰克林·罗斯福发电报请求美国支援，也信誓旦旦他会在巴黎前方和后方坚持战斗，但是没有提到"在巴黎”战斗，巴黎成了一个公开不设防的城市。

同一天，法国政府弃守巴黎，意大利参战。“这是一场闻所未闻的大肆宣扬的大规模侵略，”科尔维尔挖苦地评论道，“但意大利人觉得是在演情节剧。”6 月 11 至 12 日，丘吉尔及其随行人员在卢瓦尔河畔的布里阿尔参加了最高战争委员会的会议。大部分法国政府官员已然放弃，对丘吉尔继续抵抗的要求十分冷漠，甚至近乎忿恨。英国皇家空军的轰炸机在法国南部待命，准备打击意大利北部，但法国害怕意大利空军反击，封锁了跑道。同盟国只通过了一项决议，派英国军队去保卫布列塔尼[18-24]。丘吉尔的参谋长 H•L• 伊斯梅将军[18-25]认为这太疯狂了，还不如让英国疏散在法国的剩余兵力。他建议至少推迟支援布列塔尼，但丘吉尔愤愤不平：“当然不行，做这种事，后人从历史上看来太不像样了。”从今天的视角看来，丘吉尔用“历史的裁判”来驱使军事策略，甚至甘冒再来一次敦刻尔克的风险，是非常不利的。假如英国远征军指挥官艾伦 • 布鲁克将军没有说服丘吉尔开始疏散兵力，那么事态还会更加糟糕。

13 日，丘吉尔飞往图尔参加了最高战争委员会的最后一次会议，与法国政府商谈。雷诺先发表了声明，让英国代表团震惊不已：法军最高统帅马克西姆 • 魏刚[18-26]将军“昨晚宣布，军事局面已经无望，必须马上请求停战”。他补充道，“内阁多数不支持，但是一旦巴黎沦陷，这就是必然的结局，到时候不得不再次面对这个问题。”只有罗斯福总统同意支援，法国才可能继续战斗。面对这样的最后通牒，丘吉尔打出了他的杀手锏：辞令。他摆出一副狂暴雄辩的样子，把克列孟梭的名言又甩回了法国：“我们必须战斗，我们要战斗，这就是我们为什么一定要让我们的朋友继续战斗的原因……我们要求您尽可能持久地坚持战斗，如果不能在巴黎，至少也要在巴黎后方，在各省市战斗，在海边战斗，假如必需，甚至还该在北非战斗。”

最高战争委员会同意再次向罗斯福提出请求。会议结束后，丘吉尔注意到了夏尔 • 戴高乐[18-27]。戴高乐将军支持对德开展游击战，斯皮尔斯向丘吉尔保证，他“绝对忠诚”。丘吉尔一度希望雷诺任命戴高乐统领法国军队，于是当时他“向他打了招呼，用法语低声道：‘命中注定的人。’”

当然，这只是他自己在回忆录里的写法。戴高乐和当时站在他身边的随行人员都不记得他说过这句话。数年后，有人向戴高乐指出这个误差，他耸肩道：“您知道的，丘吉尔是个浪漫派。”这很可能是戏剧性的加工，灵感来源于丘吉尔对自己拿破仑式的定位，可能还有萧伯纳关于拿破仑的戏剧作品《支配命运的人》。总之，戴高乐和丘吉尔一样，也偏好这种戏剧性的象征，他如是描述图尔的这次会议：“会议区的庭院和走廊上挤满了议员、官员和记者，有制造新闻的，也有循新闻而来的，这支吵闹的悲剧中的歌队已经大祸临头了。”

丘吉尔回国，抵达亨顿机场。彼时雷诺驱车前往附近的康热镇[18-28]，与他的内阁会晤。雷诺前一天向大臣许诺，丘吉尔下一次访问法国时将和他们会谈。但他没有对丘吉尔提及，也没有安排会谈。内阁听说丘吉尔已经离开法国，顿时一蹶不振。“可怕的大错铸成了，”斯皮尔斯将军回忆道：

据我了解，所有人都希望以丘吉尔为领导。我知道他的口才影响力巨大，总能吸引听众。我觉得他很可能让大家一起追随他坚持战斗的决心。他是大家真心认可、人心所向的领导人。他们可能会因为害怕被他蔑视，而高高兴兴地担起一些他肩膀上的苦差事，至少他们觉得是苦差事。

事情已经不可挽回了。机会一旦失去就不再重来。

6月11至12日，丘吉尔告诉罗斯福，法国可能要放弃战争了，并极力劝他“尽力支援雷诺，试着扭转局面，让法国尽其可能有力地坚持抵抗”。6月13日，动身前往法国之前，他匆匆地给罗斯福写了一封短信：“危机已经降临了……您能帮助他们的言行现在可能时过境迁了。”他甚至建议派美国海军中队前往布列海文，英国1938年移交给爱尔兰的“通商口岸”之一，但罗斯福并不想在大选年挑动爱尔兰裔美国选民的不满情绪。他给雷诺和丘吉尔都回了信，在丘吉尔和战时内阁看来，美国已经答应参战抵抗德国了。

事实远非如此，罗斯福不过是陈腐地客套，“英法军队高尚的抵抗深深打动了美国人民”云云，最后明确地拒绝调动美国海军。但丘吉尔抓住一点不放，催促罗斯福立刻发表声明，“以便它在扭转世界史进程中发挥关键作用。我十分确信，它将决定法国的命运，拒绝希特勒给法国以虚假的和平。”罗斯福拒绝了，并且强调，他的上一封信“绝对没有同意出兵，也没有同意向同盟国政府提供军事支援”，他不厌其烦地提醒丘吉尔，美国宪法规定，总统没有这个权力。这时，民意调查显示，当被问到哪一方可能赢得战争的时候，美国公众的票数均衡地投向三方：英国、德国和不知道。

雷诺对罗斯福的请求在英国公众中引发逆反效果，公众的理解是正确的，这是一个绝望的信号。情报部对士气的调查显示：伴随着对政府的“无能和无准备”逐渐增长的不满，甚至出现了“对希特勒言出必行的恶意赞赏”。“‘我们永不投降’、‘我们要在街巷里、山丘上战斗’这种修辞受到了批评，被认为是妄动人力和物力。”

6 月 14 日，德军长驱直入巴黎。第二日，法国战局沦陷，丘吉尔给他目前以及未来可能的盟友发出了几封信，这些信件显示，在他看来，只有戏剧性的打击可以挽救局面。其中一封信是发给自治领总理[18-29]的，他曾经许诺，倘若法国投降，英国将继续作战直至取胜；德国可能会轰炸并入侵英国，但“我个人相信，发生在我国的激战和杀戮将促使美国参战”。当晚，丘吉尔又给罗斯福去信两封，间隔不到两小时。在第一封信中，丘吉尔仿佛丝毫不记得罗斯福先前的拒绝，再次坚持“如果必要的话，美国公开声明参战可能可以挽救法国”。而在第二封信中，他解释道，他请求的不是马上提供实际的兵力支援，而是一种戏剧性的姿态：

> 请求美国参战时，我所期望的自然不是武力远征，我知道那是不可能的。我所考虑的是美国此举可能产生的巨大精神影响力，不仅是对于法国，更是对于全世界的民主国家，甚至从反面来说，影响德国和意大利的人民。

科尔维尔告诉丘吉尔，法国倾向于投降，丘吉尔警告他们将在史书上遗臭：“如果他们未经商议就投降，我们永远不会原谅，他们的名字将被抹黑一千年！”大使肯尼迪打来电话，据科尔维尔记录，首相“滔滔不绝地告诉他，美国可能也应该拯救文明，在其中扮演着多么重要的角色。提到允诺工业和经济上的支援的时候，他说，这种支援‘将变成历史舞台上的笑料’”。

“我人生中最富戏剧性、最不可思议的一个夜晚马上就要到来了，”科尔维尔在日记中写道，丘吉尔“精神得很，背诗，把当前局势的剧本掰开揉碎地讲”。在敦刻尔克大撤退中，英国远征军丢弃了所有的辎重，丘吉尔剩下的武器只有文学。发给罗斯福的电报显然不切实际。爱德华•R•莫罗等记者对闪电战的报道促进了美国人支援英国的意愿。但伦敦的惨状还不足以让美国参战。1940 年 6 月，美国依然坚持孤立主义，丘吉尔也承认，无论如何，他们也没有能力远征欧洲打仗。但他一直认为，英国受敌的局面必然会引得美国人在紧急关头出手营救，就像维多利亚时代情节剧中经常发生的那样，比如《沙皇的邮件》。罗斯福总统宣战将会扭转战争的风向，即使只是一纸空文，并没有出兵。倘若罗斯福坚持拒绝，可能就等于在眼下逐渐入境的世界大戏中被哄下台了。假如法国投降，英国就要反击，让他们在历史上蒙羞。那天，丘吉尔对科尔维尔说：“如果文字管用，我们就会赢得战争。”

罗斯福没有回复。接下来两个月，英国最艰难的日子里，他再也没有给丘吉尔写信。

丘吉尔仍然寄希望于美国能介入，他认真地考虑再来一次更加戏剧性而惨烈的打击。英法两国已经建立了许多战时合作的联合单位，比如最高战争委员会、英法统筹委员会（主席让•莫内[18-30]，旨在经济合作）、英法工业理事会，还有美国联购计划、财政协作（包括英法货币联通）、两国殖民部会谈以及科技信息交流，其中包括核研发。海峡两岸都希望英法能建立更加紧密的关系，以结成坚强壁垒，共同抵抗德国，英国外交部也一直在认真考虑其中可能。在 6 月 13 日的午餐会上，莫内对利奥•埃默里说（以下是埃默里的转述）：“如果法国要逆境坚持，到国外继续战斗，必要的话，我们会明确地表示与他们同舟共济，弥补他们的损失。实际上我们已经共同参战了，以后就像一个国家一样。发表戏剧性姿态的公开宣言，强调我们的联盟，可能会很有帮助。”第二日，埃默里给战时内阁发去一份备忘，坚称只有法国坚持战斗，美国加入同盟国，才有可能胜利，而这要求的是“一种戏剧性的、有公示效果的”姿态。英法两国必须马上公开宣布“两国结为真实、完全、即时、持久的同盟，宛如一体，不计私利”，成立联合内阁以及一些联合议会。

6 月 15 日，战时内阁慎重考虑了这份备忘。起初人人都持怀疑态度，丘吉尔尤甚。但随着讨论的进行，他表示：

> 看到这些来自各个党派的沉着、稳妥、经验老到的政治家们对这个宏大的计划反响如此热烈，而其影响与后果都尚未考虑成熟，我多少有些惊讶。我并不反对，一下子就被这种激昂慷慨的情绪征服了，正是这种情绪使我们下定决心，采取了一种无私无畏的高尚行为。

事态违背了常规：丘吉尔务实的疑虑被内阁同僚的戏剧热情压倒了。“那些天里，”后来，他写道，“战时内阁的情绪真是非同寻常。”

6 月 16 日早晨，戴高乐抵达伦敦海德公园饭店，在那里，法国大使安德尔·科尔宾和让·莫内提出了令人吃惊的建议：

> 我们想到，要制造一些有轰动效应的事变，往局势中注入新鲜血液，对改变当下公众的心理状态可能有帮助，或者至少可以坚定保罗·雷诺先生赴阿尔及尔的意向。因此，我们和外交部副部长罗伯特·范西塔特研究了这个计划。其中就包括一个英法联盟议案……两国应决定将行政事务合为一体，共同管理资源，共同承担损失，总之，要完全同命相连。在现在的情况下提出这个议案，我们的官员很可能要三思，至少也要推迟投降的时间。但是我们首先必须让英国政府接受这个计划。唯有您能从丘吉尔先生那里下手。

戴高乐意识到，这个计划完全不切实际，但他知道，这样的“大反转”可能真的可以把他的国家从表面上的必败中挽救回来：

> 我当时就非常清楚，这种大事无论如何都不可能马上实现，显然不可能凭一纸文书，甚至一条原则就把英法两国融合到一起，体制、利益、国家事业，都要周全。这其中的一些问题，比如说共同负担战争损失，实际处理起来需要经过复杂的协商。但是，英国政府对我们提出的关于宣示团结一致的建议，可能确实有重大的意义。总之，和科尔宾先生以及莫内先生一样，我认为这个提议自然会让陷入极端危机的保罗·雷诺先生稍感安慰，相对于他的官员而言，也多了一项坚持抵抗的理由。因此，我同意尽力去说服丘吉尔先生。[18-31]

戴高乐在卡尔顿俱乐部的午餐会上见到了丘吉尔，明确地向他建议。首相说这是“狮子大开口”，戴高乐承认实际操作起来有困难，但也强调了“姿态”最重要，丘吉尔最后同意了。

就连约翰·科尔维尔这样谨慎的官员，都为这个“惊人的”事变激动得忘乎所以了。“我不清楚这个划时代的理念的细节……这听起来振奋人心，能重扶法国沦落的士气，也能鼓舞我们这里的人。它是历史性的，将会是本世纪影响力最强的事件，或许也更持久？”下午3点，战时内阁开会讨论“某个可以增强雷诺先生意志的戏剧性的声明”。罗伯特·范西塔特和戴高乐、莫内以及勒内·普利文一起出席*[18-32]，已经草拟好了一份公告。“必须承认的是，这份公告还有很多大问题，这样的临时通知很难处理。”这已经是保守谨慎的描述了。后续问题也使成员的意见摇摆不定。新联盟应该叫什么？该遵守英国普法还是法国国民法？谁来指挥并整编军队？**谁来领导战时内阁？***两国的立法机关怎么合并？用哪种官方语

* 莫内和普利文后来是欧洲一体化理念的策划人。

** 戴高乐是公认的人选，丘吉尔也这样认为。

*** 丘吉尔明确提名雷诺。

言？而且，国王将置于何地？科尔维尔就此写道，国王“不知道他的国家正在被怎么处置”。*德军正在侵略法国，这些举措如何在近日内实施？英法两国的政府领导人都深信不疑，唯有发动事变，震惊国民，才能挽救两国于大难之中。据会议记录：“首相说，他一开始本能地反对这个主张，但在这场大难中，我们不能缺乏想象力。法国显然需要一个戏剧性的声明作为支持。”

下午3点55分，内阁听说，法国内阁将在5点开会，决议是否谈和。雷诺在电话中告诉戴高乐，如果英国在此之前赞成结盟，他会劝说同僚继续抵抗。结果意见出奇地一致，成员们迅速地商定并赞同发表声明：“法国与英国不再是两个国家，而是一个法英联盟”，共通国籍，共同负担境内的战争重建；两国将建立“联合的国防、外交、财政、经济政策机构”，极大地推动已经启动的政府间合作进程；军权将委任给一个联合战时内阁，“尽其范围管辖”，这个说法切实而不那么中听，因为法国内阁当时已经倒向了德国。文件还含糊地宣称：“两国议会将正式联合”，但没有涉及更多细节。作为一个章程，显然还远远不完善，但确实收到了效果。“那个草草建起来的内阁，”丘吉尔后来回忆道，“……站稳了脚跟，就像一次宗教的复兴一样。”

戴高乐通过电话向雷诺宣读了文书，稿子是在激动的情绪中草草写下的。“事态的这一重大转折令我唯感欣喜。”雷诺后来写道，这正是英国内阁希望收到的戏剧性效果。但大部分法国官员都反对，认为它非常不切实际，不能指望，甚至在最坏的情况下，还可能令法国沦为英国的殖民地。菲利普·贝当[18-33]元帅深信英国很快也会投降，称之为“僵尸结盟”。由于没有投票就通过了决议，雷诺引咎辞职。晚上11点半，贝当组建了新的内阁，十分钟会议后，决定对德媾和。

联盟计划的构想源于戏剧性，败得也充满戏剧性。“在纯粹的战术层面上来说，”历史学家阿维·施莱姆[18-34]解释道，“这个构想所倚赖的，

---

* 内阁派遣张伯伦去向国王汇报此事。

是突然袭击的效果，目的是为了产生戏剧性的影响。”魏刚将军通过电话分机听到了雷诺的通话，事先得知了计划，在内阁会议之前就怂恿成员们反对。雷诺最有力的支持者之一乔治·曼德尔[18-35]表示：“这就像打了一发哑枪。”施莱姆辩称，如果英国早三天提议，赶在法国的士气彻底崩溃之前，可能就会成功。倘若那样，沦陷国的流亡政府就会加入，其结果很可能是1940年就建立起欧洲联盟，由英国来领导。

6月20日的民意调查回顾并解释道，在“虚假的战争”期间，政府和媒体都在哄劝公众相信，同盟国舰队和马其诺防线能抵御德国。而德国在斯堪的纳维亚、低地国家和法国的闪电取胜打破了这种自满，希特勒只是像一个精明的剧作家那样利用了这些胜利。“希特勒实施的计划中充满了欺诈，其中的邪恶力量，就连切萨雷·波吉亚[18-36]都要嫉妒。他经常事先就令人震惊地大胆放话，约定时间，然后真的出手，”爱德华·斯皮尔斯回忆道，“他的心理特征之一，似乎就是挑战他所蔑视的天意和对手，在事件发生之前就大书特书，然后确保事件按照他的预计发展。”许多文学作品中的人物也擅用这种可怕的手法，比如莎士比亚笔下的理查三世、马洛[18-37]笔下的帖木儿大帝以及维多利亚时代情节剧中的反派，永远都会通过旁白把他们的阴谋透露给观众。正如民意调查所总结的：

> 所有这一切的结果就是，5月底，希特勒的声望大大提高，在他的敌人和中立方那里也一样。尤其是在女性中间，对于许多人来说，他是一个谜团，甚至神秘的占星者，言出必行。5月30日《旗帜晚报》上洛的漫画描绘希特勒坐在一辆大游览车上瞭望英吉利海峡，车身上写着“伦敦，8月18日”，背面是一长串首都名称和日期，都被勾掉了。这幅漫画意在表现希特勒的可笑，但大众的无意识恰恰与之相反。
>
> 纵观5月底的调查，其中有无数不自觉地对希特勒的礼遇，也有许多言论表达了面对德国的自卑感。当然，刻意去反对德国的宣传，事实上只能得到这种结局。在这方面，由德国话语支持的宣传是非常成功的，而其中很大一部分原因正是我们自己宣传的失败，对德毫无招架之力。在这个问题上，一种值得注意的新的谣

> 言出现了，传闻“呵呵勋爵”预言的事件几个钟头后就成真了。他从来没有做过预言，但是这种谣言有增无减……
>
> 此外，最重要的是，希特勒比他的预计提前一天拿下了巴黎。他的预言广为流传，从洛的漫画，到大众报纸的占星专栏，乃至街头的滑稽传单。这次胜利是希特勒发出的致命一击。在大批迷信的人看来，这证明他是个言出必行、无可阻挡的人。当然，这种想法的影响很大程度上是潜在的、无意识的……
>
> 英国文化面临着史无前例的状况。有些问题需要马上通过戏剧性的手段去解决。即使当局、情报部部长和军方仍然用老一套对付大众。但是事情继续发展下去的话，大众必然要夺取控制。他们可能会推翻现状，但更有可能的是，希特勒的宣传以否定的形态协助他们夺取控制权。也就是说，绝望、困惑与挫败感，无能为力感，将直接导致恐慌和混乱、普遍的失败主义论调以及“谁当权都一样”的想法。正如眼前所见，人民至少觉得希特勒这个人办事高效，决策正确，还有行动力。

这种悲观主义在社会精英身上表现得比工人阶级更加明显，在伦敦比在其他省份更加深刻。但是，决策战和的，正是大都市中的统治阶层。

“时至今日，沮丧与悲观再次成了几乎普遍的情绪，”6 月 17 日早上的民意调查报告道，由于法国濒临投降，“丘吉尔和他的新班子风头锐减……国内士气仍然低迷，而且……有一种完全徒劳的危险感受在昨天晚上戏剧性地弥漫开来。”下午 1 点，新闻报道称，投降让酝酿了几个星期的信心危机变得更加尖锐。情报部发现，大众普遍的反应是“混乱与受打击，但很少有惊讶的。各方的感觉都是高度焦虑……公众都做好了准备，决定一旦首相发话便追随前进，但是他迟迟不发话，士气可能很快会落到最低点。一些报告表示，人们害怕我们的政府也会跑到外国去”。总之，这也是对“我们要战斗”的演说的一种解读。“政府可能会自己先屈服，有些人觉得全完了。”调查报告强烈建议，丘吉尔应该放话出来“做什么能救国”，否则“失败主义的态度自然要滋生，人民与政府之间的鸿沟也会加深”。

6 月 17 日下午和晚上，法国甫宣布投降，情报部就进行了民意测验，发现只有半数人口对英国独立作战存有信心，四分之一持怀疑态度，另外四分之一彻底灰心丧气。这个结果已经够忧伤了，但是主流依然希望维持表面的乐观，杜绝几乎被公认为叛国的失败主义论调，曲解了这种结果。民意调查机构同时还收集了博尔顿大学[18-38]一项深入研究的材料，关于偶尔听到的信息与日常随意交谈，结果令人十分沮丧：

> "哦，人人都转来转去，看起来像是想要把头伸进烤炉里，太可怕了……有个小伙子……老是说希特勒说得出做得到，这次他又说对了。"
>
> "我不知道我们现在能干吗。如果法国海军逃出来了，那可能是个转机——微不足道的转机。但是如果没有，我不知道除了投降我们还能干吗。"
>
> "几千架飞机过来的时候当然只会恐慌。他可以为所欲为。我不认为他会放过我们，像1918年我们放过德国一样。我想他现在要对付我们了，他如愿以偿了。我觉得无能为力。"
>
> "爸爸说：'那些家伙过些天就要来了。'"
>
> "现在不用太久了。我们有麻烦了……您也听到温斯顿·丘吉尔说什么了，我们要继续战斗，哪怕要打巷战，哪怕要血流成河了。这太好了，不是吗？"
>
> "毫无疑问，我们要被消灭了。"
>
> "我们的军队会怎么样？他们被困在战场上了吗？希望事态恢复正常是没有用的，我们看起来没机会了。"
>
> "如果法国和英国不能一块儿动手，我不知道单凭我们自己能做什么……看起来好像只有放弃了。没必要做无意义的牺牲。我们的海军了不起，空军也了不起，但还是打不过他。"
>
> "我敢打赌，国王和王后正在打包袱准备走人了——如果他们还没走的话。我敢打赌可恶的政府也准备坐飞机跑路了。他们又要丢下我们了，老是这样。这周末我们可能就没好日子过了。"
>
> "他现在打到我们这了——他有几百万人。"
>
> "好吧，我们下一步要为了什么打仗？"

“身边每个人都确信我们‘完了’，”一位邻居告诉内拉·拉斯特，拉斯特只敢把这种绝望偷偷地写在日记里，羞于说出口：

> 这一次没有敦刻尔克了……我的脑子里什么想法也没有了，仿佛装满了碎玻璃，我觉得我只能大哭，尖叫或许更好一点，那样可能不那么痛……我从来没有感觉这么赤条条的，这么孤独。我经常说我们只是“时间沙漠里的小沙子”，但是今天我终于明白了这句话的意思。人生第一次，我“祈求”勇气和力量毫无收效……我丈夫进来了，我们沉默地看着彼此，然后我说：“糟了，太糟了……”他靠紧我，望着我，我看到他眼中闪烁着恐惧。

正是在这种情况下，6 月 18 日，丘吉尔在下议院发表了演说“最光辉的时刻”，后来还勉强在广播里又演说了一次，表现得很不好。为了应对危机，这次演说通篇经过了精心结构安排。丘吉尔第一次不得不解释英法军队为何溃败，但同一段之内就回头掩饰，随后便结束了话题。他表示，过去几周发生的事件，被载入史册的时候，都会成为经过筛选和建构的叙述：“现在我将所有这些问题都搁置起来。我将它们放到书架上，以后历史学家们在有时间的时候，可以从中选取资料写自己的书。”他要求英国人不仅要抵抗希特勒，还应该怀着高度的戏剧热情做这件事，正如安德鲁·马维尔的诗：“在这令人难忘的岁月中，他岂甘庸碌与寻常。”约翰·科尔维尔记录道，丘吉尔“在过去两个星期经常莫名其妙地”反复念这两行诗。这首诗暗喻的是查理一世之死，很可能是在比喻英国当时的绝境。[18-39]但是，在演说的结尾部分，为了让他的信条符合历史的不确定性，丘吉尔概述了两种可能的未来：

> 不列颠之战即将开始。基督教文明的存亡系于此战。英国人民的生死系于此战。我们大英帝国及其制度能否永世长存，也系于此战。敌人很快就将倾尽全力，穷凶极恶地向我们扑来。希特勒明白，他必须在英伦三岛上打垮我们，否则，他就将输掉整场战争。如果我们能抵挡他，整个欧洲就将获得自由，全世界人民也

> 将迈向宽广辽阔、阳光灿烂的美好前程。然而，如果我们失败了，那么整个世界，包括美国在内，包括我们所熟知所珍爱的一切在内，都将陷入一个新的黑暗时代的深渊。被用于罪恶目的的科技，可能会使这个黑暗时代更加险恶，更加漫长。

最后一段的灵感一说来源于保罗·雷诺，6月6日，雷诺曾经说道："可能会重返中世纪，再受不到基督圣光的照耀。"实际上在20世纪30年代，文明重堕黑暗时代是英国知识分子的老生常谈。丘吉尔一直把纳粹主义视作一种倒退，信仰发展过程中被淘汰的残渣余孽。它"从黑暗时代回来滋扰我们"，1938年10月16日，他在对美广播讲话中说，"这是一种中世纪狂热、结党营私、现代化武器和空军邪恶力量交融的产物，自13世纪蒙古人侵略以来，世界上对和平、秩序与发展产生的最大的威胁。"早在1935年6月他就警告过，纳粹德国和军国主义日本"满怀黑暗时代的海盗精神，向着现代世界进击"。他仍然记得吉本和他的罗马史，"他们和他们所代表的一切都消亡了，我们的命运也一样"，还有一位更加现代的作家对文明崩溃的描述：

> 人在命运中的无助感不知不觉地侵袭了思想。我们所自夸的进步为何应该继续下去？我们有何依据设想人类的航程将继续下去？如何可能每一次转弯、每一段河道都畅通无阻，水流更加平静，河道更加宽阔，航行更加容易，码头修建在更加富饶而友好的水滨？可能在人类历史的黎明之前，就有过多少高度发达的人类文明和光辉的潜能？有多少次被夷为废墟，一切都被迫缓慢、痛苦、盲目地从头开始重建？出色的现代哲学家H•G•威尔斯在过去二十年里为人所知但未受重视，早已用通俗化的形式提出了警告。

在《未来的发现》(1902年初版)中，威尔斯使用了相似的描述，认为"未来的高地比我们希望或想象得更加亲善，更加辉煌"。但他也一直坚持认为，进步并不是必然的。明智地运用科技可以打开乌托邦的大门，但也非常容易堕落并走向灾难。在《笃定发生》中，教育与科学停滞了，末日之后的世界沦为小军阀割据的封地。丘吉尔同样意识到，科技可以被用来为野蛮人服务，真正的进步必须包括伦理道德的进步，他认为这是达尔文主义的基本力量：“人类如何从人猿进化而来，……如何形成了道德，如何进化了无数个世纪，进一步形成了同情、自由和正义的观念？”这是四十年前他在《萨伏罗拉》中提出的哲学问题，现在，他充分准备好践行它了。

在演说结尾，丘吉尔提醒听众，他们都是最宏大、最漫长的历史剧中的演员：“让我们鼓足勇气，担负起自己的使命吧。如果大英帝国及其联邦能够屹立千年，人们会说：‘这是他们最光辉的时刻’！”弗吉尼亚·伍尔夫认为，这“不全是哗众取宠”，意即其中有一些成分是，她认出了丘吉尔最爱的戏剧手法。“现在，”她写道，“我们正在背水孤军奋战。”这种情况下，情节剧的主角通常会发表这样的演说。民意调查表示，这次演说“主题鲜明，收效良好，自然有了深层影响。但他的表达方式遭到不少批评，有人说他喝醉了，也有人说他自己都没表现出他宣扬的信心。一些人认为他感到了疲倦。演说方式似乎在一定程度上抵消了其内容的影响”。但是，调查报告总结道，“从总体上来说，丘吉尔当上首相之后，人们对他更有信心了。”情报部也表示赞同：丘吉尔的演说“被认为充满勇气与希望……因其真诚而受到欢迎”，但是“对他的表达方式也是众说纷纭”。

各方的反应也揭示出一个复杂的问题：即使丘吉尔发表的是英语中最激动人心的辞令，但是，光凭辞令就够了吗？没有行动，它们所激起的士气很快就消退了。演说发表后两天，负责对德布防的艾恩赛德将军写道，剑桥大学基督圣体学院院长威尔·斯潘士“告诉我，有很多知识分子已经成了失败主义者……他自己的态度是，希望政府不要再由于怕丢面子或者恐惧而告诉议会已然无望”。艾恩赛德愤怒地坚称：“我们有决心打败德国。”但他仍然把日记送到加拿大保存，以防万一。6月末，情报部报告，“失败主义重镇”主要在中产阶级下层：“猜想着假如输掉战争，生活会有什么不一样：即使在希特勒的统治下，我们的境遇也不会更糟了，他会先对付当头儿的。”更多平民越来越不满于政府迟迟不做战事动员，尤其是技工和年轻商人。一些人甚至将政府与法国的维希政权[18-40]相提并论：“对政府行为的批评，表现出来的是对我们的领导人的怀疑，在公众心里愈演愈烈，影响力波及了前线。我们的报告不能回避的核心问题是：领导阶层现在非常危险。”

6月27日，民意调查报告，一小队英国突击队员打进了沦陷的法国，这几乎于事无补，但令公众精神为之一振，“向人们表示我们积极投入了战争。有一些人说，虽然莫名其妙不明所以，他们还是觉得高兴多了。”情报部也总结道：“英国登陆法国的消息以惊人的速度传开，大大地刺激了士气：‘我们要开始大还击了’，‘最后我们会让他们知道的’，‘最鼓舞人心的事’。”然而，报告也提到：“人们对法国舰队仍有极大的担忧”，它们会被轴心国接管吗？人们仍然“要求更加有力的领导”。

丘吉尔很可能读过情报部的报告，无论如何，他都非常理解这种心理状态，7月3日，英国在奥兰[18-41]对法国舰队进行了毁灭性的打击。这一行动出于冷酷而务实的军事考虑：英国不能让这些舰船落到轴心国手里。但这也可能导致比舰队投降德国更可怕的后果：法国转投轴心国。此外，法国战舰还有另一种选择：到殖民地港口缴械。6月26日，内阁支持这个计划，但是丘吉尔当时不在场，第二天他否决了。违他所愿的是，7月7日，亚历山大港[18-42]的法国舰船要求和平中立。在奥兰之战中指挥空军的马塞尔·戈索上将在最后关头也提出了这种解决方案，但丘吉尔坚决要求法国战舰并入英国舰队，或者返回英属港口，几乎没有法国指挥官愿意听令。

实施“弩炮计划”[18-43]的决定性动力可谓是戏剧性而非军事考虑。丘吉尔不得不向英国人和全世界尤其是美国人证明，英国无论如何也要和轴心国战斗，并且取胜。一旦稍露犹疑，罗斯福就不会把他留待自用的军备送来支援英国了。发动袭击的当天，丘吉尔下令，所有的政府和军队领导人“要么汇报，要么走人，谁敢表现出异议或悲观论调，谁就得一个散布恐慌言论的罪名”。但是，只有震撼人心的大反转才能最终打倒失败主义。此外还有一个因素，不能确定就是它影响了丘吉尔的决定，但无疑是值得注意的。行动前一个星期，丘吉尔收到了一位他所称赏的剧作家的来信：

亲爱的首相先生：

趁阿道夫·希特勒还没喘过气来，您为何不对法宣战，夺取它的舰队？法国舰队会欣然向我们投降的。

根据现状，这是否可行？

即颂

勋祺

G· 萧伯纳

7月2日深夜，丘吉尔与比弗布鲁克、首席海事大臣达德利·庞德以及海军大臣A•V• 亚历山大在内阁会晤，艰难地做了决定。庞德支持发动袭击，并最后说服了态度勉强的亚历山大，但丘吉尔有亲法情绪，依然抵触这种冷酷的算盘。他认为，希特勒自己没有多少海面部队，不可能横跨地中海来抢夺法国的舰船，就算抢到了，也没有海军来操纵它们。后来据比弗布鲁克称，是他说服了丘吉尔。比弗布鲁克警告他，德国人需要法国的舰队，很可能进行要挟勒索。“如果法国拒绝，他们第一天放火烧波尔多，第二天烧马赛，第三天就烧到巴黎了。”这不像现实，更像情节剧，但也许正是这个理由让丘吉尔动摇了，马上下令发动袭击。比弗布鲁克回忆道，丘吉尔抓住他的手臂，把他推到了唐宁街10号的花园里，当时外面一片漆黑，狂风暴雨：“风刮得厉害，他自己拼命走，我追不上他。我哮喘发作了。丘吉尔说，再没有别的办法了。然后他哭了。”

驻亚历山大港的安德鲁·坎宁安上将、驻直布罗陀的达德利·诺斯上将和后来发动袭击的詹姆斯·萨默维尔上将对此都非常不情愿。丘吉尔后来承认，他不得不“下了最严格的命令”。伊斯梅将军惊骇不已，担心这会激怒维希政府，令法国倒向德国一边参战。这种战术有一个先例，1807年英国先发制人，夺取了丹麦的舰队，丘吉尔在《英语民族史》中也为之辩护，但丹麦是一个中立国。在奥兰的第一次战争中，英国袭击了同盟国军队，格杀了超过1250名法国海军。7月4日，丘吉尔对下议院汇报此事，明确地阐述了自己的戏剧性动机：

我们已经采取的行动，本身就足以一劳永逸地消灭德国宣传机器与第五纵队所卖力地散布的所有谎话和谣言。我们决不会通过任何渠道与德国和意大利政府进行任何形式的谈判。恰恰相反，我们将全力以赴，采取一切能够采取的手段，将战争进行到底，直到正义的目标最终实现。

这个“海军的伟大胜利”的“震撼人心的故事”，令钱农非常激动，对袭击了同盟国军队一事只是一笔带过。就连向来对丘吉尔持批评态度的亚历山大·卡多根，都称这次演说为一次“凯旋”。“最后的场面非常鼓舞人心，”埃里克·希尔对妻子说，“满满当当的议院全体起立，欢呼了整整两分钟。”这是保守党第一次和工党成员同气相和，丘吉尔当场下泪。“但我仍然不完全明白，”希尔说，“演说很好，可并没有好到无与伦比。和我们的旧盟友开战，这种事没什么值得庆贺的。”他认为这纯粹是煽动情绪的做戏：“这样能减轻这种大行动带来的压力，”他还补充道，“美国的态度可能也会好一点。”5 月 26 日，罗斯福告诫雷诺和爱德华·达拉第[18-44]，不要让海军落入德国之手。奥兰海战之前，他也向洛西恩勋爵表示，美国支持夺取法国舰队。1941 年 1 月，约翰·科尔维尔写道，罗斯福关系最密切的顾问哈利·霍普金斯“相信奥兰会是我们命运的转折点，它让全世界知道，我们在认真地抵抗”。印度总督与西班牙大使也汇报，两国对此事件印象深刻。就连贝当元帅和达尔朗将军[18-45]也这样认为，除了在直布罗陀海峡进行了一场象征性的空袭以外，维希政府对英国再也没有武装行动。1939 年 1 月，墨索里尼向外交部长齐亚诺伯爵[18-46]保证，张伯伦和他的政府“和创立帝国的弗朗西斯·德雷克[18-47]等伟大的冒险家不一样，他们只不过是一群心生厌倦的富家子弟，要亡国了”。但奥兰之战震惊了齐亚诺，他十分担忧：“这证明英国神圣海军的斗志仍在，仍有 17 世纪船长与海盗的遗风。”

发动袭击前一天，民意调查报告显示，公众需要的只是一个刺激：

人们仍然处于期待状态，但是并不清楚在期待什么。他们想要知道如何定位他们的想法。有一些人已经重新形成了对未来的看法。其他人在高度敏感中寻找发泄途径。综合分析显示，大众的潜在紧张感正在积累，主要源于本能的恐惧，领导人、宣传和上层的安抚都无法抵消这种恐惧。领导人和人民之间的鸿沟继续扩宽，上层似乎没有努力弥补这个问题。尤其是沮丧的情绪和不合理的行动欲，正在产生巨大而微妙的影响……这个星期首相没有发表声明，对人们更是无益。

发动袭击的时候，这次行动被视作英国人民的“伟大信念”，没有人质疑向盟军开战的必要性。“这震动了人心，之前的游移不定的情绪似乎暂时稳定下来了。”民意调查报告总结道。情报部也赞同道：“各方都一致表示支持我们打击法国舰队的行动……他们乐见我们以此表现主动。”丘吉尔演说的反响也“广泛地大受好评”。“转折点”“猛击”“好，我们该出手了”“给希特勒一个措手不及”之类的话也传开了。哈罗德·尼科尔森第一次听到这个“可怕的袭击”的消息时深感郁闷，但是到7月10日，他也兴高采烈了：

希特勒似乎对英国的这次大行动感到害怕了。我看到了外交部的电文，所有的国外报告都显示，他现在还难以置信……如果坚持住，我们可能真的会赢得战争。好一场战斗！我们有这么个机会！我们打击法国舰队的行动震撼了全世界，我简直抑制不住兴奋之情了。

民意调查显示，大众也有同样的反应：

法国舰队事件的影响似乎让人们走出了焦虑游离，这种情绪高涨的状态已经有好几天了。人们说得更多的是：“他到目前为止都无往而不利，但这次恐怕没那么容易了。”希特勒之前有一个预言，说在此之前他要侵略我们，但事实证明他没能做到，他不像以前那么料事如神了。如果到8月15日我们还没被打倒，如果现在这种状态可以持续下去，士气可能就会暴涨……

事实上，士气很快就达到了高潮。7 月 3 日，民意调查发现，悲观主义者与乐观主义者的比例差不多是 2∶1，但到月中已经变成了 1∶5。从 1923 年 11 月啤酒馆暴动直到当时，希特勒总是掌握着主动权。像每一个情节剧中的反派那样，他推动着戏剧高潮迭起，不断地使他的对手焦虑不安。丘吉尔要想扭转局面，就只能来上一个更加惊人的晴天霹雳。法国海军付出了惨痛的代价，但丘吉尔打赢了心理战，这场战争英国和法国都输不起。在《萨伏罗拉》和加里波利之战中，丘吉尔都试图用一次惊人的海上大战来扭转戏剧情节。而这回，他的计划第一次奏效了。

译者注

[18-1] 里斯维克和约（the Peace of Ryswick）：17 世纪法国路易十四不断对外扩张，欧洲各国建立反法大同盟，混战僵持九年，在瑞典斡旋下，于 1697 年 5 月在荷兰里斯维克和谈，法国分别与西班牙、英国、荷兰、罗马签订合约，五方各有让步得失。英国地位得到巩固，随后大规模裁军。

[18-2] 理查德·奥弗里（Richard Overy，1947— ）：英国历史学家。

[18-3] 温德姆·刘易斯（Wyndham Lewis，1882—1957）：英国画家、作家。

[18-4] 阿诺德·汤因比（Arnold Toynbee，1852—1883）：英国经济史学家。

[18-5]萨默塞特·毛姆（William Somerset Maugham，1874—1965）：英国小说家、剧作家。

[18-6] “焦虑的年代”（The Age of Anxiety）：是 W•H• 奥登 1947 年出版的诗集名。表现战后迷茫的情绪。

[18-7] 指查尔斯·詹姆士·福克斯（Charles James Fox，1749—1806）：英国辉格党资深政治家，皮特的主要竞争对手。

[18-8] 色当（Sedan）：法国东北部城市。

[18-9] 莫里斯·甘默林（Maurice Gamelin，1872—1958）：法国上将，二战法军总司令。

[18-10] 本书所引丘吉尔《第二次世界大战》，译文参考北京编译社译：《第二次世界大战回忆录》，时代文艺出版社 1995 年版。特此致谢。

[18-11] 阿瑟·洛克（Arthur Neville Rucker，1895—1991）：英国官员。

[18-12] 当时科尔维尔是张伯伦的私人秘书。

[18-13]塞西尔·比顿（Cecil Beaton，1904—1980）：英国摄影师、画家、设计师，时任战地摄影师。

[18-14]埃尔温·隆美尔（Erwin Rommel，1891—1944）：德国陆军元帅，绰号“沙漠之狐”。

[18-15] 阿布维尔（Abbeville）：法国城市。

[18-16] 阿拉斯（Arras）：法国北部省会城市。

[18-17] 战时夜间限制灯火，有防空警报时要强制熄灯。

[18-18] 威廉·乔伊斯（William Joyce，1906—1946）：美籍爱尔兰政客，在英

国从事纳粹宣传，因为播报广播时常咳嗽清嗓，得绰号“呵呵勋爵”。二战后以叛国罪被处死。

[18-19] 乔治·博罗（George Borrow，1803—1881）：英国作家。代表作《西班牙圣经》（*The Bible in Spain*）是他在西班牙传教期间的见闻录，记载了和吉卜赛人交往的经历。

[18-20] 原典故是“尽管全世界都是我们的敌人，三面来攻”（“come the three corners of the world in arms”），出自莎士比亚《约翰王》第五幕第七场，下文是：“我们也可以击退他们，只要英格兰对它自己尽忠，天大的灾祸都不能震撼我们的心胸。”译文参考朱生豪先生译：《约翰王》，中国青年出版社 2013 年版。特此致谢。

[18-21] “亚瑟王之死”是丁尼生《国王的叙事诗》的最后一部分内容。译文参考文爱艺译：《国王的叙事诗》，安徽人民出版社 2012 年版。特此致谢。

[18-22] 多佛（Dover）：英国东南部港口。

[18-23] 这是 1918 年克列孟梭在议院的演说词。卢瓦尔河（Loire）在法国中部。加伦河（Garonne）在法国西南部。比利牛斯山（Pyrenees）是欧洲西部最大的山脉，法国和西班牙的国界。

[18-24] 布列塔尼（Brittany）：法国西北部地区。

[18-25] H•L•伊斯梅（Hastings Lionel Ismay，1887—1965）：英国印度裔陆军军官、外交官，丘吉尔的首席军事助理，绰号“哈巴狗”。

[18-26] 马克西姆·魏刚（Maxime Weygand，1867—1965）：法国上将。

[18-27] 夏尔·戴高乐（Charles de Gaulle，1890—1970）：军事家、作家、政治家、外交家，法兰西第五共和国缔造者，被誉为“法兰西守护神”“法国国父”。法国人民尊称他为“戴高乐将军”。二战期间，他作为自由法兰西武装力量的领袖，带领法国人民积极抵抗纳粹德国。著有《战争回忆录》《希望回忆录》等。

[18-28] 康热（Cangey）：法国图尔区下属市镇。

[18-29] 当指当时的爱尔兰总理埃蒙·德·瓦勒拉（Eamon de Valera，1882—1975）。

[18-30] 让·莫内（Jean Monnet，1888—1979）：法国政治经济学家、外交家。

[18-31] 所引戴高乐回忆录的原文，译文参考戴高乐：《战争回忆录》，陈焕章译，中国人民大学出版社 2005 年版。特此致谢。

[18-32] 勒内·普利文（Rene Pleven，1901—1993）：法国政治家，1950 至 1952 年任法国总理，推动了北大西洋公约组织的成立。

[18-33] 菲利普·贝当（Philippe Pétain，1856—1951）：法国陆军将领、政治家。继雷诺后接任法国总理，对德投降，战后被以叛国罪判处终身监禁。

[18-34] 阿维·施莱姆（Avi Shlaim，1945— ）：以色列裔英国历史学家，牛津

大学教授。

[18-35] 乔治・曼德尔（Georges Mandel，1885—1944）：法国记者、政治家。

[18-36] 切萨雷・波吉亚（Caesar Borgia，1475 或 1476—1507）：意大利文艺复兴时期的军事长官、政治家、枢机主教，相传是暴君和阴谋家。

[18-37] 克里斯托弗・马洛（Christopher Marlowe，1564—1593）：英国剧作家、诗人、翻译家。

[18-38] 博尔顿大学（University of Bolton）：英国公立大学，位于曼彻斯特。

[18-39] 参见第十四章“安德鲁・马维尔”的注释。

[18-40]维希政权(Vichy)：第二次世界大战期间纳粹德国占领下的法国傀儡政府。1940 年 6 月，法国政府向德国投降。1940 年 7 月，政府所在地迁至法国中部的维希。

[18-41] 奥兰（Oran）：阿尔及利亚港口城市。

[18-42] 亚历山大港（Alexandria）：埃及港口。

[18-43] 弩炮计划（Operation Catapult）：即奥兰海战的行动代号。

[18-44] 爱德华・达拉第（Edouard Daladier，1884—1970）：法国政治家，激进共和党人。签订《慕尼黑协定》时任法国总理，是慕尼黑会议的法国代表。二战法国沦陷后被捕，被德国囚禁至 1945 年。

[18-45] 指弗朗索瓦・达尔朗（François Darlan，1881—1942）：法国海军元帅、海军上将、海军总司令。维希政府的主要人物，历任代总理、外交部长、海军部长、内务部长等。

[18-46] 齐亚诺伯爵（Count Ciano）：指加莱阿佐・齐亚诺（Gian Galeazzo Ciano，1903—1944），墨索里尼的女婿和钦定接班人。

[18-47] 弗朗西斯・德雷克（Francis Drake，1540—1596）：英国著名探险家、航海家，海盗出身，继麦哲伦之后第二位完成环球航海的探险家。

十九、不一样的英国

1940年，希特勒无疑已经做好了侵略英国的准备。不过，计划（代号“海狮计划”）要顺利进行又是另一回事。即使德国空军已经占领了空中的优势，德国的小舰队要迎战的可是英国皇家海军。当年夏天，英国在英吉利海峡及附近部署了两艘航空母舰、三艘战列舰、两艘巡洋舰、八艘重型巡洋舰、二十艘轻型巡洋舰和七十六艘驱逐舰。而德国海军此前在挪威遭遇重创，只有一艘重型巡洋舰、三艘轻型巡洋舰和七艘驱逐舰，没有任何大型主力舰。这么一点兵力要如何为军队保驾护航，去征服四千五百万人口的岛国？1973年，英国和德国在桑赫斯特军校举行了一次军事演习，将“海狮计划”付诸了实践，结果德国溃不成军。彼得·弗莱明[19-1]总结道，英国人民积极抵抗入侵的时候，根本不相信它会真的发生。他们就像在观赏一出扣人心弦的戏剧，恶棍似乎就要取胜了，而他们知道，最后他还是会失败的：“在戏剧里，战争中的运势自然会眷顾他们，这就遮蔽了之前漫长的极端惨淡无望。”

如戴维·艾杰敦[19-2]的研究显示，在法国沦陷之后，英国仍然可以倚仗国内有限的资源，比如国内庞大的工业和技术家底。1940年8月，丘吉尔派遣坦克前往中东，这并非冒险，当时英国的兵力足以抵御“海狮计划”，游刃有余。而此前的6月，法国的人民和领导人都面临着一落千丈的士气。希特勒认为只需对英国如法炮制，让他们同意媾和就可以了。这正是丘吉尔少见的一场有准备之战。

6月26日，丘吉尔找出了1913年他预言德国入侵的备忘录。但是在7月12日，他又私下吐露，他认为德国不太可能入侵，这个观点很快被众口相传。然而，“侵略危机”造成了显著的戏剧效果，发动英国人民行动起来，丘吉尔也尽其所能地鼓励这种有益的幻觉。他告诉约翰·科尔维尔：“人们不要求休息，只要求有所改变，否则他们就会变得难缠起来。”而科尔维尔担忧的是：“看多了电影的公众一味追求轰动效应，有一种说法，独裁者要巩固统治，就要每六个月来一场戏剧性行动，现在英国大众沉迷于好莱坞，又被最近几个月的大事件弄得神魂颠倒，似乎也需要源源不断的变革和刺激。”随后几个月，变革和刺激再没有少过。

6 月 30 日，德国国防军实战参谋长阿尔弗雷德·约德尔将军提交了侵略英国的作战计划，但只是作为一条最后出路。他称，侵略的主要目标是恐吓英国，以防止他们进攻，让希特勒得以实现他的终极目标：攻打苏联。希特勒批准了这一计划。德国海军深思熟虑后，认为“海狮计划”不切实际，只有占据了绝对的空中优势才能实行，而那事实上是不可能的。希特勒原计划在 7 月 8 日发表国会演说，给英国最后一次机会媾和。但是在此五天之前，英国打击了奥兰，这令他犹豫了。他把演说推迟了三次。7 月 16 日，他签署了命令，批准侵略英国，但是其中口气犹疑，充满了“如果”“如果需要……”“如果有必要”云云，指挥官都看出了他的犹豫。海军可能同意集结进攻驳船，因为他们不觉得会用得着。受命部署入侵的君特·布鲁门特里特将军[19-3]后来回忆道：“我们都没有把命令太当回事……当时的情况在我看来太可笑了”，显然“希特勒和他的亲信对实战和计划都没什么兴趣”。据布鲁门特里特称，8 月 1 日，希特勒告诉陆军元帅格尔德·冯·伦德施泰特，他不会实行“海狮计划”，月底，筹备好的进攻驳船被悄悄地遣散了。陆军参谋部署“海狮计划”，“靠的是理论而不是积极，更大程度上是纸上谈兵，或者说和平时代的理论演习。”更准确地说，这就是做戏，意在恐吓英国，至少让他们屯兵不动。大批部队、驳船和物资是真的准备好了，正如布鲁门特里特所言：“万事俱备，只欠东风，就仿佛事关重大，所有人对此都心照不宣。”

7 月 19 日，希特勒终于在国会发表了演说，历时两小时十五分，主要回顾了德军的胜绩，颂扬德军的力量。据威廉·L·夏伊勒[19-4]观察，希特勒“是一个如此了不起的演员，德意志精神的杰出引领者，他把满怀征服的信心和谦逊极好地糅合在了一起，大众很吃当权者这一套……他的演说状态登峰造极……我很赞赏他的手势，有点女性化，相当有美感。今晚他的手势很漂亮，几乎大部分都在用手势自我表达，还有他身体的摇摆，伴随着他的话语和声音”。他只在结尾处提出了简短的警告，英国面临着毁灭，除非他们接受他“理性的要求”，但是他并没有提及具体的媾和方式。英国政府迅速地驳回了提案，齐亚诺伯爵写道，“潜藏的失望情绪在德国弥漫开来”，包括希特勒本人。情报部报道，英国公众信心日益上涨，甚至到了自满的程度，认为希特勒的演说是“一个衰弱的标志”，忽视了侵略的可能性。

希特勒不确定下一步该怎么走，开始考虑攻打苏联的可能性，他一心假设，丘吉尔主战只是因为希望苏联最后能参战抵抗德国，如果这个希望破灭了，英国就会走投无路，退而求和。但是只有不实施“海狮计划”，这个策略才有意义。于是，直到 8 月 13 日，德国才发动了对英空袭。9 月 7 日，军事目标转为恐吓性轰炸伦敦，这就意味着“海狮计划”已经流产了，打倒英国的唯一途径就是摧毁士气。纳粹的空军内部资料显示，除了打击士气，德国空军没有能力在空中取得决定性的胜利。9 月 13 日，埃里希·雷德尔上将[19-5]承认，闪电战没能取胜，“海狮计划”太过冒险，但是戏还没有唱完：“不能让英国安生，登陆战计划一取消，英国的压力就卸了大半。”希特勒无限期地推迟了 9 月 17 日的侵略，但从来没有正式取消过它，甚至到 1944 年 1 月，他还把它列在未来计划中。“海狮计划”只是他“虚张声势的戏剧性政变”的又一个案，意在恐吓——丘吉尔这样称呼它。

在“喷火之夏”的殊死空战之外，两位专业的政治演员实则在进行一场戏剧性的决斗，这对战争的结果至关重要。彼时不可能在军事上迅速地分出胜负：英国无法只身打败德国，但英吉利海峡就是阻碍德国取胜的天堑。因此，一切都取决于士气，而士气又取决于戏剧性。丘吉尔使英国人乃至全世界确信，他绝不投降，借助的就是他的演说和对法国海军的打击。希特勒的目标是消磨英国的斗志，他的花招包括在国会面前的戏剧性演出，以及为“海狮计划”打出的幌子。

希特勒让英国人相信，侵略迫在眉睫，但这只是加深了局势的戏剧性。7月20日，哈罗德·尼科尔森记录了他对德国登陆战的预估，他认为配合袭击的有六千架飞机，这远远过度估计了。“一切都那么奇怪！”他在日记里写道，“我们知道自己正面临着可怕的侵略，也多少知道我们的机会渺茫，空气中却弥漫着一种愉悦。如果希特勒推迟入侵，在非洲和地中海蹉跎，我们的士气就会减弱。但我们真心为那些不让步的人骄傲。”7月23日，伦敦人埃莉诺·希尔斯比写信给美国的朋友：“能为生死之外的东西孤身奋战，我们都感到很骄傲。这令我扬眉吐气，不仅因为我身为英国人，还因为我有幸在这个时刻为拯救世界而战。”“很难描述英国所发生的变化，”8月8日，巴勒斯坦犹太事务局的主管戴维·本-古里安从伦敦给妻子写信道，“自从丘吉尔接了张伯伦的担子，最大的变化就是，英国人心里都不声不响地增添了信心和勇气。”

1940年夏天，戴高乐造访了首相的别墅，发现丘吉尔向天挥舞着拳头，因为德国空军还没有袭击平民目标。“您这是急着要看见城镇被炸毁吗？”他问。而首相解释道：“轰炸牛津、考文垂和坎特伯雷之类的地方，都能激起美国的义愤，那样他们就会参战了！”他对约瑟夫·P·肯尼迪也说过类似的话。戴高乐温和地提醒他，法国的遭遇可没能让美国放弃孤立主义，但他听不进去。爱德华·R·莫罗在美国播报了德国空袭伦敦的新闻，美国的报纸也广为报道了这个消息，对美国舆论造成了深远的影响。9月底美国的民意调查显示，52%的对象赞同支援英国，这一转变促使罗斯福在1941年3月通过了租借法案[19-6]，最后向英国提供了价值314亿美元的军需。但是，无论是闪电战还是侵略苏联，都没能让美国参战。

丘吉尔向英国人民传递的信息是，他们都是一出伟大的民族戏剧中的演员，与“虚假的战争”中的被动状态截然不同。“人民战争”这个说法，通常认为是汤姆·温特林厄姆[19-7]创造的，由J·B·普利斯特里发扬光大，但是，在7月14日的广播演说中，丘吉尔就已经陈述了“人民战争”的本质特征：

这不是王公贵族群雄逐鹿的战争，也不是野心勃勃改朝换代的战争。这是一场人民的战争，一场正义事业的战争。不止在不列颠岛，在每一片土地上，都有许多人在战争中恪尽职守，但他们的名字不为人知，他们的功绩不著史册。这是一场无名英雄的战争……

英国广播公司的听众调查估算，有64.4%的成年人收听了这次广播，6月18日“最光辉的时刻”的收听率则是59.8%。丘吉尔一再重申这个主题，在1941年4月27日的广播演说中也曾提到：

炮火的考验甚至在某种程度上振奋了不列颠英雄儿女的气概。这种既崇高又恐怖而阴郁的战地经历与情感，几个世纪以来只有士兵和水手才能体会。现在却由全体人民共同分担了，无论是好是坏。所有人都为曾经历敌人的枪林弹雨而骄傲。老人、小孩、跛足的老兵、上了年纪的妇人、艰难度日的普通百姓——或者正如他们所更愿意自称的：国王陛下的臣民，挥动大锤或装卸轮船的强壮的工人，技艺高超的工匠；空袭预防部门的所有成员都骄傲地体会到，自己正与我们的战士们并肩而立，共同为一桩最伟大的事业英勇战斗，并且战斗到底。这的确是我们历史上一个伟大的英雄时代，荣耀的光芒普照在所有人身上。

1940年10月的民意调查援引了《星期日快报》的一次投票结果，《星期日快报》邀请读者寄明信片选出他们最喜欢的电影结局场景。结果，夺魁的不是《史密斯先生到华盛顿》里参议员挫败政客的阴谋，不是《绿野仙踪》里桃乐丝终于回到了堪萨斯老家，也不是《鸭子汤》里马克斯兄弟用烂水果砸玛格丽特·达蒙特，不是任何一部喜剧结尾的片子。[19-8]提名最多的依次是：

《三人行》：三位同志中的两位已经牺牲，召唤第三位加入了他们的行列，最终手挽手一道行进于天际。

《黑暗的胜利》：女主角勇敢而孤独地缓步走向死亡。

《万世师表》：契普先生临终依然喃喃念叨着他学生们的名字。

《呼啸山庄》：主角登山，去赴已经去世的情人的约会。

《双城记》：卡尔顿说："远胜于过去一切的所作所为。"镜头转向断头台铡刀落下，然后是晴朗的天空，字幕打出一句《圣经》原文。

"我们看到了冷漠而古老的英国的心灵深处，"民意调查总结道，"面向未来，表达了英雄的希望的悲剧性结尾每次都能获胜，全是因为温斯顿·丘吉尔。"丘吉尔是一位热心的电影观众，"就像《星期日快报》的读者一样，因此他能在英国人中激起如此之大的反响，张伯伦、哈利法克斯和艾德礼都做不到。"

在《第二次世界大战》中，丘吉尔承认，英国赢得战争不只是因为"少数人"，还有广大的后盾：空军工作者、供给部门、反空袭部门、皇家观察团和战斗机司令部，"都各自演好了他们的角色"。这是他最喜爱的戏剧比喻，他用它来强化了一种感受：人人都是世界大戏中的演员。1941 年，"大西洋宪章"在布雷森莎湾签署，庆祝英语国家军事联盟建立，丘吉尔再次搬用了这种修辞："即使最持怀疑态度的人也会认识到，在这一任何凡夫俗子都无法预测其结果的伟大事业中，我们都有机会扮演自己的角色，尽职尽责。"他还向美国国会承诺，被占领的欧洲将继续发动抵抗："任何阶级、任何信仰的民众都盼望着自由，彼时他们也将再次扮演自己的角色，重拳出击。"集结大众，打一场人民战争："煤矿、工厂、码头、海上、田间、家庭、医院、科研岗位、布道坛，无论高低，一荣俱荣，所有人都演好自己的角色。"而最著名的说辞，则是在 1941 年 10 月 29 日，对母校哈罗公学的学生发表的演说：

不要说是黑暗的时代，我们宁愿说是严酷的时代；这不是黑暗的时代，而是伟大的时代——是我们国家有史以来最伟大的时代；我们所有人都要感谢上帝，感谢他让我们每个人都能演上一个角色，为了使这个时代在我们民族的历史上永放光芒。

在《第二次世界大战》中，这实际已经成了他的口头禅，多次用来形容各种人：护航航空母舰、战斗的波兰人、1942年阿拉曼[19-9]的英国士兵、1943年投诚同盟国的意大利舰队、加拿大的军工厂、1944年突出部战役[19-10]中的德国人、美国的孤立主义者……以及1945年5月13日的广播讲话中的全体英国人。在“世界舞台”的史诗中，他同样喜爱的比喻是“戏剧”和“悲剧”：奥兰的法国舰队是“希腊悲剧”；意大利北部萨罗的墨索里尼傀儡政府是“污秽的悲剧”；墨索里尼处决女婿齐亚诺是“文艺复兴时代的悲剧”[19-11]；南斯拉夫沦陷，游击队与祖国军相互背叛，则是“悲剧中的悲剧”[19-12]。

1940年7月奥兰之战后，丘吉尔继续罔顾现实地寻找下一个戏剧性打击的机会。詹姆斯·马歇尔－康沃尔将军[19-13]曾经回忆过7月27日首相别墅的“疯帽子晚宴”[19-14]，他向丘吉尔报告，他正在对麾下的第三兵团进行进攻训练。丘吉尔很高兴，立刻要派它出击，然而得知装备短缺，登时勃然大怒。随后，他让林德曼教授向惊慌失措的宾客们展示他研发的一种新型手榴弹，马上就要把它投入生产。这种手榴弹可能比传统的蛋形手榴弹要强力，但是约翰·迪尔将军[19-15]认为，在德军随时可能打过来的情况下，几乎不可能让军工厂停下来改弦更张。随后，丘吉尔又画了个红海地图，指着厄立特里亚的马萨瓦港口[19-16]，要康沃尔将军想个计划把它从意大利那里夺过来。将军对马萨瓦一无所知，无暇应对，只能提出了几点操作上的困难。“你们这些当兵的都一样，”丘吉尔冷哼道，“一点想象力都没有。”

同时，丘吉尔还催促参谋长从利比亚的意大利军队后方发动两栖突袭，切断他们沿海唯一的补给通道。“那个时候我们自然没有合适的时机登陆。”他后来也承认，但仍然认为有些策略可以突发奇想。他不明白为什么他手下的将军都不尝试这个计划：“直到1944年在安齐奥我才成功地把它付诸实践。”他这样说的时候并没有充分意识到，这恰好证明了他谨慎的部下是正确的。

丘吉尔的想象力随后转向了其他目标。8月6日，他邀请戴高乐到内阁会议室，铺开地图，活灵活现地描述了他突袭塞内加尔首都达喀尔的计划。戴高乐有点困惑，他意识到，自己正在和一个美学家打交道：

> 丘吉尔先生绘声绘色地又给我描述了下列场景："某天早晨，达喀尔一觉醒来，悲伤无措。但是，旭日初升，人民远远望见，海上满是船只。一支庞大的舰队！上百艘战舰和运输船！它们缓缓行进，用无线电广播向城镇、海军和卫戍部队表示友好。有的舰船上飘扬着三色旗，其他则是英国、丹麦、波兰和比利时的旗号。同盟军中驶出一条小船，打出谈判的白旗，它进入码头，戴高乐将军的使者登岸，被引向地方长官。旨在劝服他，允许您登陆，同盟国舰队就会撤退，往后的问题只是确定您与他合作的条件；反之，如果他想打仗，就等着被打趴下吧。"
>
> 丘吉尔先生得意洋洋地连比带划，把他的期望和想象中的未来景象一幕接一幕地描述出来。

这夸张得可怕，但"丘吉尔先生这样一席滔滔不绝的话，如果撇开他那些诱人的华丽辞藻，我意识到，此举经得起再三考虑，有扎实的基础支撑"。虽然袭击达喀尔以失败告终，丘吉尔仍然赞许当时的指挥官大胆无畏。"我的信条之一就是对敌不计失误，"他强调道，"他们都身体力行。"在《第二次世界大战》中，他仍然要把这次惨败描写成精神上的胜利，它至少鼓舞了非洲其他地区的自由法国军队。

戴高乐和丘吉尔一样富有戏剧感，但是不像他那么热衷于宣传，就连摆姿势拍张照片都觉得别扭："我不想被报纸打造成一个电影明星。"他伤感地预言："丘吉尔会把我当作一条新肥皂一样投放市场。"而事实上，7月18日，政府任命了广告代理商里士满·坦普尔，要他"让戴高乐世界闻名，尤其是在不列颠岛和大英帝国"。8月9日，丘吉尔如是记录情报部的工作："重要的是通过广播让戴高乐在法国保持活跃，我们在非洲的法国宣传的各种渠道都要转播。"对于丘吉尔的这些大手笔，戴高乐通常回应道："真是一个伟大的艺术家！"

8月中旬，丘吉尔见证了战斗机司令部作战指挥室的工作，打造了他最出名的警句："在人类战争中，从来没有这么少的人为这么多的人做出过这么大的贡献。"和大部分经久不衰的名言一样，这句话是改写而来的。丘吉尔早年在其他一些场合，也使用过类似的句子。通常认为这句话最早出自《亨利五世》，乔治六世也在6月的广播演说中说过"我们是少数，我们乐于充当少数"。许多19世纪的军事主题情节剧中也出现过这样的语句，当一小队英国子弟必须以寡敌众，对战法国人（拿破仑旗下）、俄国人（克里米亚战争时期）、造反的非洲人或者狡猾的印度人的时候。安德鲁·罗伯茨还发现了一种近似的表述，在1793年的科西嘉岛[19-17]战争中，约翰·摩尔将军[19-18]说道："从来不曾有如此少的人做出如此多的贡献。"还有一个更加相似的来源，是托马斯·高尔[19-19]对1640年8月纽波恩战役[19-20]的讽刺性评论，彼时苏格兰军队把英国人打得溃不成军："再没有这么多人从这么少人手下狼狈逃窜了。"《英语民族史》曾引用了这句话。丘吉尔把形容英国人最可耻的一次战败的话语夺胎换骨，纪念了英国最光辉的胜利。

这句话还出现在1940年8月20日丘吉尔下议院演说的后半部分里，和上下文相得益彰。丘吉尔一开始便提出了两大明显而深刻的负面问题：法国战败的打击，以及英国为何能免于同样的命运："我们看到一些拥有强大军队的国家，在短短几个星期内便土崩瓦解了。"他直率地指出，随后毫不留情地再次强调，事实是"我们看到，法兰西共和国以及它声威赫赫的法国陆军，在伤亡还不及1914至1918年任何一次战役的情况下，就彻底一败涂地了"。如何解释这样的惨剧？丘吉尔将其归咎于冷血无情的机械化战争，罪魁不是内燃机，而是军方对战争的远程监控，遵循预先制定好的行动策略，通过电子信号部署战局："行动方案是由科技部门和战略部门制订的，主动权是靠机械化手段夺取的，结果是数以百万计的人丧失了进一步抵抗的能力，或者自我判定丧失了进一步抵抗的能力，仿佛一场可怕的象棋赛，从叫杀到将死，不容更改地完全系于心情不好的棋手。"彼时各级将士在战场上都丧失了主动权：即使是将军，也受困于命令机制，失去了任何真正的自由意志，计划一旦失败便束手无策。但丘吉尔表示，不列颠之战将采取完全不同的作战方式：

> 交战国全员投入，不只有士兵，而是全部人口，男人、女人、孩子，概莫能外。到处都是前线。城镇和街道都掘起了壕沟。所有村庄都修筑了堡垒。所有道路都堆垒了路障。战线延伸到了工厂。工人就是战士，武器不一而勇气相同，这就是与我们许多人在四分之一个世纪前看到的那场战争的巨大而明显的变革。我们有充分的理由相信，这样一场战争，将更适配不列颠国民与大英帝国的天分与资源；也就是说，一旦我们武装得当，适时出手，这种类型的战争将比索姆河和帕森达勒[19-21]那种屠杀式的血战更有利于我们。如果这是一场整个国家共苦同仇的战争，那就应该更适合我们，因为我们国家是所有国家中最团结的一个，因为我们举国齐心、心知肚明地投入战斗，因为我们自幼受着自由与匹夫有责的教育，我们不是集权统一的产物，而是宽容和差异的孕育。如果这些素质都转化为战争的艺术，正如其正在转化的那样，我们就能让敌人开眼，见识见识很多他们连想都没想过的事物。

在早年的学生生涯中，丘吉尔就开始反对纪律，为个人主义而战，直到 1940 年，他都未能成功。战争和政治一样趋于集权化，高层制订计划与时间，驱使大众投入战争。而现在，丘吉尔提出了一个截然不同的战略，依靠小团体的主动性与即兴发挥。因此，沦为棋子的“成千上万人”将被“少数人”打败。丘吉尔特别将这个词与战斗机飞行员联系起来，但也赋予了它更加广阔的含义，将任何一支投入战争的本土力量都囊括其中：英国地方军、挖坦克陷阱的村民、加班加点的工人、村立机构做果酱的妇女、收集废金属的孩子，每个人都是“少数人”。

彼时平民们都感到，他们真真切切地扮演着角色。“信心在增长，舆论更加有力，能感觉到高涨的愉悦情绪，”情报部总结道，“遭遇袭击的地区的报告也显示，士气仍然很高，似乎还随着遇袭次数增多而上升。”8 月 20 日的演说在英国全境“收效非常好”：“他做过的最有说服力、最鼓舞人心的演说”（北爱尔兰评价），“建立了强烈的信心”（纽卡斯尔评价），“现在人人都知道，无论如何，我们占了上风”（布里斯托尔评价）。就连齐亚诺伯爵也认为，修辞“确切而有前瞻性。在漂亮的辞藻和有力的论断背后，包含着愿望与信念”。战时的社会调查发现，在8月23至28日之间的551次访谈中，丘吉尔的广播演说被提到了166次，遥遥领先于其次被提到76次的安东尼·艾登。8月14日，丘吉尔告诉约瑟夫·肯尼迪“令他不安的唯一一件事，是希特勒可能不会入侵了”，这场戏要虎头蛇尾了。“他说，英国士兵可能会要求退票，因为他们对演出不满意。”9月3日，他对休·道尔顿说：“公众什么都能接受，除了乐观主义。”

9月7日，德国轰炸机发动了对伦敦的第一次大规模袭击，轰炸了伦敦东区，死亡约三百人。“是什么在威胁这座古老而壮丽的城市？”年轻的政府办事员科林·佩里写道，“你读过小说，就像H•G•威尔斯笔下的火星人入侵，可还是不知道，只觉得我们也要这样了。”但是在10日，他看见丘吉尔视察官邸地铁站的废墟，又有了精神，在日记里写道：

> 我欢呼，我喊叫……他看起来无人能敌，顽强，好斗，锐不可当……他穿过烟雾，穿过工人们，他们都喊叫着“好家伙，温斯顿”，“狠狠揍他们”，“走好运”。其中一声高呼：“我们就这么丧气了吗？”众人震天地回应：“没门！”响彻全城，也响彻世界。这温暖了“我们大英的主心骨”，也温暖了世间所有自由人。这真是太棒了，令人发抖，激动人心，充满了戏剧性。

佩里补充道，这和西德尼街的事件一样戏剧性，但当年演起来像闹剧，现在却显得十分英勇，“未来将留名青史”。监察官员塞缪尔·贝特斯比探访被炸毁的伦敦街道时看见：

> 人们熟识的丘吉尔一手攥着一块白色的大手帕，不时擦着眼睛。眼前的景象太惨了，防空部和其他单位的工作人员从废墟里挖出伤员和死者。一小群人站在家园的残骸旁边，一个老妇人叫喊着：“我们什么时候去炸柏林呀，维尼？”不假思索，温斯顿本能地回身，手中攥着手帕和一根乌木——我看来像银头的手杖，

握成拳挥舞着，气势汹汹地吼道：“您看我的吧！”士气顿时飙升，人人心满意足，快意恩仇。人人心里想的肯定都是“看在上帝的份上，我们要为此以牙还牙”，我当然也不例外。

后来我翻来覆去，认真思考了无数次这件事。那个时候，那种绝望的情境下，首相说什么才得体，怎么才能不把话说死？“我们什么时候去炸柏林呀？”该回答“尽快”“等我们一两年攒下力气来”，还是“时机未到，耐心等吧”？除了他那句话，别的似乎怎么说都是错。

这一事件突出地体现了丘吉尔独一无二的魔力，他能把灾难中沮丧的痛苦转化为通往最终胜利的坚实垫脚石。

希特勒是政治集会舞台上一个耀眼的演员，但他显然没有视察过遭到轰炸的德国城市，从长远来看，这也损害了德国的士气。

在9月11日的广播演说中，丘吉尔把所有听众都比作了历史大舞台上同台竞技的演员，现在，高潮来了：

它堪与当年西班牙无敌舰队逼近英吉利海峡，德雷克即将打完那场木球的时刻相媲美[19-22]，也堪与纳尔逊在布洛涅为我们抵挡拿破仑大军时比肩[19-23]。所有这些事迹，我们都在历史书上读过；但是，目前正在发生的情况，比之那些昔日的英雄时代，规模要大得多，对人类生活和未来，以及对世界文明的影响，也要深远得多。因此，每一个人，无论男女，都要做好准备，以特殊的自豪感和认真细致的精神，履行自己的职责。

他提醒人们，他们正在全世界的观众面前演出：“全世界所有目前仍自由的国家，都对伦敦人民所表现出的坚韧和镇定感到惊奇，我们面对与克服的，是敌人强加的巨大灾难，其结局与严重性都未可知。”一个星期之后，他颁布了一项新的奖励——乔治十字勋章。以褒奖平民在极端情况下的英勇行为，比如清除未爆炸的炮弹。用他的话说，这是“为少数人的杰出光荣事迹而设立的”。

民意调查显示，9月11日的广播演说“收效良好”，虽然很多听众认为丘吉尔听起来十分疲倦，“他的士气比平民要低得多！……一些人甚至为德国军队可能要长驱直入而感到高兴。”轰炸达到白热化的时候，全英的美国领事馆都汇报了当地的士气情况，军事参事雷蒙德•E•李总结道：“令人惊奇的是，被频繁轰炸的工业区的工人士气最高。处处群情激昂，领事们都认为人们可以渡过难关……无论从哪个方面，我都得说，人们忠诚到了极点，不会弃守阵地。”炸弹炸毁了弗吉尼亚·伍尔夫在麦克兰堡的房子，而伍尔夫放下了她布鲁姆斯伯里式的架子，“为丘吉尔欢呼”，他把当下的战争与西班牙无敌舰队的进攻相提并论。“后面出租屋里的那个肮脏老妇人触动并真切地打动了我的爱伦敦之心，空袭过后，一切都一塌糊涂，百废待兴，”她写信给作曲家埃塞尔·史密斯[19-24]道，“我们这些人，至少还去过意大利，读过莎士比亚，而他们没有，天哪，我要变成一个民主党人了。”她感叹道，为她自己的反应而惊讶。“我觉得有意思又不可思议的，是这场战争所创造的正面情绪。各色人等，打杂的、看店的，那些显眼的政治家，至少有温斯顿，还有这里那些穿着花呢衣服的呆板女人，都表现得非常好：组织急救，搬炮弹，向我们示范怎么跳窗子……我本来几乎对人类失去信心了，一部分原因是我写作（罗杰·弗莱[19-25]传记）的时候，深陷文人相妒、浮华虚荣的泥淖。但是现在希望又复苏了。”

“这个岛国民族是非凡的，”9月12日，钱农写道，“今日我看到的每一个人都处在最饱满的精神状态中。他们都相信，英国的胜利指日可待，我们的空军力量，无论是数量还是质量，都强过德国。”原本持失败主义观点的R•A•巴特勒，现在把德国的道尼尔轰炸机比作汉尼拔的大象[19-26]，一心期盼着胜利。10月10日，保守党议员维克多·卡扎莱特写道：

> 我为人们的士气和精神感到十分惊讶。身为英国人，自然一向很骄傲，但是最近几周，我真切地感到，假如此身不在英国，我将错过观察英国民族性格多么了不起的一面。无论未来发生什么，无论开出这世界上的什么条件，我都不愿意错失这几个星期以来的体验。……

当然，我们不知道前方有什么在等待，但我有预感，无论未来怎样，我们都不只是苟且偷生，最终的胜利必然是属于我们的。

《时代》杂志评论道，美国和英国曾经的联系，不过是斯坦利·鲍德温要和辛普森夫人过不去，以及内维尔·张伯伦的绥靖政策，“但是，他们统治的这个国家已经改变了，这一次，英国不一样了。”丘吉尔可能是“一个托利党人，一个帝国主义者，破坏罢工，迫害共产党，但是，在他视察伦敦贫民窟的时候，老妪都念叨着：‘上帝保佑您，维尼。’”

9月15日，德国空军发动了终极袭击，丘吉尔将其比作滑铁卢。但是和威灵顿公爵不同的是，他并没有亲临战场。他面对的是一个叙述难题：20世纪的战争已经借由远程通讯指挥，激动人心的战争文学又该如何书写？他在《思想与经历》中抗辩道：

我们能看到，现代的指挥官完全失去了英雄本色，实际条件压倒了他的个人艺术。汉尼拔、凯撒、蒂雷纳、马尔博罗、弗雷德里克、拿破仑之类的英雄不能再立马沙场了，也不能在关键时刻一朝一夕、一言一行地亲自统领战事。他们的名望和察访再也不会使艰苦奋斗的士兵振奋；他们不会再与士兵共闯枪林弹雨，鼓舞士气了；他们根本就不会露面，已经同他们的羽徽、旗帜和盔甲一道，被逐出了战场。能够洞察敌方防线弱点、九死一生于关键时刻扭转战局的狮心勇士已经消失了；今日的将领在战时距前线五六十英里，坐在办公室的书桌前紧张地守着电话，等待全世界传来的涓滴消息，就像是股市动荡时持有大量股票的观望者。

在《世界危机》中，丘吉尔不得不描写他在海军部作战室时公海的战事和需求。他创造戏剧性张力的方式是复述海军部收到的电报，这可谓独到的文学创新，读者全心注意的是他，而非战舰上的士兵：

在海军部的安静的房间里，分分秒秒地跟踪着一次海上大战的具体细节，人的心理体验不可能再经历比这更厉害的冰冷的刺激了。在远处蓝色的大海上，在战斗的军舰上，在大炮震耳欲聋的爆炸巨响中，事件的碎片正一点点地在肉眼前铺开。那里有最强烈的战斗的感觉；那里有战斗的愤怒；那里充满了张力、自我否定、肉体与精神的苦楚。但是，在白厅这里，只有钟在滴答走动，沉默不语的人匆匆走进来，将铅笔写的纸片搁在别的同样沉默不语的人面前，他们圈圈画画，或者潦草地计算着，不时地指指点点，或者低声简短地评说几句。电报一份接着一份，间隔只有几分钟，收到并译出时，顺序经常颠倒、意思也常常含混不清；在这些之外，有一幅图像一直在头脑中闪烁变化，环绕这幅图像衍伸的想象力不时会打出希望或恐惧的火花。

丘吉尔也用这种方式叙述了9月15日的空战，他在阿克斯桥[19-27]战斗部第十一作战指挥室指挥战斗，这个指挥室位于地下五十英尺(约15米)。他带着妻子克莱芒蒂娜，就像去参加音乐会一样。实际上，这“就像一个小剧场”，“我们坐在特等包厢里”。他们面前是一张大地图，沙盘标出敌机的位置。“在应当悬挂舞台帷幕的地方，有一块遮盖了整面墙壁的大黑板，黑板分成六个装有灯泡的纵行，代表六个战斗机驻防中心。”灯泡的明灭表示战斗机中队补充燃料、待命、飞行、接头以及返航等不同的状态。在舞台的每一边，都有“一种玻璃座厢”，军官坐在里面整理敌机飞临的报告，并指挥防空炮。总指挥空军副元帅基斯·帕克起初告诉他们，一切都平静无事，但是几分钟之内，德国轰炸机列队的警报就响了。战斗机受命起飞，调度员要把握好燃料储备，以免同时有过多中队一起补充燃料，那样就可能在地面遭袭。最后，每一个中队都投入了战斗，丘吉尔不安地向帕克提出了他四个月前问过甘默林将军的问题，得到的回答也一样令他心寒：

“我们还有其他的后备队吗？”

“没有了。”

即使读者已经知道结局，丘吉尔还是要制造张力，他在此再次倚赖了戏剧性的重复模式。在戏剧的开头有一句不祥的对白，随之而来的是可怕的后果，现在这句对白再次出现了，似乎暗示着悲剧又要重演了。通常不会真的重演，但这足以令观众提心吊胆了。“这种可能性很大；我们幸免的机会很小；真是豪赌。”在这种情况下，大部分英国战斗机在补充燃料时可能遭到袭击，但是很快德军就返航了。丘吉尔回首相府，睡了一个长长的午觉，“被第十一大队的演出弄得太疲倦了”。

许多评论家都认为，这是《第二次世界大战》第二卷《最光辉的时刻》里最振奋人心的场景。丘吉尔也曾再三对莫兰勋爵提起战争中的这一幕：“您知道的，查尔斯，那一回差一点儿一切都到头了。”莫兰记录了丘吉尔叙述这件事的电影式姿态：

> 温斯顿把一切都讲得绘声绘色。我能体会到地下五十英尺的指挥室中的紧张感，能看见帕克跑上跑下地发号施令。越来越多的我方战斗中队起飞，大黑板上越来越多小电灯泡变红了。现在所有的灯泡都变红了，我们所有的中队都升空了。

然而，莫兰勋爵记录的丘吉尔和帕克的对话又是另一个版本：“我们还有多少后备？”“倾尽全力了。”当然，这可能是莫兰的转述，当时距这场战事已有五年，并非绝对准确，甘默林将军也曾改写 1940 年 5 月的对话以自我掩饰。但他们也可能都说了实话，是丘吉尔为了戏剧效果而窜改了对白。

情节剧中的主角在最终的必然胜利之前总是命悬一线，这就是丘吉尔惯于描述英国人民置之死地而后生的原因。11 月 5 日，哈罗德·尼科尔森写道：

> 在提问时间之前，首相做了一个陈述。他相当冷漠地向议会阐述了我们舰队前所未有的损失，以及在地中海东部地位的岌岌可危。这效果很好，他丑话说在前头，让我们体会到了他面对绝境的能力。他双手五指张开，在身前摩擦着掌心，字斟句酌，措辞谨慎，这种姿态几乎平复了噩耗给人们带来的恐慌。如果张伯伦

也这么说话，可能会让人觉得绝望而缺乏信心。但由丘吉尔说来，我们都觉得："谢天谢地，我们有这么个人！"我不能更加赞赏他了。

亚历山大·卡多根以他惯常的年终总结方式在日记中写道：

今天晚上，我没什么好说的，除了这一年所发生的比我们期望更糟的事。但是只有一项超出了预期：英国的精神头。我为同胞的勇气感到惊奇。我是个体格上的懦夫，对身周人们勇气的赞赏，难以言喻……看起来一切都在和我们作对，但我们挺过来了。我不清楚我们怎么才能取胜，但我确信，我们不会失败。只要坚持下去，保持斗志，事态就会有起色。敌人看似强大，一旦有了裂纹，就会一瞬间土崩瓦解。

国家情报局和民意调查都发现，重大的袭击会导致绝望情绪和失败主义的回潮，尤其是在伦敦、考文垂和南安普敦。但这是反常和暂时的。有一种说法是，当民意测验专家发问时，受访者会压抑真实的焦虑，因为担心"拖后腿"。可以说，丘吉尔在"最光辉的时刻"演说中，正对英国人民提出了这样的要求。然而四十年前，在印度西北边境作战的时候，丘吉尔就明白，士兵都是演员，投身于一场展现勇气的表演，他知道，在战争中，戏剧化的勇气和"真实"的勇气并无实际差别。记者所报道的伦敦人民的"表现"，能够"扛得住""继续坚持"，其实就是在塑造每一个英国人都能扮演的角色，丘吉尔就是其中领衔的首席编剧。1948 年的民意调查在回顾时总结道："今天我们倾向于将'敦刻尔克精神'视作英国民族内在性格的自发生长。然而实际上，从日记和偶然谈话看来，起初个人的失败主义流播甚广。现在的情况变了，主要是领导人从外部进行了干预，在此之前，只是个体感受需要时间将它转化为公共情绪。"

矛盾的是，丘吉尔成功地抬高了英国人民的士气，领导他们度过了"喷火之夏"，他的领导力最后却遭到了反噬。1940 年 10 月，因弗内斯[19-28]的邮政审查中心报告，最近几个月，只有十分之一的信件提到了丘吉尔，虽然评价几乎都是正面的。“6月份的时候，人们似乎感到，面临灾难，只有丘吉尔挡在他们前面；而现在，英国的平民认为他们自己的扮演的角色同样坚强而重要。”丘吉尔努力激发了他们的自信，以至于在1945年的大选中，人们都确信，没有他也不要紧。

1940年的高涨情绪并没有无限地延续下去，在1941至1942年，士气面临着沉重的压力，战争成了更加漫长而难耐的日程。但是有一桩更加迫在眉睫的威胁，德国的潜艇造成的损失正在扩大。德国彼时已经无力入侵英国或者以轰炸胁迫投降了，但是用潜艇紧逼，试图切断英国食物与原材料进口的命脉。“首相告诉我，过去两个月，有64万吨的商船沉在了‘美国水域’，”莫兰在日记中写道，“虽然他嘴上不说，但这个月他走到哪里心里都惦记着这些沉船……他知道，再这样下去几个月，我们就会在海上输掉，他一点办法都没有。”1941年3月6日，海运损失情况已经相当严峻了，丘吉尔知道，只有扭转这种局面，才能赢得战争。“我们必须把这件事提到最前面来，先于其他一切，”他对海军上将庞德说，“我要发布宣言‘大西洋之战’。”他在《第二次世界大战》中解释道，“这个名称和九个月以前‘不列颠之战’的称谓相似，是使一切有关人员和有关部门注意潜艇战的一个信号。”

大西洋之战包含一系列协同实战策略，包括从舰船上通过弹射器发射战斗机，整编护航队，往海军部调遣防空炮，优先修复受损的商船，高效地利用码头。还有文章利器：“在港口和码头就地发起……强力的宣传，让所有人员都明白，他们的工作有多么至关重要的后果。”在“喷火之夏”的欢欣鼓舞之后，战争的倦怠开始进驻人心了。虽然闪电战还没有结束，但最具决定性的战争已经打响了，不是在万众瞩目、人尽可知的空中，而是在遥远的海上。必须采取措施保持士气高涨，丘吉尔有时候就像一个广告商，认为胜仗仰赖于正确的口号。5月19日，战时内阁的备忘录写道，彼时海运的损失已经达到了最高点，“很难想象大西洋之战有什么具体办法可以起死回生了。”由于担心影响士气，泄密给德国人，英国人民对这场战争大戏几乎一无所知。艾登和比弗布鲁克想让美国记者自由地报道这场生死决战，希望可以鼓舞美国参战，但丘吉尔担心会适得其反。

“大西洋之战是整场战争的决定性因素，”丘吉尔在回忆录中写道，“我们一刻也不曾忘记其他战场上发生的一切，陆上、海上、空中，最终都要仰赖这一战的结果。”这是历史学家和战争宣传员面临的问题，对于普通的水兵和飞行员来说，这是一场冗长而单调的斗争，只是间或“由突发事件和戏剧效果燃起一点热情”。因此，它的重要性在战争史上相对而言被忽视了，而丘吉尔试图在自己的回忆录中补偿这一缺憾。

1941 年 3 月 27 日，丘吉尔继续表示，相信“这个国家的平民大众面对敌军和烈火表现出来的勇气与献身精神将唤起美国人心中的激情”。这种信心并非完全痴心妄想。2 月，卡塞尔出版公司推出了《投身战争》，丘吉尔的战事演说与广播讲话集。这部书在英国大获全胜，正式出版前就印了 30000 册，到战争结束时共印了七版。帕特南公司也出版了这部书，更名为《热血、汗水和眼泪》，在美国竟然产生了巨大的影响。这部书的出版时间是 4 月 14 日，闪电战宣战之后 12 个星期，此前的 3 月 11 日，罗斯福总统刚刚签署了租借法案，与之正好并行。帕特南公司的一位经理称之为“我们经手的最漂亮的一役”，仅仅在月读书友会[19-29]的销量就达到了约 120000 册。最后，丘吉尔跻身美国畅销书作家之列，在 1941 年《出版人周刊》的非虚构类图书排行榜上名列第四。截至 1942 年 6 月 1 日，他这部书的总收入已经超过了 12000 镑。

更重要的是，这部书在美国阅读公众的心中打造了丘吉尔不可磨灭的英雄形象。在此之前，他被公认为狡猾而不实的帝国主义者，现在却成了一位自由卫士，英国散文中最了不起的当代巨头。据雷蒙德·丹尼尔记载，《纽约时报》的伦敦总编评价，这部书“记叙了丘吉尔及其领导并代表的人民竭尽所能的斗争……所有这些演说一以贯之的，是深刻的信念，与纳粹媾和就意味着自由之死”。这是“一部最高的历史与人类的文本”，史密斯学院的历史学家汉斯·康在《国民》杂志上写道，“伟大的政治经典之一。”唯有《纽约客》的书评总编克里夫顿·法迪曼强调了两点：“其一，如今看来，这些演说证明的是，丘吉尔在世界危机的各个阶段，其决断十有八九是正确的；其二，这部书大部分是文学创作。”而《波士顿晚报》继续大唱颂歌：“这些演说足称最伟大的杰作。”《基督教科学箴言报》称“丘吉尔先生言辞的力量毋庸赘述”。《纽约先驱论坛报》评价“这是一位伟大领袖、一位伟大民主斗士的声音，屹立于世界史上最重大的危机之一之中而发出的声音”。《时代》大部分的评论都只是引用了他最著名的警句，附以简短的评论：“它们简洁的修辞，反映并促成了人民信念的觉醒。”“我不愿把话说绝，但丘吉尔无愧于今日世界上最伟大的公众演说家，”马尔科姆·考利[19-30]在《新共和国》上写道，“他不仅为人民制定法则，也为他们创作歌谣，在这种意义上，他的演说是战争的呼号，是沦陷的挽歌，是胜利的赞美诗。”《新共和国》对英国帝国主义抱有敌意，约翰·梅纳德·凯恩斯因此拒绝再为它撰稿。但考利是个美国左派，对《苏德互不侵犯条约》深感痛心。现在起来反抗法西斯的是丘吉尔，而非斯大林和罗斯福，这必然会对它产生影响。

英国孤军作战的时候，丘吉尔急于出手，鼓舞英国人并打动美国人，但他不计后果的行动策略，经常令老道的官员和将军感到绝望。“我们的状况太糟了，一切都不对劲，只是掌权的觉得他们该出手了而已。”4月28日，亚历山大·卡多根抗议道。他抓住时任外交部长的安东尼·艾登，恳求道：“再也不要为行动而行动了！不要到处送羊入虎口了。我知道再打一年防御战会令人感到失望和耻辱，但是不要再浪费我们有限的力量了。”艾登表面上同意了，而卡多根叹息道：“‘鬼火’[19-31]对他和温斯顿都有致命的吸引力。”战争结束后几个月，克莱门特·艾德礼精明地观察到，丘吉尔“总是在寻觅‘最光辉的时刻’，找不到，他就恨不得自己造一个”。

1940年10月，墨索里尼入侵希腊，丘吉尔马上要求给予希腊“最大限度”的援助。这一战略无甚可观。早在1939年3月，张伯伦就答应援救希腊，但希腊自己把意大利军队打回了阿尔巴尼亚。彼时阿奇博尔德·韦维尔将军[19-32]在埃及整军，以抵抗从利比亚袭来的更大一波意大利军队，无暇分身。假如墨索里尼执意要分散力量多线进攻，英国也没有必要效法他。

韦维尔将军、迪尔将军和艾登都反对，而丘吉尔从一个艺术家的角度极力提出反驳，约翰·科尔维尔写道：

> 他躺在他挂着印花棉布帘子的四柱床上，靠着床头几。希尔夫人（他的速记员）耐心地坐在对面，看他慢条斯理地抽烟，不时啜饮一口冰镇苏打水，在被单下面拧着脚趾，低声咕哝着准备说出口的话。看他拟电报或者口述记录，简直像是在等个孩子降生，他的表情那么紧张，翻来覆去焦躁不安，发出古怪的喃喃低语。好不容易出来几句金句，他又“贪婪”地夺过打印纸，用水笔标记，修修改改。他拿笔的姿势很笨拙，握在中间。

艾登提出警告，这样分兵可能削弱韦维尔的进攻计划，但丘吉尔置之不理。1940 年 12 月，韦维尔以寡敌众大败意大利军队，似乎证明了丘吉尔的正确，但英军在利比亚中途受挫，派往希腊的军队完全不足以抵挡德国 1941 年 4 月的侵略。历史学家为之争论不休：假如丘吉尔没有消耗韦维尔的兵力，是否就能一举攻下利比亚，在阿拉曼战役之前两年就结束北非的战斗？科尔维尔记录道，彼时，丘吉尔仍然沉迷于反事实历史：

> 他说我们的路线是正确的：在国内仍面临侵略危机的情况下，冒险出兵埃及；尽管正在北非筹备“狮子之春”[19-33]，依然向希腊提供了大量空军援助。假如走了另一条可能的不同路线，历史又会怎样评价？他戏剧性地引用了一部未来的史书，谴责将国内用于扭转局面、抵御德国侵略的兵力分派海外的罪人，以及那些犹豫不决、不敢派飞机协助希腊使北非战场反败为胜的懦夫。

1941 年 5 月 26 日，所有的前线战报都愁云惨雾。德军越过了克里特岛[19-34]，“俾斯麦”号击沉了英国的“胡德”号，并避开了英国的舰载飞机。内阁多数成员同意发表护航队损失的统计数据，丘吉尔却威逼他们压下此事，然后大张旗鼓地要求在阿尔斯特扩大征兵，“现在遇难而退，就会破坏抵抗的决心”。但内阁一致抵制。“可怜的温斯顿，”卡多根叹息道，“今晚他几乎要放弃了，但这里面有点儿戏剧化。”

内阁会议就像一次砸锅的带妆彩排，次日，一切都在下议院又重演了一遍。丘吉尔承认了克里特岛之战的损失，但转而编撰了一个“俾斯麦”号的传奇海战故事。“他干得漂亮，”哈罗德·尼科尔森写道：

> 我们听说，“俾斯麦”号和“欧根亲王”号向西行驶，与我们的护航队甫一交锋，就把“胡德”号击沉了。丘吉尔马上描述了整幅画面。赞扬完那些将士的牺牲，他又开始描绘进一步的追击。“欧根亲王”号不知去向，而我们对“俾斯麦”号紧追不舍，发动轰炸阻碍它逃脱，当时的目标显然是法国港口，下一步行动本可以阻止它，但天气突变，视野受限，“俾斯麦”号突然改变航道，避开了我们的侦察。当时整个议会都觉得，温斯顿是要告诉我们，敌舰逃走了。会场陷入了绝望的沉默。而第二天一早，温斯顿书接上回，告诉我们，海军航空兵用鱼雷追击敌舰，打坏了它的转向器，它被迫在海上转圈。我们的舰队全面包抄，击败了它。出于本能，议会竟然都开始对“俾斯麦”号表示同情了。首相继续说，我们的舰队上前，短兵相接，对方开火，但完全无效，只能发射鱼雷。“全过程，”他说，“就是在我发言的时候发生的。”

丘吉尔深知如何吊观众的胃口，他不声不响地把话题从北爱尔兰征兵上转移开了，让“议会体验了一把‘戛然而止’”，尼科尔森写道。中间休息之后，他的一位亲近顾问布兰登·布拉肯传给他一张纸条，迎着雷鸣般的欢呼，他起身宣布：“我刚刚收到消息，‘俾斯麦’号被击沉了。”这是一次严谨的实际战况报告，虽然它完美地运用了所有惊险小说的手法。两个星期后，他直白地向下议院解释了他的叙述策略：“在这方面英国是独一无二的，只有英国人喜欢先听坏消息，听最糟糕的消息，听说未来可能变得更糟，一定要做好负面的准备。”然而最后，“对失败唯一的回应是胜利，如果战时政府让人觉得它打不赢持久战，谁还听它解释？它就该下台了……”

丘吉尔背水一战的表演长了英国人志气，灭了德国人威风。1941年4月，约瑟夫·戈培尔愤怒地抗议道："德国公众到处都有这样人心惶惶的言论：'英国人比我们硬气，只要换位思考就知道！'"12月7日，他被迫承认："丘吉尔向英国人承诺'热血、汗水和眼泪'……他是对的。"逆境中的修辞令丘吉尔"立于金刚不坏之地"，1942年2月15日，戈培尔在新加坡投降后解释道，"他就像个医生，预言病人会死，每一次病情恶化，他都洋洋得意地重复一遍，总之，他说中了。"2月19日，宣传部长再次抗议道："德国还在出版丘吉尔的传记、画片和故事，都要让他在德国人中流行起来了。"

与之相反的是，纳粹的必胜信念节节败退。1940年9至10月，威廉·L·夏尔写道，德国媒体试图掩盖英国空军袭击柏林（实际上火力并不严重）造成的损失，结果信誉大跌。许多柏林人骂着"胡说八道"扔掉了晚报，关掉了播送新闻简报的收音机。"我再也不相信他们说的任何事了，"有人对夏尔说，"如果像对待柏林一样，他们也为德国其他地方的空袭撒谎，那么那些地方的情况肯定糟糕透了。"1942至1943年，战火烧到了斯大林格勒和北非，戈培尔要求宣传工作人员效法"敦刻尔克后丘吉尔的所作所为"，但与此同时，他又自相矛盾地禁止他们"解释哪怕只是提及败绩"。为了想一条口号来和"热血、汗水和眼泪"抗衡，他最后提出了"危机不再"，十分乏味而可笑。戈培尔从来没有真正捉摸透，丘吉尔正是通过详细地解说败绩鼓舞了英国人民，危机就是驱动戏剧发展的动力。

1941年6月21日，丘吉尔预计德国要侵略苏联了，次日预言成真。约翰·科尔维尔写道，即便如此，他也准备"全力协助俄国"。第二天早晨，科尔维尔向他报告了入侵的消息。他没有知会内阁，晚上9点就发布了广播演说。在演说的开头，他把这次入侵描述为大战的第四个关键时刻，前三个分别是法国沦陷、英国击败德国空军和租借法案。他简短地承认了自己长期以来对苏联的敌意，并且重申，纳粹"同共产主义最坏的方面相比较，并没有什么区别……在过去二十五年中，再没有人像我这样始终如一地反对共产主义了，我不会收回我说过的话"。那么，要如何解释他的转变？他再次运用了情节剧的手法。在《第二次世界大战》中，他提及了他在3月末读到的一份军情报告，关于德国集中装甲师攻打克拉科夫[19-35]，以此来为这一幕奠定基调："对我来说，这份情报就像一道闪电，照亮了整个东欧的局面。突然之间把这样多需要用于巴尔干的装甲部队调往克拉科夫，只能意味着希特勒打算在5月间进攻苏联。"6月22日的广播讲话中，他也运用了类似的戏剧化的比喻：

所有这一切与我们眼前展现的情景相比，都黯然失色了。过去的一切，连同它的罪恶，它的愚蠢和悲剧，都一闪而逝了。

我看到苏联士兵站在他们祖国的边防，守卫着他们祖先自古耕作的土地。我看见他们守卫着自己的家园，他们的母亲和妻子正在祈祷——啊，是的，有时候人人都要祈祷，为他们挚爱亲人的平安，为他们的赡养者、战斗者和保护者的归来。我看到上万的俄国村庄，那里靠山吃山，生活艰辛，但仍保存着人类基本的欢乐，少女在欢笑，儿童在嬉闹。我看见纳粹的战争机器向这一切碾压过去，随之而来的是全副戎装、不可一世、华而不实的普鲁士军官，以及刚刚威吓、压制过十多个国家的狡猾的老手。我还看见大批愚钝、严训、驯顺而残暴的德国士兵，像一大群爬行的蝗虫一样蹒跚行进。

"我看到……我看到……"事实上，丘吉尔是在五十年前的伦敦剧院里看到这些的。儒勒·凡尔纳的《沙皇的邮件》描写的就是俄国遭到侵略，俄国人民（甚至包括西伯利亚的流放犯）团结起来一致抵抗，其中也有类似的爱国演说：

你们就不再是古老的西伯利亚的儿女了吗？……鞑靼人难道不是侵略了全境吗？……难道不是鞑靼军队侵入了我们的村庄吗？……举目望去，只能看见村庄在熊熊燃烧……我们血流成河……抵抗，如果可能的话，抵抗至最后一刻……俄罗斯要争分夺秒地团结起来……我的朋友们，听一听古老的西伯利亚的声音，它要和你们一起死战，保卫家国……鼓起勇气，我的朋友们！人人宁可战死，也不苟且偷生，为了俄罗斯的荣光……俄罗斯万岁！

丘吉尔在发表广播演说前没有知会内阁，这令艾登不悦，他辩称，英国应该和苏联保持距离，双方应该是对手而非同盟，只能在军事领域合作。科尔维尔对此解释道："在政治上，苏联和德国一样坏，全国半数人都反对和它走得太近。而首相认为苏联现在参战了，无辜的农民遭到屠杀，我们应该暂时忘记苏维埃制度的问题，对难中的人民施以援手，这个理由可谓冠冕堂皇。"

丘吉尔意识到，独善其身的现实政治此时对谁都没有好处，无论是支持苏联的英国人，还是反对苏联的英国人，甚至苏联人自己。科尔维尔写道，德国入侵苏联前一天，丘吉尔得出了结论："希特勒希望得到英国和美国资本家与右翼力量的支持。"然而，丘吉尔通过情节剧，把左翼和右翼都集合到了反纳粹的统一战线上。在广播讲话中，他承认了意识形态的不同，但只是描绘了一系列想象中的戏剧或者说电影式的画面，就把这个问题搁置到一边去了。维多利亚时代的情节剧通常都使用这种戏剧化的舞台场面，行动暂时定格，演员保持了英雄的姿态。《沙皇的邮件》也用了这种手法：事实上，这部剧作率先使用了一种舞台定格的新模式。后来许多好莱坞电影也制造了类似的效果：危急时刻，对话中断，在激昂的背景音管弦乐中，一连串扣人心弦的画面淡入淡出。其中，有一个经典的例子，丘吉尔几个月前刚刚看过的一部电影——查理·卓别林导演的《大独裁者》[19-36]。影片表现主角大独裁者的暴风部队侵略奥斯特林奇，蹂躏犹太人聚居区的时候，用的就是这种手法。

情报部的国内情况报告称，演说的听众都"热心赞成"，这对他们来说实际而又戏剧性。演说"由于既切合实际又合情合理而被广为接受"。丘吉尔"出色地完成了一项艰难的任务，劝说我们支持苏联，而此前多年以来，他对布尔什维克政权都表现出轻视的态度，有时甚至是深恶痛绝"。同时另一方面，"他用了'流浪儿'这个词，激起了几乎所有阶级的反响。"从来不吝于公正评价对手的齐亚诺伯爵表示，"客观"地说，这次演说无疑"标志着最伟大的雄辩"。

译者注

[19-1] 彼得·弗莱明（Peter Fleming，1907—1971）：英国冒险家、旅行作家。

[19-2] 戴维·艾杰敦（David Edgerton）：当代历史学家，牛津大学教授。

[19-3] 君特·布鲁门特里特（Günther Blumentritt，1897—1967）：纳粹德国步兵上将，战后被判定为证人而非战犯。

[19-4] 威廉·L·夏伊勒（William L. Shirer，1904—1993）：美国作家、战地记者、历史学家。

[19-5] 埃里希·雷德尔（Erich Raeder，1876—1960）：德国海军元帅。

[19-6] 租借法案（the Lend-Lease Act）：法案允许同盟国贷款向美国购买军需，在二战中起了重要作用。

[19-7] 汤姆·温特林厄姆（Tom Wintringham，1898—1949）：英国士官、军事历史学家、记者、作家。二战时英国地方军的主要组织者之一。

[19-8] 《史密斯先生到华盛顿》（1939 年）：美国喜剧片，讲述一个从乡下到华盛顿的年轻参议员挫败政治阴谋的故事。《绿野仙踪》（1939 年）：即《奥兹国的魔术师》，根据同名童话作品改编，讲述主角小女孩在归乡路上和伙伴对战邪恶女巫的故事。《鸭子汤》（1933 年）：战争间谍题材的政治讽刺影片，由美国著名喜剧演员马克斯四兄弟出演，女演员玛格丽特·达蒙特饰演一个黑箱操控政治的富有寡妇，最后被敌方的间谍奚落。这三部都是美国当时热门的喜剧歌舞片。

[19-9] 阿拉曼（El Alamein）：埃及北部村庄。

[19-10] 突出部战役（the Battle of the Bulge）：德国突袭比利时阿登地区的战役，意在突破英美盟军。美军伤亡惨重，但同盟军取胜。

[19-11] 1943 年，意大利法西斯政权面临崩溃，齐亚诺不满纳粹德国，主张谈和，发动政变推翻墨索里尼。德国营救墨索里尼，扶植傀儡政府。齐亚诺被捕，次年被处决。

[19-12] 二战时南斯拉夫的抵抗力量最初分为两支：由共产党领导的游击队和保皇的塞尔维亚游击队，官方称为“祖国军”，后者后来通敌转向轴心国。

[19-13] 詹姆斯·马歇尔－康沃尔（James Marshall-Cornwall，1887—1985）：英国陆军军官、语言学家。

[19-14]“疯帽子”是童话《爱丽丝梦游仙境》中的人物，主角落入兔子洞后发现“疯帽子”在其中举办晚宴，客人都谈吐疯癫，毫无逻辑。

[19-15]约翰·迪尔(John Dill，1881—1944)：英国指挥官，曾任帝国总参谋长。

[19-16] 厄立特里亚（Eritrean）：非洲东北部国家。马萨瓦（Massawa）是其位于红海的重要港口城市。

[19-17] 科西嘉岛（Corsica）：法国最大的岛屿，位于地中海，拿破仑的故乡。原属热那亚共和国，1768 年卖给法国，一度争取独立，1793 年的战争即为独立战争。

[19-18]约翰·摩尔(John Moore，1761—1809)：英国将军，以军事训练改革而闻名。

[19-19] 托马斯·高尔（Thomas Gower）：所指不详，应是英国贵族议员高尔父子（1584 1651，1605—1672）其中一人。

[19-20] 纽波恩（Newburn）：英格兰东北部的村庄。1640 年苏格兰军队在此与英国对战，扼制伦敦煤炭供应，英军只得妥协。

[19-21] 帕森达勒（Passchendaele）：比利时地名。1917 年 7 至 11 月第一次世界大战期间，英国与德国在此鏖战，伤亡惨重。

[19-22] 1588 年西班牙无敌舰队进攻英国时，德雷克任英国舰队副司令，相传当时他正在和同僚打木球，同僚闻讯要立刻出发，而他认为时间充裕，要求先打完球再出击，是一个“从容不迫”的军事典故。

[19-23] 霍雷肖·纳尔逊（Horatio Nelson，1758—1805）：英国著名海军将领、军事家，以作战英勇、身先士卒著称。布洛涅(Boulogne)是法国西北港口城市。1803 年，纳尔逊任地中海舰队总司令，拿破仑彼时在布洛涅屯兵，纳尔逊长期在附近周旋监视，牵制了法国的海军力量。

[19-24]埃塞尔·史密斯(Ethel Smyth，1858—1944)：英国作曲家、女权活动家。

[19-25] 罗杰·弗莱（Roger Fry，1866—1934）：英国艺术史家、美学家，布鲁姆斯伯里团体的成员。伍尔夫曾为他写作传记。

[19-26] 道尼尔轰炸机（Dornier bombers）：德国道尼尔公司研制的双引擎轰炸机，德国空军主力。汉尼拔·巴卡（Hannibal Barca，公元前 247—前 183）：北非古国迦太基著名军事家。曾率领战象部队入侵罗马，被对方以战术阵形击败。

[19-27] 阿克斯桥（Uxbridge）：伦敦西部城镇。

[19-28] 因弗内斯（Inverness）：苏格兰北部城市。

[19-29] 月读书友会（the Book of the Month Club）：美国著名图书评论与销售组织，创立于 1926 年。

[19-30]马尔科姆·考利(Malcolm Cowley，1898—1989)：美国文学评论家、翻译家、小说家、诗人。

[19-31]在西方民间传说中，鬼火(will o’ the wisps)有引诱行人离开正确道路、迷失方向的邪恶力量。卡多根的话意即艾登和丘吉尔都容易被歪门邪道迷惑。

[19-32] 阿奇博尔德·韦维尔（Archibald Wavell，1883—1950）：英国陆军元帅，优秀的军事家。

[19-33] 英格兰的旗徽是三头狮子，英国陆军元帅蒙哥马利也有绰号“狮子”。“狮子之春”即英国反攻的行动代号。

[19-34] 克里特岛（Crete）：希腊岛屿。

[19-35] 克拉科夫（Cracow）：波兰旧都，小波兰省的首府。

[19-36]《大独裁者》（1940 年）是讽刺希特勒的著名影片，由卓别林自导自演。下文的奥斯特林奇（Osterlich）是片中虚构的国名，影射奥地利。

二十、战争诗人

1941 年 8 月，伊斯梅将军告诉新上任的中东英军总指挥克劳德·奥金莱克将军，丘吉尔是一个富有创造力的天才，像任何一位现代艺术家一样，摒弃陈规陋习：

> 不能用常理判断丘吉尔；他和我们从前见过的任何人都不同，以后可能也不会再遇见这样的人了。身为战时领导人，他在英国和其他任何国家都无人能敌。他是不可或缺、全然不可替代的……他是一个赤子，既尊重传统，又藐视成规……一经触动，就成了个小野人……他对机械化时代的复杂管理方式和时空变革没有充分的认识，一直在呼吁抵制现代军队所需的过分“累赘”。“我当兵的时候，”他会说，“步兵走路，骑兵骑马，但是现在，步兵要汽车载着，连坦克都要火车拉着上战场。”

1943 年 3 月，丘吉尔在一份备忘录中表示：“作战不能被当作是和造桥一样的事，也不需要。天才、即兴和精神力都是其中应有之义。”“没有想象力干不成大事，”1941 年 10 月，他在哈罗公学演说道，“想象力丰富的人看到的危险比实际存在的也许多得多，比将要发生的肯定多得多；因而他们一定会祈求能有更多的勇气来承载深远的想象力。”对于丘吉尔而言，文学和战略上的创造力是不可分割的：“不能指望因循守旧出人才。”他坚称，每一位军官都应该读读普鲁塔克[20-1]的《希腊罗马名人列传》：“当下的问题是，军官们精于操练武器，却极不擅长运用想象力，用开阔的视野看待军事问题。”这是约翰·科尔维尔的总结。因此，丘吉尔的军令总是美学意味大于科学性，遵循的是文学模式而非行政机制，具有高度的想象力和创造性，也经常忽略战略和后勤的基本需要。

作为一位政治艺术家，他对法国十分熟悉。他着迷于克列孟梭时代法兰西第三帝国“血色淋漓的政治戏剧”。戴高乐也和他一样，即使对于做戏的艺术抱持更加怀疑的态度：“未成熟的法国的命运，无论是在历史上还是公共生活范畴，都令我无比感兴趣。我为之深深吸引，但也具有严格的批判眼光，这些日夜公开上演的戏剧，无数演员所洋溢的智慧、激情与雄辩令我心醉神驰，在政治混乱与国家分崩中，看见这些精华被浪费，我也十分悲伤。”戴高乐也经常把第二次世界大战形容成“戏剧”。“我们史上最严重的惨剧。”他在1943年的法国国庆日演讲中说道。他的回忆录和丘吉尔的一样，也是刻意的文学创作，对政治的戏剧性有敏锐的意识，用歌德《浮士德》和莎士比亚《麦克白》的隐喻和典故点缀行文。墨索里尼用游行、盛典和“戏剧性姿态”把自己打造成了“国际舞台上的一颗明星”，而一切又都终结于一场“罗马式的‘大反转’”。在1944年12月莫斯科的一次首脑会议上，戴高乐注意到，“斯大林开始布置大场面了”，他显然是在以一种“悲喜剧式”的方式压制他手下的将军和政委，以儆法国代表团；这看来像一出“精心排演的戏剧，表象错综复杂，不到落幕，不知道情节会怎么发展”。

戴高乐和丘吉尔共事相得，因为两人都是天才的演员，平起平坐，惺惺相惜。“这位出众的艺术家自然能察觉到我的使命中的戏剧性成分，”戴高乐将军回忆道：

> ……他生性适合行动、冒险、不折不扣、无所顾忌地扮演角色……无论观众是人群、集会、议会，还是仅有的一个谈话对象，无论面前是扩音器、议会席、会议桌还是一张书桌，他原创、诗意而激动人心的观点、论据和感想，都令他在全世界都苟延残喘的悲剧气氛下也立于不败之地。他恩威并施，唤起英国民众，也给外国人留下了深刻的印象，在政治上屡试不爽。他言行中老道的幽默感，一喜一嗔的方式，都让人觉得，他在这场可怕的竞技中游刃有余……在我看来，温

> 斯顿·丘吉尔在一场接一场的戏剧中，既是伟大事业中的伟大战士，又是宏大历史中的杰出艺术家。

实际上，“我们之间经常发生……严苛而令人不快的事件”，但戴高乐将其归于“我们二人的性格摩擦”，就像是推动故事发展的必要的戏剧矛盾。英法政府在战时的冲突很多，但从来没有发展到分崩的地步，很大程度上是因为戴高乐知道，他们只是在按照事先定好的脚本出演。举一个典型的例子，英国官员会公开提出在他们看来非常合理的要求，而戴高乐考虑到法国之前的懦弱无能，便果断地拒绝，而英国再报以冷漠，以增强戏剧性张力：

> 于是决斗就开始了。英法两国出人意料、郑重其事地开起会来。一切都煞有介事，摆事实，讲道理，各抒己见。英国人认真负责，虽然在这方面的演技高下不一，但是人人都多少表现得像个艺术家。接连几个钟头，场景扣人心弦，波澜起伏。直到最后有人郑重警告，如果我们不妥协，后果又将如何如何。
>
> 再过一会儿就该收场了，英国各方面都会发出信号，警报该解除了。中间人会出面，说这其中肯定有误会。也有知趣的人会问我怎么看。报纸会说些好话。于是英国就提出对争议问题的解决方案，和我们自己的解决方式差不多。

戴高乐和丘吉尔很相似，也是个文学决定论者，相信是文本主导了历史。“没有《古兰经》，就没有阿拉伯侵略，”他宣称，“没有福音书，就没有十字军东征。《人权宣言》宣告：‘人生而自由平等。’法国这才挑战了欧洲的旧制度。”他认识到，印刷品在法国抵抗运动中扮演了重要的角色：地下报纸、文学刊物以及出版机构，如著名的子夜出版社。甚至低俗文学也有其作用：“在两次大战之间，年轻人对中央军情局、特务机关、侦查甚至破坏活动和阴谋的题材都表现出显著的兴趣。书籍、报纸、戏剧和电影都热衷于冒险题材，表现虚构或非虚构的人物在暗处为国家卖命。这种心理让招募特工变得更加容易了。”虽然这其中也包含了“教唆他们耽于浪漫、不负责任甚至进行欺诈的风险”。

战争开始的头几个月，内维尔·张伯伦耽于逃避现实的文学作品：关于伊丽莎白时代和詹姆斯一世[20-2]时代的书籍、摄政时代[20-3]的贵族文学、瑞士牧民文学、H•E• 贝茨[20-4]的短篇小说、弗朗西斯·斯蒂格马勒[20-5]的《福楼拜与包法利夫人》以及莎士比亚的喜剧。“人总得有点想头，把注意力从永远解决不完的战争问题和报纸议会没完没了的唠叨上转移开来。”他感叹道，似乎暗示着他并未把注意力全都集中在手头的工作上。和他相反，丘吉尔喜爱和当下的矛盾冲突有直接关联的小说和电影，尤其是那些描写1793至1815年英法战争的作品。他“非常喜欢”C•S• 福雷斯特[20-6]的《霍恩布洛尔船长》。电影《汉密尔顿夫人》[20-7]最后一幕，纳尔逊勋爵在特拉法加英勇牺牲，他看过五遍，仍然热泪盈眶。电影在“威尔士亲王”号上放映，后来这艘军舰参与击沉了“俾斯麦”号。当时丘吉尔说：“先生们，我想你们会对这部电影感兴趣，它所表现的伟大事业，和今日你们参与的非常相似。”1942年，希特勒似乎倾向于进军西班牙，直逼直布罗陀，于是丘吉尔和罗斯福都研究了威灵顿的半岛战争[20-8]。

丘吉尔还非常喜欢新版的《红花侠》，莱斯利·霍华德重演了他在1934年老版《红花侠》中的角色。*[20-9]在1941年的这个版本中，主角“红花侠”去纳粹德国的集中营里救人。电影因此在战争中起了关键作用：据拉乌尔·瓦伦贝格[20-10]的姐妹回忆，瓦伦贝格看电影的时候，“告诉我这就是他想做的事”。他后来在匈牙利保护犹太人的时候，效法的似乎正是莱斯利·霍华德所饰演的角色。早在1940年夏天法国沦陷的时候，丘吉尔就提议，要组建一个“红花侠组织”，来鼓舞戴高乐旗下的士兵和流亡出法国的官员。他后来向富兰克林·罗斯福推荐在法国组织抵抗运动的伊曼纽尔·沃格里[20-11]，说他是“一个‘红花侠’式的了不得的人”。后来还曾引用奥希兹原作中的话盛赞南斯拉夫游击队：“他们在此，他们在彼，他们无处不在。”

---

* 原作的舞台剧于1903年上演，小说于1904年出版。

1941 年 5 月，丘吉尔在首相别墅布置了一个观影厅，定期放电影。对他来说，电影是刺激他思考战略的灵感，而非逃避现实。“看电影对他来说是一种精神解放，”他的保镖沃尔特·汤普森回忆道，“丘吉尔能坐上两个钟头看一部片子，记住某个细节，但是一个新鲜、宏大、饱满的战事计划随后就在他脑子里浮现出来了。趁着想法还新鲜，他直接告诉一位秘书，让他去处理细节。”

丘吉尔也会在小说中寻找战略灵感。约翰·斯坦贝克[20-12]《月亮下去了》（1942 年）的故事发生在一个不知名的沦陷国，当地居民向英国请求空投武器，以反抗德国。这激起了丘吉尔“点燃欧洲之光”的热情：“我认为，除去写了一个精彩的故事，这部小说还强调了对沦陷国提供常规武器的重要性，比如炸弹雷管之类容易藏匿又方便使用的。”特种作战部部长塞尔伯恩勋爵告诉他，目前这种鲁莽的策略只能让平民遭到德军的报复。

“战争诗人在哪里？”二战时期，每一位认真的读者都会提出这个问题，继鲁珀特·布鲁克、威尔弗雷德·欧文和西格弗里德·萨松之后，似乎再无人选。英国皇家空军少校约翰·帕德尼[20-13]或者能算一位，但还有一种答案：“在唐宁街 10 号。”每一次危机，每一次胜败，丘吉尔似乎都能来上一段名言警句。1939 年 4 月，墨索里尼进攻阿尔巴尼亚，英国的地中海舰队始料未及，丘吉尔引用了拜伦[20-14]《恰尔德·哈罗尔德游记》里的诗句来形容：“一千年也不足以建设一个国家 / 而一个钟头就可能将它毁灭。”9 月回归海军部之后，他急于知道会不会重演加里波利的结局，又背起了爱尔兰诗人托马斯·穆尔的名句：

> 我感到只剩下我一人
>
> 　　孤零零地踽踽而行。
>
> 穿过那空荡荡的宴会厅，
>
> 　　那里的灯火早已隐遁，
>
> 　　那里的花环失去了芳馨，
>
> 一切消逝，唯我独存。[20-15]

1940年11月1日，探讨轰炸罗马的可能性时，丘吉尔又想到了《恰尔德·哈罗尔德游记》："竞技场倒塌之时，罗马也将沦亡……"12月在西迪拜拉尼[20-16]击败意大利军队后，他催促韦维尔将军追击穷寇："诗人沃尔特·惠特曼[20-17]说过，不管胜利果实多么饱满，都会出现某些事物使更加伟大的斗争成为必要。"1941年2月，墨索里尼在利比亚和希腊溃不成军，拜伦的《拿破仑颂》就显得十分应景："一座军刀统治的玲珑宝塔 / 外貌是青铜，脚基是泥沙。"[20-18]当年春天，美国人开始在大西洋之战中支持英国，丘吉尔又引用了阿瑟·休·克拉夫：

当黎明在那一片晨曦中来临，
　　那光芒就不仅仅是往东窗辉映，
前方，太阳徐升，虽不猛迅，
　　可朝西看吧，大地是一片光明！[20-19]

3月19日，在一次特别严重的空袭中，他又自然而然地想到了丁尼生的《洛克斯利田庄》：

我听到天上充满了呐喊，而交战各国的空中舰队
　　在蓝天的中央厮杀，降下了一阵令人惊怖的露水。[20-20]

9月，英国的情势已经比一年前稍有缓解，丘吉尔以W•E•亨利[20-21]的《不可征服》结束了在下议院的演说，还用他最喜欢的吉卜林的诗赞颂了不为人知的扫雷舰的胜利：

报告航线有雷，
来往停泊戒备。
派出"团结"号、"克拉利贝尔"号、"亚述"号、"田鸫"号，还有那"摸金"号。[20-22]

1942年1月，富兰克林·罗斯福建议将同盟国命名为“联合国”，丘吉尔又引用了《恰尔德·哈罗尔德游记》：“那一天，联合起来的国家拔出宝剑来斗争／我们的同胞就这样开战了！”

丘吉尔的战友戴维·斯特林[20-23]曾用拜伦《唐·璜》中的句子提点他：“虽说他凿船底、切脖子／是个能手，却也最是温文尔雅。”[20-24]在一份意大利入侵计划记录中，他以莎士比亚《凯撒大帝》中的句子收尾：“人们要是能够趁着高潮一往直前……”[20-25]就连他的秘书偶尔为他起草电文的时候，也会往里点缀一些丘吉尔式的文学典故。约翰·科尔维尔为首相起草宣布希腊独立日的公告的时候，也特别注意提到了拜伦。“虽然丘吉尔先生很难模仿，但是在并非至关重要的事务上，尽量接近他的风格，还是有可能的。我已经达到了一种境界，帮他起草的大部分短文都用不着他再改动了。”科尔维尔在出版日记的时候回忆道。在第二次世界大战临近尾声时，他怀疑“未来的历史学家要了解‘真正的丘吉尔’和‘丘吉尔派’是很难的。我们（指丘吉尔的秘书们）现在都能惟妙惟肖地模仿他的书信风格了”。

1941年3月，澳大利亚总理罗伯特·孟席斯与丘吉尔会晤，孟席斯记录道，丘吉尔引用（或者误用）了华兹华斯[20-26]的作品来鼓舞他和英国人的士气：

> 在谈话中，首相（也连带我）对战争消极的一面（德国的飞机和潜艇造成的海上损失是战争中最大的威胁）深感忧虑，他眼里闪烁着战意，踱来踱去，只想着怎么为战事找条出路。
>
> 而每一次谈话，他都必然要表示对战争的享受：“生存的年月即是乐园。”
>
> “为什么人们要把这样的时代当作‘蹉跎岁月’，然而毫无疑问，这应该是他们最有乐趣的年代？为什么我们要把历史看作是过去，忘记我们自己就正在创造它？”

但孟席斯察觉了其中潜在的危险：虽然丘吉尔能够“惊人地把握细

节……但他真实的专横一面也溢于言表，他的思想非常有吸引力，棘手的事实都被抛到一边了。”

虽然鼓舞了士气，但华丽的“言表”长期以来的功用也仅限于此。1941 年 12 月，珍珠港事件后不久，丘吉尔在美国国会发表了演说，《华盛顿邮报》对此印象深刻：“丘吉尔先生是一个完美的演员，演说每一个字、每一个音节都恰到好处，还会在适当的地方停下来接受喝彩。”他回国之后，据情报部报道，对演说的称赞“几乎众口一词，公认是他最出色的演说之一”，是一次“伟大的有历史意义的发言”，可能会“不止在战时的非常时期，还将在未来的很长一段时间里，将英美两国联系得更加紧密”。然而，莫兰勋爵观察到，华盛顿的热烈反响只是因为某些问题搔到了痒处：丘吉尔谴责日本的时候，“国会全体起立，欢呼不绝”，但说到英美联盟的时候，听众反应就没那么热烈了，他们依然不信任英国。1942 年春，美国战时新闻处的调查显示，许多美国人仍然把英国看作“自大的”帝国主义剥削者，不会清偿战时债务，还把美国诱入了最后的战争。他们承认英国人民很勇敢，支持英国对美国有好处，但几乎无人赞成战后的英美联盟。1942 年 7 月，陆军情报所的民意测验提了一个问题：哪个国家为胜利做出的贡献最大？只有 6% 的美国人回答英国，远远低于苏联的 30%、中国的 14%。

此外，丘吉尔还必须和一系列接踵而来的败绩缠斗。1942 年 4 月 23 日，下议院秘密地召开了会议，他坦率地告知，“反击”号和“威尔士亲王”号在亚历山大港沉没了，“伊丽莎白女王”号和“勇士”号受了重创；新加坡沦陷；大西洋上舰船损失惨重。“一长串全然无情的灾难和不幸，”哈罗德·尼科尔森写道：

> 他对着我们一件接一件地说，拥挤的议会情绪不断上涨。“再没有别人，”大家心里都开始嘀咕，“只有他能把这些灾难告诉我们，而大家的信心依然有增无减。”他的精神力，就像一位顶级的专家，告诉病人这些都是肺结核的症状，病情很严重，但是一定可以治愈。随着情绪高涨，人们也慚于怀疑他了。他没有用辞藻收尾，而是说明了支持空军军备生产的问题。议会报以一阵热烈的欢呼，

随后的异议也逐渐消失了。

7月2日，托布鲁克[20-27]陷落以后，钱农写道：

> 在那一个多钟头里，我们又欣赏了丘吉尔一贯的那一套……但他的戏法对我不管用，真要这样，我们也能让麦考利甚至卡鲁索[20-28]来当首相。他绕弯子，避重就轻，巧妙地忽略了他该处理的托布鲁克的问题。尽管这样，他还是把听众忽悠得如痴如醉。

政府的不信任投票以475∶25的绝对优势被击败了。丘吉尔欲扬先抑的策略仍然奏效，但还能持续多久？即便是演情节剧，大快人心的逆转也不能无限地往后拖延。开战三年多，转折才最终降临了：11月11日，钱农写道，丘吉尔给下议院“唱了一出好戏”，宣布阿拉曼战役胜利，美国军队已经登陆北非。“这是一次可圈可点的表演……实际上，事件似乎发生得太突然太神速了，我们都惊呆了。”而丘吉尔显然“乐在其中，似乎对这神转折津津乐道”。

从战争一开始，丘吉尔就在捕捉每一个机会，甚至遥不可及的些微可能，只为实现这种“大反转”。他不断地重复在《萨伏罗拉》和加里波利之战中犯过的错误：不计后果地提议海军突袭。早在1940年2月，艾伦·布鲁克将军就抗议道，已经有了一战那样惨痛的经历，“现在竟然还要重演悲剧，考虑那么疯狂的计划！我们显然没有吸取战争的教训。”他再三驳斥丘吉尔夺还挪威北部的不切实际的计划：不止空军掩护力量不够，目标也是死路一条。“为什么我们要折返，他要去那里干什么，就算他夺回了特隆赫姆，我们也没有出路。他唯一的理由就是挪威是希特勒欧洲图谋的第一步，他也要从挪威开始还击。”除了戏剧效果，这种行为自然毫无意义。1941年12月，布鲁克升任帝国总参谋长，依然抱怨道：“温斯顿从来不关注他的行动方案都可能有什么后果，事实上，他经常拒绝去关注。”

但是，这种疯狂也有其路径可循。1940年6月3日，敦刻尔克大撤退结束，丘吉尔已经准备好出击，鼓舞英国士气，震慑轴心国。“德国人没能把我们逼得故步自封，反而被震惊得不知所措，这真是太精彩了，”他写信给伊斯梅将军道，“应该再努力一把，从精神和士气上动摇敌人的意志和主动权，以牙还牙。”他抓住了希特勒最擅长的利器：戏剧性事变。以彼之道，还施彼身。从1941年秋天起，英国的双重间谍开始向德国传递错误的情报，说英国计划进攻挪威，促使德国分散苏联前线和北非的兵力回防。1942年8月，迪耶普[20-29]突袭（诺曼底登陆的一次演习）失败，但这令希特勒更加恐惧，丘吉尔可能会出其不意，他不得不兵分多路。9月30日，元首抱怨他的对手不按常理出牌：

> 假如面对的是一位认真的对手，我算得出他下一步要在哪里开打。但这些军事白痴，没人知道他们会袭击哪里。最疯狂的情况，唯一难办的就是，永远不知道对方这些疯子、酒鬼下一步要做什么。我们当然只能面面俱到。

丘吉尔意识到，珍珠港事件意味着英国的最后胜利和日本的自杀式袭击，但是，他并没有完全认识到，这和他自己喜爱的战术十分相似。1941年12月7日的袭击如此戏剧性，不合常理，令日本的敌手失措，任它蹂躏东南亚与西太平洋。“疯狂，”他总结道，这是“战争伴随着惊喜带来的苦头”。

1943年，丘吉尔不情不愿地发动了跨海峡袭击，但早在1942年6月，他就制定了“迂回计划”，要求同盟国军队攻击希特勒“大西洋壁垒”的每一个据点。首当其冲的是“木星计划”，打下挪威北部，随后是六处以上的“重要登陆战”；从丹麦到法国西南部的吉伦特河口，都要发动牵制性袭击；第一波先在陆上派遣十个以上的装甲旅，“冒着极大的风险深入内陆，发动人民起义，扰乱敌人的通讯，尽可能扩大战局”；目的是制造“混乱和骚动”，以充分利用“各方的敌所不备”。这个计划够充分了，但是同盟国能办得到吗？

丘吉尔从来没有罢免过意见不合的指挥官。布鲁克也承认，只要据理力争，首相最后还是能听进去的，虽然这“需要超人的努力，而且无法完全成功，他会一遍一遍故伎重演”。面对反对者，丘吉尔的表现会像莎拉·伯恩哈特一样夸张：“我们发现，他表现得就像只有他想打赢战争，只有他出得了主意，只有他力排众议，没有人支持他。实际上，我们不支持他，是因为都在出谋划策怎么对付困难。做这种演说的时候，他经常沉浸在他自己描绘的悲惨画面中，甚至泪流满面！”大胆的转折必然包括战略突变，而丘吉尔在这方面的灵活通常不是军事意义上的，布鲁克抱怨道：

> 我面对的最大的困难，就是要让他认识到，战略是一个长期的进程，不能随心所欲地老是改变。他不喜欢听这些，经常在我面前揎拳捋袖地说：“我不要您那些长期计划，它们都蹒跚不前。”我同意，它们可能确实蹒跚不前，但是我只想让他知道，必须先有一只脚踩到地上，才能再踩另一只，我可不觉得这是“长期计划”。

1943年5月，在赴华盛顿途中，丘吉尔起草了一份文件，提议在孟加拉湾东岸某处登陆：“要成功登陆，最可靠的途径就是出其不意。”在戏剧和战争中，惊奇都很重要，但这种攻其无备没有任何军事意义，计划完全不切实际。丘吉尔在《第二次世界大战》中极力为其辩护：“苏门答腊计划的决定性影响，在我看来，可以和1915年的达达尼尔之战相媲美。”他不理解为什么他的参谋都觉得这种对比没有说服力。他和罗斯福在白宫会晤的时候，英美的参谋长也在座，他似乎无法把注意力集中在一方面战线上，总是在全线游移不定，策划着戏剧性的行动。“一时一个样儿”，布鲁克抱怨道：

> 有时候说实施轰炸才可能赢得战争，应该全力轰炸；有时候说我们应该在大陆上拼命，因为苏联也是这样做的；有时候又说主力应该放在地中海，直接对阵意大利或者巴尔干半岛，偶尔还想攻打挪威，“逼着希特勒向反方向退去”！但是，他最想要的是同时推行所有计划，完全不顾舰船短缺的情况！

布鲁克意识到，丘吉尔打起仗来是一个浪漫派艺术家，而非有系统的军事规划者，他更关注“战绩”而非沉闷的后勤，因此“善变如一位电影明星”：

> 我想知道，未来的历史学家能否描绘出真实的丘吉尔。他的个性非常突出，最不可思议的气质，超人的天才，加之以偶尔惊人的短视，还有如果不加引导就会令他再三深陷泥潭的冲动……他是我所遭遇过的最难以共事的人，但我无论如何都不应该错过与他共事的机会！

丘吉尔的这些素质，令他手下的指挥官，又敬畏又恼火。J•C• 托维上将[20-30]警告首相，在夏日昼长时往苏联派遣北极护航队将导致大难，事实证明他是正确的。托维对坎宁安上将抗议道，到处都是“灵光一现，背后没有真正有统率力的方针。温斯顿·丘吉尔身为首相无与伦比，但是论战略和战术，他危险至极。他热爱戏剧效应和公众的喝彩”，“实施疯狂的计划”以博取它们。

1943 年 9 月，面对美国的反对，丘吉尔对爱琴海东部的罗德岛、莱罗斯岛和科斯岛发动了一次突袭，疏于计划，损失惨重。“这时候该想想‘克莱夫’号和‘彼得伯格’号，还有打下直布罗陀的鲁克。”[20-31]他大力怂恿道。代价是英军 1500 人阵亡，3000 人被俘，113 架飞机和数艘战舰伤亡。莱罗斯岛的英军投降才数日，丘吉尔就和总参谋长在开罗会晤，催促他攻打罗德岛。美国的乔治 •C• 马歇尔将军拒绝了，于是丘吉尔捶胸顿足，拿腔拿调地要挟他：“英国政府不能让军队袖手旁观，枪管都烫手了。”而马歇尔的回答要冷静得多：“不会有美国士兵去那可恶的海岸上送死。”

在地中海的另外一段海岸线上，美国人倒是乐于一搏。1943 年 9 月，同盟国军队先从意大利西海岸的萨勒诺登陆，解放了意大利南部，但在那不勒斯和罗马之间受到了阻击。在美国两栖突击的协助下，乔治·巴顿将军[20-32]在西西里岛两度成功包抄了轴心国军队，德怀特·艾森豪威尔将军计划在罗马以南 90 公里的安齐奥登陆，以打破意大利的僵持局面。这个时候，丘吉尔的支持至关重要。没有他，美国总参谋长不会批准这一计划。“如美国人所说，我当然总是扮演‘曲线救国’或者‘借花献佛’的游击队员角色，那就是我的路子。”丘吉尔回忆道。1944 年 1 月 22 日的登陆彻底震惊了德国人，但德国陆军元帅阿尔贝特·凯塞林马上还击，在滩头围困了四支英美联军，用密集的火炮无情猛轰。“到了这个地步，”马克斯·黑斯廷斯[20-33]总结道，同盟国“指挥官一上岸就无计可施了”，丘吉尔不断地追求战略上的反转，经常犯这样的错误。安齐奥陷入绝境之后，丘吉尔这才惨痛地认识到，这次又和加里波利一样，“重演了苏尔瓦湾[20-34]”。

到了他称之为“战事的最高潮”的时候，丘吉尔自然要登台表演一番。他计划在英国皇家海军“贝尔法斯特”号巡洋舰上观看炮击挪威，然后“顾及雷区，在海滨稍作巡视”。乔治六世起初提出和他一起去，但后来明智地决定最好都别去，以免德国人一颗炮弹就把国王和首相都解决了。丘吉尔在回忆录中毫不掩饰他的失望：“一个身负最高使命的人，在决策中扮演着重要角色，在战争中勇敢而惨烈的抉择也需要冒险精神的点缀。”第二次世界大战似乎和罗伯特·路易斯·史蒂文森的小说拥有同样的目的。“我想，我的出发点与战争的主旋律都有足够的重要性和权威，赋予我充分的判断的自由，在这样的个人事务上，我应该怎样卸下我的重担。”“出发点”“主旋律”自然都是审美因素，由独立的艺术家和作家来统筹，丘吉尔一边当着首相，一边却还把自己当作一个战地通讯记者。

发动袭击的前一天，戈培尔在贝格霍夫别墅陪同希特勒。“我们谈论了戏剧、歌剧、电影、文学和天知道其他什么东西。”宣传部长在日记里写道。晚上 10 点，德国情报部门向他们报告，无线电信号显示，同盟国明天早晨可能要发动进攻，但是他们的反应只是继续“大谈电影、歌剧和剧院里的事”。这一幕，再次凸显了身为艺术家的希特勒和身为作家的丘吉尔的一处显著差异。希特勒的根本兴趣在于艺术，战争对他而言是干扰。他失败的一个原因，就是波希米亚式地疏于政务。而丘吉尔是作家，他把第二次世界大战当成了他最杰出的文学作品。他创作备忘录、演讲稿，甚至还有他构思中的巨著里的战役。登上历史舞台表演的冲动经常将他引入歧途。但是和希特勒不同的是，丘吉尔把他的审美冲动与军事冲动融为一体，至少在确保胜利之前掌控了战局。

1944 年 6 月 6 日，尽管天气条件远不理想，艾森豪威尔还是下令攻打挪威。这是一场豪赌，但丘吉尔事后写道，这有助于维持“宝贵的惊奇先机”。德国指挥官预计主力军会从加莱海峡[20-35]登陆，而气象学家告诉他们，这种天气条件下不可能发动进攻。结果，加里波利战略终于奏效了。四天之后，伯纳德·蒙哥马利将军[20-36]允许丘吉尔视察前线，这令他非常高兴。他在驱逐舰“凯尔文”号的甲板上观看同盟国军队的炮击，向指挥官要求亲自开几炮，还命中了，这是丘吉尔唯一一次在海军舰船上参加战斗。“我们当然都在他们的射程之内，”他向读者保证，“总之，这一天实在太有趣了。”

然而，一旦冒险成功，丘吉尔就不能集中精力部署攻打日本这样的俗务了。参谋长提出了一个计划，从澳大利亚出发，在西太平洋上联合海军与陆军，向仰光发动两栖突击，占领缅甸。但丘吉尔坚持要在苏门答腊岛休整，避免更大的动作。“为了那些陈旧的回忆录，在内阁担任各种职务的时候，温斯顿越来越散漫。那些回忆录和眼下问题毫无关联。”7 月 28 日，布鲁克评论道。丘吉尔在为他的下一部书预演，但其他方面一无所成。两个星期以后，首相动身去意大利，布鲁克为手头积压要处理的工作而震惊不已:“我感到我们已经走上了舞台，为国家的利益和他个人的名望而战。如果他从公众生活中销声匿迹，那简直是天赐的福分了。”

丘吉尔的下一步计划却是一次无关紧要的进攻，这次是在亚得里亚海上攻打伊斯特拉半岛[20-37]。“没有他，英国必败无疑，”布鲁克呻吟道，“但是有了他，英国一再大难临头。”基斯·塞恩斯伯里[20-38]意识到，攻打地中海东部是丘吉尔的“一种痴迷”。“在他的战绩上一再重现，如同一种循环……只不过形式不同，攻打多德卡尼斯群岛、英属土耳其空军基地、登陆希腊、达尔马提亚海岸、德里亚斯特[20-39]，这个想法不断浮现在他的脑海里，因此马歇尔将军和美国战事部长亨利·斯廷森都对他产生了深深的怀疑，甚至罗斯福本人也越来越怀疑他。”塞恩斯伯里研究了历史学家对此的各种解释。丘吉尔是想在地中海东岸重建英国的霸权，还是想向全世界证明他对达达尼尔海峡的决策是正确的，又或者只是想避免在西欧打消耗战？但是，一次针对意大利东部的牵制战无法实现其中任何一个目标，尤其是它还以惨败告终。排除所有理性的解释之后，我们必须观察其中的不合理性。丘吉尔只是想要攻打《萨伏罗拉》的故事发生的地区。在小说中，这个理想没有实现，而他希望能在下一部书里浓墨重彩地描绘这些。

在这种负面的情绪下，丘吉尔和他手下的军事统帅之间的长期矛盾，反而促成了英国的胜利。他和布鲁克代表了相反的人格类型：创造力与纪律，诗性与务实，即兴与系统，幻想与谨慎，戏剧化与冷静，互相制衡。希特勒和墨索里尼也都是富有想象力、不循常理的政治家，他们的大胆经常导致谜样的胜利，但最终走向了毁灭。和丘吉尔不同的是，他们不允许更加谨慎的部属牵制自己。丘吉尔和指挥官之间的张力形成了一种战略，大部分时间在大胆和务实之间产生了微妙的平衡。这种双重领导模式为各个领域都提供了成功的范本：商业、学院、宗教派别、政治运动，还有战时的国家。

在丘吉尔和希特勒的身上，都体现了马克斯·韦伯所称的现代世界的典型张力，官僚主义与个体魅力之间的斗争。他们都惯于违背韦伯对官僚主义的定义：“既定的官方管辖范围内的原则，通常由规则统辖。”他们都游离在培养受过训练的统治阶级的教育体制之外，在中学的表现都不很好，没有上过大学，也不擅长考试。主流政党通常是官僚主义的，富有个人魅力的政治家不是如希特勒一般组建自己的党派，就是像丘吉尔一样，游走于两个党派之间，在双方中都持异见。1940 年 5 月，丘吉尔对劳埃德·乔治说：“和你一样，我也没有自己的党派。”1955 年退休后不久，他和历史学家 A·L· 劳斯谈话时，总是把他的保守党同僚称为“他们”。“您一直不是一个真正的托利党人，”1946 年，萧伯纳对他说，“您有美国民主的基础，还有作家、艺术家的才能，以及身为军人受过的训练，那些老古板和野蛮人不理解您，还会感到畏惧。”

韦伯认为：“作为一种拥有理性规则体系的永久性结构，官僚主义能够以日常程序的方式满足各种可预计的、周期性的需求。”于是，危机时刻就为个人魅力型的领导人提供了机会，他们“证明自己的力量，就独力获取并维持了权威。如果他想做一个预言家，就要展现奇迹；如果他想成为一个军阀，就要展现英勇事迹”。因此，丘吉尔和希特勒通过相似的大胆行为，达成了相反的政治目标。虽然韦伯通常认为这种个人魅力型的领导人是军阀或者宗教先知，但他也认可有可能是艺术家。希特勒和丘吉尔同时饰演了这三种角色，用不朽的功业令追随者炫目：前者建造（或规划）巨大的建筑工程，而后者书写鸿篇历史。正如约翰·科尔维尔所言，丘吉尔是一位非常特殊的艺术家，而非稳扎稳打的行政官员：

> 一位长期和上司一道密切工作的私人秘书，总能八九不离十地说准他面对特定问题的反应，但是这对温斯顿不适用，就连他的夫人也承认做不到。经常有人问我，首相对某些事的看法如何，总觉得我肯定知道答案。有时候我说得准，但说不准的时候也一样多。他的同僚同样做不到。他跟着直觉走，经常反其道而行，违背逻辑和常人的思维……
>
> 他总是一根筋地坚持思想的独立性。他是我见过的最一意孤行的人，不受哪怕最亲密的顾问的意见的影响。

莫兰勋爵写道，虽然公立学校和军队就是批量化生产的机器，但是温斯顿在其中总是“自我表达多于自律”。莫兰有一段日记未标日期，可能写于战争末期丘吉尔势力衰弱的时候，他在其中提出了疑问：

> 温斯顿的敏感气质本身是否导致了他战时的弱点？这当然和小说大不相同。而战争中人的想象力的肇事，实际上和战争文学一样历史悠久。“更多的生命力，”托马斯·哈代曾经写道，“可能通过思想而非伤口从人的身上流走。”……一个行使最高权力的实干家，碰巧也是一位艺术家，愿上帝保佑他。他要生存下去，

就要洗心革面。

解释丘吉尔热爱T•E•劳伦斯及其《智慧七柱》时，莫兰写道："他告诉我们，在和平年代，劳伦斯不可能'与常人完全和睦相处'。温斯顿知道这是什么意思。没有人比他更加清楚，异于常人的人要面对什么，不顺从要付出什么样的代价。在战前的那些年头里，他意识到，他在三个党派中都没有真正的朋友，也不记得哪一次他在这个国家被真正接纳。他感到了自己的孤独。"于是他寻觅其他孤独的天才，尤其是奥德·温盖特将军[20-40]，希望他能成为第二个劳伦斯。"首相完全不循规蹈矩，他思想开通，这在这场战争中是重要的有利条件，"莫兰写道，"没有不可能的点子，再荒诞也值得一试。但是在用人上他不太成功，发掘出来的天才都令人失望。"他出手大方地资助了不少艺术家、作家和专业人士，但大部分都成就平平。

丘吉尔不如海明威言简意赅，但是和他一样热衷于亲历战争和将其写入文学作品。在二战中，首相大多数时间都在视察防空区，欣赏炮火；随战舰出航，希望与敌军交火；飞到前线，坐在飞行员的位置上充神射手，想象着亲自狙击德军。1943年5月，"玛丽皇后"号正在大西洋上航行，他得到消息，潜艇可能会拦截这艘船。于是他在自己的救生艇上安装了机枪，以便最坏的情况发生时，他可以参与打击潜艇。"最好的死法就是战死沙场，"他对吓得要命的埃夫里尔·哈里曼[20-41]说，"您得和我一起上船，体会这种乐趣。"

许多人批评《第二次世界大战》美化事实，忽视英国未参与的战线，认为主要是丘吉尔不得要领。而在1948年的第一卷引言中，丘吉尔坚称，这不是传统的历史，而是类似丹尼尔·笛福《一个骑士的回忆录》的著作，"作者用个人的经验串联了重大军事政治事件的编年史与论争"。《第二次世界大战》和丘吉尔早年对殖民战争的书写如出一辙，还有T•E•劳伦斯的《智慧七柱》和乔治·奥威尔的《向加泰罗尼亚致敬》[20-42]，表达的都是艺术家对于战争的印象。1942年，丘吉尔从直布罗陀飞往埃及，再次观察、体会并报道了他1898年曾经防卫过的同一条战线：

> 在日出之前坐在副驾驶员座位上，已经成为了我在这几次旅程中的习惯。8月4日早晨，晨光熹微中，蜿蜒不断、宛如银带的尼罗河悦目地展现在眼前。我已经不是第一次在尼罗河上观看晓色了。在战争与和平时期，我都曾取道陆路或水路，几乎遍历了从维多利亚湖到地中海的全部尼罗河流域，除了“栋古拉[20-43]一带”以外，几乎都游历过了。太阳照到尼罗河的水面上，闪闪发光，景色从来不曾像今天这样令我心悦。
>
> 现在，我暂时成为了“前方人员”。不是在国内坐候前线的消息，而是亲临前线发回战报，这太令人兴奋了。

1943年9月，莫兰勋爵参加了丘吉尔在哈佛大学的演讲，被他的波希米亚式装扮震惊了：领结，“古怪的黑天鹅绒帽子”，还有“一条不得体的黑色法兰绒裤子”，上身却是鲜艳的猩红色牛津法学博士长袍。“但是如果循规蹈矩，温斯顿就不是温斯顿了。”莫兰写道。结束时，丘吉尔说道：“在此，请允许我表示，我们应该多么骄傲自豪，无论年长年少，我们都生活在这个人类历史上惊心动魄的正在成形的大时代。”

莫兰勋爵马上意识到，丘吉尔又在用他自己的语言，重述一段最著名的英语诗篇：

> “现在，感谢上帝，让我们与他的时代同在。”鲁珀特·布鲁克在达达尼尔海峡歌咏道。这个老而弥坚的战士，已经将近七十岁了，却再次脱帽致敬，扮演了他的角色。[20-44]

译者注

[20-1] 普鲁塔克（Plutarch，46—120）：罗马帝国时代的希腊作家。

[20-2] 英王詹姆斯一世统治时期，即 1603 至 1625 年。

[20-3] 摄政时期：1811 至 1820 年间，英王乔治三世因精神状态不佳，由长子即后来的乔治四世摄政的时期。20 世纪初，英国文坛一度出现专门以摄政时期为主题的浪漫主义小说风潮。

[20-4] H•E• 贝茨（Herbert Ernest Bates，1905—1974）：英国作家。

[20-5] 弗朗西斯・斯蒂格马勒（Francis Steegmuller，1906—1994）：美国作家、翻译家、小说家。

[20-6] C•S• 福雷斯特（Cecil Scott Forester，1899—1966）：原名塞西尔・史密斯（Cecil Smith），英国小说家。《霍恩布洛尔船长》（*Captain Hornblower RN*）虚构了一位拿破仑时期的英国海军军官的故事，后来多次被改编成影视作品。

[20-7] 《汉密尔顿夫人》（*Lady Hamilton*，1941 年）：美国电影。汉密尔顿夫人即艾玛・汉密尔顿（Emma Hamilton，1765—1815），纳尔逊将军的情人。

[20-8] 半岛战争：1808 至 1814 年，西班牙、葡萄牙、英国和法国在葡萄牙伊比利亚半岛的战争。英葡联军由威灵顿公爵指挥，与西班牙配合，共同抗击拿破仑。

[20-9] 《红花侠》：著名惊险电影，根据匈牙利裔英国作家艾玛・奥希兹（Emma Orczy，1865—1947），即“奥希兹女男爵”的同名系列小说和剧本改编。1934 年版名为“*The Scarlet Pimpernel*”，1941 年版名为“*Pimpernel Smith*”，主角是一个行侠仗义的贵族子弟，绰号“红花侠”，由英国影星莱斯利・霍华德（Leslie Howard，1893—1943）主演。

[20-10] 拉乌尔・瓦伦贝格（Raoul Wallenberg，1912—1947）：瑞典外交官，著名人道主义者。二战时在匈牙利和瑞典保护了数万犹太人。

[20-11] 伊曼纽尔・沃格里（Emmanuel Vigerie，1900—1964）：法国记者、政治家。

[20-12] 约翰・斯坦贝克（John Steinbeck，1902—1968）：美国作家，1962 年获诺贝尔文学奖。

[20-13] 约翰・帕德尼（John Pudney，1909—1977）：英国记者、作家、儿童文学家。

[20-14] 拜伦（George Gordon Byron，1788—1824）：英国诗人、革命家，浪漫主义文学泰斗。《恰尔德・哈罗尔德游记》（*Childe Harold's Pilgrimage*，1812—

1828年）是他的成名作长篇叙事诗。

[20-15] 托马斯·穆尔（Thomas Moore，1779—1852）：爱尔兰诗人、作曲家。下文引用的诗歌是他的《时常，在寂静的夜晚》（*Oft, in the Stilly Night*），译文参考黄宏煦译：《时常，在寂静的夜晚》，黄宏煦主编：《英国浪漫主义诗人抒情诗选》（上册），江苏人民出版社1988年版。特此致谢。

[20-16] 西迪拜拉尼（Sidi Barrani）：埃及东北部地名。

[20-17] 沃尔特·惠特曼（Walt Whitman，1819—1892）：英国诗人、散文家、记者。人文主义者，号称“自由诗之父”。丘吉尔这句话是惠特曼《大路歌》（*Song of the Open Road*）第十四节的大意。译文参考赵萝蕤先生译：《大路歌》，惠特曼：《草叶集》，上海译文出版社1991年版。特此致谢。

[20-18] 出自拜伦：《拿破仑颂》第三节，译文参考查良铮先生译：《拿破仑颂》，《拜伦诗选》，上海译文出版社1982年版。特此致谢。

[20-19] 阿瑟·休·克拉夫（Arthur Hugh Clough，1819—1861）：英国诗人。丘吉尔引用了《不要说斗争是徒劳无益》（*Say not the Struggle Naught availeth*），译文参考罗若冰译：《不要说斗争是徒劳无益》，《一百首抒情诗精选》，四川人民出版社2004年版。特此致谢。

[20-20] 译文参考黄杲炘译：《洛克斯利田庄》，《丁尼生诗选》，上海译文出版社1995年版。特此致谢。

[20-21] W•E• 亨利（William Ernest Henley，1849—1903）：英国诗人、评论家、编辑。

[20-22] 出自吉卜林的诗作《清道夫》（*The Mine-Sweepers*，1916年），诗歌以舰队广播命令的形式，饶有趣味地描写了第一次世界大战期间扫雷舰一天的工作。

[20-23] 戴维·斯特林（David Stirling，1915—1990)：英国军官，二战英军特别飞行队的创始人。

[20-24] 《唐·璜》（*Don Juan*）：拜伦的叙事长诗。引文出自《唐·璜》第三章第四十一节。译文参考查良铮先生译：《唐·璜》，人民文学出版社1993年版。特此致谢。

[20-25]出自《凯撒大帝》第四幕第三场，译文参考朱生豪先生译:《裘里斯·凯撒》，上海古籍出版社2002年版。特此致谢。

[20-26]威廉·华兹华斯（William Wordsworth，1770—1850)：英国浪漫主义诗人。丘吉尔“生存的年月即是乐园”（Bliss in that age it was to be alive），化用自华兹华斯的诗作《法国大革命》（*French Revolution*，1805年）：“生命的黎明是乐园，青春才是真正的天堂。”（Bliss was it in that dawn to be alive,but to be young was very heaven.）

[20-27] 托布鲁克（Tobruk）：利比亚港口。

［20-28］当指恩里科·卡鲁索（Enrico Caruso，1873—1921）：意大利著名男高音歌唱家，一度风靡欧洲。

［20-29］迪耶普（Dieppe）：法国港口城市。

［20-30］J•C•托维（John Cronyn Tovey，1885—1971）：英国皇家海军上将。

［20-31］克莱夫（Clive）和彼得伯格（Peterborough）都是一战时英国皇家海军建造的铁甲舰。乔治·鲁克（George Rooke，1650—1709）：英国海军司令，1704年在西班牙王位继承战争中为英国攻下直布罗陀。

［20-32］乔治·巴顿（George Patton，1885—1945）：美国陆军四星上将，著名军事家。

［20-33］马克斯·黑斯廷斯（Max Hastings，1945— ）：英国作家、记者、播音员。

［20-34］苏尔瓦湾（Sulva Bay）：加里波利海峡海湾名。

［20-35］加莱海峡（the Pas de Calais）：英吉利海峡最狭窄的一段。

［20-36］伯纳德·蒙哥马利（Bernard Montgomery，1887—1976）：英国陆军元帅，著名军事家。

［20-37］伊斯特拉半岛（Istrian）：巴尔干半岛西北部半岛。

［20-38］基斯·塞恩斯伯里（Keith Sainsbury，1924—2011）：政治史学家，雷丁大学教授。

［20-39］多德卡尼斯群岛（Dodecanese）：希腊群岛。达尔马提亚（Dalmatian）：克罗地亚南部地名。德里亚斯特（Trieste）：意大利东北部港口城市。

［20-40］奥德·温盖特（Orde Wingate，1903—1944）：英国陆军军官。

［20-41］埃夫里尔·哈里曼（Averell Harriman，1891—1986）：美国民主党政治家，时任美国驻英国大使。

［20-42］加泰罗尼亚（Catalonia）：西班牙东北部地区。《向加泰罗尼亚致敬》（*Homage to Catalonia*）是奥威尔记录西班牙内战的作品。

［20-43］栋古拉（Dongola）：苏丹北部地区。

［20-44］丘吉尔的演说所化用的引文，是鲁珀特·布鲁克《和平》（*Peace*）的第一句，《和平》是他《一九一四》十四行组诗中的一首。

二十一、胜利?

1943年2月，卡萨布兰卡会议[21-1]之后，丘吉尔反省道：“在这样一出有趣的好戏里不得不中途离场，没看到结局，会非常遗憾。但此时离开并非不合时宜，现在战事已经进入了直线冲刺阶段，内阁能搞定一切。”在这个关头，重要的领导人和行动都如他所愿支持了他。最终的胜利只需顺水推舟，他的部属就足以担当，可能比他亲自出手还更加出色。假如在彼时辞世，他的历史声名可能会比今日高得多。然而事实上，1943年10月，亚历山大·卡多根注意到，丘吉尔已经成了“可以想象到的最糟糕的内阁主事”。“在危难时刻，急需解决重大问题的时候，丘吉尔总是表现出色，极其有条不紊，”内阁秘书爱德华·布里奇斯解释道，“重点和论据很快就被提到了表面上，深入讨论并做出决断。”但是，现在他经常不经准备就参加内阁会议，毫不按照议程来，一味东拉西扯，就像一位过气的作家在最喜欢的咖啡馆里絮叨他的下一本书。

1943年12月，丘吉尔在突尼斯得了肺炎。康复后他不遵医嘱休息，还挂念着战争，但最后还是妥协了，让女儿莎拉读《傲慢与偏见》给他听。丘吉尔更喜欢讨论当下问题的当代作品，但此时他也需要从战争中缓口气了，简·奥斯丁[21-2]就是极好的放松：“那些人物过着那么平静的生活！不操心法国大革命，也不操心拿破仑战争，发乎情，止乎礼，同时对任何不幸都能做出有教养的辩白。”他还阅读了R•H•格罗诺[21-3]的《摄政王朝与维多利亚时代回忆录(1800—1865)》，后来还有简·奥斯丁的《爱玛》。1944年9月，在“玛丽皇后”号的甲板上，丘吉尔几乎大部分时间都在读安东尼·特罗洛普的《菲尼斯·芬恩》和《公爵的子女们》。这未必是个好兆头。他人生第一次以阅读来逃避现实，就像张伯伦在“虚假的战争”中所做的那样，在二战的最终阶段，他时常显得心不在焉。

即使战争胜利了，事态依然紧迫，尤其是重建英国的问题。丘吉尔可能不太愿意面对这个问题，但选民可不这么想。补缺选举对政府不利。民意调查结果很大程度上依赖于对这个问题的表述，将近 90% 的英国人赞赏丘吉尔身为首相的表现。1944 年 6 月，当被问到战后应由谁来领导国家时，67% 的人提名丘吉尔，同时没有一位工党政治家的票数超过 3%。但是，当被问到下次大选想给哪个党派投票时，工党从 1943 年起就占了上风。

1942年出版的贝弗里奇报告书[21-4]提出了一种综合性的社会福利制度，将所有人纳于“国家最低保障”之下。情报部的国内部称，这个设想得到了公众的普遍支持。1943 年 3 月 21 日，丘吉尔在一次广播节目中提出警告，连年大战之后，英国的能力十分有限。他提议了一个更加谨慎的“四年计划”，最终实现“从摇篮到坟墓”的社会保障、凯恩斯理论下的充分就业、某种程度上的“国家所有制和企业”、住房建设、更好的教育机会和改良的卫生服务。从个人角度而言，比起工党所想象的美丽新世界，他更偏爱原生态的城市情节剧。“是啊，”战争临近尾声的时候，他在内阁会议室里感叹道，“所有这些东西都是计划、补偿和改良，大路朝天。但是请赐我一条 18 世纪的小路吧，劫道的埋伏着，妓女在拉客，没有这些新鲜时兴的条条框框。”

与此矛盾的是，丘吉尔又满腔热情地推行一种英语的“条条框框”，意在淘汰“劫道的”“妓女”之类的词语。早在 1909 年，他就表示“希望我们的语言能继续统治整个世界，对人类的进步发挥有力的影响”。丘吉尔发掘了一种路径，最终的结果是“基本英语”。发明这种理念的是剑桥大学的语言学家 C•K• 奥格登，他将英语精简为 850 个核心词汇，制订了极简而一致的语法规则，非常基本，以至于非英语母语的人群也能轻而易举地掌握并作通用。丘吉尔显然还是一个 H•G• 威尔斯的爱好者，他在威尔斯 1933 年的小说《笃定发生》中就读到了基本英语的理念，1936 年小说又被拍成了电影。威尔斯在作品中预言，德国和波兰将在但泽发生冲突，引发新的世界大战。*但是在战争的狼藉之外，又出现了一位威尔斯式的仁慈的独裁者，他采用基本英语作为通用语。《笃定发生》对《世界危机》有所批评："其中包括英国视角中的19世纪历史的所有老一套歌功颂德与英雄主义，洋洋洒洒的'历史大戏'，集中于冲突中最警觉的人物身上。"其中假如并无恶意，就很可能已经酝酿了某种理念。

1943年7月11日，丘吉尔告诉爱德华·布里奇斯，基本英语"给我们带来的益处，远比吞并几个大省更持久、更富成效。也与我的亲美理念相符，使加入英语国家联盟更富意义"。在次日的内阁会议上，他提议英国广播公司发布每日教学，他自己也会在广播中出面推广。这不可避免地引发了质疑："他要用基本英语来推广吗？"利奥·埃默里组织的内阁委员会受命研究其可行性，但是，9月末丘吉尔听说委员会从来没有召开会议，"非常惊讶"。官方的借口是无暇分身，然而不能否认的是，阁僚们可能都希望首相能忘了这个疯狂的念头。与此同时，亚历山大·卡多根自己起草了一份提案：

基本英语

（枢密委员会初步报告）

我们已经为简化英语投入了大量精力，意在使之成为盎格鲁－撒克逊与其他种族沟通的媒介。从外国人的立场设身处地地考虑，需要有明确的界定和简便易记的标识。

我们通过大量研究确定，实现这个目标的最好途径，是标准化和（盎格鲁－撒克逊人）本国船工在口语中尽可能最广泛的接纳，能够很好地实现这个目标……许多案例向我们说明，盎格鲁－撒克逊官员缺乏语言学知识与教育，比如驻土耳其、中国和其他国家的大使，通过相对基本的英语结构，可以使这些国家的其他民族趋于近乎恐惧的顺服。

---

* 他预言的时间与现实战争的爆发只有几个月的误差。

> 对基本英语原语料的进一步实验表明，名词的数量可以减至1163个，形容词可以减至1000个。大量动词可能不得不保留，和它们的分词一道。但是……其中一些动词用得越少越好……例如，法国搬运工在加莱登船时，总是满口：“别介，哎呀要命的黑鬼，放手！”……我们相信，更进一步的研究能够推进一种合宜的媒介，在东西方宣传和强化盎格鲁－撒克逊文化。

卡多根知道，非英语国家可能将基本英语视为语言霸权，丘吉尔对这一议题的处理更是将它坐实了。1943年9月6日，丘吉尔接受了哈佛大学的荣誉学位，再次肯定了英美亲密合作在战中和战后的重要性。两个国家面对的是共同的敌人：“暴政是我们的敌人，无论它怎样装饰怎样伪装，无论它使用什么语言……”美国和英国拥有公平竞争精神与共同的是非观，“对公正无私的司法制度的庄重感，还有首要的，对个人自由的热爱。”构成共生关系的基础的最重要的因素是“一种共同的语言”。但是丘吉尔还进一步发挥，建议“把这共同的语言推广到世界上更多的地方”。他流露出了对基本英语的规划与希望，并注意到罗斯福总统表现出了兴趣。基本英语的重要支持者I•A•瑞恰慈[21-5]当时就在哈佛，他向哈佛英语研究会提议，在南美、波士顿的中学和移民中推广基本英语。丘吉尔趁热打铁，预言将基本英语作为通用语可以维护世界和平。“让我们再来一次波士顿倾茶事件[21-6]吧。”和第一次相比，这次有益无害。“这个计划比夺走他国人民的州县和土地或者剥削他们都更有好处，”他辩称，“未来的帝国将是思想的帝国。”在结论中，丘吉尔提醒听众，“记住我们都站在历史的舞台上，无论什么位置，无论什么角色，大还是小，我们的行为都要经过历史与后人的审视。”

丘吉尔明确地将其定位为一次非常重要的演说。他让时任情报部部长的布兰登·布拉肯写“一份简报，关于所有重大美国报纸对我哈佛演说的反响，看看哪家支持，哪家反对”。12月，内阁委员会提交了最终报告，建议把重要的文学作品翻译成基本英语，由英国文化委员会、殖民部、情报部和英国广播公司共同推行。次年4月，丘吉尔把报告寄给了罗斯福和美国国务卿科德尔·赫尔："我确信，基本英语将是未来人类的福祉，将有力地支持英语人民在国际事务中的影响。"罗斯福希望，基本英语"可以很快作为所谓的'外交语言'在法国推行"，他叮嘱赫尔组织一个"怀有同感"的国会委员会来评估这个议题。但是，他对丘吉尔发问："您的九字名言翻译成基本英语，就是'血、工作、眼中的水与脸上的水'。我想知道，假如 1940 年 5 月您只能为英国人民奉献这些，那历史进程又将如何发展。"

罗斯福准确地揭示了问题所在。除了《圣经》，任何一部重要文学作品翻译成基本英语，都失去了诗意，结果是一种光秃秃的极简的美感。1944 年 4 月，《笨拙》周刊的一篇讽刺文章（作者可能是 A•P• 赫伯特）用基本英语描写了哈姆雷特的著名独白：第一句话没什么问题，但随后就成了"忍受无情的命运飞来的石头和锐器，是否更好"。1945 年丘吉尔下台后，工党政府摒弃了这个计划。英国广播公司的总负责人显然如释重负，在给下属的文件中写道，基本英语已经"在黑暗的角落里被束之高阁了"。

公正地说，没有人认为基本英语能取代标准英语。它注定只是一种第二语言的辅助工具。瑞恰慈对汉语也产生过类似的兴趣。但正如文学评论家威廉·燕卜荪所承认的，丘吉尔的公开认可就是"军令如山"。瑞恰慈的夫人多萝西娅认为，基本英语不可避免地沾染上了英语母语霸权的色彩，可能触怒：

> ……有各种极端民族主义倾向的法裔加拿大人，在他们看来，基本英语只是要剥夺他们自己的语言；而拉美人担忧美国的文化侵略，想让西班牙语变成世界语言；其他人也会害怕英美集团的语言帝国主义。而我们的友人（指中国共产主义者）会诅咒它，因为这是丘吉尔的喜好。[21-7]

《一九八四》中用"新话"的概念讽刺了基本英语。身为一名英国广播公司的播音员，乔治·奥威尔起初对基本英语产生了兴趣，但他很快就意识到，要严格地限制英语词汇，就不可能表达"民主"和"自由"之类丘吉尔式的理念。他受命用基本英语向印度播报节目，因此深谙其帝国主义本质。在《一九八四》中，英语在太平洋地区被强制推广，包括拉丁美洲在内。

在危机时刻，丘吉尔迅速地恢复了旧有的活力与专注的能力。当科学幻想变成现实时，他发现自己面对的是威尔斯式的超级武器，激动不已。1944 年 6 月 19 日，在一次讨论 V-1 飞弹[21-8]威胁的会议上，艾伦·布鲁克发现，“温斯顿状态极佳，好像一下年轻了十岁，但是这种飞弹已经再次把我们推上了战场！”利奥·埃默里也观察到了同样的情况：“新的威胁的刺激对他而言是绝对的诱惑，他看起来年轻了好几岁，在我们反复讨论这个议题的时候，激动溢于言表。”但是 7 月 6 日的会议记录显示，V-2 飞弹促使丘吉尔开始严肃地考虑使用毒气对抗德国。

次日，即 1944 年 7 月 7 日，丘吉尔得知了奥斯维辛[21-9]的惨剧。早在 1941 年 7 月 18 日，纳粹德国攻打苏联后不到一个月，英国情报部门就拦截并破译了纳粹党卫队屠杀犹太人的详细报告。几个星期后，丘吉尔发表广播演说，称希特勒已经在苏联前线转向全面“大屠杀”：

> 他的军队所及之处，全境都被夷为了平地。德国警察部队对保卫他们祖国的苏联爱国者实施了成千上万，确实是成千上万的冷血屠杀。16 世纪，蒙古人侵略欧洲，也不曾实施，或者说难以望其项背，这样批量、残忍的大屠杀。这只是造衅开端，饥荒和瘟疫将随着希特勒坦克的铁蹄接踵而来。我们都见证着这种难以名状的犯罪。

实际上，他早在 1929 年就指出了这个问题，用“大屠杀”来形容亚美尼亚的种族灭绝*[21-10]。在 1941 年的广播讲话中，丘吉尔没有提到犹太人，也许是为了防止向德国人走漏风声，他们的密电码已经被英国破译了。但是在 1939 年 12 月 16 日，《泰晤士报》报道，德国人将犹太人驱赶到

* 在 1945 年之前，很少有人把这与后来的犹太人种族灭绝联系起来。

波兰的一个地区“逐步消灭”。1942年5月，东欧社会主义党派“犹太劳工同盟”报告，已经有逾百万犹太人遇难。《每日电讯报》、《泰晤士报》、《每日邮报》和《曼彻斯特卫报》都头条刊登了这份报告，而《纽约时报》发在第六版。1944年6月25日，《曼彻斯特卫报》特别报道了匈牙利的犹太人在奥斯维辛被屠杀，两天之后，外交部收到电报，确认了这一消息，马上传达给了战时内阁。“能做什么？能说什么？”丘吉尔对安东尼·艾登写道。7月4日，外交部收到了更加详尽的报告。波兰人、苏联人、同性恋者、罪犯和持不同政见的基督徒都被关押到了奥斯维辛集中营，但集中营的主要目的显然是屠杀犹太人，截至1944年4月，至少150万犹太人死在了集中营。报告详细地描述了毒气室，还简略地提到了可怕的医学“实验”。

巴勒斯坦的犹太事务局力请轰炸铁路，以阻止匈牙利的犹太人被运送到死亡集中营。安东尼·艾登请丘吉尔认真考虑轰炸铁路或集中营。“空军全力出动，”7月7日，丘吉尔对艾登下令，“必要的话由我出面。”11日，他再次写信给艾登：

> 毫无疑问，所谓的文明人打着大国和欧洲先进民族的旗号，用科技和机械犯下了世界史上可能是最巨大也最恐怖的罪行。所有涉及这桩罪行的人都将栽在我们手里，哪怕只是那些听令把人送往屠场的，一经证实他们与凶手勾结，格杀勿论。

V-1、V-2飞弹和眼下的一切，都应验了他对“走向歧途的科技”的最坏的预言。从某种意义上来说，威尔斯和丘吉尔都预知了门格勒医生的实验田[21-11]。

空军部长阿奇博尔德·辛克莱研究了这个计划，告诉艾登而非丘吉尔，集中营与铁路距离太远，皇家空军无法实施夜袭，可能得由美国陆军航空团在白天进行定点轰炸，“但是代价和风险都很高”。辛克莱想把这个烫手山芋丢给美国，但是不知道他们会不会接受。美国陆军部认为不切实际，已经否决了这个提议。英国外交部的态度也并不热心。丘吉尔的战争回忆录收录了7月11日的记录，但不包含他之前轰炸奥斯维辛铁路的提议。7月7日的文件再次证明了丘吉尔对纳粹恐怖的先知先觉，却也凸显了英美空军对此的不作为。迈克尔·科恩发现了丘吉尔7月11日致坎特伯雷大主教和犹太实业家梅尔切特勋爵的未刊信件，两封信的内容完全相同。“在我看来，我们无疑见证着最巨大也最恐怖的罪行，”丘吉尔写道，然而“终结它最大的可能，就是保证同盟国军队的速胜”。这暗示的是，他在经过再三思考后，还是打消了轰炸奥斯维辛及铁路的念头。

军事历史学家比研究大屠杀的史学家更熟知空战中的技术难题，曾经指出轰炸集中营的确不切实际。但是丘吉尔这样的行动派希望演一出这样的大戏。在1944年7月11日致外交部的一份备忘录中，巴勒斯坦犹太事务局政治部部长摩西·夏里特承认，空袭奥斯维辛最多只能推迟难民被屠杀的时间，甚至可能当场杀死其中一部分人，但是却能给全世界的观众留下难以磨灭的印象：

> 首先，此举意味着同盟国军队直接对灭绝屠杀开战了，纳粹高压下的受害者，今日是犹太人，明日就可能是波兰人、捷克人或者其他哪个种族，在德国退却、溃败的过程中，任何种族都可能沦为大屠杀的罹难者；其次，能够挫败纳粹发言人所一再重申的，同盟国其实并非不赞同纳粹在欧洲清洗犹太人；其三，同盟国对于纳粹大屠杀的报告仍持怀疑态度，此举有助于打消这种怀疑；其四，此举正视反对凶手可能招致的报复，表现同盟国重视犹太种族灭绝问题，专门为此调度了空军力量，因此具有威慑效果；最后，德国仍对盟军心慈手软抱有幻想，此举将使他们认识到同盟国对待屠杀犹太人的真实态度，可能可以从内部向继续屠杀施加反对压力。

总而言之，轰炸奥斯维辛将是一次戏剧性的打击，可能实现一切“大反转”的目的：吸引观众的注意力，揭露此前暧昧不明的东西，说明角色的真实意图，在紧要关头明晰道德主题，令情节走向扣人心弦的高潮，指向正义终将胜利的大结局。对事件的这种解读，实则说明，威廉·鲁宾斯坦[21-12]本质上是正确的，不可能在纳粹占领下的欧洲解救犹太人，无法阻止希特勒完成大屠杀计划。于是，想要援救集中营难民，就只剩一条路子：表现出戏剧性的姿态，因为除此之外束手无策。鲁宾斯坦的研究引用了美国犹太人议会提出的十五条“行动”计划，其中包括“全民哀悼日”、公开游行、一日罢工、学者讲演、报纸广告、发布宣言、广播节目以及警告门格勒医生，他已经违背了希波克拉底誓言[21-13]。而好战的柏格森团体[21-14]对这些软弱无力的声明十分不满，他们在纽约的麦迪逊广场花园上演了抗议游行。“我们永远不会倒下！”一队好莱坞名流呼喊作态，但这救不了犹太人。

丘吉尔是在政治中玩弄戏剧性姿态的一把好手，在这样的语境中，他下令轰炸奥斯维辛的冲动之举也就不难理解了。他一开始并没有考虑到实际情况。在情节剧中，每一个受难的女主角都一定会得到不计代价的营救，即便在最后一分钟。在维多利亚时代的舞台上，营救的角色通常由皇家海军扮演，而这一次轮到了皇家空军。面对大屠杀，无力制止，唯有呼吁，人民的行为是可以理解的，英国首相也不例外。

与此同时，丘吉尔面临着另一场天降的人类浩劫。轰炸奥斯维辛和孟加拉的饥荒一样，产生了复杂困扰的道德争议。伦敦政府何时、从何种程度上意识到了这些灾难，又在世界大战中付出了多少力量去阻止它们？答案非常不明了，但是在这两桩事件中，丘吉尔的反应都深受文学性的影响。

丘吉尔热心的亲犹主义倾向和他对印度人的愈演愈烈的偏见形成了鲜明的对比，后者早在 1942 年 8 月 8 日印度国会发生的“退出印度”运动中就初见端倪。甘地再次发动了非暴力抵抗，但英方迅速逮捕了他和其他国会领导人。许多印度工人罢工，出现了一些爆炸、纵火、袭击欧洲人、破坏电线和铁路的案件。部分北方州县的当地人推翻了英国统治，暂时宣布独立。组织印度国民军和日本作战的苏巴斯·钱德拉·博斯通过轴心国的广播赞扬起义。英国很快重新控制了局面，但代价是杀死数百人，逮捕了超过 10 万人。这些只让丘吉尔更加确信，甘地和他的国会成员是奸细，这激起了他的极端种族主义观点。“我厌恶印度人，”他唾弃道，“他们是野蛮人，拥有野蛮的信仰。”9 月 10 日，他对下议院说，印度士兵依然忠诚，然而：

> 国会现在在许多方面都抛弃了甘地先生曾经在理论上谆谆教导的非暴力原则，已经公然走向了革命运动，破坏铁路与电讯，造成全面混乱，洗劫商店，游击印度警察，和叛乱的暴行时而并存。这些都意在或者事实上多少阻碍了印度在阿萨姆邦[21-15]和孟加拉湾东岸抵抗日本侵略的进程。国会党的这些行为，可能很大程度上得到了日本奸细的协助，以导向特定的战略目的。

《第二次世界大战》的一份草稿则更进一步，荒谬而带有诽谤意味地指责甘地“想为德国作伥，以回报日本军队帮助他镇压穆斯林”。在伊斯梅将军和内阁秘书诺曼·布鲁克的劝说下，这一段被删掉了。“如果不得不退出印度，”丘吉尔起誓道，“我们也将身被荣耀离去，完结的这一章也将成为国家历史中最光辉的一篇，不止关乎过去，同样关乎未来，无论多么遥远的未来。”舞台上的主角遭到当地人以众欺寡，可能会英勇战死，但永不媾和。

1942 年 9 月，新加坡和托布鲁克的败局在旧伤之上又添新创；斯大林格勒战役和北非之战仍然悬而未决；日本海军控制了太平洋，潜艇扼住了大西洋航线的咽喉。丘吉尔以他的情节剧视角观察战争，知道同盟国已经背隅而立，又遭到了本地人的背叛。他童年最深刻的记忆之一，就是约翰·坦尼尔[21-16]在《笨拙》周刊上关于印军哗变的漫画，其中代表英国的狮子扑向了奸诈的孟加拉虎。

10 月，一场飓风破坏了孟加拉的农作物。幸存的大部分被送去供应其他战线的印度士兵。水稻也遭遇了真菌疫病，堪比 19 世纪 40 年代爱尔兰的马铃薯晚疫病。1943 年夏，大饥荒爆发了。饥荒和种族灭绝一样是致命的，但人祸并不止是简单的不作为。孟加拉饥荒的成因是多方面的：日本禁止从沦陷的缅甸进口稻米，英国军队切断日本食物供应也影响了孟加拉许多地区的供给；农作物收成报告非常不准确，非正式的英国官员和孟加拉政客一样，对此掉以轻心；印度的富人几乎没有组织私人救灾行动；英国在印度生产军需物资，加剧了通货膨胀，印度的投机贩子囤积稻米，哄抬价格，其他省份在1935年印度自治法案下享有了自治权，没有及时开仓赈济。孟加拉的饥荒作为一个道德议题，和J•B•普利斯特里的《罪恶之家》[21-17]十分相似：一桩罪行指不出嫌疑人，但人人难辞其咎。

身为印度事务秘书，利奥·埃默里起初倾向于在这片“人口过载”的大陆上遵循马尔萨斯式的无为放任政策，但随着危机加深，他恳求战时内阁提供救济，甚至不惮在这个问题上与首相对峙。从埃默里的日记看来，丘吉尔即使顽固易怒，也并非完全漠视灾难。1943年8月4日，埃默里请求提供50万吨食物，引起了内阁的怀疑，战事运输部长巴伦·莱瑟斯和林德曼教授都对此深存疑虑，他们认为印度可以放出更多的库存。据埃默里记载，丘吉尔持更加同情的态度：“仅此一次，我认为温斯顿意识到了，这个问题的严重性远超他过去曾经遭遇过的情况，他态度确实非常友善。”但是最后，埃默里只争取到了15万吨食物，并被告知如果局势恶化再来要求。9月24日，埃默里旧话重提，莱瑟斯再次拒绝了，只批了5万吨给他。“温斯顿承认应该出手，但这个节骨眼上，印度人不是战时唯一挨饿的。”埃默里承认，丘吉尔是对的，当时还有因饥荒而崩溃的希腊，无法双管齐下。11月10日，埃默里向内阁提出，未来三个月还需要15万吨食物。“温斯顿，繁殖狂印度人一开始可尝了点甜头。”莱瑟斯只批10万吨，丘吉尔听从了他的意见。埃默里提出，加拿大准备从温哥华海运小麦，丘吉尔和莱瑟斯都拒绝了，因为舰船紧张。“我不知道战时的运输情况已经无望至此了，在这种情况下，一艘船一个月都腾不出来吗，”埃默里抗议道，“问题在于温斯顿厌恶印度，以及与它有关的一切，关于前景，他看不到别的，只知道这会浪费他的船。”

1943年9月，陆军元帅韦维尔任印度总督，他很快意识到了问题，要求50万吨食物援助。1944年2月12日，埃默里会见印度缅甸常务秘书戴维·孟提斯，讨论了饥荒问题：“他也告诉我，温斯顿被韦维尔的电报打动了……说莱瑟斯他们一定会试着为印度想点办法。”参谋长赞成先马上运送20万吨食物，随后再跟进。但3月20日内阁会议时，“温斯顿显然为参谋长的建议而烦恼……他一如既往地自说自话，认为印度军队一文不值，可能还很危险，”丘吉尔再次听从了莱瑟斯，“他尽可能地否决了这一提案。”埃默里试图反驳，首相再三打断了他。但内阁最后还是同意马上调遣20万吨食物，随后可能再给15万吨。韦维尔迅速派遣手下部队，从印度其他有余的地区运粮到孟加拉。这阻止了饥荒回潮，然而已经死了三百万人。韦维尔不得不驳倒丘吉尔，他埋怨道，丘吉尔“似乎把送食物给印度视作向国会的‘绥靖主义’”。

4月24日的内阁会议专门讨论了饥荒问题，据埃默里记载，丘吉尔“很难自控，几乎要让我们不要妨碍印度的饥荒，别让印度人繁殖得太快，干扰计划”。而首相只同意打电报给罗斯福，请求4至5万吨的粮食支援印度，罗斯福拒绝了。

8月4日，埃默里终于当着内阁的面怒斥了丘吉尔：“我失去了耐心，忍不住告诉他，我看不出他这样下去和希特勒有什么区别，这可不止激怒了他一点点。我不认为他在印度问题上还有什么理智。”在埃默里的描述中，他发怒是因为丘吉尔建议“重建印度，消灭地主和压迫工人的实业家，扶持农民和贱民，就像苏联的集体化路子”。这些白日梦彻底脱离了当时严峻的现实，但是后来，欧洲战事刚刚终结，丘吉尔就又翻出了旧账。1945年5月18日，埃默里请内阁输送更多小麦给印度，再次遭到了莱瑟斯的反对，而令他震惊的是：“仅此一次，丘吉尔站在了我一边。”

总体说来，埃默里描述的丘吉尔暴躁无常，他的视角符合众人所知战争最后两年的首相的所有特质。在支援印度粮食的问题上，丘吉尔一如既往地自相矛盾：有时候咆哮着无情的言语，有时候又不情愿地允许发货，还有些时候敦促着进一步行动。他的矛盾像是他早年阅读经验的产物，比如说马尔萨斯，但是起主导作用的似乎还是维多利亚时代的帝国主义情节剧，对他产生了有力的影响。在他的想象中，主角（他自己）必须保护良民（印度下层人），抵抗恶人（日本）和刁民（甘地与国会）。结果即是自相矛盾的救灾政策，在慷慨与惩戒之间游移不定。丘吉尔最大的败绩之一，就是通过19世纪粗制滥造的戏剧来透视20世纪的印度。埃默里1929年就观察到："我总是说，理解温斯顿的关键就在于，他还活在维多利亚时代中期，浸淫着他父亲那个时代的政治，未能站在现代的视角上。"

这自然不仅是一个维多利亚时代文学品味的问题。研究者应该避免事后诸葛亮的沾沾自喜，以积极的态度去观察丘吉尔当时所面对的矛盾张力。他正在打一场全球大战，运输能力已经到了极限，甚至超出了极限。大西洋之战几乎扼制了英国，政府不得不缩减向东线运输军备。在1942年末和1943年初，英国的输入只有战前水平的30%。1943年3月，林德曼警告丘吉尔，未来几个月中，德国的潜艇部署可能增加三分之一。我们现在知道，4月和5月同盟国的行动戏剧性地扭转了战争的局势，但是在当时，谁也不敢说潜艇是否会杀个回马枪。攻打意大利和法国都需要舰船，食物也需要供应欧洲，解放后的短缺同样很严重。此外，英国还向印度运送了食物：1943年30万吨，1944年63.9万吨，1945年87万吨。其间，英国每月还向沦陷的希腊输送超过3.5万吨食物，但从1943年秋天至1945年，通过红十字会向集中营难民输送的食物总共只有4500吨。今日，富裕的国家更加富裕，也更加明白"饥荒是早期的预警系统"，不再为世界大战分心，但牛津饥荒救济委员会和儿童保护协会仍然报告，政府没能及时对索马里和埃塞俄比亚的饥荒作为，导致超过10万人死亡。

但是，研究了所有这些附加因素，不可回避的问题是，丘吉尔本可以更加敢为，不那么犹豫。像马杜斯里·穆克吉[21-18]一样，把他描写成莫须有的主犯，未免太过简单化，但是他的种族主义态度确实不合时宜，有时还酿成了大错。正如莫兰勋爵1943年所记录的，对罗斯福而言，"中国就是明日将要投入世界的四亿人口，但丘吉尔想到的只有肤色，他说起印度或中国时你就会感到，他是个维多利亚时代的人。"1945年初，丘吉尔阅读了贝弗利·尼科尔斯[21-19]的《宣判印度》，书是约翰·科尔维尔给他的。这部书把甘地写成了一个骗子，对贱民的友好完全是虚假的，是"逃避问题、口是心非、颠倒黑白"的一把好手；而国会是"百分百纯血统、不折不扣的现代法西斯"。尼科尔斯把种姓压迫和纳粹反犹主义相提并论，倒并非妄言，但他完全忽视了印度艺术、建筑、电影、宗教、新闻、音乐和民间医学的价值。英国通过成功的大规模宣传，回击了美国的印度民族主义者的同情情绪，《宣判印度》就是这种宣传的一部分。这本书由美国出版商哈考特·布雷斯出版，1945 年 2 月的《读者文摘》发表了梗概。科尔维尔发现，丘吉尔对尼科尔斯的偏见津津乐道："首相说，印度教徒就是邪恶的种族，'从他们罪有应得的厄运中挣扎出一线活路'，他希望伯特·哈里斯[21-20]能丢几个多余的炸弹过去消灭他们。"

1943年9月，轴心国仍然占据了苏联的大部分地区，丘吉尔致信参谋长，要阻止共产主义占领希腊。他建议派遣"五千辆装甲车和履带式小型装甲车前往雅典……支持中央，恢复合法的希腊政府"。几个月后，他警告艾登："苏联的共产主义阴谋已经在意大利、南斯拉夫和希腊酝酿，我们要和他们一决胜负。"1944 年 5 月 31 日，丘吉尔告诉罗斯福，他正在和苏联商谈，保障由英国控制希腊，他向罗斯福保证"我们当然不希望在巴尔干半岛划分势力范围"。

然而，10 月 9 日，丘吉尔和斯大林在莫斯科会晤，就此事达成了协议。在谈判中，他们上演了《第二次世界大战》中最令人难忘的一幕。"我们来解决巴尔干半岛的问题吧，"丘吉尔提议，马上就切入了正题，"您的军队在罗马尼亚和保加利亚。在那里，我们也有利益，有各种派遣团体和代理机构。不要为了枝节问题致使我们意见相左。"他草拟了半页纸，做出了下列安排：

罗马尼亚：

苏联 …………………………………………… 90%

其他国家 ……………………………………… 10%

希腊：

英国 …………………………………………… 90%（与美国一致）

苏联 …………………………………………… 10%

南斯拉夫 ……………………………………… 50%：50%

匈牙利 …………………………………………………… 50%：50%

保加利亚：

苏联 …………………………………………………… 75%

其他国家 ……………………………………………… 25%

我把字条递给斯大林，此时他正在听翻译。稍停片刻，他拿起蓝色铅笔，在纸上画了一个大勾，然后把字条递回给我们。一切就这样解决了，比把它写下来还要快……

在这之后，沉默了一阵。铅笔划过的纸条放在桌子中央。终于，我说道："我们处理的这些问题，攸关数百万人的生死，这种态度似乎草率了，在旁观者看来，岂不是草菅人命？把这张纸烧掉吧。""不，您留着。"斯大林说。

读者会产生一长串的疑问，而作者无法回答。首先，这一张纸就定了大局吗？通常情况下，正式的外交协议必须详细地列出细节，并用墨水签署，签署者必须自己保留副本存档。检查这张纸条时，斯大林可能只是表示，他没有太当回事。丘吉尔和大部分历史学家都认为他的沉默意味着"是"，但更确切的意思，应该是"无所谓"。英国官方对这次会晤的记录没有提到这些，毕竟，划分势力范围这种复杂精密的事务，怎么能用如此草率的方式定夺？把阿尔巴尼亚和其他更多问题置于何地？在实际操作中，保加利亚那 25% 该如何划分，假如英国和苏联的官员在索菲亚[21-21]发生争议，又当如何？5 月，安东尼·艾登非正式地与苏联大使费奥多尔·古谢夫协定，战后罗马尼亚归苏联，希腊归英国。这种分配有理有据，丘吉尔知道，"无论我们说什么，苏联人都会在罗马尼亚予取予求"，他意识到，保住希腊才是要务，希腊的共产主义正在抬头，还把守着地中海要道。但是这种模糊的比率数据令艾登大吃一惊，事先没有人知会过他，也令外交部大为头疼。10 月 11 日，丘吉尔草拟了一封信件，试图向斯大林解释这一比率，但于事无补，他最后也没有发出这封信。战时内阁要求了解后续，丘吉尔向他们保证："这个比率并未规定不同的巴尔干国家参与分成的数额。"但是在这种情况下，又有什么规定是不可变更的？他补充道，在"南斯拉夫那边，五五分成是两个大国联合行动并达成协议的基础”，却没有解释假如两国发生争执或者南斯拉夫反对，又将如何。* 美国外交官埃夫里尔·哈里曼一直关注着谈判，也困惑不解。“我现在都不明白，”他回忆道，“我当时也不明白，丘吉尔制定这些比率时到底在想什么。”10月9日之后的一周时间，为了博苏联的欢心，对于这些数字发生了一些无意义的扯皮，但正式的谈判丰富了细节，更加明确地概括了双方的特权。正如1944年10月12日艾登向外交部保证的，在任何语境下都“不应该过分关注比率，那些只是象征性的，和英国与苏联的人口都没有确切的关联”。

在《第二次世界大战》中，丘吉尔是不是没有承认自己把数百万东欧人口拱手让与苏联？他谴责了“铁幕”，那是苏联给他留下的第一印象，还辩称，那只是“战时的应急安排”，但他和斯大林的交易并未逾期失效。在战争中，民主与国家自治的斗争只是表象，势力范围的算计才是历来的黑幕。丘吉尔声称，这份协议令他不安，以至于他提出要销毁证据，惊人地矛盾的是，他在回忆录中昭告天下，是他建议烧毁纸条的。在《第二次世界大战》中，他甚至还要求复制这份文件。此后，这段插曲一直令历史学家困惑不解。作为外交手段，这实在太不上道了。

但是在戏剧效果上，此举可谓神来之笔。过分简单的协议，就是戏剧化高度浓缩的产物。剧作家描绘谈判，自然要运用一些速写的简化方式，而不是列出阿尔巴尼亚之类沉闷的细节。丘吉尔再次消弭了戏剧与现实的界限：他的脚本就是他的谈判策略，在某种程度上，他更想演好一个角色，而非完成一次成功的谈判。在戏剧意义上，这个场景经过了精心的建构，雄辩的丘吉尔用一段虚拟的独白在大谈判中欺骗了观众。其间的冷场无懈可击，所有的演员和观众都心怀罪恶地盯着桌上那张不光彩的纸条，那一刻不能更漫长了。寡言的独裁者对此一语不发，只丢下了一句刻毒的谢幕词。他静静地等着丘吉尔走进自己设下的圈套中，引发毁灭性的后果：剧作家深知简洁而无言的姿态的效果。整段插曲都意味着山雨欲来。次年4月，

---

* 铁托元帅听闻此事勃然大怒。

欧洲战事的最后一天，丘吉尔恳求斯大林：

> 您与你们所控制的国家，加上其他许多国家里的共产党都倒向一边，而一些英语国家和他们的同伴或自治领集合在另一边，这样一种前景，无法使人感到多么安慰。很显然，双方之间的争斗将令世界四分五裂，而双方的所有我们这些领导人，同这些争执一有瓜葛，就会在历史面前蒙羞。

所以，丘吉尔写下了《第二次世界大战》，以在历史上为自己正名。为什么他集中笔力，描写了这么一个在诸多方面都不大光彩的场景？或许，在1944年实施此举之后多年再写下它，他更加关注的是营造戏剧化的艺术，他和斯大林都是“领衔主演”，唯有这个词能描绘他的角色。“五年以来，他一直试图在六卷作品中向后人说明他在战时所做的一切，”1953年，莫兰勋爵观察到，“但是，是否也有那么一些他并不确定的黑暗时刻？”在意识中，他是否有能力合理化或者索性摒弃他所犯下的重大错误和可怕的抉择？“温斯顿这样的艺术家，难道真的就能轻易逃脱？”又或者他只是爱慕虚荣，想要随便演个角色，只要登台就好？艾伦·布鲁克回顾了自己关于莫斯科会谈的日记，评论道：“我经常发现，他喜欢成为聚光灯下的焦点。”

1944年10月12日，德军退出了雅典。两天之后，罗纳德·斯科比将军[21-22]率领五千英军进驻。12月3日，希腊共产党抵抗团体“民族解放阵线”和“人民解放军”发动起义。两天之后，丘吉尔下令斯科比“稳住雅典，尽可能兵不血刃，这对您来说事关重大，但尽可能兵不血刃”。圣诞节当天，他飞往雅典，与反对党派会晤，向他们保证，他只是希望在希腊实施民主解决方案。然而，这个保证背后有英军撑腰，丘吉尔实际上还是把希腊看作了殖民地，计划在此建设一个“可靠的”政府，迎回乔治二世[21-23]，乔治二世支持英国，但并不受希腊人爱戴。

丘吉尔的动机是战略上的帝国主义，但也是文学性的。哈罗德·麦克米伦在日记中意识到，首相去希腊，一部分原因是想“做个好记者”，他要目击并报道这场进行中的革命。“他状态很好，（亚历山大将军）带他到了一处‘岗哨’，让他俯瞰整座城市，思考作战的点子。当然，这又是一次‘西德尼街大事件’，军事能手向他解释整个事态，他听得津津有味。”然而胜过西德尼街事件的是，他的希腊之行把《萨伏罗拉》的高潮付诸实践了，在这么一个欧洲东南部国家，刚刚把它从暴政中解放出来，稳健派和激进革命者又开始打内战。然而，丘吉尔坚持要在希腊政治的复杂现实状况中，用他三流小说的非黑即白的道德观做一个界定。起先，艾登谨慎地建议，暂时让希腊国王留在境外，让达马斯金诺斯主教[21-24]在雅典摄政，但丘吉尔不同意，认为他是一个潜在的“独裁者，很可能拥护极左分子”。抵达雅典之后，丘吉尔才深感反对保皇的重要，同意达马斯金诺斯组建非共产党政府。1945 年 1 月 11 日，共产党人同意停火。最后，《萨伏罗拉》终于团圆收场。

但是，丘吉尔为这种介入付出了代价，下一次大选的结果受到了影响。盖洛普民意测验显示，英国民众对他的希腊政策产生了严重的意见分歧，43% 认同，38% 反对。民意调查发现，公众普遍反感，很多受访者将丘吉尔的处理方式和希特勒相提并论。首相不得不面对下议院的攻讦，多家英国报纸和大部分美国报纸都声讨他，罗斯福也非常不高兴。然而没有人抗议斯大林。1945 年 2 月，苏联在罗马尼亚强制推行共产主义制度，丘吉尔作壁上观，双方都遵守了协定。

希腊的事变再次让丘吉尔一心专注，但事后他再次陷入了散漫无序。1945 年 1 月 19 日，克莱门特·艾德礼一鸣惊人地写了一封长达两千言的抗议书，亲手打字，直接呈给了首相。艾德礼经常主持内阁委员会，委员会为了跨党调停辛辛苦苦地写各种报告，而内阁总是拖延着不当一回事。即使他们把报告列入议程，丘吉尔事先也很少阅读。于是，“哪一句话吸引了您的注意，才会就这个兴趣点引发深入讨论，和正题却没有多大关系，这种事成了家常便饭。”丘吉尔对此仅仅报以轻蔑的愤怒，就像爱德华时代的文人读到周日报纸上的东拉西扯一样。

在柏林，希特勒正在住所对着沙盘计划重建奥地利的林兹城。战争的最后几个星期里，他长时间地研究着，赞赏着城市比例的古典美，而彼时德国已经被炸成了废墟。他和戈培尔都是托马斯·卡莱尔腓特烈大帝传记的狂热爱好者，他们从普鲁士国王的故事中获得了灵感，七年战争中，普鲁士眼见要败，他的大敌伊丽莎白女沙皇却在这个关头去世，令他奇迹般地得救。“我们得像腓特烈大帝一样，”戈培尔在日记中写道，“我们为何不能也期盼命运的相似的转折？”4月12日，富兰克林·罗斯福逝世，这令希特勒确信，生活再次遵循了艺术，他向余部宣称：“这场战争的转折点已经确立了。”

而最后的希望破灭之后，希特勒要考虑的唯一问题就是如何脱身。4月8日，丘吉尔曾经私下提及鲁道夫·赫斯[21-25]的戏剧化行径，他飞到英国，发表了情节剧式的老生常谈：“我来负责，冲着我来，放过我的人民。”但希特勒却要他的部属陪葬。25日，他对戈培尔说：“如果从世界舞台上败退，我们活着也就没什么意思了。”戈培尔也有类似的想法，先前，他曾把战败自杀称为“英勇的抉择，唤起骄傲与悲哀的戏剧”。身为宣传部长，他告诉属下，未来的电影将纪念他们的自我牺牲：“现在人人都有机会选择自己在百年之后电影中的角色，我向你们保证，那将是美好而鼓舞人心的画面。”苏联红军围城时，阿尔伯特·施佩尔撤回了要求柏林爱乐乐团的音乐家们参军决战的命令，认为他们可以通过表演收到同样的艺术效果。于是，在最后一场音乐会上，他们演奏了《诸神的黄昏》。美国人类学家克利福德·纪尔兹曾经描述过巴厘岛戏剧之国的自我牺牲：丹麦殖民部队入侵，他们还演到了最后一刻：“全情投入的盛会，至死方休。”只有在这种模式下，才能理解第三帝国的收场。希特勒在遗言中咆哮道，他必须在两种戏剧性的结局中做出选择，其中一种是绝对难以想象的：“我不会落入敌人手中。我知道，他们正需要由犹太人来导演一场新戏，取悦歇斯底里的群众。”纽伦堡审判就是史上杀伤力最大的一出法庭戏。假如希特勒被生擒，又会如何？

1940至1941年，丘吉尔数次提及，他不期待在战后继续如日中天，要退休去写他的回忆录。1942年11月的民意调查发现，公众普遍不相信“领袖”，其中的典型代表就是首相。1944 年 2 月，62% 的人不愿意丘吉尔和平时代继续在位，只有 28% 赞成。但是在大选之际，他决定再次一搏，这是一个步履蹒跚的错误决定。1945年6月4日，他在竞选广播演说中提醒道：

> 我发自肺腑地向各位宣告，社会主义制度只有借助政治警察才能建立……社会主义政府要维持整个国家的生存和运转，就无法允许自由、犀利以及公众意见的尖锐表达。他们必然会沦为某种盖世太保，当然，一开始要讲人道。这就是防微杜渐，将批评扼杀在萌芽状态，集中所有的力量，将党派及其领导人推上冠冕堂皇的顶峰，将官僚政治凌驾于“公仆”之名之上，再不为“公”，也无“仆”可言。

他声称，社会主义国家规定了每个个体“到哪里工作，做什么工作，可以去哪里，可以说什么，可以持什么观点，表达到何种程度，他们的妻子去哪里排队领配给，他们的孩子受怎样的教育，以形成关于人类自由和未来行为的观点”。他承认，英国政府在战时也对人民进行过许多这样的约束，彼时大幅度的国家调控是必要的。但他坚称，那只是战时的临时应急措施，不应该延续至和平年代。在 6 月 21 日的广播演说中，他也提出了相似的警告，只是回避了“盖世太保”一词。

“这次演说引发的沮丧和真切的负面情绪无需夸大。”民意调查表示，还引用了一些反对者的评论：

> “他一夜之间就从国民领袖变成了党首，这令我深感吃惊。整个演说听起来粗俗得很。只有政治上的婴儿才会相信他说的那一套，什么工党领袖就是潜在的盖世太保。”
>
> “我遇见的人都突然变得又生气，又不满，又好笑。气的是他居然敢在广播里这么信口开河，不满的是他这样对待自己的国民，好笑的是他玩的是托利党那一套，来了这么一场演说，只表现出他没有什么真本事。”
>
> “现在最经常用来形容他的就是‘恶劣’和‘扯谎’。”
>
> “我觉得当权的很多人现在都看透他了，之前还没有……我知道他下台之后

我丈夫的观点改变了不少，我想别人的情况和他差不多。”

“丘吉尔的第一次演说没有留下什么好印象。我没有听见一句好评，倒有不少唱反调的。第二天晚上艾德礼的演说收效很好。我听到一个女人，我觉得是个坚定的托利党，她说，如果她只听了这两次演说就要做判断，她一定毫不犹豫地投给工党。”

就连一个保守党的酒保都承认：“其中真的有很多粉饰成分。”但是当伦敦人被问到“您喜欢广播中的演说还是报纸上的演说词”时，丘吉尔被提到的次数通常高于其他政治家。回答者并不赞赏丘吉尔，因为他们认为克莱门特·艾德礼可能是一个英国的希姆莱[21-26]，而丘吉尔演讲的美学令他们着迷，甚至罔顾内容：“我喜欢听丘吉尔先生演说，不是因为他说了什么，而是因为是他在说。”相较之下，选民经常用如下词语来描述艾德礼和其他工党政治家：“明智”“坦率”“成熟”“冷静”“清晰”“可靠”“得体”“中肯”“合理”“真实”“有建设性”“确切”，等等。“我们必须牢记……选举背后的心理，”民意调查总结道，“在六年的大喜大悲、刻骨铭心之后，须知人们已经厌倦了任何煽情。四平八稳的演说，对疲于宏大叙事和惊世宣言的人们来说，是一种安慰。”至于对选民而言最重要的议题，大部分人提到的是经济难题，工党的强项：住房（48%）、就业（15%）以及社会保障（9%）。只有 5% 提到了调控，丘吉尔偏爱的议题。在 7 月 5 日大选之前的几个星期里，保守党又拉到了一些选票，但最后工党仍然取得了压倒性的胜利，以 393 票对 213 票战胜了托利党。

丘吉尔后来称，他参加竞选“深深恐惧由国民沦为党首”，在这种情况下，他自然要拒绝沉沦。1945 年 4 月的民意调查发现，虽然工党大胜保守党（40%∶24%），但还有 43% 的人希望在和平年代延续多党联合政府。选举调查也显示，选民普遍冷漠而玩世不恭，深深厌恶参与党争钩心斗角的政客。丘吉尔的盖世太保言论招致了 69% 的反对票，他本应该宽宏大量地呼吁各党继续合作，并且在广播演说上向艾德礼多学习。1943 年 3 月 21 日的广播演说就成功得多，他提出了战后重建的问题，包括贝弗里奇报告和他自己的四年计划，在伦敦听众中反应良好：53% 赞同，25% 反对，22% 无谓。丘吉尔故意搁置了他的高调，运用了会话式的腔调，因此赢得了反对者两倍有余的赞成票。民意调查总结道：

> 他的修辞在不列颠之战中深受青睐，现在却越来越招致批评与愤怒。斯坦福·克里普斯[21-27]先生从苏联归来后，在广播演说中成功地运用了“炉边谈话”，令听众觉得，他们是在对谈，而非单方面接收，对当下的局势而言，似乎更加合宜。现在，人民怀疑“演说”，希求精确而清晰的表述，而不是感情激昂的呼唤。尽管有争议，演说成功与否，似乎一定程度上依赖于新的演说方式。

据理查德·托伊近年的研究，在“盖世太保演说”的前几年，工党和保守党之间就常常你来我往地互相攻击。1945 年，艾德礼没有回击丘吉尔。但在 1937 年，他公然称拉姆齐·麦克唐纳的政策“本质上是法西斯”。1948 年 10 月 8 日，迈克尔·富特[21-28]在《论坛报》上刻薄地批评道，《风云紧急》应该命名为“丘吉尔的《我的奋斗》”。

关于这方面的源头问题，经济学家弗雷德里希·哈耶克[21-29]后来认真地表示：“我恐怕可以确定，温斯顿·丘吉尔那多少令人遗憾的盖世太保演说，受到了《通往奴役之路》的影响。”1944 年，哈耶克两度向丘吉尔呈递他的这部著作。没有确凿的证据证明首相曾经读过，但当时英国的报纸沸沸扬扬地讨论了这部书，丘吉尔必定熟悉其中的主要观点。保守党主席拉尔夫·阿什顿是哈耶克的热情拥趸，丘吉尔无疑也受到了一些影响。在 1945 年 4 月的演说词中，阿什顿引用了哈耶克，他把演说稿送呈丘吉尔，丘吉尔回复道“我读了您的演说，觉得非常好”。保守党中央办公室批了 1.5 吨纸张，以出版这部书的缩编本。[21-30]虽说似乎来不及影响 1945 年的大选，但《通往奴役之路》确实论述了保守党竞选的主题，而这正中工党的下怀。艾德礼在广播中驳斥道：“我不会在理论上浪费时间，这对我来说就像是奥地利学者弗雷德里希·奥古斯特·冯·哈耶克学说的二手翻版，他现在在保守党中可流行得很。”艾德礼一句话就把这位经济学家打入了冷宫：

其一，他是日耳曼人；其二，抽象的理论脱离了英国的普遍现实；其三，他是贵族，虽然哈耶克姓名中所缀的“冯”1919年就去掉了。[21-31]而“二手”一词暗示的是丘吉尔没有真正读过《通往奴役之路》，也从未提到过它。

他还以类似的方式表示他曾经读过一本书：辛克莱·刘易斯[21-32]的反乌托邦小说《这里不会发生这样的事》，刘易斯向养尊处优的美国读者解说了极权主义的现实，运用了乔治·奥威尔式的手法：他描述了读者的祖国，民主看似有保障，却在不远的未来只借由政治推力就走向了专制。刘易斯笔下的独裁者巴兹·温德里普，和路易斯安那州的政客休伊·朗[21-33]非常相似。他的政治宣言读起来像是乡土直白的美国版《我的奋斗》；他承诺激进的财富重新分配，因而得势，但随即建立了由民兵把守的集中营系统；反对他的人被流放到了加拿大，H•L•门肯[21-34]成了美国的索尔仁尼琴[21-35]。

在1935年4月24日的一篇文章中，丘吉尔提醒《每日邮报》的读者，朗是对美国民主的一桩真切的威胁，是一个叫嚣着“战争，呼吁着仇恨与偏见”的煽动者。9月，朗被枪杀，丘吉尔为“独裁集团最大的小丑”之死而欣喜若狂。1936年8月22日，他在《科利尔》杂志上评论了《这里不会发生这样的事》，延伸讨论了更加重大的问题：宪政政府要如何挺过严重的经济衰退。在德国：

> 对福利不均的不满……令魏玛政府的宪法成了“一纸空文”……在美国，经济危机成了行政措施的延伸，不负责任的煽动者用它来禁锢特定的群体以及持反对意见的一部分人，巩固中央政府的权力，限制个体的权利……
>
> 激情与贪欲因此而放纵，同时，还激起了意愿良好的男男女女的责任感，公民挣脱了镣铐，遭到了政府的全面镇压。他们不得不相信，如果他们的身体、思想和灵魂都向国家屈服了，无条件地服从禁令，他们就会迎来某种富裕而强大的未来。意大利的手段是征服他人的疆土；而在美国，则是对国家资源的进一步解放与剥削。

在此，丘吉尔赞扬了《这里不会发生这样的事》：“这样的作品是英语世界的公益”，不只是美国。“德国、意大利和苏联发生的事，令我们引以为戒。在这样一个时代，公民要求的是在实践中对权力和自由的更多法律保障，而非更少。”在20世纪20年代的多次演说中，他都提出了警告，工党政府可能意味着令人窒息的管制。克莱门特·艾德礼提倡英国新政，更是哪壶不开提哪壶。除了要求重新分配福利以外，他和休伊·朗所叫嚣的民粹主义并无相同之处，但这对丘吉尔来说已经足够了。

值得注意的还有，战时的英国虽然还是民主政体，却陷入了极权主义社会限制性因素的天罗地网中：计划配给，灯火管制条例，征兵制度，分配就业，拘留外国人，无处不在的官方审查，还有对政治极端分子和“不当言论”的处罚。从警方统计数据也能看出，在战时犯罪中，许多罪犯都是守法良民，只是无意或不慎做了在和平时代并不违法的事。谁敢公开抗议英国是法西斯，就可能被控叛国。“限制、不安与官方监督，法西斯的味道，我们深受其害，并不享受，”1943年4月，《观察家》杂志抗议道，“没有人讨论它们，却能切身感受到它们。”《一九八四》很大程度上是对1944年英国的推演，但是在1949年奥威尔出版此书之前，就有许多幻想法西斯英国的作品：英国内政部发行的小册子《假如希特勒取胜》，英国广播公司的广播剧《他们称之为和平》和《这里可能发生》，电影《48小时》和《寂静的村庄》，罗宾·毛姆[21-36]1943年的短篇小说《1946年一瞥》，还有诺埃尔·科沃德[21-37]1947年的戏剧《我们这个时代的和平》。

1940年春天，德国的迅速胜利很大范围内要归功于奸细的暗里工作。挪威的维德孔·吉斯林[21-38]就是一个真实的案例，但是在英国，这些恐惧却基本上是臆想，是一战时期“间谍恐慌”的卷土重来。丘吉尔任首相的第二天，就拘留了居住在英国东南海岸要害地区的所有男性敌国居民，从十六至六十岁，其中大部分是难民，还有许多犹太人。但是，最初的恐慌过后，他的自由本能又复苏了。1941年1月，他抗议了“军情五处的恐怖搜查行为”。在《第二次世界大战》的第一卷中，他仍然宣称，在战争伊始“众所周知英国有两万有组织的德国纳粹”。这听起来像是爱德华时代妄想的战争小说中的桥段。第二卷里，丘吉尔又表达了完全相反的观点：“英国没有内奸。”

国防条例18B[21-39]允许不经审判就监禁轴心国的支持者。事实上，工党在商谈与丘吉尔合作时，就极力坚持要拘捕英国的法西斯分子。1940年底，逾千人被拘捕，包括法西斯头目奥斯瓦德·莫斯利[21-40]。当时丘吉尔力促内政大臣赫伯特·莫里森改善未判决囚犯的生活条件，多少为自己自由主义立场的妥协而感到罪恶：“这些行为与英国自由主义的基本原则以及《人身保护法》等完全不符，我为此自然深感痛苦。面对公共危险，实施这些行为无可厚非，但现在危险正在退却。”1943年11月，丘吉尔果断反对“政府有权囚禁政见不同或不得人心者的极权主义观点”。他冒着多方抗议释放了莫斯利，其中包括国家公民自由委员会的反对。此举大胆而不得人心，民意调查显示仅有10%的人表示支持。丘吉尔要求完全废止18B条例，但是军情五处和联合政府的工党成员都反对，彼时他就酝酿起了“盖世太保演说”。他成功地阻止了统一英国所有情报机关的计划，担心军情五处会借此扩大权力，脱离内阁的控制。“看看战时我们国家的自由变成了什么样子，”他在一篇报纸文章中抗议道，“有身份的人不经审判就被逮捕，一关好几年……英国的自由人人自危。”私下里他说得更加不客气：“政府抓人的权力可恶至极，不管是纳粹还是共产党，所有极权政府都是这么建立起来的。”战争临近尾声的时候，也有许多人担忧在战时必要的秘密警察机构和公民自由限制会变成永久性的机制。军情六处的主管斯图瓦特·孟席斯提醒要提防“本国盖世太保”的可能性。克莱门特·艾德礼也担忧“英国的共产国际”，因此首相更要采取措施，限制军情五处。

身为作家的丘吉尔一度热情洋溢地捍卫自由表达，但战争带来了审查的魔鬼。1939年的应急权力法案为政府提供了无限约束自由的可能。战争爆发后，丘吉尔宣称，战斗应当“建立坚如磐石的个体权利，并且……建立和复兴人的地位”。他承认，战争不可避免地要中止一些自由，但都是暂时的：“我们自然要安然期盼那一日的到来，自由与权利重返我们手中，与那些未知其福的人共同分享。”情报部部长达夫·库珀试图招募“沉默的小队”，志愿者从事窃听并报告失败主义者的言论。他们很快被称为“库珀的耳报神”，在《一九八四》中也被极尽讽刺挖苦。1940 年 7 月 25 日，在“质询时间”[21-41]中，丘吉尔承认这是一个馊主意：

> 我曾经让内政大臣马上把被控消磨士气或者失败主义的言论一句一句认真审核过，只要没有明显的恶意或者损害国防的成型的意愿，就都大事化小小事化了。政府无意把愚蠢的傲慢列为犯罪，它们只不过是粗人一时冲动的口不择言。而他们只想要控制，那是他们的职责所在，控制顽固而有组织的失败主义。

丘吉尔并没有否定审查的权力，他只是认为不应该用它来对付日常的牢骚。

丘吉尔还反对对仅仅支持轴心国而“非关共谋”的言论处刑，但是 1941 年 2 月，他催促约束涉及战事敏感信息的出版。在他的监控下，1941 至 1942 年，《工人日报》停刊 18 个月；1941 年 10 月 26 日，《星期日画报》激烈地攻击他在战时的行为，他严厉地禁停了这家报纸；1942 年 3 月，在丘吉尔和赫伯特·莫里森的压力下，《每日镜报》不得不放低了批评姿态；丘吉尔甚至赞同撤回约翰·梅斯菲尔德[21-42]关于敦刻尔克大撤退的著作《二十五天》，因为其中把撤退描写得混乱无序。在战时，他只禁了四部电影，包括政治上无伤大雅的《百战将军》[21-43]，而这四部电影后来都解禁了，并不算镇压言论自由。

总而言之，丘吉尔在审查与公民自由的问题上并非白璧无瑕，但就其时代而言，已经相当不错了。他担忧战争会产生英国的盖世太保，并非一意孤行全无道理，他的阅读史和对政府警力扩张程度的认知都催生了这种恐惧。在未经审讯就拘捕的问题上，他没有妥协，工党的行为自然也值得批判，但丘吉尔的竞选言论还是太过极端了。假如他更多地着眼于面对滋长的国家权力而保障自由的整体合法性问题，而非一味地攻击竞选对手，就可能在选民心中留下一个更好的印象，在历史上也是一样。

译者注

[21-1] 卡萨布兰卡会议（the Casablanca conference）：1943年1月14至24日，同盟国领导人在摩洛哥刚被盟军攻占的卡萨布兰卡举行会议，讨论了非洲、地中海、太平洋战场和之后对轴心国作战的重要问题。

[21-2] 简·奥斯丁（Jane Austen，1775—1817）：英国小说家，著名女性文学家，作品主要描写英国乡绅家庭女性的生活与婚姻。

[21-3] R•H•格罗诺（Rees Howell Gronow，1794—1865）：威尔士军官、议员、作家。

[21-4] 威廉·贝弗里奇（William Beveridge，1879—1963）：英国经济学家、社会学家。1942年发表《社会保险报告书》（*Report on Social Insurance*），也称《贝弗里奇报告书》，提出了建立全面社会福利保障制度的理念。

[21-5] I•A•瑞恰慈（Ivor Armstrong Richards，1893—1979）：英国文艺理论家、评论家、修辞学家。

[21-6]波士顿倾茶事件（Boston Tea Party）：1773年，波士顿还是英国的殖民地，当地民间反抗组织反对英国政府的税务控制，以及东印度公司垄断北美的茶叶进口贸易。12月16日，抵抗分子登上东印度公司的货船，将茶叶抛入海中毁掉。波士顿倾茶事件是美国革命进程中的关键。1775年独立战争的导火索。

[21-7] 瑞恰慈夫妇1929至1930年执教于清华大学英文系，与中国关系密切。

[21-8] V-1飞弹：德国在第二次世界大战中研制的一种对地攻击巡弋飞弹，被大量用于攻击英国。下文的V-2飞弹是德国研制的中程弹道导弹，世界上最早投入使用的弹道导弹，也主要用于攻击英国。

[21-9] 奥斯维辛（Auschwitz）：波兰南部小城。纳粹在此建立了二战时期最大的集中营群落。

[21-10] 亚美尼亚种族灭绝：1915至1923年奥斯曼土耳其帝国对辖境内亚美尼亚人的屠杀，后来被定义为20世纪第一次种族灭绝行动。

[21-11] 门格勒医生：指约瑟夫·门格勒（Josef Mengele，1911—1979），德国生物学家、纳粹军医，在集中营实施大屠杀与不人道的医学实验，战后逃脱追捕，躲藏在巴西，致力优生学研究，以巴西的德裔人口聚居区为实验地，创造了“双胞胎镇”，至今医学无法解释。

[21-12] 威廉·鲁宾斯坦（William Rubinstein，1946— ）：美国历史学家、作家。

[21-13] 希波克拉底誓言（the Hippocratic Oath）：希波克拉底（公元前460—前370），古希腊医生，被誉为“医学之父”。西方假托或衍伸他的言论，形成了传统的行医誓言，包括了一些基本的职业道德。

[21-14] 柏格森团体（Bergson Group）：二战时期美国巴勒斯坦移民中的激进犹太教徒组成的团体，要求美国帮助欧洲犹太难民，并支持巴勒斯坦的犹太事业。

[21-15] 阿萨姆邦（Assam）：印度东北部邦。

[21-16] 约翰·坦尼尔（John Tenniel，1820—1914）：英国插画家、社会活动家。

[21-17] 《罪恶之家》（*An Inspector Calls*，1954年）：英国悬疑犯罪电影，由普利斯特里编剧，导演盖伊·汉密尔顿（Guy Hamilton，1922— ）。

[21-18] 马杜斯里·穆克吉（Madhusree Mukerjee）：印度作家、记者、物理学家。著有《丘吉尔的秘密战争》（2011年），研究二战时的英印关系，对丘吉尔颇有微词。

[21-19] 贝弗利·尼科尔斯（Beverley Nichols，1898—1983）：英国作家、剧作家、记者、作曲家。

[21-20] 伯特·哈里斯（Bert Harris），指亚瑟·哈里斯（Arthur Harris，1892—1984）：英国皇家空军元帅，喜好区域战略无差别轰炸，绰号“轰炸机哈里斯”（Bomber Harris）或“屠夫哈里斯”（Butcher Harris）。

[21-21] 索菲亚（Sofia）：保加利亚首都。

[21-22] 罗纳德·斯科比（Ronald Scobie，1893—1969）：英国陆军第三军团指挥官。

[21-23] 乔治二世（George II，1890—1947）：希腊国王，希腊被纳粹占领后流亡。

[21-24] 达马斯金诺斯·潘德帕里欧（Damaskinos Papandreou，1891—1949）：希腊大主教。

[21-25] 鲁道夫·赫斯（Rudolf Hess，1894—1987）：纳粹党副元首。1941年飞往英国谈和，被英方扣留并终身监禁，晚年自杀于狱中。谈和内容与细节至今未公开。

[21-26] 指海因里希·希姆莱（Heinrich Himmler，1900—1945）：德国政治家，纳粹党内政部长、党卫队首领，大屠杀的主要指挥人之一。

[21-27] 斯坦福·克里普斯（Stafford Cripps，1889—1952）：英国工党政治家，曾任驻苏联大使。

[21-28] 迈克尔·富特（Michael Foot，1913—2010）：英国作家、左翼政治家。

[21-29] 弗雷德里希·哈耶克（Friedrich Hayek，1899—1992）：奥地利裔英国经济学家、政治哲学家、思想家。《通往奴役之路》（*The Road to Serfdom*，1944年）是他论述政府宏观调控，批判计划经济，发扬自由主义的名作。

[21-30] 当时英国物资紧张，纸张限制配给。

[21-31] “冯”（von）是德国贵族的姓氏前缀。哈耶克的父亲出身医学世家，因而受封。哈耶克一战服役于奥匈帝国陆军，退伍后就读维也纳大学，去掉了贵族姓氏。

[21-32] 辛克莱·刘易斯（Sinclair Lewis，1885—1951）：美国小说家、剧作家。1930 年获诺贝尔文学奖，是第一个获此奖项的美国人。

[21-33] 休伊·朗（Huey Long，1893—1935）：美国民主党政治家、律师，曾越权向富人征税，发展福利事业，被政敌斥为独裁，后来被刺杀，是美国史上的争议人物。

[21-34] H•L•门肯（Henry Louis Mencken，1880—1956）：美国记者、讽刺作家、评论家、编辑、英语研究学者。

[21-35] 亚历山大·索尔仁尼琴（Aleksandr Solzhenitsyn，1918—2008）：苏联／俄罗斯作家，俄罗斯科学院院士，著名不同政见者，数次被流放劳改，1970 年获诺贝尔文学奖，1974 年被苏联驱逐出境。

[21-36]罗宾·毛姆（Robin Maugham，1916—1981）：英国小说家、剧作家。威廉·毛姆之侄。

[21-37]诺埃尔·科沃德（Noel Coward，1899—1973）：英国演员、剧作家、作曲家。

[21-38] 维德孔·吉斯林（Vidkun Quisling，1887—1945）：挪威军人、政治家。与纳粹合作，德国攻占挪威后出任新政权总理，后以叛国罪被枪决。“吉斯林”成为英文中“卖国贼”的同义词。

[21-39] 国防条例 18B（Defence Regulation 18B）：英国 1939 年颁布的战时国防条例。

[21-40] 奥斯瓦德·莫斯利（Oswald Mosley，1896—1980）：英国政治家，工党政府成员，英国法西斯联盟的创始人。

[21-41] 质询时间（Question Time）：英国议会会议中供大臣答复议员问题的专属时间。

[21-42] 约翰·梅斯菲尔德（John Masefield，1878—1967）：英国诗人、作家。

[21-43] 《百战将军》（*Life and Death of Colonel Blimp*，1943 年）：影片表现一位英国将军的传奇生涯，被禁的原因是其中描写了主人公和德国将军的深厚友谊。

▲《凯旋》（*Triumphal Tour*，戴维·洛，《旗帜晚报》，1940 年 5 月 30 日）：这幅漫画作于比利时投降后。戴维·洛的原意是嘲弄希特勒对胜利的预言，但在现实中却起了反作用，影响了英国的士气。

二十二、峰会

1945年7月23日早晨，波茨坦会议召开。丘吉尔、斯大林和美国总统哈里·杜鲁门决定了战败德国的命运。莫兰勋爵去拜访丘吉尔时，他正在吃早餐。首相支开了屋里的仆人，告诉他一个可怕的秘密：

> 我想告诉您一些事情，您一定不可外传。我们已经分裂了原子。实验报告刚刚出来。一颗原子弹已经在新墨西哥的荒郊投放了。原子弹只有十三磅重，弹坑的直径却有半英里。十英里外的人在睡觉，脚朝着原子弹爆炸的方向，一爆炸，他们都爬起来看天，但是就算戴墨镜也看不到。那会儿是半夜，可亮得像七个太阳撞了地球，两百英里外都看得见那光。爆炸的烟雾直冲平流层。

莫兰立刻意识到了其中的恐怖。“这是H•G•威尔斯的玩意儿！”他惊呼道。“没错，”丘吉尔说，还告诉他，原子弹将被投放在日本城市，而非正规的军事目的地，“它来得正是时候，来拯救世界了。”十年后，莫兰回忆道，丘吉尔的反应令他震惊不已，“他像个艺术家一样看待这种事”，仔仔细细地描述了爆炸带来的地狱般的美感。首相发现了原子弹和威尔斯的关联，早在1914年的小说《解放全世界》中，威尔斯就预言了核武器。但威尔斯意识到，原子弹可能意味着同归于尽，而丘吉尔“没有意识到它对世界意味着什么。他根本没有想到，从长远看来，它可能将他处心积虑经营的一切都送上绝路”。

当天午餐时，丘吉尔又将这个惊天秘闻告诉了陆军元帅布鲁克，布鲁克在日记中记录了首相可怕的热情：

> 我们手上现在有筹码，和苏联人势均力敌了！这次爆炸的秘密，还有运用它的权力，德国战败以来，外交的局势一直漂移不定，有了这个，就大不一样了！现在我们有新的法子来挽回地位了（他扬起下巴，皱起眉头），我们可以说，要是你们还坚持这样那样，我们就炸平莫斯科，炸平斯大林格勒，然后炸基辅，然后是古比雪夫、哈尔科夫……

这个“我们”是谁？在丘吉尔口中，似乎原子弹为英国所用，至少也是由他所预计的英语联邦所控制，而那还遥远得很。布鲁克回忆道：“他突然自己画出了一幅宏伟蓝图，就好像他是原子弹的唯一持有人，随心所欲地投放，那样就能对斯大林发号施令了！”而实际上，丘吉尔早在5月11日就催促杜鲁门和苏联“摊牌”，当时原子弹还没有试验，现在他认为王牌在手了。

冷战期间，西方领导人为三种对付苏联的战略争论不休：对抗（坚定地攻击共产主义，即使要冒战争的风险）、围堵（允许苏联统治东欧，但不允许进一步动作）和调停（协商军备控制，缓解紧张空气）。丘吉尔从多方面全盘接受了这三种策略，但是在每一方面，他的外交政策都反映出一种重要的文学影响，置身世界舞台中心的热望再一次侵袭了他。

1939年，丘吉尔和哈洛普签订合同，写一部关于“俄国革命以来的欧洲”的书，而其中的动力却是布尔什维克掌权后的犯罪和政治动荡，及其引发的战争。1944年，他希望能“与苏联建立二十年的联盟”，但直到欧洲战争结束，丘吉尔都在担忧会有新的障碍分裂欧洲，他所用的比喻越来越不祥，越来越富有戏剧色彩。1945年3月16日，他警告罗斯福，在苏联占领的波兰“局面扑朔迷离”；4月1日，他问斯大林“为什么波兰的局势要蒙上这样一层神秘的帷幕”；5月12日，他秘密联系杜鲁门，这个比喻终于定型；8月16日，他在下议院公然说道：“铁幕如今将欧洲一分为二，巨大的悲剧在其后发生，这并非不可能。”

“铁幕”一词并非丘吉尔的原创。帕特里克·赖特[22-1]等历史学家细致地考证了它的来源。布尔什维克夺权后，哲学家瓦西里·罗扎诺夫[22-2]

在《时代启示录》（1918年）中首次运用它来形容俄国："伴随着隆隆轰鸣，俄国历史降下了一道铁幕。"随后，独立工党激进分子埃塞尔·斯诺登[22-3]在《直击布尔什维克俄国》（1920年）将它介绍给了西方读者。但是要追溯起来，和平主义者弗农·李[22-4]（1917年）和比利时的伊丽莎白女王（1915年）都曾用它描述被一战割裂的欧洲，甚至早在1904年H•G•威尔斯的《神食》中就出现过。但是1951年，有人问丘吉尔，他是否熟悉这个词先前的用法，丘吉尔回答道："不，以前我从未听说过这个词，虽然人人都听说过剧场里突降的'铁幕'。"

丘吉尔再次倚赖了一个和戏剧相关的比喻。在《我的早年生活》中，他曾回忆道，童年在都柏林的时候，因为剧场着火了，他没看成哑剧《阿里巴巴》。在维多利亚时代，剧场失火是家常便饭，因此剧场里都安装了铁幕作为安全设施，发生火灾的时候降下以保护观众。

另一个先例是1924年2月，法国占领鲁尔区，发生了国际纠纷。英国驻柏林大使德·阿伯农子爵致信新首相拉姆齐·麦克唐纳，建议撤军莱茵兰，以平息局面。他将这个缓冲区比作"分割舞台和观众席的铁幕"，可以"相当程度上减少火灾的危险"。阿伯农的这个基本概念也体现在1925年的罗加诺公约[22-5]中。后来，罗伯特·范西塔特和J•H•摩根将军都认为阿伯农是早期的"绥靖主义"提倡者，但他倾向的是对民主德国让步，当时丘吉尔也支持这种政策。现在，"铁幕"与东欧的禁锢状态紧密相连，成了切断东西联系的屏障，在某种程度上，无疑正是丘吉尔想要表达的意思；但是对他而言，这也是一道防火墙，比喻着包围。铁幕落下的不祥之声终结了二战的大戏，而欧洲一分为二，也逃过了一劫。最终，丘吉尔在美国密苏里州富尔顿的著名演说，标题也不是"铁幕"，而是"和平的力量"。

这次演说于1946年3月5日在威斯敏斯特学院发表，在此之前，有影响力的美国报刊都纷纷呼吁对苏联采取更加强硬的措施，巩固英美合作，都关注着丘吉尔的态度。《纽约时报》、《华盛顿星报》、《读者文摘》（标题"英美继续合作"）、《泰晤士报》、《财富》、《星期六晚邮报》、《哈珀》（标题"我们必须支持英国"）和《生活》（标题"温斯顿·丘吉尔的人生：西方世界最后的真诚的伟人”）都就此讨论不休，专栏作家沃尔特·李普曼、约瑟夫·艾尔索普和亚瑟·克罗克等人也不例外。苏联的挑衅和外交政策的变更激怒了杜鲁门，但他不确定美国公众是否支持违背战时和苏联合作的精神。1946 年 2 月 10 日，丘吉尔在白宫与他会晤，概述了他准备在威斯敏斯特学院演讲的内容。杜鲁门显然很高兴，即使他并未公开表示赞成这次演说。总统无需下任何政治成本，丘吉尔此举只是在替他投石问路：假如演说反响不好，杜鲁门不用负任何责任；倘若反响积极，那他只需和英国联手，共同对抗苏联。仅仅两天之后，12 日，国务卿詹姆斯·F·伯恩对苏联的态度就显然发生了改观，开始反对他们在保加利亚、罗马尼亚、阿尔巴尼亚和奥地利的行为。22 日，乔治·F·凯南[22-6]给美国国务院发去一封“长电报”，通常认为是这封电报发端了冷战的“围堵”政策。在第二次世界大战中，丘吉尔高估了自己言论对美国的影响，但现在，政治气候时来运转了。

在富尔顿演说中，丘吉尔倡导美国和英联邦之间的“特殊关系”，要强大到足以令苏联人敬服。他又运用了和 1930 年那篇假想葛底斯堡战役南方胜利的反事实历史文章相似的叙述方式，讨论了 1914 年英美联盟先发制人阻止德国侵略的可能。1946 年，他回避了“联盟”一词，因为这个词可能引起美国听众的警惕，但他称之为“英语人民的友好协作”，包括“不断巩固我们的军事顾问之间的亲密关系，使他们能够共同研究潜在的危险，并促成两国武器和军队条令的趋同，以及技术院校军官和学员们的交流”。丘吉尔特别提到了美国和加拿大之间的永久防卫协定，称可以推广到英联邦，还设想了未来可能的某种“共同公民资格”。总之，“英语世界”是由“共同的遗产”团结起来的：建立在法制基础上的宪法政府、“言论与思想自由”、陪审制度、无记名投票自由选举以及司法独立。他指出，共同的防卫协定与联合国成员身份并无矛盾，他倾向于继续与苏联“互相协助并合作”。为了维持和平，他提议在联合国指挥下发展国际空军力量，虽然他也曾提醒联合国，在遥远的乌托邦到来之前，要控制核武器技术。“当人类情谊的应有之义，真正在一个有一切必要的措施保证其效力的世界性组织中体现和表现出来时。”他说得含糊不清，但对共同努力提高大众生活水准充满了热忱。

当时，工党左翼和美国与亨利·华莱士[22-7]同道的散兵游勇风头正劲。丘吉尔强调了：

> ……对勇敢的苏联人民和我的战时同道斯大林元帅深深的钦佩与尊重。英国——我相信美国也一样——对苏联人民及其跨越许多差异和隔膜，建设长久友谊的决心，充满了深切的同情与良好的祝愿。我们深知，要确保苏联的安全，就要在西线彻底摒除德国入侵的可能。我们欢迎苏联跻身于世界领先国家，我们欢迎她的旗帜飘扬在海上，最重要的是，我们欢迎大西洋两岸的人民持久、频繁、进步的交往。

然而，演说过半，他又甩出了杀手锏：“从波罗的海的什切青[22-8]到亚得里亚海的的里雅斯特，铁幕已经降临了欧洲大陆。”虽然他以进一步鼓吹和平的方式预先提出了安民告示，但这还是令听众震惊不已，数年来，人们都将苏联视作同盟国，现在却惊闻要把它当作潜在的敌手。

最初的反应两极分化非常严重。美国中西部主张孤立主义的报纸自然满怀敌意，东西海岸的态度则赞成得多。纽约的英国领事馆分析了收到的一千封信件和电报，立场都非常强硬，但只有18%明确反对，他们“措辞相近，气势汹汹，却全然自发”。这次演说唤醒了美国长期以来的恐惧，正如华莱士所言，“英美联盟”在实践中就意味着在“盎格鲁－撒克逊的原子弹启蒙”下，威逼利诱美国支持英帝国主义。左派方面，赛珍珠警告道：“我们今日离战争又近了一步。”右派方面，《华尔街日报》抨击孤立主义：“美国要的不是联盟，也不是和他国建立类似联盟的东西。”富尔顿演说标志着美国政治两极突变的开始。非共产党的左派发现不可完全忽视丘吉尔对苏联行为的警惕，逐步开始批判苏联；而右派意识到，必须在传统的孤立主义和牵制共产主义的联盟中做出抉择，尤其是赫斯特集团[22-9]的报纸，热情地响应丘吉尔提高警惕、重整军备的号召。

二战末期，美国公众舆论曾经大力支持战后与苏联合作，现在态度也迅速地发生了改变。1946 年 1 月演说前夕，民意测验询问哪个国家正在谋求全球霸权，26% 的人回答苏联，相较之下，回答英国的只有 13%。* 而演说之后的调查显示，听过演说的，有 40% 反对、22% 赞成。当被问到对苏联外交政策的看法时，71% 的人持批评态度，只有 7% 表示赞同。另一次演说过后的测验表明，只有 18% 的人支持美英联盟，但是一个月后，比率飙升至 85%。丘吉尔下台之前，英美两国的公众舆论都对他亦步亦趋。1946 年 3 月，英国对演说的反应各自为政，34% 赞成，39% 不赞成，16% 无所谓；但两年之后，62% 的人认为政府对苏联不够强硬，只有 6% 期望更加缓和的政策。民意调查总结道，丘吉尔已经唤醒了某种“敦刻尔克精神”，固化了公众对苏联的不信任。

丘吉尔将纳粹德国与苏俄相提并论，两者都是持扩张主义的危险极权政体。他警告道，对待两国，绥靖主义只能导致战争；而也提到两者之间有本质的不同。他对斯大林统治苏联的批评是尖锐的，但在这方面没有谴责希特勒或者列宁那么刻薄。1946 年的苏联野心勃勃，却并不像 1938 至 1939 年的德国那样不顾后果。“我不相信苏俄想打仗，”他解释道，“他们期望的不过是战争的果实，以及权力与意识形态的无限扩张。”原子弹的诞生，意味着第三次世界大战将以威尔斯式的世界末日收场，比当时欧洲和日本的损毁程度要可怕得多。“黑暗时代将卷土重来，科技闪光的羽翼将带我们回到石器时代。赐予人类无限福祉的东西也可能导致人类彻底毁灭。”

早至 1920 年，晚至 1957 年，丘吉尔都预言了共产主义的最终崩溃，但他在“和平的力量”中只字未提，也没有主张长期冷战。他辩称，世界和平只能“借由在联合国的权威下，全方位良好地了解苏联而实现，这需要长期的和平、世界性组织和英语世界及其所有建交国家的全力支持”。

---

* 即使在那个年代，美国人相信被轰炸得筋疲力尽的英国依然意在控制世界，也是值得注意的。

西方民主国家必须站稳立场，联合起来抵抗苏联入侵，然而一旦苏联醒悟，随后而来的就是局势缓和与和平共处——这句话的有效期是1947年元旦之前。就在演说几周之后，苏联进一步入侵了伊朗，坦克进犯德黑兰20英里，但随后在美国的压力下撤退了。在美国人看来，这证明丘吉尔是对的。罗伯特·盖拉特莱[22-10]近年研究了苏联档案，斯大林的战后政策确实如此：尽可能扩张，只有面对西方的强力才会退却。

然而，富尔顿演说并未解释清楚，除核战争之外，西方要在多大程度上对苏联施压。丘吉尔个人的冷战策略更加特殊，也更富对抗性。据报人卡姆罗斯勋爵回忆，8月6日广岛原子弹爆炸后，丘吉尔在谈话时曾提到：

> ……一个观点：有原子弹在手，美国会在未来五年内统治世界。他相信，如果他继续执政，就能说服美国政府用这种力量压制苏联。他会和斯大林摊牌，要他在欧洲表现得像样些，有必要的话甚至可以冲他发怒。假如总统及其顾问在这个政策上示弱，他就会公开宣布他的立场，他确信美国人民会支持这一政策，因为它履行的是大西洋宪章。

1946年8月，他对莫兰勋爵提到，美国往莫斯科丢一颗原子弹，就能毁掉苏联一半的汽车工厂。“这可能意味着消灭三百万人，但他们对此毫无感觉，只想着要把克里姆林宫之类的历史建筑夷平了。”20世纪40年代后期，他向一些西方领导人提出建议，其中包括麦肯基·金[22-11]、扬·克里斯蒂安·史末资[22-12]和德怀特·艾森豪威尔将军，称应该借着原子弹爆炸的威慑力，向苏联发布最后通牒。具体形式尚不明确，但丘吉尔的考虑似乎是让苏联撤出东欧，他显然认为，苏联会在压力下屈服，于是威胁就不用成真了。他从来没有公开表示要挟，但是在1948年10月的保守党会议上，他提出：“假如西方国家在先于苏联拥有原子弹的前提下提出了合理的要求，就应该更倾向于长期解决，避免流血冲突。”《泰晤士报》意识到，他想要表示的其实是：“在核武器的威胁下，无需再假设苏联还会想要协商分割世界。”

围堵政策是一回事，但认为红军会在核威胁下撤退实在是危险的妄想。美国只有少量核弹头，并不想把它们扔到苏联中心地带去，而苏联的传统地面部队在欧洲仍然占据巨大的优势。斯大林可能拒绝让步，西方国家假如不愿屈辱地妥协，就要发动毁灭性的战争。好在没有西方领导人把丘吉尔的提议当真。“在影响力方面，”戴维·卡尔顿[22-13]总结道，“某种意义上，他又重演了他20世纪30年代疯狂的所作所为。”

这种疯狂妄想的文学源头，可能是哈罗德·尼科尔森的《公众人物》（1932年），一部政治小说，背景设置在不远的将来，其中人物包含了真实与虚构的政治家。丘吉尔认为这是“一部很了不起的书”，也许因为他自己也出现在了书中。尼科尔森准确地预言道，内维尔·张伯伦会当上首相，随后是丘吉尔，他主持的政府会开始研究原子弹，后来在大选中失利；下一任政府虽然致力于太平洋外交，却惊骇地发现太平洋地区的国家也快要试验原子弹了；他们害怕动用这种杀伤性武器，却意识到法国、德国、苏联和美国都对大英帝国虎视眈眈；他们也害怕，如果他们放弃原子弹，丘吉尔就会借题发挥推翻他们。在《公众人物》中，英国控制了世界上所有的核原料，这可以解释为何在现实中丘吉尔的言行就好像英国已经实现了核垄断，在小说中确实如此。书中虚构的外交部长是一个和平主义者，而一旦认为其他势力联合起来对付他，他也会说：“除非周四半夜之前收到了无条件停战的命令，否则我们的空军周五凌晨就要炸毁底特律、图尔宽、哈雷和马格尼托哥尔斯克[22-14]。”这听起来十分可怕，就像布鲁克所记录的，丘吉尔在阿拉莫戈多[22-15]试验之后的言论：“……要是你们还坚持这样那样，我们就炸平莫斯科，炸平斯大林格勒，然后炸基辅，然后是古比雪夫、哈尔科夫……”

尼科尔森的小说是一部黑色喜剧，讥刺了令世界陷入核武器一触即发状态的政客和无能的外交官员，就像由安东尼·特罗洛普写就的《奇爱博士》。[22-16]书中写道，美国在北太平洋进行了一次未经许可的原子弹试验，离海岸线过近，引发海啸，造成卡罗莱纳地区8万人死亡；美国战意汹汹，苏联又把魔爪伸向伊朗，内阁肉食者鄙，彻底不知所措；政府仅存的中流砥柱是聪明又迷人的外交部常务秘书简·坎贝尔，她意识到拯救危机的唯一方法是恐吓。在她的建议下，英国政府发出了最后通牒，宣称核试验已经证明了原子弹的破坏力，除非“其他国家坦承放弃所有形式的空战与潜艇战，削减现有的空军和潜艇力量……英国政府才会考虑诉诸缓和方式”。其他国家马上同意谈判，苏联从伊朗撤军，英国强权下的和平到来了。

在现实中，丘吉尔显然也希望能轻而易举地令苏联屈服于核武器。在富尔顿演说中，他并未详细说明对苏联的措施以及想运用的威慑手段，但明确地表示他们会见机而退，因此（在几个月内）东西方就能重建和平友好关系。这几乎就是《公众人物》的脚本。假如苏联顽抗到底，丘吉尔是否会真的投出原子弹，那就不得而知了。他想得没有那么长远，小说也没有细述这种可能性。

早在1943年，丘吉尔就担忧苏联有朝一日会掌握核武器，唯一能威慑他们的就是英国的原子弹，因此，他紧逼美国（成效有限），要求他们和英国共同研究原子技术。哈利法克斯勋爵、林德曼教授、扬·史末资、丹麦物理学家尼尔斯·玻尔、英国皇家学会会长亨利·戴尔和战时财政部长约翰·安德森（出身化学专业，写过关于铀的论文）都向丘吉尔提出了建议，在广岛事件之前，他们都催促他支持国际控制核武器，但丘吉尔在这个问题上闭目塞听，近乎无礼。在《公众人物》中，其他所有大国都想从核试验中分一杯羹，但英国谨慎地留以自用。

1949年，苏联也引爆了原子弹，丘吉尔这才彻底放弃了先发制人的核武器威胁计划。英国终于承认了现实，它只是一个小而脆弱的岛国，本身并没有多少威慑力。在1950年2月14日爱丁堡的大选演说中，丘吉尔创造了“峰会”一说。他警告道，战争不再是罗曼史：它可能只会导致巨大的毁灭，“借由堕落的科学的恐怖力量”。丘吉尔最初用这个威尔斯式的概念来描述纳粹，现在又把它与核战争联系起来。工党外交部长欧内斯特·贝文指出，慕尼黑会议就是一次峰会，他将这个提议驳斥为“噱头”。但是在丘吉尔眼中，噱头和外交主动权之间并无清晰的界限。

在此，丘吉尔又利用了威尔斯1914年的小说《解放全世界》，他曾经在1931年的一篇文章中引用过它。和尼科尔森不同，威尔斯认识到了核扩散的危险，在他笔下，未来核战争把大城市变成了充满辐射的荒野，文明处在崩溃的边缘。世界领导人突然醒悟过来，急忙召开了会议，不费吹灰之力就同意休战，建立国际安全机制，控制所有的核武器和放射性材料。他们无私地放下了国家主权，建立了一个完美无瑕的威尔斯式的世界国度。丘吉尔对于国际关系的大部分构想，都把世界国家当作一个遥远的目标，但是在1950年10月，他在这个问题上显得更加急迫："创建一种有权威而强大的世界秩序，是我们必须为之努力的最终目标。除非能建立某个有效的世界政府并快速运行起来，否则和平和人类进步的前景都是黯淡可疑的。"像威尔斯一样，丘吉尔预计欧洲将建立联盟，这是迈向世界联盟的重要一步。作为"峰会"的滥觞，威尔斯笔下虚构的会议在意大利阿尔卑斯山脉的顶峰召开，而在最后一章，会议甚至开到了喜马拉雅山上，"直到我们地球的顶峰，道拉吉里峰和珠穆朗玛峰"。在迷人的乌托邦幻想中，威尔斯对这个词情有独钟。在《人如神》（1923年）中，他借鲁珀特·卡茨基（影射丘吉尔）之口宣布道，这个乌托邦"已然到达了顶峰，并超越了它"。

在《世界危机》的最后一卷中，丘吉尔阐述了一个威尔斯式的"梦想"，想象假如所有与会国家都摒弃了狭隘的民族主义，那凡尔赛和会的结果又当如何。在这种另类的历史中，列强轻易地扫除了布尔什维克，在苏联重建民主；丘吉尔并未详述如何计算赔款，但确信能够公平公正，令各方都接受，甚至可能成为最终世界货币的基础；还有一个国际联盟包括了"世界上所有的主要民族"，这不完全是一个世界国度，而是通过国际空军力量和化学武器垄断来保障和平。丘吉尔和威尔斯（以及许多报纸专栏作家）一样，时常幻想，只要世界领导人理智地共同商谈，棘手的外交问题就能轻易地解决。控制核武器的协议需要可靠的审查检验机制，这对斯大林来说完全不可行，即使是在他的继任者那里也非常困难。无论如何，这个问题都需要军事专家和外交人员长达数年的研究和商议。而丘吉尔却幻想一次戏剧性的事变就解决一切，由他本人站在舞台中央指挥一切。1944年

10 月 21 日，“百分比协定”刚刚完成，丘吉尔就写信给斯大林称：“莫斯科的这次难忘的会议让我们看到，只要推心置腹地会晤讨论，我们之间没有什么问题是不可协调的。”这正是《第二次世界大战》中那份潜在尴尬的协议的动机。“您知道的，”他对莫兰勋爵解释道，这表示“这些事只有身居高位的人办得到，其他人不行”。

在 1951 年 10 月的大选中，近七十七岁高龄的丘吉尔险胜，最终再次掌权。工党的席位减少，但票数增多了：丘吉尔领导的政党无法保证得票。但“高峰会议”的理念也令他受益良多，这个理念在选民中所向披靡，在 1951 年的民意测验中以 83%∶5% 的赞成票胜出。

在 12 月 11 日的内阁会议上，丘吉尔宣布访美，意在巩固英美关系。然而 1952 年 1 月，他在华盛顿发现，英国的地位没有过去显赫了。他试图说服美国任命英国海军上将来统率北大西洋公约组织的海军，其他手段都失败了以后，他再次祭出了情节剧：

> 几个世纪以来，英国都把持着海洋，反抗着每一位暴君，先是抵抗西班牙，然后是法国，欧洲体制在那些衰弱的年头保卫着我们的半球不受侵犯。现在，我们羽翼已成，面临着核威胁的可怕压力，肩负着决定生杀的职责，我们自然要允许英国扮演她的历史角色。“西方的海底深处，已为英国战士的骸骨染白。”

这场演出打动了国务卿迪安·艾奇逊。但性格直率的杜鲁门显然对美国羽翼已成的说法更感兴趣。

1953 年 1 月，丘吉尔在纽约与艾森豪威尔会晤，当时艾森豪威尔已经是总统候选人了，提出想要单独和斯大林会谈。丘吉尔反应沉着，没有反对，只是建议艾森豪威尔等待时机。首相显然不想促成这个绝佳的外交时机。3 月 5 日，斯大林逝世，新的苏联领导人马上采取了“和平攻势”。丘吉尔看到了出路，3 月 10 日，他建议美国总统发起三方会谈。现在轮到艾森豪威尔小心谨慎了，他表示警惕，苏联可能借会议发起“又一场宣传攻势”，他提议，由美国、英国，“可能还有法国”，先协商好对付苏联的共同战略。

5月3日，丘吉尔认真讨论了英苏首脑会议的可能性，外交部警告他，这种行动可能令法国疏远，也损害与美国的“特殊关系”。5月5日，艾森豪威尔致信尖锐地指责他，但丘吉尔反驳道，他希望能够重演他1944年10月“百分比协定”的成功（如果可以算是成功的话）。5月11日，丘吉尔在下议院正式提议召开峰会，事先并没有知会内阁。他坚称，会议“不应该照本宣科，或者纠结于技术性的细节，让大批专家和官员拟好条条框框，争论不休”。这个理想很美好，但是没有清晰的议程，没有专家提供数据，没有官员处理细节，他又期望能实现什么目标？和威尔斯一样，丘吉尔轻言控制核武器，却没有经过调查确认和严谨的思考，要对付苏联这样一个高度保密的国家，这显然是一块绕不过去的绊脚石。

“任何一场演说，要是如此损害己方的利益，都会在历史上遗臭万年。”前外交部长安东尼·艾登叹息道。除了总理乔治·马林科夫以外，没有苏联领导人愿意接受丘吉尔的提议，他们不相信正在走下坡路的英国有力量牵制美国。但美国大使不得不承认，这“也许是丘吉尔在战后最了不起的一次演出”。民意调查显示，英国人支持的比率高达77%∶4%，但是，当调查询问是否期待峰会能解决什么问题时，他们就不那么乐观了：47%的人肯定，16%否定，37%表示不知道。

在1953年6月23日的晚宴上，丘吉尔中风了，随后数日几乎完全无法行动。莫兰勋爵向白金汉宫提议，刚刚加冕的伊丽莎白女王应该准备任命新首相了。丘吉尔康复得很快，但他知道已经时过境迁了。10月20日，约翰·科尔维尔告诉莫兰：“您知道，他总是在扮演着角色，但是自昨天晚餐之后，我相信他走出来了。他突然说：‘约翰，我想，我们差不多走到头了。’”用莫兰勋爵的话说，令他快速恢复的，很可能是对峰会的“戏剧帷幕”的渴望。“这个老人渴望的是一个浪漫的角色，战争一度是他的爱好。再没有什么令他如此执着了。他到头来都惦记着要为人类谋和平。他想呈现给世界的最后一个角色，或许就是打破冷战局面的唯一的救星。”

11月3日，丘吉尔可以前往下议院了。钱农回忆道：

> 他一生中又一次演说。才华横溢，充满狡黠和魅力、智慧与机锋。对着沉默而敬畏的下议院，他麦考利式地口若悬河。这简直是奥林匹斯山上的场景，后无来者，我们也再难看到第二次的精彩表演。十八年来，在这所值得尊敬的议院，我还从来没有听过这样精彩的演说……他躲进了吸烟室，满怀骄傲、欣喜、胜利地在那里坐了两个钟头，啜饮着白兰地，接受众人的恭维。他神采奕奕，就像个小男生。

演说讨论的是氢弹的可怕前景，但丘吉尔让听众放心，对同归于尽的恐惧降低了战争的可能性："很可能……当毁灭性武器的发展使得任何人都能够杀死其他人的时候，就没有人想杀人了。"他以未来的两种可能性结束了演说：人类可能选择"大规模毁灭"，或者"另一种选择，许多人是会做出这种选择的，那就是，以最快的速度实现人类所能达到，或者甚至所能梦想到的物质的极大富裕……我们和所有的国家，在人类历史的这一时刻，都站在了最大的灾难与无限的报偿的门前，我坚信，仁慈的上帝会令我们做出正确的选择"。一位工党议员感动得流下了眼泪，恳求莫兰勋爵一定要保首相长命百岁。12 月 2 日，医生总结道："人们要知道，温斯顿·丘吉尔活在他自己营造的想象世界中，有时候，他的念头完全没有现实依据。在苏联问题上的回心转意就是其中一例。"但是彼时丘吉尔与英国的公众舆论保持了一致：据 1954 年 9 月的民意测验，59% 的人相信可以与苏联和平共处，只有 22% 的人期望大规模战争。

1954 年 6 月 25 至 29 日，丘吉尔身为首相，最后一次访问了华盛顿。莫兰勋爵记录道："他总是觉得，世界的未来与英语民族联盟紧密相关。现在他已是风烛残年，别的什么都无关紧要了。他去美国，他觉得那可能是他最后一次访问他母亲的祖国了，他要去看看有什么办法能缩小和莫斯科之间的罅隙，可能性存在于两国之间……"艾森豪威尔注意到："有那么一些瞬间，首相似乎完全什么事都不关注了。这只是衰老而已，但是越来越明显了。"和几乎失聪的丘吉尔谈话时，总统经常不得不大喊大叫。首相再次提及了峰会的设想，并且将艾森豪威尔的安抚姿态视作赞同。他夸张地瞪着眼睛，告诉莫兰：“这个结果可能让全世界都大吃一惊，松一口气。”就像是情节剧的必然结局。他还意味深长地补充道：“我的戏演完了。”

7月4日，丘吉尔致信苏联，邀请会谈，事先知会了艾登（艾登深表担忧），但是没有告知内阁其他成员。莫名其妙地，邀请函被投到了外交部长维亚切斯拉夫·莫洛托夫手中，而不是丘吉尔的合作伙伴马林科夫总理。莫洛托夫的回函表示赞同，但英国内阁和美国总统都怒不可遏。艾森豪威尔怒气冲冲地致信丘吉尔，丘吉尔道歉不迭。7月12日，艾森豪威尔冷酷地写道，多数美国人都认为，主张峰会“就像期待胡佛对禁酒令说些什么一样，‘一次高尚的试验’”。[22-17]而他试图最后努力一把，让丘吉尔回心转意。去年11月，美国驻英国大使温斯罗普·奥德里奇劝告国务院，丘吉尔“充满想象力，变化莫测，坚信自己的天才，显然要在世界舞台上最后挑战一把最高的荣誉”。7月22日，艾森豪威尔直接揭示了其戏剧性的实质：

> 我十分确信，您必定深深地希望，在您余下的生涯中，再做出一些特殊而额外的事业，在通往正义与持久和平的世界进步的蜿蜒道路上，如里程碑般永垂不朽，这是可以理解的。再没有人能逾越您的高峰，为您的君主、您的国家以及全世界做出如此长久而辉煌的贡献。
>
> 我确信，您无论意识还是潜意识中，必定有这样的想法，实现您与马林科夫会谈的愿望，尽可能地了解他的目的以及设想。

丘吉尔总是对现代心理学不屑一顾，不愿接受精神分析，自然也不乐意艾森豪威尔这样说。艾森豪威尔认为，潜意识里渴望最后来一次戏剧性的大反转，这激发了他召开峰会的提议。这一认识令人难堪，因为很大程度上说中了。艾森豪威尔坚称，与苏联领导人商谈毫无意义，他提出了一个替代性的同样戏剧性的方案：英美共同致力于推动世界殖民地独立。而总统也乐于承认，许多殖民地“并未准备好自治，现在就要它们独立，会使它们的生活水准降低，甚至可能沦落至共产主义”。但他也意识到：“殖民主义作为一种民族关系，已经过时了。唯一的问题是其时间与方式。我认为我们应当采取措施了，把它与西方世界的目标联结在一起。”他建议丘吉尔发表一次重要讲话，“除了您，再没有别人可以胜任了”，宣布一项大型计划，由“西方世界大国为力所能及的人们提供教育机会”，教会他们如何自治。如果他能在演说中加入“一些关于冷战的问题”，那就更好了。帝国主义曾经长期阻隔英美两国，现在却将它们团结到一个目的之下，共同挫败共产主义阴谋，渗透第三世界。而且，“如果您再表示，未来二十五年，每一块殖民地（除了军事基地）都能取得自治权，那么世界就要轰动了。此外，您可以确信，时机一到，没有一个殖民地会从独立中受益。它们都会更加紧密地依附母国，成为她更有价值的一部分。”

年老的首相心怀怨恨地意识到，艾森豪威尔自以为高他一等。“我并没有想要找一个合适的舞台，或者来一次戏剧性的退场。”他回击道。关于殖民地的教育问题，他暴躁地回复道，英国长期以来一直在“提携落后民族”。“从小到大，我都为我们的大部分所作所为感到骄傲。尤其是印度，纵观它的历史，尽是宗教与古老的专制，近百年来，英国功不可没。”此外，他坦承：“我对在霍屯督人[22-18]中间推行普选制有些怀疑。”实际上，两位领导人都低估了全球化对殖民地自治的要求，在未来十年而非二十五年中，英国差一点就尝到了苦果。

1955 年 4 月 5 日，丘吉尔辞去首相职务。他给后辈同僚的留言是“人即精神”和“永远不要与美国分崩”。当年 7 月，他苦心酝酿的峰会终于召开了：他的继任者艾登、艾森豪威尔、苏联部长会议主席尼古拉·布尔加宁和法国总理埃德加·福尔在日内瓦会晤。但会议并无多少成效，丘吉尔对此也漠不关心（“我对这些的热情已经冷却了”），略带嫉妒与怨恨地一笔带过。以往反对召开峰会的艾登和艾森豪威尔现在夺取了他的风头。丘吉尔读过的最后一部小说（读了两次），是内维尔·舒特[22-19]的《海滩之上》，舒特犀利地想象了核灾难后的恐怖世界。他建议把这部书翻译成多种语言，寄给全世界的领导人看看，除了艾森豪威尔。“寄给他是浪费钱。”他轻蔑地哼道。

译者注

[22-1] 帕特里克·赖特（Patrick Wright）：英国历史学家、作家。伦敦国王学院教授。

[22-2] 瓦西里·罗扎诺夫（Vasily Rozanov，1856—1919）：俄国作家、哲学家。

[22-3] 埃塞尔·斯诺登（Ethel Snowden，1881—1951）：英国社会活动家、女权主义者、政治家。

[22-4] 弗农·李（Vernon Lee）：英国作家维奥莱特·佩吉特（Violet Paget，1856—1935）的化名，以灵异小说和美学散文著称。

[22-5] 罗加诺公约（Locarno Treaty）：1925 年 10 月欧洲多国在瑞士罗加诺商定的七项协议。一战中的欧洲协约国与中欧及东欧新兴国家试图确认战后领土边界，并争取与战败的德国恢复正常关系。

[22-6] 乔治·F·凯南（George Frost Kennan，1904—2005）：美国国家政策顾问、外交家、政治学家、历史学家，普利策新闻奖获得者。

[22-7]亨利·华莱士(Henry Wallace,1888—1965)：美国政治家，曾任农业部部长、副总统和商务部部长。因反对冷战被杜鲁门罢免。

[22-8] 什切青（Stettin）：波兰城市。

[22-9] 赫斯特集团（Hearst Corporation）：美国出版界巨头和多元化传媒集团，创始人为报业巨头威廉·伦道夫·赫斯特（William Randolph Hearst，1863—1951）。

[22-10] 罗伯特·盖拉特莱（Robert Gellately，1946— ）：加拿大历史学家，二战和冷战史研究专家。

[22-11] 麦肯基·金（Mackenzie King，1874—1950）：加拿大总理。

[22-12] 扬·克里斯蒂安·史末资（Jan Christian Smuts，1870—1950）：南非总理。布尔战争中袭击英军俘虏丘吉尔的军官就是他。后来两人都跻身政要，会晤时对证，传为趣话。

[22-13] 戴维·卡尔顿（David Carlton）：美国历史学家，范德比尔特大学教授。

[22-14] 底特律（Detroit）：美国城市。图尔宽（Tourcoing）：法国城市。哈雷（Halle）：德国城市。马格尼托哥尔斯克（Magnetogorsk）：苏联城市。这四个城市都是重要的工业城市。

[22-15] 阿拉莫戈多（Alamogordo）：美国新墨西哥州南部城市，美国在此地的沙漠试验引爆了原子弹。

[22-16] 《奇爱博士》（*Dr. Strangelove*，1964 年）是英美合拍的喜剧电影，讽刺冷战时期的国际政局。根据英国作家彼得·乔治（Peter George，1924—1966）的小说《红色警报》（*Red Alert*）改编，由美国著名导演斯坦利·库布里克（Stanley Kubrick，1928—1999）执导。“就像由安东尼·特罗洛普写就的《奇爱博士》”，亦即用维多利亚时代的笔调写就的现代政治讽刺剧，可理解为风格类似中国晚清的谴责小说，如《官场现形记》。

[22-17] 胡佛未连任总统的主要原因是他未能抑制经济下滑，且推行美国人普遍反对的禁酒令。艾森豪威尔意即与苏联会谈就等于与虎谋皮，结果可想而知。

[22-18] 霍屯督人（Hottentots）：即科伊科伊人（Khoikhoi），又称胡维（Khoi），是非洲西南部的土著民族。当时的欧洲人根据当地语言将他们称作霍屯督人，含有贬义。丘吉尔的意思是，盲目地在殖民地推行教化，如在原始人中推行普选，无异于揠苗助长。

[22-19] 内维尔·舒特（Nevil Shute，1899—1960）：英国小说家、航空工程师，本姓诺威（Norway），因担心小说创作对本职造成不好的影响，将全名去掉了姓氏作为笔名。

二十三、最后的辉格党

1945年大选失利后，丘吉尔去观看了诺埃尔·科沃德的《私人生活》，观众对他报以了两次长时间的起立鼓掌。几周以后，莫兰勋爵写道："今天晚上，他坦承，他在绘画中排解了烦恼，就像三十年前达达尼尔之战让他众叛亲离时一样。"1945年10月，他重新将文学和艺术作为排解，又开始写《英语民族史》了。1947年，他已经把《第二次世界大战》的版权卖给了美国，出书与报刊连载共计225万美元。在当时，这是美国非虚构类书籍最高昂的纪录。丘吉尔再次用文艺创作来治疗他的心理创伤，文艺是他表达政治愿景的方式，在历史上永垂不朽的媒介，在公开所得税的时代，版税还是一笔无比可观的收入。退隐政坛后，他得以完成了两部卷帙最浩繁、流传最广的文学巨著，在一定程度上，他终于能够自由地把政治当成文艺来发挥了。

在1947年1月4日《科利尔》杂志发表的一篇文章中，丘吉尔呼吁欧洲联盟，还引用了维克多·雨果的名言，在普法战争中，雨果曾向敌人要求联手：

> ……我们应该成为一群联合的人民，一个独立的家庭，一个共和国。我将夷平我的要塞，您也夷平您的。我的复仇，就是友爱。不再有边境，有莱茵河就够了！让我们团结在同一个家邦吧！欧洲结盟，大陆联邦，欧罗巴自由！[23-1]

这一理念也有一部分来源于吉本。在1943年3月一份未发表的演说词中，丘吉尔哀悼了罗马帝国的崩溃，罗马覆灭导致了"一连串无穷无尽的血腥杀戮，我们今日所面临的也是余烬”，他希望能有“某种核心力量”，再次令欧洲大陆归于一统。但丘吉尔的欧盟视野止步于多佛：他从未将英国纳入其中。1951年他重新掌权后，他的政府班子不再支持1950年提出的舒曼计划[23-2]，这一计划后来成为了欧盟的核心。

1947年1月31日，丘吉尔在下议院发表演说，关于应对巴勒斯坦的伊尔根恐怖行动[23-3]。他谴责了“可憎的暴行”，但也强调，它们只是“一小撮狂热的亡命之徒”，不应盲目地打击报复。他举多夫·格鲁纳为例，格鲁纳战时曾服役于英军，后来加入了伊尔根组织，参与袭击拉玛特甘[23-4]警察局，杀死了一名阿拉伯警察。格鲁纳拒绝请求赦免，不惮认罪。“这个人刚毅勇敢，虽然犯了罪，但议院也不可不闻不问。”丘吉尔宣称。

在巴勒斯坦的暴力冲突失控之前，在下议院向犹太恐怖分子致敬，此举丝毫无益于赢得选票。保守党议员罗伯特·布思比回忆道，他和工党的理查德·克罗斯曼实际上是议会仅剩的犹太复国主义者，他们发现自己“四面受敌”。丘吉尔对犹太复国主义满腔同情，而两年前，斯特恩帮[23-5]暗杀了他的友人莫因勋爵[23-6]，他为此深深怀恨。他这种令人惊讶的态度并非没有先例，也有理可循。1909年，留学英国的印度民族主义者马登·拉尔·迪因格拉射杀了时任印度事务大臣助理的寇松·怀利，怀利也是印度的袄教徒，当时试图保护英国人。“我能为国捐躯，十分骄傲，”迪因格拉被判处死刑后，当庭说道，“但是要记住，来日方长。”据威尔弗雷德·斯卡文·布伦特称，丘吉尔预言，迪因格拉“两千年后还会为人记诵，就像我们记得雷古勒斯、斯巴达克斯和普鲁塔克笔下的英雄们那样[23-7]”，并且还会引用他的演说，“作为爱国主义的表率”。尽管如此，他还是坚持要将迪因格拉处以绞刑。

只有回顾维多利亚时代的剧场文化，才能理解丘吉尔满怀帝国主义情绪的赞歌。情节剧的主角总是士可杀不可辱，即使蒙冤上了刑场，也蔑视偷生的机会。“殉道的理想，”理查德·艾伦·凯夫[23-8]注意到，“将现实的失败转化为精神的胜利（这就是情节剧主角面对周遭危难的态度），这也是（爱尔兰）民族主义修辞的传统基调，很大程度上来自天主教虔信，在1916年复活节起义[23-9]时，借由帕特里克·皮尔斯的思想达到了高峰。”在《英国玫瑰》中，哈里·欧梅利被诬陷杀害了一名英国人，他的兄弟是天主教牧师，在听信徒告解时发现了真凶，但哈里严厉地训斥他（在第三幕中）：“你不能打破你神圣的誓言！我不要你泄露一个字，即使是为了救我一命。我的兄弟！我的兄弟！为我祈祷吧！（对他低下了头）但是，请遵守你对上帝的誓言。”[23-10]

哈里·欧梅利、迪克·达吉恩（萧伯纳《魔鬼的门徒》）、多夫·格雷纳和迪因格拉一样，都是与英国斗争的殖民地人的代表，四人都扮演了相同的角色。丘吉尔晚年曾经认真地提出，德国当时应该和艾迪斯·卡维尔商谈，而不是处决她，反而让她成了英雄：“指挥行刑火枪队的那个德国军官白白丢了流芳千古的机会！他就应该挡在她前面，对士兵们说，要枪毙她，就先开枪打他。”

1949年1月26日，丘吉尔批评了欧内斯特·贝文对犹太国家的长期敌视。八个月后，英国承认它独立。贝文辩称，在印度尼西亚刚刚宣布独立的情况下，新国家要得到承认，就要先站稳脚跟。但丘吉尔再次罔顾短期的政治目标，要求以长远的历史视角出发，对此表示支持：

> 无论如何，各位同僚，无论先生们爱不爱听，无论我们乐不乐意，犹太国家的产生都是一个值得高瞻远瞩的事件，不是一代人，一个世纪，而应该从一千、两千甚至三千年的视角来回顾。一时一地的价值观，我们所处的年代，和飞速发展、永远在进步的思想可能非常不一致。这是世界史上的大事件。

在许多人看来，犹太复国主义就犹如英国拱手将苏格兰割让给异族，丘吉尔正确地指出，犹太人和阿拉伯人“在巴勒斯坦比邻而居数千年”，只有和平解决，共同发展经济，才能改善阿拉伯的战争难民问题，正如1921年他在里雄莱锡安的见闻。

1948年6月21日，《第二次世界大战》的第一卷由霍顿·米夫林出版集团在美国发行，英国版则在10月4日由卡塞尔出版公司在伦敦发行。

诺埃尔·科沃德马上意识到，这部作品是一部绝佳的剧作。他写信恭维丘吉尔：“您环环相扣的戏剧手法无可挑剔，描写完 1938 年午餐会上的里宾特洛甫，随后的那句‘谢幕’词，‘这是我在他上绞刑架前最后一次见到他’，真是太出色了。”“丘吉尔先生真正的天分不是史诗，而是戏剧，”《泰晤士报》如是评论第四卷《命运的关键》，“悲剧的精髓源于命运的逆转，喜剧也一样。丘吉尔先生以在公共生活中牵绊他半个世纪的朝气与热情，从战争的悲伤与恐怖中，毫无遗漏地筛拣出了微小的喜剧性因素。”

《第二次世界大战》确实是一部戏剧作品，第一卷的标题“风云紧急”就直截了当地表示，这是一部紧张激烈的情节剧。虽然这个标题并不是他自己起的。他本来想将它命名为“急转直下”，但埃默里·里夫斯打电报来说，霍顿·米夫林认为这“听起来有点丧气”。里夫斯建议起一个“更富挑战性的书名，暗示大事件将至”，丘吉尔听从了他的意见。一个优秀的文学代理人通常比作者本人更加清楚如何表达他真实的想法，从而排除干扰，收到预期的结果。读完这卷最新的一稿，里夫斯认识到，丘吉尔致力于戏剧性，并且收效非常好。“我觉得这部书在历史作品中无与伦比，”1947 年 12 月 22 日，他写道，但是也补充道，情节停顿处仍然有补缀的痕迹，丘吉尔应该讲述，而非展示：

> 其中文献、信件和引用演讲稿的地方太多了。不是每一处都重要或者有意思。但是叙述非常戏剧化，非常激动人心，读者一再被打断，可能会愤愤不平。一般的读者肯定会跳过大部分文献，只是因为急着读下去。我非常希望您能把文献的精华部分改成叙述，删掉原始文献，或者把它们放到附录里。

丘吉尔回复道，他愿意听从“删掉文献和演说词的建议”，但他显然备受打击。文学代理人的批评意见自然是有益的，但是在作者本人读起来，就如同抹杀了他独特的著史方式，“通过尽可能真实的文献来讲故事”。丘吉尔一向把信件和备忘录当作文学作品来写，期待着最后能出版，现在却得知要把它们删掉或者移到书末尾去。里夫斯赶紧回信道：“我真的非常高兴……得知您赏光接纳我的建议。”而事实上丘吉尔没有接纳。里夫斯还向他汇报，第一卷已经通过了包括“美国最高文学机构”在内的一系列评估。月读书友会的五位评审，亨利·塞德尔·康比、多丽丝·坎菲尔德·费舍尔、克里斯托弗·莫利、约翰·P·马昆德和克里夫顿·法迪曼，都是通俗作品的权威仲裁人，都到里夫斯处阅读了书稿，里夫斯观察了他们的反应。“他们全神贯注，”他告诉丘吉尔，“但是都跳过了文献和演说词的部分，正和我上一封信中向您提到的一样。”

“我不想看见您病恹恹、再也高兴不起来的样子。”莎拉·丘吉尔写信给父亲，她自己就是一名专业的演员，已经在舞台、电影、电视上都小有成就，当然也吃过不少苦。她对父亲说的话，俨然是戏剧人面对负面评价和直接批评时的相互鼓励：

> 别听太多批评……作品是您自己的——您发自内心的。它的成功，就是您源源不断地创作……这是您的故事，您亲身经历的，有朝一日会成为历史。
>
> 您是最好的历史学家，最好的记者，最好的诗人。捂上耳朵少听些意见吧，即使这样，也要继续写这本书，凭您的内心，靠您的学问，其他的就随它去起起落落吧，它能站得住脚，人人都会想听您的故事。

她的建议令人心安，但显然不正确。许多最出色的作者都得益于细心编辑的关注，D•H•劳伦斯、爱德华·加内特、托马斯·沃尔夫、麦克斯·珀金斯、杰克·凯鲁亚克和马尔科姆·考利，无不如是。丘吉尔也不例外，让他只听从内心的声音，显然无益。里夫斯给出了他需要的意见，尤其是第三卷，比其他几卷都更加沉溺于技术细节和无关紧要的电报。里夫斯坚持让他多写一些宏大的战略和高层政治，以及更多“有个性和戏剧性，比如‘俾斯麦’号沉没”的段落。《第二次世界大战》和维多利亚时代的小说一样，是作为系列作品出版的；像查尔斯·狄更斯和威尔基·柯林斯一样，丘吉尔不得不在每一卷末尾安插一个扣人心弦的高潮，否则就可能抓不住读者：

> 第一卷非常完美，第二卷更好，第四卷简直出神入化，第三卷自然不能在其中逊色。假如它比前两卷弱，后面就危险了。请原谅，我得用一个说法“残忍的大众”。但是，我是个做销售的，我的职责就是让生产者关心市场。要让大众对一部断续出版、分成许多卷的作品保持兴趣，通常是很困难的。攻克这个心理障碍的唯一办法，就是让每一卷都比前一卷更加精彩。如果第三卷不能比前两卷更出彩，那么就要让后面几卷力挽狂澜，即使不是没有可能，也会非常困难。

丘吉尔经常听取代理人的意见，但也经常抗议，即使里夫斯很清楚如何导演一场好戏。“蒙哥马利登场，您第一次和他会面，都应该描写得更细致，”这就是典型的建设性意见，“您第一次在华盛顿见到艾森豪威尔也一样，领衔主演头一次出场，需要适当地介绍他，以欣赏的眼光为他速写一幅肖像。”但是丘吉尔并没有充实对这两位将军的描写，《第二次世界大战》只有一位领衔主演，那就是他自己。里夫斯还建议详细地描写 1942 年对科隆的毁灭性空袭，最后他也只是一笔带过。里夫斯还要求 1942 至 1943 年的斯大林格勒战役至少要写上六页，但丘吉尔只多写了一页，几笔带过了这场“大戏”。

《第二次世界大战》聚焦于丘吉尔，并不全是作家的问题。丘吉尔可以把他自己的文献材料收入其中，但是后来出任首相的克莱门特·艾德礼封锁了大部分政府文件。艾德礼的用意很明显：丘吉尔要发表一份参谋部文件的一部分，批评他 1940 年对挪威的政策。《第二次世界大战》经过了不少自我审查，但在这种情况下，丘吉尔仍然希望能收入一些对他并不有利的材料。艾德礼担忧，随便发表这些文件可能导致“最尴尬的情况”，尤其是关于他们对新加坡沦陷这样的惨败的应对措施。内阁秘书诺曼·布鲁克抗议道：“丘吉尔先生引用了这么多他自己的文件，给人留下了这样的印象：除了他，没有人敢为天下先了。这是很危险的。”

在美国，《风云紧急》在《出版人周刊》1948 年的非虚构类畅销书榜单上名列第七，和《金赛性学报告》[23-11]相去不远。1949 年 11 月，月读书友会售出了 366000 册《风云紧急》（名列 1948 年 7 月的精选书目）和

247500册新出版的《最光辉的时刻》，两卷都是月售数百册。这一数据还不包括米夫林发行的通行本。截至1951年7月，《第二次世界大战》前四卷的总销量高达319801册，此外，月读书友会的销量是1118750册。在英国，卡塞尔公司1948年10月印行了221000册《风云紧急》，到1950年2月，又印了210000册，英国图书学会的版本还要另计。1953年底，民意调查询问英国读者，今年读过的最好的书是哪一部，《第二次世界大战》名列第四，只领先于《呼啸山庄》。在丘吉尔有生之年，这部书还译行了克罗地亚文、丹麦文、荷兰文、法文、德文、希伯来文、意大利文、日文、挪威文、葡萄牙文、塞尔维亚文、西班牙文和瑞典文的版本，在苏联和土耳其也出版了删节本。

身为作家，丘吉尔在瑞典收到了强烈的共鸣：瑞典是唯一在战前就翻译出版了《河上之战》、《马尔博罗》和《思想与经历》的国家，第一个翻译了《当代伟人》和《趁英国沉睡时》的国家，也是唯一曾经翻译《伦道夫·丘吉尔勋爵》（1941年）的国家。斯德哥尔摩的斯科格隆出版公司是第一家要求翻译《英语民族史》的出版商，早在1941年2月就提出了要求，1956至1959年出版了瑞典文版本。之前还有过数版瑞典文的《我的早年生活》，也许是因为受到了1936年瑞典英文删节本成功的鼓舞，英文删节本由阿尔伯特·伯尼尔出版社出版，作为儿童英语教材。这些或许是他1953年获得诺贝尔文学奖的决定性因素。通常认为他凭《第二次世界大战》获奖，但在他的授奖词中，颁奖人瑞典著名作家西格弗里德·施瓦茨[23-12]并没有提到这部作品。虽然1948年斯科格隆公司就出版了这部书，但瑞典身为中立国，这个主题稍嫌敏感。取而代之的是，施瓦茨盛赞《我的早年生活》为“世界上最有趣的冒险故事之一”，一部鲜活的传奇，“年轻的心灵伴随着最高的喜悦”。

无论文学成就如何，不可否认的是，丘吉尔在当时已经成了政坛上的过时老朽。“他上演了一出大戏。”这是罗伊·詹金斯[23-13]对他的第二届政府班子的总评：

一如既往地，他要求他所有的对家都演好自己的角色，而他们觉得，在20世纪下半叶伊始，这有点夸张了，新加冕的女王，艾森豪威尔总统，他上了年纪的接班人安东尼·艾登，下议院成员，还有法兰西第四共和国还没站稳脚跟的列位官员，莫不如是……这其中甚至也有一种表演性的成分。他的第二段首相任期内最光鲜的一刻，就是他重返朝堂所引起的骚动：组织政府，召集官员，整编参谋，与全世界来往酬答。这是一次盛会，以纪念第一届政府的光辉岁月，它是为一个新时代所作的准备。

丘吉尔对年轻的女王崇敬有加，因为她像伊丽莎白一世一样，演好了自己的角色："美丽可人，鼓舞人心，全世界的电影人搜遍天下也找不出这么与角色相称的演员。"但是此时，丘吉尔自己身为演员却不服老，整个大背景都弄错了。他还用1940年的腔调演说，约翰·科尔维尔回忆道，但是"现在的情况不一样了，不需要抢滩登陆，也不需要向少数人致敬了。诗意对于英语演说者与作者来说十分危险，它不得其所，在和平时代的官方声音中显得荒唐可笑。1940年魅力四射的东西，到了1955年就是情节剧式的耸人听闻"。战后，许多英国政治家惨痛地吸取了教训，人们只有在真正面对敦刻尔克时，才需要"敦刻尔克精神"。*[23-14]

1952年，丘吉尔诚实地承认："假如你认为一个种族是下等人，那就很难摆脱这种思维定式；我当小军官的时候，就没有把印度人看作和白人平等。"但他老派的仁慈帝国主义思想仍有遗存。1954年12月10日，他和一位白人移民代表讨论了茅茅党[23-15]起义的问题，对方惊讶地发现，他非常同情起义者。他坦承，他"没有真正地把黑人视作和白人一样有能力"，却仍然认为应该用拘留营和严酷的手段来镇压起义。"现代国家的权力是用来杀戮野蛮人的，这太可怕了。"他说，这再次呼应了麦考利的名言"文明的力量毫无悲悯"。他催促出台宽容的谈和政策，在某种程度上，

---

* 2001年9月11日，笔者深深理解了这一点，彼时笔者目击了游船在曼哈顿下区疏散上班族。

和 1922 年的爱尔兰问题持同样态度。但事实上，他不管不顾地把肯尼亚政策的皮球踢给了政府其他成员，彼时他确实已经年老力衰了。

另一场老生常谈的争论爆发时，丘吉尔的自由主义本能依然没有泯灭。1954 年 1 月，记者彼得·威尔德布莱德和博利厄的蒙塔古男爵因同性恋行为被捕，炒得沸沸扬扬，引发了公众争议。2 月 24 日，内阁讨论了这个问题。内阁秘书的记录清楚地显示，丘吉尔在这个问题上大体倾向于主张自由，但在政治压力下十分克制。“托利党不愿意承担立法宽容同性恋的责任。”记录如是道，但他接下来提议，限制媒体宣传起诉，以治疗替代监禁。“在其他方面，我不想讨论这个问题，”虽然他表示“希望在公众进一步的一致压力下能出台一些修正案”。他还提醒内阁：“请诸位记住，我们不能希望矫正整个世界，尤其在只有 18 个议席多数的情况下。”这显然暗示着合法化才是正确的途径。1957 年，沃芬顿报告[23-16]建议私人同性恋行为合法化。民意调查显示，公众的反对比率是 48%∶25%，但是在 1967 年，当初宣判王尔德有罪的法律已经废止了。丘吉尔对公众舆论状态的把握是正确的，也准确地预见了风向的最终转变。他后来对盖伊·伯吉斯[23-17]的剑桥间谍案发表了评论，明显地流露出了同情：假如同性恋者是危险人物，他论述道，那是因为他们被社会边缘化了，就像白人主流社会对待黑人那样。他对左翼工党议员汤姆·迪里伯格[23-18]的评论明显带有王尔德式的幽默：“就是这个人令索多玛臭名昭著。”

自 1953 年起，丘吉尔沉浸于 19 世纪文学，疏远政事：安东尼·特罗洛普的议会题材小说、《简·爱》、《呼啸山庄》、托马斯·哈代的《列王》、沃尔特·司各特的《惊婚记》、迪斯雷利的《科宁斯比》和巴尔扎克的《高老头》。他公开承认读过西塞尔·伍德汉姆－史密斯[23-19]的克里米亚战争史《原因》，还一口气读了八个小时。“现在我被书迷住了，”伍尔顿勋爵问他是否有时间，“我说，我现在不想像以前那样，再为那些事操心了。”

但丘吉尔所读的并非全是逃避现实的历史作品，大部分依然有着强烈的政治色彩，关乎当代，有深刻的触动力。在 1946 年 11 月 12 日的议会演说中，丘吉尔主张宽容并理解战败的德国人：“并非人人都是尼莫拉牧师[23-20]和殉道者，普通人被推上这条道路，是受到了独裁者和暴政的驱使和强迫，通过间谍密探和其他残酷的方式，大部分人会屈服。”他随即提出了令人不安的反事实视角：“感谢上帝，感谢我们的祖国，我们幸而未曾经历欧洲许多人所经历的考验。”假如英国人也受到了盖世太保式的迫害，又会如何呢？乔治·奥威尔已经写出了这种思想实践的结果，丘吉尔把《一九八四》翻来覆去地读了两遍。20世纪50年代，他都沉迷于极权主义题材的作品——《生命的火花》（埃里希·玛利亚·雷马克[23-21]的德国集中营纪实）、《美丽新世界》、《伊凡·杰尼索维奇的一天》[23-22]和《日瓦戈医生》[23-23]。和奥威尔及同时代的其他知识分子一样，他怀疑新技术是否会消灭个体，即使是在西方民主体制下。在最后几次“质询时间”会谈中，他曾有一次公开谴责“电视时代，我担忧大众的思想和行为都被机器过分控制了，这既是毁灭，也是分散与转移”。

1953年中风之后，丘吉尔在《今日历史》主编艾伦·霍奇的协助下，重新开始写《英语民族史》。霍奇的意见很简单：强调“著名的戏剧性事件”，建构“一种生动而有连贯性的叙述”。据莫里斯·艾诗立估计，这部书总共写了十二稿。较之《第二次世界大战》，丘吉尔已经可以不用借助文献就写出扣人心弦的故事了。“我确信，这将是您最伟大的文学作品，”埃默里·里夫斯读完第一卷后，写信给他道，“令人爱不释手，比任何小说都富有戏剧性，语言有时能唤起宏大的画面、悦耳的音乐……读着那些大事件，人们简直要相信，早在尤里乌斯·凯撒的时代，您就是一个战地通讯记者了。”从某种意义上说，丘吉尔的每一部重要著作都是战地通讯。

这部书的第一章很大程度上模仿了凯撒的《高卢战记》。这是非常有可能的，像《格兰特将军回忆录》和《智慧七柱》一样，这部书为丘吉尔提供了一个“儒将”的范本，但是，由于少年时代厌恶古典，他很可能晚年才阅读了它。他引用的是S•A•汉德福特1951年的译本。丘吉尔意识到，凯撒于英国一无所成，他遗留下的价值，唯有自我宣传之道。

丘吉尔再次大量使用了戏剧化的比喻。克劳狄一世[23-24]策划了对英国的“戏剧性”征服，但他的一位将军先一步抢了风头，“打乱了战争的舞台调度”；此后，罗马大军经常不在落后地区设防，就像他们在罗马夺权时一样：“他们抛弃小场面，奔向大剧院，就像演员总是想着离开地方到首都去。”当他们离开时，“大幕在不列颠与欧洲大陆之间降下了”。他从对查理一世的审判和处决中发掘出了“戏剧性”，查理一世扮演了“真正高尚而不争的英国斗士的角色，不仅不列颠，整个英国都收获了权利与自由”。他自己时常效法的老威廉·皮特是“一个天生的演员”，在议会呼吁“国家要有想象力”，议会就是“一个展示他天赋、纵容他缺陷的舞台”；或者从电影的角度看，“他的政策就是他的侵略性、支配性人格在大屏幕上的投射”。还有一位女性，她深知如何调度所有的情节剧元素，高度浓缩了美国内战，丘吉尔详细地论述道：

> 哈丽叶特·比彻·斯陀……向读者展现了一系列朴素而又惨痛的事件，与奴隶制度密不可分：黑奴家破人亡，夫妻离散，婴孩被从母亲怀里夺走卖掉；善良的主人去世后，奴隶就被任意拍卖，正直的奴隶主软弱无能，而恶人心狠手辣，奴隶贩子冷酷无情地做交易；偏远种植园的惨相，漂亮女士把犯了小错的女仆送去鞭打；愈演愈烈的白奴问题，白人血统居多的奴隶少女被卖来卖去以泄欲，奴隶的孩子生下来和奴隶主的孩子肤色差不多——而所有人物都处在一个文明而有教养的现代基督教社会中，这里有辽阔而肥沃的土地，人物凭借各种艺术手法，跃然纸上。

但是，丘吉尔并没有用戏剧史来阐释英国文化史，书中仅有几处间接提到莎士比亚和伊丽莎白时代的舞台。他的历史方法论仍然牢牢扎根于19世纪。他勉强承认，现代研究者对维多利亚时代的叙述进行了适度的修正：“他们的剧作或者缓和，或者颠覆……但依然保留了宏大叙述，从一种占据统治地位的朴素中体现出来。”罗伯特·罗兹·詹姆斯称之为“最后的辉格党历史”。丘吉尔的叙述主线是关于对自由的热爱，他认为这是英国的基因，源自丹麦人和盎格鲁－撒克逊人的结合繁衍：“这种张力贯穿整部英国史，扮演了熠熠生光的角色。”

然而，丘吉尔在一个重要的方面颠覆了辉格党的历史编纂学。他并没有把历史描绘为通往更高自由的一往无前，他将中世纪英国的相对自由和现代性的噩梦做了比较。托马斯·贝克特和托马斯·莫尔都是反抗极权主义国家的英雄[23-25]，都令1938年的绥靖主义者自惭形秽。《大宪章》[23-26]读起来像是一份封建制度的诉苦状，或者用一位不知名作家的话来说，“一座阶级自利的纪念碑”，但它确实成为了防止国家“凌驾于国民权利之上”的保障。西蒙·德·孟福尔[23-27]未能巩固权力，因为他不敢“在欧洲几个国家通过大规模屠杀来实施现代的残酷统治方式”。丘吉尔激烈地谴责对阿尔比派[23-28]、犹太人和罗拉德派[23-29]的宗教迫害，但他也意识到，即使爱德华一世以“宣传杀生祭祀和其他暗黑传说”来反对犹太人，这些事“在我们的文明年代也是司空见惯的”。他明确地表示同情农奴，他们从黑死病中死里逃生，因为瘟疫使劳动力短缺，他们才得以逃脱地主的奴役，他将农奴比作南北战争之前美国逃亡的奴隶。尽管1381年的农奴起义遭到了镇压，总共150人被处死，但是这也不是“在我们那个时代的欧洲许多地区可见的野蛮”。不顾修正主义历史学家的观点，丘吉尔坚称，理查三世确实谋杀了伦敦塔中的王子，但比犯罪本身更加值得注意的是公众对此的反应：“虽然对长期内战中的残忍行为已经习以为常了，那个年代的英国人却并未麻木不仁，恐怖感一旦被激起，就难以很快忘却。”中世纪的义愤与奥威尔式的现状顺理成章地形成了对照：“掌握科技力量的现代独裁者可以轻而易举地日日给公众洗脑，破坏所有思想与目标的持久性，每日的新闻颠倒黑白，让记忆变得含糊不清。但是在19世纪，负责保护两位小王子的人物反而谋杀了他们，这是凶残的罪行，永世难忘，不可原谅。”

莫里斯·艾诗立撰写了关于奥利弗·克伦威尔的章节的初稿，“报酬颇丰”。但是当他读到正式出版的书时：“我发现其中一些史实和用语确实是我写的，但是立意完全相反了。丘吉尔认为，克伦威尔是个独裁者，身上打着阿道夫·希特勒的烙印……”丘吉尔曾经写道，维多利亚时代的辉格党对克伦威尔比较宽容，虽然这位护国公手段残忍，但是从长远来看，清教徒共和国还是一件好事，最终实现了19世纪的自由。而他们也逐渐趋向于相信，在现代专制的语境中看来，克伦威尔在爱尔兰的暴行可以被视作大屠杀的开端：

在气象升平、竞相逐利和自由言论的时代，他们可以向奠定民主社会基础的凶残武士们致敬。在20世纪的今天，严峻的事实使得知识分子们抛弃了这种盲目的乐观情绪。我们目睹了“现代”的可怕手段，其残暴程度不亚于克伦威尔的手段，其规模甚至也大得多。我们对独裁者以及他们的野心和权力了解得十分清楚，所以我们无法像我们祖辈那样保持冷漠的超然态度。这里有必要重提这个简单的道理：尽管征服者能够大肆杀戮，对手无寸铁和已经缴械的人施暴虐于一时，但他们必将遗臭万年。[23-30]

在1916年复活节起义之前，像同时代的许多英国人一样，丘吉尔并没有将爱尔兰人对克伦威尔的积怨当一回事。经过了希特勒之祸，他终于理解了他们的仇恨。英国的这场大难荼毒了两岛之间的关系，成为了“世界各地英语民族大团结的重大障碍，我们现在仍然受着‘克伦威尔的诅咒’”。

丘吉尔蔑视清教徒共和国，因为它充满了清规戒律，限制消遣娱乐，颁布禁奢法，将节日变成了斋戒日，密探眼线编成了军队，士兵无处不在，“数不胜数细致入微的严酷专政”。二战时的英国对他来说与之非常相似。但是丘吉尔也意识到，克伦威尔远远没有发展到现代的希特勒和斯大林那个程度，他并没有建立一党制国家和个人崇拜。虽然颁布了一些条令限制，当时的信仰还是自由的，尊重私产，保护人身安全。正是因为克伦威尔施加了一些约束，王政复辟[23-31]之后，传统英国才能很快恢复自由。

在美国，《英语民族史》的销量和口碑都与《第二次世界大战》不相上下，成了月读书友会的主打书目：1956至1962年之间印了22版，此外多德米德公司的通行本还印了八版。然而，作为通俗历史读物的一座里程碑，受过高等教育的读者渐渐开始觉得它浅显而过时，“太老套了”。《新共和国》杂志评价道。“其中只粗略地提到了科技、宗教、经济、意识形态、文学和艺术，”查尔斯·罗洛[23-32]在《大西洋月刊》上批评道，“丘吉尔在这方面很幼稚，三言两语就带过了达尔文和马克思，却连篇累牍地描写一场又一场战争……说实话，这就是我小时候学历史的那一套。”乔治·丹泽菲尔德在《国民》杂志上评论了都铎王朝至斯图亚特王朝一卷，认为“由于作者的局限，只能从中读到一个没有戏剧、诗歌、音乐、哲学和科技的英国。（由于这本书对社会史一无所知，在这个意义上，不能算是谈论英语民族。）”甚至就连《泰晤士报》也注意到，丘吉尔还在依赖情节剧式的手法，塑造令人难忘的反派（如理查三世）和“有力而果敢的主角，在混乱和危机的时刻建立秩序”（如阿尔弗雷德大帝和理查一世）。这部书无疑是以英国为中心的，仅有一处例外：第四卷的两千年跨度中，有十分之一的篇幅描写了丘吉尔最喜爱的历史主题——美国南北战争，包括了其起因和战后重建。这一部分篇幅不小，在1961年南北战争百年纪念时还曾独立成书出版。

《英语民族史》的结尾含糊而简短，表达了一种希望——面对另一桩对自由的威胁，英语国家的人民应当再次团结起来，但作家也不知道“如何精确地定义最终实现大同的具体方式”。然而，在现实中，一场严峻如1940年的危机再次降临，由于丘吉尔作品的倡导，美国和英国很快就再次联手了。

译者注

［23-1］这是雨果在 1849 年 8 月世界和平大会上发表的演说。

［23-2］舒曼计划（Schuman Plan）：1950 年 5 月 9 日，法国外交部长罗伯特·舒曼（Robert Schuman，1886—1963）在法国外交部记者招待会上公布计划，建议将德国与法国的煤和钢铁生产融合到一起。后来发展为欧洲煤钢联营计划，是欧盟的重要基础之一。

［23-3］伊尔根（Irgun）：英国统治巴勒斯坦时期进行地下活动的犹太复国主义右翼组织。

［23-4］拉马特甘（Ramat Gan）：以色列城市。

［23-5］斯特恩帮（Stern Gang）：以色列独立之前的犹太复国武装组织，创立人亚伯拉罕·斯特恩（Avraham Stern，1907—1942）。

［23-6］莫因勋爵（Lord Moyne）：指沃尔特·吉尼斯（Walter Guinness，1880—1944），爱尔兰政治家、商人，任英国中东事务大臣，1944 年 11 月被斯特恩帮刺杀。

［23-7］雷古勒斯（Regulus）：古罗马名将，曾被迦太基人俘虏。斯巴达克斯（Spartacus，约公元前 120—前 71）：色雷斯角斗士，后来领导起义，反抗罗马统治。

［23-8］理查德·艾伦·凯夫（Richard Allen Cave）：英国戏剧研究学者。

［23-9］复活节起义（the Easter Rising）：1916 年 4 月 24 至 30 日复活节期间爱尔兰发生的暴动。武装的爱尔兰共和派反抗英国统治，领导人帕特里克·皮尔斯（Patrick Pearse，1879—1916）。志愿军占领都柏林，宣布爱尔兰独立。但六天之后遭到镇压，起义领袖被处死。

［23-10］西方宗教规定神职人员不可外泄信徒的告解内容。但现代宗教一般认为，当内容危及神职人员自己或他人的生命安全时，不在此例。

［23-11］《金赛性学报告》（*Kinsey Report*）：指美国学者阿尔弗雷德·金赛（Alfred Kinsey，1894—1956）及华地·帕姆洛依（Wardell Pomeroy，1913—2001）的《男性性行为》，1953 年又出版了《女性性行为》。是关于人类性行为的系统研究，此前在西方还被视为禁忌，当时非常轰动。

［23-12］西格弗里德·施瓦茨（Sigfrid Siwertz，1882—1970）：瑞典作家、诗人、编剧。

[23-13]罗伊·詹金斯(Roy Jenkins，1920—2003)：英国政治家、历史学家、作家。

[23-14]指“9·11”事件，世贸中心位于曼哈顿下西区，曼哈顿所在岛屿的西南角，当时人群紧急疏散，曼哈顿南端海岸来往伊利斯岛自由女神像的游船参与了救援运输。

[23-15]茅茅党(Mau Mau)：肯尼亚反对英国殖民统治的武装组织，成立于1951年。

[23-16]沃芬顿报告（Wolfenden Report）：1954年，英国政府委托沃芬顿爵士（John Frederick Wolfenden，1906—1985）调查研究同性恋与卖淫行为，于1963年提交了专家报告，认为私人的道德行为不应受法律审理制裁，在西方法律思想史上有深远的意义。

[23-17]盖伊·伯吉斯（Guy Burgess，1911—1963）：英国广播制作人、情报部和外交部官员，苏联间谍。当时克格勃有五位打入英国政坛内部的贵族精英，伯吉斯是其中之一，五人都出身于剑桥大学，时称“剑桥五杰”。当时英国官方查获了四人，其中两人是同性恋者，包括伯吉斯在内，一人是双性恋者，一度引起公众的恐同情绪。

[23-18]汤姆·迪里伯格（Tom Driberg，1905—1976）：英国记者、政治家，逝世后被查明是英国与苏联的双重间谍。当时公开的同性恋者，20世纪40年代因滥交被指控，还曾多次滥用职权脱罪。丘吉尔意即讽刺他是同性恋者中的害群之马。

[23-19]西塞尔·伍德汉姆-史密斯（Cecil Woodham-Smith，1896—1977）：英国历史学家、传记作家。

[23-20]指马丁·尼莫拉（Martin Niemöller，1892—1984）：德国牧师、神学家。曾经支持希特勒，但主张宗教与政治脱钩，保护牧师和教众。战后致力推动和平发展，因著名的反纳粹忏悔文《起初》（“当他们追杀犹太人，我保持沉默——我不是犹太人；当他们要追杀我，再也没有人为我说话了”）著称。

[23-21]埃里希·玛利亚·雷马克（Erich Maria Remarque，1898—1970）：德裔美国作家，著名小说《西线无战事》的作者。

[23-22]《伊凡·杰尼索维奇的一天》（*One Day in the Life of Ivan Denisovitch*）：索尔仁尼琴的中篇小说，描写苏联劳改营。

[23-23]《日瓦戈医生》(*Doctor Zhivago*)：苏联作家鲍里斯·帕斯捷尔纳克(Boris Pasternak，1890—1960）的长篇小说，描写一战至俄国内战中的知识分子的命运，反思并批判了集权体制。作者因此获1958年诺贝尔文学奖，但被苏联禁止领奖。

[23-24]克劳狄一世（Claudius，公元前10—54）：罗马帝国皇帝，公元41至54年在位。公元43年派大将普劳提乌斯攻打英国，即下文所说的抢了风头的将军。

[23-25]托马斯·贝克特（Thomas Becket，1118—1170）：英格兰大法官，要求教会司法权独立，不惜触怒亨利二世，被其亲信刺杀。托马斯·莫尔（Thomas More，1478—1535）：英格兰政治家、作家、社会哲学家与空想社会主义者，因反对亨利八世兼任教会首脑而被处死。两人死后都受封圣徒。

[23-26]《大宪章》（*Magna Carta*）：英国于1215年订立的拉丁文政治授权文件，

是贵族对抗王权的权利保障协议，要求王室放弃部分权力，尊重司法，受法律的限制。1225 年首次成为法律。1297 年的英文版本至今仍是英格兰威尔士的有效法律。

[23-27] 西蒙·德·孟福尔（Simon de Montfort，1208—1265）：法裔英格兰贵族，率军反抗亨利三世，一度成为英格兰的实际统治者。他召开了第一次由直接选举产生的议会，被视为现代议会制的创始人之一。

[23-28] 阿尔比派（Albigensians）：基督教的一个派别，约 1202 至 1250 年流行于法国阿尔比，13 世纪被诬为异教徒，遭到镇压。

[23-29] 罗拉德派（Lollards）：14 世纪英国激进基督教教派，荷兰语"lollard"指说话含糊，意即喃喃祈祷的苦修派。在底层流传甚广，遭到亨利四世和亨利五世的镇压。

[23-30] 本书所引《英语民族史》，译文参考薛力敏、林林译：《英国国家史略》，林葆梅校，新华出版社 1985 年版。特此致谢。

[23-31]王政复辟(Restoration)：1658年，克伦威尔去世，政局陷入混乱。1660年，早年流亡的查理二世返回英国，君主制复辟。

[23-32] 查尔斯·罗洛（Charles Rolo，1916—1982）：埃及裔英国记者、播音员。二战时曾为英国情报部工作，后来编撰美国多家刊物，成为了英美新闻界的官方联络人。

▲ 1940 年 11 月，年轻的约翰 ·F· 肯尼迪在其作品《英国为何沉睡》（*Why England Slept*）的扉页为美国演员斯宾塞 · 特雷西签名。（© 约翰 · 肯尼迪总统图书馆与博物馆）

二十四、可怕的假如

20 世纪 30 年代，丘吉尔在美国还是一个失意的作者，却在马萨诸塞州的剑桥一带[24-1]拥有两位热情的年轻支持者。其中一位的父亲是一个声名狼藉的爱尔兰裔反英分子，时常向孩子灌输战争无意义论，尤其是英国作战的徒劳无益。这位父亲就是约瑟夫 •P• 肯尼迪，他一遍遍地给子女讲索姆河战役的故事，那一代人被“毫无目的”地大批屠杀，口吻坚决，活灵活现。他的儿子约翰（昵称杰克）却喜爱英国文学中的英雄故事：亚瑟王传奇、沃尔特 • 司各特《撒克逊劫后英雄传》、麦考利《古罗马叙事诗》、罗伯特 • 路易斯 • 史蒂文森。1932 年 10 月因病住院时，他手不释卷地读了《世界危机》。丘吉尔认为，战争源于外交失策，是可以避免的，但也坚持认为，军事力量和对潜在侵略者的明确威慑是维持和平的要素。他承认索姆河战役是一场代价高昂的灾难，但也歌颂烈士们的英勇，其中包括当时首相的长子雷蒙德 • 阿斯奎斯，在《当代伟人》中，他赞扬道：“战争令许多人原形毕露，却从未使他失去英勇的气概，当掷弹兵们迈向索姆河的雷霆暴动时，他也走向了他的命运，冷静，自若，坚决，淡然，甚至喜悦。”约翰 •F• 肯尼迪记住了这段话，还经常引用，不管他父亲作何感想。

杰克虔诚地追着《纽约时报》上丘吉尔的文章阅读，几个星期后，他读到了丘吉尔谴责德国重整军备的第一次议会演说。11 月 10 日，斯坦利 • 鲍德温表示，希望撤除《凡尔赛和约》中德国的裁军条款，还提醒公众：“他们的轰炸机想来就能来。”11 月 23 日，丘吉尔回应道，希特勒不是总理，但依然大权在握，批准德国重整军备只能招致侵略。

丘吉尔对肯尼迪影响深远，但这个问题同时也十分暧昧复杂，并不只是避免了“又一次慕尼黑阴谋”这么简单。肯尼迪有意地吸取了丘吉尔的经验，成功入主白宫，但他对丘吉尔的阅读和一般美国公众不同，不同的读者反应很可能导致重大的政治后果。

1933年2月，希特勒得势后不久，牛津学联就通过了著名的决议：“在任何情况下，议会都不为一王一国而战。”当时丘吉尔就提出了警告，这只能助长英国敌人的气焰，在《风云紧急》中也有记载。彼时纳粹高层一心专注于在德国巩固统治，没有注意到这些骚动：没有记录显示希特勒曾经提及，纳粹宣传也没有相关的内容。而墨索里尼在一些场合显然有所指涉，意大利的媒体援引这句话作为证据，称英国并非完全反对入侵埃塞俄比亚。但这个决议显然令肯尼迪十分不快，这句话与丘吉尔和他喜爱的其他英国作家的爱国主义形成了鲜明的对比。当时丘吉尔在政坛不得志，与公众舆论也并不合拍，而杰克只是得出了结论：英国已经走向了“衰微”，无心保家卫国。

1938年3月4日，约瑟夫·肯尼迪新任美国大使，向内维尔·张伯伦“断言美国无论如何都不会支持英国”。张伯伦对此泰然接受，他也从来不指望美国能伸出援手。12日，希特勒入侵奥地利。18日，肯尼迪在伦敦的清教徒协会发表讲话。他的前任大使时不时地给英美联盟敲警钟，而他直截了当地表示：“我们的英国同胞切不可陷入困境，指望我们捞他们出来。”在此之前，富兰克林·罗斯福和科德尔·赫尔为德奥合并深感不安，极力叮嘱他要放低他的孤立主义论调。《慕尼黑协定》之前两个月，杰克就预料到了，英国不会为捷克斯洛伐克打仗，而他父亲正是协定的热心支持者。

1939年10月6日，波兰刚刚陷落，希特勒就向同盟国提出了谈和条件，允许他在已经征服的国家保留权力。三天之后，杰克·肯尼迪在《哈佛深红报》匿名发表了他的第一篇政论文章，催促英国接受事实，他们无法打败希特勒，只能同意它的条件，即使这将令波兰沦为傀儡国家，还要拱手相让一些殖民地，让德国的经济势力统治东欧。这篇文章流露了他父亲当时的失败主义论调，在绥靖主义上比张伯伦更甚，甚至与希特勒本人的提议惊人地相似。

1940年1至3月，“虚假的战争”期间，杰克写出了他的哈佛优秀毕业论文《慕尼黑的绥靖主义》。他认为，“为了英国军事力量的不备，而归咎于一位像鲍德温这样的人物，这是无理且不公平的”，尤其是在英国人普遍反对重整军备的情况下。这对他父亲来说实在太过分了。5月20日，德国装甲部队入侵法国的时候，约瑟夫·肯尼迪写道，他把草稿给很多人看过了，都“认为你对鲍德温太宽容了”。父亲显然和他们一样，认为鲍德温应该动用一些政治资本，提醒选民警惕希特勒：

> 我觉得你最好重新研究一下材料，确认一下选民的问题。不要让人看起来像是试图给领导人洗白。我知道，在民主政治下，政治家应该注意舆论动向，关心国家福利，试图教化人民，在他看来，人民总是错的。爱国主义可能不是什么德政，但是非常重要。如果要建设民主事业，我觉得这是绝无仅有的道路。

随后的几周，法国的抵抗逐步瓦解，杰克在阿瑟·克罗克的帮助下修改了草稿，克罗克是《纽约时报》的通讯员，帮助他父亲撰写演讲稿。克罗克提议起一个新的标题“英国为何沉睡”。论文频繁引用丘吉尔的《趁英国沉睡时》，正好与之相呼应。但是较之初稿，论文对绥靖主义者的态度不那么宽容了。慕尼黑会议之后，“美国就像玩扑克一样把问题简单化了，认为张伯伦打得太差，应该放大招吓唬他出局了，”肯尼迪写道，“但是，他们根本没算过他手上还有什么牌。”肯尼迪坚持认为，1938年9月，英国无论是军事上还是心理上都没有准备好参战。公众的反战情绪依然根深蒂固，丘吉尔要求尽快整军，在经济上也不现实，一开始就表示支持的都是“右翼激进分子”。1936年，他呼吁建立军需部，实际上是要求“工业征兵”，也还为时过早。征用出口工业份额来备战，这种独裁政策只会破坏英国的贸易平衡，损害其负担持久全球战争的能力。肯尼迪写道，丘吉尔可能夸大了德国的军事开支。他引用了《经济学人》杂志，20世纪30年代，这本杂志曾经批评丘吉尔“是我们才华横溢而琢磨不定的‘任性孩子’，再一次直中红心，灵光一闪推出了最糟糕的政策”。肯尼迪不情不愿地承认，这些无不证明丘吉尔是正确的：

> 无人能质疑他的能力和行动力，但这些特质令英国相信，只有他能担负起正确的战时策略，而和平时代他被视作是“危险的”，总是有那么一点令人不安。丘吉尔也经常走极端，从来不妥协，对支持的东西就“全力以赴”，其结果就是他的意见总是要经过大部分英国领导人的审慎考虑。

1936年11月12日，鲍德温在议会承认，他重整军备为时过晚，但是给出了理由：

> 假如我重组议会，说德国现在正在整军，我们也要整军，和平民主当时就会在这样的口号下团结起来吗？在我看来，这必将导致大选的惨败。

“我还从未听过公众人物这样不清不白的辩解，就像鲍德温昨天向我们表达的那样。”丘吉尔回击道。在一战之前，“对首相最严重的指控……除了渎职以外，就是罔顾国家安全……只为竞选的算盘。”他在《旗帜晚报》上写道，但是鲍德温似乎把这种算盘当作是“一种政治教条”。甚至约瑟夫·肯尼迪也尖锐地表示了批评（至少在1940年），但杰克对此表示疑惑。他认为，丘吉尔“断章取义，生发出了一个政治难题”，鲍德温的意思并非“把政党的利益凌驾于国家利益之上”，他只是要表示公众的反战情绪之深。杰克坚称，当时鲍德温没有感觉到重整军备的迫切需要，也许目光短浅，但并没有刻意欺瞒。

杰克赞扬张伯伦在慕尼黑会议之后加速整军，认为工党反对征兵是错误的。他提醒美国人，“我们不能盲目批评”英国的绥靖主义者。1940年5月的美国军方和1936年的英国一样疏忽大意，美国太担忧重整军备的开销了。“像英国一样，我们做出了无法兑现的承诺，比如说警告日本不要介入荷兰的东印度公司，”杰克写道，“但是，如果它们侵犯了荷兰，我们又要嘀咕：‘荷兰东印度公司值不值得打一仗？’就像慕尼黑会议时英国的斟酌那样：‘德属苏台德值不值得打一仗？’”这是肯尼迪第一次用慕尼黑会议来类比东南亚的局势，也不是唯一的一次。

在一个重要的方面，《英国为何沉睡》比杰克的毕业论文更加强硬，更有丘吉尔的风范。在结论中他承认，英国可能会失败，倘若如此，美国就不得不动用军事力量，不计代价地和独裁者抗衡。他写道：“面对威胁，所有的集团都要做好准备，为了国家利益而牺牲许多特定集团的利益。”这就为后来的“不要问你的国家能为你做些什么”[24-2]埋下了伏笔。假如张伯伦是由于缺乏军备抵抗希特勒而被迫在慕尼黑会议上妥协，那么美国就不能重蹈覆辙：

> 我们必须令我们的军备名副其实，慕尼黑给我们上了一课，我们必须认识到，任何威胁都可能成真。我们不能要求他人不越雷池，除非我们的军备和支持军备的人员都蓄势待发，甚至一声令下就能参战。在任何人看来都毫无异议：一旦我们争执，一旦我们犹豫，一旦我们怀疑，那就太晚了。

这段话并没有讨论“慕尼黑的绥靖主义”，只是表达了新近的忧虑：纳粹德国可能登陆拉丁美洲。但是在今日看来，必然会联想到古巴导弹危机[24-3]。

《英国为何沉睡》1940年7月末于美国出版，10月在英国出版。美国版售出了约12000册，入选了月读书友会的书目。约瑟夫·肯尼迪的朋友亨利·鲁斯为书作序，强调了军备的重要性，在他的《时代》杂志上也不遗余力地做了宣传。

1942年2月，新加坡沦陷，约翰·F·肯尼迪长期以来对英国衰落的看法更加坚定了。“是时候为大英帝国写讣告了。”他给妹妹凯瑟琳写信道。丘吉尔唤醒了一个国家，他期待有朝一日“新世界全心全意地要拯救并解放旧世界”，而肯尼迪对这句话的解读完全不同：“一国的首相告诉他的人民，另一个国家会来救他们——这就是走下坡路了。”然而，肯尼迪已经把他所怀疑的身为政治家的丘吉尔和令他着迷的表演艺术家丘吉尔区别开来了。肯尼迪花了不少时间和精力练习演说，起初就把丘吉尔当作榜样。他的友人查尔斯·斯伯丁[24-4]回忆，1941年12月，丘吉尔在美国国会发表演说的时候：

> 杰克和我在宾馆房间里听演说，听得入了迷。他在收音机前流连忘返。后来坐电梯的时候，我们还在琢磨演说，他模仿着，问我："你觉得这个手势怎么样，查理？"就好像刚看完一场瓦格纳歌剧一样，他试着回忆所有细节。他模仿得非常漂亮……就像一个优美的滑冰运动员或者舞者……动作非常优雅……

1948年4月，《风云紧急》开始在《每日电讯报》、《纽约时报》和《生活》杂志连载。6月21日，米夫林推出了单行本，当天首印的75000册就销售一空。三天之后，苏联兵围西柏林，身为国会议员的约翰·F·肯尼迪乘船前往欧洲实地调查。26日，丘吉尔公开发表了"慕尼黑类比"[24-5]，坚称只有坚决抵抗斯大林，才能防止发生第三次世界大战；就在同一天，柏林空运[24-6]开始了。在伦敦，杰克发现，人人都在讨论丘吉尔的回忆录以及1938年的种种，于是他安排了计划前往柏林。10月9日，空运已经奏效了。丘吉尔告诉保守党议会，只有美国的核垄断才能阻止苏联侵略欧洲，苏联一旦拥有原子弹，就会更加放肆。他引用《路加福音》第23章道："这些事既行在有汁水的树上，那枯干的树将来怎么样呢？"肯尼迪在1960年的总统竞选演说中也用了这一警句，以强调核实力地位协商的重要性。虽然曾经为鲍德温和张伯伦辩护，但肯尼迪更倾向于以丘吉尔式的魄力，和苏联对谈。他的拥护者大多是天主教徒，忠实的民主党员，激烈地反对共产主义。许多人都支持另一位杰出的爱尔兰裔政治家，参议员约瑟夫·麦卡锡，肯尼迪自己对他也颇有好评。

1952年，杰克以微弱优势当选参议员，又在1956年认真地参与了民主党副主席的竞选。彼时"慕尼黑类比"已经在美国的政治话语中泛滥成灾。1955年，艾森豪威尔总统自日内瓦会议归来，在大雨中的机场跑道上不打雨伞就发表了演说，堪称为内维尔·张伯伦招魂。1957年10月4日，苏联发射了人造卫星，随后美国的导弹试验相继失败，令艾森豪威尔政府非常苦恼，这就为冷战时期的民主党提供了可乘之机，得以从右翼挫败共和党。在1958年8月14日的一次演说中，肯尼迪提出了警告，苏联将要在核弹部署上赶超美国，他再次呼应了丘吉尔的论调：

> 这是至关重要的年月，被蚕食的年月，显而易见的是，我们以军事安全的代价换取了经济安全，未来数年中这一政策将把我们引入巨大的危险……用温斯顿·丘吉尔先生在英国历史之黑暗时代的话来说："来吧，走向工作，走向战场，走向辛勤劳作，各司其职，各安其位……让我们在（国土）各地共同前进，一个星期、一天、一个钟头也不能浪费。"

肯尼迪已经找到了自己的主题，11月，他以压倒性的优势再次竞选参议员成功，剑指1960年总统大选。哈罗德·麦克米伦曾经说道，他要"以丘吉尔作为敲门砖"。

但丘吉尔和肯尼迪之间存在重大的差异。20世纪30年代，英国在军备竞赛中危险地落后于德国，而"导弹差距"则完全是假想的。丘吉尔及时提出警告，赌上的是他的政治生涯，而肯尼迪只不过说了美国人想听的话。杰克与斯坦利·鲍德温更相像，极其精明地紧密迎合了主流舆论。在获得普利策奖的著作《当仁不让》（1955年）中，肯尼迪成功地将自己打造成了丘吉尔式的敢于直谏者。这部作品中只直接引用了一次丘吉尔的言论："民主是最坏的政府形式——除了其他所有不断地被试验过的政府形式之外。"但全书遵循了丘吉尔式的著史风格：通俗，爱国，易读，意在鼓舞人心而非揭露真相，聚焦于大人物和高层政治。它模仿的是《当代伟人》，丘吉尔曾在《当代伟人》中写道："勇气是最值得敬重的品质，因为……它是其他一切的保障。"肯尼迪全书的第一句话就模仿了它："这本书谈论的是最令人钦佩的人类美德——勇气。"[24-7]他在书中描写的八位美国政治家都是"丘吉尔式"的，义不容辞地向暴政开战。然而，其中三位（丹尼尔·韦伯斯特、托马斯·哈特·本顿和山姆·休斯敦[24-8]）全力阻止内战，即使这意味着向奴隶制妥协；其中两位是声名狼藉的孤立主义者：乔治·诺里斯（阻挠伍德罗·威尔逊武装美国商船抵抗德国潜艇的提议）和罗伯特·A·塔夫脱（谴责纽伦堡审判）[24-9]；只有约翰·昆西·亚当斯[24-10]与丘吉尔比较接近，他1807年就反对“大英帝国的绥靖政策”，支持杰斐逊的封港令[24-11]，肯尼迪自己也提到，他“应该知道封港令会损害新英格兰地区的利益，但几乎触动不了英国”。在第一章和最后一章中，肯尼迪讨论了妥协、灵活和关注本土利益的意义，这多少削弱了全书的立意。最后，他表示支持辉格党政治家墨尔本勋爵[24-12]怀疑论的实用主义：“年轻的历史学家T·B·麦考利曾经批评他，令他恼怒不已，他说，麦考利似乎要把握每一件事的是非曲直，而他只愿了解手头一事的是非曲直。”较之丘吉尔，肯尼迪可不愿让信念危害他的政治生涯。或许正因如此，《当仁不让》草稿中出现过的一句丘吉尔名言，在定稿中被删掉了：“忍不了不得人心的政治家，也不配得人心……一时看似如此，过后就会发现，已经面临着最坏的情况了。”

1960年1月14日，肯尼迪宣布：“在60年代，我们需要一位总统，有愿望也有能力召唤国民，实现最光辉的时刻。”准备竞选总统的时候，他听了丘吉尔的战时演说录音带，是爱德华·R·默罗[24-13]大力推荐的：“现在他应该调动辞令，投入战斗了。”后来肯尼迪也借用了这句话。在1960年的演说中，肯尼迪经常引用丘吉尔，利用《趁英国沉睡时》的内容，批评斯坦利·鲍德温，屡次拿理查德·尼克松[24-14]和他相比。尼克松曾经给最后一位民主党旗手阿德莱·史蒂文森[24-15]打上了“绥靖主义者”的标签，这一次肯尼迪先下手为强，频频回击。在民主党总统候选人提名演说中，肯尼迪历数了尼克松的罪状，声称要摒弃党争，以“新边疆”的视野高瞻远瞩：“二十年前，丘吉尔在就职演说中说道，假如在当下与过去之间挑起了争端，我们就有失去未来的危险。”他补充道，副总统的意识形态就是东施效颦，说些人人爱听的，靠在电视上满口“慕尼黑类比”给大众留印象。两位候选人都认为，美国应该支持台湾，那么金门和马祖等沿海岛屿怎么办？肯尼迪说，它们不重要，也站不住脚，但是尼克松把它们比作了苏台德，肯尼迪同样夸张地回敬道，尼克松“从来没有真心反对共产党占领古巴”。

肯尼迪的竞选演说集名为《和平的策略》，显然是效法了丘吉尔的演说“和平的力量”。其中应对苏联的策略基本相似，也经常引用丘吉尔。在对底特律汽车工人的演讲中，肯尼迪提出了老年医保项目，举丘吉尔为爱德华时代社会改革者的例子，认为他领导议会与贫困战斗。他还许诺向西弗吉尼亚的经济危机提供联邦政府援助，重复了丘吉尔要求租借协议时的名言：“利其器，而后善事。”在西部竞选时，肯尼迪脱口背诵了诗句，“可朝西看吧，大地是一片光明”，他没有直接从原作者阿瑟·休·克拉夫那里引用，而是从丘吉尔那里转引的。

总统大选九天之前，肯尼迪收到了一份机密的竞选备忘录，向他反映的是，根据民意调查，他和尼克松争论议题时“势均力敌”，但肯尼迪一流露出丘吉尔式的腔调，风头就上升了。在他们第四次也是最后一次电视辩论中，候选人要讨论的是“声望问题，要让美国人看到硬道理，直面现实。参议员肯尼迪过关斩将，以62%∶38%胜出。在第四轮辩论之后，从各州选民的自由意见看来，美国的海外声望问题成了最重要的外交政策议题”。因此，竞选结束当天，备忘录也力促肯尼迪严厉打击菲德尔·卡斯特罗[24-16]，在古巴支持反卡斯特罗的势力，公开反对“在古巴建立共产主义军事政权”。

肯尼迪十分了解丘吉尔，在20世纪20年代，他警告要提防错误地铸成战争，50年代又提倡控制核武器。因此，在1960年的竞选中，肯尼迪提出了双管齐下的外交政策：确保核武器力量凌驾于苏联之上，但是另一方面，从实力地位出发，商谈禁止核试验协定。他遵循了丘吉尔言简意赅的原则：“我们武装起来——去谈判。”因此，他同时在左右两翼击败了共和党，一统民主党的“鹰派”与“鸽派”，在双方面前都游刃有余，扮演着比气息奄奄的艾森豪威尔政府更加有力的促变因素。

然而，大部分美国读者了解的只是20世纪30和40年代的丘吉尔。在50年代的尾声，美国大众媒体宣传渲染的是一个对抗独裁者的伟人形象，吸引了更多的观众。1959年，《第二次世界大战》的两个缩编版本由米夫林公司和时代生活出版公司分别推出。在《风云紧急》中，丘吉尔警告道，不要把每一桩国际冲突都简化为又一次慕尼黑阴谋：

> 要评判这类事情，绝对不能脱离当时的实际情况。……那些在气质上和性格上喜欢为含糊暧昧的难题寻求斩钉截铁的解决方案的人，和那些一遇到外国的挑衅就立即准备应战的人，并非都是对的。另一方面，那些倾向于低头忍受、耐心而真心诚意地寻求和平妥协办法的人，也不一定是错的。恰恰相反，在大多数场合下，后者可能是正确的，不论从道德上还是从实际效果上来看，都是如此。忍耐和坚执善意曾避免了多少战争！……多少战争是煽动者促成的！多少引起战争的误会本来可以因延缓决定而得以消除！

在1961年11月的演说中，肯尼迪也引用了这段话，但是，1959年版的《第二次世界大战》删除了它们。取而代之的是一段对战后世界局势的概括，是丘吉尔在1956年匈牙利十月事件[24-17]后写下的，对苏联的态度更加强硬。他重写了“铁幕”演说中的重要部分，总结道：“半个欧洲只是被一个暴君交到了另一个手中。”他强调了所有冷战的标志，柏林墙、北约、朝鲜战争，还坚称：“美国对核武器的持有和优势地位，是我们所期望的和平的最可靠的基础。”他一笔带过峰会，放弃了裁军，坚决要求“自由国家的友谊和筹备……不能有丝毫放松，一旦防备松懈，就会损伤和平的进益”。

在新的收场白中，丘吉尔回忆了一个令人震惊的事实：冷战初期，“我甚至想过在苏联的主要城市进行空中的和平示威，向苏联领导人展示一些我们的最新发明，能让他们的态度更加友好而冷静一些。”他显然没有想过，克里姆林宫的高层可能下令打击掠过他们窗口的西方战斗机。至于丘吉尔为何能想出这么一个疯狂的主意，哈罗德·尼科森的《公众人物》再次给出了答案：在小说中，英国刚刚造出原子弹，皇家空军的超音速轰炸机就飞往世界各主要国家的首都，向对手宣示力量。

时代生活的版本则是大开本的插图版，只包含了原书六分之一的内容，但是配上了大幅迥异于《生活》杂志的生动照片。书末有两幅可怕的蘑菇云的全彩图片：一幅是氢弹爆炸的照片，占了全页；另一幅是1946年比基尼岛原子弹试验的照片，横跨两页。后者上面印着从丘吉尔这段结语中引出的一句话："假如战争面临的是同归于尽，那么它就可能不断地延后。"在同一章节中，丘吉尔准确地预言道，匈牙利十月事件只是一系列事变的开端，最终将扳倒苏联。这个版本的这一部分实际上是安慰性的：只要西方继续保持强大与警惕，就能避免核战争，苏联最后会被内斗拖垮。*

肯尼迪在美国电视上的生涯始于1956年11月15日，当时美国全国广播电视台正在直播电视版的《萨伏罗拉》，彩色画面，共计37分钟（不包括广告），由莎拉·丘吉尔饰演露西尔。据《时代》报道，她"漂亮、得体而乏味"，还总结道，对白比起原著来更折磨人。（"在爱情和战争中，一切都是公平的。""那这会儿算是什么？""二者兼而有之。"）温斯顿事先审查了剧本，认为不该把莫拉里演得太像20世纪的独裁者，显得有些时代错乱。在1900年，还不存在"那种控制我们生活的政治独裁体制"，他抗议道。他要求故事就应该按照原著来搬演，"彻底扣人心弦的情节剧"。

但是，制片方和观众希望看到的都是那个征服了暴君的丘吉尔。美国广播电视台制作了《第二次世界大战》的电视系列片，名为《温斯顿·丘吉尔：英雄岁月》，奠定了他在美国人心中的这种形象。电视台告诉编剧："这个系列片的基本原则就是，温斯顿·丘吉尔是我们的领袖，要用各种创新性和戏剧性的手法来塑造他。"故事被按照一种套路来编撰，和情节剧非常类似，但对美国人而言更加熟悉："就像一部西部片：神枪手温斯顿·丘吉尔躲在岩石后，或者一马当先冲进山谷。我们有一个出色的男主角和一个出色的反派。"西部片正是美国广播电视台的强项。

《英雄岁月》试图再现《海上雄风》（1952—1953年）的辉煌，《海上雄风》是全国广播电视台广受好评的二战纪录片，但并没有充分表现战

---

* 笔者的少年时代正值这一语境，当时在学校图书馆读到了丘吉尔的作品。老师在课堂上说，假如没有这位伟人，我们如今恐怕都要戴着纳粹臂章。

时的英国。影片在英国转播时，许多观众都很生气，尤其是丘吉尔本人。而1960年，美国的电视以英国为中心重述了战争，这反映了一种文化观念的改变，也是丘吉尔在美国封神的标志。英国不再被视为争霸世界权力的帝国主义对手，而是对抗极权主义的史诗性战斗中的一位重要盟友。

当时，美国广播电视台仍然是“三线”，在收视率、广告收入、联播伙伴和口碑上都落后于哥伦比亚广播公司和全国广播公司。《英雄岁月》打的是国家声望牌，动用了约250人的工作团队，其中包括著名记者昆丁·雷诺兹和威廉·L·夏尔；背景音乐由曾为《海上雄风》配乐的理查德·罗杰斯[24-18]制作；丘吉尔的旁白由理查德·伯顿[24-19]朗诵。1953年，伯顿在老维克剧院演出《哈姆雷特》，剧院经理告诉他，丘吉尔就坐在观众席上。据《时代》杂志报道：

> 伯顿说出了他的第一句台词：“比侄子是亲些，但还算不得儿子。”他震惊地听见，前排传来了同声的喃喃低语。丘吉尔跟着他继续一句一句往下念，像个戏剧审查官一样，有些地方删节了，他的脸色就不大好看。“我试着甩掉他，”伯顿回忆道，“我时快时慢，但是他都跟得上。”丘吉尔一直跟到了最后，伯顿谢了十八次幕，丘吉尔告诉一名记者：“这是我记忆中最震撼人心、最有气概的哈姆雷特。”数年后，《温斯顿·丘吉尔：英雄岁月》正在筹备的时候，制作人询问温斯顿先生，他觉得该由谁来为丘吉尔配音。“让老维克剧院的那个小伙子来。”老先生说道。

1960年11月27日，《英雄岁月》首播，彼时肯尼迪刚刚当选总统。结果其实无关紧要，尼克松也是丘吉尔的热心支持者。1961年1月20日，肯尼迪宣誓就职，五天之前，表现法国沦陷之后，丘吉尔号召英国备战德国的那一集刚刚播出。《英雄岁月》的标题呼应的就是《当仁不让》，在当时，这种精神对政治家非常重要。这部系列片赢得了两项艾美奖：罗杰斯的最佳配乐奖和“优秀纪录片编剧奖”，在评论界产生了普遍反响。吉尔伯特·赛德斯[24-20]在《电视指南》上称之为“少见的可观的电视节目”。“完美……如画……令人难忘，”《时代》赞扬道，这就是丘吉尔的“最光辉的半小时”[24-21]。美国联邦通信委员会主席牛顿·米诺在1961年5月9日的演说中发表了对美国电视的著名谴责，斥之为“精神大沙漠”，却盛赞《英雄岁月》是一个杰出的例外。然而收视率却多少令人失望：第一集还不及哥伦比亚广播电视台《明星猜猜看》的一半。尽管如此，还是有9.3%的美国家庭收看了丘吉尔，比他的任何一本书受众都要广。

这就是肯尼迪发表就职演说的文化语境，他的参谋也称之为“热血、汗水和眼泪”。虽然并未确切地引用或者提及丘吉尔，演说还是在简短的篇幅内（14分钟，1364个单词）化用了数条丘吉尔的典故。其节奏完全是丘吉尔式的坚定：“我们将不惜一切代价，承担一切重负，迎战一切险阻，支持一切友人，反对一切敌手，来保障自由的生存与胜利。”同时也包含了丘吉尔的威尔斯式未来展望，要在乌托邦与末日之间做出抉择：“凡人之手掌握了力量，就消除了所有形态的人类贫困，也消除了所有形态的生命。”丘吉尔称之为“堕落的科学”，而肯尼迪把它叫做“科学所释放的黑暗力量”。总统明确地呼吁控制核武器。“我们不要出于恐惧而谈判，但我们不要恐惧谈判。”这是对丘吉尔外交途径简明扼要的概括。这段话还可以看作是认可了与英国的“特殊关系”：“那些古老的同盟国是我们文化与精神的共同源头，我们保证忠于我们可靠的友人。团结一致，共同前进，我们就无所不能。”肯尼迪警告殖民地涌现的新国家，不要受共产主义“更加顽固的暴政”的引诱：“要记住，那些曾经妄图驾驭老虎的人都葬身虎腹了。”这是他最接近于直接引用丘吉尔的一句话，慕尼黑会议之后，丘吉尔曾经在议会辩论中说道：“独裁者已经骑虎难下，现在老虎饿了。”《趁英国沉睡时》收录了这篇演说稿。二十年前，丘吉尔还曾对哈罗公学的学生说：“不要说黑暗时代，我们宁愿说严酷的时代；这不是黑暗的时代，而是伟大的时代——是我们国家有史以来最伟大的时代；我们所有人都要感谢上帝，感谢他让我们每个人都能演上一个角色，为了使这个时代在我们民族的历史上永放光芒。”如今，肯尼迪向听众表达了同样的青史留名的论调：“在漫长的世界史上，在最危险的年月里，只有少数几代人担当起了捍卫自由的角色，我不会在这责任面前退缩——我求之不得。我不相信我们中间会有谁愿意和其他人或者其他年代交换位置。”

竞选的时候，哈罗德·麦克米伦对两位候选人的印象都不深：“一个看起来活像个犯人，另一个不如说是年轻漂亮的大学生。”总统在猪湾事件[24-22]和维也纳峰会[24-23]中马失前蹄时，首相悲哀地下了结论：“肯尼迪没能产生真正的领导力……我们要在柏林上惹出大事了——一场可怕的外交失败或者（纯粹由于无能而引发的）一场核战争。”但后来他惊喜地发现，肯尼迪熟读英国政治史，不光丘吉尔，他还学习威廉·皮特、查尔斯·詹姆士·福克斯和墨尔本勋爵等政治榜样。他尤其赞赏戴维·塞西尔[24-24]的《年轻的墨尔本》（1939年）一书，戴维·奥姆斯比－戈尔[24-25]后来写道，他和墨尔本勋爵一样，具有“一种疏离战场、冷静地评估事态的能力”，在古巴导弹危机中，这种能力起了重要的作用。

麦克米伦希望英国可以饰演希腊，美国则是罗马，由英国来明智地引导这个崭新而缺乏经验的帝国，这个话题今日没有人再提了。麦克米伦和肯尼迪之间当然有许多摩擦，“天空闪电”导弹计划的下马就是最典型的例子。[24-26]美国在布防上所花的时间是英国的十倍，两国之间的“合作关系”必然是不平等的。但是，时任英国驻华盛顿大使的奥姆斯比－戈尔早在1938年就与肯尼迪交好，两人关系不凡，他出入白宫比其他外交官更加容易。共同的丘吉尔式标准也促进了总统与首相之间的交往。麦克米伦的意见可能对肯尼迪产生了深远影响。1961年3月，双方在基韦斯特[24-27]会见，讨论了共产党入主中立国老挝的问题，都将其比作了莱茵兰整军，但是麦克米伦阻止了美国往该区域派遣大量军队的计划。1961年6月，肯尼迪在维也纳峰会上遭到了赫鲁晓夫的恐吓，他觉得丘吉尔说得对，他无法再维持美国的全球联盟了。麦克米伦给动摇的肯尼迪吃了颗定心丸：首相十分关注赫鲁晓夫挟持西柏林的恐吓，承认西柏林就是一个“但泽”，西方国家可能不得不在那里开战，但他也指出，苏联领导人也许只是在虚张声势，并没有太当真。而麦克米伦对女王表示，肯尼迪在维也纳的表现“让我想起了哈利法克斯勋爵和内维尔·张伯伦先生试图和希特勒先生谈判的样子”。最后，在麦克米伦的坚持推动下，超级大国之间终于达成了禁止大气层核武器试验的协定。面对英美政策的抵牾，肯尼迪又引用了丘吉尔的名言：“任何结盟的历史都是各国互相攻讦的历史。”

尼基塔·赫鲁晓夫并不是阿道夫·希特勒，但不幸的是，他与威廉二世相似。他是个独裁主义者，却不是大屠杀的刽子手；身为世界第二超级大国的领导人，他深深憎恶美国，与之展开了军备竞赛，但也希望能在某种程度上和解；他有对外扩张的目标，向来以威胁和长篇大论自持，无情地杀伐弱小的对手；他的外交政策危险地漂移不定，容易冲动，“情感政治”多于“现实政治”，有时甚至表现得像荒诞派戏剧；他号令着庞大的军事机器，意在建立全球霸权，而他的国家缺乏足够的资源来支撑这一霸业。因此，他非常可能冒失地开战。“要知道，我们和斯大林处得更好，”一位外交部官员说道，而赫鲁晓夫带来的是核武器的时代，“我们时时无比恐惧……这实在大胆，冒险主义。”他在古巴部署导弹，就像希特勒的政变一样鲁莽，虽然他自己也害怕核战争真的发生。在时间极度紧张的情况下，美英两国的领导人试图识破苏联领导人的动机和目的，但五十年后，历史学家依然为之争论不休。英国驻克里姆林宫大使弗兰克·罗伯茨可能一语中的了，他指出：“众所周知，赫鲁晓夫的风格是列出行动计划，但并没有正确地预见它们导致的后果。”

肯尼迪一心要避免错误地铸成战争，他一直深感恐惧，有两桩不同的错误导致了两场灾难性的战争。其弟罗伯特回忆道，其一就是1914年欧洲领导人的大意承诺：“他们莫名其妙地踏入了战争，他说，因为愚蠢、个性、误解以及自卑与自尊混杂的气质。”同时，肯尼迪兄弟也“谈论1939年德国的误判，英国已经出让了波兰，他们依然贪心不足”。张伯伦的失误在于闪烁其词，1938年出卖了捷克斯洛伐克，1939年又赔上了波兰。希特勒得寸进尺，和英国阴差阳错地打起了仗，这场战争原本并不在他的计划内。假如肯尼迪没有果断地应对古巴导弹危机，那他确实有理由恐惧。大胆的赫鲁晓夫可能会赌上一把，在西柏林继续前进，借由另一条路线展开核战争。在肯尼迪的时代，慕尼黑类比泛滥成灾，但并非全无道理。

在冷战局势最危险的阶段，丘吉尔的作品有力地支持了肯尼迪。他了解丘吉尔的全部作品，意识到他不只是谴责了慕尼黑阴谋。在整个政治生涯中，丘吉尔的外交策略步步为营：坚决抵抗，抵抗的同时也允许体面地退让，宽宏大量，互通有无，全球贸易，裁军，（适当的）绥靖。在与反复无常、难以捉摸的苏联领导人打交道的时候，这种模式令肯尼迪游刃有余。宣布封锁古巴的时候，他也警告美国人："20 世纪 30 年代给我们明明白白地上了一课，放任侵略行为不加制止，最终就将导致战争。"而出现谈判机会时，肯尼迪也喜欢引用（误用）丘吉尔的名言："唇枪舌剑比真刀真枪要好。"

从芭芭拉·塔奇曼[24-28]研究一战源起的著作《八月炮火》中，肯尼迪也吸收了类似的经验。《八月炮火》于 1962 年 1 月出版，马上登上了《纽约时报》书评的头版，连续 42 周高踞畅销书榜。和《当仁不让》与《英语民族史》一样，它是一部通俗历史：可读性极强，有鲜明而简要的叙述线索，没有学术基础，在学院派中也不受推崇。哈佛大学教授西德尼·费伊总结道："塔奇曼犯了历史错误，但历史学家需要像她一样写作，否则我们就都破产了。"4 月，肯尼迪读了这部书，印象非常深。8 月 16 日，古巴危机爆发之前，他向退休的将军道格拉斯·麦克阿瑟推荐这部书，并询问道：

> 我想请教，读过这部书之后，您再去读别的什么东西，还会认为英法的领导人完全无能吗，尤其是 1917 年的帕森达勒战役，以巨大的伤亡代价，推进 8 英里、9 英里、10 英里，从 6 月一直打到 10 月、11 月？同盟国还有别的选择吗？您认为他们必须继续攻打其他战线，还是应该做些别的什么？

但是，《八月炮火》并没有描写帕森达勒战役，也没有描写西线的静态胶着。塔奇曼只关注了冲突的开端，虽然它也是一场进展迅速的战争。肯尼迪显然将她的作品与《世界危机》弄混了，《世界危机》严正地记录了帕森达勒战役的恐怖：

六个星期里我军最远推进了4英里。不久，大雨从天而降，弹坑遍野的巨大战场成为了一片令人窒息的恶臭泥浆，人畜和坦克在泥海中挣扎，并无望地消亡。……（德国）一直是损失一个人要消灭两个人，每让出一寸土地都要使对方付出高昂的代价。……直到11月底才承认最终的失败。

塔奇曼谴责将领们好大喜功，拒绝改变作战计划，但丘吉尔没有那么苛刻：

他们将前景暗淡的实验做到了最后。他们从英国得到了想要的一切。他们把英军的人员和大炮同时消耗到了毁灭的边缘。他们是在不顾最直截了当的警告、不顾连自己也无法解答的论据的情况下这样做的。……（而威廉·罗伯森[24-29]先生写道，）“我坚持推行原计划是因为我看不到任何更好的办法，还因为本能驱使我坚持下去，而非有充分说服力的论据支持我这样做。”用这些话来为近40万人的牺牲辩护，真是太可怕了。

肯尼迪显然将塔奇曼和丘吉尔联系到了一起，而他们只是强化了他对“权贵”们的不信任，以及不再把一代人送上战场牺牲的决心。他要求他的军事官员都读《八月炮火》，参谋长联席会议主席马克斯韦尔·泰勒回忆道：“他老是对我说，一战的爆发是因为将军不中用，找不出第二个解决方案，政府只得倾巢出动，大动员，只能走战争这条路。”在白宫的午餐会上，他送给麦克米伦一册书，大谈塔奇曼提出的问题。戴维·奥姆斯比-戈尔当时也在场，回忆道，麦克米伦还没有读过，但是两人对书的看法一致，“奠定了友谊”，甚至“亲如一家的氛围在他们两人之间弥漫开来”。据阿利斯泰尔·霍恩[24-30]记载，麦克米伦后来读了这部书，“深受感动”，“从中得出了同样富有教育意义的结论，是决策失误酿成了一战”。10月13日，古巴危机升温，美国外交官切斯特·鲍尔斯与苏联大使阿纳托利·杜布莱宁会晤，也推荐他读《八月炮火》：“他从中看到了一种政治军事行动的模式及其反对行动的模式，未来六个月可能会重演。1914年7月，俄国、德国、奥匈帝国、法国和英国的情报人员都意识到，冲突力量已经濒临爆发，他们都面临着内部压力，但承诺和先例令他们无法逃避。假如我们在核武器的时代重演这一悲剧，那将是史上最荒唐的事。”塔奇曼认为，1914年8月，正是大动员的势头将欧洲列国卷入了战争。1962年10月，麦克米伦极力反对北约部队进入警戒状态，很可能就是出于这种考虑。

《八月炮火》在古巴导弹危机中扮演的角色并不陌生。更加值得注意的是，丘吉尔大力将芭芭拉·塔奇曼打造成了一位历史学家。她的第一部学术著作是1933年拉德克里夫学院的毕业论文，研究维多利亚时代英国帝国主义的道德合法性问题，重要的论据就包括《河上之战》和《伦道夫·丘吉尔勋爵》。在《八月炮火》之前的两部著作中，塔奇曼就写到了丘吉尔的铁口直断。其一《〈圣经〉与宝剑：从青铜时代到贝尔福时代的英国与巴勒斯坦》（1956年），以丘吉尔1920年的预言收尾："在我们有生之年，在英王的保护下，于约旦河畔建立一个犹太国家。”还引用了他1939年的白皮书，谴责限制犹太移民进入巴勒斯坦的条令。和丘吉尔一样，她也是一名热情的犹太复国主义者。其二是《齐默尔曼的电报》（1958年），研究了将美国卷入一战的导火索，以丘吉尔对历史机遇与突发事件的观点作结。《八月炮火》之后，她又出版了《辉煌之塔》，丘吉尔在其中再次扮演了重要角色，爱德华时代最醒目的政治家之一。

塔奇曼的历史著作是一部文学作品，像小说和诗歌一样富有创造性。她带有推敲性质地发问，丘吉尔是否“在文采上……逊色于威廉·福克纳或者辛克莱·刘易斯”？首先，她将历史当作了戏剧，“一战的头一个月，正如温斯顿·丘吉尔所言，‘一场好戏不容错过’。”他们都深谙海军大追击的戏剧性意味：丘吉尔令人屏息地描写了南海之上击杀冯·施佩将军的战役，塔奇曼则花了一整章的篇幅来描写横跨地中海追击“戈本”号[24-31]。她的目的是面向大众写作历史，明确地将自己定位为通俗作者的同道，和H•G•威尔斯、威尔·杜兰特、利顿·斯特雷奇、威廉•L•夏尔、塞缪尔·艾略特·莫里森、阿瑟·施莱辛格以及温斯顿·丘吉尔一样。她对于著史的理解，是丘吉尔于1949年所称的，“可怕的20世纪”在历史进程中粉碎了维多利亚时代的自信。塔奇曼不惮承认，《八月炮火》很大程度上借鉴了《世界危机》的第一卷。“这部英语中独一无二的重要著作，作者本人就是在战争爆发时把持着关键的大人物。”生怕读者疏忽了作品的要点，她又以丘吉尔的名言开篇，关于人类矛盾冲突的不可预知：“可怕的假设积少成多。”

20 世纪 60 年代早期，阅读《世界危机》的读者会发现，其中对于一战的描述和核武器对抗一样恐怖：

每一桩反人类、反国际法的暴行都会遭到更长时间、更大规模的以牙还牙，没有休战和谈判来缓和军事矛盾。伤兵死在战场上，死者腐朽入土。商船、中立国船只和医用船被击沉在海上，甲板上的人听天由命，或者在游水时被击杀。所有的计划都旨在拖垮整个国家，逼迫投降，无论男女老少。城市和古迹被大炮轰得粉碎。炸弹满天飞。各种毒气将士兵熏死，燃烧弹扔上他们的尸身。人从着火的飞机上坠落，或者在黑暗的海底深处慢慢窒息而亡……除了这些，还有拷问和自相残杀。文明、科学与基督教信仰的国家就这样否定了自己，文明的效用是值得怀疑的。

丘吉尔总是认为，因果关系是历史中最复杂难解的维度，而 1914 年 8 月尤甚。“真的有声名显赫的人心存恶念，希望酿成这样可怕的后果吗？”他问道：

对大战成因的研究，通常认为，是个体错误地掌控了世界的命运，也可以说：“在人事上，误差总是多过预计。”即使最有才能的人思维也有局限，他们颇有争议的权威，所处的舆论环境，在大问题上短暂而片面的决策，问题本身远远超出了他们的预计，规模过大，细节过多，都会令事态发生改变。

所有这些因素都限制甚至禁锢着拥有最高权力的政治演员，因此事态“沿着特定的路线发展下去，再没有人能挽回了”。

但是，这条路线十分明确，为何欧洲的领导人无法改变其方向？丘吉尔终其一生都认为，人可以操控历史。战争是无情力量的产物，他没有就这个理念更加深入地展开，而是辩称，1900年，德国建立了世界第二强大的海军，打破了欧洲的力量均势，增强了国际张力，使英国转而与日本、法国和俄国结盟。读者可能会得出结论，居于第二位的力量想要赶超并挑战主要力量，是异常危险的，正如苏联想超越美国的核武器优势一样。

此外，约翰·梅纳德·凯恩斯也阅读了《世界危机》：“丘吉尔先生的主题或者说观点就是，一般说来，每个国家的专业军人和‘权贵’在军事政策的重大问题上都犯了错误，事前误判依据，事后误判证据，而专业的政治家……却总是对的。”假如外交部长爱德华·格雷先生能向德国明确地表示，英国将出战保护法国和比利时，战争是不是就可以避免？丘吉尔指出了格雷所面临的政治约束：在比利时真的遭到入侵之前，他是否发布过这样的最后通牒？“我确信……内阁将会分崩，而……下议院会否认他的行为。”批评政府当然不是丘吉尔喜闻乐见的，他自己就曾是政府的一员。

芭芭拉·塔奇曼就没有这种顾虑。“格雷完全言之无物，一位同僚说，他回避问题已经成了一种策略。”逃避是他厌恶外交的表现，身为外交部长，这实在是严峻的不利因素。比起研究欧洲事务，他更喜欢钓鳟鱼。而丘吉尔主要关注的是英国，认为早在1914年之前，战争的所有可能性就都打好了草稿，一开始行动就产生了非凡的效果，尤其是他自己派遣英国远征军前往法国的计划。“假如只欠东风，假如计划不完善，假如这不是唯一的进路，假如所有的军事意见都不鼎力支持，谁又能说不会发生致命的踌躇，干扰战事？”但是在《八月炮火》中，德国的施里芬计划、法国的第17号计划以及所有其他教条的战事计划都行之无效[24-32]，指挥官无法更改，也不会更改，只得将对手拖入僵持，两败俱伤。这些都源于“战争第一个月就立下的假设、失误与承诺……国家陷入了困境，在战争爆发头三十天就设好的困境，无可选择，毫无出路的困境”。两部作品意见不一，但都向肯尼迪展示了清晰的教训：在危机时刻，政治家必须全心关注，言论明晰，懂变通，对“权贵”持怀疑态度，最重要的是，不要让意料之外的事件把他们卷入战争。

难题在于，大部分美国人对丘吉尔的看法都没有这么复杂。有几十万人读过《第二次世界大战》，几百万人看过《英雄岁月》，但是除了肯尼迪和塔奇曼，《世界危机》乏人问津，初版就遭遇了滑铁卢。1949 年斯克里布纳重印了 3050 册缩编本，花了九年时间才售罄；1963 年 2 月之后，第一卷的完整版再也没有出版过。丘吉尔步上神坛，肯尼迪出了不少力，而美国人家喻户晓，只有丘吉尔敢于对抗希特勒，这种片面的印象又令肯尼迪不得不表现得更加强硬。此外，他还为父亲的名声所累。“我不是张伯伦雨伞[24-33]下的政客，”林登·约翰逊[24-34]在竞争民主党总统候选人时如是攻击肯尼迪，“我从来不觉得希特勒是对的。”1961 年 8 月，东德开始修建柏林墙，起初肯尼迪似乎没有动作，西柏林市长维利·勃兰特公开抗议，警告这是重演莱茵兰整军和“又一次新的慕尼黑阴谋”，一些西德学生给肯尼迪寄去一把张伯伦式的雨伞。假如当时有人知道 1939 年他在《哈佛深红报》上发表过文章，呼吁与希特勒谈和，那他的政治生涯就泡汤了。

1962 年 8 月 27 日，共和党参议员霍姆·卡帕哈特指出，苏联已经在古巴驻军，他提出攻打古巴。两天之后，肯尼迪在记者招待会上驳回了这个提议（“我们毫无他们驻军的证据”），但是就在当时，一架 U-2 侦察机在古巴北部的马里埃尔拍到了苏联防空导弹基地的照片，导弹意在防备什么，可想而知。事发之后，肯尼迪担心按捺不住，会损害民主党在 1962 年国会选举中的利益。1940 年，肯尼迪曾经为鲍德温辩护，1960 年却又公开谴责他，现在，他是否会变得像鲍德温一样自以为是？10 月 16 日，肯尼迪收到了另一批侦察机拍摄的照片，确认苏联正在古巴部署中程弹道导弹。19 日，他倾向于封锁古巴，但参谋长联席会认为，不彻底的举措将招致苏联进攻，坚持要求美军先出动打击导弹基地。“那就几乎和慕尼黑会议的绥靖主义一样糟糕。”会议一阵冷场之后，柯蒂斯·勒迈将军突然警告道。“好吧，我猜想，霍姆·卡帕哈特就是我们这个年代的丘吉尔，”

次日晚上，肯尼迪评论道，“我们已经非常、非常接近战争了。白宫的防空洞可不够让我们都躲进去。”在这个历史性的时刻，幸好有芭芭拉·塔奇曼的著作，再次把《世界危机》里的警告发扬光大。

和古巴导弹危机最为相近的，不是1938年9月，也不是1914年8月，而是第二次摩洛哥危机，欧洲从战争边缘悬崖勒马。1911年7月1日，德国的巡逻舰“黑豹”号抵达了摩洛哥阿加迪尔的码头，以此回应法国对摩洛哥事务的干涉。英法两国都十分恐慌，担心德国会在大西洋上建立海军基地，逼近直布罗陀海峡，威胁两国的海上生命线。《八月炮火》对此只是一笔带过，但《世界危机》洋洋洒洒地写了一整章。丘吉尔概述了三管齐下的战略，在紧张的国际对峙中将战争的可能性减到最低：（1）向对方申明，不可逾越特定界线；（2）备战；（3）随时准备让步，允许体面的和谈。7月21日，劳埃德·乔治在市长官邸发表演说，下了战书，声称英国宁战不屈。随后，丘吉尔紧锣密鼓地描写了8月23日国防委员会的秘密会议，陆军和海军都部署了战事计划。11月，法国说服德国放弃了摩洛哥，以中非的部分领土作为报偿，而那里大部分地区是沼泽，锥虫病流行。在这种情况下，丘吉尔公开宣布妥协：“假如在殖民地支援德国是维持局势稳定的一种手段，那么我们乐于付出这种代价。”他意识到，阿加迪尔已经形同虚设，“任何一个政党的暴力行动都能打破所有的约束，令秩序陷入混乱。”他知道，英国软弱的回应只能令德国进一步触发战争，唯一的避免之道就是明确的平衡措施，态度坚决，有所准备，富有灵活性。实际上，1911年的措施只是推迟了大战，但丘吉尔下结论道：“推迟战争可能就是避免战争。”

不难看出，肯尼迪在应对古巴危机时运用了相似的策略：（1）在全国的电视上宣布，他不会容忍苏联在古巴部署导弹，将要采取措施封锁攻击性武器；（2）严正筹备轰炸苏联基地，攻打古巴；（3）假如苏联同意撤回在古巴的轰炸机和导弹，美国也同意从土耳其撤走老式导弹（潜艇载北极星导弹已经轻而易举地取代了它们）。他的一些顾问表示反对，从土耳其撤走导弹可能被视作妥协，而肯尼迪以丘吉尔式的暗讽回应道：“入侵古巴的一仗没有办法打得漂亮，要付出全部的辛劳与热血，这个时候，我们只要在土耳其照葫芦画瓢，就能让它们撤走，如果这些话被录下来了，那我可不知道如何才能打一场漂亮仗了。”当时与会的，还有肯尼迪态度更加强硬的平民顾问和他手下摩拳擦掌的将军，会议录音显示，肯尼迪的态度谨慎而柔和，显然仔细地考虑了决议所有可能的后果。这些特质和丘吉尔向来关系不大，但肯尼迪通过阅读他的作品培养了它们。

和丘吉尔一样，肯尼迪做政治决策，用的是一种青史留名的视角，《八月炮火》击中了他的软肋。“我不想下一步就让人写一本类似的书——《十月导弹》，”他对弟弟罗伯特说，“如果有人要写这种书，他就得搞清楚，我们尽了一切努力去谋求和平，尽了一切努力为对手提供让步的空间。”他的国务卿迪安·拉斯科也建议，人人都要“记住八月的炮火，当时牵一发而动全身，任何一方的政府都不想真正看到这样的后果”。给赫鲁晓夫一个体面的台阶下不一定能奏效，“但至少让历史见证了，其间为避免大战做出的努力。”

嘲讽英美“特殊关系”的人认为，在导弹危机期间，麦克米伦从来没有说服肯尼迪做出什么非做不可的重大决定。但他也无需如此，因为两人处理国际政治的路径都是相同的，按照丘吉尔的模式来。在危机中，肯尼迪经常与麦克米伦协商，比其他外国领导人的联系要频繁得多。首相在其中扮演了重要的角色，肯尼迪的回音壁和支持力量，向他保证政策基本正确，承诺西方的联盟不会瓦解，在面对过分有攻击性的顾问时，支持他小心谨慎的本能。危机过后，麦克米伦表达了信心，肯尼迪现在不仅仅把他视作《边缘之外》[24-35]里的小丑了。肯尼迪在1963年10月18日致麦克米伦的最后一封信中说：“我相信，世界比刚开始时更安全了一点，自由的未来也更有希望了。”

他们都在温斯顿·丘吉尔的层面上达成了共识。肯尼迪、麦克米伦和塔奇曼利用丘吉尔的著作创造了一种谨慎的话语，令总统安然度过了极端的危险时期。这一章节论及的意识形态，其实是“接受史”，研究的是读者如何阅读并运用文本。历史学家发现，这是衡量某一时代的文化气候，或者追踪文学市场上作者名望的潮涨潮落的有效方式，有些时候还可以帮助我们明白，如何避免核战争。

1962 年 3 月，肯尼迪提出以丘吉尔的名字命名一艘北极星核潜艇，丘吉尔似乎深受感动，但显然没有接受。1963 年 4 月，肯尼迪授予丘吉尔美国荣誉公民身份，国会 1958 年第一次推出了这项荣誉。丘吉尔彼时可能为“天空闪电”计划的下马深感烦恼，在感谢函中，他多少有些急躁地坚称，他代表了“一个伟大的主权国……我拒绝接受那种观点，认为英国和英联邦现在已经在世界上退居二线了”。这标志着“特殊关系”的顶点，两国终于借由领导人的相互赞赏而走到了一起，互通有无。美国人还不知如何应对他们新晋的全球霸权以及冷战的紧张氛围，而丘吉尔在对战极权主义方面树立了榜样。肯尼迪为英国政坛带来了青春、活力与愿景，这正是当时的英国政坛所缺少的。1961 年 10 月，他在英国的支持率高达 61%∶10%，比麦克米伦（55%∶33%）高出不少。75% 的人赞成肯尼迪对古巴导弹危机的应对——至少在危机结束之后。英国人潜意识中把肯尼迪也当作了自己的总统，在他遇刺身亡后，才意识到对他的依赖。诺埃尔·科沃德悲伤下泪，称他被刺是“对未来的一次致命打击”。“我们失去了我们的战士。”《每日镜报》哀悼道。“如果英国人民可以选择，无疑也会选择肯尼迪总统。”《星期日泰晤士报》断言。1969 年，民意调查让调查对象列出“十年伟人”的名字，肯尼迪显然是赢家，遥遥领先于丘吉尔。像丘吉尔一样，肯尼迪想书写一部他自己的历史，依靠枪手和学者 *[24-36]；和丘吉尔一样，他说历史会待他不薄，“因为我打算书写它！”肯尼迪家族第一次选择了一位作者来记录肯尼迪的生平，那就是伦道夫·丘吉尔，他当时正在写作他父亲的鸿篇传记，但肯尼迪传记的计划还不及启动，他就去世了。

丘吉尔晚年继续欣赏戏剧，甚至失聪之后也照旧。最后一次重病前数月，他还去看了莎拉在欧内斯特·瓦伊达[24-37]《海市蜃楼》中的演出。

---

* 西奥多·索伦森和阿瑟·施莱辛格。

莎拉回忆道，他直到临终最后一刻都是一位艺术家：“有时他的手会做出画画的动作，我们知道他很高兴。不用说，他脑子里又出现了特殊的场景。”

每一位研究者都会提到，丘吉尔于1965年1月30日举行国葬，那是他最盛大的演出，规模堪比皇家。英国女王和皇室成员破例出席。诺埃尔·科沃德和几个演艺界的朋友通过电视观看了四个小时的盛典：“大部分时间，我骄傲的泪水都决了堤。再没有一个国家能既谦卑又高贵地完成这样一次悼念。”科沃德没有说出口的是，这也是大英帝国的谢幕演出。在这场演出中，丘吉尔终于如愿以偿：美国收看国葬的观众创下了历史最高纪录，甚至比1963年肯尼迪葬礼的观众还多。戴高乐在致女王的慰唁中，为丘吉尔拟定了最恰当的墓志铭：“在这场宏大的戏剧中，他是最伟大的演员。”

故去之后，丘吉尔留给美国政治话语的遗产演变得愈发复杂了。“慕尼黑类比”被频频援用，但是继《八月炮火》之后，“萨拉热窝类比”后来居上。越南战争升级后，林登·约翰逊总统在新闻发布会上说：“我不想再重复丘吉尔先生的名言‘热血、汗水和眼泪’了。”但他还是重复了，并且警告道：“这条道路并不容易，也不短暂。”1968年，反战积极分子使用了丘吉尔著名的“V”字手势，理查德·尼克松也用两只手同时比划出来，加倍扩大了它的影响。现在轮到尼克松用“丘吉尔的敲门砖”了，他将自己在政坛上的卷土重来比作“自荒野归来”。尼克松盛赞丘吉尔的战争作品，将他与托尔斯泰相提并论，但是在越南战争中，他和约翰逊都没有延续丘吉尔不计代价争取胜利的策略。亨利·基辛格[24-38]认为，丘吉尔对苏联妥协的主张是值得效法的。

在越南战争末期（1975年）和苏联入侵阿富汗（1979年）、第一次伊拉克战争（1990—1991年）和“9·11”事件之间相对平静的间隙中，丘吉尔较少被引用，但他的神话依然存在。1979年，第二轮限制战略武器谈判[24-39]的内容正是丘吉尔在20世纪50年代所期望的，吉米·卡特[24-40]签署了条约，勇敢地步入了大雨之中，没有使用张伯伦式的雨伞。苏联大举侵略阿富汗时，卡特再次祭出了慕尼黑。罗纳德·里根在第一段任期内将自己的“星球大战”复兴计划比作丘吉尔对雷达的支持，两者同样沉迷于未来主义的军事技术；但是，在第二段任期内，与米哈伊尔·戈尔巴乔夫[24-41]谈判终结冷战时，里根频繁地引用丘吉尔关于峰会和谈判的言论。在第一次伊拉克战争中，老布什总统将伊拉克总统萨达姆·侯赛因比作希特勒，虽然老布什自己也犯下了绥靖主义的愚蠢错误。伊拉克侵略科威特前八天，美国大使艾普丽尔·格拉斯皮告诉萨达姆，布什想要改善关系，美国对科威特的边界争端不执意见立场。

2001 年 9 月 20 日，小布什总统在向基地组织宣战的演说中又呼应了丘吉尔。他的顾问凯伦·休斯办公桌旁贴着一份丘吉尔的名言录：“我不是狮子，但我将发出狮吼。”据《纽约时报》报道，当时为总统撰写演讲稿的写手完全不了解敌人的战略计划，“只知道要发挥本能把稿子写得像丘吉尔那样，他们都喜欢他的作品……于是满电脑屏幕都是三合一战略核力量。”“9·11”事件之后，许多美国政治家都把托尼·布莱尔首相比作丘吉尔，他本人可能并不喜欢。国务卿康多莉扎·赖斯担心，布莱尔支持第二次伊拉克战争，可能会影响他在国内的声望。而布什总统认为英国人不会排斥一位曾经领导他们走向胜利的首相。“想想丘吉尔吧。”赖斯温和地提醒道。

人人都在引用丘吉尔的时候，纽约市长鲁道夫·朱利亚尼的突出表现堪称最接近丘吉尔的美国政治人物，他可能也比大多数人都了解丘吉尔。朱利亚尼和肯尼迪一样细致地研究了丘吉尔的作品，也扮演了非常相似的角色：显眼，意志坚强，夸张，好战，时常冲动犯错，但最终总能在危机时刻力挽狂澜。“1993 年我竞选市长的时候，也时常想起他。”2002 年 2 月，他回忆道，“他在局势低迷的时候唤起英国人心的方式，我也运用到了我的职责上。纽约在太多的犯罪与污秽中挣扎，我知道媒体总是夸大其辞，把它比作战时的英国。”回顾往事时，朱利亚尼承认，1993 年的纽约并没有 1940 年的伦敦那么危险，然而，“丘吉尔教会我如何在奄奄一息的国家振奋人心，（‘9·11’事件）袭击之后，我读懂了他。在不列颠之战最惨烈的日子里，丘吉尔从来没有离开唐宁街，说‘我不知道该做什么’

或者‘我感到迷惑’。他始终如一，即使是装出来的。”朱利亚尼掌握了丘吉尔的要义，可以概括为“修辞的脚手架”：最强力的政治就是真诚的表演，一个人要绝对地相信自己所扮演的角色，为了给人留下良好的印象而不惮夸张。

所以，用政治模仿文学的丘吉尔成了大洋两岸政治家的文学楷模，尤其是在美国。而我们也要认识到，当他把个人的艺术视野施加于国家政策时，就与他人南辕北辙了。或许这就是天才的定义。他的人生就是文学实验，比我们想象的更加丰富，更加多样。丘吉尔的每一项重要政治决策都受到了文学的影响。他的阅读和写作在两次四面楚歌的世界终极危机中关系重大。约翰 •F• 肯尼迪也是丘吉尔的忠实读者，而富兰克林 • 罗斯福不是，这同样非常重要。丘吉尔引导我们向自身提出了一个令人不安的问题：参与政治时，应该理性思考还是本色出演？我们搬演的那些从前读过的故事，会不会被人们忘却？

译者注

[24-1] 这一区域有多所美国名校，哈佛大学和麻省理工学院都在此处，表示对象是就读名校、出身精英家庭的年轻人。

[24-2]“不要问你的国家能为你做些什么，而要问一下你能为你的国家做些什么。”这是 1961 年 1 月 20 日肯尼迪总统就职演说中的名言。

[24-3] 古巴导弹危机（Cuban Missile Crisis）：1962 年冷战时期，苏联在古巴部署导弹，引发了美国、苏联与古巴之间严重的政治军事矛盾，几乎触发核战争，被视作冷战的顶峰和转折点。

[24-4] 查尔斯·斯伯丁（Charles Spalding，1918—1999）：美国银行家、政治顾问、编剧。

[24-5] 慕尼黑类比（Munich analogy）：二战后出现的一种政治思维，主要针对美国，用慕尼黑会议的教训来批驳安抚性的对外政策，将绥靖主义泛化为刻板印象和“政治不正确”。可参见王天韵：《对绥靖政策的再认识——兼论“慕尼黑类比”》，《国际论坛》2008 年第 6 期。

[24-6] 柏林空运（Berlin Airlift）：1948 年 6 月 24 日至 1949 年 5 月 12 日，苏联占领柏林后封锁了道路和铁路。英国、美国、澳大利亚、加拿大、新西兰、南非等多国空军以空投方式向西柏林提供物资，削弱了苏联的控制力量。苏联被迫解除封锁，将德国一分为二，在东部苏占区成立民主德国，即“东德”。

[24-7] 本书所引《当仁不让》的原文，译文参考马小悟译：《肯尼迪：信仰在风中飘扬》，北京大学出版社 2013 年版。特此致谢。

[24-8] 丹尼尔·韦伯斯特（Daniel Webster，1782—1852）：美国政治家，曾两次担任美国国务卿。托马斯·哈特·本顿（Thomas Hart Benton，1782—1858）：美国参议员、建筑师。山姆·休斯敦（Sam Houston，1793—1863）：美国政治家、军事家，德克萨斯共和国第一任总统，后来德克萨斯并入美国成为德州，休斯敦任州长。

[24-9] 乔治·诺里斯（George Norris，1861—1944）：美国参议员。罗伯特·A·塔夫脱（Robert Alphonso Taft，1889—1953）：美国参议员。

[24-10]约翰·昆西·亚当斯（John Quincy Adams，1767—1848）：美国第 6 任总统。

[24-11] 封港令（Embargo Bill）：当时英法战争波及美国，杰斐逊借机下令封锁所有港口，意在威胁拓展市场倾销货物的英国，但严重影响了美国进出口贸易与航

海利益集团。

[24-12] 墨尔本勋爵（Lord Melbourne）：威廉·兰姆（William Lamb，1779—1848），英国辉格党政治家，曾任内政大臣、首相，以中庸调停著称。

[24-13]爱德华·R·默罗（Edward Roscoe Murrow，1908—1965)：美国著名播音员、记者。

[24-14] 理查德·尼克松（Richard Nixon，1913—1994）：美国政治家，1953 至 1961 年任美国副总统，1969 至 1974 年任第 37 任美国总统。共和党人，当时是肯尼迪竞选总统的主要对手。

[24-15] 阿德莱·史蒂文森（Adlai Stevenson，1900—1965）：美国政治家，民主党人，两次竞选总统失败，在古巴导弹危机中发挥了重要的调停作用。

[24-16] 菲德尔·卡斯特罗（Fidel Castro，1926— ）：古巴政治家、军事家、革命家，古巴共产党的主要创立者和领导人，前古巴共和国主席。

[24-17] 匈牙利十月事件（Hungarian revolt）：1956 年 10 月 23 日至 11 月 4 日，匈牙利民众对政府表达不满，愈演愈烈，最后苏联军队入驻匈牙利，和政府一道实施镇压。

[24-18] 理查德·罗杰斯（Richard Rodgers，1902—1979）：美国著名作曲家、流行音乐人，创作过大量影视配乐。

[24-19] 理查德·伯顿（Richard Burton，1925—1984）：英国著名演员。

[24-20]吉尔伯特·赛德斯(Gilbert Seldes，1893—1970)：美国作家、文化批评家。

[24-21] “最光辉的时代”，“时代”原文是“hour”，《英雄岁月》每集时长约半小时，即“half-hour”，《时代》玩了一个文字游戏。

[24-22] 猪湾事件（Bay of Pigs）：1961 年 4 月 17 日，一批在中央情报局的协助下逃亡美国的古巴人，在古巴西南海岸的猪湾发动入侵，以失败告终。是美国反古巴行动的第一个高峰，遭到了国内外的强烈谴责，古巴不信任美国，开始投靠苏联，最后酿成了古巴导弹危机。

[24-23] 维也纳峰会：1961 年 6 月 3 至 4 日，肯尼迪与苏联领导人尼基塔·赫鲁晓夫（Nikita Khrushchev，1894—1971）在维也纳会谈，未能就核问题达成协议，赫鲁晓夫明确表示了对美的强硬态度，为后来的导弹危机埋下了伏笔。

[24-24] 戴维·塞西尔（David Cecil，1902—1986）：英国传记作家、历史学家。

[24-25]戴维·奥姆斯比-戈尔（David Ormsby-Gore，1918—1985)：英国外交官、保守党政治家。

[24-26] “天空闪电”（Skybolt）计划：美国 20 世纪 50 年代后期研制的空射弹道导弹代号为“天空闪电”。英国 1960 年加入合作计划，结果美方的一系列实验失败，未能赶上技术更新，计划在 60 年代中期被迫下马，影响了英国的核力量部署，导致英美之间的矛盾。

[24-27] 基韦斯特（Key West）：美国佛罗里达州港口。

[24-28] 芭芭拉·塔奇曼（Barbara Tuchman，1912—1989）：美国作家、历史学家，两度获得普利策奖。

[24-29] 威廉·罗伯森（William Robertson，1860—1933）：英国陆军军官、皇家参谋。

[24-30] 阿利斯泰尔·霍恩（Alistair Horne，1925— ）：英国记者、传记作家、历史学家。

[24-31] “戈本”号（Goeben）：德国战列巡洋舰。

[24-32] 施里芬计划（Schlieffen Plan）：1891至1906年，阿尔弗雷德·冯·施里芬（Alfred von Schlieffen，1833—1913）任总参谋长期间，德国总参谋部所制定的一套作战方法。意在对付俄国与法国的夹攻，但大幅度低估了敌军实力和速度，导致全面失败。第17号计划（Plan XVII）：法国在第一次世界大战前针对德国拟定的战略计划，在1913年被法国国防部采用，在法国与比利时交界有致命漏洞，导致失败。

[24-33] 张伯伦有随身带伞的习惯，媒体多以此调侃他。

[24-34] 林登·约翰逊（Lyndon Johnson，1908—1973）：美国第35任副总统，后成为第36任总统。

[24-35] 《边缘之外》（*Beyond the Fringe*）：英国滑稽舞台剧，讽刺20世纪60年代英国的崛起，里面调侃了诸多政治人物。

[24-36] 西奥多·索伦森（Theodore Sorensen，1928—2010）：美国律师、作家，著名演讲稿撰稿人，肯尼迪的主要演讲撰稿人和助手。阿瑟·施莱辛格（Arthur Schlesinger，1917—2007）：美国历史学家、社会评论家。

[24-37] 欧内斯特·瓦伊达（Ernest Vajda，1886—1954）：匈牙利演员、剧作家、小说家。

[24-38] 亨利·基辛格（Henry Kissinger，1923— ）：美国著名外交家、国际问题专家，美国前国务卿。1973年获诺贝尔和平奖，1969至1977年在美国外交政策中发挥了核心作用。在中美建交中扮演了重要角色。著有《核武器与对外政策》《复兴的世界》《选择的必要：美国外交政策展望》《麻烦的伙伴关系：大西洋联盟的重新估价》《白宫岁月》《越战回忆录》《大外交》《论中国》《世界秩序》等。

[24-39] 第二轮限制战略武器谈判（SALT II）：1979年6月18日，历经两年谈判，美苏双方在维也纳签订了第一个真正规定裁减双方核武的条约。

[24-40] 吉米·卡特（Jimmy Carter，1924— ）：美国第39任总统，2002年获诺贝尔和平奖。

[24-41] 米哈伊尔·戈尔巴乔夫（Mikhail Gorbachev，1931— ）：苏联政治家，曾任共产党总书记、总统，1990年获诺贝尔和平奖。

译后记

政治家的文学资源与形象打造，在今日并不是一个冷门话题。希拉里甫正式宣布竞选美国总统，《大西洋月刊》去年的旧文立刻广为流传，文章比较了共和党红人杰布·布什与希拉里风格迥异的书单，后者主打柔和细腻的女性文学，刻意展现了她一贯精明强硬的形象的另一面，显然为选民所喜闻乐见。时至今日，“政治即表演”仍是一条颠扑不破的铁律。

而今年正值温斯顿·丘吉尔逝世五十周年，当我们谈论他时，我们在谈论什么？比着“V”字手势的二战巨头？妙语连珠的风流领袖？抑或是躁动不安的叛逆天才？除此之外，他还是诺贝尔文学奖获得者、世界上英文单词量最大的人、大学校监、忧郁症病患、疑似的双性恋者……为何人们如此热衷于展示或发掘他的“另一面”？为何政治家偏好用文学为自己下注脚？大众已经太习惯所谓“美文”的评价标准，把文学视作软性的调剂成分，文学与政治的同构，容易被斥为“主题先行”的工具论或者“时代产物”的因果说。而这一部丘吉尔的最新传记告诉我们，千万人的命运可能系于领导人的阅读史，伟人耗尽大半生的争斗，也许与一个未完成的传奇情结息息相关，文学资源塑造并重铸着政治。

丘吉尔的政治生涯，正应了中国传统戏台上那“出将入相”四个大字。用他本人的话来说，“beat my sword into an iron dispatch box”（铸剑为函），单纯地译为“弃武从文”则难免失色。他所出身的家庭，是颇具时代意义的结合模式：走下坡路的英国贵族子弟娶了美国新发迹的富家女，他自幼随母亲出入宴会、剧场、沙龙，深谙文学和艺术生产与推广的现代模式，与此同时，却要跌跌撞撞地在命定的精英“正途”上走下去。他的资质与个性都不容于传统高等教育，自然转战从军这条迂回路线。而凭布尔战争的越狱“壮举”一步登天之后，他平生大起大落，每一次都有那么些“照本宣科”的色彩，甚至在溃败之后，也能马上再寻一个母题将自己代入其中，卷土重来：他在加里波利之战中刚愎自用，一败涂地，被迫离开海军部，以“荒野中的先知”自居（倘若在中国，恐怕就是屈子《离骚》了）；其后仍然一路特立独行，跨党周旋，屡败屡战，终于在绥靖内阁失势后伺机重返政治舞台，和同为艺术狂人的希特勒展开了较量。不列颠之战感召了大洋两岸，而登顶封神之后，就是不可避免的英雄迟暮。书中所考证的某些节点，几乎令人产生“东风不与周郎便”的疑虑，虽说平行时空尚未得证，但丘吉尔一生钟爱“反事实历史”，自己留与后人一些遐想，也未尝不可。

丘吉尔情有独钟的脚本，从维多利亚时代情节剧到麦考利的“光荣革命”史，再到后现代史学、通俗文艺、科幻小说的乌托邦反思。某种程度上说，他是一个横亘于两个世纪的怪胎，一足深深陷于维多利亚的沼泽，另一足却急切地紧随时代的脚步。正如很难说是“文”成全了他的“武”，还是“武”造就了他的“文”一样，他不断制造对立，再消解对立，一生缠斗不休，却乐在其中。

而从更宏大的层面看来，他的矛盾并非独夫偶然。19、20世纪之交的文化断裂，是借由新媒介文化与消费主义的现代表达来完成的，西方的人文正典在本土遭遇了挑战与解构，却被异质的社会主义文化借用为批判资源，来应对帝国主义的包围。这是冷战在文学资源层面的表征，丘吉尔毕生在文艺与意识形态上的好恶，正暗合了这种政治与文学资源选择、互动的过程。而丘吉尔对调和对立的热爱，与如今的社会政治元话语是否有某种关联？作为美国冷战部署“东亚错位”的后果之一，中国和美国之间是否也面临着丘吉尔所纠结的“特殊关系”？绥靖话语的最终发展，对当今的“共识”问题又有怎样的借鉴意义？今日重读丘吉尔，乃知历史存在于未来，而非过去。

那么，翻译这部精彩的传记，似乎会很有趣？在整个翻译过程中，我参考的“丘吉尔著作”的中文译本有：《丘吉尔文集：我的早年生活》（康文凯、蒋倩译，江苏人民出版社，1998 年）、《丘吉尔文集：思想与经历》（赵文书、肖锁章译，江苏人民出版社，1999 年）、《永不屈服：温斯顿·丘吉尔一生最佳演讲集》（温斯顿·S·丘吉尔编，李阳译，世界知识出版社，2009 年）、《第一次世界大战回忆录》（吴良健等译，吴衡康校译，译林出版社，2013 年）、《第二次世界大战回忆录》（北京编译社译，时代文艺出版社，1995 年）、《英国国家史略》（薛力敏、林林译，林葆梅校，新华出版社，1985 年）。

而我最深切的感受是，对它的定位，看似简单而机关重重。作者是德鲁大学（Drew University）历史学教授，治学严谨，参考了大量原始材料和研究成果，原著的引文注释（第 451—494 页）密如牛毛，爬梳史料的功力显著，这是我在任何一部中文传记中都不曾见过的。但是，较之学术著作，这部书又更像一部跌宕起伏的话本，在线性的时间轴上，卒章“系包袱”，“花开两朵，各表一枝”，书接上回，草蛇灰线……俨然一个讲故事的高手，大大增强了历史著作的趣味与可读性。

于是我定下了一条原则，不要太“学术”，也不能不“学术”。实践起来却似乎很难。翻译是传达，更是阐释，而首先是译者自己的阅读体验。假如译者很容易被“牵着走”，代入了情绪，那么必然会影响效果；反之，如果一味要维持译文的稳妥一致，而压抑被激起的表达冲动（原作中必然也存在这种冲动，但翻译过程中可能与其有错位），那么翻译的意义与独特性又何在？

所以这个过程必然充满了交涉。

在翻译的主要工作结束后，我与作者电邮往来，请教一些疑点和细节。在原书的第二十二章有一句类比，说理查德·尼科尔森的政治讽刺小说“就像由安东尼·特罗洛普写就的《奇爱博士》”。特罗洛普是 19 世纪英国著名的政治小说家，我遍查资料，都不明白他和嘲弄冷战的《奇爱博士》有什么关联。作者（大概有点无奈地）答道：这是他的“a weak joke”（一个冷笑话），意指用维多利亚时代的调调来讽刺现代政治。

我顿时出了牛角尖，感谢指点，并告诉他，这种作品多少类似中国晚清的谴责小说，如《官场现形记》。结果，他很快回复道：他查了《官场现形记》，觉得是一个非常合适的类比。除了特罗洛普，书里提到的很多作家在中国的知名度都不高，他担心过中国读者的接受问题，这样的翻译，是很聪明的策略。

这令我十分意外。

我们之间好像出现了某种交流的错位。我只是灵光一闪表示理解，而他似乎认为，这上升为一种策略也未尝不可。

最后我没有让特罗洛普搬走，而是把《官场现形记》放到了注释里。

我觉得这样的交涉还不错。

言之不尽，这是一次修行。感谢作者乔纳森·罗斯（Jonathan Rose）教授的鼓励与耐心答疑，并拨冗专门为中文版作序。尤其感谢辛勤而细心的责任编辑李涛先生，以及好友刘镁硒的引荐，使我有幸获得翻译这部书的机会。感谢精通中文的 Scott Savitt，Nathan，Vivienne Scarlett，为我讲解诸多难点。感谢许多人在阴影中执灯相候。

罗伯特·韦克斯勒（Robert Wechsler）曾说，译者就是一个没有舞台的演员，“除非他犯错误，没有人看到他表演的艰辛。”在这种意义上，译完这部书，我也为伟大的艺术家丘吉尔挎了一回刀，但愿我不太喧宾夺主。假如觉得鸡蛋不好吃，请尽情地向我投掷，鲜花属于丘吉尔和作者。

苗雨
2015 年 10 月

参考文献

丘吉尔传记及著作

伦道夫·S·丘吉尔、马丁·吉尔伯特：《温斯顿·S·丘吉尔》（波士顿，1966年）

迈克尔·沃尔夫编：《温斯顿·丘吉尔文集》（伦敦，1976年）

罗伯特·罗斯·詹姆斯编：《温斯顿·S·丘吉尔演讲全集（1897—1963）》（纽约，1974年）

《当代伟人》（纽约，1937年）

《英语民族史》（纽约，1956—1958年）

《伊恩·汉密尔顿的进军》（伦敦，1900年）

《伦敦至莱迪史密斯：途经比勒陀利亚之旅》（伦敦，1900年）

《伦道夫·丘吉尔勋爵》（伦敦、纽约，1906年）

《马尔博罗》（芝加哥，2002年）

《我的非洲之行》（伦敦，1908年）

《我的早年生活》（纽约，1958年）

《人民的权利》（伦敦，1970年）

《河上之战》（伦敦，1899年）

《萨伏罗拉》（纽约，1900年）

《步步前行（1936—1939）》（伦敦，1939年）

《马拉坎德野战军纪实》（伦敦、孟买，1901年）

《第二次世界大战》（纽约，1928—1929年）

《趁英国沉睡时》（纽约，1938年）

马丁·吉尔伯特编：《丘吉尔战时文书》（纽约、伦敦，1985年）

前　言

伍尔西：《民防团去哪了？》，《华尔街日报》，2002年2月25日，A20版

丹尼斯·麦克沙恩：《一份和约书》，《金融时报》，2004年2月28、29日，W5版

菲利普·布劳顿：《浓缩咖啡先生》，《华尔街日报》，2005年6月10日，A8版

一

雷夫·G·马丁：《珍妮：伦道夫·丘吉尔夫人生平》（恩格尔伍德，1969—1971年）

《贝特丽丝·韦布日记》（剑桥、马萨诸塞，1983年）

马克斯·比尔博姆：《1880年》，《马克斯·比尔博姆作品集》（纽约，1922年）

R·F·福斯特：《伦道夫·丘吉尔勋爵：政治生涯》（牛津，1981年）

罗伯特·罗斯·詹姆斯：《伦道夫·丘吉尔勋爵》（伦敦，1959年）

约翰·贝提·克罗耶：《伦道夫·丘吉尔勋爵：英国民主研究》（伦敦，1887年）

J·M·巴里：《死了更好》（伦敦，1888年）

瓦尔特·亨利·汤普森：《任务：丘吉尔》（纽约，1955年）

伊莱恩·哈德利：《夸张的战术：英国市场的戏剧化异见（1800—1885）》（斯坦福、加利福尼亚，1995年）

迈克尔·布斯：《英国情节剧》（伦敦，1965 年）

彼得·布鲁克斯：《戏剧式的想象：巴尔扎克、亨利·詹姆斯、情节剧和夸张的模式》（纽黑文，1976 年）

理查德·艾伦·卡韦：《舞台上的爱尔兰人》，J•S•布拉顿编：《霸权：大英帝国与舞台》（曼彻斯特，1991 年）

《萧伯纳戏剧全集》（纽约，1962 年）

罗伯特·罗斯·詹姆斯：《维克多·卡扎莱特传》（伦敦，1976 年）

萧伯纳：《我们 90 年代的戏剧》（伦敦，1954 年）

约翰•M•麦肯基：《宣传与帝国：英国的舆论操纵》（曼彻斯特，1984 年）

迈克尔•R•布斯：《维多利亚时代的剧场》（剑桥，1991 年）

维维安·贺兰：“序”，《奥斯卡·王尔德全集》（纽约，1989 年）

珍妮·丘吉尔：《伦道夫·丘吉尔夫人回忆录》（纽约，1908 年）

二

维奥莱特·邦汉·卡特：《温斯顿·丘吉尔秘史》（纽约，1965 年）

约翰·查穆雷：《丘吉尔：荣耀终结》（伦敦，1993 年）

查尔斯·埃德编：《同辈人论丘吉尔》（伦敦，1953 年）

莫兰勋爵：《温斯顿·丘吉尔：生存斗争（1940—1965）》（伦敦，1966 年）

尤利西斯•S•格兰特：《格兰特将军回忆录》（纽约，1903 年）

保罗·爱迪逊：《后方的丘吉尔（1900—1955）》（伦敦，1993 年）

托马斯·麦考利：《沃伦·黑斯廷斯》（伦敦，1893 年）

温伍德·瑞德：《人的牺牲》（火奴鲁鲁，2004 年）

乔纳森·罗斯：《爱德华时代的气质（1895—1919）》（阿森斯，1986 年）

G•R•西瑞：《英国的优生学与政治（1900—1914）》（林登，1976 年）

理查德•A•索罗威：《人口统计学与衰退：优生学与英国 20 世纪的出生率下降》（教堂山，1990 年）

三

理查德·埃尔曼：《奥斯卡·王尔德》（纽约，1988年）

菲利普·沃勒：《读者、作者和声望：英国的文学生活（1870—1918）》（牛津，2008年）

迈克尔·舒德森：《发现新闻：美国报纸的社会学史》（纽约，1978年）

凯伦·罗根坎普：《叙述新闻：新新闻主义与十九世纪晚期美国报纸与虚构文学的文体》（肯特、俄亥俄、伦敦，2005年）

弗雷德里克·伍兹：《年轻的温斯顿的战争：战地通讯记者温斯顿·S·丘吉尔原作集（1897—1900）》（纽约，1973年）

保罗·福塞尔：《大战与现代记忆》（伦敦，1975年）

格伦·威尔金森：《爱德华时代报纸对战争的描绘与想象（1899—1914）》（贝辛斯托克，2003年）

爱德华·齐特琴：《维多利亚时代舞台上的东方》（剑桥，2003年）

迈克尔·布斯：《女王的士兵：德鲁里巷的帝国主义》，迈克尔·海斯、安娜斯塔西娅·尼可洛·保罗编：《情节剧：文体的文化端倪》（纽约，1996年）

四

理查德·托伊：《丘吉尔的帝国：造就他的与他所造就的世界》（纽约，2010年）

肖恩·莱斯利：《漫长的阴影》（伦敦，1966年）

罗伯特·弗雷泽：《后殖民眼中的图书史》（纽约，2008年）

罗纳德·I·科恩：《温斯顿·丘吉尔先生作品编目》（伦敦、纽约，2006年）

伯纳德·波特：《帝国的批评家们：英国对非洲殖民的激进声音（1895—1914）》（伦敦，1968年）

理查德·富尔顿：《1898 年的苏丹事件》，《维多利亚评论》，第 42 辑，2009 年春季

利顿·斯特雷奇：《维多利亚时代名人传》（伦敦，1986 年）

五

莫里斯·艾诗立：《作为历史学家的丘吉尔》（伦敦，1968 年）

乔治·奥威尔：《法西斯主义的预言》，《奥威尔文集》（纽约，1968 年）

六

莱昂内尔·詹姆斯：《高压》（伦敦，1929 年）

J•B• 阿特金斯：《事件与反应》（伦敦，1947 年）

艾尔默·霍尔丹：《一个士兵的故事》（爱丁堡、伦敦，1948 年）

马丁·迈泽尔：《萧伯纳和十九世纪戏剧》（普林斯顿，1963 年）

布莱恩·罗伯茨：《丘吉尔在非洲》（纽约，1970 年）

安德鲁·哈罗：《1890—1918 年的伦敦流行文化：变革与娱乐》（牛津，2008 年）

莎拉·丘吉尔：《绣帷一线》（纽约，1967 年）

七

罗伊·詹金斯：《丘吉尔》（纽约，2001 年）

戴维·艾格顿：《英国的战争机器：二战中的武器、资源与专家》（牛津，2011 年）

R• 斯图亚特·麦克雷：《温斯顿·丘吉尔的玩具店》（纽约，1971 年）

杰拉尔德·波尔：《战争与殖民总长》（纽约，1963 年）

罗伯特·罗斯·詹姆斯：《丘吉尔，1900—1939 败绩研究》（纽约、

克利夫兰，1970 年）

八

莫里斯·巴林：《记忆的木偶戏》（波士顿、马萨诸塞，1922 年）
罗伯特·罗斯·詹姆斯编：《“薯片先生”：亨利·钱农日记》（哈芒斯沃斯，1984 年）
威廉·乔治：《我们兄弟》（伦敦，1958 年）
切斯特顿：《异教徒》（伦敦，1909 年）
理查德·席克尔：《D•W• 格里菲斯和电影的诞生》（伦敦，1984 年）
H•A• 泰勒：《希克斯：布伦特福德子爵》（伦敦，1933 年）
约翰·格罗斯：《文人的盛衰》（纽约，1969 年）
罗纳德·海厄姆：《殖民部的埃尔金和丘吉尔（1905—1908）》（伦敦，1968 年）
爱德华·马什：《众人》（纽约、伦敦，1939 年）
达格代尔：《阿瑟·詹姆斯·贝尔福》（伦敦，1936 年）
J•A• 斯宾塞、辛西娅·阿斯奎斯：《赫伯特·亨利·阿斯奎斯传，牛津勋爵和阿斯奎斯》（伦敦，1932 年）
露西·马斯特曼：《C•F•G• 马斯特曼》（伦敦，1968 年）
A•G• 加德纳：《社会栋梁》（伦敦，1913 年）

九

让·鲁格：《伟大的海军竞赛：帝国时代的英国与德国》（剑桥，2007 年）
尼尔·弗格森：《战争的怜悯：解说一战》（纽约，1999 年）
A•J• 马德：《从无畏舰到斯卡帕湾：费舍尔时代的皇家海军（1904—1919）》（伦敦、纽约，1961—1970 年）
戴维·弗兰奇：《英国的间谍热（1900—1915）》，《历史》，第 21

期，1978 年

戴维 • 斯坦福：《丘吉尔和保密机关》（伍德斯托克、纽约，1998 年）

爱德华 • 戴维编：《阿斯奎斯内阁：查尔斯 • 霍布豪斯日记》（纽约，1978 年）

E• 亚历山大 • 鲍威尔：《弗兰德斯的战斗》（纽约，1914 年）

A•J• 马德编：《海军上将的肖像：赫伯特 • 里士满先生的生平与资料》（剑桥、马萨诸塞，1952 年）

罗伯特 • 罗斯 • 詹姆斯：《加里波利》（纽约，1965 年）

汉基勋爵：《最高指示（1914—1918）》（伦敦，1961 年）

马丁 • 吉尔伯特：《温斯顿 • 丘吉尔传》（波士顿，1966 年）

罗宾 • 普里奥尔：《历史上丘吉尔的“世界危机”》（贝克汉姆，1983 年）

肯尼斯 • 哈里斯：《艾德礼》（纽约、伦敦，1982 年）

吉尔伯特 • 默里：《信念、战争与政策：欧洲战争论文集》（波士顿，1917 年）

乔治 • 里德尔：《里德尔战时日记（1914—1918）》（伦敦，1933 年）

肖恩 • 莱斯利：《终章》（纽约，1916 年）

弗雷德里克 • 斯波茨：《希特勒和美学的力量》（伍德斯托克、纽约，2009 年）

西格弗里德 • 萨松：《西格弗里德的旅程（1916—1920）》（纽约，1946 年）

十

莱斯利 • 霍森：《1850—1950 年的英国历史作品》（伦敦，2009 年）

J•R• 希利：《英格兰的扩张》（剑桥，1883 年）

P•J• 沃尔特：《罗伯特 • 恩索尔：爱德华时代的理性主义者》，《今日历史》，第 37 辑，1987 年 1 月

赫伯特 • 巴特菲尔德：《历史小说》（剑桥，1924 年）

C•Y• 麦金泰尔：《赫伯特・巴特菲尔德：反对派历史学家》（纽黑文、伦敦，2004 年）

罗宾 •普莱尔：《作为历史的丘吉尔〈世界危机〉》（伦敦，1983 年）

苏珊 •A• 布鲁尔：《赢得和平：二战时期美国的英国宣传》（伊萨卡、伦敦，1997 年）

F•W• 迪肯：《历史学家丘吉尔》（苏黎世，1969 年）

戈登 •A• 克雷格：《丘吉尔与德国》，罗伯特・布莱克、W• 罗格・路易斯编：《丘吉尔》（纽约，1963 年）

迈克尔・宾利：《现代英国的过往：现代英国历史学（1870—1970）》（剑桥，2006 年）

罗伯特・芬利：《重写马丁・盖尔》，《美国历史评论》，第 93 辑，1988 年 6 月

戴维・雷诺兹：《指点历史：二战中丘吉尔的战斗与写作》（伦敦，2004 年）

布兰奇 •E•C• 道格拉斯：《阿瑟・詹姆斯・贝尔福》（伦敦，1936 年）

十一

克里斯托弗・哈索尔：《爱德华・马什》（伦敦，1959 年）

玛莎 •F• 李：《内斯塔・韦伯斯特：阴谋的声音》，《妇女史》，第 17 辑，2005 年秋季

马丁・吉尔伯特：《丘吉尔和犹太人》（纽约，2007 年）

阿尔伯特 •S• 林德曼：《以扫的眼泪：现代反犹主义与犹太人的兴起》（剑桥，2000 年）

罗纳德・桑德斯：《耶路撒冷的高墙》（纽约，1984 年）

L•S• 埃默里：《我的政治生涯》（伦敦，1953 年）

安东尼・蒙塔古・布朗尼：《漫长的日落》（伦敦，1995 年）

玛丽・布罗梅齐：《丘吉尔与爱尔兰》（巴黎，1964 年）

马丁·迈泽尔：《实现：19世纪英格兰的叙事、图像和剧场艺术》（普林斯顿，1983年）

伊恩·克肖：《与希特勒为友：伦敦德里勋爵，纳粹党与通往二战之路》（纽约，2004年）

布丽吉特·格兰索：《纳粹之镜：英国对希特勒的态度端倪（1929—1933）》（伦敦，1964年）

欧内斯特·汉夫斯丹格尔：《希特勒：迷失的岁月》（伦敦，1957年）

十二

比弗布鲁克勋爵：《政治家与战争（1914—1916）》（伦敦，1960年）

约翰·克罗威尔：《温斯顿·丘吉尔与他的小圈子》（纽约，1981年）

彼得·斯坦基：《沙逊：菲利普与西比尔的世界》（纽黑文、伦敦，2003年）

戴维·迪克斯：《内维尔·张伯伦》（剑桥，1984年）

温尼弗雷德·霍尔比：《致友人书》（伦敦，1937年）

菲利普·威廉姆森：《斯坦利·鲍德温》（剑桥，1999年）

U•K•希克斯：《英国政府的财政预算（1920—1936）》（伦敦，1938年）

十三

《世界危机》书评，《美国政治科学评论》，第21辑，1927年8月

艾勒里·塞奇威克：“大西洋书架”，《大西洋月刊》，1927年6月

卡尔顿•J•H•海耶茨：《世界危机》第一卷书评，《新共和国》，第35辑，1923年6月6日

尼古拉斯·约翰·卡尔：《贩卖战争：英国对二战“中立国”的宣传战》（纽约、牛津，1995年）

A•司各特·伯格：《麦克斯·珀金斯：天才的编辑》（纽约，2008年）

罗杰·伯林盖姆:《当多读书: 百年阅读、写作与出版》(纽约，1946 年)

查尔斯·斯克里布纳:《观念之网：出版人教育》(纽约，1993 年)

威廉·帕尔默:《1950—1955 年历史系的变迁：现代历史系诞生的一步》，《历史社会》，第 7 辑，2007 年 9 月

苏珊·A·布鲁尔:《赢取和平: 二战中美国的英国宣传》(伊萨卡、伦敦，1997 年)

戴维·雷诺兹:《英美联盟的形成（1937—1941）》(伦敦，1981 年)

劳伦斯·斯皮内利:《干巴巴的外交: 美国、英国与禁酒令》(拉纳姆，2008 年)

约翰·E·莫斯:《折狮尾: 世界大战中的美国亲英派》(纽约，1999 年)

十四

阿瑟·赫尔曼:《甘地与丘吉尔》(纽约，2009 年)

玛丽·索姆斯编:《温斯顿和克莱芒蒂娜: 丘吉尔家书》(波士顿，1999 年)

罗伯特·塞尔夫编:《内维尔·张伯伦日记书信》(奥尔德肖特，2000—2005 年)

罗伯特·罗斯·詹姆斯:《保守党人回忆录: J·C·C·戴维森回忆录与文献（1910—1937）》(伦敦，1969 年)

海蒂·J·霍尔德:《情节剧: 写实主义与英国舞台上的帝国》，J·S·布拉顿编:《霸业: 大英帝国与舞台表演》(曼彻斯特，1991 年)

约翰·朱利尔斯·诺维奇编:《达夫·库珀日记》(伦敦，2005 年)

威尔弗雷德·斯卡文·布伦特:《日记》(纽约，1921 年)

坦普尔伍德子爵:《动荡九年》(伦敦，1954 年)

R·A·C·帕克:《张伯伦与绥靖主义: 英国政策与第二次世界大战的爆发》(纽约，1993 年)

苏珊·威廉姆斯:《人民之王: 逊位纪实》(纽约、贝辛斯托克，2003 年)

奈杰尔·尼克尔森编：《哈罗德·尼科尔森日记书信集（1930—1939）》（纽约，1966年）

格拉哈姆·斯图尔特：《埋葬凯撒：丘吉尔与张伯伦的较量》（伍德斯托克，2001年）

K·D·威廉姆斯，S·A·尼达：《排斥：结果与应对》，《心理科学今日动态》，第20卷2期，2011年

十五

乔治·L·莫斯：《大众国有化：从拿破仑战争到第三帝国的德国政治符号与大众运动》（纽约，1975年）

彼得·弗里切：《法西斯的演练：魏玛德国的民粹主义与政治动员》（牛津，1990年）

约阿希姆·费斯特：《希特勒》（波士顿，1977年）

阿尔伯特·施佩尔：《第三帝国内部》（纽约，1970年）

伊恩·克肖：《希特勒：狂妄自大（1889—1936）》（纽约、伦敦，2000年）

罗斯里克·麦克隆德、丹尼斯·凯利编：《失守的时代：艾恩赛德日记（1937—1940）》（纽约，1963年）

克列孟梭·冯·克伦佩雷尔：《德国的不安：石头与教堂（1914—1915）》（韦斯特波特，2001年）

甘特·伯格豪斯编：《法西斯和剧场：欧洲表演美学与政治学的比较研究（1925—1945）》（普罗维登斯，1996年）

克利弗德·纪尔斯：《尼加拉：19世纪巴厘岛的戏剧性国家》（普林斯顿，1980年）

西莫内塔·弗兰斯卡－赞博尼：《法西斯的精彩表演：墨索里尼意大利的权力美学》（伯克利，1997年）

蒂姆斯·W·里贝克：《希特勒的私人图书馆：形塑他人生的著作》（纽

约，2008 年）

十六

尤金·斯皮尔：《焦点小组：30 年代历史的注脚》（伦敦，1963 年）

威廉·L·夏尔：《柏林日记》（纽约，1941 年）

约翰·马克斯韦尔·汉密尔顿：《流转的新闻之眼：美国外交报告史》（巴吞鲁日，2011 年）

马丁·莫尔：《现代螺旋的起源：英国的民主政府和媒体（1941—1951）》（贝辛斯托克、纽约，2006 年）

理查德·科克特：《真相的薄暮：张伯伦、绥靖主义和新闻操纵》（纽约，1989 年）

克莱尔·希斯菲尔德：《拉布谢尔、〈真相〉与反犹太主义的作用》，《维多利亚评论》，第 26 期，1993 年秋季

本尼·莫里斯：《绥靖之根：1930 年代的英国周刊和纳粹德国》（伦敦，1991 年）

富兰克林·里德·加努恩：《英国报纸与德国（1936—1939）》（牛津，1971 年）

安东尼·亚当斯韦特：《英国政府与媒体（1937—1938）》，《当代历史》，第 18 期，1983 年 4 月

戴维·洛：《洛自传》（纽约，1957 年）

戴维·法伯尔：《慕尼黑：1938》（纽约，2008 年）

丹·斯陀：《英国对纳粹主义的反应：战争与大屠杀之前（1933—1939）》（贝辛斯托克，2003 年）

史蒂芬·亨利·罗伯茨：《希特勒建造的大厦》（伦敦，1937 年）

安东尼·艾登：《面对独裁者》（波士顿，1962 年）

乔治·H·盖洛普编：《盖洛普国际民意调查：英国（1937—1975）》（纽约，1976 年）

马丁·吉尔伯特：《温斯顿·丘吉尔和埃默里·里夫斯：1937—1964年的通信》（奥斯丁，1997年）

琳妮·奥尔森：《棘手的年轻人：令丘吉尔掌权拯救英国的叛乱者》（纽约，2007年）

丹尼尔·哈克：《公共舆论与英法绥靖主义的终结》（法纳姆、伯灵顿，2011年）

安格斯·考尔德：《人民战争》（纽约，1969年）

弗雷德·泰勒编译：《戈培尔日记（1939—1941）》（纽约，1983年）

罗德里克·麦克劳德、丹尼斯·凯利编：《无防备的时代：艾恩赛德日记（1937—1940）》（纽约，1963年）

伊恩·克肖：《希特勒：复仇者（1936—1945）》（纽约，2001年）

十七

朱丽叶特·加德纳：《战时：英国（1939—1945）》（伦敦，2005年）

乔治·比德摩尔：《战时平民：日记（1938—1946）》（牛津，1986年）

爱德华·比利森：《左撇子的战争》（伦敦，1972年）

罗伯特·麦基：《成功的一半：第二次世界大战时英国的士气》（曼彻斯特，2002年）

韦斯利·K·沃克：《最后的敌人：英国情报机关与纳粹德国（1933—1939）》（牛津，1986年）

约翰·科尔维尔：《权力边缘：唐宁街10号日记（1939—1945）》（纽约、伦敦，1985年）

理查德·霍姆斯：《丘吉尔的步伐：性格研究》（纽约，2006年）

戴斯蒙德·弗罗尔：《纸上同僚：出版人回忆录》（伦敦，1991年）

朱利安·杰克逊：《法国沦陷：1940年纳粹入侵》（牛津，2003年）

奥莉薇亚·科克特：《伦敦的爱情与战争：一个妇女的日记（1939—1942）》（滑铁卢，2005年）

杰弗里·莎士比亚：《带来烛光》（伦敦，1949 年）

戴维·迪克思：《亚历山大·卡多根先生日记（1938—1945）》（纽约，1972 年）

约翰·拉姆斯登：《世纪之子：温斯顿·丘吉尔的传奇》（纽约，2002 年）

亚当·图兹：《毁灭的代价：纳粹经济的发展与摧毁》（纽约，2007 年）

安德鲁·罗伯茨：《狡猾的狐狸：哈利法克斯勋爵生平》（伦敦，1992 年）

安东尼·艾登：《清算》（波士顿，1965 年）

阿曼达·史密斯编：《命运的人质：约瑟夫肯尼迪书信》（纽约，2001 年）

十八

科林·佩里：《闪电战中的男孩》（伦敦，1972 年）

伊恩·麦克莱恩：《军心内阁：第二次世界大战中的后方士气和情报部》（伦敦，1979 年）

温德姆·刘易斯：《希特勒的狂热》（伦敦，1939 年）

盖伊·尼古拉斯·艾斯诺夫：《英国政府的战时目标与对待和谈的态度（1939 年 9 月—1940 年 7 月）》，伦敦国王学院博士论文，1988 年

约翰·科尔维尔：《时代的足迹》（伦敦，1986 年）

沃伦·F·金鲍尔：《丘吉尔与罗斯福通信全集》（普林斯顿，1984 年）

马丁·吉尔伯特：《丘吉尔与美国》（纽约，2005 年）

戴维·康纳丁：《丘吉尔的阴影：在现代英国对抗过去》（牛津，2003 年）

艾略特·罗斯福编：《罗斯福私人书信（1928—1945）》（纽约，1950 年）

马克斯·弗里德曼编：《罗斯福和法兰克福特通信集（1928—1945）》（波士顿，1967 年）

约翰·卢卡斯：《伦敦五日：1940 年 5 月》（纽黑文、伦敦，2001 年）

克里斯托弗·希尔：《内阁外交政策决议：1938 年 10 月—1941 年 6 月的英国》（剑桥，2002 年）

利奥·埃默里：《陷入困境的帝国：利奥·埃默里日记（1929—

1945）》（伦敦，1988 年）

伊斯梅勋爵：《伊斯梅将军回忆录》（纽约，1960 年）

理查德·布罗德、苏西·弗莱明编：《内拉·拉斯特的战争：一个母亲的日记（1939—1945）》（布里斯托尔，1981 年）

迈尔斯·哈德森：《查尔斯·哈德森：士兵、诗人、反叛者》（斯特劳德，2007 年）

艾伦·布鲁克：《战时日记（1939—1945）》（伯克利，2001 年）

弗朗科·凯尔索迪：《丘吉尔与戴高乐》（纽约，1982 年）

查尔斯·戴高乐：《战争回忆录》（纽约，1972 年）

彼得·弗莱明：《海狮行动》（纽约，1957 年）

戴维·艾杰敦：《英国的战争机器：二战中的武器、资源和专家力量》（牛津，2011 年）

艾维·施莱姆：《垮台的前奏：1940 年 7 月英国对法结盟》，《当代历史》，第 9.3 期，1974 年 7 月

保罗·雷诺：《战争最激烈的时刻（1930—1945）》（纽约，1955 年）

弗吉尼亚·伍尔夫：《弗吉尼亚·伍尔夫日记》（纽约，1977—1984 年）

菲利普·拉斯特尔：《班森上将能否避免米尔兹比克港的悲剧？》，《军事历史》，第 67 期，2003 年 7 月

肯尼斯·杨：《丘吉尔与比弗布鲁克》（纽约，1966 年）

凯文·杰弗里斯：《丘吉尔的联盟与战时政治（1940—1945）》（曼彻斯特，1991 年）

奥维尔·H·布利特编：《总统私密：富兰克林·D·罗斯福和威廉·C·布利特通信》（波士顿，1972 年）

休·吉布森编：《齐亚诺日记（1939—1943）》（花园城，1946 年）

十九

加里·坎皮恩：《美好的战争：不列颠之战的宣传与“少数人”》（贝

辛斯托克，2009 年）

彼得 • 申克：《入侵英国 1940：海狮计划》（伦敦，1990 年）

戴维 • 希尔斯：《海狮计划能否奏效？》，罗伯特 • 考利编：《除了胜利，结局无他：透视第二次世界大战》（纽约，2001 年）

马克斯 • 黑斯廷斯：《温斯顿的战争：丘吉尔（1940—1945）》（纽约，2010 年）

约翰 • 卢卡斯：《决斗：丘吉尔与希特勒的八日对决》（纽黑文、伦敦，1990 年）

罗纳德 • 海厄姆：《1914 年之前的温斯顿 • 丘吉尔》，《历史》，第 12 期，1969 年

J•S• 布拉顿：《霸权的表演：英国与舞台（1790—1930）》（曼彻斯特、纽约，1991 年）

安德鲁 • 罗伯茨：《希特勒与丘吉尔：领袖的秘密》（伦敦，2004 年）

奈杰尔 • 尼科尔森、乔安娜 • 陶德曼编：《弗吉尼亚 • 伍尔夫书信集》（纽约、伦敦，1975—1980 年）

罗伯特 • 罗斯 • 詹姆斯：《维克多 • 卡扎莱特传》（伦敦，1976 年）

罗伯特 • 德尔斯基：《约翰 • 凯恩斯：为自由而战》（纽约，2000 年）

威利 •A• 波尔克编：《戈培尔博士的秘密会议：纳粹宣传战（1939—1943）》（纽约，1970 年）

马丁 • 迈塞尔：《实现：十九世纪英国的叙事、绘画与戏剧艺术》（普林斯顿，1983 年）

珀西 • 菲茨杰拉德：《幕后的世界》（伦敦，1881 年）

二十

罗纳德 • 卢因：《战神丘吉尔》（纽约，1973 年）

史蒂芬 • 罗斯基尔：《丘吉尔与将军们》（纽约，1977 年）

基斯 • 塞恩斯伯里：《战时的丘吉尔与罗斯福：他们的战争与所期望

的和平》（纽约，1994 年）

劳伦斯·里斯：《希特勒的魔力：将百万人带入深渊》（纽约，2012 年）

二十一

约翰·惠勒－班尼特编：《今日行动：与丘吉尔共事》（伦敦，1968 年）

科勒里·巴奈特：《战争的旁观者》（伦敦，1986 年）

哈罗德·威尔逊：《英国的统治》（纽约，1976 年）

约翰·保罗·拉索：《I•A•瑞恰慈的生平与工作》（伦敦，1989 年）

罗德尼·科纳克：《思想的帝国：瑞恰慈和基本英语在中国（1929—1979）》（斯坦福，2004 年）

W•J•韦斯特编：《奥威尔佚文》（纽约，1985 年）

马丁·吉尔伯特：《奥斯维辛与同盟国》（纽约，1981 年）

伯纳德·瓦萨斯坦：《英国与欧洲的犹太人（1939—1945）》（牛津，1979 年）

迈克尔•J•科恩：《丘吉尔与奥斯维辛：辩论的结果》，《现代犹太学》，第 26 期，2006 年 5 月

詹姆斯•H•基辛斯：《轰炸奥斯维辛再调查》，《军事历史》，第 58 期，1994 年 4 月

威廉•D•罗宾斯坦：《营救神话：民主为何未能从纳粹手中救出更多犹太人》（伦敦、纽约，1997 年）

戴维•S•怀曼：《抛弃犹太人：美国与大屠杀（1941—1945）》（纽约，1984 年）

尼古拉斯·曼沙编：《权力交接（1942—1947）》（伦敦，1970—1983 年）

马杜斯里·穆克吉：《丘吉尔的秘密战争：第二次世界大战期间的英国与印度的灾难》（纽约，2010 年）

加里•R•赫斯：《美国遭遇印度（1941—1947）》（巴尔的摩，1971 年）

塔纳西斯·斯蒂法：《温斯顿·丘吉尔与希腊（1940—1945）》，《当

代历史》，第26期，1991年4月

哈罗德·麦克米伦：《战时日记：政治与地中海的战争（1943年1月—1945年5月）》（纽约，1984年）

肯尼斯·哈里斯：《艾德礼》（纽约、伦敦，1982年）

戴维·韦尔奇：《宣传与德国电影（1933—1945）》（牛津，1983年）

克利福德·纪尔兹：《十九世纪巴厘岛的戏剧国家》（普林斯顿，1980年）

史蒂芬·菲尔丁：《“人民”要什么：1945年大选的意义》，《历史》，第35期，1992年9月

理查德·托伊：《温斯顿·丘吉尔的“疯狂广播”：政党、国民和1945年的盖世太保演说》，《英国研究》，第49期，2010年7月

理查德·科克特：《异想天开：想象坦克与经济反革命（1931—1983）》（伦敦，1994年）

A•W•布莱恩·辛普森：《可憎至极：战时英国的未经审讯拘留》（牛津，1992年）

二十二

G•W•桑德编：《保卫西方：杜鲁门与丘吉尔通信集（1945—1960）》（韦斯特波特、伦敦，2004年）

帕特里克·赖特：《铁幕：从舞台到冷战》（牛津，2009年）

亨利•B•莱安：《“铁幕”演说》，《历史》，第22期，1979年

范西塔特勋爵：《迷雾中的队伍》（伦敦，1958年）

J•H•摩根：《军事裁判：德国的裁军与重整（1919—1939）》（伦敦，1945年）

弗莱泽•J•哈伯特：《铁幕：丘吉尔、美国与冷战的起源》（牛津，1986年）

詹姆斯•W•穆勒：《丘吉尔的“铁幕”演说五十年后》（哥伦比亚、伦敦，1999年）

约翰 •W• 杨：《温斯顿 • 丘吉尔的最后一战：英国与冷战（1951—1955）》（牛津，1996 年）

戴维 • 康纳丁、罗纳德 • 奎纳尔特：《二十一世纪的温斯顿 • 丘吉尔》（剑桥，2004 年）

戴维 • 卡尔顿：《丘吉尔与苏联》（曼彻斯特、纽约，2000 年）

巴顿 •J• 伯恩斯坦：《不安的联盟：罗斯福、丘吉尔与原子弹（1940—1945）》，《西方政治》，第 29 期，1976 年 6 月

雅克 •E•C• 海曼斯：《英国与广岛》，《战略研究》，第 32 期，2009 年 10 月

肯尼斯 •W• 汤普森：《温斯顿 • 丘吉尔的世界观：政治才能与权力》（巴吞鲁日，1983 年）

P•G•H• 霍迪奇：《百分比政策：1944 年 10 月莫斯科会议后的英国政策与巴尔干》，《国际历史评论》，第 9 期，1987 年 2 月

约翰 • 查穆雷：《丘吉尔的大联盟》（圣迭戈，1996 年）

丹尼尔 •C• 威廉姆森：《单独议程：丘吉尔、艾森豪威尔与英美关系（1953—1955）》（拉纳姆，2006 年）

尤里 • 巴 - 诺伊：《苏联与丘吉尔对高层会谈的诉求：俄罗斯档案新证（1953—1954）》，《外交与治国》，第 9 期，1998 年

克劳斯 • 拉里斯：《丘吉尔的冷战：个人外交的政治》（纽黑文、伦敦，2002 年）

彼得 •G• 博伊尔：《丘吉尔与艾森豪威尔通信集（1953—1955）》（教堂山、伦敦，1990 年）

阿什利 • 蒙塔古 • 布朗恩：《漫长的日落：温斯顿 • 丘吉尔最后一位私人秘书回忆录》（伦敦，1995 年）

二十三

杰拉尔德 • 鲍勒：《战争与沃登上校》（纽约，1963 年）

约翰·W·杨：《丘吉尔对欧洲说“不”：丘吉尔战后政府对欧盟的抵拒（1951—1952）》，《历史》，第28期，1985年12月

罗伯特·布思比：《布思比：反叛者文集》（伦敦，1978年）

摩西·吉尔：《巴勒斯坦史（634—1099）》（剑桥，1997年）

阿瑟·贝斯特：《拿画笔的温斯顿先生》，《新共和国》，第135期，1956年8月20日

乔治·丹泽菲尔德：《温斯顿·丘吉尔的乐观主义》，《国民》，第183期，1956年12月1日

二十四

芭芭拉·林姆：《杰克·肯尼迪：政治家的教育》（纽约，2006年）

马丁·钱德勒：《1933年的“王国之辩”：学生政治、和平主义与独裁者》，《历史》，第22期，1979年

尼尔·汉密尔顿：《肯尼迪：鲁莽的青年》（纽约，1992年）

约翰·F·肯尼迪：《英国为何沉睡》（纽约，1961年）

托马斯·C·里夫斯：《秉性：约翰·F·肯尼迪生平》（纽约，1991年）

拉尔夫·G·马丁：《我们时代的英雄：肯尼迪年代秘闻》（纽约，1983年）

德怀特·E·李编：《慕尼黑：大错、阴谋还是牺牲品》（列克星敦，1970年）

瑟斯顿·克拉克：《说不：约翰·F·肯尼迪和改变美国的演说》（纽约，2004年）

威廉·霍斯：《电视剧（1952—1958）》（杰弗逊，2002年）

S·P·麦肯基：《“空中之战”：丘吉尔、空军部和英国广播公司对〈海上雄风〉的反应》，《当代英国史》，第20期，2006年12月

詹姆斯·L·鲍曼：《同时同地：美国电视制作（1948—1961）》（巴尔的摩，2007年）

多尼特·默里：《肯尼迪、麦克米伦和核武器》（纽约，2000年）

约翰·菲尔：《知识分子肯尼迪：英国史上的政治家经验》，《外交史》，第30期，2006年1月

尼尔·J·艾什顿：《哈罗德·麦克米伦和英美关系回潮的“黄金时代”（1957—1963）》，《外交史》，第29期，2005年

戴维·努利：《肯尼迪总统和英国》（纽约，1972年）

理查德·里夫斯：《肯尼迪总统：权力概览》（纽约，1993年）

哈沃德·W·蔡斯、艾伦·H·莱尔曼：《肯尼迪和报界：新闻发布会》（纽约，1965年）

L·V·斯科特：《麦克米伦、肯尼迪和古巴导弹危机：政治、军事与情报》（贝辛斯托克，1999年）

罗伯特·F·肯尼迪：《十三日：古巴导弹危机回忆录》（纽约，1971年）

蒂莫西·纳夫塔利、菲利普·泽利科编：《总统备忘录：约翰·F·肯尼迪》（纽约、伦敦，2001年）

迈克尔·奥布里：《约翰·F·肯尼迪》（纽约，2005年）

芭芭拉·塔奇曼：《八月炮火》（纽约，1962年）

阿利斯泰尔·霍恩：《麦克米伦（1957—1986）》（纽约，1989年）

格拉哈姆·佩恩、谢里登·莫利编：《诺埃尔·科沃德日记》（波士顿，1982年）

莎拉·丘吉尔：《继续起舞》（纽约，1981年）

亨利·基辛格：《大外交》（纽约，1994年）

D·T·马克斯：《演说：改换了总统的2988个词，词源学》，《纽约时代杂志》，2001年10月7日

约翰·邓布雷：《温斯顿·丘吉尔与美国外交关系：从约翰·F·肯尼迪到乔治·W·布什》，《跨大西洋研究》，第3期，2005年